“十二五”普通高等教育本科国家级规划教材
国家级精品资源共享课配套教材

管理运筹学

OPERATIONS RESEARCH FOR MANAGEMENT（第二版）

李引珍 主编

科学出版社
北京

内 容 简 介

运筹学是系统工程和管理学科最重要的理论基础。本书介绍了线性规划、单纯形法、对偶理论、运输问题、整数规划、动态规划、图与网络优化、统筹方法、排队论、存储论、博弈论、决策论、层次分析法等运筹学主要分支的基本理论和方法，配有大量的例题、案例和习题，循序渐进，由浅入深，突出应用，注重对研究对象的系统分析、建模技术、求解方法的讲解。另外还介绍了利用 LINGO 软件求解运筹学主要模型的方法。

本书是为交通类、经管类等专业的本科生、研究生编写的运筹学教材，也可作为其他专业学生和研究人员学习运筹学的参考书。

图书在版编目(CIP)数据

管理运筹学/李引珍主编. —2 版. —北京：科学出版社，2024.8

“十二五”普通高等教育本科国家级规划教材

国家级精品资源共享课配套教材

ISBN 978-7-03-063917-2

Ⅰ. ①管… Ⅱ. ①李… Ⅲ. ①管理学-运筹学-高等学校-教材 Ⅳ. ①C931.1

中国版本图书馆 CIP 数据核字（2019）第 287823 号

责任编辑：王京苏 / 责任校对：贾娜娜

责任印制：吴兆东 / 封面设计：楠竹文化

科学出版社 出版

北京东黄城根北街 16 号

邮政编码：100717

http://www. sciencep. com

北京华宇信诺印刷有限公司印刷

科学出版社发行 各地新华书店经销

*

2012 年 9 月第 一 版 开本：787×1092 1/16

2024 年 8 月第 二 版 印张：26 3/4

2025 年 7 月第十七次印刷 字数：634 000

定价：68.00 元

（如有印装质量问题，我社负责调换）

第二版前言

运筹学是一门以系统思想和定量优化为方法解决实际问题的学科。本教材自2012 年 9 月出版发行以来，被国内许多大学交通、经管等专业的本科学生，相关学科的研究生等作为教材或教学参考书，受到广大读者的喜爱和关注。在教材使用过程中，不少老师和学生通过多种形式对教材进行了进一步修改完善，提出了许多宝贵意见和建议，殷切希望出版社和教材编写组能再出版发行。原教材的多次印刷、大量发行，以及被教育部评为国家级精品资源共享课配套教材和“十二五”普通高等教育本科国家级规划教材，特别是读者的殷切期望给予我们极大的鼓舞和鞭策。细流成海，聚沙成塔；良友助资，百工治器。读者的建议给我们提供了大量的修改素材。“人之于文学也，犹玉之于琢磨也。”编写组经认真研究，反复推敲，决定对原版教材进行修改。

为了提高学生解决实际问题的能力和水平，更好地反映教材要求掌握的知识点，本次修改集作者多年来的教学经验积累，补充了不少课后习题，丰富了习题的类型和数量，也编排了部分提高类型的习题，需要综合运用所学知识才能解决。我们还在大多数章节编写了案例分析，案例围绕交通运输、物流、管理、经济和工业工程等问题，深入浅出地介绍了问题的背景和特点、建模的方法和技巧、求解问题的算法步骤，并对结果进行了验证和分析。通过这些案例，可以了解和掌握解决复杂工程问题的思路和方法。

党的二十大报告指出：“我们要坚持教育优先发展、科技自立自强、人才引领驱动，加快建设教育强国、科技强国、人才强国，坚持为党育人、为国育才，全面提高人才自主培养质量，着力造就拔尖创新人才，聚天下英才而用之。”[①]教材是教学内容的主要载体，是教学的重要依据、培养人才的重要保障。在优秀教材的编写道路上，我们一直在努力。

本次修改由段刚博士主持。各章节文字部分的修正分别由原版作者完成，所增习题和案例由如下几位博士完成：段刚负责第一、二、三、四章；高杨负责第五、六章；牟海波负责第七、八、九章；李洪涛负责第十、十一、十二章；杜文举负责第十三、十四章。

全书的编辑录入由段刚博士完成。

---

① 习近平：高举中国特色社会主义伟大旗帜 为全面建设社会主义现代化国家而团结奋斗——在中国共产党第二十次全国代表大会上的报告. https://www.gov.cn/xinwen/2022-10/25/content_5721685.htm[2022-10-25]。

“人间四月芳菲尽，山寺桃花始盛开。”陇右的春天总是来得晚一些，但别具风情。本次修改成稿并付梓之际，十分感谢为本教材再版提出修改意见和建议的广大读者，感谢科学出版社王京苏老师的大力支持和帮助。

李引珍

2024 年 4 月于金城兰州

第一版前言

运筹学是第二次世界大战后发展起来的一门新兴应用学科，是系统工程和管理学科最重要的理论基础之一，应用极其广泛，是许多工科专业和经济管理类专业的重要技术基础课程。

1948 年美国麻省理工学院首次开设了非军事运筹学课程。20 世纪 50 年代起，伯明翰大学、兰开斯特大学、伦敦政治经济学院等世界著名大学均为研究生和本科生开设了此课程。1956 年，钱学森、许国志等将运筹学介绍到中国，随之，许多行业都对其有了较好的应用，尤其是在运输与物流领域，从物资调运、货物装卸作业到列车与车辆调度问题等均取得了较好的应用成果。1980 年，中国运筹学会成立，并于 1982 年加入了国际运筹学会联合会（The International Federation of Operational Research Societies，IFORS）。今天，运筹学已成为国内外高等院校许多专业的必修课程。

早在 20 世纪 70 年代中期，我国铁道运输专业的奠基者与创始人之一、著名留美学者、教育家、兰州铁道学院（现兰州交通大学）运输系主任林达美教授就敏锐地发现，运用传统的数学方法难以解决许多铁路运输问题，在他的积极倡导下，由运筹学专家滕传琳教授等组织翻译了美国 R. V. Hartley 教授所著的 *Operations Research：Managerial Emphasis* 一书，依此编写运筹学讲义，并在我国铁路院校率先开设运筹学课程。考虑到交通运输专业以及经济管理专业的需要，在对讲义经过反复的修改和完善，增加了大量的运筹学建模和实际应用内容后，滕传琳教授等于 1986 年编写并出版了《管理运筹学》。随后，历时二十余年，“管理运筹学”课程建设经历了一个变革、调整和发展的良好时期。首先，将“管理运筹学”课程的开设从交通运输专业，陆续延伸到了兰州交通大学的交通工程、工程管理、工商管理、物流管理、工业工程、信息管理等专业，进一步扩大了课程的辐射面；其次，充实了课程内容，将单一的“管理运筹学”课程逐渐扩充为运筹学课程群，主要包括“管理运筹学”“运筹学模型与算法”“现代决策理论”“博弈论”“最优化理论”“智能算法”“不确定规划”“计算机模拟”等课程，并为交通类、管理类、经济类等专业的本科生、硕士和博士研究生开设了这些课程。

经过几代人的辛勤耕耘，由李引珍教授主持的“管理运筹学”课程于 2006 年被教育部批准为国家精品课程。国家精品课程是教育部“高等学校教学质量与教学改革工程”的重要组成部分，是具有一流教师队伍、一流教学内容、一流教学方法、一流教材、一流教学管理等特点的示范性课程。对于教材建设，我们组织了长期从事运筹学教学与研究的教师，在总结精品课程建设以及教学经验的基础上，参考国内外知名教材，编撰了此书。本书主要是针对非数学专业的学生编写的，适用于交通类专业、经管类专业、物流专业、工业工程专业的本科生，也适用于相应专业的硕士研究生。以培养学生运用运筹学方法分析问题和解决问题的实际能力为目的，在编写本书的过程中，我们力图做到以下几点。

第一，学以致用，兼顾理论。运筹学来源于实践，应用于实际，之所以有人酷爱运筹学，视学习运筹学为极大的乐趣，是因为其解决问题的思想与方法非常美妙和奇特。曾几何时，由于运筹学理论高深，其只是数学者的殿堂，其他领域的众多学者和管理者只能望而兴叹，被拒之门外。本书立足于实用性，以培养学生的应用能力为主，通过大量的例题说明运筹学建模的方法与技巧、解决问题的原理与方法，尽量淡化理论的推导与证明，只对一些重要的原理和方法做了简单而必要的推导与证明。

第二，由浅入深，循序渐进。本书中大部分内容都以例题为引子，以引起读者的兴趣，进而引出相关概念，提出建立问题模型的方法，并提出求解小规模问题的直观手段，再给出求解问题的一般方法。例题也由易到难，循序渐进，易于掌握。

第三，联系实际，例题丰富。本书以交通、经济管理、物流等专业为背景，结合实际，删繁就简，编撰了大量的实例和习题，有助于读者更深入地了解和掌握运用运筹学解决实际问题的过程和方法，提高其分析问题、解决问题的能力和水平。

第四，对 LINGO 软件做了相关介绍。计算机的应用对运筹学的发展起到了巨大的推动作用，运筹学软件的兴起，使得我们无须为每个问题去编写计算机程序。本书在力图使读者掌握必要的算法的基础上，特别强调培养其运用计算机软件解决问题的能力，为此，专门介绍了 LINGO 软件的使用方法，并在大部分章节中编写了使用 LINGO 软件的程序脚本。

全书共 14 章，由李引珍主编并统稿，由焦永兰主审。

邓小瑜博士（北京师范大学珠海分校）编写第一、二章。

段刚博士（兰州交通大学）编写第三、四章，以及全书的 LINGO 软件程序。

李引珍博士（兰州交通大学）编写第五、六、十二章。

牟海波博士（兰州交通大学）编写第七、八、九章。

孙秉珍博士（兰州交通大学）编写第十章。

李洪涛博士（兰州交通大学）编写第十一章。

何瑞春博士（兰州交通大学）编写第十三、十四章。

本书涵盖了运筹学的主要分支，内容比较齐全，对不同专业的学生，可根据教学课时数和专业要求选择相应的内容进行讲解。

我们在本书的编写过程中参考了国内外的一些教材和论文，在此向其著者表示衷心的感谢！同时也向资助“管理运筹学”国家精品课程建设的教育部高等教育司、甘肃省教育厅表示深深的谢意！

囿于作者诠才末学，本书难免会有不尽完善之处，期盼读者赐教。

作　者

2012 年 6 月于金城兰州

目　录

绪　论

运筹学是自20世纪40年代发展起来的一门新兴应用学科，它利用数学理论与方法，定量研究资源优化问题，进行系统分析与决策，在军事、工业、交通、管理、经济、商业等领域有着广泛的应用，是解决许多系统优化问题的强有力的工具。

一、运筹学的发展历程

运筹思想源远流长。我国战国时期齐王与大臣田忌赛马的故事，就是运用朴素运筹思想的典型例子。《史记》第六十五卷《孙子·吴起列传》中有如下记载。

齐使者如梁，孙膑以刑徒阴见，说齐使。齐使以为奇，窃载与之齐。齐将田忌善而客待之。忌数与齐诸公子驰逐重射。孙子见其马足不甚相远，马有上、中、下辈。于是孙子谓田忌曰："君弟重射，臣能令君胜。"田忌信然之，与王及诸公子逐射千金。及临质，孙子曰："今以君之下驷与彼上驷，取君上驷与彼中驷，取君中驷与彼下驷。"既驰三辈毕，而田忌一不胜而再胜，卒得王千金。于是忌进孙子于威王。威王问兵法，遂以为师。

在孙膑的策划下，田忌的马匹虽劣于齐王的马匹，但最终取得了比赛的胜利。

我国历史上有许多著名的军事家将朴素运筹思想运用于战争中，留下了许多脍炙人口的传奇故事。

在国外，古希腊科学家阿基米德被认为是运筹学的先驱人物，他利用运筹思想，在抵抗罗马帝国的侵略中做出了重要贡献，特别是他的《十四巧板》表明古希腊人已掌握了组合数学的原理。1736 年，29 岁的瑞士数学家莱昂哈德·欧拉发表了《哥尼斯堡的七座桥》一文，对哥尼斯堡七桥问题进行了研究。欧拉的研究奠定了图论的基础，开创了数学的一个新的分支——图论与几何拓扑，目前一般公认欧拉为图论之父。

人们普遍认为，运筹学真正作为一门学科，经历了以下几个阶段。

（一）第一次世界大战时期的萌芽期

第一次世界大战期间，现代运筹学的思想和部分理论初步形成。早在 1910 年，丹麦工程师 A. K. 埃尔朗就开始运用概率论理论（当时称为话务理论），来研究电话服务，并导出了著名的埃尔朗电话损失率公式，将其应用于哥本哈根电话交换机的效率研究。1914 年，英国工程师 F. W. 兰彻斯特首先提出用常微分方程组来描述敌对双方兵力消灭的过程，定量地说明了集中兵力的原理。以英国科学家希尔为首的英国国防部防空试验小组在第一次世界大战期间开展了高射炮利用研究。1915 年，F. 哈里斯对银行货币的储备问题进行了详细的研究，建立了一个确定性的存储费用模型，这是存储论（storage theory）的早期工作。这些先驱者的研究，为后来运筹学的发展奠定了初步思想基础。

（二）第二次世界大战时期的兴起

1938 年，英国鲍德西雷达站负责人 A. P. 洛维为了使整个防空作战系统合理运行，以便有效地防备德国飞机入侵，成立了由各方面科学家组成的研究小组，将之命名为 Operational Research Group（简称 OR 小组）。因此，鲍德西被认为是运筹学的诞生地，OR 小组的成立是现代运筹学的开端。1940 年，物理学家 P. M. S. 布莱克特加入防空指挥部，组建了运筹工作组——著名的“布莱克特马戏团”。随后，布莱克特的备忘录《运作水平上的科学家》在美军各部广泛流传。1942 年，美军成立了反潜艇战运筹组，组织成立了二十多个作战分析小组。同年，加拿大皇家空军也组建了三个运筹学小组，主要解决地雷战问题。此外，1939 年，苏联数学家康托罗维奇出版了《生产组织与计划中的数学方法》。第二次世界大战中，世界各国的运筹学工作者达七百余人，运筹学不断兴起，其产生的运筹学理论成果主要有线性规划、整数规划、图论、网络流、搜索论、最优控制理论等。

（三）第二次世界大战后的蓬勃发展

第二次世界大战后，世界经济需要复苏。管理和生产部门内部因与日俱增的复杂性和专门化产生了很多问题，人们认识到这些问题基本上与战争中曾面临的问题类似，只是其所处的现实环境不同而已，同时，在战争实践中得到锻炼的一大批运筹工作者，为运筹学的进一步研究与应用提供了人力资源保障。自此，运筹学进入工商企业和其他部门，并得到了广泛的应用。计算机的出现更是让人们意识到运筹学解决实际问题的强大力量。运筹学理论及应用的研究如火如荼，蓬勃发展。

1948 年 4 月，英国运筹学俱乐部的成立标志着运筹学学术团体的建立。该组织于 1953 年 11 月 10 日更名为运筹学会。1952 年 5 月 26 日，美国运筹学会（Operations Research Society of America，ORSA）成立。之后，许多国家的运筹学学术团体纷纷出现。1959 年，英国、美国、法国三国的运筹学学会倡导成立了 IFORS。

1956 年，钱学森、许国志等率先将运筹学介绍到中国，并加以推广。1980 年，中国运筹学会成立，1982 年加入了 IFORS，并创办了《运筹学杂志》，1997 年该杂志改名为《运筹学学报》。

在此期间，出现了不少有关运筹学的著名理论和方法。1947 年，美国数学家乔治·伯纳德·丹齐格提出了求解线性规划问题的单纯形法，并于 20 世纪 50 年代初应用电子计算机求解线性规划且获得了成功。1944 年冯·诺依曼和摩根斯坦合著的

《博弈论与经济行为》以及1950年约翰·纳什提出的纳什均衡理论等为博弈论奠定了基础。1951年，美国学者贝尔曼等提出了动态规划原理。20世纪50年代初，美国数学家关于生灭过程的研究，特别是英国数学家D. G. 肯德尔提出的嵌入马尔可夫链理论，以及排队队形的分类方法，为排队论奠定了理论基础。1951年，H. W. 库恩和A. W. 塔克发表的关于最优性条件（后来称为库恩-塔克条件）的论文是非线性规划正式诞生的一个重要标志。1958年T. M. 威汀编写的《存储管理的理论》一书，以及随后K. J. 阿罗等编写的《存储和生产的数学理论研究》和P. A. 毛恩于1959年编写的《存储理论》，标志着存储论成为运筹学中的一个独立分支。

（四）20世纪70年代进入衰落期

20世纪70年代，世界经济的衰退，大量公共部门的私营化、市场化，以及社会对运筹学研究投入的锐减，严重影响了运筹学学科的发展。运筹学研究自身也存在严重问题，过度依赖政府的宏观组织和资源调配，故步自封，不能汲取其他理论的有益成分，将过多精力放在模型构造以及算法的精巧性和数学工具的完备性上，追求解决纯技术性的问题，“重数学技巧、轻解决实际问题的能力”的现象十分突出。运筹学的研究陷入了极为严峻的生存危机。

（五）运筹学的发展趋势

有学者认为，运筹学的发展受到两个因素的影响：其一为第二次世界大战后运筹学自身技术的发展；其二为计算机的普及和其他交叉学科的发展。20世纪80年代以来，运筹学逐渐走出低谷，计算机的普及应用，尤其是运筹学软件的出现，吸引了大量的学者从事运筹学应用的研究，信息科学、生命科学，特别是计算技术等学科的发展对运筹学产生了极大的影响，全局最优化、图论、神经网络、复杂网络、随机规划、模糊规划等运筹学理论及方法得到了很好的发展和应用。

20世纪末出现了“软运筹学”一词。现实世界中，确定性是相对的，不确定性是绝对的，软运筹学将更多地采用模糊数学方法。大规模的科学计算是软运筹学的主要内容之一，软计算就是借助自然界（生物界）规律的启迪，根据其原理，模仿设计求解问题的算法，如人工智能、禁忌搜索、神经网络、遗传算法、进化规划、模拟退火算法和群集智能技术等。

复杂巨系统的计算机模拟、经济博弈论、供应链管理等都将是运筹学未来的主要研究内容。

总之，运筹学还在不断发展中，新的思想、观点和方法将会不断出现。

二、运筹学的定义、特点及主要内容

运筹学，在英国称为operational research，在美国叫作operations research，简称OR，其广泛应用数学方法和现代科学技术知识，解决社会、生产和经济活动过程中的实际问题，为决策者提供定量的决策依据。

1964 年，我国大陆学者借鉴《史记·高祖本纪》中“夫运筹策帷帐之中，决胜於千里之外”一语，将 OR 译为“运筹学”。我国台湾学者则将其译为“作业研究”。

（一）运筹学的定义

顾名思义，运筹学就是对如何“运作”进行研究的一门学科。目前对运筹学的定义比较多，至今并无一个统一的定义。

我国出版的《中国企业管理百科全书》中的定义是：“运筹学是应用分析、试验、量化的方法，对经济管理系统中人力、物力、财力等资源进行统筹安排，为决策者提供有依据的最优方案，以实现最有效的管理。”

其大部分定义的共同特点是量化、决策、最优，即用量化的方法为决策者提供具有定量依据的最优方案。

（二）运筹学的特点

运筹学最主要的特点是优化，是一门以数学为主要研究工具，探索有限资源条件下的最优方案的学科。它往往以整体最优为目标，从系统的观点出发，考虑各种资源与环境约束，协调各部门之间的利害冲突，对所研究的问题求出最优解，寻求最佳的行动方案，所以它也可被看成是一门优化技术，提供的是解决各类问题的优化方法。运筹学研究问题的特点表现在以下几个方面。

（1）系统性。其从系统的观点出发，力求全局优化。运筹学是系统工程理论的主要组成部分。

（2）量化性。其强调以定量分析为基础，通过数值计算等手段，求得问题的最优解。在实际中“最优”往往过于理想化，难以达到，这时也可用“次优解”或“满意解”取代。

（3）多学科性。用运筹学方法解决实际问题时，由于问题的复杂性，往往要运用适宜的数学方法和计算机技术，以及与经济学、社会学、行为科学、其他技术科学相交叉的科学知识。

（4）理论性和应用性。运筹学之所以是一门完整的学科，主要是因为其有系统且成熟的理论做支撑。运筹学来源于实践，应用于实际，得到有效的应用是其主要目的。

（三）运筹学的主要内容

运筹学涉及面广，应用范围大，是一门内容相当丰富的学科。它的主要内容一般包括线性规划、非线性规划、整数规划、动态规划、多目标规划、存储论、图与网络优化、博弈论、决策论、排队论和启发式方法等，其中每一个分支都有丰富的内容。运筹学的学科体系如图 0-1 所示。

- 运筹学
  - 启发式方法
  - 数学规划
    - 线性规划
    - 非线性规划
    - 无约束优化方法
    - 约束优化方法
    - 动态规划
    - 整数规划
    - 多目标规划
    - 参数规划
    - 组合最优化
    - 投入产出分析
  - 图与网络优化
  - 排队论
  - 统筹方法
  - 存储论
  - 决策论
  - 博弈论
  - 计算机模拟
  - 可靠性理论
  - 预测学
  - ……

图 0-1 运筹学的学科体系

三、运筹学的应用

运筹学被广泛运用于众多领域，这些领域主要有以下几个。

（1）经济领域。这是运筹学的主要应用领域之一，如企业生产计划制订、生产资源优化、投入产出分析、定价策略制订等。

（2）管理领域。运筹学方法和思想在管理领域无处不在，应用十分广泛，如物流管理、人力资源管理、库存管理、供应链管理、财务管理、市场营销管理、决策分析等。

（3）工程技术领域。工程技术领域中的优化与决策问题颇多，且十分复杂，如项目评价、工程进度控制、系统优化与设计等，运筹学是解决此类问题的主要有效工具。在交通运输领域，如交通网络分析与设计、城市交通控制、车辆调度、列车调度指挥等，运筹学已成为不可或缺的研究工具。

（4）军事领域。军事领域是运筹学的发源地，军事运筹学是运筹学的一个重要分支。

（5）其他领域。除了以上领域，运筹学不仅在电力、煤炭等能源领域和水资源、环保领域有重要应用，而且在信息科学、分子化学、生命科学、社会学等领域也均有不同程度的应用。

总之，运筹学是一门应用非常广泛和非常实用的学科。

利用运筹学解决实际问题，一般需要以下几个步骤。

（1）系统分析。对研究对象进行系统分析，厘清问题，明确目标，这是解决问题的首要步骤。一般情况下，要通过调查研究，分析问题的系统结构、实质、影响因素、约束条件，搜集相关数据，明确优化目标，预计优化结果。

（2）建立模型。数学模型是对研究对象系统行为的一种定量描述和本质抽象，它既要反映实际，又要进行高度抽象。由于社会活动的复杂性，很难总结出一套规范的方法来建立模型，因此，建模是一种创造性活动，既要有科学方法，又要有艺术灵感。运筹学模型有形象模型、数学模型、模拟模型等，其大部分是数学模型。数学模型若不含随机因素，则为确定性模型（如线性规划、非线性规划、整数规划、图与网络优化和动态规划等）；反之，则为不确定性模型（如排队论、存储论、决策论和博弈论等）。当变量只取离散值时，为离散模型，否则为连续模型。

（3）求解模型。求解模型是至关重要的一步，不同的模型有不同的求解方法，在解决实际问题时，由于问题规模较大，运算量一般都很大，通常需要用计算机计算。有些模型，或许没有合适的现成解法，这时可用随机模拟或构造启发式方法等手段寻求问题的“近似解”。

（4）结果分析。结果分析也就是对解的有效性检验，由于实际问题的复杂性及建模的抽象性，对解进行检验并对结果进行分析，可判断所建模型的正确性和算法的正确性。若计算结果不理想，需重复上述过程。

（5）解的实施。通过对解的实施，进一步检验上述解决问题的过程是否还存在问题，若需要修正，则可进一步对上述过程进行修改和完善，同时也可向决策者提供决策所需的数据、信息和方案。

线性规划基础

线性规划是运筹学中研究较早、发展较快的一个重要的基础分支。它的起源可追溯到 1832 年，法国数学家让·巴普蒂斯·约瑟夫·傅里叶最先提出线性规划的思路，但当时并未引起重视。之后又有多位数学家研究线性规划问题。1939 年，苏联经济学家康托罗维奇在《生产组织与计划中的数学方法》一书中，首次用线性规划方法解决了生产组织与运输问题，成为线性规划理论开始形成的重要标志。1947 年，美国数学家丹齐格提出线性规划的数学模型，并给出求解该类模型的单纯形法。1947 年，美国数学家冯·诺依曼提出对偶理论，开创了线性规划更多的研究领域，扩展了其应用范围，提高了其解决问题的能力，进而完善了线性规划理论。之后，计算机技术的发展，快速推动了线性规划理论在军事、生产、生活中的应用。

线性规划是一种辅助人们进行科学管理，研究线性约束条件下线性目标函数极值问题的数学理论和方法，英文名称为 linear programming，其缩写为 LP。其模型一般用于在一定的资源或条件限制的情况下，求解实现系统成本最小或利润最大或效率最高的问题，如应用于生产计划组织、工作调度、运输、合理下料、配料、生产布局、投入产出分析、物流节点规划等领域。问题的提出大致分为两种类型：一是在给定人力、物力、财力等资源的情况下，研究如何充分利用资源，得到最大的经济效益或最高的生产效率；二是给定计划任务，研究如何统筹安排，用最少的资源完成规定的任务。总而言之，运用线性规划理论能够针对实际的生产与管理问题建模，通过一定的方法求解模型，可以得到较好的解决方案。

第一节　线性规划问题的数学模型

线性规划问题的数学模型由决策变量、目标函数和约束条件构成，其中目标函数和约束条件都是关于决策变量的线性函数，因此称作线性规划。下面通过一个生产计划安排的例子，介绍线性规划问题的数学模型。

【例 1.1】某企业生产 A、B 两种产品，要用到煤和矿石两种资源，已知生产两种产品的单位产品资源消耗量、单位产品利润及企业所拥有的资源数量（表 1-1），假设产品供不应求，即生产出来的产品都能售出。问如何安排生产，使企业获利最大？

表 1-1 例 1.1 的单位产品资源消耗量、利润及资源限量

项目		A 产品	B 产品	资源限量
单位产品资源消耗量	煤/吨	2	1	50
	矿石/吨	1	3	60
单位产品利润/万元		2	3	

建模分析：首先要假设决策变量，问题的要求是合理安排生产，也就是要决策生产各类产品的数量，以达到企业获利最大的目标；因此，设生产 A 产品的数量为 x_1 吨，生产 B 产品的数量为 x_2 吨。其次根据题意，写出使企业利润最大化的目标函数——由各产品单位利润与产量的乘积之和构成，即 $\max z = 2x_1 + 3x_2$ 。最后写出关于该问题的约束条件，也就是煤和矿石两种资源的实际使用量不能超过其资源限量，即 $2x_1 + x_2 \leqslant 50$ ， $x_1 + 3x_2 \leqslant 60$ ，另外，对于 A、B 产品的产量应取非负实数，即 $x_1, x_2 \geqslant 0$ 。综上所述，列出完整的数学模型。

解：设 A 产品的产量为 x_1 吨，B 产品的产量为 x_2 吨。

$$\max z = 2x_1 + 3x_2 \qquad \text{——目标函数}$$

$$\text{s.t.} \begin{cases} 2x_1 + x_2 \leqslant 50 \\ x_1 + 3x_2 \leqslant 60 \\ x_1, x_2 \geqslant 0 \end{cases} \qquad \begin{matrix} \text{——系统约束} \\ \\ \text{——变量约束} \end{matrix}$$

上述模型包括决策变量 x_1, x_2 ，以及目标函数和约束条件。其中，按约束条件的性质分类，其可分为受系统条件限制的系统约束和对决策变量取值进行限制的变量约束，在通常情况下，决策变量都取非负数，因此变量约束常称为非负约束。

下面再列举一个物流运输问题的建模。

【例 1.2】设某种物资从 A、B、C 三个产地调出，运往甲、乙、丙三个需求地，已知各产地的产量、各需求地的需求量及产地至需求地各条线路的单位运价（单位：元）（表 1-2）。要求在尽量满足各地需求量的前提下，寻找使运费最低的调运方案。

表 1-2 例 1.2 的供需量及单位运价

产地	需求地			产量/吨
	甲	乙	丙	
A	2	3	5	7
B	1	3	4	6
C	3	2	3	9
需求量/吨	6	8	6	

建模分析：对于物资调运问题，目标函数是求解总运输费用最低的函数。系统约束考虑两方面：一是尽量满足客户需求，二是不能超过各产地的产能限制。在该问题

中，由于物资总产量大于总需求，因此，物资调运一定能够满足所有客户的需求，即实际运到各需求地的物资总量等于需求量；产地则会有部分物资剩余，在供应约束中每个产地实际运出的物资量不超过其产量。决策物资调运方案就是寻求使总运费最低的满足各需求地需求量的物资调运的数量。为了方便理解和记忆决策变量的含义，将决策变量假设为含有两个下标的变量，两个下标分别表示物资调运的产地和需求地。当然，也可以使用单下标变量，只不过要弄清楚每个变量所对应的运输路线。

解：设 x_{ij} 表示从产地 i 运往需求地 j 的物资数量，其中，$i=1,2,3$，$j=1,2,3$。

$$\min z = 2x_{11} + 3x_{12} + 5x_{13} + x_{21} + 3x_{22} + 4x_{23} + 3x_{31} + 2x_{32} + 3x_{33}$$

$$\text{s.t.} \begin{cases} x_{11} + x_{12} + x_{13} \leqslant 7 \\ x_{21} + x_{22} + x_{23} \leqslant 6 \\ x_{31} + x_{32} + x_{33} \leqslant 9 \\ x_{11} + x_{21} + x_{31} = 6 \\ x_{12} + x_{22} + x_{32} = 8 \\ x_{13} + x_{23} + x_{33} = 6 \\ x_{ij} \geqslant 0, \quad i,j = 1,2,3 \end{cases}$$

从上面两个线性规划模型的例子可以看出，目标函数是关于决策变量的线性函数，约束条件是关于决策变量的线性不等式或线性方程，整个模型是一个求解满足约束条件，且使目标函数达到极值的问题的过程。这类带附加限制条件的极值问题就是运筹学规划论部分研究的主要内容。

例 1.1 和例 1.2 的模型可以推广到一般的线性规划模型：

$$\max（或\min）\ z = c_1x_1 + c_2x_2 + \cdots + c_nx_n$$

$$\text{s.t.} \begin{cases} a_{11}x_1 + a_{12}x_2 + \cdots + a_{1n}x_n \leqslant（或 =,\geqslant）b_1 \\ a_{21}x_1 + a_{22}x_2 + \cdots + a_{2n}x_n \leqslant（或 =,\geqslant）b_2 \\ \qquad\qquad \vdots \\ a_{m1}x_1 + a_{m2}x_2 + \cdots + a_{mn}x_n \leqslant（或 =,\geqslant）b_m \\ x_1, x_2, \cdots, x_n \geqslant 0 \end{cases}$$

上述模型可简写为

$$\max（或\min）\ z = \sum_{j=1}^{n} c_j x_j$$

$$\text{s.t.} \begin{cases} \sum_{j=1}^{n} a_{ij}x_j \leqslant（或 =,\geqslant）b_i, & i = 1,2,\cdots,m \\ x_j \geqslant 0, & j = 1,2,\cdots,n \end{cases}$$

用向量形式表示上述模型，其可写为

$$\max(\text{或}\min)\ z = \boldsymbol{CX}$$

$$\text{s.t.}\ \begin{cases}\sum_{j=1}^{n}\boldsymbol{P}_j x_j \leqslant (\text{或}=,\geqslant)\ \boldsymbol{b} \\ x_j \geqslant 0, \quad j=1,2,\cdots,n\end{cases}$$

其中，$\boldsymbol{C}=(c_1,c_2,\cdots,c_n)$；$\boldsymbol{X}=\begin{pmatrix}x_1\\x_2\\\vdots\\x_n\end{pmatrix}$；$\boldsymbol{P}_j=\begin{pmatrix}a_{1j}\\a_{2j}\\\vdots\\a_{mj}\end{pmatrix}$；$\boldsymbol{b}=\begin{pmatrix}b_1\\b_2\\\vdots\\b_m\end{pmatrix}$。

用矩阵形式表示上述模型，其可写为

$$\max(\text{或}\min)\ z = \boldsymbol{CX}$$

$$\text{s.t.}\ \begin{cases}\boldsymbol{AX} \leqslant (\text{或}=,\geqslant)\ \boldsymbol{b} \\ \boldsymbol{X} \geqslant \boldsymbol{0}\end{cases}$$

其中，$\boldsymbol{C}=(c_1,c_2,\cdots,c_n)$；$\boldsymbol{X}=\begin{pmatrix}x_1\\x_2\\\vdots\\x_n\end{pmatrix}$；$\boldsymbol{A}=\begin{pmatrix}a_{11} & a_{12} & \cdots & a_{1n}\\a_{21} & a_{22} & \cdots & a_{2n}\\\vdots & \vdots & & \vdots\\a_{m1} & a_{m2} & \cdots & a_{mn}\end{pmatrix}$；$\boldsymbol{b}=\begin{pmatrix}b_1\\b_2\\\vdots\\b_m\end{pmatrix}$。

通常称 $\boldsymbol{C}$ 为目标函数的系数行向量，$\boldsymbol{A}$ 为系统约束中变量的系数矩阵，$\boldsymbol{b}$ 为约束条件右端的常数列向量。

第二节　线性规划模型的标准形式

第一节给出的一般线性规划模型在内容和形式上可能是多种多样的。为了便于求解模型，需要将一般模型转化为标准形式，然后运用单纯形法求解。

一、标准形式

线性规划模型的目标函数可以是求最大值，也可以是求最小值。这里约定标准形式为目标函数求最大值。约束条件的标准化规定为：约束条件全为等式，约束条件右端的常数项均为非负数，决策变量都是非负约束。

根据上述规则，线性规划模型的标准形式可表示为

$$\max z = \sum_{j=1}^{n} c_j x_j$$

$$\text{s.t.}\ \begin{cases}\sum_{j=1}^{n} a_{ij} x_j = b_i, & i=1,2,\cdots,m \\ x_j \geqslant 0, & j=1,2,\cdots,n\end{cases}$$

二、转化为标准形式的方法

对于非标准形式的线性规划问题，其可通过以下方法转化为标准形式。

（一）对于求目标函数最小值的问题

对于求目标函数最小值的问题，可将目标函数两边同乘以“–1”，便可转化为求最大值的问题，因为当目标函数值为最大值时，其相反数必为最小值。值得注意的是，求解出该目标函数的最大化模型后，将目标函数值乘以“–1”，可得到原模型的目标函数值。

例如，原目标函数为 $\min z=\sum_{j=1}^{n}c_jx_j$ ，令 $z'=-z$ ，则转化为 $\max z'=-\min z=-\sum_{j=1}^{n}c_jx_j$ 。

（二）对于系统约束条件为不等式的情况

当系统约束条件为“≤”符号时，在不等式左边加一个非负变量，将约束条件变为等式。例如，$2x_1+x_2\leqslant 50$ ，可令 $x_3=50-2x_1-x_2\geqslant 0$ ，则原约束条件变为 $2x_1+x_2+x_3=50$ ，再加入 $x_3\geqslant 0$ 的约束即可。

当系统约束条件为“≥”符号时，在不等式左边减一个非负变量，将约束条件变为等式。例如，$2x_1+x_2\geqslant 50$ ，可令 $x_4=2x_1+x_2-50\geqslant 0$ ，则原约束条件变为 $2x_1+x_2-x_4=50$ ，再加入 $x_4\geqslant 0$ 的约束即可。

为了配平约束条件，在不等式的左边加入或减去的这种新引进的非负变量，称为松弛变量。由于松弛变量的加入符合原不等式的关系，因此，其取值不会影响目标函数值，即其在目标函数中的系数为零，或者目标函数保持不变。

（三）对于系统约束右端为负数的情况

当存在 $b_i<0$ 时，对系统约束左、右两端分别乘以“–1”，即可使约束条件右端符合非负的标准化要求。

（四）对于变量约束不是非负约束的情况

当 $x_j\leqslant 0$ 时，令 $x_j=-x_j'$，则 $x_j'\geqslant 0$ ，将目标函数及约束条件中的 x_j 替换为 $-x_j'$ 即可；当 x_j 无约束时，令 $x_j=x_j'-x_j''$ ，其中，$x_j',x_j''\geqslant 0$ ，这样表示可以通过 $x_j'>x_j''$ ，$x_j'<x_j''$ 和 $x_j'=x_j''$ 三种情况反映 x_j 分别取正数、负数和零的三种取值可能性，将目标函数及约束条件中的 x_j 替换为 $x_j'-x_j''$ ，并加入 $x_j',x_j''\geqslant 0$ 的约束条件即可。注意：如果变量约束不是非负约束，经上述标准化变换求得最优解后，应按照决策变量转换原则计算原决策变量的值，其才是原问题的最优解。

【例 1.3】将下列线性规划模型转化为标准形式。

$$\min z = 3x_1 + 5x_2 - x_3$$

$$\text{s.t.} \begin{cases} x_1 + 2x_2 + x_3 \geqslant 6 & (1.1) \\ 2x_1 + x_2 + 3x_3 \leqslant 16 & (1.2) \\ x_1 + x_2 + 5x_3 = 10 & (1.3) \\ x_1 \geqslant 0,\ x_2 \geqslant 0 \end{cases}$$

解：目标函数两边同乘以“–1”，变为求最大值的标准形式：$\max(-z) = -3x_1 - 5x_2 + x_3$。引入非负的松弛变量 x_4 和 x_5，配平系统约束条件式（1.1）和约束条件式（1.2），即 $x_1 + 2x_2 + x_3 - x_4 = 6$，$2x_1 + x_2 + 3x_3 + x_5 = 16$。由于 x_3 无约束，因此令 $x_3 = x_3' - x_3''$，将模型中所有的 x_3 用 $x_3' - x_3''$ 代替，整理后其模型如下：

$$\max(-z) = -3x_1 - 5x_2 + x_3' - x_3'' + 0 \times x_4 + 0 \times x_5$$

$$\text{s.t.} \begin{cases} x_1 + 2x_2 + x_3' - x_3'' - x_4 = 6 \\ 2x_1 + x_2 + 3x_3' - 3x_3'' + x_5 = 16 \\ x_1 + x_2 + 5x_3' - 5x_3'' = 10 \\ x_1, x_2, x_3', x_3'', x_4, x_5 \geqslant 0 \end{cases}$$

综上所述，将一般线性规划模型转化为标准形式的方法如表 1-3 所示。

表 1-3 转化为标准形式的方法

线性规划模型			转化为标准形式
目标函数	最大或最小	$\max z = \sum_{j=1}^{n} c_j x_j$	不变
		$\min z = \sum_{j=1}^{n} c_j x_j$	令 $z' = -z$，则 $\max z' = -\sum_{j=1}^{n} c_j x_j$
约束条件	形式	$\sum_{j=1}^{n} a_{ij} x_j \leqslant b_i$	$\sum_{j=1}^{n} a_{ij} x_j + x_{si} = b_i$，$x_{si} \geqslant 0$
		$\sum_{j=1}^{n} a_{ij} x_j = b_i$	不变
		$\sum_{j=1}^{n} a_{ij} x_j \geqslant b_i$	$\sum_{j=1}^{n} a_{ij} x_j - x_{si} = b_i$
	右端项	$b_i \geqslant 0$	不变
		$b_i < 0$	约束条件两端同乘以“–1”
	变量	$x_j \geqslant 0$	不变
		$x_j \leqslant 0$	令 $x_j' = -x_j$，则 $x_j' \geqslant 0$
		x_j 无约束	令 $x_j = x_j' - x_j''$，其中 $x_j', x_j'' \geqslant 0$

三、解的概念

为了定义线性规划模型解的基本概念，先给出标准化后矩阵形式的线性规划模型：

$$\max z = \boldsymbol{CX} \tag{1.4}$$

$$\text{s.t.} \begin{cases} \boldsymbol{AX} = \boldsymbol{b} & (1.5) \\ \boldsymbol{X} \geqslant \boldsymbol{0} & (1.6) \end{cases}$$

其中，$\boldsymbol{C} = (c_1, c_2, \cdots, c_n)$；$\boldsymbol{X} = \begin{pmatrix} x_1 \\ x_2 \\ \vdots \\ x_n \end{pmatrix}$；$\boldsymbol{A} = \begin{pmatrix} a_{11} & a_{12} & \cdots & a_{1n} \\ a_{21} & a_{22} & \cdots & a_{2n} \\ \vdots & \vdots & & \vdots \\ a_{m1} & a_{m2} & \cdots & a_{mn} \end{pmatrix}$；$\boldsymbol{b} = \begin{pmatrix} b_1 \\ b_2 \\ \vdots \\ b_m \end{pmatrix}$。

定义 1.1（**可行解**）　满足系统约束条件式（1.5）和非负约束条件式（1.6）的解 $\boldsymbol{X} = (x_1, x_2, \cdots, x_n)^{\mathrm{T}}$，称为线性规划问题的可行解，全部可行解的集合称为可行解集或可行域。

定义 1.2（**最优解**）　使目标函数式（1.4）取得最优值的可行解称为最优解，对应的目标函数的值称为最优值。

定义 1.3（**基向量、基变量、基矩阵、非基向量、非基变量**）　设 $\boldsymbol{A}_{m\times n}$ 是约束方程组的 $m\times n$ 维系数矩阵，其秩为 m。$\boldsymbol{B}_{m\times m}$ 是矩阵 $\boldsymbol{A}_{m\times n}$ 中 $m\times m$ 阶非奇异子矩阵（$|\boldsymbol{B}| \neq 0$），则称 $\boldsymbol{B}$ 是线性规划问题的一个基。也就是说，矩阵 $\boldsymbol{B}$ 是由 m 个线性独立的列向量组成的，这些列向量称为基向量，所对应的变量称为基变量，由基向量的系数组成的矩阵称为基矩阵或基；其余 $n-m$ 个列向量称为非基向量，对应的变量称为非基变量。

定义 1.4（**基解、基可行解、可行基、基本最优解、最优基**）　对某一确定的基矩阵 $\boldsymbol{B}$，令非基变量等于零，利用式（1.5）解出基变量，则这组解称为基矩阵 $\boldsymbol{B}$ 的基解。满足非负约束条件的基解，称为基可行解。对应于基可行解的基，称为可行基。使目标函数达到最优的基可行解称为基本最优解。基本最优解对应的基称为最优基。

上述各类解的关系可用图 1-1 表示。

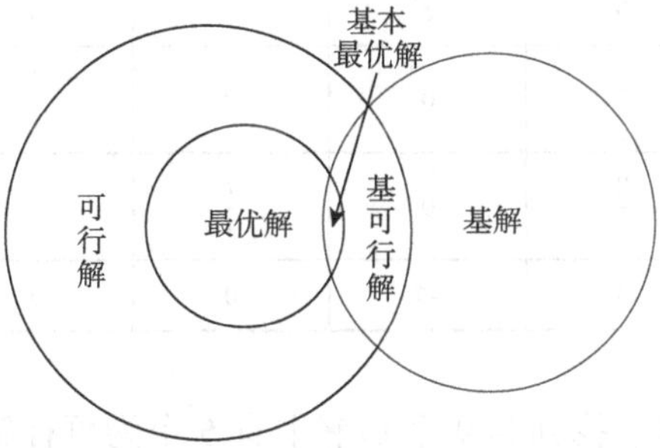

图 1-1　线性规划问题中各种解的关系

【例 1.4】写出下列线性规划模型的全部基、基解、基可行解和最优解。

$$\min z = 3x_1 + 5x_2$$

$$\text{s.t.} \begin{cases} x_1 + 2x_2 + x_3 = 6 \\ x_1 + x_4 = 3 \\ -x_1 + x_2 + x_5 = 2 \\ x_j \geqslant 0, \quad j = 1, 2, \cdots, 5 \end{cases}$$

解：先写出约束方程组的系数矩阵，即

$$\begin{matrix} & \boldsymbol{P}_1 & \boldsymbol{P}_2 & \boldsymbol{P}_3 & \boldsymbol{P}_4 & \boldsymbol{P}_5 \end{matrix}$$

$$A = \begin{pmatrix} 1 & 2 & 1 & 0 & 0 \\ 1 & 0 & 0 & 1 & 0 \\ -1 & 1 & 0 & 0 & 1 \end{pmatrix}$$

系数矩阵 $\boldsymbol{A}$ 的秩小于等于 3，可以观察到 $\boldsymbol{P}_3, \boldsymbol{P}_4, \boldsymbol{P}_5$ 组成一个单位矩阵，说明 $\boldsymbol{A}$ 是满秩的，其秩为 3。因此，通过系统约束方程组可以求解出 3 个非零解，即基变量的值，而其余两个变量为非基变量，其值取零。为了给出全部基解，可以令两个变量作为非基变量，取值为零，代入系统约束方程组，求解 3 个基变量的值；根据非负约束判断所得的基解是否可行；在基可行解中寻找使目标函数值最小的解。表 1-4 列出了该线性规划问题的全部基、基解，并指出了各个基解的可行性以及目标函数值。

表 1-4 例 1.4 的全部基、基解、可行性及目标函数值

基	基解					是否可行	目标函数值
	x_1	x_2	x_3	x_4	x_5		
$(\boldsymbol{P}_3, \boldsymbol{P}_4, \boldsymbol{P}_5)$	0	0	6	3	2	是	0（最小值）
$(\boldsymbol{P}_2, \boldsymbol{P}_4, \boldsymbol{P}_5)$	0	3	0	3	−1	否	—
$(\boldsymbol{P}_2, \boldsymbol{P}_3, \boldsymbol{P}_4)$	0	2	2	3	0	是	10
$(\boldsymbol{P}_1, \boldsymbol{P}_4, \boldsymbol{P}_5)$	6	0	0	−3	8	否	—
$(\boldsymbol{P}_1, \boldsymbol{P}_3, \boldsymbol{P}_5)$	3	0	3	0	5	是	9
$(\boldsymbol{P}_1, \boldsymbol{P}_3, \boldsymbol{P}_4)$	−2	0	8	5	0	否	—
$(\boldsymbol{P}_1, \boldsymbol{P}_2, \boldsymbol{P}_5)$	3	$\frac{3}{2}$	0	0	$\frac{7}{2}$	是	$\frac{33}{2}$
$(\boldsymbol{P}_1, \boldsymbol{P}_2, \boldsymbol{P}_4)$	$\frac{2}{3}$	$\frac{8}{3}$	0	$\frac{7}{3}$	0	是	$\frac{46}{3}$
$(\boldsymbol{P}_1, \boldsymbol{P}_2, \boldsymbol{P}_3)$	3	5	−7	0	0	否	—

从表 1-4 中可以看出，找到的 9 个基解中有 5 个为可行解，其中 $(0,0,6,3,2)^{\mathrm{T}}$ 这个基可行解，使目标函数 $z = 3x_1 + 5x_2 = 0$ 取得最小值，为最优解。表 1-4 的基中不包含 $(\boldsymbol{P}_2, \boldsymbol{P}_3, \boldsymbol{P}_5)$，这是因为 $\boldsymbol{P}_2 = 2\boldsymbol{P}_3 + \boldsymbol{P}_5$，即 $\boldsymbol{P}_2, \boldsymbol{P}_3, \boldsymbol{P}_5$ 是线性相关的，不构成基矩阵。

四、解的分类

对于线性规划模型来说，其解有多种可能性。按照是否满足约束条件分为无可行解和有可行解。如果有可行解，且存在使目标函数达到最优的解，即为有最优解。最优解有唯一和无穷多两种情况。如果有可行解，但不存在使目标函数达到最优的解，即为无最优解，也称无界解。各类解的关系如图 1-2 所示。

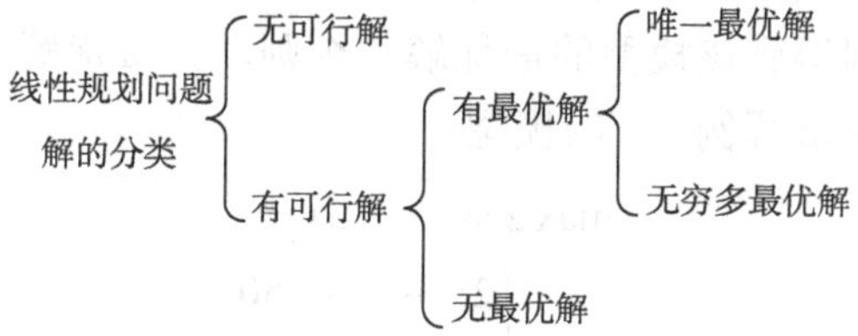

图 1-2　线性规划问题解的分类

第三节　线性规划模型的图解法

求解线性规划模型常用的方法有图解法和单纯形法。图解法适合求解不超过三个决策变量的线性规划模型，单纯形法则适合求解一般模型。本节介绍含两个决策变量的平面图解法。

一、图解法的步骤

图解法用几何作图的方法分析并求解模型，其求解思路是以决策变量为坐标轴，建立直角坐标系，然后根据约束条件寻找可行域。如果找到可行域，再在其中寻找最优解；如果找不到可行域，则给出无可行解的结论。其求解步骤如下。

第一步：求可行解集合（可行域）。

以两个决策变量为坐标轴建立直角坐标系。先令系统约束条件取等号，画出一条表示约束条件的直线，该直线将平面分为两个半平面，判断符合约束条件的范围。最简单的判断方法是，将原点坐标$(0,0)$代入该约束条件，如果符合约束条件的要求，则包含原点的一侧的半平面为满足约束条件的范围，否则为另一侧。依次画出其余表示约束条件的直线，并判断满足约束条件的区域，如果存在满足所有约束条件的公共区域，则找到了可行解集合，其形状为凸集（结论见定理 2.1），否则为无可行解。

第二步：寻找最优解。

如果在第一步中找到了可行解集合，则可以画出目标函数等值线，将等值线按最优值要求的法线方向平移，寻找目标函数等值线与可行解集合相切的点，该点对应的解即为最优解。

绘制目标函数等值线的方法是，给定一个目标函数值，在直角坐标系中画出一条直线，则这条直线上任意一点的坐标均使目标函数为上述给定值，因此称该直线为目标函数等值线。

由于目标函数中决策变量的系数已给定，目标函数可以表示为一组斜率相同的直线集合，且它们具有公共垂线，即这组等值线的法线，因此，沿着法线方向平移一条等值线，就可以得到不同的目标函数等值线。为了寻找线性规划模型的最优解，即满足所有约束条件且使目标函数达到极值的解，可先判断目标函数等值线沿法线的哪个方向移动会更加逼近所要求的目标函数极值，然后在可行域上将等值线沿该法线方向平移（以保持目标函数的斜率不变），判断能否找到目标函数等值线与可行域相切的点，如果有相切点，则得到该模型的最优解，否则，无最优解或称无界解。

【例 1.5】用图解法求解例 1.1 的模型：

$$\max z = 2x_1 + 3x_2$$

$$\text{s.t.} \begin{cases} 2x_1 + x_2 \leqslant 50 \\ x_1 + 3x_2 \leqslant 60 \\ x_1, x_2 \geqslant 0 \end{cases}$$

解：（1）求解可行域。以 x_1 为横坐标、x_2 为纵坐标建立直角坐标系。令 $2x_1 + x_2 = 50$，$x_1 + 3x_2 = 60$，画出两条约束条件的边界线。判断符合两个系统约束的范围，将原点 O 的坐标$(0,0)$分别代入两个约束条件，发现均满足“$\leqslant$”的条件，因此，包含原点一侧的两半平面的交集为同时满足两个系统约束的范围。又因为两个决策变量均有非负约束，所以，满足所有约束条件的可行域是位于第一象限的阴影四边形 $OABC$（图 1-3）。

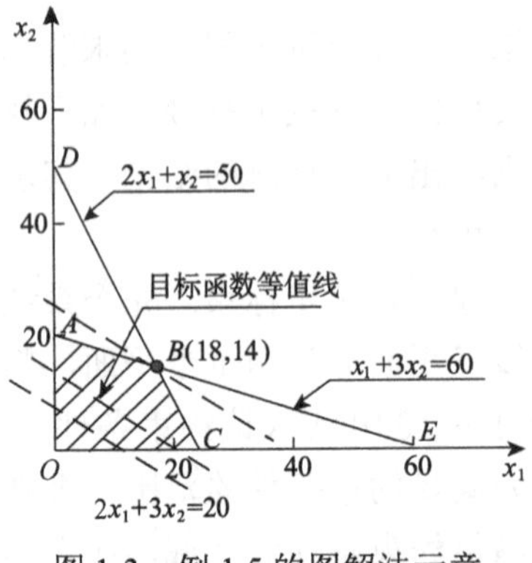

图 1-3 例 1.5 的图解法示意

（2）寻找最优解。如果将目标函数变形为 $x_2 = -\frac{2}{3}x_1 + \frac{1}{3}z$，则其是一组斜率为 $-\frac{2}{3}$ 的直线集。可以先令 $z = 20$，画出目标函数值为 20 的等值线；然后寻找使目标函数值增大的法线方向，亦可将原点坐标$(0,0)$代入目标函数中，所得到的目标函数值小于 20，说明将等值线沿远离原点的法线方向移动，可使目标函数值逐渐增大，也就是随着 x_1 和 x_2 取值的增大，z 值将不断增大。当目标函数等值线移到与可行域相切的顶点 B 时，其值达到最大，因此得到最优解为 B 点：$x_1 = 18$，$x_2 = 14$，目标函数的

最优值为 $\max z = 2\times18+3\times14=78$ 。

二、特殊解的情况

线性规划模型不一定总是存在唯一最优解，还可能存在无穷多最优解（多重最优解），或无可行解、无最优解等情况。下面结合图解法说明这些特殊解。

（1）无穷多最优解：若目标函数等值线在平移趋向最优解的过程中，恰好移到可行域的一条边上，即等值线与可行域的一条边相切，则相切的边界线段上的所有点都是原问题的最优解，该边界线段的两个端点是可行域凸集的两个极点，称为基本最优解，其中间的点称为非基本最优解。

【例 1.6】 将例 1.1 中的目标函数改为 $\max z = 2x_1 + x_2$ ，约束条件不变，则模型表示为

$$\max z = 2x_1 + x_2$$
$$\text{s.t.} \begin{cases} 2x_1 + x_2 \leqslant 50 \\ x_1 + 3x_2 \leqslant 60 \\ x_1, x_2 \geqslant 0 \end{cases}$$

求解该线性规划模型。

解：图解法求解如图 1-4 所示。先找出可行域，同例 1.5 所述。然后画出一条目标函数等值线 $2x_1 + x_2 = 30$ ，发现这条等值线与 $2x_1 + x_2 = 50$ 的系统约束边界平行，而且恰巧向这条边所在方向平移，可使目标函数值逐渐增大，因此，最终与这条边界相切，得到多重最优解，也就是 BC 线段上的任意一点的坐标都是线性规划模型的最优解。通常用该边界线段的两个端点 $B(18,14)$ 和 $C(25,0)$ 表示线性规划问题的多重最优解，即 $\begin{cases} x_1 = 18 \\ x_2 = 14 \end{cases}$ 和 $\begin{cases} x_1 = 25 \\ x_2 = 0 \end{cases}$ ，最优值为 $\max z = 50$ 。

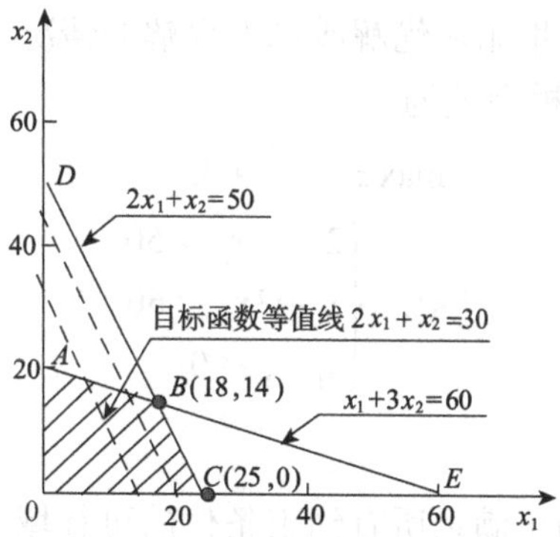

图 1-4　例 1.6 有无穷多最优解的图示

（2）无可行解：如果找不到能够满足所有约束条件的可行域，则线性规划模型无可行解。

【例 1.7】给例 1.1 中的模型加入一个约束条件 $x_1 \geqslant 40$，则模型变为

$$\max z = 2x_1 + 3x_2$$

$$\text{s.t.} \begin{cases} 2x_1 + x_2 \leqslant 50 \\ x_1 + 3x_2 \leqslant 60 \\ x_1 \geqslant 40 \\ x_1, x_2 \geqslant 0 \end{cases}$$

求解该线性规划模型。

解：用图解法求解，如图 1-5 所示，画出各条约束条件对应的直线后，在判断可行域时发现，约束条件 $2x_1 + x_2 \leqslant 50$ 、 $x_1 + 3x_2 \leqslant 60$ 和 $x_1, x_2 \geqslant 0$ 有公共区域，但其并不与满足 $x_1 \geqslant 40$ 的区域相交，即找不到满足所有约束条件的可行域，因此，该模型无可行解，更找不到最优解。

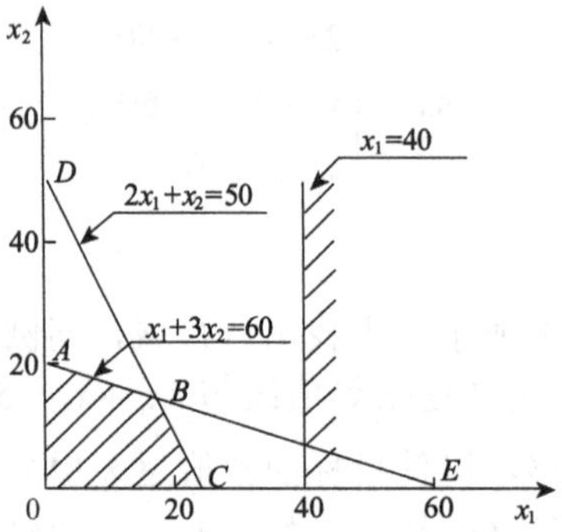

图 1-5　例 1.7 无可行解的图示

（3）无最优解：如果有满足所有约束条件的可行解集，但找不到使目标函数达到最优的解，则线性规划模型无最优解。当可行域无界，且目标函数逼近最优值的方向恰巧处于开放端时，就会产生无最优解或称无界解的情况。

【例 1.8】将例 1.1 中的模型改为

$$\max z = 2x_1 + 3x_2$$

$$\text{s.t.} \begin{cases} 2x_1 + x_2 \geqslant 50 \\ x_1 + 3x_2 \geqslant 60 \\ x_1, x_2 \geqslant 0 \end{cases}$$

求解该线性规划模型。

解：根据上述画法先画出满足所有约束条件的可行域（图 1-6）。然后给定 z 值，画出一条目标函数等值线，且判断出将目标函数等值线向右上方法线方向平移时，可使目标函数值增大。但是，由于可行域在这个方向上无界，所以也就找不到使目标函数值达到最大的解，也就是最优解趋近于无穷大，因此该线性规划模型具有无界的可行域和无界解。

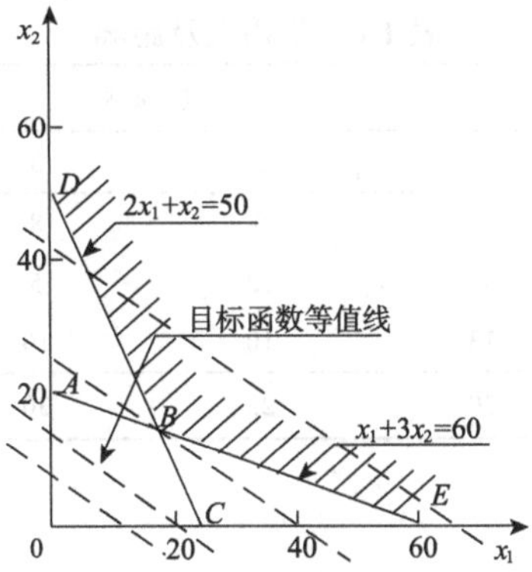

图 1-6　例 1.8 可行域无界且无最优解的图示

习　题

1. 某工厂生产 A、B、C 三种产品，每种产品所需的原材料数量、机器台时数量以及这些资源的供应量、单位产品利润如表 1-5 所示。根据客户订单，三种产品的最低月需要量分别为 200 千克、250 千克和 100 千克，最大月销售量分别为 250 千克、280 千克和 120 千克。问如何安排生产计划，使总利润最大？建立线性规划模型。

表 1-5　单位产品消耗、利润及产品资源供应量

资源	产品			资源供应量/千克
	A	B	C	
原材料/千克	1	1.5	4	2000
机器台时/时	2	1.2	1	1000
单位产品利润/元	10	14	12	

2. 一家玻璃产品生产公司生产带有花样图案的彩色玻璃花瓶。每一个花瓶经过艺术玻璃吹风机从液态加工而成，然后进入储藏室冷却至室温，花瓶有大和小两种尺寸，但是生产过程几乎相当，而且使用同一种材料。不论尺寸，每一个花瓶都需要 20 分钟的艺术加工，每周艺术加工可利用的工作时间为 40 小时。大小花瓶每个分别需彩色玻璃 2 盎司[①]和 1 盎司，每周可用的玻璃为 160 盎司。另外，一个小花瓶占用 2 个单位储存空间，大花瓶占用 3 个单位储存空间，一共有 260 个单位储存空间。大小花瓶的利润分别为 12 元/个和 10 元/个。问应该怎样安排生产，才能使利润值最大？建立线性规划模型。

3. 一个炼油厂有三个加工厂生产 93 号汽油，有四个加油站需要该汽油。已知每个加工厂每天的产量、加油站每天的需求量以及加工厂与加油站之间的距离（单位：公里）（表 1-6）。问如何分配汽油使得总吨公里最少？建立线性规划模型。

① 1 盎司=28.349 523 克。

表 1-6 供需量及距离

加工厂	加油站 1	加油站 2	加油站 3	加油站 4	产量/吨
1	10	9	8	7	50
2	8	12	5	6	20
3	13	10	10	9	40
需求量/吨	20	25	30	35	

4. 选择题

（1）线性规划模型包括哪几个要素（　　）。

A 决策变量　　B 目标函数　　C 约束条件　　D 可行解

（2）线性规划模型中增加一个约束条件，可行域的范围一般将（　　）。

A 增大　　B 缩小　　C 不变　　D 无法确定

（3）下列数学模型中哪个是线性规划模型（其中 x、y 为变量，其余都为参数）（　　）。

A
$$\max z = a^2x_1 + b^3x_2$$
$$\text{s.t.}\begin{cases}3x_1+5x_2\leqslant 40\\6x_1+4x_2\leqslant 30\\x_1,x_2\geqslant 0\end{cases}$$

B
$$\max z=\prod_{j=1}^{n}c_jx_j$$
$$\text{s.t.}\begin{cases}\sum_{j=1}^{n}a_{ij}x_j=b_i,\quad i=1,2,\cdots,m\\x_j\geqslant 0\end{cases}$$

C
$$\max z=\sum_{j=1}^{n}c_jx_j$$
$$\text{s.t.}\begin{cases}\prod_{j=1}^{n}a_{ij}x_j=b_i,\ i=1,2,\cdots,m\\x_j\geqslant 0\end{cases}$$

D
$$\max z=\min\{3x_1+x_2,2x_1+3x_2\}$$
$$\text{s.t.}\begin{cases}3x_1+5x_2\leqslant 40\\6x_1+4x_2\leqslant 30\\x_1,x_2\geqslant 0\end{cases}$$

（4）如果一个线性规划问题有 n 个变量，m 个约束方程（$m<n$），系数矩阵的秩为 m，则基可行解的个数最多为（　　）个。

A m　　B n　　C C_n^m　　D C_m^n

（5）在线性规划问题的基解中，所有的非基变量的取值等于（　　）。

A 大于 0　　B 等于 0　　C 小于 0　　D 任意值

（6）如果线性规划问题存在目标函数为有限值的最优解，则最优解一定能在（　　）中得到。

A 基解　　B 基可行解　　C 可行解　　D 不可行解

（7）在下列线性规划问题的基解中，符合基可行解要求的是（　　）。

A $(-1,0,0,0)^{\mathrm{T}}$　　B $(1,0,3,0)^{\mathrm{T}}$　　C $(-4,0,0,-2)^{\mathrm{T}}$　　D $(5,1,4,5)^{\mathrm{T}}$

（8）下列关于可行解、基解、基可行解的说法错误的是（　　）。

A 可行解中包含基可行解　　B 可行解与基解之间无交集

C 线性规划有可行解必有基可行解　　D 满足非负约束条件的基解为基可行解

（9）线性规划问题有可行解，则（　　）。

A 必有基可行解　B 必有唯一最优解　C 无基可行解　D 无唯一最优解

（10）线性规划问题有可行解，且可行域无界，则可能（　　）。

A 有无界解　B 没有可行解　C 有唯一最优解　D 有无限多最优解

5. 将下列线性规划问题转换成标准形式。

（1）
$$\min z = 5x_1 + 4x_2$$
$$\text{s.t.}\begin{cases} x_1 + 3x_2 \leqslant 10 \\ x_1 - x_2 \leqslant -5 \\ 2x_1 \leqslant 7 \\ x_1, x_2 \geqslant 0 \end{cases}$$

（2）
$$\min z = 2x_1 + 2x_2 + 4x_3$$
$$\text{s.t.}\begin{cases} x_1 + x_2 - x_3 = 5 \\ -x_1 + 2x_2 - x_3 \leqslant 8 \\ x_1 \leqslant 0,\ \ x_2 \geqslant 0,\ \ x_3\text{无约束} \end{cases}$$

（3）
$$\min z = -3x_1 + 4x_2 - 2x_3 + 5x_4$$
$$\text{s.t.}\begin{cases} 4x_1 - x_2 + 2x_3 - x_4 = -2 \\ x_1 + x_2 + 3x_3 - x_4 \leqslant 14 \\ -2x_1 + 3x_2 - x_3 + 2x_4 \geqslant 2 \\ x_1, x_2, x_3 \geqslant 0,\ \ x_4\text{无约束} \end{cases}$$

（4）
$$\min z = 2x_1 + 3x_2 + 5x_3$$
$$\text{s.t.}\begin{cases} x_1 + x_2 - x_3 \geqslant -5 \\ -6x_1 + 7x_2 - 9x_3 = 15 \\ |19x_1 - 7x_2 + 5x_3| \leqslant 13 \\ x_1, x_2 \geqslant 0,\ \ x_3 \leqslant 0 \end{cases}$$

（5）
$$\max z = -3x_1 + 5x_2 - x_3$$
$$\text{s.t.}\begin{cases} x_1 + 2x_2 + 3x_3 \geqslant 6 \\ 2x_1 + x_2 + 3x_3 \leqslant 18 \\ x_1 + x_2 + 5x_3 = 10 \\ x_1, x_2 \geqslant 0,\ \ x_3 \leqslant 0 \end{cases}$$

（6）
$$\max z = \min\{3x_1 + 4x_2, x_1 + x_2 + x_3\}$$
$$\text{s.t.}\begin{cases} x_1 + 2x_2 + x_3 \leqslant 30 \\ 4x_1 - x_2 + 2x_3 \geqslant 15 \\ 9x_1 + x_2 + 6x_3 \geqslant -5 \\ x_1 \leqslant 0,\ \ x_2, x_3 \geqslant 0 \end{cases}$$

6. 说明线性规划模型可行解、基解、基可行解、基本最优解、最优解之间的关系。

7. 对下列线性规划问题找出所有基解，指出哪些是基可行解，并确定最优解。

$$\min z = 5x_1 - 2x_2 + 3x_3 + 2x_4$$
$$\text{s.t.}\begin{cases} x_1 + 2x_2 + 3x_3 + 4x_4 = 20 \\ 2x_1 + 2x_2 + x_3 + 2x_4 = 12 \\ x_j \geqslant 0,\ \ j = 1,2,3,4 \end{cases}$$

8. 用图解法求解下列线性规划问题，说明问题是具有唯一最优解、无穷多最优解、无界解，还是无可行解，并给出基本最优解。

（1）
$$\max z = x_1 + x_2$$
$$\text{s.t.}\begin{cases} x_1 - x_2 \leqslant 0 \\ 3x_1 - x_2 \leqslant -3 \\ x_1, x_2 \geqslant 0 \end{cases}$$

（2）
$$\max z = 2x_1 + 2x_2$$
$$\text{s.t.}\begin{cases} x_1 + 3x_2 \geqslant 3 \\ x_1 + x_2 \geqslant 2 \\ x_1, x_2 \geqslant 0 \end{cases}$$

（3）
$$\max z = 3x_1 + 2x_2$$
$$\text{s.t.} \begin{cases} 2x_1 + 2x_2 \leqslant 10 \\ 3x_1 + 2x_2 \leqslant 6 \\ x_1, x_2 \geqslant 0 \end{cases}$$

（4）
$$\min z = 3x_1 + 2x_2$$
$$\text{s.t.} \begin{cases} 2x_1 + 2x_2 \leqslant 10 \\ 3x_1 + 2x_2 \leqslant 6 \\ x_1, x_2 \geqslant 0 \end{cases}$$

（5）
$$\max z = 2x_1 + x_2$$
$$\text{s.t.} \begin{cases} 5x_1 \leqslant 15 \\ 6x_1 + 2x_2 \leqslant 24 \\ x_1 + x_2 \leqslant 5 \\ x_1, x_2 \geqslant 0 \end{cases}$$

（6）
$$\min z = 4x_1 - 2x_2$$
$$\text{s.t.} \begin{cases} -3x_1 + 4x_2 \leqslant 36 \\ 6x_1 - 3x_2 \leqslant 24 \\ 2x_1 + x_2 \geqslant 4 \\ x_1 + x_2 \geqslant 10 \\ x_1, x_2 \geqslant 0 \end{cases}$$

第二章

单纯形法

第一节　线性规划问题的几何意义

一、基本概念

定义 2.1（**凸集**）　设K是n维欧氏空间的一组点集，若任意两点$\boldsymbol{X}^{(1)},\boldsymbol{X}^{(2)}\in K$，连线上的所有点$\alpha\boldsymbol{X}^{(1)}+(1-\alpha)\boldsymbol{X}^{(2)}\in K(0\leqslant\alpha\leqslant 1)$，则称$K$为凸集。

定义 2.2（**极点**）　设K是凸集，若$\boldsymbol{X}$不能用不同的两点$\boldsymbol{X}^{(1)}\in K,\boldsymbol{X}^{(2)}\in K$的线性组合表示为

$$\boldsymbol{X}=\alpha\boldsymbol{X}^{(1)}+(1-\alpha)\boldsymbol{X}^{(2)},\ 0<\alpha<1$$

则称$\boldsymbol{X}$为K的一个极点。

根据上述两个定义，可以判断图 2-1（a）和图 2-1（b）两个图是凸集，其中图 2-1（a）中的A、B、C、D、E为凸集的极点，图 2-1（b）中圆的边界上所有的点均为极点，而图 2-1（c）和图 2-1（d）不是凸集，从图 2-1（c）和图 2-1（d）的图示可以看到，连接集合内两点所得到的线段，有部分点在该图形之外。

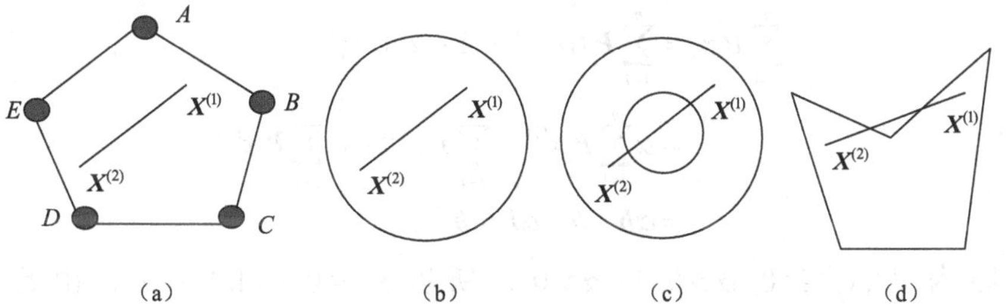

图 2-1　凸集和非凸集的图示

定义 2.3（**凸组合**）　设$\boldsymbol{X}^{(1)},\boldsymbol{X}^{(2)},\cdots,\boldsymbol{X}^{(k)}$是$n$维欧氏空间中的$k$个点，若存在$\mu_1,\mu_2,\cdots,\mu_k$，且$0\leqslant\mu_i\leqslant 1(i=1,2,\cdots,k)$，$\sum_{i=1}^{k}\mu_i=1$，使

$$\boldsymbol{X}=\mu_1\boldsymbol{X}^{(1)}+\mu_2\boldsymbol{X}^{(2)}+\cdots+\mu_k\boldsymbol{X}^{(k)}$$

则称 $\boldsymbol{X}$ 为 $\boldsymbol{X}^{(1)},\boldsymbol{X}^{(2)},\cdots,\boldsymbol{X}^{(k)}$ 的凸组合。

二、相关定理

定理 2.1 若线性规划问题存在可行域，则其可行域 $D=\left\{\boldsymbol{X}\left|\sum_{j=1}^{n}\boldsymbol{P}_j x_j=\boldsymbol{b},x_j\geqslant 0\right.\right\}$ 是凸集。

证明：为了证明满足线性规划问题的约束条件

$$\sum_{j=1}^{n}\boldsymbol{P}_j x_j=\boldsymbol{b},\ x_j\geqslant 0, j=1,2,\cdots,n$$

的所有点（可行解）组成的集合是凸集，只要证明 D 中任意两点连线上的点必然在 D 内即可。

设

$$\boldsymbol{X}^{(1)}=(x_1^{(1)},x_2^{(1)},\cdots,x_n^{(1)})^{\mathrm{T}}$$
$$\boldsymbol{X}^{(2)}=(x_1^{(2)},x_2^{(2)},\cdots,x_n^{(2)})^{\mathrm{T}}$$

是 D 内任意两点，且 $\boldsymbol{X}^{(1)}\neq\boldsymbol{X}^{(2)}$。则有

$$\sum_{j=1}^{n}\boldsymbol{P}_j x_j^{(1)}=\boldsymbol{b},\ x_j^{(1)}\geqslant 0, j=1,2,\cdots,n$$

$$\sum_{j=1}^{n}\boldsymbol{P}_j x_j^{(2)}=\boldsymbol{b},\ x_j^{(2)}\geqslant 0, j=1,2,\cdots,n$$

令 $\boldsymbol{X}=(x_1,x_2,\cdots,x_n)^{\mathrm{T}}$ 为 $\boldsymbol{X}^{(1)}$、$\boldsymbol{X}^{(2)}$ 连线上的任意一点，即

$$\boldsymbol{X}=\alpha\boldsymbol{X}^{(1)}+(1-\alpha)\boldsymbol{X}^{(2)},\ 0\leqslant\alpha\leqslant 1$$

$\boldsymbol{X}$ 的每一分量是 $x_j=\alpha x_j^{(1)}+(1-\alpha)x_j^{(2)}$，将它代入约束条件，得到

$$\begin{aligned}\sum_{j=1}^{n}\boldsymbol{P}_j x_j&=\sum_{j=1}^{n}\boldsymbol{P}_j[\alpha x_j^{(1)}+(1-\alpha)x_j^{(2)}]\\&=\alpha\sum_{j=1}^{n}\boldsymbol{P}_j x_j^{(1)}+\sum_{j=1}^{n}\boldsymbol{P}_j x_j^{(2)}-\alpha\sum_{j=1}^{n}\boldsymbol{P}_j x_j^{(2)}\\&=\alpha\boldsymbol{b}+\boldsymbol{b}-\alpha\boldsymbol{b}=\boldsymbol{b}\end{aligned}$$

又因为 $x_j^{(1)},x_j^{(2)}\geqslant 0,\ \alpha>0,\ 1-\alpha>0$，所以 $x_j\geqslant 0, j=1,2,\cdots,n$。由此可见，$\boldsymbol{X}\in D$，所以 D 是凸集。

引理 2.1 线性规划问题的可行解 $\boldsymbol{X}=(x_1,x_2,\cdots,x_n)^{\mathrm{T}}$ 为基可行解的充要条件是，$\boldsymbol{X}$ 的正分量所对应的系数列向量是线性独立的。

证明：（1）必要性。由基可行解的定义可知。

（2）充分性。若向量 $\boldsymbol{P}_1,\boldsymbol{P}_2,\cdots,\boldsymbol{P}_k$ 线性独立，则必有 $k\leqslant m$。当 $k=m$ 时，它们恰

好构成一个基，从而 $\boldsymbol{X}=(x_1,x_2,\cdots,x_k,0,\cdots,0)^{\mathrm{T}}$ 为相应的基可行解。当 $k<m$ 时，则一定可以从其余列向量中取出 $m-k$ 个与 $\boldsymbol{P}_1,\boldsymbol{P}_2,\cdots,\boldsymbol{P}_k$ 构成最大的线性独立向量组，其对应的解恰为 $\boldsymbol{X}$，所以根据定义其是基可行解。

定理 2.2 线性规划问题的基可行解 $\boldsymbol{X}$ 对应于可行域 D 的极点。

证明：不失一般性，假设基可行解 $\boldsymbol{X}$ 的前 m 个分量为正，故

$$\sum_{j=1}^{n}\boldsymbol{P}_j x_j=\boldsymbol{b} \tag{2.1}$$

下面分别用反证法分两步讨论。

（1）若 $\boldsymbol{X}$ 不是基可行解，则它一定不是可行域 D 的极点。

根据引理 2.1，若 $\boldsymbol{X}$ 不是基可行解，则其正分量所对应的系数列向量 $\boldsymbol{P}_1,\boldsymbol{P}_2,\cdots,\boldsymbol{P}_m$ 线性相关，即存在一组不全为零的数 $\alpha_i(i=1,2,\cdots,m)$，使得

$$\alpha_1\boldsymbol{P}_1+\alpha_2\boldsymbol{P}_2+\cdots+\alpha_m\boldsymbol{P}_m=0 \tag{2.2}$$

用一个大于 0 的数 μ 乘以式（2.2），再分别与式（2.1）相加和相减，得到

$$(x_1+\mu\alpha_1)\boldsymbol{P}_1+(x_2+\mu\alpha_2)\boldsymbol{P}_2+\cdots+(x_m+\mu\alpha_m)\boldsymbol{P}_m=\boldsymbol{b}$$
$$(x_1-\mu\alpha_1)\boldsymbol{P}_1+(x_2-\mu\alpha_2)\boldsymbol{P}_2+\cdots+(x_m-\mu\alpha_m)\boldsymbol{P}_m=\boldsymbol{b}$$

现取

$$\boldsymbol{X}^{(1)}=[(x_1+\mu\alpha_1),(x_2+\mu\alpha_2),\cdots,(x_m+\mu\alpha_m),0,\cdots,0]$$
$$\boldsymbol{X}^{(2)}=[(x_1-\mu\alpha_1),(x_2-\mu\alpha_2),\cdots,(x_m-\mu\alpha_m),0,\cdots,0]$$

由 $\boldsymbol{X}^{(1)},\boldsymbol{X}^{(2)}$ 可以得到 $\boldsymbol{X}=\frac{1}{2}\boldsymbol{X}^{(1)}+\frac{1}{2}\boldsymbol{X}^{(2)}$，即 $\boldsymbol{X}$ 是 $\boldsymbol{X}^{(1)},\boldsymbol{X}^{(2)}$ 连线的中点。

另外，当 μ 充分小时，可保证

$$x_i\pm\mu\alpha_i\geqslant 0,\ i=1,2,\cdots,m$$

即 $\boldsymbol{X}^{(1)},\boldsymbol{X}^{(2)}$ 是可行解。这证明了 $\boldsymbol{X}$ 不是可行域 D 的极点。

（2）若 $\boldsymbol{X}$ 不是可行域 D 的极点，则它一定不是基可行解。

因为 $\boldsymbol{X}$ 不是可行域 D 的极点，故在可行域 D 中可找到不同的两点

$$\boldsymbol{X}^{(1)}=(x_1^{(1)},x_2^{(1)},\cdots,x_n^{(1)})^{\mathrm{T}}$$
$$\boldsymbol{X}^{(2)}=(x_1^{(2)},x_2^{(2)},\cdots,x_n^{(2)})^{\mathrm{T}}$$

使

$$\boldsymbol{X}=\alpha\boldsymbol{X}^{(1)}+(1-\alpha)\boldsymbol{X}^{(2)},\ 0<\alpha<1$$

设 $\boldsymbol{X}$ 是基可行解，对应向量组 $\boldsymbol{P}_1,\boldsymbol{P}_2,\cdots,\boldsymbol{P}_m$ 线性独立。当 $j>m$ 时，有 $x_j=x_j^{(1)}=x_j^{(2)}=0$，由于 $\boldsymbol{X}^{(1)},\boldsymbol{X}^{(2)}$ 是可行域的两点，应满足：

$$\sum_{j=1}^{m} \boldsymbol{P}_j x_j^{(1)} = \boldsymbol{b}, \quad \sum_{j=1}^{m} \boldsymbol{P}_j x_j^{(2)} = \boldsymbol{b}$$

将这两式相减，即得

$$\sum_{j=1}^{m} \boldsymbol{P}_j (x_j^{(1)} - x_j^{(2)}) = 0$$

因为 $\boldsymbol{X}^{(1)} \neq \boldsymbol{X}^{(2)}$，所以上式系数 $(x_j^{(1)} - x_j^{(2)})$ 不全为零，故向量组 $\boldsymbol{P}_1, \boldsymbol{P}_2, \cdots, \boldsymbol{P}_m$ 线性相关，与假设矛盾，即 $\boldsymbol{X}$ 不是基可行解。

引理 2.2 若 K 是有界凸集，则任何一点 $\boldsymbol{X} \in K$ 可表示为 K 的极点的凸组合。

下面用例 2.1 来说明引理 2.2。

【例 2.1】三角形及其内部区域构成一个有界凸集，$\boldsymbol{A,B,C}$ 是凸集的三个极点，如图 2-2 所示。设 $\boldsymbol{X}$ 是三角形内的任意一点，试将 $\boldsymbol{X}$ 表示成三个极点的凸组合。

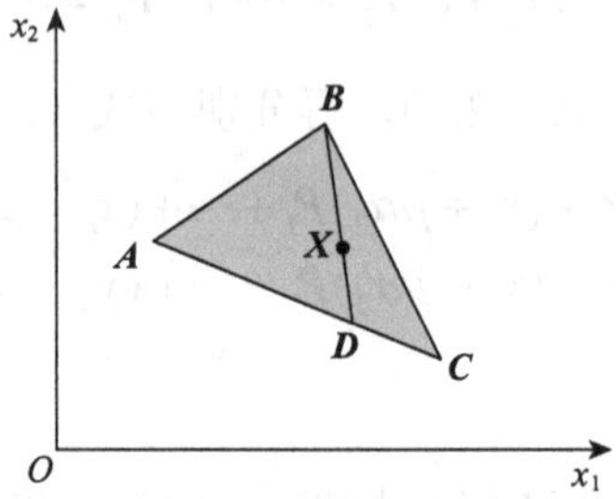

图 2-2 例 2.1 的图示

解：任选一个极点 $\boldsymbol{B}$，连接 $\boldsymbol{BX}$ 并延长，使其交 $\boldsymbol{AC}$ 于 $\boldsymbol{D}$ 点。因为 $\boldsymbol{D}$ 在 $\boldsymbol{AC}$ 上，故有

$$\boldsymbol{D} = \alpha \boldsymbol{A} + (1-\alpha)\boldsymbol{C}, \ 0 < \alpha < 1 \tag{2.3}$$

又因为 $\boldsymbol{X}$ 在 $\boldsymbol{BD}$ 上，故有

$$\boldsymbol{X} = \lambda \boldsymbol{D} + (1-\lambda)\boldsymbol{B}, \ 0 < \lambda < 1 \tag{2.4}$$

将式（2.3）代入式（2.4），得

$$\begin{aligned} \boldsymbol{X} &= \lambda[\alpha \boldsymbol{A} + (1-\alpha)\boldsymbol{C}] + (1-\lambda)\boldsymbol{B} \\ &= \lambda\alpha \boldsymbol{A} + (1-\alpha)\lambda \boldsymbol{C} + (1-\lambda)\boldsymbol{B} \end{aligned}$$

令 $\mu_1 = \lambda\alpha, \ \mu_2 = 1-\lambda, \ \mu_3 = (1-\alpha)\lambda$，则

$$\boldsymbol{X} = \mu_1 \boldsymbol{A} + \mu_2 \boldsymbol{B} + \mu_3 \boldsymbol{C}, \ 0 < \mu_i < 1, \sum_{i=1}^{3} \mu_i = 1$$

因此，证明了凸集内任意一点 $\boldsymbol{X}$ 可以表示成极点 $\boldsymbol{A,B,C}$ 的凸组合。

定理 2.3 若可行域有界，线性规划问题的目标函数一定可以在其可行域的极点上达到最优。

证明：设 $\boldsymbol{X}^{(1)},\boldsymbol{X}^{(2)},\cdots,\boldsymbol{X}^{(k)}$ 是可行域的极点，若 $\boldsymbol{X}^{(0)}$ 不是极点，且目标函数在 $\boldsymbol{X}^{(0)}$ 处达到最优，即 $z^*=\boldsymbol{CX}^{(0)}$（标准形式的目标函数为 $\max z=\boldsymbol{CX}$）。

因为 $\boldsymbol{X}^{(0)}$ 不是极点，所以它可以用可行域凸集的极点线性表示为

$$\boldsymbol{X}^{(0)}=\sum_{i=1}^{k}\alpha_i\boldsymbol{X}^{(i)},\ \alpha_i>0,\sum_{i=1}^{k}\alpha_i=1>0$$

两边同乘以行向量 $\boldsymbol{C}$，得

$$\boldsymbol{CX}^{(0)}=\boldsymbol{C}\sum_{i=1}^{k}\alpha_i\boldsymbol{X}^{(i)}=\sum_{i=1}^{k}\alpha_i\boldsymbol{CX}^{(i)} \tag{2.5}$$

在所有的极点中必然能找到某一个极点 $\boldsymbol{X}^{(m)}$，使 $\boldsymbol{CX}^{(m)}$ 为所有 $\boldsymbol{CX}^{(i)}$ 中的最大者，并且将 $\boldsymbol{X}^{(m)}$ 代替式（2.5）中的所有 $\boldsymbol{X}^{(i)}$，这样便得到

$$\sum_{i=1}^{k}\alpha_i\boldsymbol{CX}^{(i)}\leqslant\sum_{i=1}^{k}\alpha_i\boldsymbol{CX}^{(m)}=\boldsymbol{CX}^{(m)}$$

由此得到

$$\boldsymbol{CX}^{(0)}\leqslant\boldsymbol{CX}^{(m)}$$

根据假设，$\boldsymbol{CX}^{(0)}$ 是最大值，所以只能有

$$\boldsymbol{CX}^{(0)}=\boldsymbol{CX}^{(m)}$$

即目标函数在极点 $\boldsymbol{X}^{(m)}$ 处也取得最大值。

有时目标函数可能在多个极点处取得最大值，因此在这些极点的凸组合上也取得最大值，称这种线性规划问题有无穷多个最优解。

假设 $\boldsymbol{X}^{(1)},\boldsymbol{X}^{(2)},\cdots,\boldsymbol{X}^{(k)}$ 是使目标函数取得最大值的极点，若 $\boldsymbol{X}$ 是这些极点的凸组合，即

$$\boldsymbol{X}=\sum_{i=1}^{k}\alpha_i\boldsymbol{X}^{(i)},\ \alpha_i>0,\sum_{i=1}^{k}\alpha_i=1$$

两边同乘以行向量 $\boldsymbol{C}$，得

$$\boldsymbol{CX}=\boldsymbol{C}\sum_{i=1}^{k}\alpha_i\boldsymbol{X}^{(i)}=\sum_{i=1}^{k}\alpha_i\boldsymbol{CX}^{(i)}$$

设

$$\boldsymbol{CX}^{(i)}=m,\quad i=1,2,\cdots,k$$

于是

$$\boldsymbol{CX}=\sum_{i=1}^{k}\alpha_i m=m$$

另外，若可行域无界，则可能无最优解，也可能有最优解；若有，则其必定在某

极点上得到。

根据上述讨论，可以得出以下结论。

（1）线性规划问题的所有可行解构成的集合是凸集（可能为无界的凸集），包含有限个极点；线性规划问题的每个基可行解对应可行域的一个极点。

（2）线性规划问题的可行解集若非空且有界，则一定有最优解。若最优解唯一，则必在某个极点上得到；若具有多重最优解，则最优解是某些极点的凸组合。即最优解是可行解集的极点或界点，不可能是可行解集的内点。

（3）线性规划问题的可行解集若无界，则可能有最优解，也可能没有最优解。若线性规划问题具有无界解，则可行域一定无界。

第二节 单纯形法原理

线性规划模型的求解方法有很多，有图解法、单纯形法、哈奇扬算法、卡马卡算法、Todd 算法等。其中，单纯形法是美国数学家丹齐格在 1947 年提出的，它是一种直接、快捷的搜索最优解的方法，其优点是对目标函数的解析性没有要求，收敛速度快，适用面广。因此，单纯形法是目前最常使用的求解线性规划模型的方法。本节介绍单纯形法的基本原理。

单纯形法的主要思想是：先找一个基可行解，判断其是否为最优解，如果不是，则在现有基可行解的基础上找到下一个更优的基可行解，再进行判优，如此循环有限次，便可得到有最优解或无界解的结论。对于有两个决策变量的线性规划问题，单纯形法对应图解法的几何求解过程是，在可行域的凸集中，从一个极点（基可行解）开始，按一定规则，转移到相邻极点，即得到另一个基可行解，再进行判优，直到给出是否有最优解的结论。对于任意的至少有一个最优解的线性规划问题的判优条件是，若一个极点（基可行解）的目标函数值优于相邻极点的目标函数值，则这个极点所代表的基可行解即为最优解。

一、消去法原理

这里先用消去法介绍线性规划问题的求解思路，其基本理论与前述线性规划的基本概念和理论相关。

【例 2.2】用消去法求解例 1.1 中的线性规划模型：

$$\max z = 2x_1 + 3x_2$$

$$\text{s.t.}\quad \begin{cases} 2x_1 + x_2 \leqslant 50 \\ x_1 + 3x_2 \leqslant 60 \\ x_1, x_2 \geqslant 0 \end{cases}$$

解：（1）模型标准化。引入松弛变量 x_3, x_4，将线性规划模型转化为标准形式，即

$$\max z = 2x_1 + 3x_2 + 0 \times x_3 + 0 \times x_4$$

$$\text{s.t.} \begin{cases} 2x_1 + x_2 + x_3 = 50 \\ x_1 + 3x_2 + x_4 = 60 \\ x_1, x_2, x_3, x_4 \geqslant 0 \end{cases}$$

（2）寻找初始基可行解。系数矩阵为

$$\boldsymbol{A} = \begin{pmatrix} 2 & 1 & 1 & 0 \\ 1 & 3 & 0 & 1 \end{pmatrix} = (\boldsymbol{P}_1, \boldsymbol{P}_2, \boldsymbol{P}_3, \boldsymbol{P}_4)$$

显然 $\boldsymbol{A}$ 中第 3 列和第 4 列组成一个 2 阶单位矩阵，记为 $\boldsymbol{B}_1 = \begin{pmatrix} 1 & 0 \\ 0 & 1 \end{pmatrix} = (\boldsymbol{P}_3, \boldsymbol{P}_4)$，$R(\boldsymbol{B}_1) = 2$。$\boldsymbol{B}_1$ 是一个初始基，x_3, x_4 为基变量，x_1, x_2 为非基变量，用非基变量表示基变量，得

$$\begin{cases} x_3 = 50 - 2x_1 - x_2 \\ x_4 = 60 - x_1 - 3x_2 \end{cases} \tag{2.6}$$

令 $x_1 = 0$，$x_2 = 0$，通过解约束方程组，得到 $x_3 = 50$，$x_4 = 60$，得到初始基可行解 $\boldsymbol{X}^{(1)} = (0, 0, 50, 60)^{\mathrm{T}}$，目标函数值 $z^{(1)} = 2x_1 + 3x_2 = 0$。

（3）判优。这个初始基可行解是否为最优解呢？可以根据目标函数中非基变量的系数判断，目标函数为 $\max z^{(1)} = 2x_1 + 3x_2$，其中 x_1, x_2 的系数均为正数，如果增大 x_1, x_2 的取值（初始解中非基变量取值为零，可进入基变量取值为正数），则可使目标函数值增大，得到更优的解。因此，对于目标函数求最大值的线性规划问题，如果目标函数中非基变量的系数大于零，那么所得到的解就没有达到最优。

（4）换基迭代。根据上一步的判优原理，当目标函数中存在含有正系数的非基变量时，可考虑将一个非基变量引入基变量，简称入基，即其取值由零增大为正数，这样可以使目标函数值得到改善。一般来说，引入非基变量的原则是，使目标函数值增大更快的非基变量先入基，即非基变量的正系数大的先入基，这样下一个基可行解可以使目标函数值增大得更快。

由于各变量间存在约束条件的限制，引入一个非基变量（取值由零增大），往往使原有基变量的取值减小，为了保证满足可行解中决策变量的非负约束，引入的非基变量的取值大小会受到退出基变量非负约束的限制。因此，基变量换出的方法是，非基变量的引入引起原有基变量取值减小，最先减为零的基变量即为出基的变量。

对于 $\boldsymbol{X}^{(1)}$，其目标函数的系数为 $(2,3)$，先判断入基变量，选取系数较大的 x_2 入基，这样有利于使目标函数值较快地增大。然后判断换出变量，当 x_2 由零增大为正数时，由式（2.6）可知 x_3, x_4 将减小，为了保证基解可行，必须满足所有变量均为非负约束，即

$$\begin{cases} x_3 = 50 - 2x_1 - x_2 \geqslant 0 \\ x_4 = 60 - x_1 - 3x_2 \geqslant 0 \\ x_1 = 0 \end{cases} \Rightarrow \begin{cases} x_2 \leqslant \dfrac{50}{1} \\ x_2 \leqslant \dfrac{60}{3} \end{cases} \tag{2.7}$$

为了同时满足式（2.7）的要求，当 x_2 从 0 增大到 $\dfrac{60}{3}$ 时，也就是 $\theta = \min\left(\dfrac{50}{1}, \dfrac{60}{3}\right) = 20$，$x_4$ 先降至零，因此，确定 x_4 作为换出变量。

于是，在原约束方程组（2.6）的基础上，将其中第二个方程移项，用非基变量 x_1, x_4 表示基变量 x_2，然后再将 x_2 代入第一个方程中，即用非基变量 x_1, x_4 表示基变量 x_3，得到

$$\begin{cases} x_3 = 30 - \dfrac{5}{3}x_1 + \dfrac{1}{3}x_4 \\ x_2 = 20 - \dfrac{1}{3}x_1 - \dfrac{1}{3}x_4 \end{cases}$$

令非基变量 $x_1 = 0, \ x_4 = 0$，解得基变量 $x_2 = 20, \ x_3 = 30$，得到另一个基可行解 $\boldsymbol{X}^{(2)} = (0, 20, 30, 0)^{\mathrm{T}}$，同样用非基变量表示目标函数：

$$z^{(2)} = 2x_1 + 3x_2 = 2x_1 + 3 \times \left(20 - \frac{1}{3}x_1 - \frac{1}{3}x_4\right) = 60 + x_1 - x_4 = 60$$

（5）判优。由于 $z^{(2)}$ 中含有 x_1 的正系数项（且仅此一项），说明 $\boldsymbol{X}^{(2)}$ 并没有使目标函数达到最优，需要进行换基迭代，x_1 入基。

（6）换基迭代。同步骤（4），确定 x_1 入基后，要确保满足变量的非负约束，即

$$\begin{cases} x_3 = 30 - \dfrac{5}{3}x_1 + \dfrac{1}{3}x_4 \geqslant 0 \\ x_2 = 20 - \dfrac{1}{3}x_1 - \dfrac{1}{3}x_4 \geqslant 0 \\ x_4 = 0 \end{cases} \Rightarrow \begin{cases} x_1 \leqslant \dfrac{30}{5/3} \\ x_1 \leqslant \dfrac{20}{1/3} \end{cases}$$

由于 $\theta = \min\left(\dfrac{30}{5/3}, \dfrac{20}{1/3}\right) = 18$，说明当 x_1 增大时，x_3 最先减小到零，所以 x_3 出基。用非基变量表示基变量：

$$\begin{cases} x_1 = 18 - \dfrac{3}{5}x_3 + \dfrac{1}{5}x_4 \\ x_2 = 14 + \dfrac{1}{5}x_3 - \dfrac{2}{5}x_4 \end{cases}$$

令非基变量 $x_3 = 0, \ x_4 = 0$，基变量 $x_1 = 18, \ x_2 = 14$，得到下一个基可行解 $\boldsymbol{X}^{(3)} = (18, 14, 0, 0)^{\mathrm{T}}$，目标函数为

$$z^{(3)}=78-\frac{3}{5}x_3-\frac{4}{5}x_4=78$$

（7）判优。由于 $z^{(3)}$ 中不含非基变量的正系数项，因此 $\boldsymbol{X}^{(3)}$ 已使目标函数取得最大值，$\boldsymbol{X}^{(3)}=(18,14,0,0)^{\mathrm{T}}$ 是该线性规划问题的最优解，目标函数的最优值为 78。

从上述消去法的求解过程中可以看出，每次求解一个基可行解，均需判断其是否使目标函数达到最优。如果其不是最优解，则换入一个非基变量作为基变量，换出一个基变量作为非基变量，得到另一个基可行解，再进行判优。如此循环，经过有限次换基，即可得到线性规划模型的最优解或判断出无最优解。其基本原理依据定理 2.3，即线性规划模型的最优解一定在其可行域的极点（有限个基可行解）上得到。

二、单纯形法理论推导

对于标准形式的线性规划问题：

$$\max z=\boldsymbol{CX} \tag{2.8}$$

$$\text{s.t.}\begin{cases}\boldsymbol{AX}=\boldsymbol{b} & (2.9)\\ \boldsymbol{X}\geqslant\boldsymbol{0} & (2.10)\end{cases}$$

设 $\boldsymbol{A}$ 是 $m\times n$ 维的矩阵，且 $R(\boldsymbol{A})=m(m<n)$，即 $\boldsymbol{A}$ 是行满秩的。于是，$\boldsymbol{A}$ 中一定存在 m 列向量线性独立，这 m 行 m 列构成 $\boldsymbol{A}$ 的一个非奇异子矩阵，称为线性规划的一个基矩阵 $\boldsymbol{B}$，基矩阵 $\boldsymbol{B}$ 各列对应的变量称为基变量。为方便起见，不妨设 $\boldsymbol{A}$ 的前 m 列向量线性独立。现将 $\boldsymbol{A},\boldsymbol{X},\boldsymbol{C}$ 按上述规则写作分块矩阵。

设 $\boldsymbol{A}=(\boldsymbol{B},\boldsymbol{N}),\boldsymbol{B}=(\boldsymbol{P}_1,\boldsymbol{P}_2,\cdots,\boldsymbol{P}_m),\boldsymbol{N}=(\boldsymbol{P}_{m+1},\boldsymbol{P}_{m+2},\cdots,\boldsymbol{P}_n)$，相应地，在 $\boldsymbol{X}$ 中与 $\boldsymbol{P}_1,\boldsymbol{P}_2,\cdots,\boldsymbol{P}_m$ 对应的变量是基变量，记为

$$\boldsymbol{X}_B=\begin{pmatrix}x_1\\x_2\\\vdots\\x_m\end{pmatrix}$$

其余变量为非基变量，记为

$$\boldsymbol{X}_N=\begin{pmatrix}x_{m+1}\\x_{m+2}\\\vdots\\x_n\end{pmatrix}$$

决策变量的向量表示形式为 $\boldsymbol{X}=\begin{pmatrix}\boldsymbol{X}_B\\\boldsymbol{X}_N\end{pmatrix}$，决策变量对应的目标函数系数 $\boldsymbol{C}=(\boldsymbol{C}_B,\boldsymbol{C}_N)$。

将分块矩阵代入式（2.9），写作：

$$(\boldsymbol{B},\boldsymbol{N})\begin{pmatrix}\boldsymbol{X}_B\\ \boldsymbol{X}_N\end{pmatrix}=\boldsymbol{b}\Rightarrow \boldsymbol{B}\boldsymbol{X}_B+\boldsymbol{N}\boldsymbol{X}_N=\boldsymbol{b} \tag{2.11}$$

因为基矩阵 $\boldsymbol{B}$ 是非奇异矩阵，所以 $\boldsymbol{B}^{-1}$ 存在，式（2.11）两边同乘以 $\boldsymbol{B}^{-1}$，经整理得

$$\boldsymbol{X}_B=\boldsymbol{B}^{-1}\boldsymbol{b}-\boldsymbol{B}^{-1}\boldsymbol{N}\boldsymbol{X}_N$$

令非基变量 $\boldsymbol{X}_N=\boldsymbol{0}$，得到基解：

$$\boldsymbol{X}_B=\boldsymbol{B}^{-1}\boldsymbol{b}$$

满足 $\boldsymbol{X}_B\geqslant\boldsymbol{0}$，即为基可行解。

将目标函数表示为分块矩阵：

$$\begin{aligned}z=\boldsymbol{C}\boldsymbol{X}&=(\boldsymbol{C}_B,\boldsymbol{C}_N)\begin{pmatrix}\boldsymbol{X}_B\\ \boldsymbol{X}_N\end{pmatrix}\\&=\boldsymbol{C}_B\boldsymbol{X}_B+\boldsymbol{C}_N\boldsymbol{X}_N\\&=\boldsymbol{C}_B(\boldsymbol{B}^{-1}\boldsymbol{b}-\boldsymbol{B}^{-1}\boldsymbol{N}\boldsymbol{X}_N)+\boldsymbol{C}_N\boldsymbol{X}_N\\&=\boldsymbol{C}_B\boldsymbol{B}^{-1}\boldsymbol{b}+(\boldsymbol{C}_N-\boldsymbol{C}_B\boldsymbol{B}^{-1}\boldsymbol{N})\boldsymbol{X}_N\end{aligned}$$

令 $\boldsymbol{X}_N=\boldsymbol{0}$，则 $z=\boldsymbol{C}_B\boldsymbol{B}^{-1}\boldsymbol{b}$。

为了用给定的线性规划模型所给的数据进行判优，下面证明 $\boldsymbol{C}_N-\boldsymbol{C}_B\boldsymbol{B}^{-1}\boldsymbol{N}$ 与 $\boldsymbol{C}-\boldsymbol{C}_B\boldsymbol{B}^{-1}\boldsymbol{A}$ 是等价的。

$$\begin{aligned}\boldsymbol{C}-\boldsymbol{C}_B\boldsymbol{B}^{-1}\boldsymbol{A}&=(\boldsymbol{C}_B,\boldsymbol{C}_N)-\boldsymbol{C}_B\boldsymbol{B}^{-1}(\boldsymbol{B},\boldsymbol{N})\\&=(\boldsymbol{C}_B,\boldsymbol{C}_N)-(\boldsymbol{C}_B\boldsymbol{B}^{-1}\boldsymbol{B},\boldsymbol{C}_B\boldsymbol{B}^{-1}\boldsymbol{N})\\&=(\boldsymbol{C}_B,\boldsymbol{C}_N)-(\boldsymbol{C}_B,\boldsymbol{C}_B\boldsymbol{B}^{-1}\boldsymbol{N})\\&=(\boldsymbol{0},\boldsymbol{C}_N-\boldsymbol{C}_B\boldsymbol{B}^{-1}\boldsymbol{N})\end{aligned}$$

由此可证，$\boldsymbol{C}_N-\boldsymbol{C}_B\boldsymbol{B}^{-1}\boldsymbol{N}\leqslant\boldsymbol{0}$ 与 $\boldsymbol{C}-\boldsymbol{C}_B\boldsymbol{B}^{-1}\boldsymbol{A}\leqslant\boldsymbol{0}$ 是等价的。$\boldsymbol{C}-\boldsymbol{C}_B\boldsymbol{B}^{-1}\boldsymbol{A}$ 称为检验数，前面包含的“**0**”对应于 m 个基变量的检验数，$\boldsymbol{C}_N-\boldsymbol{C}_B\boldsymbol{B}^{-1}\boldsymbol{N}$ 是非基变量的检验数，也就是消去法目标函数中非基变量的系数，当有正系数存在时，说明未得到最优解。对应单个变量的检验数，也可写作 $\lambda_j=c_j-\boldsymbol{C}_B\boldsymbol{B}^{-1}\boldsymbol{P}_j$

线性规划有最优解的判别定理：对于可行基 $\boldsymbol{B}$，如果 $\boldsymbol{X}_B=\boldsymbol{B}^{-1}\boldsymbol{b}\geqslant\boldsymbol{0}$，且 $\boldsymbol{C}-\boldsymbol{C}_B\boldsymbol{B}^{-1}\boldsymbol{A}\leqslant\boldsymbol{0}$，则对应于基 $\boldsymbol{B}$ 的基可行解就是线性规划问题的最优解，称其为基础最优解，称 $\boldsymbol{B}$ 为最优基。线性规划的最优解表示为 $\boldsymbol{X}=(\boldsymbol{X}_B,\boldsymbol{X}_N)^{\mathrm{T}}$，目标函数的最优值为 $z=\boldsymbol{C}_B\boldsymbol{B}^{-1}\boldsymbol{b}$。

第三节　单纯形法的计算步骤

利用单纯形法解决线性规划问题时，就是根据上述原理，先找到约束条件系数矩

阵中的单位子矩阵，确定单位向量对应的变量为基变量，其余变量为非基变量，令非基变量为零，根据约束方程组计算出基变量，得到一个基可行解。然后利用检验数判断该解是否使目标函数达到最优。如果不是最优解，则选择检验数为较大正数的一个非基变量入基，同时换出一个基变量，进行矩阵的初等变换，得到相邻的下一个基可行解，再进行判优，如此循环，直到找到最优解或判定解无界时为止。

一、单纯形表

单纯形表是为了求解过程标准化而设计的表格，包含目标函数系数、基变量及其取值、系统约束系数、检验数，以及基可行解对应的目标函数值，其形式如图 2-3 所示。

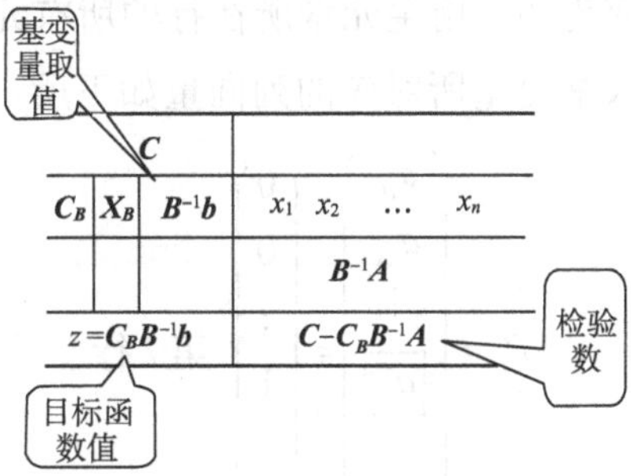

图 2-3 单纯形表的形式

二、计算步骤

（1）将线性规划模型转换为标准形式（本章以目标函数最大化为标准）。

（2）确定初始可行解，构建初始单纯形表。

（3）判断基可行解是否为最优解，判优条件是：对于目标函数求最大值的模型，检验数（相当于消去法中用非基变量表示的目标函数系数）均满足 $\lambda_j=c_j-\boldsymbol{C_B}\boldsymbol{B}^{-1}\boldsymbol{P}_j\leqslant 0$；对于目标函数求最小值的模型，检验数均满足 $\lambda_j=c_j-\boldsymbol{C_B}\boldsymbol{B}^{-1}\boldsymbol{P}_j\geqslant 0$。如果满足判优条件，转第（5）步，否则转第（4）步。

（4）换基迭代，包括以下过程。

第一，选取入基变量。设有 $\lambda_j=c_j-\boldsymbol{C_B}\boldsymbol{B}^{-1}\boldsymbol{P}_j>0$，则相应的非基变量 x_j 为入基变量。如果 j 不唯一，可选取 $\lambda_k=\max\{\lambda_j\,|\,\lambda_j>0\}$ 对应的非基变量 x_k 入基。因为一般来说，将较大正系数（检验数）对应的非基变量入基，则下一个基可行解使目标函数值更接近于最优值。如果存在两个及两个以上相等的最大检验数，可任选其一作为入基变量。

第二，确定出基变量，框出主元素。如果入基变量对应的列向量 $\boldsymbol{P}_k$ 存在正分量，则以正分量为分母，以正分量所在行对应的基变量的取值为分子，求出所有比值中的最小值，即 $\theta_l=\min\left\{\dfrac{b_i}{a_{ik}}\,|\,a_{ik}>0\right\}$，则该最小值对应的第 l 行的基变量为换出变

量，简称出基。这种判断出基变量的方法称为 θ 法则。这是因为，比值最小者对应的基变量会因非基变量的引入（取值的增加），而最先减小到零。如果存在两个及以上相等的最小比值，可任选其一作为出基变量。出、入基交叉点上的元素 a_{lk} 称为主元素或轴心项，用方框将其框起来。

如果列向量 $\boldsymbol{P}_k$ 中不存在正系数，即所有分量均小于等于零，说明引入 x_k 将增大现有基变量的取值，不会破坏非负约束，这样会使目标函数值趋向无穷，因此可以得出，该线性规划问题无最优解（即无界解），转第（5）步。

第三，换基迭代，得到下一个基可行解。利用矩阵的初等变换，将主元素变为 1，即主元素所在行各元素同除以主元素 a_{lk}，把基变量所在列 $\boldsymbol{X_B}$ 中的 x_l 变为 x_k；将主元素所在列的其余元素变为 0，用主元素所在行的所有元素乘以 $-a_{ik}$，加到第 i 行对应的元素上。变换前后入基变量所对应的列向量如下所示：

$$\boldsymbol{P}_k=\begin{pmatrix} a_{1k} \\ a_{2k} \\ \vdots \\ \boxed{a_{lk}} \\ \vdots \\ a_{mk} \end{pmatrix}=\begin{pmatrix} 0 \\ 0 \\ \vdots \\ 1 \\ \vdots \\ 0 \end{pmatrix} \text{第 } l \text{ 行}$$

然后，重新计算检验数和目标函数值，得到一张新单纯形表，其中包含一个新的基可行解。重复第（3）、（4）步。

（5）给出线性规划模型解的结论。

【例 2.3】用单纯形法求解例 1.1 中的线性规划模型：

$$\max z=2x_1+3x_2$$
$$\text{s.t.}\begin{cases} 2x_1+x_2\leqslant 50 \\ x_1+3x_2\leqslant 60 \\ x_1,x_2\geqslant 0 \end{cases}$$

解：（1）加入 x_3,x_4 两个松弛变量，将线性规划模型转化为标准形式，即

$$\max z=2x_1+3x_2+0\times x_3+0\times x_4$$
$$\text{s.t.}\begin{cases} 2x_1+x_2+x_3=50 \\ x_1+3x_2+x_4=60 \\ x_1,x_2,x_3,x_4\geqslant 0 \end{cases}$$

（2）确定初始基可行解，建立初始单纯形表。由标准形式可知，$\boldsymbol{A}=\begin{pmatrix} 2 & 1 & 1 & 0 \\ 1 & 3 & 0 & 1 \end{pmatrix}$，其中包含单位矩阵（基矩阵）$\boldsymbol{B}=\begin{pmatrix} 1 & 0 \\ 0 & 1 \end{pmatrix}$，对应的 x_3,x_4 即为基变量。根据图 2-3 所示的单纯形表的构成，得出

$$\boldsymbol{B}^{-1}\boldsymbol{A}=\begin{pmatrix}1&0\\0&1\end{pmatrix}\begin{pmatrix}2&1&1&0\\1&3&0&1\end{pmatrix}=\boldsymbol{A}$$

$$\boldsymbol{B}^{-1}\boldsymbol{b}=\begin{pmatrix}1&0\\0&1\end{pmatrix}\begin{pmatrix}50\\60\end{pmatrix}=\begin{pmatrix}50\\60\end{pmatrix}$$

$$z=\boldsymbol{C}_B\boldsymbol{B}^{-1}\boldsymbol{b}=(0,0)\begin{pmatrix}1&0\\0&1\end{pmatrix}\begin{pmatrix}50\\60\end{pmatrix}=0$$

$$\begin{aligned}\boldsymbol{C}-\boldsymbol{C}_B\boldsymbol{B}^{-1}\boldsymbol{A}&=(2,3,0,0)-(0,0)\begin{pmatrix}1&0\\0&1\end{pmatrix}\begin{pmatrix}2&1&1&0\\1&3&0&1\end{pmatrix}\\&=(2,3,0,0)\end{aligned}$$

根据上述分析，列出初始单纯形表（表 2-1）。如果熟悉单纯形法，可省去上述分析，直接根据标准的线性规划模型，写出初始单纯形表。

表 2-1 例 2.3 的初始单纯形表

$\boldsymbol{C}$			2	3	0	0
$\boldsymbol{C}_B$	$\boldsymbol{X}_B$	$\boldsymbol{B}^{-1}\boldsymbol{b}$	x_1	x_2	x_3	x_4
0	x_3	50	2	1	1	0
0	x_4	60	1	[3]	0	1
$z=0$			2	3	0	0

（3）判优。$\lambda_1,\lambda_2>0$，说明初始基可行解不是最优解。

（4）换基迭代。因为$\lambda_2>\lambda_1$，所以选择x_2入基（也可以让x_1入基，只是求解的路径不同而已）；由于$\min\theta=\min\left\{\frac{50}{1},\frac{60}{3}\right\}=20$，因此$x_4$出基，在表 2-1 中框出主元素。

利用矩阵的初等变换，将主元素变为 1（主元素所在行各系数除以主元素 3），其所在列的其余元素变为 0（第一行系数加主元素所在行对应元素乘以“−1”得到）；检验数的计算可以利用公式$\boldsymbol{C}-\boldsymbol{C}_B\boldsymbol{B}^{-1}\boldsymbol{A}$，也可以利用初等变换将主元素所在列的检验数变为 0（即检验数所在行各元素加主元素所在行对应元素乘以“−3”得到）。这样就得到一个新的基可行解，见表 2-2。注意：要将初始单纯形表中的基变量x_4替换为x_2。

表 2-2 例 2.3 的第二张单纯形表

$\boldsymbol{C}$			2	3	0	0
$\boldsymbol{C}_B$	$\boldsymbol{X}_B$	$\boldsymbol{B}^{-1}\boldsymbol{b}$	x_1	x_2	x_3	x_4
0	x_3	30	[5/3]	0	1	−1/3
3	x_2	20	1/3	1	0	1/3
$z=60$			1	0	0	−1

入基

（5）判优。由于 $\lambda_1=1>0$，说明表 2-2 的基可行解仍没有使目标函数达到最优，因此，让 x_1 入基，可继续改进目标函数值。

（6）换基迭代。因为 $\theta=\min\left\{\frac{30}{5/3},\frac{20}{1/3}\right\}=18$，所以 x_3 出基，在表 2-2 中框出主元素。经过初等变换，得到新的基可行解，见表 2-3。

表 2-3　例 2.3 的第三张单纯形表

C			2	3	0	0
C_B	X_B	$B^{-1}b$	x_1	x_2	x_3	x_4
2	x_1	18	1	0	3/5	−1/5
3	x_2	14	0	1	−1/5	2/5
$z=78$			0	0	−3/5	−4/5

（7）判优。因为所有 $\lambda_j\leqslant 0,\ j=1,2,3,4$, 且 $\boldsymbol{X_B}>\mathbf{0}$，所以最优解为 $x_1=18, x_2=14$，目标函数的最优值为 $z=78$。

三、单纯形法的求解过程与图解法的对应关系

将上述例 2.3 中单纯形法的求解过程与图 2-4 的图解法对比，可以看出，每一张单纯形表对应图 2-4 中可行域凸集的一个极点，且前后两张迭代关系的单纯形表对应着相邻的极点，即表 2-1 中的初始基可行解对应图 2-4 中的原点，表 2-2 中的基可行解对应图 2-4 中的 A 点，最后到图 2-4 中的最优解 B 点，求解路径如图 2-4 中的求解路径 1 所示。如果利用单纯形法求解，第一次选择 x_1 入基，则按求解路径 2 先找到 C 点的基可行解，再迭代一步找到最优解 B 点。由此可知，选取入基变量的顺序不同，将导致求解路径不同，而不会影响模型最终解的结论。

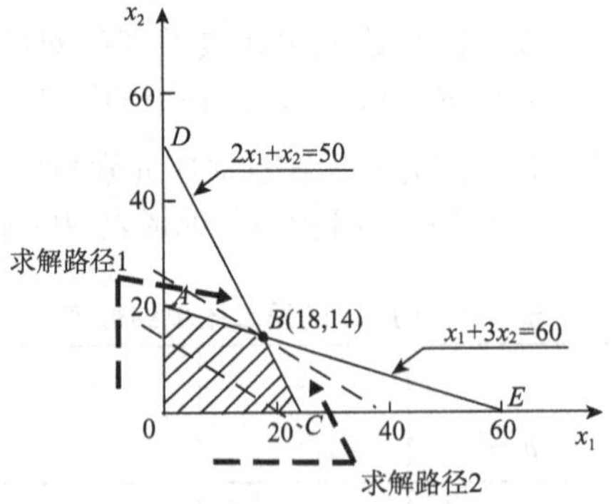

图 2-4　单纯形法的求解路径

四、单纯形法解的讨论

我们已经知道，线性规划模型可能存在特殊解的情况，下面就如何在单纯形表中

判断各种解做出说明。

唯一最优解的判断：若在最优表中所有基变量的取值均大于零，且非基变量的检验数都小于零，则线性规划具有唯一最优解。也就是说，基变量的检验数一定为零，而非基变量的检验数为负数。

多重最优解的判断：若在最优表中所有基变量的取值均大于零，且存在检验数为零的非基变量，则线性规划具有多重最优解。此时，引入该检验数为零的非基变量，可得到另一个最优基可行解。

无界解的判断：若存在 $\lambda_j > 0$ 且 $a_{ij} \leqslant 0$（$i = 1,2,\cdots,m$），则线性规划具有无界解。也就是说，换入检验数为正数的非基变量 x_j 时，不会使原基变量减小，因此可理解为该非基变量的值可无限增大，进而使目标函数值也无限增大，而找不到最优解。

退化解的判断：如果在单纯形表中基变量的取值为零，则称该基可行解为退化解，说明该线性规划问题是退化的。

【例 2.4】多重最优解示例。用单纯形法求解下列线性规划模型：

$$\max z = 2x_1 + x_2$$

$$\text{s.t.} \begin{cases} 2x_1 + x_2 \leqslant 50 \\ x_1 + 3x_2 \leqslant 60 \\ x_1, x_2 \geqslant 0 \end{cases}$$

解：（1）加入松弛变量 x_3 和 x_4，将线性规划模型转化为标准形式，即

$$\max z = 2x_1 + x_2 + 0 \times x_3 + 0 \times x_4$$

$$\text{s.t.} \begin{cases} 2x_1 + x_2 + x_3 = 50 \\ x_1 + 3x_2 + x_4 = 60 \\ x_1, x_2, x_3, x_4 \geqslant 0 \end{cases}$$

（2）确定初始基可行解，建立初始单纯形表，见表 2-4。

表 2-4 例 2.4 的初始单纯形表

C			2	1	0	0
C_B	X_B	$B^{-1}b$	x_1	x_2	x_3	x_4
0	x_3	50	[2]	1	1	0
0	x_4	60	1	3	0	1
$z=0$			2	1	0	0

（3）判优。由于 $\lambda_1, \lambda_2 > 0$，初始基可行解没有使目标函数达到最优。

（4）换基迭代。因为 $\lambda_1 > \lambda_2$，所以选择 x_1 入基。由于 $\theta = \min\left\{\frac{50}{2}, \frac{60}{1}\right\} = 25$，因此 x_3 出基，在表 2-4 中框出主元素。

利用矩阵的初等变换，将主元素变为 1，其所在列的其余元素变为 0，得到一个新的基可行解，见表 2-5。

表 2-5 例 2.4 的最优解

C			2	1	0	0
C_B	X_B	$B^{-1}b$	x_1	x_2	x_3	x_4
2	x_1	25	1	1/2	1/2	0
0	x_4	35	0	[5/2]	−1/2	1
$z=50$			0	0	−1	0

非基变量的检验数为零

因为所有的 $\lambda_j \leqslant 0$，$j=1,2,3,4$，说明表 2-5 中的基可行解已达到最优。仔细观察检验数，发现存在非基变量 x_2 的检验数为零，说明 x_2 也可以入基作为基变量。由于 $\theta=\min\left\{\dfrac{25}{1/2},\dfrac{35}{5/2}\right\}=14$，$x_4$ 出基，主元素为 5/2，进行换基迭代，结果见表 2-6。

表 2-6 例 2.4 的多重最优解

C			2	1	0	0
C_B	X_B	$B^{-1}b$	x_1	x_2	x_3	x_4
2	x_1	18	1	0	3/5	−1/5
1	x_2	14	0	1	−1/5	2/5
$z=50$			0	0	−1	0

非基变量的检验数为零

表 2-6 中的所有检验数 $\lambda_j \leqslant 0$，$j=1,2,3,4$，说明该基可行解也是基础最优解，两个最优解的最优值都为 50。因此，该线性规划模型具有多重最优解，也就是表 2-5 和表 2-6 的基础最优解对应得到图 1-4 中 C 和 B 两个极点的坐标，且这两点连线上所有点都是该模型的最优解。最优解可表示为 $\begin{cases} x_1=25 \\ x_2=0 \end{cases}$，$\begin{cases} x_1=18 \\ x_2=14 \end{cases}$，$\max z=50$。

【例 2.5】无界解示例。求解如下线性规划模型：

$$\max z=2x_1+x_2$$

$$\text{s.t.}\ \begin{cases} x_1-x_2 \leqslant 10 \\ 2x_1-x_2 \leqslant 40 \\ x_1,x_2 \geqslant 0 \end{cases}$$

解：加入松弛变量，将模型转化为标准形式，即

$$\max z = 2x_1 + x_2$$

$$\text{s.t.} \begin{cases} x_1 - x_2 + x_3 = 10 \\ 2x_1 - x_2 + x_4 = 40 \\ x_1, x_2, x_3, x_4 \geqslant 0 \end{cases}$$

建立初始单纯形表，计算过程见表 2-7。

表 2-7 例 2.5 的单纯形法计算过程

	C		2	1	0	0
C_B	X_B	$B^{-1}b$	x_1	x_2	x_3	x_4
0	x_3	10	$\boxed{1}$	–1	1	0
0	x_4	40	2	–1	0	1
	$z=0$		2	1	0	0
2	x_1	10	1	–1	1	0
0	x_4	20	0	$\boxed{1}$	–2	1
	$z=20$		0	3	–2	0
2	x_1	30	1	0	–1	1
1	x_2	20	0	1	–2	1
	$z=80$		0	0	4	–3

迭代到表 2-7 的最后一步时，仍存在 $\lambda_3 > 0$，但 x_3 对应的列向量中的 $a_{i3} < 0,\ i = 1,2$，因此，不能确定出基变量，即增大 x_3 的取值，不会使现有基变量减小，也就是对 x_1 和 x_2 的取值无限制，因而目标函数值将趋向无穷大。

一般来说，在任意一次迭代中，如果任何一个可入基的变量（检验数为正数）对应的系数向量中所有元素都小于等于零，那么可以确定该线性规划问题无最优解，或称无界解。

【例 2.6】退化解示例。求解下列线性规划模型：

$$\min z = -2x_1 + x_2 - x_3 + 2x_4 - x_5$$

$$\text{s.t.} \begin{cases} 2x_1 + x_3 + x_5 = 20 \\ x_1 + x_2 + 2x_5 = 10 \\ 3x_1 + x_4 + 3x_5 = 30 \\ x_j \geqslant 0,\ j = 1,2,\cdots,5 \end{cases}$$

解：从上述模型可以看出，只要在目标函数两边同乘以“–1”，即可将模型转化为标准形式，因为系统约束条件均为等号，且右端常数项均为正数，所有的决策变量都是非负约束。

$$\max(-z)=2x_1-x_2+x_3-2x_4+x_5$$

$$\text{s.t.}\begin{cases}2x_1+x_3+x_5=20\\x_1+x_2+2x_5=10\\3x_1+x_4+3x_5=30\\x_j\geqslant 0,\ j=1,2,\cdots,5\end{cases}$$

通过观察发现，在约束条件的系数矩阵中已存在 x_3,x_2,x_4 对应的单位向量组成的单位矩阵，因此可将其作为基变量，得到一个初始基可行解，求解过程见表 2-8。

表 2-8 例 2.6 的求解过程

C			2	−1	1	−2	1
C_B	X_B	$B^{-1}b$	x_1	x_2	x_3	x_4	x_5
1	x_3	20	2	0	1	0	1
−1	x_2	10	1	1	0	0	[2]
−2	x_4	30	3	0	0	1	3
$-z=-50$			7	0	0	0	8
1	x_3	15	[3/2]	−1/2	1	0	0
1	x_5	5	1/2	1/2	0	0	1
−2	x_4	15	3/2	−3/2	0	1	0
$-z=-10$			3	−4	0	0	0
2	x_1	10	1	−1/3	2/3	0	0
1	x_5	0	0	2/3	−1/3	0	1
−2	x_4	0	0	−1	−1	1	0
$-z=20$			0	−3	−2	0	0

从例 2.6 的求解过程中可以看出，当所有检验数均满足判优条件时，有两个基变量的取值为零，因此，该线性规划问题是退化的。

理论上认为，这种线性规划模型在迭代求解过程中可能产生循环，即经过若干步迭代后所得到的单纯形表与之前的某个单纯形表完全相同，这样就得不到最优解。为避免循环，常采用 1976 年 R. G. Bland 提出的 Bland 法则：①单纯形表中有若干个检验数大于零时，取下标号小的非基变量入基；②用 θ 法则选取出基变量时，若最小比值有多个相同值，则选取下标号小的基变量出基。

例如，上述表 2-8 中，在第二步判断出基变量时，就出现了 $\theta=\min\left\{\frac{15}{3/2},\frac{5}{1/2},\frac{15}{3/2}\right\}=10$，即三个比值恰好相等且都为最小值的情况，这时可运用 Bland 法则，选取下标号小的 x_3 作为出基变量。事实上，到目前为止，在实际问题的线性规划求解过程中还未曾出现过循环现象，因此，遇到相同的多个最小比值的情况时，也可任意选择其中一个对应的基变量出基。

对目标函数为“min”的线性规划问题，我们可以不用将其转化为“max”，而是采取以下两种方法。

（1）检验数仍取 $\lambda_j = c_j - \boldsymbol{C_B B^{-1} P_j}$，当所有检验数都大于等于 0 时目标函数达到最优，否则进行迭代计算。此时入基变量选择检验数最小的那个变量，出基变量的选择与前面的选择方法相同。

（2）令检验数 $\lambda_j = \boldsymbol{C_B B^{-1} P_j} - c_j$，最优检验不变，入基变量和出基变量的选择都与前面的选择方法相同。

第四节 单纯形法的进一步讨论

一、大 *M* 法

前面讨论过的线性规划模型转化为标准形式后，其系数矩阵都含有单位矩阵（组成的列向量线性无关），因此很容易确定一组基变量，进而得到初始基可行解。但是，在很多的一般模型中，并不会在加入松弛变量后就具有单位矩阵，如例 2.7。为了得到一组基向量和初始基可行解，可以在约束条件等式的左边加若干虚拟变量，从而得到一个单位矩阵。这种为了易于得到基矩阵而人为添加的变量称为人工变量，所构成的可行基称为人工基。

由于人工变量是为了凑出单位向量而人为加入的，因此其取值必须为零，否则将破坏原有约束条件，使其成为不可行解。如何满足人工变量取零的要求呢？一般采取的方法是，在目标函数中加入防止人工变量取正数的限制项，即对于求最大值的线性规划问题，在目标函数中加入人工变量与 $-M$ 的乘积项；对于求最小值的问题，在目标函数中加入人工变量与 M 的乘积项。其中，M 被认为是一个非常大的正数。在目标函数中加入这个限制项的目的是，只要人工变量取值不为零，就会在很大程度上减小（或增大）目标函数的值，从而得不到最优解，因此称 M 为惩罚因子。

大 M 法求解一般线性规划模型的步骤如下。

（1）将模型转化为目标函数求最大值，约束条件为等号，且右端常数项为非负数。

（2）观察约束条件的系数矩阵中是否存在单位矩阵，如果不存在，则在适当的系统约束中添加人工变量，构成一个基矩阵；同时在目标函数中加入惩罚项。这样，将单位向量对应的变量作为基变量，便可得到一个初始解，建立初始单纯形表。

（3）进行判优及换基迭代的过程，与前述单纯形法计算过程类似。进行有限次判优和迭代循环后，得到所有检验数均小于等于零，或者不能继续换基迭代的终止单纯形表。终止单纯形表可能出现以下几种情况。

其一，所有检验数都满足判优条件，基变量中不包括人工变量，即人工变量为非基变量，或者人工变量作为基变量，其取值为零，则说明原问题已得到最优解。

其二，人工变量包含于基变量中，但其取值不为零，如果所有检验数都小于等于零，或者某个检验数 $\lambda_k > 0$，但所有的 $a_{ik} \leqslant 0$，那么原问题无可行解。因为人工变量为正数将不满足约束条件；约束条件系数小于等于零，说明换入该非基变量，不会使包括人工变量在内的所有基变量减小，所以这个解是不可行解，更不能由此得到最优解。因此得出原问题无可行解的结论。

其三，人工变量为非基变量，检验数 λ_k 不满足判优条件，且所有的 $a_{ik} \leqslant 0$，则原问题为无界解。

注意：在迭代过程中，人工变量一旦出基后便不会再入基，所以当某个人工变量 x_k 出基后，其对应的第 k 列系数可以不用计算，这样能够减少一些计算量。

【例 2.7】求解下列线性规划问题：

$$\max z = 3x_1 + 2x_2 - x_3$$

$$\text{s.t.}\begin{cases}-4x_1 + 3x_2 + x_3 \geqslant 4 \\ x_1 - x_2 + 2x_3 \leqslant 10 \\ -2x_1 + 2x_2 - x_3 = -1 \\ x_1, x_2, x_3 \geqslant 0\end{cases}$$

解：首先将模型转化为标准形式，第一个约束条件减去松弛变量 x_4，第二个约束条件加入松弛变量 x_5，第三个约束条件已是等式，但右端常数项为负数，所以等式两边同乘以“–1”，即

$$\max z = 3x_1 + 2x_2 - x_3$$

$$\text{s.t.}\begin{cases}-4x_1 + 3x_2 + x_3 - x_4 = 4 \\ x_1 - x_2 + 2x_3 + x_5 = 10 \\ 2x_1 - 2x_2 + x_3 = 1 \\ x_i \geqslant 0, \quad i = 1, 2, \cdots, 5\end{cases}$$

观察上述模型，发现缺少单位向量 $(1,0,0)^{\mathrm{T}}$ 和 $(0,0,1)^{\mathrm{T}}$，因此给第一个约束条件等号左边加入人工变量 x_6，第三个约束条件等号左边加入人工变量 x_7，使约束条件系数矩阵中包含单位矩阵；同时在目标函数中加入$-M$与人工变量的乘积项：

$$\max z = 3x_1 + 2x_2 - x_3 - Mx_6 - Mx_7$$

$$\text{s.t.}\begin{cases}-4x_1 + 3x_2 + x_3 - x_4 + x_6 = 4 \\ x_1 - x_2 + 2x_3 + x_5 = 10 \\ 2x_1 - 2x_2 + x_3 + x_7 = 1 \\ x_i \geqslant 0, \quad i = 1, 2, \cdots, 7\end{cases}$$

这样便容易得到初始解 $(0,0,0,0,10,4,1)^{\mathrm{T}}$，然后用前面介绍的单纯形法求解，其过程见表 2-9。其中，与前述单纯形法不同的是，检验数带有惩罚因子，由于惩罚因子 M 被认为是一个非常大的正数，检验数的大小主要由其系数大小决定，如在初始单纯形表中 x_2 和 x_3 的检验数由正系数与惩罚因子的乘积项，再加上或减去一个常数构成，其值一定为正数，不符合判优条件。由于 x_3 的检验数中惩罚因子系数更大，即 $\lambda_3 = -1 + 2M > \lambda_2 = 2 + M$，所以选择 x_3 作为入基变量。

表 2-9 大 M 法求解例 2.7

C			3	2	−1	0	0	−M	−M
C_B	X_B	$B^{-1}b$	x_1	x_2	x_3	x_4	x_5	x_6	x_7
$-M$	x_6	4	−4	3	1	−1	0	1	0
0	x_5	10	1	−1	2	0	1	0	0
$-M$	x_7	1	2	−2	[1]	0	0	0	1
$z=-5M$			$3-2M$	$2+M$	$-1+2M$	$-M$	0	0	0
$-M$	x_6	3	−6	[5]	0	−1	0	1	
0	x_5	8	−3	3	0	0	1	0	
−1	x_3	1	2	−2	1	0	0	0	
$z=-3M-1$			$5-6M$	$5M$	0	$-M$	0	0	
2	x_2	3/5	−6/5	1	0	−1/5	0		
0	x_5	31/5	[3/5]	0	0	3/5	1		
−1	x_3	11/5	−2/5	0	1	−2/5	0		
$z=-1$			5	0	0	0	0		
2	x_2	13	0	1	0	1	2		
3	x_1	31/3	1	0	0	1	5/3		
−1	x_3	19/3	0	0	1	0	2/3		
$z=152/3$			0	0	0	−5	−25/3		

在终止单纯形表中，由于 $\lambda_j \leqslant 0,\ j=1,2,3,4,5$，并且人工变量 x_6,x_7 为非基变量，因此得到原问题的最优解：$\boldsymbol{X}=\left(\dfrac{31}{3},13,\dfrac{19}{3},0,0\right)^{\mathrm{T}}$，$z=\dfrac{152}{3}$。

【例 2.8】求解下列线性规划模型：

$$\min z = 5x_1 - 8x_2$$
$$\text{s.t.}\begin{cases}3x_1 + x_2 \leqslant 6\\ x_1 - 2x_2 \geqslant 4\\ x_1, x_2 \geqslant 0\end{cases}$$

解：目标函数两端同乘以“−1”，变为求 $-z$ 的最大值的标准形式；加入松弛变量 x_3 和 x_4，将原模型转化为标准形式，即

$$\max(-z) = -5x_1 + 8x_2$$
$$\text{s.t.}\begin{cases}3x_1 + x_2 + x_3 = 6\\ x_1 - 2x_2 - x_4 = 4\\ x_1, x_2, x_3, x_4 \geqslant 0\end{cases}$$

在第二个系统约束中加入人工变量 x_5，目标函数中加入 $-Mx_5$ 项，得到

$$\max(-z) = -5x_1 + 8x_2 - Mx_5$$

$$\text{s.t.} \begin{cases} 3x_1 + x_2 + x_3 = 6 \\ x_1 - 2x_2 - x_4 + x_5 = 4 \\ x_i \geqslant 0, \quad i = 1,2,\cdots,5 \end{cases}$$

用大 M 法求解的过程见表 2-10。

表 2-10 大 M 法求解例 2.8

C			-5	8	0	0	$-M$
C_B	X_B	$B^{-1}b$	x_1	x_2	x_3	x_4	x_5
0	x_3	6	[3]	1	1	0	0
$-M$	x_5	4	1	-2	0	-1	1
$-z=-4M$			$-5+M$	$8-2M$	0	$-M$	0
-5	x_1	2	1	1/3	1/3	0	0
$-M$	x_5	2	0	$-7/3$	$-1/3$	-1	1
$-z=-10-2M$			0	$29/3-7M/3$	$5/3-M/3$	$-M$	0

由于表 2-10 的最后部分 $\lambda_j \leqslant 0$, $j=1,2,3,4,5$，即为迭代终止表，在该解中（$x_1=2$，$x_5=2$）含有人工变量 x_5，且其取值不为零，这说明 x_5 的非零取值破坏了第二个系统约束条件，属不可行解，因此，原线性规划问题无可行解。

为了理解例 2.8 无可行解的结论，对照图解法（图 2-5）可以看出，没有满足所有约束条件的公共区域，即找不到可行域，因此原问题无可行解。

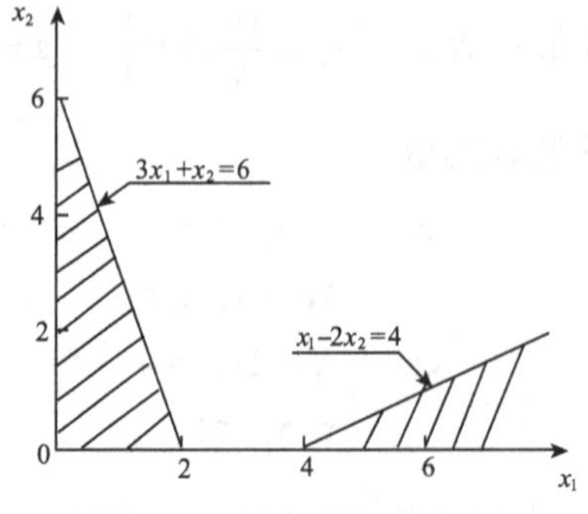

图 2-5 例 2.8 的图解法

【例 2.9】求解下列线性规划模型：

$$\max z = 5x_1 + 8x_2$$

$$\text{s.t.} \begin{cases} 3x_1 + x_2 \geqslant 6 \\ x_1 - 2x_2 \leqslant 4 \\ x_1, x_2 \geqslant 0 \end{cases}$$

解：加入松弛变量 x_3 和 x_4，将模型转化为标准形式，即

$$\max z = 5x_1 + 8x_2$$
$$\text{s.t.} \begin{cases} 3x_1 + x_2 - x_3 = 6 \\ x_1 - 2x_2 + x_4 = 4 \\ x_1, x_2, x_3, x_4 \geqslant 0 \end{cases}$$

在第一个系统约束中加入人工变量 x_5，目标函数中加入 $-Mx_5$ 项，得到

$$\max z = 5x_1 + 8x_2 - Mx_5$$
$$\text{s.t.} \begin{cases} 3x_1 + x_2 - x_3 + x_5 = 6 \\ x_1 - 2x_2 + x_4 = 4 \\ x_j \geqslant 0, \quad j = 1, 2, \cdots, 5 \end{cases}$$

用大 M 法求解的过程见表 2-11。

表 2-11　大 M 法求解例 2.9

C			5	8	0	0	$-M$
C_B	X_B	$B^{-1}b$	x_1	x_2	x_3	x_4	x_5
$-M$	x_5	6	[3]	1	−1	0	1
0	x_4	4	1	−2	0	1	0
$z=-6M$			$5+3M$	$8+M$	$-M$	0	0
5	x_1	2	1	[1/3]	−1/3	0	
0	x_4	2	0	−7/3	1/3	1	
$z=10$			0	19/3	5/3	0	
8	x_2	6	3	1	−1	0	
0	x_4	16	7	0	−2	1	
$z=48$			−19	0	8	0	

由于最终表中，x_3 的检验数大于零，但对应的系数均小于零，且人工变量 x_5 为非基变量，因此原问题无最优解。

二、两阶段法

两阶段法与大 M 法类似，需要在原模型中加入人工变量，方便得到基矩阵，然后将人工变量从基变量中换出，以求出原问题的初始基可行解。求解过程分为两个阶段：第一阶段先将人工变量之和的最小值作为目标函数，即 $\min w = \sum_{i=1}^{k} x_i$，其中 x_i 为人工变量，约束条件为加入人工变量的约束方程组的模型，并求解第一阶段模型，如果第一阶段模型的终止解中没有人工变量作基变量，则得到原线性规划模型的一个基可行解；第二阶段以此为基础，针对原目标函数求最优解，如果第一阶段模型的终止

解对应的目标函数值 $w \neq 0$，则说明基变量中还有不为零的人工变量，因此原问题无可行解。

【**例 2.10**】用两阶段法求解例 2.7 的线性规划模型：

$$\max z = 3x_1 + 2x_2 - x_3$$

$$\text{s.t.} \begin{cases} -4x_1 + 3x_2 + x_3 \geqslant 4 \\ x_1 - x_2 + 2x_3 \leqslant 10 \\ -2x_1 + 2x_2 - x_3 = -1 \\ x_1, x_2, x_3 \geqslant 0 \end{cases}$$

解：将原模型转化为标准形式，即

$$\max z = 3x_1 + 2x_2 - x_3$$

$$\text{s.t.} \begin{cases} -4x_1 + 3x_2 + x_3 - x_4 = 4 \\ x_1 - x_2 + 2x_3 + x_5 = 10 \\ 2x_1 - 2x_2 + x_3 = 1 \\ x_j \geqslant 0, \quad j = 1, 2, \cdots, 5 \end{cases}$$

在第一个和第三个约束方程中加入人工变量 x_6 和 x_7，构造第一阶段模型：

$$\min w = x_6 + x_7 \Rightarrow \max(-w) = -x_6 - x_7$$

$$\text{s.t.} \begin{cases} -4x_1 + 3x_2 + x_3 - x_4 + x_6 = 4 \\ x_1 - x_2 + 2x_3 + x_5 = 10 \\ 2x_1 - 2x_2 + x_3 + x_7 = 1 \\ x_j \geqslant 0, \quad j = 1, 2, \cdots, 7 \end{cases}$$

用两阶段法求解第一阶段模型，见表 2-12。

表 2-12　两阶段法求解例 2.10 的第一阶段模型

C			0	0	0	0	0	−1	−1
C_B	X_B	$B^{-1}b$	x_1	x_2	x_3	x_4	x_5	x_6	x_7
−1	x_6	4	−4	3	1	−1	0	1	0
0	x_5	10	1	−1	2	0	1	0	0
−1	x_7	1	2	−2	$\boxed{1}$	0	0	0	1
$-w=-5$			−2	1	2	−1	0	0	0
−1	x_6	3	−6	$\boxed{5}$	0	−1	0	1	
0	x_5	8	−3	3	0	0	1	0	
0	x_3	1	2	−2	1	0	0	0	
$-w=-3$			−6	5	0	−1	0	0	

续表

C			0	0	0	0	0	−1	−1
C_B	X_B	$B^{-1}b$	x_1	x_2	x_3	x_4	x_5	x_6	x_7
0	x_2	3/5	−6/5	1	0	−1/5	0		
0	x_5	31/5	3/5	0	0	3/5	1		
0	x_3	11/5	−2/5	0	1	−2/5	0		
$-w=0$			0	0	0	0	0		

由表 2-12 的终止表可以看出，人工变量不在基变量中，因此第一阶段的最优解为 $\boldsymbol{X}=\left(0,\frac{3}{5},\frac{11}{5},0,\frac{31}{5}\right)^{\mathrm{T}}$，$w=0$，说明找到了原问题的一组基可行解，将它作为初始基可行解，求使原问题的目标函数达到最优的解。注意，应将表 2-12 最后一张子表中的 $\boldsymbol{B}^{-1}\boldsymbol{b}$ 系数作为约束条件系数，第二阶段模型表述为

$$\max z=3x_1+2x_2-x_3$$

$$\text{s.t.}\begin{cases}-\dfrac{6}{5}x_1+x_2-\dfrac{1}{5}x_4=\dfrac{3}{5}\\ \dfrac{3}{5}x_1+\dfrac{3}{5}x_4+x_5=\dfrac{31}{5}\\ -\dfrac{2}{5}x_1+x_3-\dfrac{2}{5}x_4=\dfrac{11}{5}\\ x_j\geqslant 0,\quad j=1,2,\cdots,5\end{cases}$$

用两阶段法求解上述模型的过程见表 2-13。

表 2-13　两阶段法求解例 2.10 的第二阶段模型

C			3	2	−1	0	0
C_B	X_B	$B^{-1}b$	x_1	x_2	x_3	x_4	x_5
2	x_2	3/5	−6/5	1	0	−1/5	0
0	x_5	31/5	[3/5]	0	0	3/5	1
−1	x_3	11/5	−2/5	0	1	−2/5	0
$z=-1$			5	0	0	0	0
2	x_2	13	0	1	0	1	2
3	x_1	31/3	1	0	0	1	5/3
−1	x_3	19/3	0	0	1	0	2/3
$z=152/3$			0	0	0	−5	−25/3

表 2-13 中最后一行的检验数 $\lambda_j \leqslant 0$，$j=1,2,3,4,5$，因此，原问题的最优解为 $\boldsymbol{X}=\left(\frac{31}{3},13,\frac{19}{3},0,0\right)^{\mathrm{T}}$，$z=152/3$。

对照大 M 法和两阶段法，其每一步的迭代结果均类似，最后结果相同。值得注意的是，在两阶段法的第二阶段中，初始单纯形表中的目标函数系数和检验数不能引用第一阶段最优表中的数字，必须代入原模型中的目标函数系数，然后根据检验数公式，计算第二阶段初始单纯形表中各个变量的检验数。

两阶段法解的判断如下。

（1）第一阶段的最优值 $w=0$ 时，只能说明原问题有可行解，第二阶段问题不一定有最优解，存在原问题无界的可能性。无界解的判断条件是，检验数 λ_k 不满足判优条件，且所有的 $a_{ik} \leqslant 0$。

（2）第一阶段的最优值 $w \neq 0$ 时，原问题无可行解。

【例 2.11】 用两阶段法求解例 2.8 的线性规划模型：

$$\min z = 5x_1 - 8x_2$$

$$\text{s.t.} \begin{cases} 3x_1 + x_2 \leqslant 6 \\ x_1 - 2x_2 \geqslant 4 \\ x_1, x_2 \geqslant 0 \end{cases}$$

解：将模型转化为标准形式，即

$$\max(-z) = -5x_1 + 8x_2$$

$$\text{s.t.} \begin{cases} 3x_1 + x_2 + x_3 = 6 \\ x_1 - 2x_2 - x_4 = 4 \\ x_1, x_2, x_3, x_4 \geqslant 0 \end{cases}$$

在第二个约束方程中加入人工变量 x_5，构造第一阶段模型：

$$\min w = x_5 \Rightarrow \max(-w) = -x_5$$

$$\text{s.t.} \begin{cases} 3x_1 + x_2 + x_3 = 6 \\ x_1 - 2x_2 - x_4 + x_5 = 4 \\ x_j \geqslant 0, \quad j = 1,2,\cdots,5 \end{cases}$$

用两阶段法求解第一阶段模型，见表 2-14。

表 2-14　两阶段法求解例 2.11 的第一阶段模型

$\boldsymbol{C}$			0	0	0	0	−1
$\boldsymbol{C_B}$	$\boldsymbol{X_B}$	$\boldsymbol{B^{-1}b}$	x_1	x_2	x_3	x_4	x_5
0	x_3	6	[3]	1	1	0	0
−1	x_5	4	1	−2	0	−1	1
$-w=-4$			1	−2	0	−1	0

续表

C			0	0	0	0	−1
C_B	X_B	$B^{-1}b$	x_1	x_2	x_3	x_4	x_5
0	x_1	2	1	1/3	1/3	0	0
−1	x_5	2	0	−7/3	−1/3	−1	1
$-w=-2$			0	−7/3	−1/3	−1	0

从表 2-14 的终止解中看到，$w=2\neq 0$，且人工变量 $x_5=2\neq 0$，说明此解是不可行解，不能满足第二个系统约束。因此，原问题无可行解。

三、单纯形法求解总结

对于求解目标函数最大值的线性规划模型，单纯形法的计算流程可归纳为图 2-6。

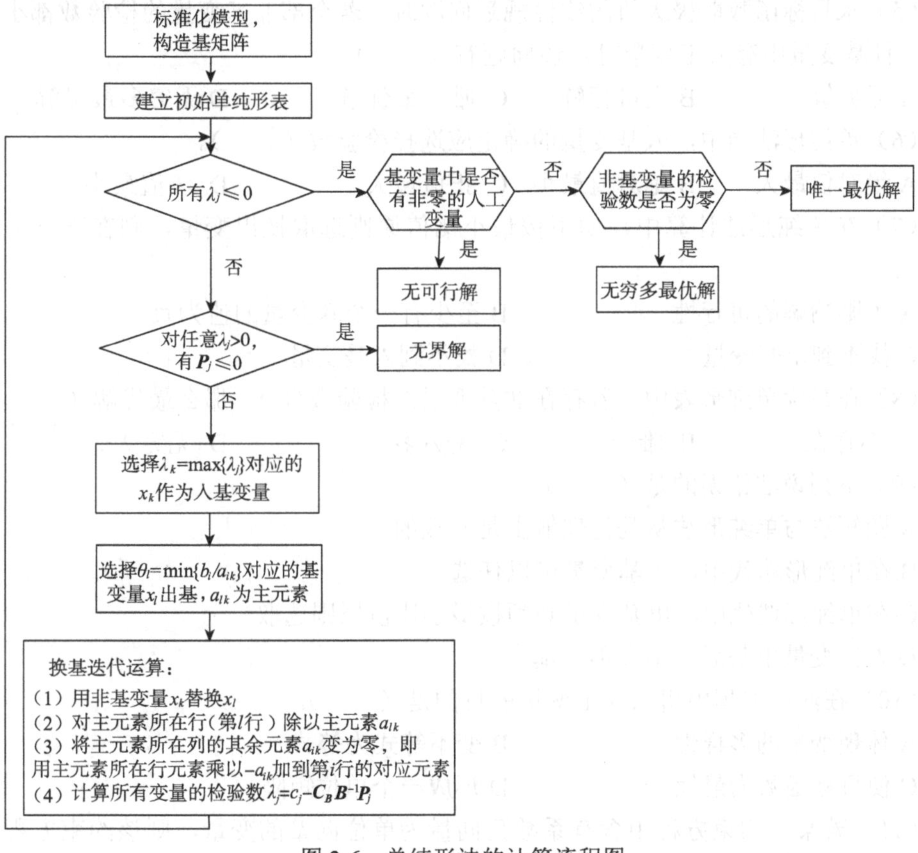

图 2-6 单纯形法的计算流程图

习 题

1. 单选题

（1）下列图形中阴影部分构成的集合是凸集的是（　　）。

A  B  C  D 

（2）关于线性规划模型的可行域，下面叙述正确的是（　　）。

A 可行域内必有无穷多个点　　B 可行域必有界

C 可行域内必然包括原点　　D 可行域必是凸集

（3）在单纯形迭代中，出基变量在紧接着的下一次迭代中（　　）立即进入基底。

A 会　　B 不会　　C 有可能　　D 不一定

（4）出基变量的含义是（　　）。

A 该变量取值不变　　B 该变量取值增大

C 由 0 值上升为某值　　D 由某值下降为 0

（5）求目标函数取极大值的线性规划问题时，若全部非基变量的检验数都小于等于 0，且基变量中有人工变量时，该问题有（　　）。

A 无界解　　B 无可行解　　C 唯一最优解　　D 无穷多最优解

（6）单纯形法当中，入基变量的确定应选择检验数（　　）。

A 绝对值最大　　B 绝对值最小　　C 正值最大　　D 负值最小

（7）在单纯形法计算中，如不按最小比值原则选取换出变量，则在下一个解中（　　）。

A 不影响解的可行性　　B 至少有一个基变量的值为负

C 找不到出基变量　　D 找不到入基变量

（8）在最优单纯形表中，若存在非基变量的检验数为 0，那么最优解（　　）。

A 不存在　　B 唯一　　C 无穷多　　D 无穷大

（9）下列说法错误的是（　　）。

A 图解法与单纯形法从几何理解上是一致的

B 在单纯形迭代中，入基变量可以任选

C 在单纯形迭代中，出基变量必须按最小比值原则选取

D 人工变量出基后，不会再入基

（10）在约束方程中引入人工变量的目的是（　　）。

A 体现变量的多样性　　B 变不等式为等式

C 使目标函数为最优　　D 形成一个单位矩阵

（11）若某个约束方程中含有系数列向量为单位向量的变量，则该约束方程不必再引入（　　）。

A 松弛变量　　B 剩余变量　　C 人工变量　　D 自由变量

（12）线性规划问题的每一个（　　）对应可行域的一个极点。

A 基解　　B 基可行解　　C 可行解　　D 最优解

2. 多选题

（1）对取值无约束的变量 x_j，通常令 $x_j = x_j' - x_j''$，其中 $x_j' > 0$，$x_j'' > 0$，在用单纯形法求得的最优解中，可能出现的结果是（　　）。

A $x_j' = x_j'' = 0$　　B $x_j' > 0$，$x_j'' = 0$　　C $x_j' = 0$，$x_j'' > 0$　　D $x_j' > 0$，$x_j'' > 0$

（2）线性规划问题为

$$\max z = x_1 + cx_2$$
$$\text{s.t.} \begin{cases} ax_1 + 2x_2 \leqslant 8 \\ 2x_1 + 3x_2 \leqslant b \\ x_1,\ x_2 \geqslant 0 \end{cases}$$

，其中 $4 \leqslant c \leqslant 6$，$-1 \leqslant a \leqslant 3$，$10 \leqslant b \leqslant 12$，则当（　　）时，该问题的最优目标函数值分别达到上界或下界。

A $c=6$，$a=-1$，$b=10$　B $c=6$，$a=-1$，$b=12$　C $c=4$，$a=3$，$b=12$

D $c=4$，$a=-1$，$b=12$　E $c=6$，$a=3$，$b=12$

（3）设 $X^{(1)}$，$X^{(2)}$ 是用单纯形法求得的某一线性规划问题的最优解，则说明（　　）。

A 此问题有无穷多最优解　　B 该问题是退化问题

C 此问题的全部最优解可表示为 $\lambda X^{(1)} + (1-\lambda)X^{(2)}$，其中 $0 \leqslant \lambda \leqslant 1$

D $X^{(1)}, X^{(2)}$ 是两个基可行解　　E $X^{(1)}, X^{(2)}$ 的基变量个数相同

（4）某线性规划问题，含有 n 个变量，m 个约束方程（$m<n$），系数矩阵的秩为 m，则（　　）。

A 该问题的基解个数不超过 C_n^m 个 B 基可行解中的基变量的个数为 m 个

C 该问题一定存在可行解　　D 该问题的基至多有 C_n^m 个

（5）单纯形法中，在进行换基运算时，应（　　）。

A 先选取入基变量，再选取出基变量

B 先选出基变量，再选入基变量

C 入基变量的系数列向量应化为单位向量

D 出基变量的选取是根据最小比值原则

（6）从一张单纯形表中可以看出的内容有（　　）。

A 一个基可行解　　B 当前解是否为最优解

C 线性规划问题是否出现退化　　D 线性规划问题的最优解

E 线性规划问题是否无界

（7）单纯形表迭代停止的条件为（　　）。

A 所有检验数均小于等于 0　　B 检验数大于 0 的变量其系数 $a_{ik} \leqslant 0$

C 所有 $a_{ik} > 0$　　D 所有 $b_i \leqslant 0$

（8）下列解中可能成为最优解的有（　　）。

A 基可行解　　B 迭代一次的改进解　C 迭代两次的改进解

D 迭代三次的改进解　　E 所有检验数均小于等于 0 且解中无人工变量

（9）若某线性规划问题有无穷多最优解，应满足的条件有（　　）。

A 所有检验数小于等于 0　　B 非基变量检验数为零

C 基变量中没有人工变量　　D 所有检验数小于 0

3. 用单纯形法求解下列线性规划模型。

（1）
$$\max z = 6x_1 + 2x_2$$
$$\text{s.t.}\begin{cases}3x_1 + 4x_2 \leqslant 9\\5x_1 + 2x_2 \leqslant 8\\x_1, x_2 \geqslant 0\end{cases}$$

（2）
$$\min z = 3x_1 - 6x_2$$
$$\text{s.t.}\begin{cases}5x_1 + 4x_2 \leqslant 20\\-3x_1 + 5x_2 \leqslant 9\\x_1, x_2 \geqslant 0\end{cases}$$

（3）
$$\max z = 2x_1 - x_2 + x_3$$
$$\text{s.t.}\begin{cases}3x_1 + x_2 + x_3 \leqslant 40\\x_1 - x_2 + 2x_3 \leqslant 10\\x_1 + x_2 - 2x_3 \leqslant 20\\x_1, x_2, x_3 \geqslant 0\end{cases}$$

（4）
$$\min z = -3x_1 + x_2 + x_3$$
$$\text{s.t.}\begin{cases}x_1 - 2x_2 + x_3 \leqslant 15\\-4x_1 + x_2 + 2x_3 \leqslant 4\\-2x_1 + x_3 \leqslant 3\\x_1, x_2, x_3 \geqslant 0\end{cases}$$

（5）
$$\max z = 2x_1 + 4x_2 + x_3 + 2x_4$$
$$\text{s.t.}\begin{cases}2x_1 + x_2 - x_3 \leqslant 20\\x_1 + 2x_2 + 3x_3 \leqslant 30\\x_1 + 4x_2 + 2x_3 + x_4 = 40\\x_1, x_2, x_3, x_4 \geqslant 0\end{cases}$$

（6）
$$\min z = -3x_1 + x_2 + x_3$$
$$\text{s.t.}\begin{cases}x_1 - 2x_2 + x_3 \leqslant 15\\-4x_1 + x_2 + 2x_3 \leqslant 4\\-2x_1 + x_3 \leqslant 3\\x_1, x_2, x_3 \geqslant 0\end{cases}$$

4. 已知一个求最大化的线性规划问题迭代到某一步的单纯形表（表 2-15）。问当 a, b, c, d 满足什么条件时，下列结论成立。

（1）当前解为唯一不退化的最优解。

（2）当前解为最优解，但有多个最优解。

（3）原问题的解为最优解，但退化。

（4）原问题无界。

表 2-15　单纯形表（一）

X_B	$B^{-1}b$	x_1	x_2	x_3	x_4	x_5
x_3	b	3	−2	1	0	0
x_4	2	−1	a	0	1	0
x_5	3	3	−1	0	0	1
$z=-1$		$-c$	$-d$	0	0	0

5. 表 2-16 为用单纯形法计算时某一步的表格。已知该线性规划的目标函数为 $\max z = 5x_1 + 3x_2$，约束形式为“$\leqslant$”，x_3, x_4 为松弛变量。则（1）求表中 $a \sim g$ 的值；（2）表中给出的解是否为最优解？

表 2-16 单纯形表（二）

X_B	$B^{-1}b$	x_1	x_2	x_3	x_4
x_3	2	c	0	1	0.2
x_4	a	d	e	0	1
$z=10$		b	−1	f	g

6. 已知某线性规划问题的初始单纯形表（表 2-17）和用单纯形法迭代一步后得到的表 2-18，试求表中未知数 A 和 a～j 的值。

表 2-17 初始单纯形表

X_B	$B^{-1}b$	x_1	x_2	x_3	x_4	x_5
x_3	12	A	2	1	0	0
x_4	16	4	0	0	1	0
x_5	15	0	5	0	0	1
c_j-z_j		2	3	0	0	0

表 2-18 迭代一步后的单纯形表

X_B	$B^{-1}b$	x_1	x_2	x_3	x_4	x_5
x_3	e	2	a	1	0	h
x_4	f	g	0	0	1	0
x_2	d	0	b	0	0	i
c_j-z_j		2	c	0	0	j

7. 分别用大 M 法和两阶段法求解下列线性规划模型，并指出属于哪一类解。

（1）
$$\min z=5x_1+x_2$$
$$\text{s.t.}\begin{cases}-x_1+x_2\leqslant 1\\ x_1+x_2\geqslant 2\\ x_1,x_2\geqslant 0\end{cases}$$

（2）
$$\min z=2x_1+3x_2+x_3$$
$$\text{s.t.}\begin{cases}x_1+4x_2+2x_3\geqslant 8\\ 3x_1+2x_2\geqslant 6\\ x_1,x_2,x_3\geqslant 0\end{cases}$$

（3）
$$\min z=4x_1+x_2$$
$$\text{s.t.}\begin{cases}3x_1\ \ +x_2=3\\ 4x_1+3x_2-x_3=6\\ x_1+2x_2+x_4=4\\ x_1,x_2,x_3,x_4\geqslant 0\end{cases}$$

（4）
$$\max z=2x_1-x_2+2x_3$$
$$\text{s.t.}\begin{cases}x_1+x_2+x_3\geqslant 6\\ -2x_1+x_3\geqslant 2\\ 2x_2-x_3\geqslant 0\\ x_1,x_2,x_3\geqslant 0\end{cases}$$

（5）
$$\max z = 3x_1 + 2x_2$$
$$\text{s.t.} \begin{cases} x_1 + x_2 \leqslant 4 \\ -2x_1 + 3x_2 \leqslant 6 \\ x_1 \geqslant 5 \\ x_1, x_2 \geqslant 0 \end{cases}$$

（6）
$$\min z = x_1 - 2x_2 + 3x_3$$
$$\text{s.t.} \begin{cases} x_1 + x_2 + x_3 \geqslant 6 \\ 2x_1 + x_3 \leqslant 8 \\ x_2 + 2x_3 \geqslant 10 \\ x_1, x_2, x_3 \geqslant 0 \end{cases}$$

（7）
$$\max z = 2x_1 + 4x_2 + x_3 + 2x_4$$
$$\text{s.t.} \begin{cases} 2x_1 + x_2 - x_3 \geqslant 20 \\ x_1 + 2x_2 + 3x_3 \leqslant 30 \\ x_1 + 4x_2 + 2x_3 + x_4 = 40 \\ x_1, x_2, x_3, x_4 \geqslant 0 \end{cases}$$

（8）
$$\min z = 4x_1 - 2x_2$$
$$\text{s.t.} \begin{cases} -3x_1 + 4x_2 \leqslant 36 \\ 6x_1 - 3x_2 \leqslant 24 \\ 2x_1 + x_2 \geqslant 4 \\ x_1 + x_2 \geqslant 10 \\ x_1, x_2 \geqslant 0 \end{cases}$$

8. 设有两个线性规划问题：

（1）
$$\max z = CX$$
$$\text{s.t.} \begin{cases} AX = b \\ X \geqslant 0 \end{cases}$$

（2）
$$\max z = \mu CX$$
$$\text{s.t.} \begin{cases} AX = \lambda b \\ X \geqslant 0 \end{cases}$$

其中，μ, λ 为正实数，两个问题中 A, C, b 相同。问若第一个问题有最优解，第二个问题是否有最优解？若有，那么两个问题的最优解之间有什么关系？

第三章

线性规划模型的建立

第一节　线性规划问题建模举例

数学模型是对实际问题的一种抽象，通过数学理论和方法，应用数学符号、数学关系式、数学命题、图形、表格等形式来刻画客观事物的本质属性与内在联系。因此，建立实际问题的数学模型是一件非常有挑战性的工作，既需要对实际问题有深入准确的认识，又要具备一定的数学知识，二者缺一不可。

建立一个实际问题的数学模型一般需要以下步骤。

（1）准备工作。了解问题的实际背景，掌握对象的各种信息，明确建模目的。

（2）模型假设与简化。根据实际问题的特点和建模目的，对实际问题进行必要且合理的假设与简化。不同的假设会得到不同的模型，如果假设过于简单，可能会导致模型建立失败或部分失败，这时应该修改或补充假设；试图把复杂的实际现象的各个因素都考虑进去，可能会陷入困境，无法进行下一步工作。分清问题的主要方面和次要方面，抓主要因素，尽量将问题均匀化、线性化。

（3）模型建立。在对问题做出清晰的分析的基础上，运用数学公式，抓住问题的本质，简化变量之间的关系；要有严密的数学推理过程；模型本身要正确，要有足够的精确度。

（4）模型求解。其可以包括解方程、画图形、证明定理以及逻辑运算等，会用到传统的和近代的数学方法，以及计算机技术（编程或软件包）。

（5）模型分析。即结果分析、数据分析，包括分析变量之间的依赖关系或稳定性，以及数学预测和最优决策控制。

（6）模型检验。把模型分析的结果“翻译”到实际对象中，用实际现象、数据等检验模型的合理性和适应性。

（7）模型应用。应用中可能会发现新问题，需继续完善。

线性规划模型是最简单且应用最广泛的一类数学模型。本章将通过对一些常见的优化问题进行分析，讲解建立线性规划模型的方法与技巧。

一、混合饲料配方问题

【例 3.1】养鸡场在给蛋鸡配制混合饲料时，需要各种营养均衡才能保证产蛋率，且一份混合饲料由不同种类及数量的单一饲料所组成。已知蛋鸡对每种营养成分的需求量如表 3-1 所示，这些营养成分可以由不同的单一饲料提供，每种单一饲料每千克含有的营养成分（单位：克）和各单一饲料的单位成本如表 3-2 所示。问养鸡场如何配制混合饲料才能在满足营养需求的条件下使总成本最小？

表 3-1 蛋鸡对每种营养成分的需求量 单位：克

项目	粗蛋白	粗纤维	赖氨酸	蛋氨酸	钙	磷
需求量	125～165	≤80	≥5.9	≥3.6	23～40	4.6～6.5

表 3-2 每种单一饲料所含营养成分及单位成本

序号	饲料	粗蛋白/克	粗纤维/克	赖氨酸/克	蛋氨酸/克	钙/克	磷/克	单位成本/（元/千克）
1	玉米	78	16	2.3	1.2	0.7	0.3	1.8
2	小麦	114	22	3.4	1.7	0.6	0.34	1.5
3	米糠	142	95	6	2.3	0.3	10	1
4	麦麸	117	72	6.5	2.7	1	13	1.2
5	豆饼	402	49	24	5.1	3.2	5	2.5
6	菜籽饼	360	113	8.11	7.1	5.3	8.4	1.4
7	鱼粉	450	0	29.1	11.8	63	27	4.7
8	槐叶粉	170	108	10.6	2.2	4	4	0.5
9	骨粉	0	0	0	0	300	140	1.3
10	碳氨酸	0	0	0	0	400	0	1.8

解：设 x_j 为一份混合饲料中所含第 j 种饲料的数量（单位：千克），$j=1,2,\cdots,10$。

目标为总成本最小，即

$$\min z = 1.8x_1 + 1.5x_2 + x_3 + 1.2x_4 + 2.5x_5 + 1.4x_6 + 4.7x_7 + 0.5x_8 + 1.3x_9 + 1.8x_{10}$$

约束条件为一份混合饲料中所含的各种营养成分应满足以下各需求。

（1）一份混合饲料中对粗蛋白的含量要求：

$$78x_1 + 114x_2 + 142x_3 + 117x_4 + 402x_5 + 360x_6 + 450x_7 + 170x_8 \geqslant 125$$
$$78x_1 + 114x_2 + 142x_3 + 117x_4 + 402x_5 + 360x_6 + 450x_7 + 170x_8 \leqslant 165$$

（2）一份混合饲料中对粗纤维的含量要求：

$$16x_1 + 22x_2 + 95x_3 + 72x_4 + 49x_5 + 113x_6 + 108x_8 \leqslant 80$$

（3）一份混合饲料中对赖氨酸的含量要求：

$$2.3x_1 + 3.4x_2 + 6x_3 + 6.5x_4 + 24x_5 + 8.11x_6 + 29.1x_7 + 10.6x_8 \geqslant 5.9$$

（4）一份混合饲料中对蛋氨酸的含量要求：

$$1.2x_1 + 1.7x_2 + 2.3x_3 + 2.7x_4 + 5.1x_5 + 7.1x_6 + 11.8x_7 + 2.2x_8 \geqslant 3.6$$

（5）一份混合饲料中对钙的含量要求：

$$0.7x_1+0.6x_2+0.3x_3+x_4+3.2x_5+5.3x_6+63x_7+4x_8+300x_9+400x_{10}\geqslant 23$$
$$0.7x_1+0.6x_2+0.3x_3+x_4+3.2x_5+5.3x_6+63x_7+4x_8+300x_9+400x_{10}\leqslant 40$$

（6）一份混合饲料中对磷的含量要求：

$$0.3x_1+0.34x_2+10x_3+13x_4+5x_5+8.4x_6+27x_7+4x_8+140x_9\geqslant 4.6$$
$$0.3x_1+0.34x_2+10x_3+13x_4+5x_5+8.4x_6+27x_7+4x_8+140x_9\leqslant 6.5$$

（7）变量的非负约束：

$$x_j\geqslant 0,\ j=1,2,\cdots,10$$

二、生产计划问题

【例 3.2】某公司计划在下一年度从事某种商品的营销，已知该商品的最大库存量为a单位，营销活动开始时已有b（$b\leqslant a$）单位商品库存。预测报告表明，单位商品每月的进价为c_j元，售价为d_j元，$j=1,2,\cdots,12$。月底进货，且不计库存费用，问应该如何安排每月的进货量和销售量才能使该公司在下一年度获得最大利润？假设年底库存量为零，试建立线性规划模型。

解：设x_j为第j个月末的进货量，$j=1,2,\cdots,11$，因年底库存量为零，所以不再进货，即$x_{12}=0$；y_j为第j个月的销售量，$j=1,2,\cdots,12$。

由于要求利润最大，利润等于销售额减去成本，所以目标函数为

$$\max z=\sum_{j=1}^{12}d_jy_j-\sum_{j=1}^{11}c_jx_j$$

（1）每个月商品的销售量不应超过当月库存量。

由于是月末进货，所以当月库存量等于上个月末的进货量与上个月没有销售完的商品数量之和。

对第 1 个月，由于上个月没有进货，所以商品的销售量不应超过b，即

$$y_1\leqslant b$$

对第 2 个月，第 1 个月末的进货量为x_1，第一个月剩余商品数量为$b-y_1$，所以有

$$y_2\leqslant b+x_1-y_1$$

以后的每个月，销售量与库存量的关系都是相同的，因此，我们可以将其写成通式：

$$y_j\leqslant b+\sum_{i=1}^{j-1}x_i-\sum_{i=1}^{j-1}y_i,\ j=1,2,\cdots,12$$

其中，$\sum_{i=1}^{0}x_i=\sum_{i=1}^{0}y_i=0$。

（2）当月库存量不应超过最大库存量。

由上述通式知，第 j 个月末的库存量应等于下式：

$$b+\sum_{i=1}^{j-1}x_i-\sum_{i=1}^{j-1}y_i,\ j=2,3,\cdots,12$$

其不应超过最大库存量 a，所以有

$$b+\sum_{i=1}^{j-1}x_i-\sum_{i=1}^{j-1}y_i\leqslant a,\ j=2,3,\cdots,12$$

（3）变量的非负约束：

$$x_j\geqslant 0,\ \ j=1,2,\cdots,11$$
$$y_j\geqslant 0,\ \ j=1,2,\cdots,12$$

将约束条件中的变量都移到左边，常数放到右边，经整理后得

$$\max z=\sum_{j=1}^{12}d_jy_j-\sum_{j=1}^{11}c_jx_j$$

$$\text{s.t.}\ \begin{cases}\displaystyle\sum_{i=1}^{j}y_i-\sum_{i=1}^{j-1}x_i\leqslant b, & j=1,2,\cdots,12\\ \displaystyle b+\sum_{i=1}^{j-1}x_i-\sum_{i=1}^{j-1}y_i\leqslant a, & j=2,3,\cdots,12\\ x_j\geqslant 0, & j=1,2,\cdots,11\\ y_j\geqslant 0, & j=1,2,\cdots,12\end{cases}$$

三、物流配送中心选址问题

【例 3.3】某企业有两个加工厂 W_1 和 W_2，生产的产品供应给三个零售商 V_1、V_2 和 V_3。为了控制成本，提高服务质量，现考虑在两个地点 D_1 和 D_2 设立配送中心，产品先由加工厂运往配送中心，再由配送中心统一运往零售商处，如图 3-1 所示，图中线上数字为两地之间运输单位产品的物流成本。已知加工厂 W_1 和 W_2 的产量分别为 400 和 600，零售商 V_1、V_2 和 V_3 的需求量分别为 200、500 和 300。问应在哪个地点设立配送中心，每个加工厂向配送中心运输多少产品以及配送中心向零售商运输多少产品，才能使得总运输成本最小？

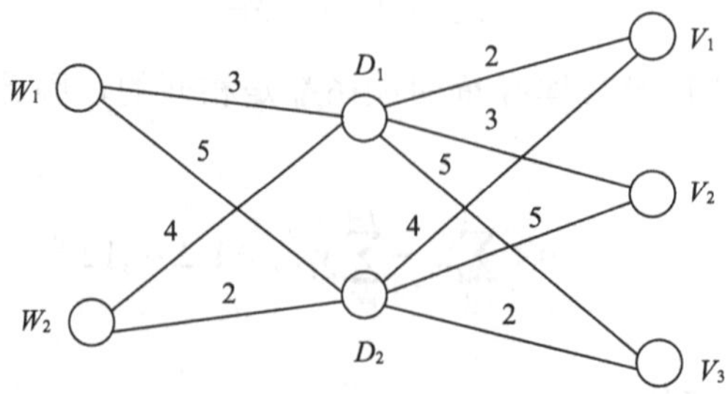

图 3-1 配送中心与加工厂和零售商的关系

解：设 x_{ij} 为由加工厂 W_i 运往配送中心 D_j 的产品数，$i=1,2,\ j=1,2$；y_{jk} 为由配送中心 D_j 运往零售商 V_k 的产品数，$j=1,2$，$k=1,2,3$。

目标函数为各条路段上的实际运输量乘以单位物流成本之和：

$$\min z = 3x_{11}+5x_{12}+4x_{21}+2x_{22}+2y_{11}+3y_{12}+5y_{13}+4y_{21}+5y_{22}+2y_{23}$$

约束条件包括以下几项。

（1）加工厂的产品供应限制：

$$x_{11}+x_{12}=400$$
$$x_{21}+x_{22}=600$$

（2）满足零售商的产品需求：

$$y_{11}+y_{21}=200$$
$$y_{12}+y_{22}=500$$
$$y_{13}+y_{23}=300$$

（3）配送中心不能保留产品：

$$x_{11}+x_{21}=y_{11}+y_{12}+y_{13}$$
$$x_{12}+x_{22}=y_{21}+y_{22}+y_{23}$$

（4）变量的非负约束：

$$x_{ij}, y_{jk} \geqslant 0,\ \ i=1,2,\ j=1,2,\ k=1,2,3$$

四、作业车间调度问题

【例 3.4】 某车间要加工 3 个零件，每个零件有 3 道工序，每个零件的第 1 道工序在机器 1 上加工，第 2 道工序在机器 2 上加工，第 3 道工序在机器 3 上加工，每个零件的工序不能改变。在每台机器上都按照零件 1、2、3 的顺序加工。每个零件的每道工序的加工时间如表 3-3 所示，问应如何安排加工时间才能使完工时间最短？

表 3-3　零件每道工序的加工时间　　单位：分

零件	工序		
	1	2	3
1	10	5	14
2	8	6	13
3	9	4	11

解：设 t_{ij} 为零件 i 的第 j 道工序开始加工的时刻，$i,j=1,2,3$。

当第 3 个零件的第 3 道工序完工后，所有的零件都加工完毕，因此目标函数为

$$\min z = t_{33}+11$$

每个零件的工序应满足时间的先后关系，即第 2 道工序应在第 1 道工序完成之后开始加工，第 3 道工序应在第 2 道工序完成之后开始加工。

对于零件 1：

$$t_{12}-t_{11}\geqslant 10$$
$$t_{13}-t_{12}\geqslant 5$$

对于零件 2：

$$t_{22}-t_{21}\geqslant 8$$
$$t_{23}-t_{22}\geqslant 6$$

对于零件 3：

$$t_{32}-t_{31}\geqslant 9$$
$$t_{33}-t_{32}\geqslant 4$$

由于每个零件的同一道工序都在同一台机器上加工，并且也要按照零件 1、2、3 的顺序进行，所以第 2 个零件必须在第 1 个零件完工后才能开始加工，第 3 个零件也只能在第 2 个零件完工后再开始加工。

对于第 1 道工序：

$$t_{21}-t_{11}\geqslant 10$$
$$t_{31}-t_{21}\geqslant 8$$

对于第 2 道工序：

$$t_{22}-t_{12}\geqslant 5$$
$$t_{32}-t_{22}\geqslant 6$$

对于第 3 道工序：

$$t_{23}-t_{13}\geqslant 14$$
$$t_{33}-t_{23}\geqslant 13$$

变量的非负约束为

$$t_{ij}\geqslant 0,\quad i,j=1,2,3$$

五、人力资源分配问题

【例 3.5】某铁路局在 A、B 两地之间开行 4 趟旅客列车，由于春运客流增加，又增开 3 趟。全部列车的车次代号（按时间顺序排列）和所需乘务员人数如表 3-4 所示。这样客运段需要对这 4 趟列车的乘务员重新安排任务，要求每个乘务员按车次先后顺序连续工作两个车次。问客运段最少安排多少乘务员才能满足每个车次的要求？

表 3-4　各车次代号和所需乘务员人数

车次代号	所需乘务员人数/人
1	20
2	15
3	25
4	20
5	18
6	16
7	22

解：设 x_j 为第 j 车次安排的乘务员人数，$j=1,2,\cdots,7$。

目标为乘务员人数最少：

$$\min z = x_1 + x_2 + x_3 + x_4 + x_5 + x_6 + x_7$$

约束条件为每个车次的乘务员人数应满足要求，由于每名乘务员都要连续工作两个车次，所以应有

$$x_7 + x_1 \geqslant 20$$
$$x_1 + x_2 \geqslant 15$$
$$x_2 + x_3 \geqslant 25$$
$$x_3 + x_4 \geqslant 20$$
$$x_4 + x_5 \geqslant 18$$
$$x_5 + x_6 \geqslant 16$$
$$x_6 + x_7 \geqslant 22$$

最后是非负约束，决策变量 x_j 表示乘务员人数，所以应取整数：$x_j \geqslant 0$ 且为整数，$j=1,2,\cdots,7$。

完整的模型如下所示：

$$\min z = x_1 + x_2 + x_3 + x_4 + x_5 + x_6 + x_7$$
$$\text{s.t.}\begin{cases} x_7 + x_1 \geqslant 20 \\ x_1 + x_2 \geqslant 15 \\ x_2 + x_3 \geqslant 25 \\ x_3 + x_4 \geqslant 20 \\ x_4 + x_5 \geqslant 18 \\ x_5 + x_6 \geqslant 16 \\ x_6 + x_7 \geqslant 22 \\ x_j \geqslant 0\text{且为整数}, \quad j=1,2,\cdots,7 \end{cases}$$

六、设备租借问题

【例 3.6】某建筑公司在 4 个月内需租借挖掘机进行施工作业。已知各月所需挖

掘机数量如表 3-5 所示。挖掘机租金根据合同期而定，期限越长折扣越大，具体数字见表 3-6。租借合同每月初都可办理，每份合同中具体规定了挖掘机的租用数量和期限。因此该厂可根据需要，在任何一个月初办理租借合同。每次办理时可签一份，也可签若干份租借数量和租借期限不同的合同。总目标是使所付租金最少，试建立此问题的线性规划模型。

表 3-5 各月所需挖掘机数量 单位：台

项目	1 月	2 月	3 月	4 月
所需挖掘机数量	8	22	15	6

表 3-6 合同租借期限及相应租金 单位：万元/台

项目	1 个月	2 个月	3 个月	4 个月
合同期内的租金	1.8	3.2	5	6.8

解：设 x_{ij} 为第 i 个月初签订的租借期限为 j 个月的合同中规定的所需挖掘机数量（台），$i,j=1,2,3,4$。

因为挖掘机的使用期限最多只有 4 个月，所以签订合同时应该本着“租了就应该使用，否则就不应该租”的原则，即应有 $i+j\leqslant 5$ 成立，这样才能使所付租金最少。例如，第 1 个月初签订合同时，租借期限可以是 1 个月、2 个月、3 个月，最多 4 个月，大于等于 5 个月期限的合同就不应该签。第 2 个月初签订合同时，租借期限最多只有 3 个月。第 3 个月初签订合同时，租借期限最多只有 2 个月。第 4 个月初签订合同时，租借期限最多只有 1 个月。

因为第 1 个月所需挖掘机数量只能在第 1 个月初签订合同时确定，所以应有

$$x_{11}+x_{12}+x_{13}+x_{14}\geqslant 8$$

第 2 个月所需挖掘机数量可以在第 1 个月初和第 2 个月初签订合同时确定，且第 1 个月初签订的合同租借期限应不少于 2 个月，即

$$x_{12}+x_{13}+x_{14}+x_{21}+x_{22}+x_{23}\geqslant 22$$

第 3 个月所需挖掘机数量应满足

$$x_{13}+x_{14}+x_{22}+x_{23}+x_{31}+x_{32}\geqslant 15$$

第 4 个月所需挖掘机数量应满足

$$x_{14}+x_{23}+x_{32}+x_{41}\geqslant 6$$

变量的非负约束为

$$x_{ij}\geqslant 0,\ i+j\leqslant 5,\ \ i,j=1,2,3,4$$

目标为租金最少，无论哪个月初签订合同，只要租期相同，则租金就相同。例如，租期为 1 个月的，每个月初都可以签订合同，则所需挖掘机数量为

$x_{11}+x_{21}+x_{31}+x_{41}$，所以 1 个月租期的租金总额为$1.8(x_{11}+x_{21}+x_{31}+x_{41})$。于是有

$$\min z=1.8(x_{11}+x_{21}+x_{31}+x_{41})+3.2(x_{12}+x_{22}+x_{32})+5(x_{13}+x_{23})+6.8x_{14}$$

完整的线性规划模型为

$$\min z=1.8(x_{11}+x_{21}+x_{31}+x_{41})+3.2(x_{12}+x_{22}+x_{32})+5(x_{13}+x_{23})+6.8x_{14}$$

$$\text{s.t.}\begin{cases}x_{11}+x_{12}+x_{13}+x_{14}\geqslant 8\\x_{12}+x_{13}+x_{14}+x_{21}+x_{22}+x_{23}\geqslant 22\\x_{13}+x_{14}+x_{22}+x_{23}+x_{31}+x_{32}\geqslant 15\\x_{14}+x_{23}+x_{32}+x_{41}\geqslant 6\\x_{ij}\geqslant 0,\quad i+j\leqslant 5,\quad i,j=1,2,3,4\end{cases}$$

七、投资问题

【例 3.7】一家风险投资公司拥有 2 亿元资金，现有 6 家刚创立的高科技企业需要融资。这 6 家企业虽然都有很先进的高科技产品，但由于管理、市场等各种原因，其发展前景并不相同。经过认真评估后，得到各企业能发展成功的概率，企业成功后投资的收益率以及对每个企业的最高投资限额如表 3-7 所示。问该风险投资公司应如何选择企业进行投资才能使期望收益最大？

表 3-7 各企业投资情况

企业	成功概率	投资收益率	最高投资限额/亿元
1	0.85	5.8	0.4
2	0.5	18.5	1.2
3	0.65	12	0.8
4	0.2	25	0.7
5	0.9	8.2	1.5
6	0.35	15	0.5

解：设 x_j 为对第 j 个企业投资的金额（单位：亿元），$j=1,2,\cdots,6$。

对企业投资的期望收益等于该企业的成功概率与对该企业的投资额和投资收益率的乘积，如企业 1 的投资回报为$0.85\times 5.8x_1=4.93x_1$。

目标为期望收益最大：

$$\max z=4.93x_1+9.25x_2+7.8x_3+5x_4+7.38x_5+5.25x_6$$

约束条件包括以下三项。

（1）全部投资金额不超过 2 亿元：

$$x_1+x_2+x_3+x_4+x_5+x_6\leqslant 2$$

（2）对各企业的投资限制：

$$x_1\leqslant 0.4$$
$$x_2\leqslant 1.2$$

$$x_3 \leqslant 0.8$$
$$x_4 \leqslant 0.7$$
$$x_5 \leqslant 1.5$$
$$x_6 \leqslant 0.5$$

（3）变量的非负约束：

$$x_j \geqslant 0,\ j = 1,2,\cdots,6$$

八、非线性函数的线性化处理

【例 3.8】某家具厂生产一套组合实木家具，包括 1 个沙发、1 个高低柜、1 个餐桌和 4 把椅子。家具制作过程中需要消耗一定的木材和机器工时，制作完成后还要进行喷漆。每个家具需要的木材消耗量、机器工时和喷漆时间以及这些资源的最大供应量如表 3-8 所示。问该家具厂如何进行生产才能使组合家具的数量最多？

表 3-8　各家具木材消耗量及时间消耗量

家具	木材消耗量/米^3	机器工时/时	喷漆时间/时
沙发	2	20	24
高低柜	5	18	32
餐桌	2.5	15	20
椅子	0.4	0.5	6
最大供应量	400	1000	1800

解：设 x_j 为生产家具 j 的数量，其中 $j = 1,2,3,4$，分别代表沙发、高低柜、餐桌和椅子四种家具。

约束条件包括以下几项。

（1）木材消耗量的限制：

$$2x_1 + 5x_2 + 2.5x_3 + 0.4x_4 \leqslant 400$$

（2）机器工时的限制：

$$20x_1 + 18x_2 + 15x_3 + 0.5x_4 \leqslant 1000$$

（3）喷漆时间的限制：

$$24x_1 + 32x_2 + 20x_3 + 6x_4 \leqslant 1800$$

（4）变量的非负约束：$x_j \geqslant 0$ 且为整数，$j = 1,2,3,4$。

注意，题目中没有要求四种家具按照 1∶1∶1∶4 的比例进行生产，所以各种家具的数量组合都是允许的，如生产 4 个沙发、2 个高低柜、6 个餐桌和 12 把椅子。

由于每套组合家具包括 1 个沙发、1 个高低柜、1 个餐桌和 4 把椅子，所以组合家具的数量应等于前三种家具的数量和椅子数量的 1/4 中最少的。例如，生产了 5 个沙发、7 个高低柜、9 个餐桌和 16 把椅子，那么组合家具的数量为

$$\min\left\{5,7,9,\frac{16}{4}\right\}=4$$

所以目标函数为组合家具的数量最多：

$$\max z=\min\left\{x_1,x_2,x_3,\frac{x_4}{4}\right\}$$

显然，目标函数是非线性的，但我们可以通过增加一个变量，将其转化为线性函数。令 $y=$ 组合家具的数量，因此有

$$\max z=y$$

这样就将目标函数中的非线性函数变为线性函数了。但新增加的约束条件

$$y=\min\left\{x_1,x_2,x_3,\frac{x_4}{4}\right\}$$

仍是非线性的。因为 y 是四个变量中的最小值，所以应有下面的不等式成立：

$$y\leqslant x_1$$
$$y\leqslant x_2$$
$$y\leqslant x_3$$
$$y\leqslant \frac{x_4}{4}$$

这样，约束条件也变为线性函数了。

综上，我们给出完整的模型：

$$\max z=y$$
$$\text{s.t.}\begin{cases}2x_1+5x_2+2.5x_3+0.4x_4\leqslant 400\\20x_1+18x_2+15x_3+0.5x_4\leqslant 1000\\24x_1+32x_2+20x_3+6x_4\leqslant 1800\\y\leqslant x_1\\y\leqslant x_2\\y\leqslant x_3\\y\leqslant \dfrac{x_4}{4}\\x_j,y\geqslant 0\text{且为整数},\quad j=1,2,3,4\end{cases}$$

第二节　应用LINGO软件求解线性规划问题

在一个问题的线性规划模型建立后，当该模型中变量和约束条件的数量较多时，我们难以用手工的方式计算最优解，只能求助于计算机。用于求解最优化问题的软件有很多，如 LINDO/LINGO、Mathematica、Matlab 和 Excel 等，其中，LINGO 软件

具有输入简单、求解速度快，并能对结果进行分析等优点，因而被广泛使用。

LINGO 是 linear interactive and general optimizer 的缩写，意为“交互式的线性与通用优化求解器”，同 LINDO 软件一起是由美国芝加哥大学的 L. Schrage 教授于 20 世纪 80 年代开发的。LINGO 除了具有 LINDO 的全部功能（可以求解线性规划问题和二次规划问题）外，还能求解非线性规划问题和非线性方程组，因此功能十分强大。其特色在于内置了建模语言，可以通过简练、直观的方式描述较大规模的优化问题，同时提供近百个内部函数，方便与 Excel 数据库等其他软件交换数据。

我们使用的版本是 LINGO 11.0，与之前的版本相比，该版本可以计算随机规划问题。下面以例 3.3 为例，介绍如何应用 LINGO 求解线性规划问题。

当我们打开 LINGO 11.0（汉化版）后，会看到如图 3-2 所示的初始界面。

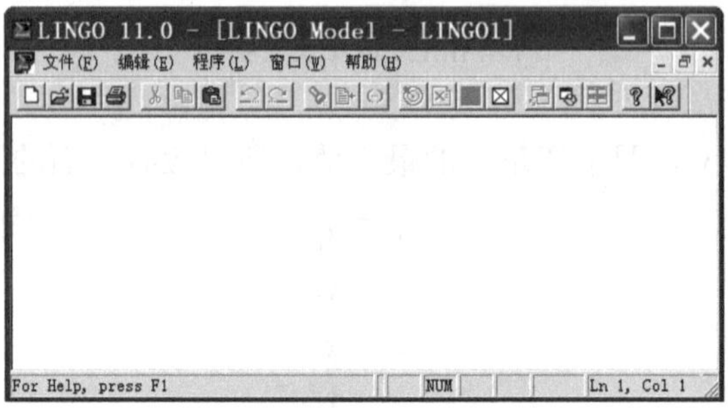

图 3-2 LINGO 的初始界面

其中，标有“LINGO 11.0”的是主窗口，顶部包含了所有菜单命令和工具条。在主窗口内，标题为“LINGO Model-LINGO1”的窗口是 LINGO 的默认模型窗口，建立的模型都要在该窗口内编码实现。

在模型窗口中输入例 3.3 的代码，如图 3-3 所示。

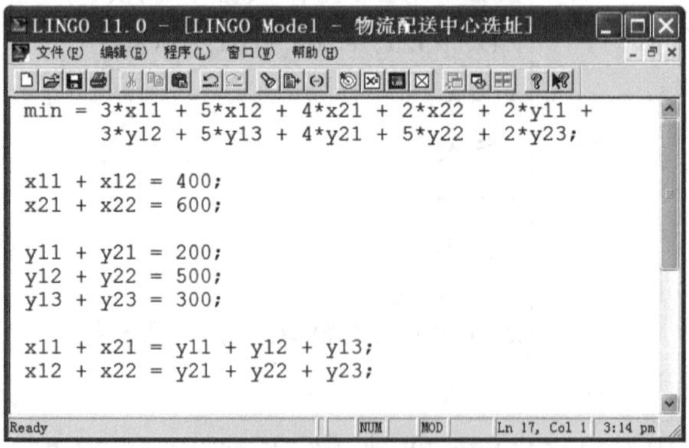

图 3-3 LINGO 代码

LINGO 代码与手写的线性规划模型极为相似，分为目标函数与约束条件。目标函数中用“max=”表示求极大值，“min=”表示求极小值。目标函数与每个约束条件必须以分号结尾，否则模型无法求解。由于 LINGO 中已假设所有的变量是非负的，所以非负约束不必再输入。

需注意以下几点。

（1）LINGO 中不能省略乘号，需用“*”表示乘号。

（2）LINGO 不区分变量的大小写字符（任何小写字符都将被转换为大写字符）。

（3）约束条件中的“<=”可由“<”代替，“>=”可由“>”代替。

（4）即使运行完程序，LINGO 也无法自动保存，所以每次修改程序后，都应主动存盘。

（5）LINGO 对字体特别敏感，特别是标点符号，只能使用英文输入法，而且必须是 LINGO 默认的 Courier New 字体，否则程序无法运行。

点击工具条上的按钮或菜单命令“LINGO|Solve”，在计算的同时会出现“Solver Status”（求解状态）窗口，如图 3-4 所示。当运行结束后关闭求解状态窗口就得到“Solution Report”（解决方案报告）窗口，如图 3-5 所示。

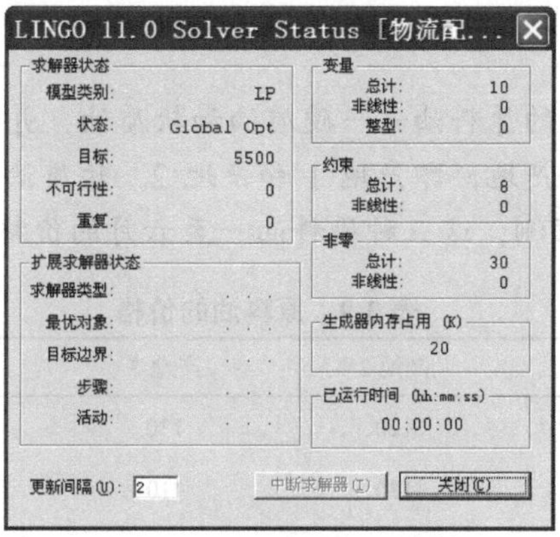

图 3-4 求解状态窗口

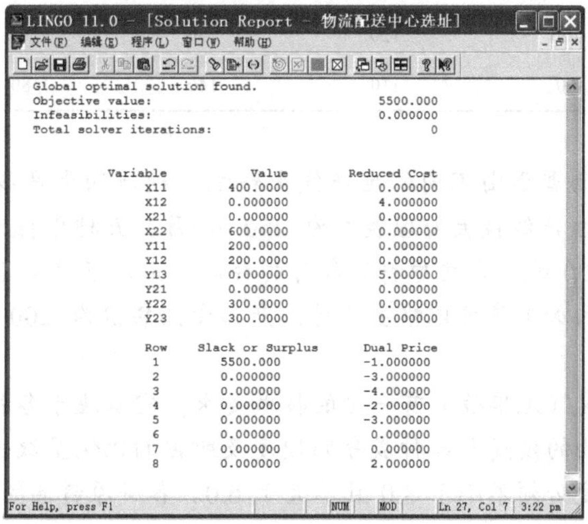

图 3-5 解决方案报告窗口

求解状态窗口可以监视整个程序运行的过程，显示当前最优解及其类型，并为我们提供模型中变量、非零系数和约束条件个数的总计结果，以及重复（迭代）次数、已运行时间和生成器内存占用情况等有用信息。图 3-4 中右上部分显示该模型中共有 10 个变量、30 个非零系数和 8 个约束条件（LINGO 将目标函数也看作一个约束条件）。

解决方案报告窗口给出该模型的最优解、目标函数值和关于模型的一些信息。第一行表示该问题有全局最优解，第二行表示计算的目标函数值为 5500，第三行为不可行解信息（该问题没有），第四行为迭代计算次数。中间部分为最优解信息，Value 表示变量的取值：$x_{11}=400$，$x_{22}=600$，$y_{11}=200$，$y_{12}=200$，$y_{22}=300$，$y_{23}=300$，其余变量取值都为零；Reduced Cost 表示变量的检验数。最后一部分中，Slack or Surplus 为目标函数以及每个约束条件中松弛变量或多余变量的取值；Dual Price 为对偶价格，我们将在第四章中具体介绍其含义。

案例 食油生产问题

食油厂精炼两种类型的原料油——硬质油和软质油，并将精制油混合得到一种产品食油，硬质油来自两个产地，即产地 1 和产地 2，软质油来自另外三个产地：产地 3、产地 4 和产地 5。据预测，这五种原料油一至六月的价格如表 3-9 所示。

表 3-9 原料油的价格 单位：元/吨

月份	产地 1	产地 2	产地 3	产地 4	产地 5
一月	110	120	130	110	115
二月	130	130	110	90	115
三月	110	140	130	100	95
四月	120	110	120	120	125
五月	100	120	150	110	105
六月	90	110	140	80	135

硬质油和软质油需要由不同的生产线来精炼。硬质油生产线的最大处理能力为 200 吨/月，软质油生产线最大处理能力为 250 吨/月。五种原料油都备有贮罐，每个贮罐的容量均为 1000 吨，每吨原料油每月的存储费用为 5 元。各种精制油及产品无油罐可存储。精炼的加工费可以略去不计，产品食油售价为 200 元/吨，产品的销售没有任何问题。

产品食油的硬度（无单位）有一定的技术要求，它取决于各种原料油的硬度以及混合比例。产品食油的硬度与各种成分的硬度及所占的比例呈线性关系。根据技术要求，产品食油的硬度必须不小于 3.0 且不大于 6.0。各种原料油的硬度如表 3-10 所示（精制过程不会影响硬度）。

表 3-10 各种原料油的硬度

项目	产地 1	产地 2	产地 3	产地 4	产地 5
硬度	8.8	6.1	2.0	4.2	5.0

假设在一月初，每种原料油都有 500 吨存储量且要求在六月底仍保持这样的储备。请根据表 3-9 预测的原料油的价格，逐月编制各种原料油采购量、耗用量及库存量计划，使该年内的利润最大。

案例分析 该案例可以简要概括为：食油厂先从不同的地点采购原料油，然后在加工厂对原料油进行精炼加工，得到半成品精制油，再将所有的精制油进行混合制成产品食油销售。在这一过程中，受到原料油存储量的限制、生产线生产能力的限制以及产品食油硬度的限制。目标是利润最大化，利润等于产品食油的售价减去原料的购买成本和存储成本（不考虑精炼加工费）。案例对一个食油厂的原料采购、存储、生产加工以及产品销售等问题进行综合优化，是一个较复杂的问题。我们将对这几个过程逐一分析，弄清楚它们之间的关系，重点介绍决策变量如何设置。

首先，我们来看原料采购问题。原料油需要从不同的产地采购，硬质油有两个产地，分别是产地 1 和产地 2，软质油有三个产地，分别是产地 3、产地 4 和产地 5。由于每个月从不同产地购买的原料油的数量是未知的，所以我们将其设置成变量。每种原料油具有不同的产地，即使是同一产地，每个月的成本也不同，因此在设置变量时必须以下标的形式加以区分。决定原料油采购数量的有原料油的种类（硬质油还是软质油）、产地以及月份，似乎需要用三个下标来表示。注意到每种原料油的产地都是不同的，因此只用两个下标（产地和月份）表示是不会混淆的。比如硬质油只能从两个产地采购，只要是从产地 1 和产地 2 采购的原料油肯定是硬质油，从产地 3、产地 4 和产地 5 采购的只能是软质油。因此，我们可以用产地来区分原料油的种类，这样就不用再设置表示原料油种类的下标了，只设置两个下标即可。

设决策变量：

$$x_{ij}=i\text{ 月从产地 }j\text{ 采购的原料油数量（吨）},\quad i=1,2,3,4,5,6,\quad j=1,2,3,4,5$$

请同学们思考：如果全部（或部分）产地既能供应硬质油又能供应软质油，那么这个决策变量该如何设置？

还有一个问题，这些原料油在什么时候购买呢？是在每个月的月初、月中、月末，还是任何一个时间？不像例 3.2 明确指出月底进货，该案例中并没有给出确切的购买时间，这就需要我们在建模前予以确定。这也是实际问题的一个特点，有很多影响因素需要在建模前进行假设和简化以利于建模。实际中工厂当然可以在一个月的任何时间进货，但这样做非常不利于我们建模，因此我们通常假定在一个固定的时间点进货，就像例 3.2 一样。月初、月中和月末进货都可行，那么哪一个更好呢？如果月中和月底进货，好处是可以购入更多原料油，而且节省库存成本。比如在第一个月初每种库存原料油都是 500 吨，如果在月初进货，受库存（贮罐）容量 1000 吨的限制，每种原料油最多只能购入500吨，没用完的原料油会存储一个月，产生一个月的存储成本。如果月中进货，前半个月利用已有的库存500吨原料油进行生产，假如到月中时某种原料油消耗了400吨，还剩100吨，此时最多可以购入900吨该种原料油，即使到月底没用完产生存储，也只有半个月的存储成本。月底进货与此类似。月中和月底进货的弊端也是显而易见的，会降低产品的产量，导致利润下降。还以第一个月为例，如果选择月底进货，那么这个月只能利用500吨原料油进行生产，而如果在月初进货500吨的话，将会有1000吨的原料油，相比之下可以生产更多的产品。如上所述，每种假定各有利弊，考虑到产品食油售价（200元/吨）远远大于原料油的存储成本（5元/月吨），也就是说生产的产品食油越多，利润越大，因此，我们将每个月的原料油进货时间设定为月初。

下面我们来考察生产过程，这也是将原料油加工成半成品精制油，再将精制油混合成产品食油的过程。虽然产品食油没有需求限制，但受到生产线最大处理能力的制约，每个月生产的产品食油数量是有限的，如果购入的原料油在当月没有被加工就会变成存储，可以在下个月使用。有人自然会问，每个月为什么不购入合适的原料油数量使得其刚好被全部加工，这样就可以避免存储的产生，减少这部分成本呢？原因在于每个月原料油的成本价格不同，可以在价格低的月份多购入一些，如果算上存储成本还比以后月份的价格低就划算。比如产地1的原料油第一个月的价格是110元/吨，存储费用为5元/月吨，多购入1吨的成本是115元，比第二个月的价格130元/吨还便宜，所以第一个月可以多购入一些存储到下一个月，第二个月就可以少购入一些。实际问题中，即使不考虑成本，也会产生原料的存储，这是为了保证生产的顺利进行。比如自然灾害或人为事故导致道路中断、交通受阻而无法及时供应原料，就会耽误生产，因此原料的存储是普遍的现象。存储数量的决策是运筹学中一个独立的分支，我们将在第十一章中给予详细介绍。

与原料油的采购量类似，我们将原料油的使用量设置成决策变量。原料油的存储数量是否有必要设置成变量呢？实际上，只要有了原料油的采购量和使用量，就可以表示存储量了，就像例3.2一样。也可以将存储量设置成变量，这样便于表示目标函数中的存储成本。注意，存储量可以由采购量和使用量来表示，所以它是中间变量。

于是我们设决策变量：

$y_{ij}=i$ 月使用的从产地 j 购入的原料油数量（吨），$i=1,2,3,4,5,6$， $j=1,2,3,4,5$

$w_{ij}=i$ 月存储的自产地 j 购入的原料油数量（吨），$i=1,2,3,4,5,6$， $j=1,2,3,4,5$

这样我们一共设置了三套双下标决策变量，使用它们就可以建立模型的目标函数和约束条件了。

我们这里重点强调一下建模的一个原则：考虑每种方案的可行性，而不是最优性。因为在最优解没有计算出来之前，我们不知道哪种方案更好，哪种方案是最优的，所以只要是可行的方案都要考虑进来，以免遗漏掉最优方案。如果通过分析可以确定某种可行方案一定不是最优的，那么在建模时就可以将这种方案排除在外而不至于影响最优方案。这也是区分模型和算法的一个标志，建模只考虑可行解，最优解的寻找则交给算法来完成。

我们先来看目标函数。案例要求利润最大，利润等于产品食油的售价减去原料油的采购成本和存储成本。因为产品的销售不存在任何问题，也就是说生产多少产品都能卖出去，产量等于销量，所以产品食油售价等于产品食油单位价格乘以产量。虽然我们没有设置产品食油产量这个变量，但由于产品食油是由原料油经加工成半成品精制油，进而再混合而成，在加工和混合过程中原料油都没有损失，因此产品食油的产量就等于每个月混合成它的各种原料油的数量之和，即 $\sum_{i=1}^{6}\sum_{j=1}^{5}y_{ij}$ 。为便于分析和计算，我们用 P 表示产品食油的总售价，用 c_{ij} 表示 i 月从产地 j 采购的原料油的价格（表 3-9），用 C 表示原料油的采购总成本，用 I 表示原料油的存储总成本，所以，

$$P=200\sum_{i=1}^{6}\sum_{j=1}^{5}y_{ij}\,,\quad C=\sum_{i=1}^{6}\sum_{j=1}^{5}c_{ij}x_{ij}\,,\quad I=5\sum_{i=1}^{6}\sum_{j=1}^{5}w_{ij}$$

这样，我们得到目标函数为

$$\max z=P-C-I$$

我们再来看约束条件。最重要也最复杂的约束是原料油的存储与采购和生产之间的关系，我们逐月进行分析。第一个月初每种原料油都有 500 吨存储，加上月初购入的原料油等于本月的原料油总量，减去本月加工用掉的，如果还有剩余就是这个月的存储。所以，

$$w_{1j}=500+x_{1j}-y_{1j},\quad j=1,2,3,4,5$$

第二个月至第六个月的情况相同，上个月的存储在本月可以使用，再加上本月初购入的，减去本月用掉的，等于本月的存储。即

$$w_{ij}=w_{i-1,j}+x_{ij}-y_{ij},\quad i=2,3,4,5,6,\quad j=1,2,3,4,5$$

显然，每个月各种原料油的存储量加上购入量不能超过贮罐的容量 1000 吨，且最后一个月要求每种原料油各存储 500 吨。根据题意，购自每个产地的原料油都用一个贮罐单独进行存储，所以有

$$500+x_{1j}\leqslant 1000,\quad j=1,2,3,4,5$$

$$w_{i-1,j}+x_{ij}\leqslant 1000,\quad i=2,3,4,5,6,\quad j=1,2,3,4,5$$

$$w_{6j}=500,\quad j=1,2,3,4,5$$

下面我们考虑生产线最大处理能力约束。硬质油和软质油生产线的最大处理能力分别为 200 吨/月和 250 吨/月。不管使用从哪个产地购入的硬质油都在硬质油生产线上生产，软质油也一样在软质油生产线上生产，且每个月都有这两个限制，可表示为

$$y_{i1}+y_{i2}\leqslant 200,\quad i=1,2,3,4,5,6$$

$$y_{i3}+y_{i4}+y_{i5}\leqslant 250,\quad i=1,2,3,4,5,6$$

因为是加工原料油的过程，所以必须采用原料油使用变量 y_{ij} 来表示这两组约束，而不能用原料油采购变量 x_{ij} 表示。

最后是产品食油硬度的要求：不小于 3.0 且不大于 6.0。原料油被加工成半成品后再被混合制成产品食油，中间没有硬度的损失。由已知条件可知，产品食油的硬度取决于各种原料油的硬度以及混合比例，且产品食油的硬度与各种原料油的硬度及所占的比例呈线性关系。因此，产品食油的硬度就等于构成它的全部原料油硬度与使用数量的乘积之和与该产品食油的使用数量之比。我们在前面目标函数中已经得到了每个月产品食油的使用数量表示为 $\sum_{j=1}^{5}y_{ij}$，$i=1,2,3,4,5,6$。在产品食油中，每种原料油的硬度乘以它的使用数量之和为

$$8.8y_{i1}+6.1y_{i2}+2.0y_{i3}+4.2y_{i4}+5.0y_{i5},\quad i=1,2,3,4,5,6$$

所以，这两者的比值就是产品食油的硬度，它应该位于 3.0 和 6.0 之间：

$$3.0\leqslant\frac{8.8y_{i1}+6.1y_{i2}+2.0y_{i3}+4.2y_{i4}+5.0y_{i5}}{\sum_{j=1}^{5}y_{ij}}\leqslant 6.0,\quad i=1,2,3,4,5,6$$

上面的不等式是分式，属于非线性的，但我们可以把它改写为两组线性约束：

$$8.8y_{i1}+6.1y_{i2}+2.0y_{i3}+4.2y_{i4}+5.0y_{i5}\geqslant 3.0\sum_{j=1}^{5}y_{ij},\quad i=1,2,3,4,5,6$$

$$8.8y_{i1}+6.1y_{i2}+2.0y_{i3}+4.2y_{i4}+5.0y_{i5}\leqslant 6.0\sum_{j=1}^{5}y_{ij},\quad i=1,2,3,4,5,6$$

最后是变量的非负约束：

$$x_{ij},y_{ij},w_{ij}\geqslant 0,\ i=1,2,3,4,5,6,\quad j=1,2,3,4,5$$

至此建模过程结束。需要指出的是，虽然案例求的是产品利润的最大化，但是我们并没有将产品食油的产量设置为决策变量，这是因为用原料油的使用数量就可以表示产品食油的产量。那么我们是否可以只设置产品食油产量这一套决策变量进而简化模型呢？答案是否定的。因为我们不知道产品食油中包含的各种原料油的混合比例，也就无法计算出每种原料油的使用数量，因而无法计算目标函数中原料油的购买成本和存储成本，跟原料油有关的约束条件也都无法表示，所以不能只设置这一套变量。

另外，由于该案例给出了每个月原料油的具体价格，我们通过分析得出对原料油进行存储是有好处的，但如果像例 3.2 那样仅以参数值表示价格，我们就无法判断价格的高低，那么是否还有必要考虑存储呢？答案是仍有必要。我们把用参数表示的案例叫作一个问题，用具体数值表示的叫作这个问题的一个实例，也就是举了一个例

子。如果我们只针对一个例子建模，那么当数据发生变化换成另外一个例子时，我们建立的模型可能就不适用了。因此，通常都是对问题进行建模，这样做的好处是建立的模型具有普遍适用性，对任何实例都适用。回到我们的案例中来，即使每个月的原料油的价格都一样，也就是没有存储原料油的必要，我们建立的模型依然适用，因为在最优解中会得到 $w_{ij}=0$ 的结果，也就是每个月每种原料油的存储量都为零，这与不设原料油存储变量是一样的。

该问题有 90 个决策变量，其中原料油采购、使用和存储各有 30 个变量，再加上表示售价和成本的 3 个统计变量（P、C 和 I），一共有 93 个变量。约束条件则有 87 个，包括 3 个表示售价和成本的约束。我们采用 LINGO 求解，由于问题规模较大，我们不给出程序代码了，请大家自己输入。第四章我们会介绍采用集合（内置函数）的方式来编写 LINGO 程序，可以大大简化 LINGO 代码。

经过计算，得到最大利润为 238 231.5 元，其中产品食油总售价 P=540 000 元，原料油采购总成本 C=251 659.7 元，原料油存储总成本 I=50 108.8 元。

最优方案如下：第二个月采购产地 4 的软质油 287.5 吨，第五个月分别采购产地 1 的硬质油 159.2593 吨和产地 5 的软质油 462.5 吨，第六个月分别采购产地 1 的硬质油 659.2593 吨、产地 2 的硬质油 381.4815 吨和产地 4 的软质油 750 吨；原料油使用和存储的最优方案分别如表 3-11 和表 3-12 所示。

表 3-11　原料油最优使用方案　　单位：吨

月份	产地 1	产地 2	产地 4	产地 5
一月	96.2963	103.7037	0	250
二月	159.2593	40.7407	250	0
三月	159.2593	40.7407	250	0
四月	85.1852	114.8148	250	0
五月	159.2593	40.7407	250	0
六月	159.2593	40.7407	250	0

表 3-12　原料油最优存储方案　　单位：吨

月份	产地 1	产地 2	产地 3	产地 4	产地 5
一月	403.7037	396.2963	500	462.5	287.5
二月	244.4444	355.5556	500	500	287.5
三月	85.1852	314.8148	500	250	287.5
四月	0	200.0000	500	250	37.5
五月	0	159.2594	500	0	500
六月	500	500.0000	500	500	500

请注意：我们得到的最优方案只是我们所建立模型的最优方案，并不等于问题实

例的最优方案，甚至都不一定是实例的可行方案。只有将模型的最优方案带回到实例中验证，当该方案满足实例的所有约束（不是模型列出的约束）时，才能说明它是实例的可行方案，也就是实例的最优方案。

我们以产地 1 硬质油的采购、使用和存储为例来验证最优方案。第一个月没有采购，所以就利用原有的 500 吨存储进行生产，实际使用了 96.2963 吨，所以一月末存储 403.7037 吨。第二个月也没有购入，利用第一个月的存储量，实际使用了 159.2593 吨，所以存储为 244.4444 吨。第三个月还没有购入，仍然利用第二个月的存储量，实际使用了 159.2593 吨，所以存储为 85.1852 吨（实际应为 85.1851 吨，原因见下文）。第四个月也没有购入，将第三个月的存储 85.1852 吨全部使用完，月末存储为 0。第五个月购入 159.2593 吨，全部用完，月末剩余 0。第六个月购入 659.2593 吨，使用了 159.2593 吨，最后存储了 500 吨。其余产地的验证与此相同。

注意在表 3-12 中，硬质油产地 1 第三个月的存储为 85.1852 吨，实际应为 85.1851 吨，这是由计算误差导致的。由于误差在万分位，所以计算精度是满足要求的。

在表 3-11 中，每一行的第二列和第三列数字相加就得到该月份生产的硬质油数量，每一行的第四列和第五列数字相加就得到该月份生产的软质油数量。不难看出，每个月硬质油和软质油都按照生产线的最大生产能力生产，即每个月生产硬质油 200 吨，软质油 250 吨。混合后每个月得到产品食油 450 吨，6 个月共生产 2700 吨，乘以单价 200 元/吨，得到总售价为 540 000 元。每个月每种原料油的使用量乘以各自的硬度之和为 2700，再除以 450 吨，得到每个月生产的产品食油硬度都为 6，达到硬度要求的上限。

对于贮罐容量的约束，每月每种软质油和硬质油的存储加上采购的数量都没有达到容量上限 1000 吨。以上结果与问题的实例完全符合，说明该方案是实例的可行方案，我们建立的模型是正确的，所做的假设也是合理的，因此该方案也是实例的最优方案。请同学们思考：若模型的最优方案不是实例的可行方案，这说明什么？该如何处理？

从最优采购方案中可以看出，食油厂并没有采购产地 3 的软质油，所以表 3-11 中没有列出产地 3，说明食油厂并没有使用该产地的软质油进行加工。因此，该产地第一个月初存储的 500 吨软质油一直保存到最后一个月（表 3-12 的第四列都是 500）。不难看出，之所以会得到这样的结果，是因为每个月产地 3 的软质油价格都高于产地 4 和产地 5 的软质油价格，为节约成本就不会从该地购入原料油，当然也不会使用。

这样，我们通过一个案例完整地介绍了线性规划从模型假设、变量设置、目标函数和约束条件建立、模型求解到对最优解的验证和分析的全过程。通过该案例，我们可以感受到线性规划模型的建立不仅是一项技术，更是一门艺术，在解决实际问题的同时，也能给我们带来无尽的乐趣。

习 题

1. 动物园为小动物制定食谱，可供选择的蔬菜及其每份费用、每份所含营养成分的数量，以及这类小动物每周所需各种营养成分的最低数量如表 3-13 所示。

表 3-13 蔬菜的营养成分及费用

蔬菜	每份所含营养成分/毫克					每份费用/元
	铁	磷	维生素 A	维生素 C	烟酸	
青豆	0.45	10	415	8	0.3	0.15
胡萝卜	0.45	28	9 065	3	0.35	0.15
花菜	1.05	50	2 550	53	0.6	0.24
卷心菜	0.4	25	75	27	0.15	0.06
甜菜	0.5	22	15	5	0.25	0.18
土豆	0.5	75	235	8	0.8	0.1
每周最低需求量/毫克	6	325	17 500	245	5	

另外规定所用卷心菜不多于 2 份，其他蔬菜不多于 4 份。已知动物园一共有 14 只小动物，每只小动物需要 1 份食谱，问选用每种蔬菜各多少份使总成本最小？

2. 某船只制造厂计划制造 3 种铸造的玻璃纤维休闲船：钓鱼船、雪橇船和小型快艇。每种船的售价和可变成本如表 3-14 所示。公司为了使这家工厂开工，投入了固定资本 10 000 元。制造厂同时与当地的几家船只分销商达成协议，至少提供 70 条钓鱼船、50 条雪橇船和 50 条小型快艇。公司不能确定市场的需求量，所以决定每种船只的生产量都不会超过 120 条。公司想知道至少卖出去多少船只，可以以最低的可变成本做到收支平衡。建立线性规划模型。

表 3-14 每种船只的可变成本及售价 单位：元/条

船只类型	可变成本	售价
钓鱼船	12 500	23 000
雪橇船	8 500	18 000
小型快艇	13 700	16 000

3. 一个运输公司从一个破产的竞争对手那里买来了 90 辆拖车以提高自己的运输能力，并在北京、上海和广州的发运仓库各放 30 辆。公司由这些仓库向位于兰州、武汉和沈阳的销售终端发货。销售终端经理要求每个终端申报发运额外货物的能力。兰州的经理表明每周可以多发运 40 卡车的货物，武汉的经理表明每周可以多发运 60 卡车的货物，沈阳的经理表明每周可以多发运 50 卡车的货物。从仓库到销售终端的每次发运，公司都会从每辆卡车中赚取一定的利润。由于发运货物、运输成本和运

输比例的不同，利润也会有相应的不同，具体利润如表 3-15 所示。公司想知道每条运输路径上指派多少辆车（从仓库到销售终端）可以使利润最大化。建立线性规划模型。

表 3-15 运输利润 单位：元/车

仓库	销售终端		
	兰州	武汉	沈阳
北京	1800	2100	1600
上海	100	700	900
广州	1400	800	2200

4. 某 IT 制造商生产三种型号的智能手机，每季度手机的合同需求量如表 3-16 所示。

表 3-16 每季度手机的合同需求量 单位：部

手机型号	季度			
	1	2	3	4
I	1200	1300	2000	1200
II	1000	1500	600	3000
III	1500	500	2500	2800

三种型号的手机在第 1 季度初都没有库存，要求在第 4 季度末各存储 300 部。已知该厂每季度生产工时为 1.8 万小时，I、II 和III型号手机每部分别需要工时 2.5 小时、3.2 小时和 4.8 小时。规定当手机不能按期交货时，I 和 II 型号手机每部每个季度需赔偿 200 元，III型号手机每部每个季度需赔偿 100 元。如果生产出的手机不在本季度交货，每部每季度的库存费用为 5 元。问该厂如何安排生产，使总的赔偿加库存费用最小？

5. 某车间要加工 2 个零件，每个零件有 4 道工序，每个零件的第 1 道工序在机器 4 上加工，第 2 道工序在机器 3 上加工，第 3 道工序在机器 2 上加工，第 4 道工序在机器 1 上加工，每个零件的工序不能改变。在每台机器上都按照零件 1、2 的顺序加工。各零件每道工序的加工时间如表 3-17 所示，问应如何安排加工时间才能使完工时间最短？

表 3-17 各零件每道工序的加工时间 单位：时

零件	工序			
	1	2	3	4
1	0.5	1.5	0.3	2.2
2	0.9	2.0	0.8	1.6

6．某超市昼夜 24 小时各时段内需要的保安数量如表 3-18 所示。

表 3-18　各时段所需保安数量

时段	时间	所需人数/人
1	0:00～4:00	6
2	4:00～8:00	8
3	8:00～12:00	32
4	12:00～16:00	25
5	16:00～20:00	30
6	20:00～0:00	12

所有保安在各时间段开始时上班，并连续工作 8 小时。试确定该超市至少应雇用多少保安才能满足值班需要。

7. 玛丽是州立大学获奖学金的足球运动员，夏天她在大学的几个教练开设的青年体育夏令营工作。体育夏令营在 7 月和 8 月共开设 8 周，营员在夏令营的 1 周内住在大学宿舍并使用大学的体育场和设施。周末的时候，一批新营员会入营。玛丽的职务是夏令营足球教练员，然而她还要负责管理营员在宿舍使用的床单，玛丽需要制订一个计划，购买新床单并且以最低成本清洗床单。

在每周的开始需要清洗床单，营员连续使用 1 周，周末营员把撤掉的床单放入一个大箱子中。玛丽必须组织购买新床单或清洗旧床单，购买一套新床单需要 10 美元，当地洗衣店清洗一套床单需要 4 美元。玛丽的一些朋友要求她把清洗床单的一部分工作承包给他们，清洗每套床单的费用只需要 2 美元。洗衣店可以每周清洗完床单，但玛丽的朋友只能每 2 周清洗完床单，他们计划搬到夏令营学校，晚上在附近的洗衣房清洗床单。

表 3-19 列出了 8 周中每周登记的营员数。营员把食物和饮料沾在床单上，有可能导致污迹没有被清洗掉；床单有时被营员弄破或在清洗过程中被撕破。不管哪种情况，在床单清洗回来铺到床上前，有部分会被丢弃或取代。根据与夏令营管理员的讨论，并且基于过去几年夏令营的记录和收据，玛丽估计每周清洗回来的床单大约有 20%需要丢弃或替换。

当夏季开始的时候，所有床单需要购买，夏季结束的时候，床单将被全部替换。玛丽想使用线性规划模型制订一个购买和清洗床单的计划。请帮助玛丽为这个问题建立一个线性规划模型并用计算机求解。

表 3-19　每周登记的营员数　单位：人

周	注册营员	周	注册营员
1	115	5	260
2	210	6	300
3	250	7	250
4	230	8	190

8. 一个饮料公司使用葡萄原汁制造三种产品：瓶装果汁、冷冻浓缩汁和果冻。公司从 A、B 和 C 三家葡萄园购买葡萄汁。葡萄在葡萄园采摘下来后，马上在葡萄园的工厂里加工成葡萄汁，储存于冷冻罐中。葡萄汁随后会被运输到 D、E、F 和 G 四个工厂，在那里被制成瓶装果汁、冷冻浓缩汁和果冻。在收获季节，葡萄园每个月产量不同，每个工厂的加工能力也有差别。

在特定的月份，葡萄园 A 可以出产葡萄原汁 1400 吨，葡萄园 B 和 C 可以出产 1700 吨和 1100 吨。工厂 D 每个月处理葡萄原汁的能力是 1200 吨，工厂 E、F 和 G 的处理能力分别是 1100 吨、1400 吨和 1400 吨。从葡萄园到工厂运输葡萄原汁的成本如表 3-20。

表 3-20　运输成本　　　　单位：元/吨

葡萄园	工厂			
	D	E	F	G
A	850	720	910	750
B	970	790	1050	880
C	900	830	780	820

每个工厂的新旧程度、设备情况、工资水平都不同，所以加工每吨每种产品的成本也不同，如表 3-21 所示。这个月公司要在四个工厂总共生产 1200 吨瓶装果汁、900 吨冷冻浓缩汁和 700 吨果冻。然而冷冻浓缩汁的加工过程会造成果子脱水，果冻的加工工序要蒸煮使水分蒸发。加工 1 吨冷冻浓缩汁需要 2 吨果汁，加工 1 吨果冻需要 1.5 吨果汁，加工 1 吨瓶装果汁需要 1 吨果汁。

表 3-21　加工成本　　　　单位：元/吨

产品	工厂			
	D	E	F	G
瓶装果汁	2100	2350	2200	1900
冷冻浓缩汁	4100	4300	3950	3900
果冻	2600	2300	2500	2800

公司管理者需要决定从每个葡萄园运输多少吨果汁到每个工厂，每个工厂需要加工每种产品多少吨，使从葡萄园到工厂的运输成本和加工成本的总和最小。请建立线性规划模型并用计算机求解。

9. 某厂生产Ⅰ、Ⅱ、Ⅲ三种产品，都经过 A、B 两道工序加工。设 A 工序有 A_1、A_2 两台设备，B 工序有 B_1、B_2、B_3 三台设备。已知产品Ⅰ的两道工序可分别在 A、B 任何一种设备上加工，产品Ⅱ的 A 工序可在任一规格 A 设备上加工，但 B 工序只能在 B_1 设备上加工，产品Ⅲ的两道工序只能分别在 A_2、B_2 设备上加工。加工单位产品所需工序时间（单位：时/件）及其他有关数据见表 3-22，问应如何安排生产计划，使该厂获利最大？

表 3-22　产品加工所需信息

设备	产品 I	产品 II	产品 III	设备有效台时/时	设备加工费/（元/时）
A_1	5	10		6 000	0.05
A_2	7	9	12	10 000	0.03
B_1	6	8		4 000	0.06
B_2	4		11	7 000	0.11
B_3	7			4 000	0.05
原料费/（元/件）	0.25	0.35	0.5		
售价/（元/件）	1.25	2	2.8		

10. 某公司现有资金 30 万元可用于投资，5 年内有下列方案可供采纳。

1 号方案：在年初投资 1 元，2 年后可收回 1.3 元。

2 号方案：在年初投资 1 元，3 年后可收回 1.45 元。

3 号方案：仅在第 1 年初有一次投资机会。每投资 1 元，4 年后可收回 1.65 元。

4 号方案：仅在第 2 年初有一次投资机会。每投资 1 元，4 年后可收回 1.7 元。

5 号方案：在年初存入银行 1 元，下一年初可得 1.1 元。

每年初投资所得收益及银行利息也可用作安排。问该公司在 5 年内怎样使用资金，才能在第 6 年初拥有最多资金？

11. 应用 LINGO 软件求解习题 1～10。

第四章

对偶理论

每一个线性规划问题都有一个与之对应（不是对立）的线性规划问题，我们称其中的一个为原问题，另一个为对偶问题。研究二者之间模型和解的关系的理论称作对偶理论。对偶理论是线性规划的重要理论之一，是线性规划早期发展中最重要的发现，它从不同的角度考察同一个问题，揭示了二者之间的内在联系，极大地丰富和完善了线性规划理论。对于一对对偶问题，当其中一个线性规划的最优解求解出来后，会自动地给出另一个线性规划的最优解，这样，我们就可以根据两个问题的规模，求解其中规模较小的一个问题，从而得到另一个问题的最优解。由对偶理论，本章给出求解线性规划问题的另一种算法——对偶单纯形法，该算法求解包含“≥”约束条件的线性规划问题，不用增加人工变量，从而减少了计算量。

第一节　对偶问题的提出及模型的建立

一、对偶问题的提出

【例 4.1】某液晶面板生产企业生产甲、乙两种规格的 TFT（thin film transistor，薄膜晶体管）液晶显示器，生产流程主要包括 TFT 加工、彩色滤光器加工、单元装配和模块装配四道工序，分别在四种设备 A、B、C、D 上加工，每台显示器加工所需的机时数（时）、利润及每种设备的可利用机时数见表 4-1。

表 4-1　产品及资源信息表

产品	设备				单位产品利润/元
	A	B	C	D	
甲	2	1	4	2	7
乙	2	3	1	3	5
设备可利用机时数/时	20	15	32	21	

为充分利用设备机时，工厂应生产甲、乙显示器各多少台才能获得最大利润？

解：设甲、乙两种显示器分别生产 x_1、x_2 台，则线性规划模型如下。

$$\max z = 7x_1 + 5x_2$$

$$\text{s.t.} \begin{cases} 2x_1 + 2x_2 \leqslant 20 \\ x_1 + 3x_2 \leqslant 15 \\ 4x_1 + x_2 \leqslant 32 \\ 2x_1 + 3x_2 \leqslant 21 \\ x_1, x_2 \geqslant 0 \end{cases}$$

现在我们从另一个角度来考虑这个问题：若该厂自己不生产显示器，而是出租设备进行外加工，收取设备租金，那么四种设备的机时租金如何确定才是最佳决策？

从出租设备的企业角度来讲，首先，出租设备所赚取的利润不能低于加工显示器所获利润，否则不如自己生产，这构成了新线性规划的约束条件。其次，应尽量降低总租金，以便争取更多用户，这构成了新线性规划的目标函数。当然，出租设备的企业希望总租金越高越好，但租赁设备的企业未必会接受，因为过高的租金会令其亏本。

设设备 A、B、C、D 的单位机时租金分别为 y_1, y_2, y_3, y_4。显然，出租设备所赚的利润应不低于生产一台显示器甲的利润 7 元，即 $2y_1 + y_2 + 4y_3 + 2y_4 \geqslant 7$，同样也不能低于生产一台显示器乙的利润 5 元，即 $2y_1 + 3y_2 + y_3 + 3y_4 \geqslant 5$。设备的总租金越低越好，即 $\min w = 20y_1 + 15y_2 + 32y_3 + 21y_4$。则新的线性规划模型为

$$\min w = 20y_1 + 15y_2 + 32y_3 + 21y_4$$

$$\text{s.t.} \begin{cases} 2y_1 + y_2 + 4y_3 + 2y_4 \geqslant 7 \\ 2y_1 + 3y_2 + y_3 + 3y_4 \geqslant 5 \\ y_1, y_2, y_3, y_4 \geqslant 0 \end{cases}$$

这样，从两个不同的角度来考虑同一个企业的生产利润最大与出租设备租金最低的问题，所建立的两个线性规划模型就是一对对偶问题。

二、对偶问题模型的建立规则

下面我们介绍如何建立任意线性规划问题的对偶问题。

（一）对称式对偶问题

对于下面的线性规划问题：

$$\max z = c_1x_1 + c_2x_2 + \cdots + c_nx_n$$

$$\text{s.t.} \begin{cases} a_{11}x_1 + a_{12}x_2 + \cdots + a_{1n}x_n \leqslant b_1 \\ a_{21}x_1 + a_{22}x_2 + \cdots + a_{2n}x_n \leqslant b_2 \\ \qquad \vdots \\ a_{m1}x_1 + a_{m2}x_2 + \cdots + a_{mn}x_n \leqslant b_m \\ x_j \geqslant 0, \quad j = 1, 2, \cdots, n \end{cases} \tag{4.1}$$

其对偶问题为

$$
\min w = b_1 y_1 + b_2 y_2 + \cdots + b_m y_m
$$

$$
\text{s.t.} \begin{cases} a_{11} y_1 + a_{21} y_2 + \cdots + a_{m1} y_m \geqslant c_1 \\ a_{12} y_1 + a_{22} y_2 + \cdots + a_{m2} y_m \geqslant c_2 \\ \qquad \vdots \\ a_{1n} y_1 + a_{2n} y_2 + \cdots + a_{mn} y_m \geqslant c_n \\ y_i \geqslant 0, \quad i = 1, 2, \cdots, m \end{cases} \tag{4.2}
$$

我们把这种形式的对偶问题称为对称式对偶问题，用矩阵形式表示为

$$
\max z = \boldsymbol{CX}
$$

$$
\text{s.t.} \begin{cases} \boldsymbol{AX} \leqslant \boldsymbol{b} \\ \boldsymbol{X} \geqslant \boldsymbol{0} \end{cases} \tag{4.3}
$$

和

$$
\min w = \boldsymbol{Y}^{\mathrm{T}} \boldsymbol{b}
$$

$$
\text{s.t.} \begin{cases} \boldsymbol{Y}^{\mathrm{T}} \boldsymbol{A} \geqslant \boldsymbol{C} \\ \boldsymbol{Y} \geqslant \boldsymbol{0} \end{cases} \tag{4.4}
$$

其中，

$$
\boldsymbol{C} = (c_1, c_2, \cdots, c_n); \quad \boldsymbol{X} = \begin{pmatrix} x_1 \\ x_2 \\ \vdots \\ x_n \end{pmatrix}; \quad \boldsymbol{Y} = \begin{pmatrix} y_1 \\ y_2 \\ \vdots \\ y_m \end{pmatrix}; \quad \boldsymbol{b} = \begin{pmatrix} b_1 \\ b_2 \\ \vdots \\ b_m \end{pmatrix}; \quad \boldsymbol{A} = \begin{pmatrix} a_{11} & a_{12} & \cdots & a_{1n} \\ a_{21} & a_{22} & \cdots & a_{2n} \\ \vdots & \vdots & & \vdots \\ a_{m1} & a_{m2} & \cdots & a_{mn} \end{pmatrix}
$$

对称式对偶问题的特点是：全部约束条件均为不等式，且对极大化问题其约束为“≤”，对极小化问题其约束为“≥”；全部变量均为非负数。

对称式对偶问题之间的关系如下。

（1）若原问题目标函数求极大值，则对偶问题目标函数求极小值；反之亦然。

（2）原问题约束条件的个数与对偶问题的变量数相等，原问题的变量数与对偶问题的约束条件个数相等。

（3）原问题目标函数中的变量系数是对偶问题约束条件中右端的常数项，原问题约束条件中右端的常数项则是对偶问题目标函数中的变量系数。

（4）原问题和对偶问题的约束条件不等式的符号方向相反。

（5）原问题约束条件的系数矩阵与对偶问题约束条件的系数矩阵互为转置。

（6）变量皆为非负变量。

对偶问题是相互的，若将线性规划式（4.2）看作原问题，则线性规划式（4.1）就是它的对偶问题。

（二）一般形式的对偶问题

对一般形式的线性规划问题，有两种方法建立其对偶问题。

1. 转化为对称式

当线性规划问题不满足对称式对偶问题的特点时，我们可以按下面的方法将其转化为对称式对偶问题。

（1）若原问题目标函数求极大值，而约束条件为“≥”，则将该约束条件两端同乘以“–1”，即可变为“≤”；若原问题目标函数求极小值，而约束条件为“≤”，对其做同样处理。

（2）若原问题第 j 个变量 $x_j \leqslant 0$，则令 $x_j = -x_j'$，于是有 $x_j' \geqslant 0$，将模型中所有的 x_j 都替换为 $-x_j'$。

（3）若原问题第 j 个变量 x_j 为自由变量，则令 $x_j = x_j' - x_j''$，且 $x_j', x_j'' \geqslant 0$，将模型中所有的 x_j 都替换为 $x_j' - x_j''$。

（4）若原问题第 i 个约束条件为等式，则将其变为“≤”和“≥”两个约束条件，再按（1）处理。

2. 直接建立对偶问题

一对对偶问题的特点如下：原问题的决策变量与对偶问题的约束条件是一一对应的，原问题决策变量的个数等于对偶问题约束条件的个数，原问题决策变量的正负决定对偶问题约束条件不等号的方向；同样，原问题的约束条件与对偶问题的决策变量也有这种对应关系。因此，我们可以根据原问题的形式直接建立对偶问题，具体方法如下。

1）目标函数

（1）若原问题目标为“max”，则对偶问题为“min”；反之亦然。

（2）对偶问题目标函数中的系数为原问题约束条件中右端的常数项。

2）约束条件

（1）若原问题有 n 个变量，则对偶问题有 n 个约束条件。

（2）若原问题第 j 个变量 $x_j \geqslant 0$，则对偶问题第 j 个约束条件的不等号方向与其目标方向相反，即当对偶问题为“min”时，第 j 个约束条件的不等号为“≥”；当对偶问题为“max”时，第 j 个约束条件的不等号为“≤”。

（3）若原问题第 j 个变量 $x_j \leqslant 0$，则对偶问题第 j 个约束条件的不等号方向与其目标方向相同，即当对偶问题为“min”时，第 j 个约束条件的不等号为“≤”；当对偶问题为“max”时，第 j 个约束条件的不等号为“≥”。

（4）若原问题第 j 个变量 x_j 为自由变量，则对偶问题的第 j 个约束条件为“=”，与目标函数求极大极小值无关。

（5）对偶问题约束条件右端的常数项为原问题目标函数中的变量系数。

（6）对偶问题约束条件的系数矩阵为原问题约束条件的系数矩阵的转置。

3）变量

（1）若原问题有 m 个约束条件，则对偶问题有 m 个变量。

（2）若原问题第 i 个约束条件的不等号方向与其目标方向相反，则对偶问题的第 i 个变量 $y_i \geqslant 0$，即当原问题为“max”且第 i 个约束条件的不等号为“≤”时，或当对偶问题为“min”且第 i 个约束条件的不等号为“≥”时，对偶问题的第 i 个变量 $y_i \geqslant 0$。

（3）若原问题第 i 个约束条件的不等号方向与其目标方向相同，则对偶问题的第 i 个变量 $y_i \leqslant 0$，即当原问题为“max”且第 i 个约束条件的不等号为“≥”时，或当对偶问题为“min”且第 i 个约束条件的不等号为“≤”时，对偶问题的第 i 个变量 $y_i \leqslant 0$。

（4）若原问题第 i 个约束条件为“=”，则对偶问题的第 i 个变量 y_i 为自由变量，与目标函数求极大极小值无关。

【例 4.2】建立下面线性规划问题的对偶问题。

$$\max z = 2x_1 + 3x_2 - 5x_3 + x_4$$
$$\text{s.t.} \begin{cases} 4x_1 + x_2 - 3x_3 + 2x_4 \geqslant 5 \\ 3x_1 - 2x_2 + 7x_4 \leqslant 4 \\ -2x_1 + 3x_2 + 4x_3 + x_4 = 6 \\ x_1 \leqslant 0,\ x_2, x_3 \geqslant 0,\ x_4\text{为自由变量} \end{cases} \tag{4.5}$$

解：我们采用上面介绍的两种方法建立对偶问题，并对结果进行比较。

（1）转化为对称式对偶问题。对第 1 个约束条件两端同乘以“−1”，将其变为“≤”；将第 3 个约束条件变为“≤”和“≥”两个约束，并对后者乘以“−1”；令 $x_1 = -x_1'$，$x_4 = x_4' - x_4''$，且 $x_1', x_4', x_4'' \geqslant 0$。于是得到

$$\max z = -2x_1' + 3x_2 - 5x_3 + x_4' - x_4''$$
$$\text{s.t.} \begin{cases} 4x_1' - x_2 + 3x_3 - 2x_4' + 2x_4'' \leqslant -5 \\ -3x_1' - 2x_2 + 7x_4' - 7x_4'' \leqslant 4 \\ 2x_1' + 3x_2 + 4x_3 + x_4' - x_4'' \leqslant 6 \\ -2x_1' - 3x_2 - 4x_3 - x_4' + x_4'' \leqslant -6 \\ x_1', x_2, x_3, x_4', x_4'' \geqslant 0 \end{cases} \tag{4.6}$$

由此可知，对偶问题有 5 个约束条件、4 个变量。

因为

$$\boldsymbol{A} = \begin{pmatrix} 4 & -1 & 3 & -2 & 2 \\ -3 & -2 & 0 & 7 & -7 \\ 2 & 3 & 4 & 1 & -1 \\ -2 & -3 & -4 & -1 & 1 \end{pmatrix}$$

其转置为

$$A^{\mathrm{T}}=\begin{pmatrix}4 & -3 & 2 & -2\\ -1 & -2 & 3 & -3\\ 3 & 0 & 4 & -4\\ -2 & 7 & 1 & -1\\ 2 & -7 & -1 & 1\end{pmatrix}$$

所以对偶问题为

$$\min w=-5y_1+4y_2+6y_3'-6y_3''$$
$$\text{s.t.}\begin{cases}4y_1-3y_2+2y_3'-2y_3''\geqslant -2\\ -y_1-2y_2+3y_3'-3y_3''\geqslant 3\\ 3y_1+4y_3'-4y_3''\geqslant -5\\ -2y_1+7y_2+y_3'-y_3''\geqslant 1\\ 2y_1-7y_2-y_3'+y_3''\geqslant -1\\ y_1,y_2,y_3',y_3''\geqslant 0\end{cases} \tag{4.7}$$

（2）由原问题式（4.5）知，对偶问题有 3 个变量、4 个约束条件。由原问题求“max”知，对偶问题求“min”。由原问题的约束条件分别为“≥”、“≤”和“=”知，对偶问题第 1 个变量小于等于 0，第 2 个变量大于等于 0，第 3 个变量为自由变量；由原问题每个变量的符号知，对偶问题第 1 个约束条件为“≤”，第 2 个和第 3 个约束条件为“≥”，第 4 个约束条件为等式。于是可得对偶问题模型：

$$\min w=5y_1+4y_2+6y_3$$
$$\text{s.t.}\begin{cases}4y_1+3y_2-2y_3\leqslant 2\\ y_1-2y_2+3y_3\geqslant 3\\ -3y_1+4y_3\geqslant -5\\ 2y_1+7y_2+y_3=1\\ y_1\leqslant 0,y_2\geqslant 0,y_3\text{为自由变量}\end{cases} \tag{4.8}$$

一个线性规划的对偶问题是否唯一呢？式（4.7）和式（4.8）都是线性规划式（4.5）的对偶问题，但它们的形式相差很多，变量和约束条件的个数不同，系数也不同，它们似乎是不同的模型。我们对式（4.7）作如下变化：令 $y_1=-y_1'$，$y_3=y_3'-y_3''$，并对第一个约束条件两端同乘以“−1”，将第 4 个和第 5 个不等式合并成一个等式，就得到下面的模型：

$$\min w=5y_1'+4y_2+6y_3$$
$$\text{s.t.}\begin{cases}4y_1'+3y_2-2y_3\leqslant 2\\ y_1'-2y_2+3y_3\geqslant 3\\ -3y_1'+4y_3\geqslant -5\\ 2y_1'+7y_2+y_3=1\\ y_1'\leqslant 0,y_2\geqslant 0,y_3\text{为自由变量}\end{cases} \tag{4.9}$$

再用 y_1 替换 y_1'，这样，式（4.9）与式（4.8）就完全一致了。这也说明一个线性规划问题的对偶问题是唯一的，只是表现形式有所不同，经过变换之后就是同一个模型。所以我们采用不同的方法都可以得到原问题的对偶问题。

第二节　对偶问题的基本性质和经济解释

一、对偶问题的基本性质

定理 4.1（**对称性**）　对偶问题的对偶是原问题。

证明：设原问题为

$$\max z = \boldsymbol{CX}$$
$$\text{s.t.}\begin{cases}\boldsymbol{AX} \leqslant \boldsymbol{b} \\ \boldsymbol{X} \geqslant \boldsymbol{0}\end{cases}$$

其对偶问题为

$$\min w = \boldsymbol{Y}^{\mathrm{T}}\boldsymbol{b}$$
$$\text{s.t.}\begin{cases}\boldsymbol{Y}^{\mathrm{T}}\boldsymbol{A} \geqslant \boldsymbol{C} \\ \boldsymbol{Y} \geqslant \boldsymbol{0}\end{cases}$$

将对偶问题的约束条件两端同乘以“-1”，又因为 $\min w = -\max(-w)$，所以对偶问题转化为

$$\max(-w) = \boldsymbol{Y}^{\mathrm{T}}(-\boldsymbol{b})$$
$$\text{s.t.}\begin{cases}\boldsymbol{Y}^{\mathrm{T}}(-\boldsymbol{A}) \leqslant -\boldsymbol{C} \\ \boldsymbol{Y} \geqslant \boldsymbol{0}\end{cases}$$

根据对称式对偶问题建立其对偶模型：

$$\max(-z) = -\boldsymbol{CX}$$
$$\text{s.t.}\begin{cases}-\boldsymbol{AX} \geqslant -\boldsymbol{b} \\ \boldsymbol{X} \geqslant \boldsymbol{0}\end{cases}$$

因为 $\min(-z) = -\max z$，所以有

$$\max z = \boldsymbol{CX}$$
$$\text{s.t.}\begin{cases}\boldsymbol{AX} \leqslant \boldsymbol{b} \\ \boldsymbol{X} \geqslant \boldsymbol{0}\end{cases}$$

即得到原问题。

对称性说明对偶问题是唯一的，也是可逆的、相互的。

定理 4.2（**弱对偶性**）　若 $\boldsymbol{X}$ 和 $\boldsymbol{Y}$ 分别是对称式对偶问题（4.3）和对称式对偶问题（4.4）的可行解，则必有 $\boldsymbol{CX} \leqslant \boldsymbol{Y}^{\mathrm{T}}\boldsymbol{b}$。

证明：因为 $\boldsymbol{X}$ 是式（4.3）的可行解，所以有 $\boldsymbol{AX} \leqslant \boldsymbol{b}$。因为 $\boldsymbol{Y}$ 是式（4.4）的可

行解，所以$\boldsymbol{Y}\geqslant\boldsymbol{0}$，用$\boldsymbol{Y}^{\mathrm{T}}$左乘$\boldsymbol{AX}\leqslant\boldsymbol{b}$两端，得$\boldsymbol{Y}^{\mathrm{T}}\boldsymbol{AX}\leqslant\boldsymbol{Y}^{\mathrm{T}}\boldsymbol{b}$。由$\boldsymbol{Y}$是式（4.4）的可行解，得$\boldsymbol{Y}^{\mathrm{T}}\boldsymbol{A}\geqslant\boldsymbol{C}$，由于$\boldsymbol{X}\geqslant\boldsymbol{0}$，有$\boldsymbol{Y}^{\mathrm{T}}\boldsymbol{AX}\geqslant\boldsymbol{CX}$。所以有

$$\boldsymbol{CX}\leqslant\boldsymbol{Y}^{\mathrm{T}}\boldsymbol{AX}\leqslant\boldsymbol{Y}^{\mathrm{T}}\boldsymbol{b}$$

如例 4.1 中，$x_1=8$，$x_2=2$为原问题的可行解，其目标值$z=66$，$y_1=1$，$y_2=1$，$y_3=1$，$y_4=1$为对偶问题的可行解，目标值$w=88$。显然$z\leqslant w$。

定理 4.2 说明线性规划（4.3）的任意一个可行解所对应的目标值都是其对偶问题（4.4）目标值的一个下界；同理，线性规划（4.4）的任意一个可行解所对应的目标值都是其对偶问题（4.3）目标值的一个上界。由此我们可以得到以下推论。

推论 4.1 若原问题（4.3）有可行解，但其目标函数值无上界，则对偶问题（4.4）没有可行解。

证明：采用反证法，假设对偶问题（4.4）有可行解，令$\boldsymbol{Y}^{\mathrm{T}}$为可行解，由定理 4.2 知，其目标值为原问题的上界，即对原问题（4.3）的任意可行解$\boldsymbol{X}$，都有$\boldsymbol{CX}\leqslant\boldsymbol{Y}^{\mathrm{T}}\boldsymbol{b}$成立。这与已知原问题目标函数值无上界矛盾，所以对偶问题没有可行解。

同理可得如下推论。

推论 4.2 若原问题（4.3）有可行解，但对偶问题（4.4）没有可行解，则原问题目标函数值无上界。

推论 4.3 若原问题（4.3）没有可行解，则对偶问题（4.4）要么没有可行解，要么目标函数值无下界。

因为对偶问题是对称的，所以将上述推论条件中的原问题（4.3）换为对偶问题（4.4），推论中的对偶问题（4.4）换为原问题（4.3），推论同样成立。这一性质对后面的定理同样适用。

【例 4.3】应用对偶理论证明线性规划问题

$$\max z=3x_1-5x_2+x_3$$
$$\text{s.t.}\begin{cases}2x_1-x_3\geqslant 4\\2x_1-x_2+x_3\geqslant 3\\x_1,x_2,x_3\geqslant 0\end{cases}$$

有可行解，但没有最优解。

解：显然，$\boldsymbol{X}=(2,0,0)^{\mathrm{T}}$为该问题的可行解。直接建立该线性规划的对偶问题，得到

$$\min w=4y_1+3y_2$$
$$\text{s.t.}\begin{cases}2y_1+2y_2\geqslant 3\\-y_2\geqslant -5\\-y_1+y_2\geqslant 1\\y_1,y_2\leqslant 0\end{cases}$$

其中，第一个约束条件要求$2y_1+2y_2\geqslant 3$，但$y_1,y_2\leqslant 0$，显然矛盾，所以对偶问题没

有可行解。由推论 4.2 知，原问题目标函数值无上界，即没有最优解。

当等式成立时，定理 4.2 中的两个解具有什么特点呢？这就是定理 4.3 要回答的问题。

定理 4.3（**最优性条件**）　设 $\boldsymbol{X}^*$ 和 $\boldsymbol{Y}^*$ 分别是式（4.3）和式（4.4）的可行解，若 $\boldsymbol{CX}^* = (\boldsymbol{Y}^*)^{\mathrm{T}}\boldsymbol{b}$，则 $\boldsymbol{X}^*$ 和 $\boldsymbol{Y}^*$ 分别是相应线性规划的最优解。

证明：由定理 4.2 知，对原问题的任一可行解 $\boldsymbol{X}$，都有 $\boldsymbol{CX} \leqslant (\boldsymbol{Y}^*)^{\mathrm{T}}\boldsymbol{b} = \boldsymbol{CX}^*$，即 $\boldsymbol{CX} \leqslant \boldsymbol{CX}^*$ 成立，所以 $\boldsymbol{X}^*$ 是原问题（4.3）的最优解。同理可证，对对偶问题的任一可行解 $\boldsymbol{Y}$，都有 $\boldsymbol{Y}^{\mathrm{T}}\boldsymbol{b} \geqslant (\boldsymbol{Y}^*)^{\mathrm{T}}\boldsymbol{b}$ 成立，即 $\boldsymbol{Y}^*$ 是对偶问题（4.4）的最优解。

定理 4.4（**强对偶性**）　若原问题有最优解，那么对偶问题一定有最优解，且原问题和对偶问题的最优目标函数值相等。

证明：将原问题转化为标准形式，即

$$\max z = \boldsymbol{CX}$$

$$\text{s.t.} \begin{cases} \boldsymbol{AX} + \boldsymbol{I}_s\boldsymbol{X}_s = \boldsymbol{b} \\ \boldsymbol{X} \geqslant \boldsymbol{0} \end{cases}$$

其中，$\boldsymbol{X}_s$ 为松弛变量构成的列向量；$\boldsymbol{I}_s$ 为单位矩阵。设 $\boldsymbol{X}^*$ 为原问题的最优解，$\boldsymbol{B}$ 为其对应的基本矩阵，$\boldsymbol{C}_B$ 为基变量的目标函数系数行向量，$\boldsymbol{C}' = (\boldsymbol{C}, \boldsymbol{0})$，其中，向量 $\boldsymbol{0}$ 为松弛变量的目标函数系数构成的向量，令 $(\boldsymbol{Y}^*)^{\mathrm{T}} = \boldsymbol{C}_B\boldsymbol{B}^{-1}$，有

$$(\boldsymbol{C}, \boldsymbol{0}) - ((\boldsymbol{Y}^*)^{\mathrm{T}}\boldsymbol{A}, (\boldsymbol{Y}^*)^{\mathrm{T}}\boldsymbol{I}_s) \leqslant \boldsymbol{0}$$

$$(\boldsymbol{C} - (\boldsymbol{Y}^*)^{\mathrm{T}}\boldsymbol{A}, -(\boldsymbol{Y}^*)^{\mathrm{T}}) \leqslant \boldsymbol{0}$$

即

$$(\boldsymbol{Y}^*)^{\mathrm{T}}\boldsymbol{A} \geqslant \boldsymbol{C} \text{ 且 } -(\boldsymbol{Y}^*)^{\mathrm{T}} \geqslant \boldsymbol{0}$$

所以 $(\boldsymbol{Y}^*)^{\mathrm{T}} = \boldsymbol{C}_B\boldsymbol{B}^{-1}$ 为对偶问题的可行解。又因为 $(\boldsymbol{Y}^*)^{\mathrm{T}}\boldsymbol{b} = \boldsymbol{C}_B\boldsymbol{B}^{-1}\boldsymbol{b} = \boldsymbol{CX}^*$，所以 $\boldsymbol{Y}^*$ 为对偶问题的最优解。

定理 4.4 的证明过程表明，对于一对对偶问题，当求出其中一个问题的最优解后，可以同时得到另一个问题的最优解。下面我们以例 4.1 为例进行说明，原问题的最优单纯形表如表 4-2 所示。

表 4-2　例 4.1 中原问题的最优单纯形表

$\boldsymbol{C}$			7	5	0	0	0	0
$\boldsymbol{C}_B$	$\boldsymbol{X}_B$	$\boldsymbol{B}^{-1}\boldsymbol{b}$	x_1	x_2	x_3	x_4	x_5	x_6
0	x_3	1	0	0	1	0	−0.2	−0.6
0	x_4	1.5	0	0	0	1	0.3	−1.1
7	x_1	7.5	1	0	0	0	0.3	−0.1
5	x_2	2	0	1	0	0	−0.2	0.4
$z = 62.5$			0	0	0	0	−1.1	−1.3

例 4.1 中对偶问题的最优单纯形表如表 4-3 所示。

表 4-3 例 4.1 中对偶问题的最优单纯形表

C			−20	−15	−32	−21	0	0
C_B	Y_B	$B^{-1}b$	y_1	y_2	y_3	y_4	y_5	y_6
−32	y_3	1.1	0.2	−0.3	1	0	−0.3	0.2
−21	y_4	1.3	0.6	1.1	0	1	0.1	−0.4
$-w=-62.5$			−1	−1.5	0	0	−7.5	−2

不难看出，原问题的最优单纯形表中松弛变量的检验数的绝对值为$|\lambda_3|=0$，$|\lambda_4|=0$，$|\lambda_5|=1.1$，$|\lambda_6|=1.3$，恰好是对偶问题的最优单纯形表中决策变量的取值，即$y_1=0$，$y_2=0$，$y_3=1.1$，$y_4=1.3$，也就是说，定理 4.4 证明中的Y^*等于最优单纯形表中松弛变量的检验数的绝对值。反过来也一样，对偶问题的最优单纯形表中松弛变量的检验数的绝对值为$|\lambda_5|=7.5$，$|\lambda_6|=2$，原问题最优单纯形表中决策变量的取值$x_1=7.5, x_2=2$，恰好相等。并且两个最优解的目标值都为 62.5。

所以，当求解出一个问题的最优解后，可以通过下面的公式得到其对偶问题的最优解：

$$y_i=|c_{n+i}-z_{n+i}|$$

其中，y_i为对偶问题的第 i 个决策变量；$c_{n+i}-z_{n+i}$为原问题的最优单纯形表中第 i 个松弛变量的检验数；n 为原问题决策变量的个数。

这样我们就可以根据一对对偶问题中约束条件的数量，选择其中较少的一个问题求解，从而得到另一个问题的最优解，减少计算量。

定理 4.5（互补松弛性） 若$X^*=(x_1^*,x_2^*,\cdots,x_n^*)^{\mathrm{T}}$和$Y^*=(y_1^*,y_2^*,\cdots,y_m^*)^{\mathrm{T}}$分别是原问题（4.3）和对偶问题（4.4）的最优解，那么当$x_j^*>0$时，一定有$\sum_{i=1}^{m}a_{ij}y_i^*=c_j$成立；当$\sum_{i=1}^{m}a_{ij}y_i^*>c_j$时，一定有$x_j^*=0$成立。

证明：由于$X^*=(x_1^*,x_2^*,\cdots,x_n^*)^{\mathrm{T}}$与$Y^*=(y_1^*,y_2^*,\cdots,y_m^*)^{\mathrm{T}}$分别为对称式对偶问题的最优解，所以

$$CX^*=(Y^*)^{\mathrm{T}}AX^*=(Y^*)^{\mathrm{T}}b$$

将其展开得

$$\sum_{j=1}^{n}c_jx_j^*=\sum_{i=1}^{m}\sum_{j=1}^{n}a_{ij}x_j^*y_i^*=\sum_{i=1}^{m}b_iy_i^*$$

于是有

$$\sum_{j=1}^{n}\left(\sum_{i=1}^{m}a_{ij}y_i^*-c_j\right)x_j^*=0$$

因为$\sum_{i=1}^{m} a_{ij} y_i^* \geqslant c_j$，又$x_j^* > 0$，所以$\sum_{i=1}^{m} a_{ij} y_i^* = c_j$。

同理，若$\sum_{i=1}^{m} a_{ij} y_i^* > c_j$，则必有$x_j^* = 0$成立。

将互补松弛定理应用于其对偶问题可得：若$y_i^* > 0$，则$\sum_{j=1}^{n} a_{ij} x_j^* = b_i$；若$\sum_{j=1}^{n} a_{ij} x_j^* < b_i$，则$y_i^* = 0$。即该定理对对偶问题同样成立。

互补松弛性表明，在一对对偶问题的最优解中，当对偶变量取值为正时，其对应原问题约束条件的松弛变量一定为零，即该约束等式成立。

如例 4.1 中，由表 4-2 知，原问题最优解中$x_1 = 7.5 > 0$，由表 4-3 知，对偶问题第一个约束条件$2y_1 + y_2 + 4y_3 + 2y_4 = 4\times1.1 + 2\times1.3 = 7$，等式成立。同理，原问题最优解中$x_2 = 2 > 0$，对偶问题第二个约束条件$2y_1 + 3y_2 + y_3 + 3y_4 = 1.1 + 3\times1.3 = 5$，等式亦成立。当然从表 4-3 中也能直接得到这两个等式成立的结论，因为最优单纯形表中两个约束条件的基变量分别是y_3和y_4，都是决策变量，说明两个约束条件中的松弛变量取值都为 0，所以等式成立。

【例 4.4】已知线性规划问题：

$$\max z = 2x_1 + x_2 + 5x_3 + 6x_4$$
$$\text{s.t.} \begin{cases} 2x_1 + x_3 + x_4 \leqslant 8 \\ 2x_1 + 2x_2 + x_3 + 2x_4 \leqslant 12 \\ x_1, x_2, x_3, x_4 \geqslant 0 \end{cases}$$

其对偶问题的最优解为$y_1^* = 4$，$y_2^* = 1$，应用互补松弛性求原问题的最优解。

解：首先建立该线性规划的对偶问题，即

$$\min w = 8y_1 + 12y_2$$
$$\text{s.t.} \begin{cases} 2y_1 + 2y_2 \geqslant 2 \\ 2y_2 \geqslant 1 \\ y_1 + y_2 \geqslant 5 \\ y_1 + 2y_2 \geqslant 6 \\ y_1, y_2 \geqslant 0 \end{cases}$$

因为对偶问题的最优解为$y_1^* = 4$，$y_2^* = 1$，由定理 4.5 知原问题的两个约束条件等式成立，即

$$\begin{cases} 2x_1 + x_3 + x_4 = 8 \\ 2x_1 + 2x_2 + x_3 + 2x_4 = 12 \end{cases}$$

将$y_1^* = 4$，$y_2^* = 1$代入对偶问题的约束条件中，得$2y_1 + 2y_2 > 2$和$2y_2 > 1$，即两个不等式成立，由互补松弛性知原问题的变量$x_1^* = 0$，$x_2^* = 0$。于是得到

$$\begin{cases} x_3 + x_4 = 8 \\ x_3 + 2x_4 = 12 \end{cases}$$

解方程组得 $x_3^* = 4$，$x_4^* = 4$。

所以原问题的最优解为 $\boldsymbol{X}^* = (0,0,4,4)^{\mathrm{T}}$，目标值为44。

二、对偶问题的经济解释

线性规划问题约束条件的右端项一般表示某种资源可获得的数量，如果它发生变化，则会对企业生产组织产生一定的影响，下面我们通过分析对偶问题来解释其经济含义。

由对偶问题的基本性质可知，在最优单纯形表中有

$$z = \boldsymbol{CX}^* = (\boldsymbol{Y}^*)^{\mathrm{T}} \boldsymbol{b}$$

展开得

$$z = \sum_{i=1}^{m} b_i y_i^*$$

若将目标函数 z 看作资源 b_i 的函数，我们可以考察资源的变化对目标的影响。将目标函数 z 对第 i 种资源 b_i 求偏导数得

$$\frac{\partial z}{\partial b_i} = y_i^*, \quad i = 1,2,\cdots,m$$

最优对偶变量 y_i^* 表示在生产条件不变的情况下，第 i 种资源 b_i 每变化一个单位时目标函数的变化量，也就是说最优对偶变量是一个边际值，表示对第 i 种资源的估价，这种估价是针对企业的具体生产情况而存在的一种特殊价格，我们将其称为影子价格。

资源的市场价格是由外部因素决定的已知数，相对比较稳定，而影子价格则是由企业内部对资源的消耗程度所决定的，是变化的未知量。因此，影子价格不是资源的市场价格，而是企业根据资源在生产过程中所做的贡献而做的估价，并且只有当企业生产达到最优状态时，才会赋予该资源这种估价。影子价格是一种动态的价格，其受到企业内部生产组织的影响，企业内部资源数量和价格的任何变化都会影响影子价格。

影子价格还反映出资源在企业内部的稀缺程度。当某种资源的影子价格大于零时，表明该资源在企业内有获利能力，企业应买进该资源用于扩大生产，进而赚取更多利润；当某种资源的影子价格小于零时，表明该资源在企业内没有获利能力，企业应把该资源卖掉；当某种资源的影子价格等于零时，表明该资源在企业内部处于平衡状态，既不用买入也不用卖出。由此可见影子价格对市场具有调节作用。

如例 4.1 中，在最优单纯形表中，$y_3 = 1.1$，$y_4 = 1.3$，都大于零，所以应买入设备 C 和 D 扩大生产，且设备 C 每增加一个单位机时可获利 1.1 元，设备 D 每增加一个单位机时可获利 1.3 元。$y_1 = 0$，$y_2 = 0$，所以，不需要买入也无须卖出设备 A 和 B。

第三节　对偶单纯形法

当一个线性规划问题的约束条件中包含“≥”约束时，为了获得初始基变量，必须增加人工变量，利用大 M 法或两阶段法求解比较麻烦。这是因为在单纯形法中，系数为负的松弛变量不能作为初始基变量，否则基解不可行。然而，若该基解的检验数满足最优检验，也即其对偶问题所对应的解可行，那么通过迭代，在不断减小对偶问题目标值的基础上，使得原问题的解逐渐变为可行解，也就得到了原问题的最优解。这就是对偶单纯形法的原理，其优点是无须增加人工变量。

下面给出对偶单纯形法的计算步骤。

第一步，给出一组满足最优检验的基解。

第二步，若当前解可行，则得到最优解，计算停止，否则转下一步。

第三步，确定出基变量。选择负数基解中的最小值所对应的变量作为出基变量：

$$\min_i \{b_i' \mid b_i' < 0\} = b_r'$$

即选择第 r 行对应的基变量作为出基变量。

第四步，确定入基变量。若出基变量所在行的系数都大于等于零，则该问题无可行解，停止计算，否则，按下式确定入基变量：

$$\theta = \min_j \left\{ \frac{\lambda_j}{a_{rj}} \middle| a_{rj} < 0, \lambda_j \leqslant 0 \right\} = \frac{\lambda_s}{a_{rs}}$$

即选择非基变量 x_s 为入基变量。

第五步，以 a_{rs} 为主元素进行消元计算，得到新的单纯形表，转第二步。

【例 4.5】应用对偶单纯形法求解例 4.1 中的对偶问题。

解：首先将例 4.1 中的对偶问题化为标准形式，即

$$\max(-w) = -20y_1 - 15y_2 - 32y_3 - 21y_4$$

$$\text{s.t.} \begin{cases} 2y_1 + y_2 + 4y_3 + 2y_4 - y_5 = 7 \\ 2y_1 + 3y_2 + y_3 + 3y_4 - y_6 = 5 \\ y_1, y_2, y_3, y_4, y_5, y_6 \geqslant 0 \end{cases}$$

选择松弛变量 y_5、y_6 为基变量，由于基变量的系数要构成单位矩阵，所以要将上述标准形式中的约束条件两端都乘以−1，即得到

$$\max(-w) = -20y_1 - 15y_2 - 32y_3 - 21y_4$$

$$\text{s.t.} \begin{cases} -2y_1 - y_2 - 4y_3 - 2y_4 + y_5 = -7 \\ -2y_1 - 3y_2 - y_3 - 3y_4 + y_6 = -5 \\ y_1, y_2, y_3, y_4, y_5, y_6 \geqslant 0 \end{cases}$$

初始单纯形表如表 4-4 所示。

表 4-4 例 4.5 的初始单纯形表

C			−20	−15	−32	−21	0	0
C_B	Y_B	$B^{-1}b$	y_1	y_2	y_3	y_4	y_5	y_6
0	y_5	−7	−2	−1	[−4]	−2	1	0
0	y_6	−5	−2	−3	−1	−3	0	1
$w=0$			−20	−15	−32	−21	0	0

表 4-4 中所有检验数 $\lambda_j = c_j - z_j \leqslant 0$，满足最优检验，但解不可行。由于 $\min\{-7,-5\} = -7$，所以选择 y_5 为出基变量。由于

$$\min\left\{\frac{-20}{-2},\frac{-15}{-1},\frac{-32}{-4},\frac{-21}{-2}\right\} = 8$$

所以选择 y_3 为入基变量。以 a_{13} 为主元素进行消元，得到表 4-5。

表 4-5 迭代一次得到的单纯形表

C			−20	−15	−32	−21	0	0
C_B	Y_B	$B^{-1}b$	y_1	y_2	y_3	y_4	y_5	y_6
−32	y_3	1.75	0.5	0.25	1	0.5	−0.25	0
0	y_6	−3.25	−1.5	−2.75	0	[−2.5]	−0.25	1
$-w=-56$			−4	−7	0	−5	−8	0

因为只有 y_6 不可行，所以选择 y_6 为出基变量。

$$\min\left\{\frac{-4}{-1.5},\frac{-7}{-2.75},\frac{-5}{-2.5},\frac{-8}{-0.25}\right\} = 2$$

选择 y_4 为入基变量。以 a_{24} 为主元素进行消元，得到表 4-6。

表 4-6 最优单纯形表（一）

C			−20	−15	−32	−21	0	0
C_B	Y_B	$B^{-1}b$	y_1	y_2	y_3	y_4	y_5	y_6
−32	y_3	1.1	0.2	−0.3	1	0	−0.3	0.2
−21	y_4	1.3	0.6	1.1	0	1	0.1	−0.4
$-w=-62.5$			−1	−1.5	0	0	−7.5	−2

因为解可行，所以得到最优解为 $y_3 = 1.1$，$y_4 = 1.3$，目标值 $w = 62.5$。

第四节 灵敏度分析

线性规划灵敏度分析又称后验分析，是指求出一个线性规划的最优解后，当模型

中的某些条件发生变化时，对最优解的稳定性和目标函数值的敏感性的分析。我们前面介绍的线性规划，在建立模型前都假定其中的各种系数 c_j、b_i 和 a_{ij} 是固定不变的，然而这些系数实际上往往是估计值和预测值，可能不准确或会发生变化。如 c_j 是由市场价格或生产成本决定的，b_i 则由资源投入后的经济效果所决定。因此，当这些系数发生变化时，已求得的最优解会有什么变化？或者当这些系数在什么范围内变化时，线性规划问题的最优解或最优基变量不变？解决这些问题的理论和方法就叫灵敏度分析。本章所介绍的灵敏度分析仅限于其中一个系数发生变化，而其余系数都不变的情况。另外，我们的结论仅对式（4.3）适用，对其他模型需做适当改变。

当线性规划问题中的系数发生变化后，可以使用单纯形法重新计算，得到新的最优解。但是这样做很麻烦，我们将利用已经求出的最优单纯形表，将变化的系数反映在其中，这样无须重新求解就可以得到新的最优解，并进行灵敏度分析。

一、c_j值的灵敏度分析

c_j 值的灵敏度分析是在不改变最优解的条件下求出其变动的范围，这里的最优解不发生变化是指最优解基变量及其取值都不改变。由于 c_j 的变化仅影响检验数，所以我们分别就 c_j 在最优单纯形表中是基变量系数还是非基变量系数这两种情况讨论检验数的变化情况。因为基变量的检验数始终为零，所以只需分析 c_j 的变化对非基变量检验数的影响。

（一）c_j为非基变量系数

【例 4.6】线性规划问题

$$\max z = 2x_1 - x_2 + x_3$$

$$\text{s.t.}\begin{cases}3x_1 - 2x_2 + 2x_3 \leqslant 15\\ -x_1 + x_2 + x_3 \leqslant 3\\ x_1 - x_2 + x_3 \leqslant 4\\ x_1, x_2, x_3 \geqslant 0\end{cases}$$

的最优单纯形表如表 4-7 所示。

表 4-7 例 4.6 的最优单纯形表

C			2	−1	1	0	0	0
C_B	X_B	$B^{-1}b$	x_1	x_2	x_3	x_4	x_5	x_6
−1	x_2	24	0	1	5	1	3	0
0	x_6	7	0	0	2	0	1	1
2	x_1	21	1	0	4	1	2	0
$z=18$			0	0	−2	−1	−1	0

当 x_3 的系数 c_3 在什么范围内变化时，最优解不发生改变？

解：显然 x_3 为非基变量，设 Δc_3 为 c_3 的变化范围，用 $c_3+\Delta c_3$ 代替 c_3，并代入到原问题的最优单纯形表 4-7 中，经计算得到表 4-8。

表 4-8 c_3 变为 $c_3+\Delta c_3$ 后的单纯形表

C			2	−1	$1+\Delta c_3$	0	0	0
C_B	X_B	$B^{-1}b$	x_1	x_2	x_3	x_4	x_5	x_6
−1	x_2	24	0	1	5	1	3	0
0	x_6	7	0	0	2	0	1	1
2	x_1	21	1	0	4	1	2	0
$z=18$			0	0	Δc_3-2	−1	−1	0

显然，要保持当前最优解不变，条件是非基变量的检验数仍小于等于 0。因为 x_3 为非基变量，可以看出其系数的变化仅影响 x_3 的检验数，对其余非基变量的检验数没有影响。因此，只要 $\Delta c_3-2\leqslant 0$，即 $\Delta c_3\leqslant 2$ 即可。c_3 变化的上限 2 恰好是最优单纯形表 4-7 中非基变量 x_3 的检验数的相反数。下面将对一般情形给出计算公式。

当 c_j 为非基变量系数时，x_j 的检验数为

$$\lambda_j=c_j-\boldsymbol{C_B B^{-1} P_j}=c_j-z_j$$

若要保证最优基变量及其取值不变，只要新的检验数 $\lambda_j'\leqslant 0$ 即可。令 Δc_j 为 c_j 的变化量，则由

$$\lambda_j'=(c_j+\Delta c_j)-z_j\leqslant 0$$

可得

$$\Delta c_j\leqslant -(c_j-z_j)$$

即 Δc_j 增加的上限为非基变量 x_j 检验数的相反数。因为在最优单纯形表中，非基变量的检验数都小于等于零，所以其相反数大于等于零。对 Δc_j 的减少没有限制，所以可写成

$$-\infty<\Delta c_j\leqslant -(c_j-z_j) \tag{4.10}$$

当 Δc_j 的变化在此范围内时，最优解不变；反之，当 Δc_j 的增加量超过此上限时，最优解一定会发生变化。

（二）c_j 为基变量系数

当 c_j 为基变量系数时，其变化会影响所有非基变量的检验数，若要保证最优解不变，必须使所有非基变量的检验数都小于等于零才可以。

【例 4.7】以例 4.1 中的原问题为例，试求 c_1 的灵敏度范围。

解：将 $c_1+\Delta c_1$ 代替 c_1，并代入到原问题的最优单纯形表 4-2 中，经计算得到表 4-9。

表 4-9 c_1 变为 $c_1+\Delta c_1$ 后的单纯形表

C			$7+\Delta c_1$	5	0	0	0	0
C_B	X_B	$B^{-1}b$	x_1	x_2	x_3	x_4	x_5	x_6
0	x_3	1	0	0	1	0	−0.2	−0.6
0	x_4	1.5	0	0	0	1	0.3	−1.1
$7+\Delta c_1$	x_1	7.5	1	0	0	0	0.3	−0.1
5	x_2	2	0	1	0	0	−0.2	0.4
$z=62.5+7.5\Delta c_1$			0	0	0	0	$-1.1-0.3\Delta c_1$	$-1.3+0.1\Delta c_1$

令 $-1.1-0.3\Delta c_1\leqslant 0$，$-1.3+0.1\Delta c_1\leqslant 0$，即 $\dfrac{-1.1}{0.3}\leqslant\Delta c_1\leqslant\dfrac{1.3}{0.1}$，所以 c_1 的灵敏度范围为 $-3.67\leqslant\Delta c_1\leqslant 13$。

下面给出一般情形的计算公式。令 S_N 为所有非基变量下标的集合，Δc_j 为 c_j 的变化量，则 $\Delta \boldsymbol{C_B}$ 为

$$\Delta \boldsymbol{C_B}=(0,\cdots,0,\Delta c_j,0,\cdots,0)$$

对任意非基变量 x_k，$k\in S_N$，其新的检验数应满足

$$\begin{aligned}\lambda_k'&=(c_k-\boldsymbol{C_B B}^{-1}\boldsymbol{P}_k)-\Delta\boldsymbol{C_B B}^{-1}\boldsymbol{P}_k\\&=(c_k-z_k)-(0,\cdots,0,\Delta c_j,0,\cdots,0)\boldsymbol{B}^{-1}\boldsymbol{P}_k\\&=(c_k-z_k)-\Delta c_j\boldsymbol{P}_k'\\&=(c_k-z_k)-\Delta c_j a_{rk}'\leqslant 0\end{aligned}$$

其中，$\boldsymbol{P}_k$ 为矩阵 $\boldsymbol{A}$ 中的第 k 列，且 $\boldsymbol{P}_k'=\boldsymbol{B}^{-1}\boldsymbol{P}_k$。所以有

$$\Delta c_j a_{rk}'\geqslant c_k-z_k$$

当 $a_{rk}'>0$ 时，得 $\Delta c_j\geqslant\dfrac{c_k-z_k}{a_{rk}'}$，对全部 k，有

$$\Delta c_j\geqslant\max\left\{\frac{c_k-z_k}{a_{rk}'}\middle|a_{rk}'>0,k\in S_N\right\}$$

同理，当 $a_{rk}'<0$ 时，有

$$\Delta c_j\leqslant\min\left\{\frac{c_k-z_k}{a_{rk}'}\middle|a_{rk}'<0,k\in S_N\right\}$$

显然，当 $a'_{rk}=0$ 时，c_j 的变化不影响检验数。

整理后得到

$$\max\left\{\frac{c_k-z_k}{a'_{rk}}\middle| a'_{rk}>0,k\in S_N\right\}\leqslant \Delta c_j\leqslant \min\left\{\frac{c_k-z_k}{a'_{rk}}\middle| a'_{rk}<0,k\in S_N\right\} \tag{4.11}$$

【例 4.8】以例 4.1 中的原问题为例，试求 c_2 的灵敏度范围。

解：由表 4-2 和式（4.11）得

$$\max\left\{\frac{-1.3}{0.4}\right\}\leqslant \Delta c_2\leqslant \min\left\{\frac{-1.1}{-0.2}\right\}$$

即

$$-3.25\leqslant \Delta c_2\leqslant 5.5$$

二、b_i值的灵敏度分析

当资源发生变化时，最优解一定会发生变化，所以资源 b_i 的灵敏度范围是指在最优基变量保持不变的情况下 b_i 的变化范围。

【例 4.9】以例 4.1 中的原问题为例，试求 b_3 的灵敏度范围。

解：由原问题知，$\boldsymbol{b}=(20,15,32,21)^{\mathrm{T}}$，由最优单纯形表 4-2 知

$$\boldsymbol{B}^{-1}=\begin{pmatrix}1&0&-0.2&-0.6\\0&1&0.3&-1.1\\0&0&0.3&-0.1\\0&0&-0.2&0.4\end{pmatrix}$$

所以有

$$\boldsymbol{B}^{-1}\boldsymbol{b}+\boldsymbol{B}^{-1}\Delta\boldsymbol{b}\geqslant 0$$

$$\begin{pmatrix}1&0&-0.2&-0.6\\0&1&0.3&-1.1\\0&0&0.3&-0.1\\0&0&-0.2&0.4\end{pmatrix}\begin{pmatrix}20\\15\\32\\21\end{pmatrix}+\begin{pmatrix}1&0&-0.2&-0.6\\0&1&0.3&-1.1\\0&0&0.3&-0.1\\0&0&-0.2&0.4\end{pmatrix}\begin{pmatrix}0\\0\\\Delta b_3\\0\end{pmatrix}\geqslant 0$$

$$\begin{pmatrix}1\\1.5\\7.5\\2\end{pmatrix}+\begin{pmatrix}-0.2\\0.3\\0.3\\-0.2\end{pmatrix}\Delta b_3\geqslant 0$$

所以有 $\max\left\{\frac{1.5}{-0.3},\frac{7.5}{-0.3}\right\}\leqslant \Delta b_3\leqslant \min\left\{\frac{1}{0.2},\frac{2}{0.2}\right\}$，解得 $-5\leqslant \Delta b_3\leqslant 5$。

下面对一般情形给出计算公式。b_i 表示第 i 种资源的数量，$\boldsymbol{b}$ 为资源构成的列向量，$\boldsymbol{b}=(b_1,b_2,\cdots,b_m)^{\mathrm{T}}$。令 Δb_i 为 b_i 的变化量，则 $\Delta\boldsymbol{b}$ 为

$$\Delta \boldsymbol{b}=(0,\cdots,0,\Delta b_i,0,\cdots,0)^{\mathrm{T}}$$

当 b_i 发生变化时，由

$$\boldsymbol{X}_{\boldsymbol{B}}^{N}=\boldsymbol{B}^{-1}(\boldsymbol{b}+\Delta\boldsymbol{b})=\boldsymbol{B}^{-1}(b_1,b_2,\cdots,b_i+\Delta b_i,\cdots,b_m)^{\mathrm{T}}$$

知最优解一定会发生变化。

在将线性规划问题（4.3）转化为标准形式时，需对每个约束条件都加上一个松弛变量，因此，最优单纯形表中：

$$\boldsymbol{B}^{-1}=\begin{pmatrix} a'_{1,n+1} & a'_{1,n+2} & \cdots & a'_{1,n+m} \\ a'_{2,n+1} & a'_{2,n+2} & \cdots & a'_{2,n+m} \\ \vdots & \vdots & & \vdots \\ a'_{m,n+1} & a'_{m,n+2} & \cdots & a'_{m,n+m} \end{pmatrix}$$

$$\begin{aligned}\boldsymbol{X}_{\boldsymbol{B}}^{N} &= \boldsymbol{B}^{-1}(\boldsymbol{b}+\Delta\boldsymbol{b}) \\ &= \boldsymbol{B}^{-1}\boldsymbol{b}+\boldsymbol{B}^{-1}\Delta\boldsymbol{b} \\ &= (b'_1,b'_2,\cdots,b'_m)^{\mathrm{T}}+\boldsymbol{B}^{-1}(0,0,\cdots,\Delta b_i,\cdots,0)^{\mathrm{T}} \\ &= (b'_1,b'_2,\cdots,b'_m)^{\mathrm{T}}+\Delta b_i\boldsymbol{P}_{n+i} \\ &= (b'_1+\Delta b_i a'_{1,n+i},b'_2+\Delta b_i a'_{2,n+i},\cdots,b'_m+\Delta b_i a'_{m,n+i})^{\mathrm{T}}\end{aligned}$$

其中，$\boldsymbol{P}_{n+i}$ 为矩阵 $\boldsymbol{B}^{-1}$ 中的第 i 列。要使基变量保持不变，也就是其取值保持非负，即 $b'_k+\Delta b_i a'_{k,n+i}\geqslant 0$。由此解出 Δb_i 的范围为

$$\max\left\{\frac{-b'_k}{a'_{k,n+i}}\middle| a'_{k,n+i}>0\right\}\leqslant \Delta b_i\leqslant \min\left\{\frac{-b'_k}{a'_{k,n+i}}\middle| a'_{k,n+i}<0\right\} \tag{4.12}$$

资源在灵敏度范围内变化时虽然最优基变量不变，但其取值会发生改变，因而目标值也会改变，如何计算其变化呢？我们知道，资源的影子价格表示该种资源每增加或减少一个单位时目标函数的变化量。只要最优基变量不变，即资源的变化在灵敏度范围内，那么资源增加或减少任何数量 Δb_i，目标值的变化量都是其影子价格与该变化量 Δb_i 的乘积。

令 $\boldsymbol{X}^0$ 为资源变化前的最优解向量，那么，资源 b_i 在灵敏度范围内变化时，新的最优解向量 $\boldsymbol{X}^N$ 可由式（4.13）计算：

$$\boldsymbol{X}^N=\boldsymbol{X}^0+\Delta b_i\boldsymbol{P}'_{n+i} \tag{4.13}$$

其中，$\boldsymbol{P}'_{n+i}$ 为最优单纯形表中 x_{n+i} 对应的列向量。

【例 4.10】以例 4.1 中的原问题为例，试求 b_1,b_2,b_4 的灵敏度范围。若 b_4 增加 1.2 个单位，目标函数值的变化是多少？新的最优解是多少？

解：对于 b_1，因为 $n=2$，$i=1$，所以 $n+i=3$，由表 4-2 和式（4.12）可得

$$\Delta b_1 \geqslant \max\left\{\frac{-1}{1}\right\} = -1$$

即

$$-1 \leqslant \Delta b_1 < +\infty$$

对于 b_2，因为 $n=2$， $i=2$，所以 $n+i=4$，于是有

$$\Delta b_2 \geqslant \max\left\{\frac{-1.5}{1}\right\} = -1.5$$

即

$$-1.5 \leqslant \Delta b_2 < +\infty$$

对于 b_4，因为 $n=2$， $i=4$，所以 $n+i=6$，于是有

$$\max\left\{\frac{-2}{0.4}\right\} \leqslant \Delta b_4 \leqslant \min\left\{\frac{-1}{-0.6}, \frac{-1.5}{-1.1}, \frac{-7.5}{-0.1}\right\}$$

即

$$-5 \leqslant \Delta b_4 \leqslant 1.36$$

因为资源 4 的影子价格为 1.3 元，所以增加一单位 b_4，目标值增加 1.3 元。b_4 增加 1.2 个单位后其仍在灵敏度范围内，所以目标值增加 1.56 元。由式（4.13）可得新的最优解为

$$\boldsymbol{X}^N = \begin{pmatrix} x_3^N \\ x_4^N \\ x_1^N \\ x_2^N \end{pmatrix} = \begin{pmatrix} 1 \\ 1.5 \\ 7.5 \\ 2 \end{pmatrix} + 1.2\begin{pmatrix} -0.6 \\ -1.1 \\ -0.1 \\ 0.4 \end{pmatrix} = \begin{pmatrix} 0.28 \\ 0.18 \\ 7.38 \\ 2.48 \end{pmatrix}$$

新的最优解为 $7.38 \times 7 + 2.48 \times 5 = 64.06$（元），原最优解为 62.5 元，恰好增加 1.56 元，与前面的结果完全一致。

三、a_{ij} 值的灵敏度分析

若 a_{ij} 为基变量 x_j 的系数，当其发生变化（即基本矩阵 $\boldsymbol{B}$ 变化）时，由 $\boldsymbol{X_B} = \boldsymbol{B}^{-1}\boldsymbol{b}$， $\lambda_j = c_j - \boldsymbol{C_B}\boldsymbol{B}^{-1}\boldsymbol{P}_j$ 知，最优解一定会发生变化，有可能使得当前基既不可行也不对偶可行，因此无法用单纯形法或对偶单纯形法计算新的最优解。若 a_{ij} 为非基变量 x_j 的系数，它的变化（即 $\boldsymbol{P}_j$ 的变化）仅影响该非基变量的检验数。所以我们仅讨论后一种情况。与 c_j 值的灵敏度分析含义一样，其是在不改变最优解基变量及其取值的情况下求非基变量系数 a_{ij} 的变动范围。

设 Δa_{ij} 为 a_{ij} 的变化量，则非基变量 x_j 的系数列向量 $\boldsymbol{P}_j$ 的变化为 $\Delta\boldsymbol{P}_j = (0, \cdots,$

$0,\Delta a_{ij},0,\cdots,0)^{\mathrm{T}}$，所以只要该非基变量检验数小于等于零即可：

$$\begin{aligned}\lambda_j' &= c_j - \boldsymbol{C_B B}^{-1}(\boldsymbol{P}_j + \Delta\boldsymbol{P}_j)\\ &= c_j - \boldsymbol{C_B B}^{-1}\boldsymbol{P}_j - \boldsymbol{C_B B}^{-1}\Delta\boldsymbol{P}_j\\ &= (c_j - z_j) - \boldsymbol{C_B B}^{-1}\Delta\boldsymbol{P}_j \leqslant 0\end{aligned}$$

因为对偶变量 $\boldsymbol{Y}^{\mathrm{T}} = \boldsymbol{C_B B}^{-1}$，所以有

$$(c_j - z_j) - \boldsymbol{Y}^{\mathrm{T}}\Delta\boldsymbol{P}_j \leqslant 0$$

$$\boldsymbol{Y}^{\mathrm{T}}\Delta\boldsymbol{P}_j \geqslant c_j - z_j$$

因 $\boldsymbol{Y}^{\mathrm{T}} = (y_1, y_2, \cdots, y_m)^{\mathrm{T}}$，所以

$$\left(y_1,\cdots,y_i,\cdots,y_m\right)\begin{pmatrix}0\\ \vdots\\ \Delta a_{ij}\\ \vdots\\ 0\end{pmatrix} \geqslant c_j - z_j$$

于是得到

$$y_i\Delta a_{ij} \geqslant c_j - z_j$$

当 $y_i > 0$ 时，有

$$\frac{c_j - z_j}{y_i} \leqslant \Delta a_{ij} < +\infty \tag{4.14}$$

当 $y_i < 0$ 时，有

$$-\infty < \Delta a_{ij} \leqslant \frac{c_j - z_j}{y_i} \tag{4.15}$$

【例 4.11】 以例 4.6 为例，试求 x_3 在约束条件中的系数灵敏度范围。

解：因为 $y_1 = 1$，$y_2 = 1$，所以由表 4-7 和式（4.14）可得

$$\Delta a_{13} \geqslant \frac{c_3 - z_3}{y_1} = \frac{-2}{1} = -2$$

即

$$-2 \leqslant \Delta a_{13} < +\infty$$

同理，

$$\Delta a_{23} \geqslant \frac{c_3 - z_3}{y_2} = \frac{-2}{1} = -2$$

即

$$-2 \leqslant \Delta a_{23} < +\infty$$

由于 $y_3 = 0$，所以

$$-\infty < \Delta a_{33} < +\infty$$

四、增加一个变量

如果一个企业可以生产一种新产品，并且知道该产品的单位利润以及消耗各种资源的数量，那么企业生产该产品是否有利？设该产品产量为 x_{n+m+1}，这就相当于增加了一个决策变量，令单位利润为 c_{n+m+1}，消耗各种资源的数量为 $\boldsymbol{P}_{n+m+1} = (a_{1,n+m+1}, a_{2,n+m+1}, \cdots, a_{m,n+m+1})^{\mathrm{T}}$。生产该产品是否有利取决于该变量的检验数，如果该变量的检验数小于等于零，则原最优解仍然最优，生产方式不变，否则，应生产该产品。

新产品的检验数为

$$\lambda_{n+m+1} = c_{n+m+1} - \boldsymbol{C}_{\boldsymbol{B}} \boldsymbol{B}^{-1} \boldsymbol{P}_{n+m+1}$$

将 $\boldsymbol{Y}^{\mathrm{T}} = \boldsymbol{C}_{\boldsymbol{B}} \boldsymbol{B}^{-1}$ 代入，得

$$\lambda_{n+m+1} = c_{n+m+1} - \boldsymbol{Y}^{\mathrm{T}} \boldsymbol{P}_{n+m+1}$$

由 $\boldsymbol{Y}^{\mathrm{T}} = (z_{n+1}, z_{n+2}, \cdots, z_{n+m})$，知

$$\lambda_{n+m+1} = c_{n+m+1} - (z_{n+1}, z_{n+2}, \cdots, z_{n+m}) \begin{pmatrix} a_{1,n+m+1} \\ a_{2,n+m+1} \\ \vdots \\ a_{m,n+m+1} \end{pmatrix}$$

当 $\lambda_{n+m+1} > 0$ 时，生产该产品有利，否则无利。

【例 4.12】 在例 4.1 中，若增加一种新产品丙，已知它消耗四种设备的机时分别为 1 小时、2 小时、2 小时、3 小时，问该产品的单位利润定为多少元，生产该产品才有利？

解：由题知 $\boldsymbol{P}_7 = (1,2,2,3)^{\mathrm{T}}$，$\boldsymbol{Y}^{\mathrm{T}} = (0,0,1.1,1.3)$，所以有

$$\begin{aligned} \lambda_7 &= c_7 - \boldsymbol{Y}^{\mathrm{T}} \boldsymbol{P}_7 \\ &= c_7 - (0,0,1.1,1.3) \begin{pmatrix} 1 \\ 2 \\ 2 \\ 3 \end{pmatrix} \\ &= c_7 - 6.1 \end{aligned}$$

当 $\lambda_7 = c_7 - 6.1 > 0$，即 $c_7 > 6.1$ 时，生产该产品有利。

五、增加一个约束

企业在生产过程中由于对某些事件的预见不足，会出现额外的限制，如某种原材料的供应原本可以满足需求，但由于自然灾害或人为事故，交通瘫痪，从而造成供应不足，这就需要在模型中增加新的约束条件。

如果当前最优解能满足该约束条件，则不会对最优解产生影响，否则就会改变最优解。这时，需要计算新的最优解，我们可以在原最优单纯形表的基础上，采用前面介绍的对偶单纯形法进行求解。

【例 4.13】在例 4.1 中，由于市场对产品甲的需求不足，增加一个产量限制 $x_1 \leqslant 7$。由于当前最优解中 $x_1 = 7.5$，显然不满足该约束，所以最优解会改变。首先将 $x_1 \leqslant 7$ 转化为标准形式，增加松弛变量 x_7，得 $x_1 + x_7 = 7$。将此约束条件添加到表 4-2 的最后一行中，得到表 4-10。

表 4-10　增加新的约束条件后的单纯形表

C			7	5	0	0	0	0	0
C_B	X_B	$B^{-1}b$	x_1	x_2	x_3	x_4	x_5	x_6	x_7
0	x_3	1	0	0	1	0	−0.2	−0.6	0
0	x_4	1.5	0	0	0	1	0.3	−1.1	0
7	x_1	7.5	1	0	0	0	0.3	−0.1	0
3	x_2	2	0	1	0	0	−0.2	0.4	0
0	x_7	7	1	0	0	0	0	0	1

注意，表 4-10 中，基变量 x_1 的系数 $\boldsymbol{P}_1 = (0,0,1,0,1)^{\mathrm{T}}$ 并没有构成单位列向量，所以要做初等变换，将其变为 $\boldsymbol{P}_1' = (0,0,1,0,0)^{\mathrm{T}}$，将最后一行的系数减去倒数第三行的对应系数，得到表 4-11。

表 4-11　初等变换后的单纯形表

C			7	5	0	0	0	0	0
C_B	X_B	$B^{-1}b$	x_1	x_2	x_3	x_4	x_5	x_6	x_7
0	x_3	1	0	0	1	0	−0.2	−0.6	0
0	x_4	1.5	0	0	0	1	0.3	−1.1	0
7	x_1	7.5	1	0	0	0	0.3	−0.1	0
5	x_2	2	0	1	0	0	−0.2	0.4	0
0	x_7	−0.5	0	0	0	0	[−0.3]	0.1	1
$z = 62.5$			0	0	0	0	−1.1	−1.3	0

显然该解不可行，但满足最优检验，所以应用对偶单纯形法计算，得到表 4-12。

表 4-12 最优单纯形表（二）

C			7	5	0	0	0	0	0
C_B	X_B	$B^{-1}b$	x_1	x_2	x_3	x_4	x_5	x_6	x_7
0	x_3	1.33	0	0	1	0	0	−0.27	−0.67
0	x_4	1	0	0	0	1	0	−1	1
7	x_1	7	1	0	0	0	0	0	1
5	x_2	2.33	0	1	0	0	0	0.33	−0.67
0	x_5	1.67	0	0	0	0	1	−0.33	−3.33
$z=60.65$			0	0	0	0	0	−1.65	−3.65

因为解可行，所以达到最优。最优解为 $x_1=7$，$x_2=2.33$，$x_3=1.33$，$x_4=1$，$x_5=1.67$，目标值为 60.65。

下面我们来看一个综合的例子。

【例 4.14】已知某工厂计划生产三种塑料产品Ⅰ、Ⅱ、Ⅲ，每种产品需消耗下列四种资源——ABS 树脂①、玻璃纤维、机器工时和劳动力，分别用 A、B、C、D 表示，有关数据见表 4-13。

表 4-13 产品信息表（一）

产品	资源				单位产品利润/元
	A/千克	B/千克	C/时	D/人	
Ⅰ	4	7	5	3	30
Ⅱ	8	1	2	1	20
Ⅲ	2	10	16	2	25
资源可利用数量	200	350	400	120	

如何组织生产才能使利润最大？

解：设三种产品的产量分别为 x_1,x_2,x_3，则线性规划模型如下。

$$\max z=30x_1+20x_2+25x_3$$

$$\text{s.t.}\begin{cases}4x_1+8x_2+2x_3+x_4=200(\text{ABS树脂})\\7x_1+x_2+10x_3+x_5=350(\text{玻璃纤维})\\5x_1+2x_2+16x_3+x_6=400(\text{机器工时})\\3x_1+x_2+2x_3+x_7=120(\text{劳动力})\\x_j\geqslant 0,\quad j=1,2,\cdots,7\end{cases}$$

① ABS 树脂是丙烯腈（acrylonitrile）、丁二烯（butadiene）、苯乙烯（styrene）三种单体的三元共聚物。

其中，x_4,x_5,x_6,x_7 分别为每个约束的松弛变量。

利用单纯形法求解得到最优单纯形表 4-14。

表 4-14 例 4.14 的最优单纯形表

C			30	20	25	0	0	0	0
C_B	X_B	$B^{-1}b$	x_1	x_2	x_3	x_4	x_5	x_6	x_7
20	x_2	7.5	0	1	0	0.1538	0.0192	0	−0.25
25	x_3	15	0	0	1	0.0385	0.1923	0	−0.5
0	x_6	7.5	0	0	0	−0.5385	−2.4423	1	4.75
30	x_1	27.5	1	0	0	−0.0769	−0.1346	0	0.75
$z=1350$			0	0	0	−1.73	−1.15	0	−5

最优生产方案为：产品 I 的产量为 27.5 千克，产品 II 的产量为 7.5 千克，产品III的产量为 15 千克，利润为 1350 元。

当以下各种情况独立发生时，我们可以利用前面讨论的结果做出最优选择。

（1）如果产品III的单位利润增加 5 元，最优解是否发生变化？若增加 15 元，最优解是否发生变化，总利润如何变化？

Δc_3 的灵敏度范围为

$$\max\left\{\frac{-1.7308}{0.0385},\frac{-1.1538}{0.1923}\right\}\leqslant \Delta c_3 \leqslant \min\left\{\frac{-5}{-0.5}\right\}$$

所以，$-6\leqslant \Delta c_3 \leqslant 10$。当产品III的单位利润增加 5 元时，最优解不会发生变化。当产品III的单位利润增加 15 元时，超出 c_3 的灵敏度范围，最优解发生变化。因为产品III的单位利润增加，在原最优解情况下，总利润会增加；变化后的最优解目标值显然比原最优解目标值还要大，所以总利润会增加。

把变化后的 $c_3=40$ 代入最优单纯形表 4-14 中，重新计算非基变量的检验数，得到表 4-15。

表 4-15 $c_3=40$ 时的单纯形表

C			30	20	40	0	0	0	0
C_B	X_B	$B^{-1}b$	x_1	x_2	x_3	x_4	x_5	x_6	x_7
20	x_2	7.5	0	1	0	0.1538	0.0192	0	−0.25
40	x_3	15	0	0	1	0.0385	0.1923	0	−0.5
0	x_6	7.5	0	0	0	−0.5385	−2.4423	1	[4.75]
30	x_1	27.5	1	0	0	−0.0769	−0.1346	0	0.75
$z=1350$			0	0	0	−2.309	−4.038	0	2.5

将 x_7 作为入基变量，x_6 作为出基变量，得到新的最优解，如表 4-16 所示。

表 4-16 $c_3 = 40$ 时的最优单纯形表

C			30	20	40	0	0	0	0
C_B	X_B	$B^{-1}b$	x_1	x_2	x_3	x_4	x_5	x_6	x_7
20	x_2	7.8947	0	1	0	0.1255	−0.1093	0.0526	0
40	x_3	15.7895	0	0	1	−0.0182	−0.0648	0.1053	0
0	x_7	1.5789	0	0	0	−0.1134	−0.5142	0.2105	1
30	x_1	26.3158	1	0	0	0.0081	0.251	−0.1579	0
$z = 1578.947$			0	0	0	−2.0243	−2.753	−0.5263	0

显然，最优解的总利润为 1578.947 元，比原最优解的总利润大。

（2）各种资源的影子价格是多少？若增加机器工时，能否使利润增加？

从表 4-14 可知，第一种资源 ABS 树脂的影子价格等于对偶变量 $y_1 = |c_4 - z_4| = 1.73$，第二种资源玻璃纤维的影子价格等于 $y_2 = |c_5 - z_5| = 1.15$，第三种资源机器工时的影子价格等于 $y_3 = |c_6 - z_6| = 0$，第四种资源劳动力的影子价格等于 $y_4 = |c_7 - z_7| = 5$。

由于机器工时的影子价格为 0，所以即使增加机器工时也不能使利润增加。

实际上，由于第三个约束条件中的松弛变量 x_6 在表 4-14 中为基变量，取值大于 0，这就意味着第三种资源机器工时没有用完（剩余 7.5 小时）。若增加机器工时，只会剩余更多，使得对利润没有贡献的松弛变量 x_6 的取值变得更大，而不会令决策变量的取值增大，因而不会增加利润。

（3）在现有生产方式不发生改变的条件下，增加多少劳动力资源，可使利润增加最多？若增加一个劳动力，需额外付出成本 8 元，那么增加劳动力是否有利？

“现有生产方式不发生改变”是指仍然同时生产这三种产品，即 x_1, x_2, x_3 仍作为最优基变量。因为

$$\max\left\{\frac{-7.5}{4.75}, \frac{-27.5}{0.75}\right\} \leqslant \Delta b_4 \leqslant \min\left\{\frac{-7.5}{-0.25}, \frac{-15}{-0.5}\right\}$$

$$-1.58 \leqslant \Delta b_4 \leqslant 30$$

在保证基变量不变的情况下，劳动力最多增加 30 人。由此例第（2）问知，劳动力的影子价格为 5，所以，利润最多可增加 150 元。

若每个劳动力成本为 8 元，显然已经超过该资源的影子价格，增加劳动力不会使利润增加。

（4）若另有两种新塑料产品Ⅳ和Ⅴ，其中每生产一单位Ⅳ需消耗 ABS 树脂 5 千克，玻璃纤维 3 千克，机器工时 4 小时，劳动力 3 人，单位产品盈利 18 元；每生产一单位Ⅴ需消耗 ABS 树脂 2 千克，玻璃纤维 6 千克，机器工时 3 小时，劳动力 4

人，单位产品盈利 35 元。问这两种新产品投产在经济上是否合算？

设新产品Ⅳ和Ⅴ的产量分别为 x_8、x_9。对新产品Ⅳ，由题知其消耗的各种资源为 $\boldsymbol{P}_8=(5,3,4,3)^{\mathrm{T}}$，$\boldsymbol{Y}^{\mathrm{T}}=(1.73,1.15,0,5)$，所以有

$$\begin{aligned}\lambda_8 &= c_8-\boldsymbol{Y}^{\mathrm{T}}\boldsymbol{P}_8\\ &=18-(1.73,1.15,0,5)\begin{pmatrix}5\\3\\4\\3\end{pmatrix}\\ &=18-27.1=-9.1\end{aligned}$$

因为 $\lambda_8<0$，所以生产新产品Ⅳ在经济上不合算。

对产品Ⅴ，有 $\boldsymbol{P}_9=(2,6,3,4)^{\mathrm{T}}$，所以有

$$\begin{aligned}\lambda_9 &= c_9-\boldsymbol{Y}^{\mathrm{T}}\boldsymbol{P}_9\\ &=35-(1.73,1.15,0,5)\begin{pmatrix}2\\6\\3\\4\end{pmatrix}\\ &=35-30.36=4.64\end{aligned}$$

因为 $\lambda_9>0$，所以生产新产品Ⅴ在经济上合算。

第五节　参数线性规划

灵敏度分析是在最优解或最优基不变的前提下，求一个系数的变化范围。在实际问题中还经常会遇到这样的问题：若干系数随某一参数的连续变化而发生改变对最优解产生影响。当参数在某一范围内变化时，最优解或最优基不变，当参数变化超出该范围时，最优解或最优基会发生改变，我们就要确定这些不同范围的临界点。如果把变化的参数看作参变量，显然，目标函数和约束条件都是该参变量的线性函数，因此把这类问题称作参数线性规划。

一、C中含有参数的线性规划

【例 4.15】某线性规划问题如下：

$$\max z(\theta)=(4+\theta)x_1+(8-\theta)x_2+(7+2\theta)x_3$$

$$\text{s.t.}\begin{cases}x_1+x_2+x_3\leqslant 40\\ 2x_1+2x_2+x_3\leqslant 60\\ x_1,x_2,x_3\geqslant 0\end{cases}$$

其中，θ 为参数，表示产品利润的变化。当 θ 变化时，变量 x_1、x_2 和 x_3 的目标函数

系数$4+\theta$、$8-\theta$和$7+2\theta$都会发生改变，由于$4+\theta$、$8-\theta$和$7+2\theta$都是θ的线性函数，因此把目标函数z看作参数θ的线性函数，用$z(\theta)$表示。试分析当θ变化时，最优解的变化情况。

解：与c_j值的灵敏度分析方法类似，我们可以通过考察非基变量的检验数，得到θ的变化范围。我们以$\theta\geqslant 0$为例进行说明，对$\theta\leqslant 0$的情况可用相同方法求解。首先我们令$\theta=0$，将模型转化为标准形式后，应用单纯形法求解得到最优单纯形表4-17，其中，x_4,x_5为松弛变量。

表 4-17　$\theta=0$时的最优单纯形表（一）

C			4	8	7	0	0
C_B	X_B	$B^{-1}b$	x_1	x_2	x_3	x_4	x_5
7	x_3	20	0	0	1	2	−1
8	x_2	20	1	1	0	−1	1
$z=300$			−4	0	0	−6	−1

将含有参数θ的系数代入到表4-17的$\boldsymbol{C}$（第一行）中，得到表4-18。

表 4-18　θ代入后的单纯形表

C			$4+\theta$	$8-\theta$	$7+2\theta$	0	0
C_B	X_B	$B^{-1}b$	x_1	x_2	x_3	x_4	x_5
$7+2\theta$	x_3	20	0	0	1	2	−1
$8-\theta$	x_2	20	1	1	0	−1	[1]
$z(\theta)=300+2\theta$			$-4+2\theta$	0	0	$-6-5\theta$	$-1+3\theta$

随着θ的增加，λ_1和λ_5也逐渐变大，当$\theta>1/3$时，x_5的检验数最先为正，即$\lambda_5=-1+3\theta>0$，最优解会发生改变，所以$\theta=1/3$为一个临界点。当$0\leqslant\theta\leqslant 1/3$时，最优解为$x_2=20,\ x_3=20$，目标值为$z(\theta)=300+2\theta$。当$\theta>1/3$时，由于$\lambda_5>0$，所以选择$x_5$入基，$x_2$出基，继续计算，得到表4-19。

表 4-19　最优单纯形表（三）

C			$4+\theta$	$8-\theta$	$7+2\theta$	0	0
C_B	X_B	$B^{-1}b$	x_1	x_2	x_3	x_4	x_5
$7+2\theta$	x_3	40	1	1	1	1	0
0	x_5	20	1	1	0	−1	1
$z(\theta)=280+80\theta$			$-3-\theta$	$1-3\theta$	0	$-7-2\theta$	0

当$\theta > 1/3$时，所有的检验数都小于等于零，所以最优解为$x_3 = 40$，$x_5 = 20$，目标值为$z(\theta) = 280 + 80\theta$。

综上，目标值为θ的分段函数：

$$z(\theta) = \begin{cases} 300 + 20\theta, & 0 \leqslant \theta \leqslant \dfrac{1}{3} \\ 280 + 80\theta, & \theta > \dfrac{1}{3} \end{cases}$$

目标函数z与θ的关系如图 4-1 所示，该参数规划只有一个临界点 1/3，且当$\theta = 1/3$时，$z(\theta) = 306.67$。

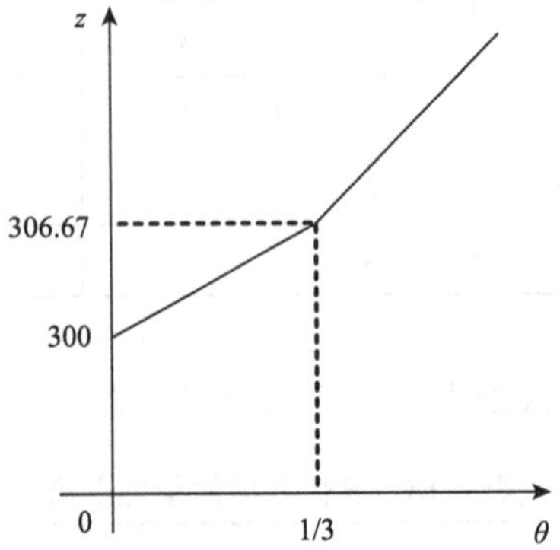

图 4-1 目标函数z与θ的关系（一）

令$\lambda_j(\theta)$为包含参数θ的变量x_j的检验数，则$\boldsymbol{C}$中含有参数的线性规划的求解方法如下。

第一步，令参数θ=0，应用单纯形法求最优解。

第二步，将包含参数θ的$\boldsymbol{C}$代入最优单纯形表。

第三步，计算非基变量检验数，并不断增大θ值，求出$\min\limits_j\{\theta \geqslant 0 \mid \lambda_j(\theta) = 0\}$，得到一个临界点，如果所有的$\lambda_j(\theta) \leqslant 0$，则停止计算，写出$\theta$在相邻两个临界点之间变化时的最优解及目标值，否则转第四步。

第四步，确定入基和出基变量，再用单纯形法求最优解，转第三步。

二、*b*中含有参数的线性规划

【例 4.16】某线性规划问题如下：

$$\max z(\theta) = 2x_1 + x_2$$

$$\text{s.t.} \begin{cases} x_1 + x_2 \leqslant 10 + 2\theta \\ 2x_1 + 4x_2 \leqslant 24 - \theta \\ 3x_1 + x_2 \leqslant 18 + \theta \\ x_1, x_2 \geqslant 0 \end{cases}$$

其中θ为参数，试分析当$\theta \geqslant 0$时，最优解的变化情况。

解：首先令$\theta=0$，计算线性规划问题，得到最优单纯形表（表 4-20），其中x_3，x_4,x_5为松弛变量。

表 4-20　$\theta=0$ 时的最优单纯形表（二）

C			2	1	0	0	0
C_B	X_B	$B^{-1}b$	x_1	x_2	x_3	x_4	x_5
0	x_3	1.6	0	0	1	−0.2	−0.2
1	x_2	3.6	0	1	0	0.3	−0.2
2	x_1	4.8	1	0	0	−0.1	0.4
$z=13.2$			0	0	0	−0.1	−0.6

由表 4-20 知，最优基矩阵为

$$\boldsymbol{B}^{-1}=\begin{pmatrix}1 & -0.2 & -0.2\\0 & 0.3 & -0.2\\0 & -0.1 & 0.4\end{pmatrix}$$

令

$$\Delta\boldsymbol{b}=\begin{pmatrix}2\theta\\-\theta\\\theta\end{pmatrix}$$

与求b_i的灵敏度范围相同，通过计算$\boldsymbol{B}^{-1}\Delta\boldsymbol{b}$，得到

$$\Delta\boldsymbol{b}'=\boldsymbol{B}^{-1}\Delta\boldsymbol{b}=\begin{pmatrix}1 & -0.2 & -0.2\\0 & 0.3 & -0.2\\0 & -0.1 & 0.4\end{pmatrix}\begin{pmatrix}2\theta\\-\theta\\\theta\end{pmatrix}=\begin{pmatrix}2\theta\\-0.5\theta\\0.5\theta\end{pmatrix}$$

将$\Delta\boldsymbol{b}'$代入表 4-20，得表 4-21。

表 4-21　$\Delta\boldsymbol{b}'$代入后的单纯形表

C			2	1	0	0	0
C_B	X_B	$B^{-1}b$	x_1	x_2	x_3	x_4	x_5
0	x_3	$1.6+2\theta$	0	0	1	−0.2	−0.2
1	x_2	$3.6-0.5\theta$	0	1	0	0.3	[−0.2]
2	x_1	$4.8+0.5\theta$	1	0	0	−0.1	0.4
$z=13.2+0.5\theta$			0	0	0	−0.1	−0.6

令θ的取值增大，当$\theta=7.2$时，b_2为零，即$3.6-0.5\theta=0$。所以当$0\leqslant\theta\leqslant7.2$时，最优解为$x_1=4.8+0.5\theta, x_2=3.6-0.5\theta, x_3=1.6+2\theta$，目标值为$13.2+0.5\theta$。当$\theta>7.2$时，$x_2<0$，不可行，所以选择$x_2$出基，$x_5$入基，应用对偶单纯形法求解，得到表4-22。

表 4-22　最优单纯形表（四）

C			2	1	0	0	0
C_B	X_B	$B^{-1}b$	x_1	x_2	x_3	x_4	x_5
0	x_3	$-2+2.5\theta$	0	−1	1	−0.5	0
0	x_5	$-18+2.5\theta$	0	−5	0	−1.5	1
2	x_1	$12-0.5\theta$	1	2	0	0.5	0
$z=24-\theta$			0	−3	0	−1	0

显然，$\theta\leqslant24$（否则$x_1<0$），所以全部基解可行，达到最优。当$7.2<\theta\leqslant24$时，最优解为$x_1=12-0.5\theta, x_3=-2+2.5\theta, x_5=-18+2.5\theta$，目标值为$24-\theta$。

综上，目标值为

$$z(\theta)=\begin{cases}13.2+0.5\theta, & 0\leqslant\theta\leqslant7.2\\ 24-\theta, & 7.2<\theta\leqslant24\end{cases}$$

目标函数z与θ的关系如图4-2所示，该参数规划的临界点为7.2，且$z(\theta=7.2)=16.8$。

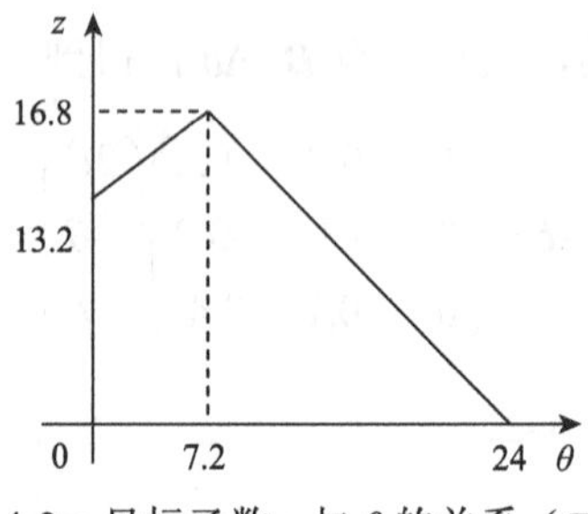

图 4-2　目标函数 z 与 θ 的关系（二）

令$b_i(\theta)$为包含参数θ的基解，则$\boldsymbol{b}$中含有参数的线性规划求解方法如下。

第一步，令$\theta=0$，应用单纯形法求最优解。

第二步，计算$\Delta\boldsymbol{b}'=\boldsymbol{B}^{-1}\Delta\boldsymbol{b}$，将$\Delta\boldsymbol{b}'$代入最优单纯形表中。

第三步，不断增大θ值，并求出$\min\limits_i\{\theta\geqslant0\mid b_i(\theta)=0\}$，得到一个临界点，如果所有$b_i(\theta)\geqslant0$，则停止计算，写出$\theta$在相邻两个临界点之间变化时的最优解及目标值，否则转第四步。

第四步，确定入基和出基变量，利用对偶单纯形法求最优解，转第三步。

第六节 应用LINGO软件求解灵敏度

利用 LINGO 可以对系数 c_j 和 b_i 进行灵敏度分析，但要先进行设置，具体方法如下：在菜单中选择“LINGO|Options”（程序|设置）命令，再打开“General Solver Tab”（一般求解器选项卡），在“Dual Computations”（对偶计算）下拉列表框中选择“Prices & Ranges”（对偶价格与灵敏度分析）选项。

在模型求解之后，关闭“Solution Report”窗口，再运行“LINGO|Ranges”（程序|灵敏度分析），就会得到“Range Report”（灵敏度分析报告）窗口，可以计算所有的系数 c_j 和 b_i 的灵敏度范围。

【例 4.17】 应用 LINGO 对例 4.1 中的原问题系数 c_j 和 b_i 进行灵敏度分析。

解：在 LINGO 中输入例 4.1 的模型，运行后得到的结果如图 4-3 所示。

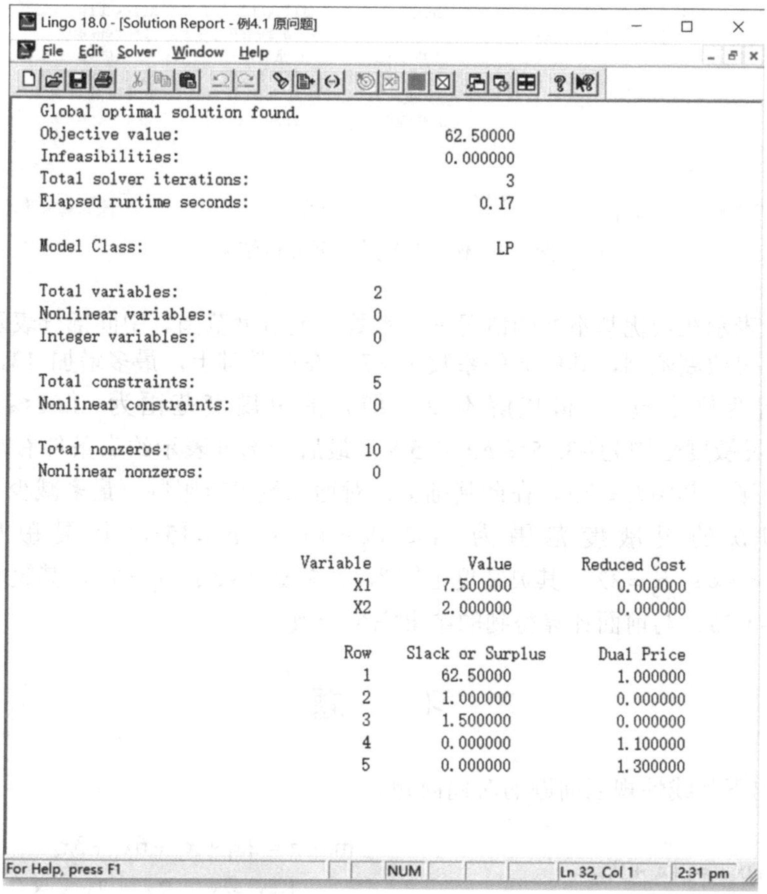

图 4-3 例 4.1 的模型运行结果

最优解为 $x_1=7.5$，$x_2=2$，目标值为 62.5 元。在最优解中，由于 x_1 和 x_2 都是基变量，所以它们的检验数都为 0，即“Reduced Cost”一栏都是 0。在“Slack or

Surplus”一栏中，列出的是每个约束中松弛变量的值，x_3 等于 1，x_4 等于 1.5，x_5 和 x_6 都为 0。“Dual Price”计算出对偶价格，对偶变量 y_1 和 y_2 都是 0，y_3 等于 1.1，y_4 等于 1.3，这与我们前面计算得到的结果（表 4-3）完全一致。

对该模型的系数进行灵敏度分析，得到如图 4-4 所示的结果。

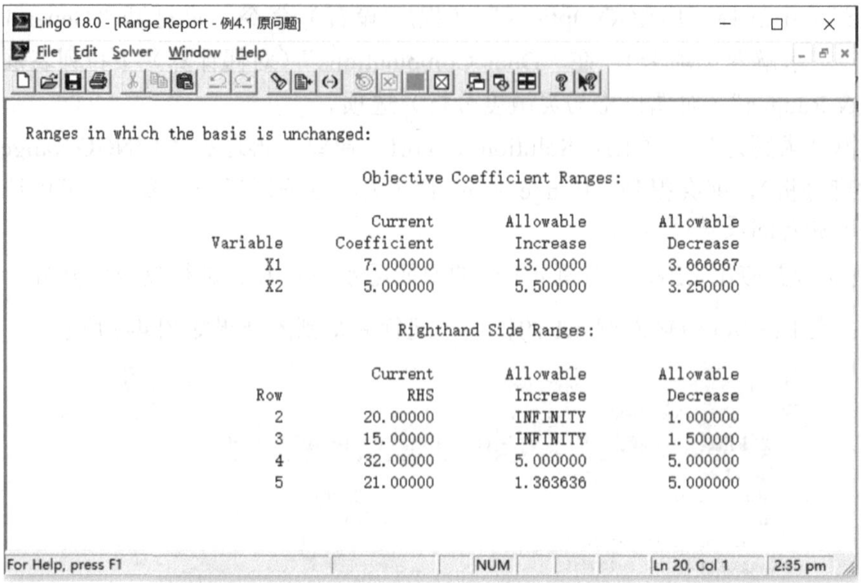

图 4-4　例 4.1 的灵敏度分析结果

第一行表示在最优基不变的情况下，系数的灵敏度范围。中间部分表示变量目标函数系数的灵敏度范围，其中 x_1 的系数 $c_1=7$，在此基础上，最多增加 13，最多减少 3.67（保留两位小数），最优解不变，即 c_1 的灵敏度范围为 $-3.67\leqslant\Delta c_1\leqslant 13$；$c_2=5$，其灵敏度范围为 $-3.25\leqslant\Delta c_2\leqslant 5.5$。最后一部分表示约束条件右端项即资源的灵敏度范围，其中 $b_1=20$，在此基础上，对增加量没有限制，最多减少 1，最优基不变，即 b_1 的灵敏度范围为 $-1\leqslant\Delta b_1<+\infty$；$b_2=15$，其灵敏度范围为 $-1.5\leqslant\Delta b_2<+\infty$；$b_3=32$，其灵敏度范围为 $-5\leqslant\Delta b_3\leqslant 5$；$b_4=21$，其灵敏度范围为 $-5\leqslant\Delta b_4\leqslant 1.36$。与前面计算得到的结果完全一致。

习　题

1. 写出下列线性规划问题的对偶问题。

（1）
$$\max z=4x_1+9x_2$$
$$\text{s.t.}\begin{cases}3x_1+5x_2\leqslant 18\\ x_1+2x_2\leqslant 10\\ x_1,x_2\geqslant 0\end{cases}$$

（2）
$$\max z=2x_1+x_2+6x_3+3x_4$$
$$\text{s.t.}\begin{cases}-x_1+x_2-2x_3+3x_4=8\\ 5x_1+3x_2+x_3-3x_4\leqslant 10\\ 3x_1-5x_2-4x_3+7x_4\geqslant 15\\ x_1,x_2\leqslant 0,\ x_4\geqslant 0,\ x_3\text{无约束}\end{cases}$$

(3)
$$\min z = 3x_1 + 8x_2$$
$$\text{s.t.} \begin{cases} -12 \leqslant x_1 \leqslant 5 \\ -8 \leqslant x_2 \leqslant -4 \end{cases}$$

(4)
$$\min z = \sum_{i=1}^{m}\sum_{j=1}^{n} c_{ij}x_{ij}$$
$$\text{s.t.} \begin{cases} \sum_{j=1}^{n} x_{ij} = a_i, & i = 1,2,\cdots,m \\ \sum_{i=1}^{m} x_{ij} = b_j, & j = 1,2,\cdots,n \\ x_{ij} \geqslant 0, & i = 1,2,\cdots,m,\ j = 1,2,\cdots,n \end{cases}$$

(5)
$$\max z = -3x_1 + 4x_2 - 5x_3$$
$$\text{s.t.} \begin{cases} 2x_1 - 5x_3 \leqslant -6 \\ 3x_2 + 6x_3 \geqslant 12 \\ -x_1 + 3x_2 \leqslant 10 \\ x_1, x_2 \geqslant 0 \end{cases}$$

(6)
$$\min z = \sum_{j=1}^{n} c_j x_j$$
$$\text{s.t.} \begin{cases} \sum_{j=1}^{n} a_{ij}x_j \leqslant b_i, & i = 1,2,\cdots,m_1 \\ \sum_{j=1}^{n} a_{ij}x_j = d_i, & i = 1,2,\cdots,m_2 \\ \sum_{j=1}^{n} a_{ij}x_j \geqslant e_i, & i = 1,2,\cdots,m_3 \\ x_{ij} \geqslant 0, & i = 1,2,\cdots,m_1 + m_2 + m_3,\ j = 1,2,\cdots,n \end{cases}$$

2. 判断下列结论是否正确，如果不正确，应该怎样改正？

（1）任何线性规划都存在一个对应的对偶线性规划。

（2）原问题第 i 个约束是“$\leqslant$”约束，则对偶变量 $y_i \geqslant 0$。

（3）互为对偶问题，或者同时都有最优解，或者同时都无最优解。

（4）对偶问题有可行解，则原问题也有可行解。

（5）原问题有多重解，对偶问题也有多重解。

（6）对偶问题有可行解，原问题无可行解，则对偶问题具有无界解。

（7）原问题无最优解，则对偶问题无可行解。

（8）对偶问题不可行，原问题可能具有无界解。

（9）原问题与对偶问题都可行，则都有最优解。

（10）原问题具有无界解，则对偶问题不可行。

（11）对偶问题具有无界解，则原问题无最优解。

（12）若 X 和 Y 是原问题与对偶问题的最优解，则 $X = Y$。

（13）影子价格实际上是与原问题各约束条件相联系的对偶变量的数量表现。

（14）某种资源的影子价格为 k，在其他条件不变的情况下，当该种资源增加 5 个单位时，相应的目标函数值将增加 $5k$。

（15）如果某种资源的影子价格大于其市场价格，则说明该资源过剩。

（16）若某资源的变化超过其容许变动范围，为求得新的最优解，需在原最优单纯形表的基础上运用单纯形法求解。

3. 选择题

（1）若线性规划问题最优基中某个基变量的目标系数发生变化，则（　　）。

A 该基变量的检验数发生变化　　B 其他基变量的检验数发生变化

C 所有非基变量的检验数发生变化　　D 所有变量的检验数都发生变化

（2）线性规划灵敏度分析的主要功能是分析线性规划中参数的变化对（　　）的影响。

A 正则性　　B 可行性　　C 可行解　　D 最优解

（3）在线性规划的各项敏感性分析中，一定会引起最优目标函数值发生变化的是（　　）。

A 目标系数 c_j 的变化　　B 约束常数项 b_i 变化

C 增加新的变量　　D 增加新约束

（4）对于标准型的线性规划问题，下列说法错误的是（　　）。

A 在新增变量的灵敏度分析中，若新变量可以入基，则目标函数将会得到进一步改善

B 在增加新约束条件的灵敏度分析中，新的最优目标函数值不可能增大

C 当某个资源 b_i 增加时，目标函数值一定增大

D 某基变量的目标系数增大，目标函数值将得到改善

（5）灵敏度分析研究的是线性规划模型中最优解和（　　）之间的变化和影响。

A 基　　B 松弛变量　　C 原始数据　　D 条件系数

（6）在灵敏度分析中，不能直接从最优单纯形表中获得的有效信息有（　　）。

A 最优基 B 的逆 B^{-1}　　B 最优解与最优目标函数值

C 各变量的检验数　　D 对偶问题的解　　E 各列向量

（7）线性规划问题的各项系数发生变化，下列能引起最优解的可行性变化的是（　　）。

A 非基变量的目标系数变化　　B 基变量的目标系数变化

C 增加新的变量　　D 增加新的约束条件

（8）如果线性规划的原问题增加一个约束条件，相当于其对偶问题增加一个（　　）。

A 约束条件　　B 变量　　C 目标　　D 解

（9）如果某基变量的目标系数的变化范围超过其灵敏度分析容许的变化范围，则此基变量应（　　）。

A 入基　　B 出基　　C 不变　　D 无法判断

（10）若某线性规划问题增加一个新的约束条件，在其最优单纯形表中将表现为增加（　　）。

A 一行　　B 一列　　C 一行和一列　　D 一行或一列

4. 已知线性规划问题如下，应用对偶理论证明该问题最优解的目标函数值不大于 25。

$$\max z = 4x_1 + 7x_2 + 2x_3$$
$$\text{s.t.} \begin{cases} x_1 + 2x_2 + x_3 \leqslant 10 \\ 2x_1 + 3x_2 + 3x_3 \leqslant 10 \\ x_j \geqslant 0, \ j = 1,2,3 \end{cases}$$

5. 已知线性规划问题：

$$\min z = 2x_1 + 3x_2 + 5x_3 + 6x_4$$
$$\text{s.t.} \begin{cases} x_1 + 2x_2 + 3x_3 + x_4 \geqslant 2 \\ -2x_1 + x_2 - x_3 + 3x_4 \leqslant -3 \\ x_j \geqslant 0, \ j = 1,2,3,4 \end{cases}$$

（1）写出对偶问题。

（2）用图解法求对偶问题最优解。

（3）利用（2）的结果和对偶理论求原问题的最优解。

6. 已知线性规划问题：

$$\min z = 8x_1 + 6x_2 + 3x_3 + 6x_4$$
$$\text{s.t.} \begin{cases} x_1 + 2x_2 + x_4 \geqslant 3 \\ 3x_1 + x_2 + x_3 + x_4 \geqslant 6 \\ x_3 + x_4 \geqslant 2 \\ x_1 + x_3 \geqslant 2 \\ x_j \geqslant 0, \ j = 1,2,3,4 \end{cases}$$

（1）写出对偶问题。

（2）已知原问题最优解为 $X^* = (1,1,2,0)^{\mathrm{T}}$，根据对偶理论直接求出对偶问题的最优解。

7. 已知线性规划问题：

$$\min z = 2x_1 - x_2 + 2x_3$$
$$\text{s.t.} \begin{cases} -x_1 + x_2 + x_3 = 4 \\ -x_1 + x_2 - kx_3 \leqslant 6 \\ x_1 \leqslant 0, x_2 \geqslant 0, x_3 \text{无约束} \end{cases}$$

最优解为 $X^* = (-5,0,-1)^{\mathrm{T}}$。则（1）求 k 的值；（2）建立对偶问题并求最优解。

8. 应用对偶单纯形法计算下列线性规划问题，并指出其对偶问题的最优解。

（1）
$$\min z=2x_1+3x_2+4x_3$$
$$\text{s.t.}\begin{cases}x_1+2x_2+x_3\geqslant 3\\2x_1-x_2+3x_3\geqslant 4\\x_j\geqslant 0,\ j=1,2,3\end{cases}$$

（2）
$$\min z=3x_1+2x_2+x_3$$
$$\text{s.t.}\begin{cases}x_1+x_2+x_3\leqslant 6\\x_1-x_3\geqslant 4\\x_2-x_3\geqslant 3\\x_1,x_2,x_3\geqslant 0\end{cases}$$

（3）
$$\min z=10x_1+5x_2+3x_3$$
$$\text{s.t.}\begin{cases}5x_1+x_2+3x_3\leqslant 5\\3x_1+4x_2+2x_3=4\\2x_1+6x_2+5x_3\geqslant 6\\x_1,x_2,x_3\geqslant 0\end{cases}$$

（4）
$$\min z=2x_1+3x_2+5x_3+2x_4+3x_5$$
$$\text{s.t.}\begin{cases}x_1+x_2+2x_3+x_4+3x_5\geqslant 4\\2x_1-2x_2+3x_3+x_4+x_5\geqslant 3\\x_j\geqslant 0,\ j=1,2,3,4,5\end{cases}$$

9. 线性规划

$$\max z=10x_1+5x_2$$
$$\text{s.t.}\begin{cases}3x_1+4x_2\leqslant 9\\5x_1+2x_2\leqslant 8\\x_1,x_2\geqslant 0\end{cases}$$

的最优单纯形表如表 4-23 所示，其中 x_3,x_4 为松弛变量。

表 4-23　最优单纯形表（五）

C			10	5	0	0
C_B	X_B	$B^{-1}b$	x_1	x_2	x_3	x_4
5	x_2	3/2	0	1	5/14	–3/14
10	x_1	1	1	0	–1/7	2/7
$z=25/2$			0	0	–5/14	–25/14

试用灵敏度分析的方法判断：

（1）目标函数系数 c_1 或 c_2 在什么范围内变化，上述最优解不变？

（2）当资源 b_1,b_2 其中一个保持不变时，另一个在什么范围内变化最优基保持不变？若 b_1 增加 7 个单位，最优解是否发生变化？如发生变化新的最优解是什么？利润如何变化？若 b_2 减少 3 个单位呢？

（3）当问题的目标函数变为 $\max z=12x_1+4x_2$ 时最优解的变化。

（4）当资源由 $(9,8)^{\mathrm{T}}$ 变为 $(11,19)^{\mathrm{T}}$ 时最优解的变化。

10. 线性规划

$$\max z=x_1+2x_2-x_3$$
$$\text{s.t.}\begin{cases}x_1+2x_2+x_3\leqslant 8\\-x_1+x_2-2x_3\leqslant 4\\x_1,x_2,x_3\geqslant 0\end{cases}$$

的最优单纯形表如表 4-24 所示，其中 x_4, x_5 为松弛变量。

表 4-24 最优单纯形表（六）

C			1	2	−1	0	0
C_B	X_B	$B^{-1}b$	x_1	x_2	x_3	x_4	x_5
2	x_2	4	0.5	1	0.5	0.5	0
0	x_5	0	−1.5	0	−2.5	−0.5	1
$z = 8$			0	0	−2	−1	0

求：

（1）c_1, c_2, c_3 的灵敏度范围，并应用 LINGO 验证。

（2）资源 b_1, b_2 的灵敏度范围，并应用 LINGO 验证。

（3）a_{11}, a_{21}, a_{13} 的灵敏度范围。

（4）若增加一个新变量 x_6，其在目标函数中的系数为 2，消耗两种资源的数量分别为 1、2，问最优解是否发生变化？

（5）若增加一个约束条件 $x_2 + x_3 \leqslant 3$，最优解是否会发生变化？如发生变化，计算新的最优解。

11. 已知某工厂计划生产Ⅰ、Ⅱ、Ⅲ三种产品，各产品需要在 A、B、C 设备上加工，有关数据见表 4-25。

表 4-25 产品信息表（二）

设备	产品			设备有效台时/月
	Ⅰ	Ⅱ	Ⅲ	
A	8	2	10	300
B	10	5	8	400
C	2	13	10	420
单位产品利润/万元	3	2	2.9	

请回答：

（1）如何发挥设备能力，使生产盈利最多？

（2）若为了增加产量，可借用其他工厂的设备 B，每月可借用 60 台时，租金为 18 万元，是否划算？

（3）若另有两种新产品Ⅳ和Ⅴ，其中Ⅳ需用 A 设备 12 台时，B 设备 5 台时，C 设备 10 台时，单位产品盈利 2.1 万元；新产品Ⅴ需用 A 设备 4 台时，B 设备 4 台时，C 设备 12 台时，单位产品盈利 1.87 万元。且 A、B、C 设备台时不增加，生产这两种新产品是否划算？

（4）对产品工艺重新进行设计，改进构造。改进后生产每单位产品Ⅰ，需用 A 设备 9 台时，B 设备 12 台时，C 设备 4 台时，单位产品盈利 4.5 万元，这对原计划有何影响？

12. 试分析下列参数规划中当 $\theta \geqslant 0$ 时最优解的变化情况。

（1）
$$\max z(\theta)=(3+2\theta)x_1+(5-\theta)x_2$$
$$\text{s.t.}\begin{cases}x_1\leqslant 4\\2x_2\leqslant 12\\3x_1+2x_2\leqslant 18\\x_1,x_2\geqslant 0\end{cases}$$

（2）
$$\max z(\theta)=(8-6\theta)x_1+(2+\theta)x_2+(5-2\theta)x_3$$
$$\text{s.t.}\begin{cases}x_1+2x_2+x_3\leqslant 40\\3x_1+2x_3\leqslant 36\\x_1+4x_2\leqslant 42\\x_1,x_2,x_3\geqslant 0\end{cases}$$

（3）
$$\max z(\theta)=45x_1+80x_2$$
$$\text{s.t.}\begin{cases}5x_1+20x_2\leqslant 400+\theta\\10x_1+15x_2\leqslant 450+5\theta\\x_1,x_2\geqslant 0\end{cases}$$

（4）
$$\max z(\theta)=2x_1+3x_2$$
$$\text{s.t.}\begin{cases}2x_1+2x_2\leqslant 12+3\theta\\x_1+2x_2\leqslant 8+\theta\\4x_1\leqslant 16-\theta\\4x_2\leqslant 12-2\theta\\x_1,x_2\geqslant 0\end{cases}$$

（5）
$$\max z(\theta)=(1+\theta)x_1+3x_2$$
$$\text{s.t.}\begin{cases}x_1+x_2+x_3=8+\theta\\-x_1+x_2+x_4=4\\x_1+x_5=6\\x_1,x_2,x_3,x_4,x_5\geqslant 0\end{cases}$$

（6）
$$\max z(\theta)=(2+\theta)x_1+(1+2\theta)x_2$$
$$\text{s.t.}\begin{cases}5x_2\leqslant 15\\6x_1+2x_2\leqslant 21+4\theta\\x_1+x_2\leqslant 5+\theta\\x_1,x_2\geqslant 0\end{cases}$$

第五章

运 输 问 题

在实际生产中，往往需要将某种物资从一些产地运往另一些销地，如何调运使总的费用最小，这就是运输问题。运输问题是线性规划中常见的、典型的一类问题，可以用单纯形法求解，但由于其数学模型具有特殊的结构，本章将介绍一种更为简便、直观和高效的解法。

第一节　运输问题的数学模型及其特点

一、运输问题的数学模型

我们先看一个例子。

【例 5.1】假定车站 A、B 分别有空集装箱 20 只和 30 只，车站 C、D、E 分别需要集装箱 10 只、15 只、25 只。已知从集装箱供应站至需求站的单位运价如表 5-1 所示。图 5-1 表示空集装箱调运的关系，箭线上的数字为单位运价。问如何制定集装箱调运方案，才能使总运费最小？

表 5-1　集装箱单位运价　　　　单位：元

供应站	需求站		
	C	D	E
A	20	25	30
B	22	15	12

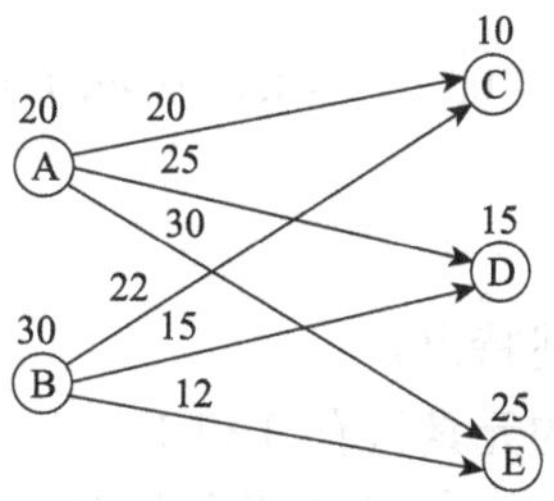

图 5-1　调运关系示意图

解：设决策变量 x_{ij} 表示由 i 站调运至 j 站的集装箱数，则供应量约束为

$$x_{AC}+x_{AD}+x_{AE}=20$$
$$x_{BC}+x_{BD}+x_{BE}=30$$

需求量约束为

$$x_{AC}+x_{BC}=10$$
$$x_{AD}+x_{BD}=15$$
$$x_{AE}+x_{BE}=25$$

因此，该运输问题的线性规划模型为

$$\min z=20x_{AC}+25x_{AD}+30x_{AE}+22x_{BC}+15x_{BD}+12x_{BE}$$

$$\text{s.t.}\begin{cases}x_{AC}+x_{AD}+x_{AE}=20\\x_{BC}+x_{BD}+x_{BE}=30\\x_{AC}+x_{BC}=10\\x_{AD}+x_{BD}=15\\x_{AE}+x_{BE}=25\\x_{ij}\geqslant 0,\quad i=\mathrm{A,B},\ j=\mathrm{C,D,E}\end{cases}$$

一般而言，运输问题可描述如下。

假定有 m 个地点 $A_i(i=1,2,\cdots,m)$ 可供应某种物资，供应量为 $a_i(i=1,2,\cdots,m)$，有 n 个需求地 $B_j(j=1,2,\cdots,n)$ 需求这种物资，需求量为 $b_j(j=1,2,\cdots,n)$，从 A_i 到 B_j 运输单位物资的运价为 c_{ij}，又设 $\sum_{i=1}^{m}a_i=\sum_{j=1}^{n}b_j$，表示供需平衡。现要制订一个物资调运方案，使总费用最小。

若设 x_{ij} 为从 A_i 到 B_j 的调运物资量，则将一般运输问题的数学模型记为模型 T，可表示为

$$\min z=\sum_{i=1}^{m}\sum_{j=1}^{n}c_{ij}x_{ij}$$

$$\text{s.t.}\begin{cases}\sum_{j=1}^{n}x_{ij}=a_i,\quad i=1,2,\cdots,m\\\sum_{i=1}^{m}x_{ij}=b_j,\quad j=1,2,\cdots,n\\x_{ij}\geqslant 0,\qquad i=1,2,\cdots,m,\ j=1,2,\cdots,n\end{cases}$$

二、模型特点

不难发现，模型 T 具有下述特点。

（1）约束条件系数矩阵中的元素只有 0 和 1。

（2）约束条件系数矩阵的每一列只有两个非零元素，分别为前 m 个约束中的一个变量和后 n 个约束中的一个变量，即

$$
\begin{array}{c}
\begin{array}{ccccccccccccc}
x_{11} & x_{12} & \cdots & x_{1n} & x_{21} & x_{22} & \cdots & x_{2n} & \cdots & x_{m1} & x_{m2} & \cdots & x_{mn}
\end{array}\\
\left.\begin{array}{|ccccccccccccc}
1 & 1 & \cdots & 1 & & & & & & & & & \\
 & & & & 1 & 1 & \cdots & 1 & & & & & \\
 & & & & & & & & \ddots & & & & \\
 & & & & & & & & & 1 & 1 & \cdots & 1
\end{array}\right\} m\text{行}\\
\left.\begin{array}{|ccccccccccccc}
1 & & & & 1 & & & & & 1 & & & \\
 & 1 & & & & 1 & & & & & 1 & & \\
 & & \ddots & & & & \ddots & & & & & \ddots & \\
 & & & 1 & & & & 1 & & & & & 1
\end{array}\right\} n\text{行}
\end{array}
$$

（3）所有的约束条件都是等式。

由于运输问题具有上述特点，作为一类特殊的线性规划模型，其具有特殊性质。

定理 5.1 模型 T 有最优解的充要条件是 $\sum_{i=1}^{m} a_i = \sum_{j=1}^{n} b_j$。证明如下。

必要性：设 $\boldsymbol{X}^* = \left(x_{ij}^*\right)$ 是模型 T 的最优解，则其必然满足约束条件，即

$$\sum_{i=1}^{m} a_i = \sum_{i=1}^{m}\left(\sum_{j=1}^{n} x_{ij}^*\right) = \sum_{j=1}^{n}\left(\sum_{i=1}^{m} x_{ij}^*\right) = \sum_{j=1}^{n} b_j$$

充分性：设 $\sum_{i=1}^{m} a_i = \sum_{j=1}^{n} b_j = k \geqslant 0$，我们分两种情况讨论。

（1）若 $k=0$，则由 $a_i \geqslant 0, b_j \geqslant 0, x_{ij} \geqslant 0$ 知，$\boldsymbol{X}^* = \boldsymbol{0}$ 为模型 T 的唯一可行解，当然是最优解。

（2）若 $k>0$，令 $x_{ij}^* = \dfrac{a_i b_j}{k}$，显然 $x_{ij}^* \geqslant 0$，则

$$\sum_{j=1}^{n} x_{ij}^* = \sum_{j=1}^{n} \frac{a_i b_j}{k} = \frac{a_i}{k}\sum_{j=1}^{n} b_j = \frac{a_i}{k} k = a_i, \quad i=1,2,\cdots,m$$

$$\sum_{i=1}^{m} x_{ij}^* = \sum_{i=1}^{m} \frac{a_i b_j}{k} = \frac{b_j}{k}\sum_{i=1}^{m} a_i = \frac{b_j}{k} k = b_j, \quad j=1,2,\cdots,n$$

所以，$\boldsymbol{X}^*$ 就是模型 T 的可行解。由线性规划的基本定理知，模型 T 有基本可行解。又因

$$z = \sum_{i=1}^{m}\sum_{j=1}^{n} c_{ij} x_{ij} \geqslant 0$$

对于极小化问题，目标函数有下界，所以必有最优解。

定理 5.2 模型 T 中约束方程系数矩阵的秩为 $m+n-1$。

证明：令系数矩阵为 $\boldsymbol{A}$，因为 $\boldsymbol{A}$ 的前 m 行元素之和等于后 n 行元素之和，即它的 $m+n$ 个行向量线性相关，所以 $\boldsymbol{A}$ 的秩小于 $m+n$。

又因为 $\boldsymbol{A}$ 的第 2 行，第 3 行……第 $m+n$ 行与 $x_{11}, x_{12}, \cdots, x_{1n}, x_{21}, x_{31}, \cdots, x_{m1}$ 对应列相

交的元素构成如下的 $m+n-1$ 阶行列式：

$$
\begin{array}{c}
\\ \text{第2行} \\ \vdots \\ \text{第}m\text{行} \\ \text{第}m+1\text{行} \\ \vdots \\ \text{第}m+n\text{行}
\end{array}
\begin{array}{c}
x_{11}\ x_{12}\cdots x_{1n}\ x_{21}\ x_{31}\cdots\ x_{m1} \\
\left(\begin{array}{ccc|ccc}
 & & & 1 & & \\
 & \mathbf{0} & & & \ddots & \\
 & & & & & 1 \\
\hline
1 & & & & & \\
 & \ddots & & 1\ \ 1 & \cdots & 1 \\
 & & & & \mathbf{0} & \\
 & & 1 & & &
\end{array}\right)
\end{array}
\neq \mathbf{0}
$$

$\boldsymbol{A}$ 的秩不小于该行列式的阶数 $m+n-1$。所以模型 T 中约束方程系数矩阵的秩为 $m+n-1$，结论成立。因为 $\boldsymbol{A}$ 中含有 $m+n-1$ 个线性无关的列（或行）向量，所以，任何 $m+n-1$ 个线性无关的列向量都可以构成基。

定理 5.3 如果一个运输问题的所有供应量和所有需求量都是整数，那么它的每一个基本可行解中的所有变量也都是整数。（证明略）

模型 T 含有 $m\times n$ 个变量、$m+n$ 个约束方程，即便是一个很小的运输问题，其模型的规模也很大，若用单纯形法来求解，计算量是很大的。正是由于运输问题模型的特殊结构及性质，下面我们介绍一种求解此类问题的简便方法——表上作业法。

第二节 表上作业法

运输问题的模型是线性规划模型，线性规划模型若存在最优解，其必能在基本可行解中找到，基本可行解是由基矩阵所决定的。对于一般的线性规划问题，当系数矩阵中不存在现成的单位矩阵时，通常要引进人工变量来构造出单位矩阵，从而人为给出初始基本可行解。显然，这样做会使计算工作量大大增加。我们发现，虽然运输问题的系数矩阵中无现成的单位矩阵，但是，由于它的特殊结构，其基具有一些特殊性质，利用这些特性，可以不必引进人工变量，就能直接求出它的初始基本可行解。

首先，我们将运输问题用运输表 5-2 来表示。

表 5-2 运输表（一）

产地	销地				产量
	B_1	B_2	…	B_n	
A_1	c_{11} x_{11}	c_{12} x_{12}	…	c_{1n} x_{1n}	a_1
A_2	c_{21} x_{21}	c_{22} x_{22}	…	c_{2n} x_{2n}	a_2
⋮			…		⋮
A_m	c_{m1} x_{m1}	c_{m2} x_{m2}	…	c_{mn} x_{mn}	a_m
销量	b_1	b_2	…	b_n	

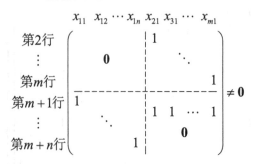

表 5-2 中，x_{ij} 为 A_i 至 B_j 的运输量（写在每个对应单元格的左下角），c_{ij} 为单位运费（写在每个单元格的右上角），每个列向量 $\left(x_{1j},x_{2j},\cdots,x_{mj}\right)^{\mathrm{T}}$ 和 b_j 构成一个需求约束，每个行向量 $\left(x_{i1},x_{i2},\cdots,x_{in}\right)$ 和 a_i 构成一个供给约束，$\sum\limits_{i=1}^{m}\sum\limits_{j=1}^{n}c_{ij}x_{ij}$ 为调运费用。

我们已经知道，模型 T 中约束条件系数矩阵的秩为 $m+n-1$，即 $\boldsymbol{A}$ 的 $m+n-1$ 个线性无关的列向量可构成运输问题的基矩阵。若不考虑退化现象，就是要在运输表中找到 $m+n-1$ 个单元格，其对应的 $m+n-1$ 不为零，且构成的列向量线性无关。这样的一组 $m+n-1$ 个变量就组成了一组基变量，从而也就给出了一个基本可行解。我们的问题就是如何找到这样的 $m+n-1$ 个单元格。

定义 5.1 称变量集合 $\{x_{i_1j_1},x_{i_1j_2},x_{i_2j_2},x_{i_2j_3},\cdots,x_{i_sj_s},x_{i_sj_1}\}$ 为一个闭回路，其中 $i_1,i_2,\cdots,i_s,j_1,j_2,\cdots,j_s$ 互不相同。集合中的变量称为闭回路的顶点，相邻两个变量的连线为闭回路的边。

例如，对 $m=4$，$n=4$ 的运输问题，变量集合 $\{x_{11},x_{13},x_{23},x_{21}\}$ 就构成一个闭回路，其形状如表 5-3 所示。

表 5-3 闭回路（一）

产地	销地			
	B_1	B_2	B_3	B_4
A_1	x_{11}	x_{12}	x_{13}	x_{14}
A_2	x_{21}	x_{22}	x_{23}	x_{24}
A_3	x_{31}	x_{32}	x_{33}	x_{34}
A_4	x_{41}	x_{42}	x_{43}	x_{44}

变量集合 $\{x_{11},x_{12},x_{42},x_{44},x_{34},x_{31}\}$ 也构成一个闭回路，其形状如表 5-4 所示，注意 x_{32} 不是顶点。

表 5-4 闭回路（二）

产地	销地			
	B_1	B_2	B_3	B_4
A_1	x_{11}	x_{12}	x_{13}	x_{14}
A_2	x_{21}	x_{22}	x_{23}	x_{24}
A_3	x_{31}	x_{32}	x_{33}	x_{34}
A_4	x_{41}	x_{42}	x_{43}	x_{44}

闭回路具有如下特点。

（1）每个顶点都是转角。

（2）每行或每列若包含顶点，则必有两个。

（3）顶点间的连线都是水平的或垂直的。

定理 5.4 运输问题的$m+n-1$个变量$x_{i_1j_1}, x_{i_2j_2}, \cdots, x_{i_sj_s}$构成基变量的充要条件是：该组变量不构成闭回路。（证明略）

由定理 5.4 易知，要判断运输表中的$m+n-1$个变量是否是一组基变量，只需检查这组变量是否含有闭回路即可。

表上作业法是单纯形法在求解运输问题时的一种简化方法，由于该方法利用了运输问题的这些特征，所以不再需要像单纯形法那样进行大量的迭代，可在很大程度上简化计算。当然，表上作业法的计算步骤和单纯形法一样，仍然需要解决如下问题：①初始基本可行解的求法；②最优解的判定；③基本可行解的转换（迭代）。

一、初始基本可行解的求法

下面介绍几种常用的初始基本可行解的求法。

（一）西北角法

西北角法也叫左上角法，基本思想是从西北角（左上角）单元格开始分配运量，直到求出初始基本可行解为止。

具体步骤如下。

（1）先确定左上角变量的值，令它取尽可能大的值。将这个值填入该变量对应的单元格，并在该数字上画圈。画圈单元格对应的变量是基变量。

（2）在画圈单元格所在的行或列中应取 0 值的变量处打上“×”。打“×”的单元格对应的变量是非基变量。

（3）重复步骤（1）和（2），直到表中所有的单元格都被画上圈或打上“×”。

【例 5.2】根据表 5-5，利用西北角法求初始基本可行解。

表 5-5 运输问题

产地	销地				产量
	B_1	B_2	B_3	B_4	
A_1	3 x_{11}	11 x_{12}	3 x_{13}	10 x_{14}	7
A_2	1 x_{21}	9 x_{22}	2 x_{23}	8 x_{24}	4
A_3	7 x_{31}	4 x_{32}	10 x_{33}	5 x_{34}	9
销量	3	6	5	6	

解：首先从x_{11}所在的单元格开始，给x_{11}尽可能大的值，但不能超过A_1的产量和B_1的销量，即令$x_{11}=\min\{7,3\}=3$。由于$x_{11}=3$，B_1的销量得到了满足，且全部由A_1

供应，所以产地 A_2 和 A_3 就不能再向 B_1 供应物资了，即 x_{21} 和 x_{31} 都应该为 0。这样，我们一次就确定了 3 个变量的值，即 3 个运量值。为了区分表格中数字的含义（后面我们还会计算非基变量的检验数，也写在每个单元格的左下角），我们将分配的运量值 3 画上圈，填入 x_{11} 单元格的左下角，运量值为 0 的打一个“×”，填入相应单元格的左下角，如表 5-6 所示。

表 5-6 找到一个基变量 x_n

产地	销地				产量
	B_1	B_2	B_3	B_4	
A_1	3 ③	11 x_{12}	3 x_{13}	10 x_{14}	7
A_2	1 ×	9 x_{22}	2 x_{23}	8 x_{24}	4
A_3	7 ×	4 x_{32}	10 x_{33}	5 x_{34}	9
销量	3	6	5	6	

在没有分配的单元格中，左上角变量为 x_{12}。此时应注意 A_1 已经给 B_1 分配了 3 个单位的运量，此时 A_1 的剩余产量应为 4（7 减去 3），所以 x_{12} 的最大值应为 $x_{12}=\min\{7-3,6\}=4$。同理，将 4 画上圈填入 x_{12} 单元格的左下角。由于此时产地 A_1 的产量已经分配完了，所以不能再给 x_{13} 和 x_{14} 分配，即将 x_{13} 和 x_{14} 单元格左下角打“×”。重复以上步骤，即可得到表 5-7。

表 5-7 西北角法求得的初始基本可行解（一）

产地	销地				产量
	B_1	B_2	B_3	B_4	
A_1	3 ③	11 ④	3 ×	10 ×	7
A_2	1 ×	9 ②	2 ②	8 ×	4
A_3	7 ×	4 ×	10 ③	5 ⑥	9
销量	3	6	5	6	

初始基本可行解中基变量的个数应为 6 个，上述画圈的单元格恰好为 6 个，所以这些单元格对应的变量就是基变量，画圈的数字就是基本可行解，打“×”的单元格对应的变量就是非基变量。该初始基本可行解为 $x_{11}=3$，$x_{12}=4$，$x_{22}=2$，$x_{23}=2$，$x_{33}=3$，

$x_{34}=6$，目标值为基变量所在单元格中基本可行解与单位运价的乘积之和，即

$$f=3\times3+4\times11+2\times9+2\times2+3\times10+6\times5=135$$

该算法的特点是，方法直观简单，但因不考虑单位运价，大多数情况下离最优解较远，在后续的迭代寻优中需进行大量的计算。

（二）最小元素法

运输问题的目标是使总运费最小，而西北角法却没有考虑单位运价的影响，显然不合理。最小元素法的基本思想是按单位运价的大小顺序确定运量，先从单位运价表中最小的单位运价处开始分配运量，然后从次小的单位运价处开始分配运量，一直到求出初始基本可行解为止。

具体步骤如下。

（1）先确定单位运价最小的单元格所对应的变量值。若有几个单元格的单位运价同时达到最小，则任取一个。令该变量取尽可能大的值，将此值填入该变量的对应位置并画圈。

（2）在画圈单元格所在的行或列中应取 0 值的变量处打上“×”。

（3）重复步骤（1）和（2），直到表中所有的单元格都被画上圈或打上“×”。

【例 5.3】利用最小元素法求表 5-5 中运输问题的初始基本可行解。

解：在所有的单位运价中，$c_{21}=1$ 最小，所以先给 x_{21} 分配运量，$x_{21}=\min\{4,3\}=3$。由于 B_1 的销量已经满足，所以在 x_{11} 和 x_{31} 所在单元格打“×”。没有分配的单元格中，单位运价最小的是 $c_{23}=2$，所以再给 x_{23} 分配运量，$x_{23}=\min\{4-3,5\}=1$，然后将 x_{22} 和 x_{24} 所在单元格打“×”。这时，$c_{13}=3$ 是没有分配的单元格中单位运价最小的，令 $x_{13}=\min\{5-1,7\}=4$，将 x_{33} 所在单元格打“×”。接下来单位运价最小的是 $c_{32}=4$，令 $x_{32}=\min\{9,6\}=6$，将 x_{12} 所在单元格打“×”。这时，$c_{34}=5$ 是最小的单位运价，令 $x_{34}=\min\{9-6,6\}=3$。最后只剩一个单元格 x_{14} 没有分配，恰好还缺一个基变量，所以令 $x_{14}=\min\{7-4,6-3\}=3$。这样，初始基本可行解就分配完毕了，如表 5-8 所示。

表 5-8 最小元素法求得的初始基本可行解

产地	销地				产量
	B_1	B_2	B_3	B_4	
A_1	3 ×	11 ×	3 ④	10 ③	7
A_2	1 ③	9 ×	2 ①	8 ×	4
A_3	7 ×	4 ⑥	10 ×	5 ③	9
销量	3	6	5	6	

该基本可行解的目标值为 $f=4\times3+3\times10+3\times1+1\times2+6\times4+3\times5=86$，显然优于西北角法得到的初始基本可行解。

该算法的特点是，需对单位运价进行比较运算，所以耗时较多，但由于考虑了单位运价，所以比较接近最优解。

（三）伏格尔法

伏格尔法是在最小元素法的基础上改进的一种方法，与最小元素法不同的是，其在分配运量时不是从最小单位运价开始，而是通过求运价表中每行和每列的次小元素和最小元素的差值来确定分配运量的位置，当该差值较大时，如果不分配最小元素，就有可能分配次小元素，这样会导致目标值较大。为避免出现这种情况，就应优先分配差值较大的行或列中最小元素对应的变量。

具体步骤如下。

（1）在运输表格的每一行找到最小与次小单位运价，并计算次小单位运价与最小单位运价的差值，对列做同样处理。再从差值最大的行或列中找到最小单位运价，令其对应的变量取尽可能大的值，将此值填入该变量的对应位置并画圈。

（2）在画圈单元格所在的行或列应取 0 值的变量处打上“×”。

（3）重复步骤（1）和（2），直到表中所有的单元格都被画上圈或打上“×”。

【例 5.4】利用伏格尔法求表 5-5 中运输问题的初始基本可行解。

解：表 5-5 中第一行最小单位运价为 $c_{11}=c_{13}=3$，次小单位运价为 $c_{14}=10$，所以其差值为 7，第二行差值为 1，第三行差值为 1；第一列差值为 2，第二列差值为 5，第三列差值为 1，第四列差值为 3。因为 $\max\{7,1,1,2,5,1,3\}=7$，所以首先分配第一行的最小单位运价对应的变量，因为 c_{11} 和 c_{13} 都最小，所以任选一个，这里我们选择 c_{13}，令 $x_{13}=\min\{7,5\}=5$，画圈后填入对应单元格，然后将 x_{23} 和 x_{33} 所在单元格打“×”，如表 5-9 所示。

表 5-9 伏格尔法确定基变量 x_{13}

产地	销地				产量	行差值
	B_1	B_2	B_3	B_4		
A_1	3	11	3 ⑤	10	7	7
A_2	1	9	2 ×	8	4	1
A_3	7	4	10 ×	5	9	1
销量	3	6	5	6		
列差值	2	5	1	3		

再重新计算每行和每列的差值，此时注意，应将已经分配完的单元格的单位运价排除在外。第一行最小单位运价仍然是 3（c_{11}），次小为 10，所以差值仍为 7，第二行最小单位运价是 1，次小为 8，差值为 7，第三行差值仍为 1；因为第三列已经分配完了，所以不用计算差值，其余列的差值都没变。由于 $\max\{7,7,1,2,5,3\}=7$，我们选择分配第二行的最小单位运价对应的变量 x_{21}（虽然第一行的差值也为 7，但第二行的最小单位运价比第一行的最小单位运价要小，所以先分配第二行），令 $x_{21}=\min\{4,3\}=3$，画圈后填入对应单元格，然后在 x_{11} 和 x_{31} 所在的单元格打"×"，如表 5-10 所示。

表 5-10　伏格尔法确定基变量 x_{21}

产地	销地				产量	行差值
	B_1	B_2	B_3	B_4		
A_1	3 ×	11	3 ⑤	10	7	7 7
A_2	1 ③	9	2 ×	8	4	1 7
A_3	7 ×	4	10 ×	5	9	1 1
销量	3	6	5	6		
列差值	2 2	5 5	1 —	3 3		

重复以上步骤，得到表 5-11。

表 5-11　伏格尔法确定基变量 x_{32}

产地	销地				产量	行差值
	B_1	B_2	B_3	B_4		
A_1	3 ×	11 ×	3 ⑤	10	7	7 7 1
A_2	1 ③	9 ×	2 ×	8	4	1 7 1
A_3	7 ×	4 ⑥	10 ×	5	9	1 1 1
销量	3	6	5	6		
列差值	2 2 —	5 5 5	1 — —	3 3 3		

由于基变量有 6 个，已经分配了 3 个，还剩 3 个，表格中没有分配的变量只剩下 3 个，即 x_{14},x_{24},x_{34}，所以我们直接为它们分配运量（不用考虑先后顺序），得到表 5-12。

表 5-12 伏格尔法求得的初始基本可行解

产地	销地				产量	行差值
	B_1	B_2	B_3	B_4		
A_1	3 ×	11 ×	3 ⑤	10 ②	7	7 7 1
A_2	1 ③	9 ×	2 ×	8 ①	4	1 7 1
A_3	7 ×	4 ⑥	10 ×	5 ③	9	1 1 1
销量	3	6	5	6		
列差值	2 2 —	5 5 5	1 — —	3 3 3		

该基本可行解的目标值为 $f=5\times3+2\times10+3\times1+1\times8+6\times4+3\times5=85$，比最小元素法得到的初始基本可行解的目标值还要小，更接近最优解。

该算法的特点是，需对单位运价进行比较和计算差值两种运算，计算量较大，但得到的初始基本可行解会更接近最优解。

（四）罗素法

罗素法与以上方法都不同，罗素法借鉴了后面要讲到的利用位势法求检验数的方法来分配运量，因而更可取。

具体步骤如下。

（1）从运输表格中每一行的单位运价中找到最大元素，记为 $\overline{u}_i$，每一列的最大元素记为 $\overline{v}_j$。在每个单元格中计算 $\overline{\lambda}_{ij}=c_{ij}-\overline{u}_i-\overline{v}_j$，并求出 $\overline{\lambda}_{ij}$ 的最小值（即绝对值最大），记该最小值位于第 i^*行、第 j^*列，即 $\overline{\lambda}_{i^*j^*}=\min\{\overline{\lambda}_{ij}\}$。给 $x_{i^*j^*}$ 分配尽可能大的运量，将此值填入该变量对应单元格并画圈。

（2）在画圈单元格所在的行或列应取 0 值的变量处打上“×”。

（3）重复步骤（1）和（2），直到表中所有的单元格都被画上圈或打上“×”。

【例 5.5】利用罗素法求表 5-5 中运输问题的初始基本可行解。

解：首先将每行和每列单位运价的最大值填写在运输表格的最后，然后为每个单元格计算 $\overline{\lambda}_{ij}$，如表 5-13 所示。

表 5-13 计算 $\bar{\lambda}_{ij}$

产地	销地				产量	行最大值
	B_1	B_2	B_3	B_4		
A_1	3 −15	11 −11	3 −18	10 −11	7	11
A_2	1 −15	9 −11	2 −17	8 −11	4	9
A_3	7 −10	4 −17	10 −10	5 −15	9	10
销量	3	6	5	6		
列最大值	7	11	10	10		

显然，最小的 $\bar{\lambda}_{ij}$ 为−18，出现在 x_{13} 单元格，所以首先令 $x_{13}=5$，然后在 x_{23} 和 x_{33} 单元格打“×”。再对行和列求最大元素，此时应排除销地 B_3 中的元素，计算 $\bar{\lambda}_{ij}$，如表 5-14 所示。

表 5-14 确定基变量 x_{13} 后重新计算 $\bar{\lambda}_{ij}$

产地	销地				产量	行最大值
	B_1	B_2	B_3	B_4		
A_1	3 −15	11 −11	3 ⑤	10 −11	7	11 11
A_2	1 −15	9 −11	2 ×	8 −11	4	9 9
A_3	7 −7	4 −14	10 ×	5 −12	9	10 7
销量	3	6	5	6		
列最大值	7 7	11 11	10 —	10 10		

有两个最小的 $\bar{\lambda}_{ij}$ 为−15，我们选择 x_{21}，令 $x_{21}=3$，然后对 x_{11} 和 x_{31} 单元格打“×”。再对行和列求最大元素，此时应排除销地 B_1 中的元素，得到最小的 $\bar{\lambda}_{ij}=-12$，在 x_{32} 单元格得到，令 $x_{32}=6$，对 x_{12} 和 x_{22} 单元格打“×”。还剩 3 个基变量，依次给 x_{14}、x_{24} 和 x_{34} 分配运量，如表 5-15 所示。

表 5-15 罗素法求得的初始基本可行解

产地	销地 B_1	B_2	B_3	B_4	产量	行最大值
A_1	3 ×	11 ×	3 ⑤	10 ②	7	11 11 11
A_2	1 ③	9 ×	2 ×	8 ①	4	9 9 9
A_3	7 ×	4 ⑥	10 ×	5 ③	9	10 7 5
销量	3	6	5	6		
列最大值	7 7 —	11 11 11	10 — —	10 10 10		

该方法得到的基本可行解与伏格尔法完全一样，实际上，多数情况下罗素法要优于伏格尔法。

该算法的特点是，虽然计算量较大，但得到的初始基本可行解更接近最优解，同时，由于与后面讲到的计算检验数的方法完全相同，因而编程时的代码也完全一样，有利于计算机算法的实现。

二、最优解的判定

当运输问题的初始基本可行解求出以后，就应该判断它是不是最优解。和单纯形法一样，我们的判断准则仍然只有一个：若全部检验数都大于等于 0，则此基本可行解就是最优解；若有负检验数，则需进一步迭代调整。最优解的判定通常有两种方法，即闭回路法和位势法。

（一）闭回路法

该方法需用到下面的一个定理。

定理 5.5 设变量集合$\{x_{i_1j_1},x_{i_1j_2},x_{i_2j_2},x_{i_2j_3},\cdots,x_{i_sj_s},x_{i_sj_1}\},s=m+n-1$为运输问题的一组基变量，$y$是一个非基变量，则存在唯一的闭回路，使非基变量$y$成为其中一个顶点，其余顶点由基变量中的一部分构成。

定理 5.5 表明，每一个非基变量一定能和一部分基变量构成唯一的闭回路。我们以最小元素法求出的初始基本可行解为例，在表 5-8 中，非基变量x_{11}和基变量x_{13},x_{23},x_{21}构成一个闭回路，如表 5-16 所示。

表 5-16 非基变量 x_{11} 和基变量 x_{13}, x_{23}, x_{21} 构成的闭回路

产地	销地				产量
	B_1	B_2	B_3	B_4	
A_1	3	11	3 ④	10 ③	7
A_2	1 ③	9	2 ①	8	4
A_3	7	4 ⑥	10	5 ③	9
销量	3	6	5	6	

对每个非基变量 x_{ij}，我们都可以找到一个包含它的闭回路，非基变量的检验数就在该闭回路中计算，具体步骤如下。

从非基变量 x_{ij} 出发构造闭回路，将 x_{ij} 看作第一个顶点，后面的顶点依次编号（顺时针或逆时针皆可）。将闭回路中的顶点按编号划分为奇偶两类，编号为奇数的顶点记作奇点，编号为偶数的顶点记作偶点。则非基变量 x_{ij} 的检验数 λ_{ij} 按下式计算：

$$\lambda_{ij} = \text{奇点运价之和} - \text{偶点运价之和}$$

在表 5-16 的闭回路中，从 x_{11} 出发按顺时针为每个顶点编号，第 1 个顶点是 x_{11}，第 2 个顶点是 x_{13}，第 3 个顶点是 x_{23}，第 4 个顶点是 x_{21}。这样，x_{11} 和 x_{23} 是奇点，x_{13} 和 x_{21} 是偶点。若按逆时针编号，虽然 3 个基变量的具体编号与上述不同，但 x_{11} 和 x_{23} 仍是奇点，x_{13} 和 x_{21} 仍是偶点，并不改变奇点和偶点的性质，所以奇点和偶点与编号无关（只要起点是非基变量）。

由此得到非基变量 x_{11} 的检验数为

$$\lambda_{11} = (c_{11} + c_{23}) - (c_{13} + c_{21}) = (3 + 2) - (3 + 1) = 1$$

应用该方法，我们可以得到所有非基变量的检验数，如表 5-17 所示。此时应注意，每个单元格的左下角都有数字，但其含义不同：画圈的数字代表运量（基本可行解），该变量为基变量；没有画圈的数字为非基变量的检验数。

表 5-17 非基变量的检验数

产地	销地				产量
	B_1	B_2	B_3	B_4	
A_1	3 1	11 2	3 ④	10 ③	7
A_2	1 ③	9 1	2 ①	8 −1	4
A_3	7 10	4 ⑥	10 12	5 ③	9
销量	3	6	5	6	

（二）位势法

用闭回路法计算非基变量检验数需找到包含该非基变量的闭回路，这样做非常麻烦，下面我们介绍的位势法只需要简单的代数计算即可得到检验数。

为运输问题的每一个产地分配一个未知量 $u_i, i=1,2,\cdots,m$，称之为行位势；为每一个销地分配一个未知量 $v_j, j=1,2,\cdots,n$，称之为列位势。行位势和列位势统称位势。令

$$u_i + v_j = c_{ij}$$

其中，c_{ij} 为基变量 x_{ij} 的单位运价。

如何确定这些位势的值呢？由于基变量的个数为 $m+n-1$，所以共有 $m+n-1$ 个方程。未知量共有 $m+n$ 个，所以上述方程组有无穷多组解。我们只需要求出一组即可，最简单的方法就是令其中一个位势为 0，继而可求出剩余全部位势的值。

确定了一组位势 u_i 和 v_j 后，就可以通过下面的公式计算非基变量的检验数 λ_{ij}。

$$\lambda_{ij} = c_{ij} - u_i - v_j$$

我们以表 5-8 为例进行说明。关于位势的方程组如下：

$$\begin{cases} u_1 + v_3 = c_{13} = 3 \\ u_1 + v_4 = c_{14} = 10 \\ u_2 + v_1 = c_{21} = 1 \\ u_2 + v_3 = c_{23} = 2 \\ u_3 + v_2 = c_{32} = 4 \\ u_3 + v_4 = c_{34} = 5 \end{cases}$$

首先令 $u_1 = 0$，解得 $v_3 = 3, v_4 = 10$；由 $v_3 = 3$，解得 $u_2 = -1$；由 $v_4 = 10$，解得 $u_3 = -5$；由 $u_2 = -1$，解得 $v_1 = 2$；由 $u_3 = -5$，解得 $v_2 = 9$。将所有位势填入表 5-18 的最后一行和最后一列中。

表 5-18　行和列的位势及非基变量的检验数

产地	销地				产量	u_i
	B_1	B_2	B_3	B_4		
A_1	3 1	11 2	3 ④	10 ③	7	0
A_2	1 ③	9 1	2 ①	8 −1	4	−1
A_3	7 10	4 ⑥	10 12	5 ③	9	−5
销量	3	6	5	6		
v_j	2	9	3	10		

再利用公式$\lambda_{ij}=c_{ij}-u_i-v_j$计算非基变量的检验数：

$$\lambda_{11}=c_{11}-u_1-v_1=3-0-2=1$$
$$\lambda_{12}=c_{12}-u_1-v_2=11-0-9=2$$
$$\lambda_{22}=c_{22}-u_2-v_2=9-(-1)-9=1$$
$$\lambda_{24}=c_{24}-u_2-v_4=8-(-1)-10=-1$$
$$\lambda_{31}=c_{31}-u_3-v_1=7-(-5)-2=10$$
$$\lambda_{33}=c_{33}-u_3-v_3=10-(-5)-3=12$$

将所有非基变量的检验数填入表 5-18 中，不难发现该结果与使用闭回路法得到的非基变量检验数（表 5-17）完全一致。

我们在确定第一个位势的时候，若令u_1取其他值，而不是 0，或者不是选择u_1，而是选择其他的位势作为已知量，对检验数的计算会有影响吗？答案是不会，虽然其会影响其他位势的结果，但不会改变检验数。如令$u_1=10$，得到其余位势，并计算检验数，如表 5-19 所示。

表 5-19　$u_1=10$ 时求得的检验数

产地	销地				产量	u_i
	B_1	B_2	B_3	B_4		
A_1	3 1	11 2	3 ④	10 ③	7	10
A_2	1 ③	9 1	2 ①	8 −1	4	9
A_3	7 10	4 ⑥	10 12	5 ③	9	5
销量	3	6	5	6		
v_j	−8	−1	−7	0		

显然，检验数与表 5-18 中的一样。我们以非基变量x_{11}为例说明其原因。

要计算$\lambda_{11}=c_{11}-(u_1+v_1)$，先要计算$u_1+v_1$。由$u_1+v_3=c_{13}$，得$u_1=c_{13}-v_3$，由$u_2+v_1=c_{21}$，得$v_1=c_{21}-u_2$。所以$u_1+v_1=c_{13}+c_{21}-(u_2+v_3)$。又因为$u_2+v_3=c_{23}$，所以，$u_1+v_1=c_{13}+c_{21}-c_{23}$。进而，$\lambda_{11}=c_{11}-(c_{13}+c_{21})+c_{23}$。可以看出，该检验数的计算公式中完全不包含位势，只有运价，运价是不变的，因而检验数与位势的取值无关。

对表达式$\lambda_{11}=c_{11}-(c_{13}+c_{21})+c_{23}$稍作整理，得到$\lambda_{11}=(c_{11}+c_{23})-(c_{13}+c_{21})$，这正好是闭回路法的计算检验数的公式，因而也说明了闭回路法与位势法计算检验数的一致性。

如果从对偶问题的角度理解，不难发现位势实际上就是对偶变量。

运输问题共有$m+n$个等式约束，前m个为产量约束，后n个为销量约束，根据第四章介绍的建立对偶问题的规则，对偶问题有$m+n$个变量，记前m个变量为

$u_i, i=1,2,\cdots,m$，后 n 个变量为 $v_j, j=1,2,\cdots,n$。

我们直接写出运输问题的对偶问题：

$$\max w=\sum_{i=1}^{m}a_iu_i+\sum_{j=1}^{n}b_jv_j$$

$$\text{s.t.}\begin{cases}u_i+v_j\leqslant c_{ij}, & i=1,2,\cdots,m; j=1,2,\cdots,n\\ u_i,v_j\text{为自由变量}, & i=1,2,\cdots,m; j=1,2,\cdots,n\end{cases}$$

因此，对偶变量 u_i 和 v_j 恰好是约束条件等式成立情况下的位势。

三、迭代

表上作业法的依据仍是单纯形法的理论，故每次迭代仍要确定入基变量与出基变量。

若存在检验数为负数的情况，则说明当前基本可行解不是最优解，需进行方案的调整，具体步骤如下。

选择一个检验数为负的非基变量作为入基变量，以该入基变量为起点寻找闭回路，在闭回路中的偶点中确定出基变量，并以该出基变量的运量值作为调整量，在回路中进行调整，即所有奇点运量加上调整量，所有偶点运量减去调整量。闭回路之外的所有变量，其值不做调整。这样便得到一组更优的基本可行解。

入基变量的选择：与单纯形法相同，选择（负的）检验数最小值对应的变量作为入基变量。

出基变量的选择：选择闭回路中所有偶点运量最小的基变量作为出基变量。因为所有偶点运量要减去调整量，所以这样可以保证得到的仍是基本可行解。

例如，在表 5-19 中 x_{24} 的检验数为负，所以没有达到最优。因为只有一个检验数为负，所以选择 x_{24} 作为入基变量。以 x_{24} 为起点做闭回路，如表 5-20 所示。在闭回路中，偶点变量为 x_{14} 和 x_{23}，因为 $\min\{3,1\}=1$，所以出基变量选择 x_{23}，调整量为其运量 1。

表 5-20 非基变量 x_{24} 对应的闭回路

产地	销地				产量
	B_1	B_2	B_3	B_4	
A_1	3 1	11 2	3 ④	10 ③	7
A_2	1 ③	9 1	2 ①	8 −1	4
A_3	7 10	4 ⑥	10 12	5 ③	9
销量	3	6	5	6	

在闭回路中进行调整：奇点运量加上调整量，所以 $x_{24}=0+1=1$（x_{24} 是非基变量，运量为 0 而不是−1），$x_{13}=4+1=5$；偶点运量减去调整量，所以 $x_{14}=3-1=2$，$x_{23}=1-1=0$，x_{23} 成为非基变量。结果如表 5-21 所示。

表 5-21　x_{24} 入基后得到的基本可行解

产地	销地				产量
	B_1	B_2	B_3	B_4	
A_1	[3]	[11]	[3] ⑤	[10] ②	7
A_2	[1] ③	[9]	[2]	[8] ①	4
A_3	[7]	[4] ⑥	[10]	[5] ③	9
销量	3	6	5	6	

这样就得到了一组新的基本可行解，我们再来检验其是否最优。将位势和检验数的计算结果填入表 5-22 中。

表 5-22　位势和检验数

产地	销地				产量	u_i
	B_1	B_2	B_3	B_4		
A_1	[3] 0	[11] 2	[3] ⑤	[10] ②	7	0
A_2	[1] ③	[9] 2	[2] 1	[8] ①	4	−2
A_3	[7] 9	[4] ⑥	[10] 12	[5] ③	9	−5
销量	3	6	5	6		
v_j	3	9	3	10		

因为所有非基变量的检验数都为非负，所以达到最优。最优解为（圈中的数字）$x_{13}=5, x_{14}=2, x_{21}=3, x_{24}=1, x_{32}=6, x_{34}=3$，目标函数值为 85。

下面我们给出表上作业法的完整计算步骤。

步骤一，在运输表中求初始基本可行解，可使用西北角法、最小元素法、伏格尔法或罗素法。

步骤二，计算非基变量的检验数。若所有检验数都大于等于 0，则得到最优解，停止计算，否则转下一步。

步骤三，对当前基本可行解进行调整，得到新的基本可行解，转步骤二。

前面我们说过表上作业法是根据单纯形法的原理得到的，实际上它就是单纯形法在运输问题中的应用，区别是表上作业法充分考虑到运输问题的特点，没有使用人工变量作为初始基变量，因而大大减少了计算量。下面我们将证明二者的一致性。

在第二章单纯形法中，我们利用下面的公式计算非基变量的检验数，即

$$\lambda_j = c_j - \boldsymbol{C}_{\boldsymbol{B}}\boldsymbol{B}^{-1}\boldsymbol{P}_j$$

由第四章对偶理论知，$\boldsymbol{C}_{\boldsymbol{B}}\boldsymbol{B}^{-1} = \boldsymbol{Y}^{\mathrm{T}}$，此处$\boldsymbol{Y}$是对偶变量。

对于运输问题，上式可改写为

$$\lambda_{ij} = c_{ij} - \boldsymbol{Y}^{\mathrm{T}}\boldsymbol{P}_{ij}$$

因为运输问题的对偶变量就是位势，所以$\boldsymbol{Y}^{\mathrm{T}} = (u_1, u_2, \cdots, u_m, v_1, v_2, \cdots, v_n)\ \boldsymbol{Y}$。又由于运输问题系数矩阵的特点，变量$x_{ij}$对应的系数列向量$\boldsymbol{P}_{ij}$为

$$\boldsymbol{P}_{ij} = \begin{pmatrix} 0 \\ \vdots \\ 1 \\ \vdots \\ 1 \\ \vdots \\ 0 \end{pmatrix} \begin{matrix} \\ \\ \text{第}i\text{行} \\ \\ \text{第}m+j\text{行} \\ \\ \\ \end{matrix}$$

即$\boldsymbol{P}_{ij}$中只有第 i 行和第$m+j$行的元素为 1，其余元素都为 0。所以将其代入检验数的计算公式中，得到

$$\lambda_{ij} = c_{ij} - (u_1, u_2, \cdots, u_m, v_1, v_2, \cdots, v_n)\begin{pmatrix} 0 \\ \vdots \\ 1 \\ \vdots \\ 1 \\ \vdots \\ 0 \end{pmatrix} = c_{ij} - (u_i + v_i)$$

这正是位势法求检验数的计算公式。

单纯形法要根据最小比值原则确定出基变量，而运输问题仅仅比较闭回路中偶点运量的大小即可，无须做比值。原因在于运输问题中变量系数非 0 即 1（只有 1 才能作分母），这样就无须进行比值运算，直接比较运量大小即可。

四、退化问题

当运输问题基本可行解中非零解的个数少于$m+n-1$时，这种情况称为退化。为了满足基变量个数等于$m+n-1$的要求，就会出现基变量取值为 0 的情况。

例如，我们应用西北角法求表 5-23 的初始基本可行解，首先令 $x_{11}=5$，此时产量和销量都满足要求，但不能同时对第一行和第一列都打“×”，只能选择一行或一列打“×”，否则基变量个数将少于 6 个。我们选择对行打“×”，这样，给 x_{21} 分配运量时，数值只能为 0，但要画圈，表示该变量是基变量，虽然取值为 0（即退化）。然后对 x_{31} 单元格打“×”。完整的分配过程如表 5-23 所示。

表 5-23 西北角法求得的初始基本可行解（二）

产地	销地				产量
	B_1	B_2	B_3	B_4	
A_1	5 ⑤	6 ×	12 ×	8 ×	5
A_2	6 ⓪	4 ⑧	7 ⑦	1 ②	17
A_3	3 ×	2 ×	5 ×	15 ⑨	9
销量	5	8	7	11	

另外还有一种情况会出现退化，即当确定出基变量时，若有两个偶点运量都最小，只能选择其中一个作为出基变量（非基变量），另一个在调整后，虽然其运量为 0，但仍要画圈作为基变量。

五、需要说明的几个问题

（1）若运输问题的一组基本可行解中，存在多个检验数为负的非基变量，则取它们中的任一变量作为入基变量都可使目标函数值得到改善，通常取检验数最小的作为入基变量。

（2）当迭代到最优解时，若存在非基变量的检验数等于 0，则说明该运输问题有多重最优解。

（3）为保证基变量的个数等于 $m+n-1$，当出现退化现象时，取值为 0 的基变量要画圈，不能打“×”。

（4）标准运输问题的目标函数为求运费最小值，若将单位运费改为单位运输收入或利润，则目标函数要求极大值，此时有两种处理方法。

一是将极大化问题转化为极小化问题。设极大化问题的单位运输收入或利润为 c_{ij}，用一个较大的数 M 去减每一个 c_{ij}，如可令 $M=\max\{c_{ij}\}$，这样得到新的费用 $c'_{ij}=(M-c_{ij})$，将 c'_{ij} 作为极小化问题的单位运价，用表上作业法求出最优解。

二是不改变目标函数，但在分配初始运量时，改用最大元素法，并对最优检验做适当变化。与单纯形法类似，若采用 $\lambda_{ij}=c_{ij}-u_i-v_j$ 作为检验数，则当所有 $\lambda_{ij}\leqslant 0$ 时目标函数达到最优；若采用 $\lambda_{ij}=u_i-v_j-c_{ij}$ 作为检验数，则最优检验不变。

第三节 产销不平衡的运输问题

对于产销不平衡的运输问题，需要将其转化成平衡问题，然后才能用表上作业法进行求解。

一、产大于销

产大于销的运输问题的特征是$\sum_{i=1}^{m}a_i > \sum_{j=1}^{n}b_j$，数学模型为

$$\min z = \sum_{i=1}^{m}\sum_{j=1}^{n}c_{ij}x_{ij}$$

$$\text{s.t.}\begin{cases}\sum_{j=1}^{n}x_{ij} \leqslant a_i, & i=1,2,\cdots,m \\ \sum_{i=1}^{m}x_{ij} = b_j, & j=1,2,\cdots,n \\ x_{ij} \geqslant 0, & i=1,2,\cdots,m;\ j=1,2,\cdots,n\end{cases}$$

解此类问题时，可增加一个虚设的销地 B_{n+1}，其销量为$b_{n+1}=\sum_{i=1}^{m}a_i-\sum_{j=1}^{n}b_j$。若用 $x_{i,n+1}(i=1,2,\cdots,m)$ 表示从产地 A_i 到销地 B_{n+1} 的运量，并令单位运价 $c_{i,n+1}=0$ $(i=1,2,\cdots,m)$ 表示这些物资实际上并没有运输，而是存储在原地。这样处理后，就变成了 m 个产地、$n+1$ 个销地的平衡运输问题，数学模型为

$$\min z = \sum_{i=1}^{m}\sum_{j=1}^{n+1}c_{ij}x_{ij}$$

$$\text{s.t.}\begin{cases}\sum_{j=1}^{n+1}x_{ij} = a_i, & i=1,2,\cdots,m \\ \sum_{i=1}^{m}x_{ij} = b_j, & j=1,2,\cdots,n+1 \\ x_{ij} \geqslant 0, & i=1,2,\cdots,m;\ j=1,2,\cdots,n+1\end{cases}$$

实际上，$x_{i,n+1}(i=1,2,\cdots,m)$ 就是前 m 个不等式的松弛变量。

二、销大于产

销大于产的运输问题的特征是$\sum_{i=1}^{m}a_i < \sum_{j=1}^{n}b_j$，数学模型为

$$\min z=\sum_{i=1}^{m}\sum_{j=1}^{n}c_{ij}x_{ij}$$

$$\text{s.t.}\begin{cases}\sum_{j=1}^{n}x_{ij}=a_i, & i=1,2,\cdots,m\\ \sum_{i=1}^{m}x_{ij}\leqslant b_j, & j=1,2,\cdots,n\\ x_{ij}\geqslant 0, & i=1,2,\cdots,m;j=1,2,\cdots,n\end{cases}$$

与产大于销的运输问题类似，可增加一个虚设的产地 A_{m+1}，其产量为 $a_{m+1}=\sum_{j=1}^{n}b_j-\sum_{i=1}^{m}a_i$。同样增加松弛变量 $x_{m+1,j},j=1,2,\cdots,n$，并令单位运价 $c_{m+1,j}=0$，$j=1,2,\cdots,n$。这样处理后，就变成了 $m+1$ 个产地、n 个销地的平衡运输问题，数学模型为

$$\min z=\sum_{i=1}^{m+1}\sum_{j=1}^{n}c_{ij}x_{ij}$$

$$\text{s.t.}\begin{cases}\sum_{j=1}^{n}x_{ij}=a_i, & i=1,2,\cdots,m+1\\ \sum_{i=1}^{m+1}x_{ij}=b_j, & j=1,2,\cdots,n\\ x_{ij}\geqslant 0, & i=1,2,\cdots,m+1;j=1,2,\cdots,n\end{cases}$$

第四节 特殊条件运输问题

一、供求有限界要求的运输问题

【例 5.6】有三个原油产地 A_1、A_2 和 A_3，负责向三个炼油厂 B_1、B_2 和 B_3 运输原油，原油的供应量、需求量与单位运价（单位：元）如表 5-24 所示。三个炼油厂的需求量分为最低需求量和最高需求量两种，最低需求量必须满足，最低需求量到最高需求量之间的需求量若不能被满足，就会造成经济损失。其中，B_1 的需求必须被满足（最低需求量和最高需求量相等），B_2 和 B_3 没有被满足的需求的单位损失分别为 3 元和 2 元。试求最优调运方案，使总成本（运费和损失）最低。

表 5-24 原油运输表

产地	销地			供应量/吨
	B_1	B_2	B_3	
A_1	5	1	7	200
A_2	6	4	6	800
A_3	3	2	5	150
最低需求量/吨	600	120	300	
最高需求量/吨	600	200	430	

解：由于 B_2 的最高需求量与最低需求量不相等，B_2 的最低需求量必须被满足，剩余那部分需求量可能全部被满足，也可能部分被满足或都不被满足，所以应将 B_2 看作两个销地 B_{21} 和 B_{22}，其中 B_{21} 的需求量为 B_2 的最低需求量，B_{22} 的需求量为 B_2 的最高需求量与最低需求量的差值。对 B_3 做同样处理，使其变为两个销地 B_{31} 和 B_{32}。这样就变为 3 个产地、5 个销地的运输问题，且总供应量为 1150 吨，总需求量为 1230 吨，供不应求，因此增加虚产地 A_4，供应量为 80 吨。与前面虚设的产地向各销地运输的单位运价都为 0 不同，由于各销地的最低需求量必须被满足，因此不能由虚产地 A_4 供应，只能由实际的产地供应，这样 A_4 向销地 B_1、B_{21} 和 B_{31} 运输的单位运价应为 M，即一个很高的运价。A_4 向销地 B_{22} 和 B_{32} 运输的单位运价应为单位损失费用 3 元和 2 元。于是，我们得到一个产销平衡的运输模型，如表 5-25 所示。

表 5-25 产销平衡的运输模型

产地	销地					供应量/吨
	B_1	B_{21}	B_{22}	B_{31}	B_{32}	
A_1	5	1	1	7	7	200
A_2	6	4	4	6	6	800
A_3	3	2	2	5	5	150
A_4	M	M	3	M	2	80
需求量/吨	600	120	80	300	130	

应用表上作业法求解，得到最优调运方案，如表 5-26 所示。

表 5-26 最优调运方案（一）

产地	销地					供应量/吨
	B_1	B_{21}	B_{22}	B_{31}	B_{32}	
A_1		120	80			200
A_2	450			300	50	800
A_3	150					150
A_4					80	80
需求量/吨	600	120	80	300	130	

从最优调运方案中可以看出，B_2 的最高需求量 200 吨都被满足了，而 B_3 的需求只满足了 350 吨，比其最高需求相差 80 吨，因此损失费用为 160 元。总运费为 5450 元，总成本为 5610 元。

二、生产与存储问题

某些生产问题，由于生产能力和需求之间的不同，会出现产品的存储。例如，需求旺季时生产能力无法满足需求，于是企业会在淡季时多生产一些产品，存储到旺季。这类涉及生产与存储的问题大多可以通过运输问题来解决。

【例 5.7】一家移动设备制造商需要安排当年四个季度的生产计划。四个季度的合同订购量、企业各季度生产能力以及单位生产成本如表 5-27 所示。每件产品每存储一个季度的费用为 5000 元。在完成合同的条件下，试安排四个季度的生产计划，使生产成本与存储费用之和最低。

表 5-27 各季度产品信息

季度	合同订购量/台	生产能力/台	单位生产成本/万元
1	250	300	4
2	300	280	5.2
3	285	320	4.5
4	270	290	6

解：由于当季度生产的产品不一定在当季度供货，可能存储到后面季度供货，所以设 x_{ij} 为 i 季度生产并于 j 季度供货的产品台数，$i=1,2,3,4$，$j \geqslant i$。

由于目标要求生产成本与存储费用之和最小，所以首先要计算费用。i 季度生产并于 j 季度供货的单位产品总费用 c_{ij} 等于 i 季度的生产成本与 $j-i$ 个季度的存储成本之和，如表 5-28 所示。

表 5-28 各季度单位产品费用 单位：万元

生产季度	供货季度			
	1	2	3	4
1	4	4.5	5	5.5
2		5.2	5.7	6.2
3			4.5	5
4				6

这样就可以得到该问题的线性规划模型：

$$\min z = 4x_{11} + 4.5x_{12} + 5x_{13} + 5.5x_{14} + 5.2x_{22} + 5.7x_{23} + 6.2x_{24} + 4.5x_{33} + 5x_{34} + 6x_{44}$$

$$\text{s.t.} \begin{cases} x_{11} + x_{12} + x_{13} + x_{14} \leqslant 300 \\ x_{22} + x_{23} + x_{24} \leqslant 280 \\ x_{33} + x_{34} \leqslant 320 \\ x_{44} \leqslant 290 \\ x_{11} = 250 \\ x_{12} + x_{22} = 300 \\ x_{13} + x_{23} + x_{33} = 285 \\ x_{14} + x_{24} + x_{34} + x_{44} = 270 \\ x_{ij} \geqslant 0, \quad i=1,2,3,4; j \geqslant i \end{cases}$$

其中，前 4 个约束为生产能力限制，后 4 个为合同需求约束，这实际上是产大于销的运输问题，可以转化为平衡运输问题。但当 $i>j$ 时，变量 x_{ij} 必须为 0（后季度生产的产品不能销于前季度），所以令 $c_{i,j}=M$，表示这些变量取值应为 0。该问题的运输表如表 5-29 所示。

表 5-29　运输表（二）

生产季度	供货季度					产量/台
	1	2	3	4	5	
1	4	4.5	5	5.5	0	300
2	M	5.2	5.7	6.2	0	280
3	M	M	4.5	5	0	320
4	M	M	M	6	0	290
销量/台	250	300	285	270	85	

经表上作业法计算可得四个季度的最优生产计划如表 5-30 所示。

表 5-30　最优生产计划

生产季度	供货季度					产量/台
	1	2	3	4	5	
1	250	50				300
2		250			30	280
3			285	35		320
4				235	55	290
销量/台	250	300	285	270	85	

从最优生产计划中可以看出，第 1 季度生产 300 台，其中 50 台用于供应第 2 季度；第 2 季度生产 250 台；第 3 季度生产 320 台，其中 35 台用于供应第 4 季度；第 4 季度生产 235 台。总费用为 5392.5 万元。

三、转运问题

前面讨论的运输问题都假定产地与销地间可以直接运输，并且产地只输出货物，销地只输入货物。然而实际问题却复杂得多，可能会出现下列情况。

（1）产地与销地间没有直达路线，货物必须经过中转站才能从产地运往销地。

（2）产地与销地间虽然有直达路线，但运输费用比经过某些中转站运输还要高。

（3）某些产地既输出货物也吸收货物，某些销地既吸收货物也输出货物，即产地或销地也起到中转站的作用。

我们把上述运输问题称为转运问题，求解思路是将其转化为无中转的平衡运输问题，为此需做如下处理。

（1）首先根据实际问题求出最大中转量 Q（为总产量和总销量的极大值）。

（2）纯中转站可视为产量和销量均为 Q 的一个产地和一个销地。

（3）具有中转作用的产地 A_i 可视为一个销量为 Q 的销地和一个产量为 a_i+Q 的

产地。

（4）具有中转作用的销地 B_j 可视为一个产量为 Q 的产地和一个销量为 b_j+Q 的销地。

这样就将中转问题转化为一个产销地扩大的无中转的平衡运输问题。

因为纯中转站只起到货物中转的作用，既不生产产品，也不需要产品，所以可将其看作产销量皆为 Q 的一个产地和一个销地。

【例 5.8】某电子设备制造商生产一种电子产品，该制造商分别在城市 1 和城市 2 设有一个分厂，在城市 3 和城市 4 各设有一个销售公司负责对城市 5～城市 8 进行产品供应。因城市 2 与城市 8 相距较近，公司同意城市 2 也可以向城市 8 直接供货。各厂产量、各地销量、线路网络及相应城市间的单位产品运费（单位：元）如图 5-2 所示。应该如何调运这种产品才能使公司总运费最低？

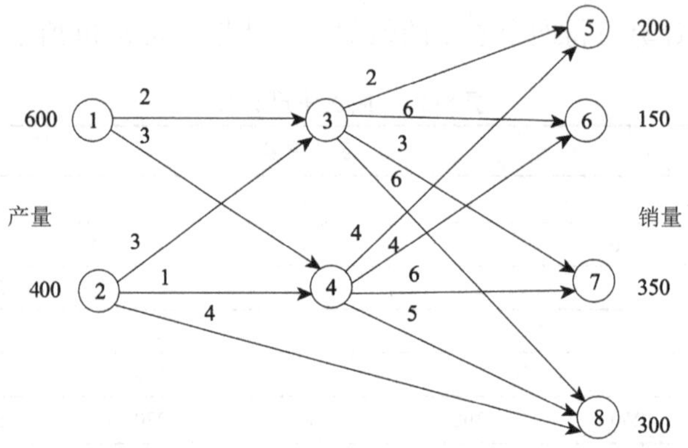

图 5-2 运输网络图

解：由于这是一个产销平衡的运输问题，所以最大中转量 Q 等于总产量或总销量 1000 台。将纯中转站 3 和纯中转站 4 分别看作两个产地和销地，产销量均为 1000 台。于是将该问题转化为具有 4 个产地和 6 个销地的运输问题，产销量及单位运价如表 5-31 所示，其中不能直接运输的产销地之间的运价为 M 元，同一地点（中转站）间的运价为 0。

表 5-31 运输表（三）

产地	销地						产量/台
	3	4	5	6	7	8	
1	2	3	M	M	M	M	600
2	3	1	M	M	M	4	400
3	0	M	2	6	3	6	1000
4	M	0	4	4	6	5	1000
销量/台	1000	1000	200	150	350	300	

使用表上作业法求解，得到最优调运方案如表 5-32 所示。

表 5-32 最优调运方案（二）

产地	销地						产量/台
	3	4	5	6	7	8	
1	550	50					600
2		100				300	400
3	450		200		350		1000
4		850		150			1000
销量/台	1000	1000	200	150	350	300	

最优调运方案为：城市 1 向城市 3 运输 550 台，向城市 4 运输 50 台；城市 2 向城市 4 运输 100 台，向城市 8 运输 300 台；城市 3 向城市 5 和城市 7 分别运输 200 台和 350 台；城市 4 向城市 6 运输 150 台。最小费用为 4600 元。

第五节 应用LINGO软件求解运输问题

LINGO 软件的最大优势是可以通过内置建模语言来描述实际问题，然后借助于 LINGO 求解器求解。前面我们求解线性规划问题时，采用的是标量变量法，就是将每个变量、每个约束条件和目标函数都逐一列出。但对像运输问题这样的线性规划模型，由于变量和约束条件非常多，采用标量变量法会非常麻烦。因此 LINGO 为我们提供了编程语言，用 LINGO 内置函数编写的程序与标准的数学符号非常相似，这样就可以用一个简单的语句表达一系列类似的约束，从而可以简捷快速地表示较大规模的数学规划问题。

我们以下述运输问题为例，具体讲解 LINGO 编程的方法。

【例 5.9】表 5-33 为一个运输问题的综合表，试求其最优运输方案。

表 5-33 运输表（四）

产地	销地						产量/台
	B_1	B_2	B_3	B_4	B_5	B_6	
A_1	2	5	3	5	6	4	100
A_2	7	4	6	3	6	2	150
A_3	5	10	1	6	8	12	230
A_4	7	8	5	3	9	4	180
销量/台	110	80	150	130	50	140	

解：该运输问题有 4 个产地、6 个销地，共 24 个变量，10 个约束条件，如果逐一写出会非常麻烦。该运输问题的线性规划模型的一般形式如下：

$$\min z = \sum_{i=1}^{4}\sum_{j=1}^{6} c_{ij}x_{ij}$$

$$
\text{s.t.}\begin{cases}\sum_{j=1}^{6}x_{ij}=a_i, & i=1,2,3,4\\ \sum_{i=1}^{4}x_{ij}=b_j, & j=1,2,\cdots,6\\ x_{ij}\geqslant 0, & i=1,2,3,4; j=1,2,\cdots,6\end{cases}
$$

将产量约束通过求和符号写为一个通式，再遍历所有产地即可。对销量和目标函数也做同样处理，这样便大大简化了输入过程。LINGO 为我们提供了类似的方法，LINGO 程序如图 5-3 所示。

```
Lingo 18.0 - [Lingo Model - Lingo1]
File  Edit  Solver  Window  Help

model:
!4个产地6个销地的运输问题;
title 运输问题;
!设置域;
sets:
    warehouses/wh1..wh4/: capacity;   !产量;
    vendors/v1..v6/: demand;           !销量;
    links(warehouses,vendors): cost, volume;  !单位运费与运量;
endsets
!约束域;
!目标函数;
 [objective]min = @sum(links: cost * volume);
!产量约束;
   @for(warehouses(I): [capacity_row]
       @sum(vendors(J): volume(I,J)) <= capacity(I));
!销量约束;
   @for(vendors(J): [demand_column]
       @sum(warehouses(I): volume(I,J)) = demand(J));
!数据域;
data:
   capacity = 100 150 230 180;
   demand = 110 80 150 130 50 140;
   cost = 2 5 3 5 6  4
            7  4 6 3 6  2
            5 10 1 6 8 12
           7  8 5 3 9  4;
enddata

For Help, press F1    NUM    MOD    Ln 27, Col 8    2:42 pm
```

图 5-3　LINGO 程序

所有的 LINGO 程序都以关键字“model:”开始，并以“end”结束①。LINGO 程序一般由三部分组成：第一部分为设置域，通过集合和属性对模型中使用的参数和变量进行定义；第二部分为约束域，应用 LINGO 内置函数对模型中的约束条件和目标

① 位于“enddata”下方，由于截图界面问题未显示。

函数进行编程实现；第三部分为数据域，给设置域中定义的参数（部分属性）赋值。

一、设置域

设置域以关键字“sets:”开始，以“endsets”结束，包含集合、成员和属性的定义。集合是 LINGO 建模语言的基础与核心，是程序设计最强有力的基本工具。集合是一群互相联系的对象的全体，这些对象也称为集合的成员，每个集合的成员可能有一个或多个与之相关的特征，我们把这些特征称为属性。如语句

```
warehouses/wh1..wh4/: capacity;
vendors/v1..v6/: demand;
```

其中，warehouses 表示所有产地的集合，该集合中有四个成员，分别为产地 wh1、wh2、wh3 和 wh4，可以简写为 wh1..wh4；capacity 表示产量，为 warehouses 的属性。vendors 表示所有销地的集合，v1..v6 为其成员；demand 表示销量，为 vendors 的属性。上述两个集合叫作原始集合。

LINGO 还允许利用原始集合定义派生集合，如语句

```
links(warehouses,vendors): cost, volume;
```

其中，links 表示一个派生集合，它的成员是集合 warehouses 和 vendors，其属性是与产销地相联系的单位运费 cost 和运量 volume（变量）。

为使程序易读，可以使用注释语句，以“!”开头，以“;”结束。

二、约束域

运输问题模型中的产量约束可以写为

$$\sum_{j=1}^{n} x_{ij} = a_i,\ i = 1,2,\cdots,m$$

LINGO 中与之对应的语句为

```
@for(warehouses(I): [capacity_row]
    @sum(vendors(J): volume(I,J))<=capacity(I));
```

其中，@for 和@sum 为 LINGO 的内置函数，分别表示循环与求和。它们是线性规划模型中最常用的两个函数。

与销量约束对应的语句为

```
@for(vendors(J): [demand_column]
    @sum(warehouses(I): volume(I,J))=demand(J));
```

与目标函数对应的语句为

```
[objective]min=@sum(links: cost* volume);
```

也可以写为

```
[objective]min=@sum(links(I,J): cost(I,J)* volume(I,J));
```

约束语句前的[capacity_row]、[demand_column]和[objective]叫约束名，是可选

项，利用它能够方便地对求解结果进行分析。

三、数据域

数据域以关键字“data:”开始，以“enddata”结束，模型中的参数在该部分赋值。例 5.9 中，参数为产量、销量和单位运费，对其赋值如下：

```
capacity=100 150 230 180;
demand=110 80 150 130 50 140;
cost=2  5  3  5  6  4
     7  4  6  3  6  2
     5 10  1  6  8 12
     7  8  5  3  9  4;
```

四个属性中只有 volume 没有赋值，说明它不是参数，而是变量。

我们将该模型命名为“运输问题”，使用关键字“title”开始，并以“;”结束，可以将其放在模型中的任意位置。

部分运行结果为：VOLUME(WH1,V1)=80，VOLUME(WH1,V2)=20，VOLUME(WH2,V2)=60，VOLUME(WH2,V6)=90，VOLUME(WH3,V1)=30，VOLUME(WH3,V3)=150，VOLUME(WH3,V5)=50，VOLUME(WH4,V4)=130，VOLUME(WH4,V6)=50，总运费为 1970 元。最优调运方案如表 5-34 所示。

表 5-34 最优调运方案（三）

产地	销地						产量/台
	B_1	B_2	B_3	B_4	B_5	B_6	
A_1	80	20					100
A_2		60				90	150
A_3	30		150		50		230
A_4				130		50	180
销量/台	110	80	150	130	50	140	

从最优解中不难看出，由于 $c_{33}=1$ 是单位运费最少的，所以销地 B_3 的 150 单位销量都由产地 A_3 负责调运，单位运费大于 8 的产销地之间都没有安排物资运输，按照最优调运方案，可得总运费为 1970 元。

案例 木材运输问题

阿拉巴马大西洋公司（Alabama Atlantic）是一家木材公司，拥有 3 个木材产地和 5 个销售市场。产地 1、产地 2、产地 3 每年的产量分别为 1500 万单位、2000 万单位、1500 万单位，5 个市场每年能卖出的木材量分别为 1100 万单位、1200 万单位、900 万单位、1000 万单位、800 万单位。

过去，该公司是用火车来运送木材的。随着火车运费的增加，公司正在考虑用船来运输。采用这种方式需要公司在船只使用上进行一些投资，除了投资成本以外，在不同线路上火车运输和船只运输每百万单位的费用如表 5-35 所示。

表 5-35 运输成本 单位：万元

产地	用火车运输木材每百万单位的费用					用船只运输木材每百万单位的费用				
	1	2	3	4	5	1	2	3	4	5
1	61	72	45	55	66	31	38	24	—	35
2	69	78	60	49	56	36	43	28	24	31
3	59	66	63	61	47	—	33	36	32	26

公司若用船运输，每运输百万单位木材需要在每条路线上对船只的投资如表 5-36 所示。

表 5-36 投资费用 单位：万元

产地	船只				
	1	2	3	4	5
1	275	303	238	—	285
2	293	318	270	250	265
3	—	283	275	268	240

考虑到船的使用寿命以及资金的时间价值，这些投资转换为每年的使用成本是表 5-36 中的 1/10。该问题的目标是确定如何制订运输计划可以使总费用最少（包含运输费用）。

假设你是运筹团队的主管，现在由你来决定运输计划，有下列三个选项。

选项 1：继续仅用火车运输。

选项 2：仅用船只运输（只能用火车的地方除外）。

选项 3：用船只运输，或者用火车运输，由哪种方式运费少来决定。

计算每个选项的结果并进行比较。

由于上述结果是以目前的运输成本和投资费用为基础的，所以目前采用哪个选项还应考虑这些费用在将来会发生哪些变化。针对每个选项，描述一种情况，在将来费用发生变化时，确保其为最合理选项。

问题分析

本案例要从三个选项中，选择一个费用最少的选项。每一个选项对应一个运输问题。求解对应的运输问题，可以得到不同选项下的最优运费。

模型建立

对于不同的运输计划，得到的不同的运输模型如表 5-37～表 5-39 所示。

表 5-37 选项 1 模型

产地	销地					产量
	1	2	3	4	5	
1	61	72	45	55	66	15
2	69	78	60	49	56	20
3	59	66	63	61	47	15
销量	11	12	9	10	8	

表 5-38 选项 2 模型

产地	销地					产量
	1	2	3	4	5	
1	58.5	68.3	47.8	55	63	15
2	65.3	47.8	55	49	57.5	20
3	59	61.3	63.5	58.5	50	15
销量	11	12	9	10	8	

表 5-39 选项 3 模型

产地	销地					产量
	1	2	3	4	5	
1	58.5	68.3	45	55	63	15
2	65.3	47.8	55	49	56	20
3	59	61.3	63	58.5	47	15
销量	11	12	9	10	8	

模型求解

使用表上作业法，求得每种选项下的最优运输方案，具体如表 5-40～表 5-42 所示。

表 5-40 选项 1 最优解

产地	销地					产量
	1	2	3	4	5	
1	6		9			15
2	2			10	8	20
3	3	12				15
销量	11	12	9	10	8	总费用=2816 万元

表 5-41 选项 2 最优解

产地	销地					产量
	1	2	3	4	5	
1	6		9			15
2	5			10	5	20
3		12			3	15
销量	11	12	9	10	8	总费用=2770.8 万元

表 5-42 选项 3 最优解

产地	销地					产量
	1	2	3	4	5	
1	6		9			15
2	5			10	5	20
3		12			3	15
销量	11	12	9	10	8	总费用=2729.1 万元

显然本案例中选项 3，即用船只运输，或者用火车运输，由哪种方式运费少来决定是最优的运输方案。本案例中选项 1，即继续仅用火车运输是运费最高的方案。

讨论

容易验证选项 1 和选项 2 产生的最优运费均不低于选项 3 产生的最优运费。也就是说，无论以后的运费怎么变化，通过选项 3 给定的运输模型，我们总可以求得最优运输方案。从某种程度上来说，选项 1 和选项 2 均是选项 3 的特殊形式。在一些特定条件下，通过求解选项 3 给定的运输模型，可能会产生仅用火车运输或者仅用船只运输的最优运输方案。这时候选项 3 退化为选项 1 或者选项 2。例如，如果各个线路上船只运输的成本不低于火车运输的成本，则会选择选项 1。反之，则会选择选项 2。对选项 3 给定的运输模型，可以通过表上作业法求解得到其最优解，从而得到最优运输方案。如果最优运输方案中，有运量（运量不为 0）的线路上，船只运输的成本不低于火车运输的成本，则会选择火车运输，此时选项 3 退化为选项 1；如果火车运输的成本不低于船只运输的成本，则会选择船只运输，此时选项 3 退化为选项 2。特别地，如果最优运输方案中，有运量的线路上，船只运输的成本与火车运输的成本相同，此时选项 1, 2, 3 产生的最优运费是相同的。

习 题

1. 某公司有 3 个工厂生产某种货物并运往 4 个分销中心。工厂 1、工厂 2、工厂 3 每月分别生产 17 单位、19 单位、12 单位货物，每个分销中心每月的需求量是 16 单位。每个工厂到各分销中心的距离如表 5-43 所示，每单位货物每千米的运输成本是 100 元。如何分配每个工厂到每个分销中心的货物量可以使总运输成本最小?

表 5-43 距离表

工厂	分销中心			
	1	2	3	4
1	80	120	70	90
2	120	140	100	110
3	70	130	80	600

（1）将该问题看作运输问题并构建参数表。

（2）画出该问题的网络图。

（3）求出最优解。

2. 判断表 5-44 和表 5-45 中给出的调运方案能否作为表上作业法求解的初始方案，为什么？

表 5-44 运输表（五）

产地	销地				产量
	1	2	3	4	
1	3	12			15
2			15	10	25
3	2	3			5
销量	5	15	15	10	

表 5-45 运输表（六）

产地	销地					产量
	1	2	3	4	5	
1	150			250		400
2		200	300			500
3			250		50	300
4	90	210				300
5				80	20	100
销量	240	410	550	330	70	

3. 分别用西北角法、最小元素法、伏格尔法和罗素法求表 5-46 中运输问题的初始基本可行解。

表 5-46 运输表（七）

产地	销地					产量
	1	2	3	4	5	
1	10	18	5	6	20	20
2	6	15	9	12	15	55
3	3	6	3	14	10	65
4	8	5	2	20	8	30
5	12	7	10	10	16	10
销量	25	40	50	30	35	

4. 在第 3 题使用罗素法得到的初始基本可行解基础上求最优解。

5. 分别用西北角法、最小元素法、伏格尔法和罗素法求表 5-47 中运输问题的初始基本可行解。

表 5-47　运输表（八）

产地	销地 1	销地 2	销地 3	销地 4	产量
1	8	2	—	6	12
2	9	3	5	8	9
3	—	5	8	7	8
销量	9	8	5	7	

6. 用表上作业法求表 5-48 给出的运输问题的最优解。

表 5-48　运输表（九）

产地	销地 1	销地 2	销地 3	销地 4	产量
1	10	6	7	12	4
2	16	0	5	9	9
3	5	4	10	10	4
销量	5	2	4	6	

7. 给出如表 5-49 所示的运输问题。

表 5-49　运输表（十）

产地	销地 1	销地 2	销地 3	销地 4	产量
1	5	3	10	4	90
2	1	6	9	6	40
3	20	10	5	7	70
销量	30	50	80	40	

（1）应用最小元素法求其初始方案。

（2）应用位势法求初始方案的检验数，并检验该方案是否为最优方案。

8. 给出如表 5-50 所示的运输问题。

表 5-50　运输表（十一）

产地	销地 1	销地 2	销地 3	销地 4	产量
1	4	6	5	5	1
2	5	3	4	7	1
3	7	4	5	6	1
4	4	7	6	4	1
销量	1	1	1	1	

（1）每个基础可行解有多少个基变量？有多少个退化的基变量？

（2）利用表上作业法求解此问题。

9. 求表 5-51 所示运输问题的最优解。

表 5-51 运输表（十二）

产地	销地			产量
	1	2	3	
1	5	1	6	18
2	2	4	2	12
3	3	7	6	6
销量	10	9	7	

10. 求表 5-52 所示运输问题的最优解。

表 5-52 运输表（十三）

产地	销地				产量
	1	2	3	4	
1	8	7	4	6	20
2	5	6	9	—	30
3	7	9	8	7	40
销量	15	17	21	24	

11. 对表 5-53 所示的运输问题，经过若干次表上作业法迭代后，得到一个基可行解，其基变量如下：$x_{12}=25$，$x_{14}=5$，$x_{21}=20$，$x_{33}=25$，$x_{34}=5$，$x_{41}=0$，$x_{42}=0$，$x_{45}=20$。继续利用表上作业法求此问题的最优解。

表 5-53 运输表（十四）

产地	销地					产量
	1	2	3	4	5	
1	9	3	6	6	8	30
2	3	6	8	7	5	20
3	8	M	5	4	7	30
4	0	0	0	0	0	20
销量	20	25	25	10	20	

12. 某奶制品公司经营销售一种牛奶制品，由该公司所辖三个工厂生产，每月产量分别为 3000 斤、5500 斤和 4000 斤。有四个客户想订购该牛奶制品，该公司已承诺下月出售 6000 斤给客户 1，出售 3500 斤给客户 2 以及至少出售 1000 斤给客户 3。客户 3 与客户 4 都想尽可能多地购入剩下的牛奶制品。已知各厂运输一斤牛奶制品给

客户可得到的净利润如表 5-54 所示。问该公司应如何制定运输方案，才能在履行诺言的前提下获利最多？

表 5-54 净利润

工厂	客户			
	1	2	3	4
1	45	23	40	24
2	68	57	32	52
3	33	50	38	40

13. 某物资有 3 个产地 A_1、A_2、A_3，有 2 个销地 B_1、B_2。任意一地点都可作为中转地进行物资调运。由于发生自然灾害，道路中断，因此产地 A_1 和 B_2 之间无法直接运输物资。各地点间运送物资的单位运价如表 5-55 所示。

表 5-55 单位运价表

产地	销地				
	A_1	A_2	A_3	B_1	B_2
A_1	0	6	3	5	—
A_2	6	0	10	3	1
A_3	3	10	0	2	7
B_1	5	3	2	0	8
B_2	—	1	7	8	0

B_1 和 B_2 的需求量各为 200。A_1 的发送量为 120，A_2 的发送量为 150，A_3 的发送量为 80。问应如何确定该种货物的运输方案，使运输费用最少？

14. 如果运输问题单位运价表中第 r 行的元素 c_{rj}（或第 s 列元素 c_{is}）都加上一个常数 k，最优解是否发生变化？目标值如何改变？

第六章

整 数 规 划

有很多实际问题要求其解为整数，如涉及货物件数、人数、车辆数、选址等的优化问题。线性规划问题一般都存在非整数解，对于变量取值很大的问题，在对约束要求不是十分严格的情况下，为了满足整数解的要求，把已得到的非整数解进行四舍五入等化整措施处理就可以了。例如，当确定道路通行能力时，多一个车或少一个车不会对整个问题造成影响。但在很多情况下，这种处理是不允许的，因为化整后可能是不可行解，且这种不可行性是不能忽略的；或虽是可行解，但与最优解差距较大，如典型的选址问题。因此，本章将介绍线性规划的一种特例，称为整数线性规划，简称为整数规划。

根据整数规划中对变量整数要求的不同，整数规划可以分为三类：所有变量都要求为整数的称为纯整数规划或全整数规划；仅有一部分变量要求为整数的称为混合整数规划；全部变量只取 0 或 1 的称为 0-1 规划。

第一节　整数规划问题及其数学模型

一、问题的提出

【例 6.1】某工厂生产甲、乙两种设备，已知生产这两种设备需要消耗两种材料 A 和 B，有关数据如表 6-1 所示，问这两种设备应各生产多少台才能使工厂利润最大？

表 6-1　生产信息表

材料	设备		资源限量/千克
	甲	乙	
材料 A/千克	1	2	7
材料 B/千克	1.5	1	6
单位利润/元	3	4	

解：设生产甲、乙两种设备的数量分别为 x_1 台和 x_2 台，其模型如下。

$$\max z = 3x_1 + 4x_2 \quad (6.1)$$

$$\text{s.t.} \begin{cases} x_1 + 2x_2 \leqslant 7 & (6.2) \\ 1.5x_1 + x_2 \leqslant 6 & (6.3) \\ x_1, x_2 \geqslant 0, \text{且为整数} & (6.4) \end{cases}$$

由于设备的单位为台，所以式（6.4）在非负约束的基础上还要求两个变量必须为整数。我们先不考虑对变量的整数限制，应用单纯形法求出线性规划问题的最优解为 $x_1 = 2.5$，$x_2 = 2.25$，$z = 16.5$ 。显然 $x_1 = 2.5$，$x_2 = 2.25$ 都不满足整数约束，那么能否用四舍五入或舍尾取整的方法得到最优解呢？

对变量值四舍五入，得 $x_1 = 3$，$x_2 = 2$，显然不满足约束条件式（6.3）；对变量值去除小数部分，得 $x_1 = 2$，$x_2 = 2$，满足约束条件式（6.2）和约束条件式（6.3），且 $z = 14$，但不是最优解，因为当 $x_1 = 1$，$x_2 = 3$时，$z = 15$。

下面采用图解法求解。图 6-1 中阴影部分为线性规划问题的可行域，最优解为点 $A(2.5,2.25)$。原点(0,0)，x_1 轴上的点(1,0)、(2,0)、(3,0)、(4,0)，x_2 轴上的点(0,1)、(0,2)、(0,3)，以及用“+”表示的点为整数解，构成整数规划的可行域。当对点 A 四舍五入时得到点 B，显然该点不在可行域内；当对点 A 舍尾取整时得到的解为 $x_1 = 2, x_2 = 2$，其虽然在可行域内，但目标值没有点 $C(1,3)$的目标值大。

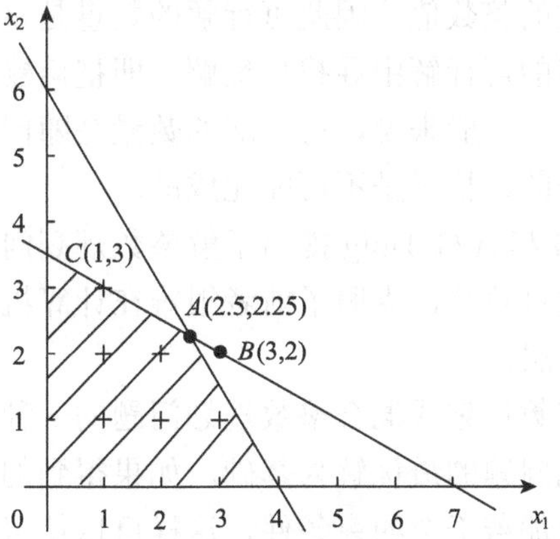

图 6-1 整数规划的图解法

由此可见，利用四舍五入或舍尾取整的办法，从线性规划问题的最优解中获取整数规划问题的最优解是不可取的，必须建立专门的整数规划理论。

二、整数规划数学模型的一般形式

整数规划数学模型的一般形式为

$$\max z = \boldsymbol{CX}$$

$$\text{s.t.} \begin{cases} \boldsymbol{AX} \leqslant \boldsymbol{b} \\ \boldsymbol{X} \geqslant 0, \text{且全部或部分为整数} \end{cases} \quad (6.5)$$

当不考虑整数约束时，我们将线性规划问题

$$\max z = \boldsymbol{CX}$$
$$\text{s.t.} \begin{cases} \boldsymbol{AX} \leqslant \boldsymbol{b} \\ \boldsymbol{X} \geqslant 0 \end{cases} \tag{6.6}$$

称为整数规划问题（6.5）的松弛问题。

整数规划问题与其松弛问题具有如下关系。

（1）松弛问题的可行域包含整数规划问题的全部可行解。

（2）若两者都有最优解，则松弛问题最优解对应的目标值不劣于整数规划问题最优解对应的目标值。

（3）若松弛问题的最优解为整数，则它一定是整数规划问题的最优解。

第二节　整数规划模型的解法

求解纯整数规划问题和混合整数规划问题的常用方法有分枝定界法和割平面法。

一、分枝定界法

由于整型变量取离散的整数值，因此可行解的数量是有限的，一个最原始的解法就是通过枚举，从有限多的可行解中寻找最优解，即把问题的解全部列举出来，对其进行比较，找到最优解。但一般来说，可行解的数量是随问题的规模和变量的取值范围的增大成指数倍地增长的，枚举是不可能完成的。

1960 年，A. H. Land 和 A.G. Doig 提出了解整数规划问题的分枝定界算法。1965 年，R. J. Dakin 提出了改进算法，克服了前者很难在计算机上有效实现的缺点，下面主要介绍 Dakin 提出的算法。

分枝定界法是求纯整数规划或混合整数规划问题的一种行之有效的方法，其主要思想是：以求对应的松弛问题的最优解为基础，如果得到的解不符合整数要求，就将原问题分成几枝，每枝增加若干个约束条件，这样可以使可行域缩小，然后求分枝问题的线性规划最优解，并对非整数解的分枝问题继续分枝……这样不断分枝，不断增加新约束，分枝问题的可行域就会越来越小；由于增加的新约束会使问题的线性规划解逐渐朝整数逼近，因此当分枝进行到一定程度时，某些分枝问题的线性规划解将满足整数约束。在分枝的过程中，可按每一枝问题的界的大小进行“剪枝”，即“剪去”某些越界的分枝问题，保留界内的分枝问题，也就是说，把某一子问题的整数最优解对应的目标值作为界限，只考虑比界限好的分枝，剔除比界限差的分枝，这样，可以减少计算时间，提高搜索的效率。这就是分枝定界法的思想，其具体步骤如下。

第一步，求松弛问题的最优解。若松弛问题的最优解满足整数约束，它就是整数规划问题的最优解，否则转下一步。

第二步，分枝。任意选择一个非整数变量 $x_i = b_i'$（即 b_i' 不是整数），令 $[b_i']$ 表示 b_i'

的最大整数部分，在松弛问题中分别加上约束 $x_i \leqslant [b_i']$ 和 $x_i \geqslant [b_i']+1$，组成两个新的松弛问题，称为分枝，原松弛问题称为其父分枝。计算每个分枝问题的最优解。

两个分枝问题的可行域分别为松弛问题可行域的一部分。如图 6-2 所示，区域 I（阴影部分）为松弛问题的可行域，图 6-3 为增加两个约束条件，即去除区域Ⅳ（$[b_1'] < x_1 < [b_1']+1$）后，所得区域Ⅱ和区域Ⅲ即为两个分枝问题的可行域。

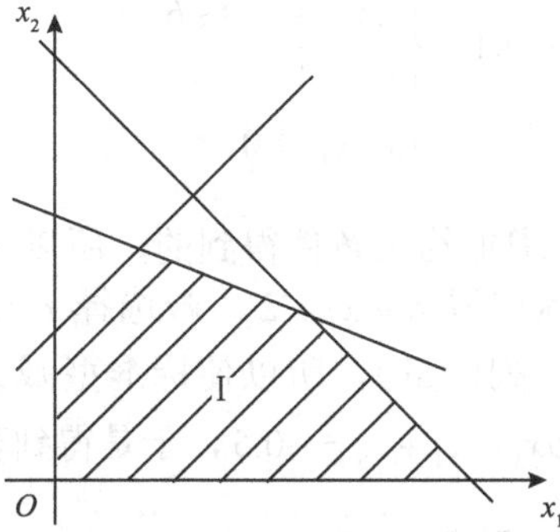

图 6-2 松弛问题的可行域

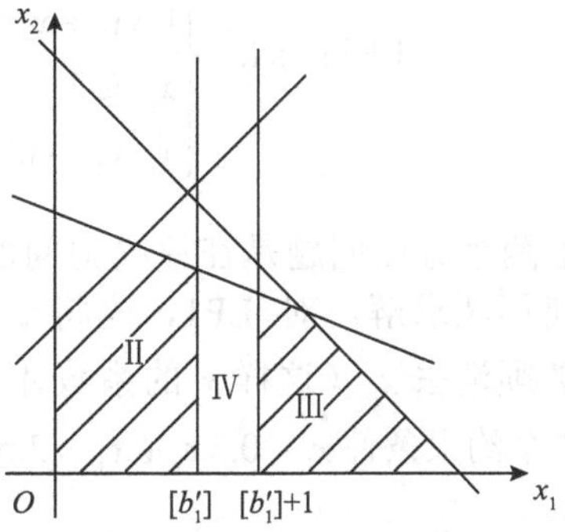

图 6-3 两个分枝问题的可行域

第三步，定界，就是确定整数规划问题最优目标值的界限。在当前每个分枝（不包括其父分枝）中，选择目标值最大的作为整数规划的上界 z^+；在最优解满足整数约束的当前分枝中，选择目标值最大的作为整数规划的下界 z^-。显然整数规划的最优目标值 z 满足 $z^- \leqslant z \leqslant z^+$。第一次分枝前，将松弛问题的目标值作为上界，将 $-\infty$ 作为下界。每次分枝计算后更新上下界，这样不断减小 z^+、增大 z^-，当 $z^- = z = z^+$ 时得到最优解，停止计算，整数规划问题的最优解为下界对应的分枝问题的最优解。否则，转下一步。

第四步，比较与“剪枝”，将每个分枝的目标值与下界进行比较，确定是否继续分枝。若某分枝的最优解目标值小于等于 z^-，则“剪掉”该枝，不再计算。若某分枝没有可行解，当然也不可能有整数可行解，则“剪掉”该枝。不符合“剪枝”条件的分枝，转第二步继续分枝。

【例 6.2】应用分枝定界法求解例 6.1 的最优解。

解：将松弛问题记作 LP0，首先计算 LP0 的最优解，如表 6-2 所示。

表 6-2 LP0 最优单纯形表

C			3	4	0	0
C_B	X_B	$B^{-1}b$	x_1	x_2	x_3	x_4
4	x_2	2.25	0	1	0.75	−0.5
3	x_1	2.5	1	0	−0.5	1
$z=16.5$			0	0	−1.5	−1

令上界等于 LP0 的最优目标值，即 $z^+=16.5$，下界 $z^-=-\infty$。由于 x_1 与 x_2 的取值都不满足整数约束，所以任意选择一个变量进行分枝，我们选择 x_1。因为 $x_1=2.5$，所以令 $x_1\leqslant 2$ 和 $x_1\geqslant 3$，于是得到两个分枝问题 LP1 和 LP2。

$$\text{LP1：}\quad \max z=3x_1+4x_2 \quad \text{s.t.}\begin{cases}x_1+2x_2\leqslant 7\\1.5x_1+x_2\leqslant 6\\x_1\leqslant 2\\x_1,x_2\geqslant 0\end{cases}\qquad \text{LP2：}\quad \max z=3x_1+4x_2 \quad \text{s.t.}\begin{cases}x_1+2x_2\leqslant 7\\1.5x_1+x_2\leqslant 6\\x_1\geqslant 3\\x_1,x_2\geqslant 0\end{cases}$$

由于两个分枝问题是在原松弛问题的基础上增加约束条件得到的，所以可以使用对偶单纯形法求解。对 LP1，先将 $x_1\leqslant 2$ 化为标准型 $x_1+x_5=2$，若选择 x_5 作为基变量，则必须消去 x_1（这样 x_1 的系数才会变为单位列向量），所以使标准型减去表 6-2 中的第二个约束条件 $x_1-0.5x_3+x_4=2.5$，得到 $0.5x_3-x_4+x_5=-0.5$，于是得到表 6-3。

表 6-3　LP1 初始单纯形表

C			3	4	0	0	0
$\boldsymbol{C_B}$	$\boldsymbol{X_B}$	$\boldsymbol{B^{-1}b}$	x_1	x_2	x_3	x_4	x_5
4	x_2	2.25	0	1	0.75	−0.5	0
3	x_1	2.5	1	0	−0.5	1	0
0	x_5	−0.5	0	0	0.5	[−1]	1
$z=16.5$			0	0	−1.5	−1	0

由于 $x_5=-0.5$ 不可行，所以选择 x_5 作为出基变量。由 $\min\left\{\dfrac{-1}{-1}\right\}=1$ 知，x_4 为入基变量。进行初等变换得到表 6-4。

表 6-4　LP1 最优单纯形表

C			3	4	0	0	0
$\boldsymbol{C_B}$	$\boldsymbol{X_B}$	$\boldsymbol{B^{-1}b}$	x_1	x_2	x_3	x_4	x_5
4	x_2	2.5	0	1	0.5	0	−0.5
3	x_1	2	1	0	0	0	1
0	x_4	0.5	0	0	−0.5	1	−1
$z=16$			0	0	−2	0	−1

其解可行，所以得到 LP1 的最优解为 $x_1=2$，$x_2=2.5$，目标值 $z_1=16$。

对 LP2，采用同样的方法，将 $x_1\geqslant 3$ 转化为 $x_1-x_5=3$，并被 $x_1-0.5x_3+x_4=2.5$ 减，得到 $-0.5x_3+x_4+x_5=-0.5$。计算过程如表 6-5 所示。

表 6-5 LP2 单纯形表

	C		3	4	0	0	0
C_B	X_B	$B^{-1}b$	x_1	x_2	x_3	x_4	x_5
4	x_2	2.25	0	1	0.75	−0.5	0
3	x_1	2.5	1	0	−0.5	1	0
0	x_5	−0.5	0	0	[−0.5]	1	1
	$z=16.5$		0	0	−1.5	−1	0
4	x_2	1.5	0	1	0	1	1.5
3	x_1	3	1	0	0	0	−1
0	x_3	1	0	0	1	−2	−2
	$z=15$		0	0	0	−4	−3

LP2 的最优解为 $x_1=3$，$x_2=1.5$，目标值 $z_2=15$。

更新上下界。在当前两个分枝中寻找目标值最大的作为上界，即 $z^+=\max\{16,15\}=16$。由于两个分枝都没有整数最优解，所以下界不变。

上述分枝过程和求解结果可以用图 6-4 表示。

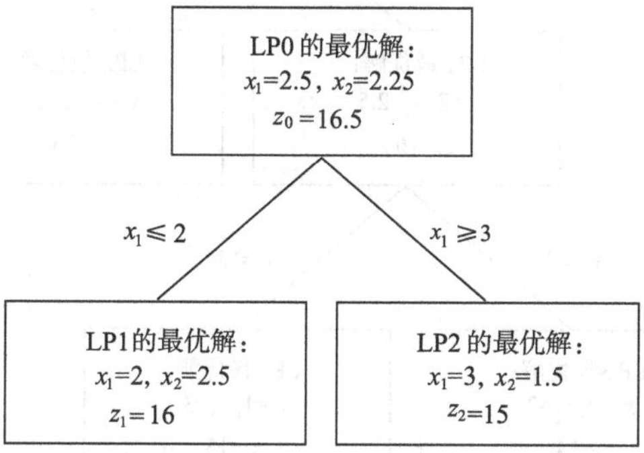

图 6-4 分枝过程和求解结果（一）

因为 LP1 和 LP2 的最优目标值大于下界 $-\infty$，所以要继续分枝。对 LP1，由于 $x_2=2.5$，所以在 LP1 的基础上增加约束 $x_2 \leqslant 2$ 和 $x_2 \geqslant 3$，又得到两个分枝 LP3 和 LP4。

$$\text{LP3：}\quad \max z=3x_1+4x_2 \quad \text{s.t.}\begin{cases} x_1+2x_2 \leqslant 7 \\ 1.5x_1+x_2 \leqslant 6 \\ x_1 \leqslant 2 \\ x_2 \leqslant 2 \\ x_1,x_2 \geqslant 0 \end{cases} \qquad \text{LP4：}\quad \max z=3x_1+4x_2 \quad \text{s.t.}\begin{cases} x_1+2x_2 \leqslant 7 \\ 1.5x_1+x_2 \leqslant 6 \\ x_1 \leqslant 2 \\ x_2 \geqslant 3 \\ x_1,x_2 \geqslant 0 \end{cases}$$

利用表 6-4 计算 LP3 的最优解为 $x_1=2$，$x_2=2$，目标值 $z_3=14$。利用表 6-5 计算 LP4 的最优解为 $x_1=1$，$x_2=3$，目标值 $z_4=15$。

下面，正常情况下应先对 LP2 进行分枝并计算最优解，但由于 LP1 的两个分枝已经得到整数最优解，所以可以先更新上下界。在 LP3、LP4 和 LP2 三个分枝中寻找目标值最大的作为上界（此时，当前分枝应包含 LP2），$z^+=\max\{14,15,15\}=15$；在最优解满足整数约束的两个分枝中寻找最大的作为下界，$z^-=\max\{14,15\}=15$。由于 $z^+=z^-=15$，所以得到整数规划的最优解，$x_1=1$，$x_2=3$，$z_4=15$。这样，就不用对 LP2 进行分枝计算了。实际上，若对 LP2 继续分枝，即使得到整数最优解，其目标值也一定不会超过 15，不会改变整数规划的上界，又因为下界也是 15，所以 LP2 的分枝一定会被“剪掉”，即 LP2 的分枝中不会出现整数规划问题的最优解。

完整的分枝过程和求解结果可以用图 6-5 表示。

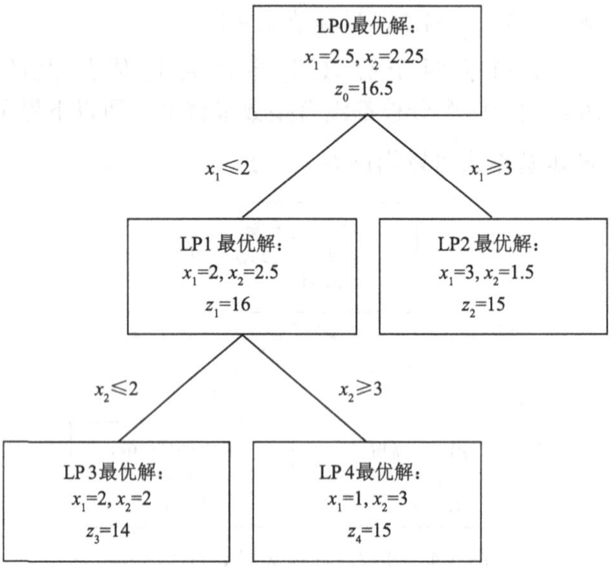

图 6-5　分枝过程和求解结果（二）

我们用图解法来考察分枝定界法的求解过程。由图 6-1 得到松弛问题的最优解为 $A(2.5,2.25)$，因为最优解不满足整数约束，所以选择对 x_1 增加两个分枝条件 $x_1\leqslant 2$ 和 $x_1\geqslant 3$，如图 6-6 所示，两个分枝问题的可行域分别为区域Ⅰ和区域Ⅱ，相应的最优解为点 $D(2,2.5)$和点 $E(3,1.5)$。对 LP1 继续分枝，增加两个分枝条件 $x_2\leqslant 2$ 和 $x_2\geqslant 3$，如图 6-7 所示，得到 LP3 和 LP4 的可行域分别为区域Ⅲ和区域Ⅳ，最优解分别为点 $F(2,2)$和点 $C(1,3)$。由于上下界相同，所以得到整数规划的最优解为点 $C(1,3)$，目标值为 15。

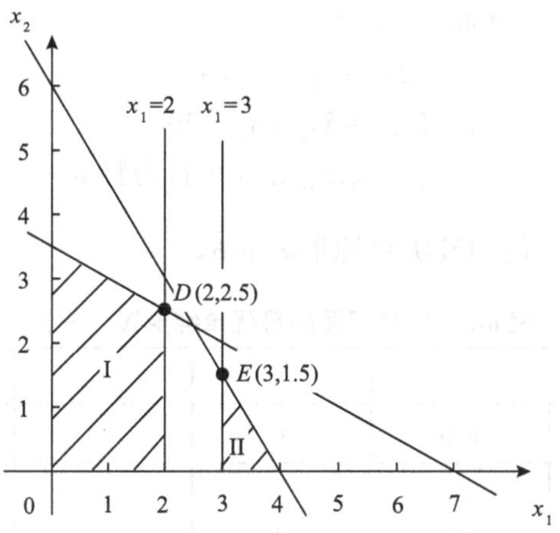

图 6-6 分枝定界法求解示意图（一）

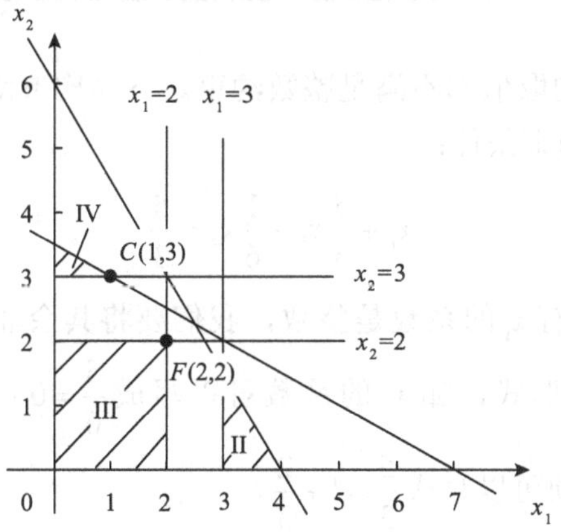

图 6-7 分枝定界法求解示意图（二）

二、割平面法

割平面法是 1958 年由 R. E. Gomory 提出来的，其基本思想是：对给定的整数规划问题，先不考虑其整数约束，而解相应的松弛问题，若松弛问题的最优解符合整数要求，则它就是原问题的最优解；若松弛问题的最优解中，至少有一个有整数约束的基变量取非整数值，则对该线性规划问题增加一个线性约束条件（几何上称为割平面），再进行求解。这个割平面将从原可行域中切去一部分，切去的可行域不包含整数可行解。由此可知，该方法的关键是如何找到适当的割平面，满足使可行域缩小又不切掉整数解的条件。割平面法是最早求解整数规划问题的方法之一，在理论上有重要价值。

我们首先介绍割平面约束条件的构造。对整数规划问题：

$$\max z = x_1 + x_2$$

$$\text{s.t.} \begin{cases} 2x_1 + x_2 + x_3 = 6 \\ 4x_1 + 5x_2 + x_4 = 20 \\ x_1, x_2, x_3, x_4 \geqslant 0, \text{且为整数} \end{cases} \tag{6.7}$$

我们计算它的松弛问题，得到最优单纯形表 6-6。

表 6-6 松弛问题的最优单纯形表（一）

C			1	1	0	0
C_B	X_B	$B^{-1}b$	x_1	x_2	x_3	x_4
1	x_1	5/3	1	0	5/6	−1/6
1	x_2	8/3	0	1	−2/3	1/3
$z=13/3$			0	0	−1/6	−1/6

显然，两个基变量的取值都不满足整数约束。下面构造割平面方程，考虑最优单纯形表 6-6 中的第一个约束条件：

$$x_1 + \frac{5}{6}x_3 - \frac{1}{6}x_4 = \frac{5}{3} \tag{6.8}$$

即式（6.8）中，只有 x_1 的系数是整数，我们要将其余非整数系数变为一个整数与一个纯正小数之和的形式，如 x_3 的系数可以写成 $\frac{5}{6}=0+\frac{5}{6}$，$x_4$ 的系数可以写成 $-\frac{1}{6}=-1+\frac{5}{6}$，右边常数项可以写成 $\frac{5}{3}=1+\frac{2}{3}$。

于是，式（6.8）可写成：

$$x_1 + \left(0+\frac{5}{6}\right)x_3 + \left(-1+\frac{5}{6}\right)x_4 = 1+\frac{2}{3} \tag{6.9}$$

将式（6.9）中所有的整数系数移到等式左边，非整数系数移到等式右边，得

$$x_1 - x_4 - 1 = \frac{2}{3} - \frac{5}{6}x_3 - \frac{5}{6}x_4 \tag{6.10}$$

因为要求所有变量都为整数，所以式（6.10）的左边一定是整数，从而右边也是整数。又因为右边常数项 $\frac{2}{3}<1$，且两个非基变量的系数都为负，所以不论非基变量取值为多少，其代数和都严格小于 1，即

$$\frac{2}{3} - \frac{5}{6}x_3 - \frac{5}{6}x_4 \leqslant 0 \tag{6.11}$$

式（6.11）被称为切割不等式，可以将松弛问题中不满足整数约束的一部分区域从可行域中切割掉。下面我们举例说明其具体过程。

由式（6.7），我们可解出松弛变量的表达式为

$$x_3 = 6 - 2x_1 - x_2 \tag{6.12}$$

$$x_4 = 20 - 4x_1 - 5x_2 \tag{6.13}$$

将式（6.12）和式（6.13）代入式（6.11）中，得到等价的切割不等式：

$$5x_1 + 5x_2 \leqslant 21 \tag{6.14}$$

如图 6-8 中的区域 I 为松弛问题的可行域，最优解为点 $A(5/3,8/3)$。因为最优解不满足整数约束，所以增加切割方程 $5x_1+5x_2=21$，如图 6-9 中的直线 l 将区域III从区域 I 中切割掉（区域III不包含任何整数解），只保留区域II作为可行域。

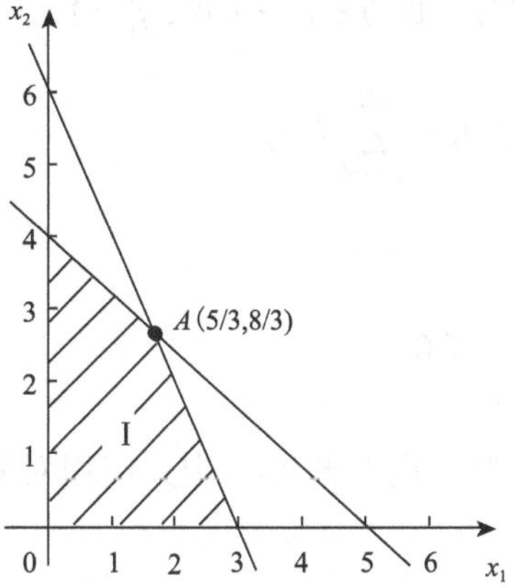

图 6-8 松弛问题图解法

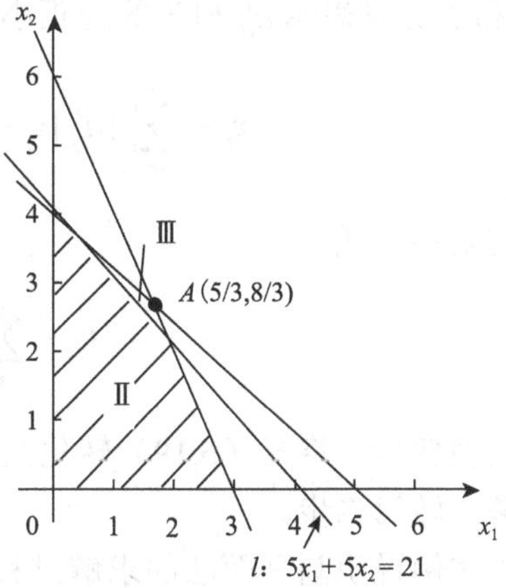

图 6-9 割平面法示意图

下面我们给出利用割平面法求解整数规划问题（6.5）的步骤。

第一步，将松弛问题（6.6）化为标准型，计算最优解，设最优单纯形表为表 6-7。

表 6-7 松弛问题的最优单纯形表（二）

C			c_1	…	c_r	…	c_m	0	…	0
C_B	X_B	$B^{-1}b$	x_1	…	x_r	…	x_m	x_{m+1}	…	x_n
c_1	x_1	b'_1	1		0		0	$a'_{1,m+1}$	…	a'_{1n}
⋮	⋮	⋮		⋱				…		⋮
c_r	x_r	b'_r	0		1		0	$a'_{r,m+1}$	…	a'_{rn}
⋮	⋮	⋮				⋱		⋮		⋮
c_m	x_m	b'_m	0		0		1	$a'_{m,m+1}$	…	a'_{mn}
$z=C_BB^{-1}b$			0		0		0	$-z_{m+1}$	…	$-z_n$

第二步，若所有的$b_i'(i=1,\cdots,m)$都为整数，则得到整数规划问题的最优解，否则转下一步。

第三步，任意选择一个b_r'取值不是整数的基变量x_r，则x_r所在行的约束为

$$x_r+\sum_{j=m+1}^{n}a_{rj}'x_j=b_r' \tag{6.15}$$

对非整数系数a_{rj}'和b_r'，令

$$a_{rj}'=[a_{rj}']+f_{rj} \tag{6.16}$$

$$b_r'=[b_r']+f_r \tag{6.17}$$

其中，f_{rj}和f_r分别表示a_{rj}'和b_r'的纯正小数部分，即$0<f_{rj}<1, 0<f_r<1$。于是有

$$x_r+\sum_{j=m+1}^{n}[a_{rj}']x_j-[b_r']=f_r-\sum_{j=m+1}^{n}f_{rj}x_j \tag{6.18}$$

因此得到切割不等式

$$f_r-\sum_{j=m+1}^{n}f_{rj}x_j\leqslant 0 \tag{6.19}$$

增加松弛变量，将式（6.19）转化为标准型，代入表 6-7 中，应用对偶单纯形法求出最优解，转第二步。

下面以实例说明割平面法的求解过程。

【例 6.3】应用割平面法求解下列整数规划问题的最优解。

$$\max z=x_1+x_2$$

$$\text{s.t.}\begin{cases}2x_1+3x_2\leqslant 12\\5x_1-3x_2\leqslant 15\\x_1,x_2\geqslant 0,\text{且为整数}\end{cases}$$

解：首先计算松弛问题的最优解，如表 6-8 所示。

表 6-8　例 6.3 松弛问题的最优单纯形表

C			1	1	0	0
C_B	X_B	$B^{-1}b$	x_1	x_2	x_3	x_4
1	x_2	10/7	0	1	5/21	−2/21
1	x_1	27/7	1	0	1/7	1/7
$z=37/7$			0	0	−8/21	−1/21

因为x_1取值不是整数，我们选择第二个约束条件：

$$x_1+\frac{1}{7}x_3+\frac{1}{7}x_4=\frac{27}{7}$$

可以将其写成

$$x_1+\left(0+\frac{1}{7}\right)x_3+\left(0+\frac{1}{7}\right)x_4=3+\frac{6}{7}$$

整理后得到

$$x_1-3=\frac{6}{7}-\frac{1}{7}x_3-\frac{1}{7}x_4$$

因此，切割不等式为

$$\frac{6}{7}-\frac{1}{7}x_3-\frac{1}{7}x_4\leqslant 0$$

增加松弛变量 x_5，将其转化为标准型：

$$-\frac{1}{7}x_3-\frac{1}{7}x_4+x_5=-\frac{6}{7}$$

将其代入表 6-8 中，利用对偶单纯形法计算得到表 6-9。

表 6-9 对偶单纯形表

C			1	1	0	0	0
C_B	X_B	$B^{-1}b$	x_1	x_2	x_3	x_4	x_5
1	x_2	10/7	0	1	5/21	−2/21	0
1	x_1	27/7	1	0	1/7	1/7	0
0	x_5	−6/7	0	0	−1/7	[−1/7]	1
$z=37/7$			0	0	−8/21	−1/21	0
C_B	X_B	$B^{-1}b$	x_1	x_2	x_3	x_4	x_5
1	x_2	2	0	1	1/3	0	−2/3
1	x_1	3	1	0	0	0	1
0	x_4	6	0	0	1	1	−7
$z=5$			0	0	−1/3	0	−1/3

因为所有变量取值都为整数，所以得到整数规划的最优解为 $x_1=3$，$x_2=2$，$x_4=6$，目标值为 $z=5$。

割平面法是最早出现的求解整数规划的方法，Gomory 证明了只要整数规划问题（6.5）有最优解，则利用该方法经过有限次计算后必能求出最优解。显然，若松弛问题（6.6）无可行解，则整数规划问题（6.5）也无可行解。割平面法的收敛速度比较慢，因而在求解实际问题时较少被运用。

第三节 0-1规划模型及其解法

0-1 规划是整数规划的一种特殊形式，由于决策变量 x_i 只能取 0 或 1，因此，x_i 被称为 0-1 变量（或布尔变量、二进制变量、逻辑变量）。0-1 规划的用途极其广泛，在实际问题中，很多情形均可用 0-1 变量来表示。正是由于 0-1 规划的普遍性和特殊性，本节我们将对 0-1 规划问题做专门介绍。

一、0-1规划模型

让我们先看一个例子。

【例 6.4】 某投资公司现有 500 万元可用于投资 5 个项目，有关信息如表 6-10 所示，问如何投资才能使公司总收益最大？

表 6-10 投资项目信息

项目	投资额/万元	收益/万元	要求
A	210	150	（1）项目 A、D 最多只能选 1 项 （2）若选项目 E，则必选项目 B
B	180	135	
C	120	95	
D	240	195	
E	160	135	

解：对每个项目，我们要做的决策只有投资与不投资两种，因此，我们用 0-1 变量来表示对每个项目是否投资。设

$$x_i=\begin{cases}1, & \text{投资项目}i\\0, & \text{否则}\end{cases}\qquad i=\mathrm{A,B,C,D,E}$$

当 $x_i=1$ 时，表示对项目 i 进行投资；当 $x_i=0$ 时，表示不对其进行投资。

对每个项目，若投资该项目就会有一个收益，反之就没有，因此每个项目的收益与其 0-1 变量的乘积就表示该项目的收益。目标函数为总收益最大，所以有

$$\max z=150x_{\mathrm{A}}+135x_{\mathrm{B}}+95x_{\mathrm{C}}+195x_{\mathrm{D}}+135x_{\mathrm{E}}$$

约束条件如下。

（1）投资额的限制：

$$210x_{\mathrm{A}}+180x_{\mathrm{B}}+120x_{\mathrm{C}}+240x_{\mathrm{D}}+160x_{\mathrm{E}}\leqslant 500$$

（2）投资项目的限制。对项目 A 和 D，最多只能选择其一，显然有以下几种情况：①若选择项目 A，就不能选择项目 D；②若选择项目 D，就不能选择项目 A；③项目 A 和 D 都不选择。

我们针对以上各种情况，通过两个项目的 0-1 变量的取值来分析它们之间的数

量关系。

对情况①有 $x_A=1$，$x_D=0$；对情况②有 $x_A=0$，$x_D=1$；对情况③有 $x_A=0$，$x_D=0$。

不难看出，所有情况下变量的取值都满足：

$$x_A+x_D\leqslant 1$$

且满足上述不等式的变量的取值也只能出现在以上三种情况中，因此上面的不等式就表示题目中的要求：项目 A 和 D 最多只能选 1 项。

同样，若选择项目 E 则必须选择项目 B，可以有以下几种情况：①若选择项目 E，则一定也选择了项目 B，其变量取值为 $x_E=1$，$x_B=1$；②若没有选择项目 E，这时对项目 B 有两种可能，要么选择，要么不选择，其变量取值为 $x_E=0$，$x_B=1$ 或 $x_B=0$。

因此，有

$$x_E\leqslant x_B$$

当 $x_E=1$ 时，一定有 $x_B=1$；当 $x_E=0$ 时，x_B 可以取值为 0 或 1。

0-1 变量声明：

$$x_i\in\{0,1\},\quad i=\text{A,B,C,D,E}$$

其中，$x_i\in\{0,1\}$ 表示 x_i 只能取 0 和 1 两个值。

综上，完整的 0-1 规划模型为

$$\max z=150x_A+135x_B+95x_C+195x_D+135x_E$$
$$\text{s.t.}\begin{cases}210x_A+180x_B+120x_C+240x_D+160x_E\leqslant 500\\ x_A+x_D\leqslant 1\\ x_E\leqslant x_B\\ x_i\in\{0,1\},\quad i=\text{A,B,C,D,E}\end{cases}$$

二、0-1规划模型求解

对具有 m 个约束条件、n 个变量的 0-1 规划问题，它的一般形式为

$$\max z=\sum_{j=1}^{n}c_jx_j$$
$$\text{s.t.}\begin{cases}\sum_{j=1}^{n}a_{ij}x_j\leqslant b_i, & i=1,\cdots,m\\ x_j\in\{0,1\}, & j=1,\cdots,n\end{cases}\tag{6.20}$$

下面我们给出几种常见的求解 0-1 规划问题的方法。

（一）枚举法

当问题规模较小时，可用枚举法求解 0-1 规划问题的最优解。枚举法就是列出所有变量的 0-1 全组合方案，对其进行比较，选出最优解。

【例 6.5】应用枚举法求解下面的 0-1 规划问题。

$$\max z = 2x_1 + 4x_2 + x_3 \tag{6.21}$$

$$\text{s.t.} \begin{cases} x_1 + x_2 + 2x_3 \leqslant 3 & (6.22) \\ 2x_1 - x_2 + x_3 \leqslant 2 & (6.23) \\ -x_1 + 2x_2 + 3x_3 \leqslant 1 & (6.24) \\ x_1, x_2, x_3 \in \{0,1\} & (6.25) \end{cases}$$

解：对于所有 0-1 变量的组合共有 $2^3 = 8$ 种，它们构成了 0-1 规划问题的解。各种组合情况下目标值及约束条件左端取值见表 6-11。

表 6-11 枚举表

解 $(x_1,x_2,x_3)^{\mathrm{T}}$	约束条件左端取值			是否满足所有约束条件	目标值
	式（6.22）	式（6.23）	式（6.24）		
$(0,0,0)^{\mathrm{T}}$	0	0	0	√	0
$(1,0,0)^{\mathrm{T}}$	1	2	−1	√	2
$(0,1,0)^{\mathrm{T}}$	1	−1	2	×	4
$(0,0,1)^{\mathrm{T}}$	2	1	3	×	1
$(1,1,0)^{\mathrm{T}}$	2	1	1	√	6
$(1,0,1)^{\mathrm{T}}$	3	3	2	×	3
$(0,1,1)^{\mathrm{T}}$	3	0	5	×	5
$(1,1,1)^{\mathrm{T}}$	4	2	4	×	7

首先我们要判断其解是否可行，表 6-11 中“是否满足所有约束条件”一列打“√”的解是可行解，其中目标值最大的解 $(x_1,x_2,x_3)^{\mathrm{T}} = (1,1,0)^{\mathrm{T}}$ 是最优解，目标值为 6。

枚举法虽然简单易行，但当变量数较大时就没有办法求解了。因为 n 个 0-1 变量的组合数为 2^n，随着 n 的增加，解的个数会以指数级增加，如 $n=10$，则解有 $2^{10}=1024$ 个。对于更大的 n，枚举法显然无能为力。

（二）隐枚举法

对枚举法进行改进，通过增加某些过滤条件，去除那些明显不是最优解的解，这样就无须逐一检验其解是否可行，这就是隐枚举法。

不同的过滤条件可以构成不同的隐枚举法，我们这里通过目标函数值设置过滤条件来求解模型（6.20），具体方法如下。

通过计算找到一个可行解，计算其目标值 z，令过滤值 $z_0 = z$。然后按枚举法的思路对任意的变量进行组合构成新的解，并将该解的目标值 z' 与过滤值 z_0 进行比较。若 $z' \leqslant z_0$，则不考虑（过滤掉）该解；若 $z' > z_0$，则检验该解是否可行，若可行则更新过滤值，令 $z_0 = z'$，否则过滤掉该解。重复以上操作，直到过滤值不能改进为止，此时该过滤值就是最优目标值，其对应的可行解就是最优解。

【例 6.6】应用隐枚举法求解下面的 0-1 规划问题。

$$\max z = 3x_1 + 5x_2 + 4x_3 + 2x_4 \tag{6.26}$$

$$\text{s.t.} \begin{cases} 2x_1 + x_2 + x_3 + 3x_4 \leqslant 6 & (6.27) \\ x_1 + 3x_2 + 2x_3 + 2x_4 \leqslant 5 & (6.28) \\ x_1 + x_2 - x_3 + x_4 \leqslant 2 & (6.29) \\ x_1, x_2, x_3, x_4 \in \{0,1\} & (6.30) \end{cases}$$

解：首先应用观察法找到一个初始可行解 $(x_1, x_2, x_3, x_4)^{\mathrm{T}} = (0,1,0,0)^{\mathrm{T}}$ ，目标值为 5，令过滤值 $z_0 = 5$。解 $(0,0,0,0)^{\mathrm{T}}$ 目标值为 0，因为 $0 < z_0$，所以无须验证该解是否可行，直接过滤掉。求解过程如表 6-12 所示。

表 6-12 隐枚举表

解 $(x_1, x_2, x_3, x_4)^{\mathrm{T}}$	过滤值	是否满足约束条件			目标值
		式（6.27）	式（6.28）	式（6.29）	
	$z_0 = 5$				
$(0,0,0,0)^{\mathrm{T}}$					0
$(1,0,0,0)^{\mathrm{T}}$					3
$(0,1,0,0)^{\mathrm{T}}$					5
$(0,0,1,0)^{\mathrm{T}}$					4
$(0,0,0,1)^{\mathrm{T}}$					2
$(1,1,0,0)^{\mathrm{T}}$		√	√	√	8
	$z_0 = 8$				
$(1,0,1,0)^{\mathrm{T}}$					7
$(1,0,0,1)^{\mathrm{T}}$					5
$(0,1,1,0)^{\mathrm{T}}$					9
	$z_0 = 9$				
$(0,1,0,1)^{\mathrm{T}}$					7
$(0,0,1,1)^{\mathrm{T}}$					6
$(1,1,1,0)^{\mathrm{T}}$		√	×		12
$(1,1,0,1)^{\mathrm{T}}$		√	×		10
$(1,0,1,1)^{\mathrm{T}}$		√	√	√	9
$(0,1,1,1)^{\mathrm{T}}$		√	×		11
$(1,1,1,1)^{\mathrm{T}}$		×			14

因为解 $(1,1,0,0)^{\mathrm{T}}$ 的目标值为 8，大于 $z_0 = 5$，我们对每个约束进行验证，其为可行解，所以令 $z_0 = 8$。同理，解 $(0,1,1,0)^{\mathrm{T}}$ 的目标值为 9，且可行，更新 $z_0 = 9$。解 $(1,1,1,0)^{\mathrm{T}}$ 目标值为 12，大于 $z_0 = 9$，虽然满足式（6.27），但不满足式（6.28），后面的约束就不用验证了，其必为不可行解。因此，最优解为 $(0,1,1,0)^{\mathrm{T}}$，目标值为 9。实

际上，$(1,0,1,1)^{\mathrm{T}}$ 也是最优解。

隐枚举法通过对目标值设置过滤条件，对不满足该条件的解进行过滤，从而不用判断该解是否可行，减少了计算量。但隐枚举法本质上还是枚举法，当变量较多时，其计算量也非常大。

（三）分枝定界法

求解 0-1 规划问题的分枝定界法与本章第二节介绍的分枝定界法类似，由于决策变量为 0-1 变量，其分枝较快。

【例 6.7】某企业有 120 万元资金用于在 A、B、C、D 四个候选地点修建工厂，所需投资金额分别为 24 万元、60 万元、50 万元、20 万元，工厂建成后能得到的利润分别为 8 万元、10 万元、7 万元、4 万元。应该在哪几个地点建厂，才能使所获利润最大？

解：设

$$x_j=\begin{cases}1, & \text{在}j\text{处建厂}\\0, & \text{否则}\end{cases}\qquad j=1,2,3,4$$

则模型为

$$\max z=8x_1+10x_2+7x_3+4x_4$$
$$\text{s.t.}\begin{cases}24x_1+60x_2+50x_3+20x_4\leqslant 120\\0\leqslant x_j\leqslant 1,\text{且为整数},\ j=1,2,3,4\end{cases}\tag{6.31}$$

首先求解模型（6.31）的松弛问题：

$$\max z=8x_1+10x_2+7x_3+4x_4\tag{6.32}$$
$$\text{LP0: s.t.}\begin{cases}24x_1+60x_2+50x_3+20x_4\leqslant 120 & (6.33)\\0\leqslant x_j\leqslant 1,\ j=1,2,3,4 & (6.34)\end{cases}$$

利用启发式算法的思想，可得到一个较优的初始可行解。先按投资回报率由大到小的顺序将四个建厂地排序，即 $\frac{c_1}{a_1}=\frac{8}{24}$，$\frac{c_4}{a_4}=\frac{4}{20}$，$\frac{c_2}{a_2}=\frac{10}{60}$，$\frac{c_3}{a_3}=\frac{7}{50}$，其对应变量排序为 x_1,x_4,x_2,x_3。然后在满足式（6.33）的情况下，按先后顺序将变量取值为 1，即令 $x_1=1$，$x_4=1$，$x_2=1$，代入式（6.33）中，得到 $50x_3\leqslant 16$，这时，x_3 的最大值只能为 $\frac{8}{25}$。

于是得到 LP0 的一个初始解 $\left(1,1,\frac{8}{25},1\right)^{\mathrm{T}}$，目标值为 $z_0=24\frac{6}{25}$。

将 z_0 作为 LP0 目标函数的上界，即 $z^+=24\frac{6}{25}$，同时令 $z^-=0$。因为 $x_3=\frac{8}{25}$ 不是整数，所以解 $\left(1,1,\frac{8}{25},1\right)^{\mathrm{T}}$ 不是可行解。对 x_3 进行分枝，分别令 $x_3=1$ 和 $x_3=0$，将 LP0 分为两枝：

$$\text{LP1: s.t.}\ \max z = 8x_1 + 10x_2 + 7x_3 + 4x_4 \quad \begin{cases} 24x_1 + 60x_2 + 20x_4 \leqslant 70 \\ x_3 = 1 \\ 0 \leqslant x_j \leqslant 1, \quad j = 1,2,4 \end{cases}$$

$$\text{LP2: s.t.}\ \max z = 8x_1 + 10x_2 + 7x_3 + 4x_4 \quad \begin{cases} 24x_1 + 60x_2 + 20x_4 \leqslant 120 \\ x_3 = 0 \\ 0 \leqslant x_j \leqslant 1, \quad j = 1,2,4 \end{cases}$$

应用相同的方法，对 LP1，令 $x_1 = 1, x_4 = 1$，得到 $x_2 = \dfrac{13}{30}$，所以 LP1 的解为 $\left(1, \dfrac{13}{30}, 1, 1\right)^{\mathrm{T}}$，目标值为 $z_1 = 23\dfrac{1}{3}$。LP2 的解为（1,1,0,1）^{T}，目标值为 $z_2 = 22$，该解为可行解。由于 LP2 的解可行，所以停止分枝。更新上下界，令 $z^+ = 23\dfrac{1}{3}$，$z^- = 22$。对 LP1 进行分枝，由于 $x_2 = \dfrac{13}{30}$，所以分别令 $x_2 = 1$ 和 $x_2 = 0$，得到

$$\text{LP3: s.t.}\ \max z = 8x_1 + 10x_2 + 7x_3 + 4x_4 \quad \begin{cases} 24x_1 + 20x_4 \leqslant 10 \\ x_3 = 1 \\ x_2 = 1 \\ 0 \leqslant x_j \leqslant 1, \quad j = 1,4 \end{cases}$$

$$\text{LP4: s.t.}\ \max z = 8x_1 + 10x_2 + 7x_3 + 4x_4 \quad \begin{cases} 24x_1 + 20x_4 \leqslant 70 \\ x_3 = 1 \\ x_2 = 0 \\ 0 \leqslant x_j \leqslant 1, \quad j = 1,4 \end{cases}$$

求得 LP3 的解为 $\left(\dfrac{5}{12}, 1, 1, 0\right)^{\mathrm{T}}$，目标值为 $z_3 = 20\dfrac{1}{3}$。LP4 的解为 $(1,0,1,1)^{\mathrm{T}}$，目标值为 $z_4 = 19$。因为 z_3 与 z_4 都小于下界 $z^- = 22$，所以对 LP3 和 LP4 停止分枝。这样，我们得到该 0-1 规划的最优解为 $(1,1,0,1)^{\mathrm{T}}$，目标值为 $z = 22$。

上述分枝定界的过程如图 6-10 所示。

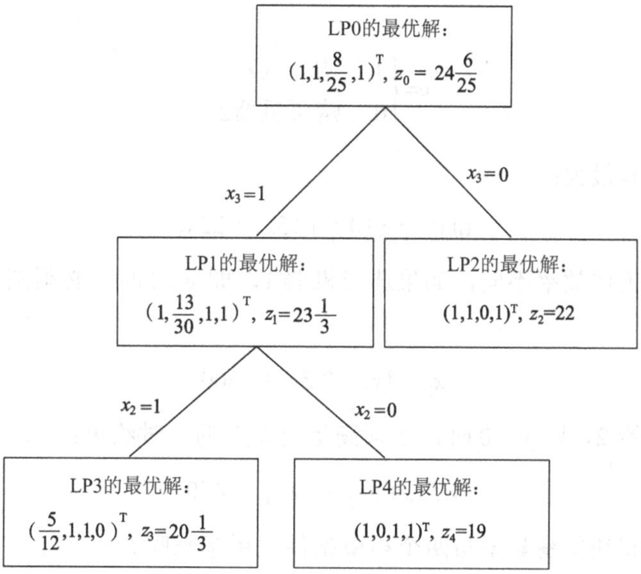

图 6-10 例 6.7 分枝定界过程

第四节　整数规划建模应用

运筹学建模是一项复杂而有趣的工作，既体现了建模方法的科学创造性，也体现了其艺术性与技巧性。在整数规划的建模中，这一点尤为明显。

一、互斥约束问题

【例 6.8】某公司使用一种机器生产三种产品 A、B、C，由于产品换代，需要更新机器，经过考察后决定要么选择机器 1，要么选择机器 2。两台机器每年可用机器工时、单位产品所需机器工时，以及单位产品利润见表 6-13。为了保证三种产品的市场占有率，对产品产量有一定的要求，具体为：如果产品 A 的产量大于 300，那么产品 B 的产量不应小于 150，产品 C 的产量不应小于 200，否则，产品 B 的产量应不超过 280，产品 C 的产量应不超过 350。建立线性规划模型，确定购买哪台机器以及各种产品的产量以获得最大利润。

表 6-13　产品信息表

产品	单位产品所需机器工时/时		单位产品利润/元
	机器 1	机器 2	
A	1	1.5	10
B	4	3	15
C	2.5	1.8	22
每年可用机器工时/时	600	450	

解：分别用 x_1, x_2, x_3 表示产品 A、B、C 的产量。由于要在两个机器中选择一个，因此我们设变量

$$y=\begin{cases}1, & \text{购买机器1}\\ 0, & \text{购买机器2}\end{cases}$$

目标为总利润最大：

$$\max w = 10x_1 + 15x_2 + 22x_3$$

两个机器的工作效率不同，如果选择机器 1，即 $y=1$ 时，必须满足机器 1 的工时约束：

$$x_1 + 4x_2 + 2.5x_3 \leqslant 600 \tag{6.35}$$

如果选择机器 2，即 $y=0$ 时，必须满足机器 2 的工时约束：

$$1.5x_1 + 3x_2 + 1.8x_3 \leqslant 450 \tag{6.36}$$

那么，如何将决策变量 y 与两个约束条件联系起来呢？

我们先看下面的处理方法。

显然，当选择机器 1 时，只需满足式（6.35），即 $x_1+4x_2+2.5x_3 \leqslant 600$ 必须成立，而不用满足式（6.36），即 $1.5x_1+3x_2+1.8x_3$ 可以大于 450；选择机器 2 时则恰好相反。

我们很容易想到用 y 乘以式（6.35）的右端，用 $1-y$ 乘以式（6.36）的右端，得

$$x_1+4x_2+2.5x_3 \leqslant 600y \tag{6.37}$$

$$1.5x_1+3x_2+1.8x_3 \leqslant 450(1-y) \tag{6.38}$$

当 $y=1$ 时，式（6.37）等于式（6.35），但式（6.38）的右端为 0，这意味着变量 x_1,x_2,x_3 的取值只能为 0，而题目中要求可以无须满足式（6.36），即 $1.5x_1+3x_2+1.8x_3$ 可以大于 450，因此矛盾。当 $y=0$ 时，情况与此相同。

因此，不能将变量 y 或 $1-y$ 直接乘以约束条件的右端。

如果将变量 y 乘以式（6.35）的左端，$1-y$ 乘以式（6.36）的左端，得

$$y(x_1+4x_2+2.5x_3) \leqslant 600 \tag{6.39}$$

$$(1-y)(1.5x_1+3x_2+1.8x_3) \leqslant 450 \tag{6.40}$$

当 $y=1$ 时，式（6.39）等于式（6.35）；无论 $1.5x_1+3x_2+1.8x_3$ 取何值，式（6.40）都成立，因为左端为 $1-y=0$。当 $y=0$ 时，情况与此相同。

但式（6.39）和式（6.40）是非线性的，而不是线性的，这与题目要求不符，因此也不能将变量 y 或 $1-y$ 直接乘以约束条件的左端。

正确的处理方法应为

$$x_1+4x_2+2.5x_3 \leqslant 600+(1-y)M \tag{6.41}$$

$$1.5x_1+3x_2+1.8x_3 \leqslant 450+yM \tag{6.42}$$

其中，M 表示充分大的正数。当 $y=1$ 时，式（6.41）等于式（6.35），式（6.42）成为多余约束；当 $y=0$ 时，式（6.42）等于式（6.36），式（6.41）成为多余约束。

题目中对产品产量的要求是：如果产品 A 的产量大于 300，那么产品 B 的产量不应小于 150，产品 C 的产量不应小于 200，即应满足：

$$\begin{cases} x_1 > 300 & (6.43) \\ x_2 \geqslant 150 & (6.44) \\ x_3 \geqslant 200 & (6.45) \end{cases}$$

如果产品 A 的产量小于等于 300，那么产品 B 的产量应不超过 280，产品 C 的产量应不超过 350，即应满足：

$$\begin{cases} x_1 \leqslant 300 & (6.46) \\ x_2 \leqslant 280 & (6.47) \\ x_3 \leqslant 350 & (6.48) \end{cases}$$

因为产品 A 的产量要么大于 300，要么小于等于 300，即要么满足式（6.43）～式（6.45），要么满足式（6.46）～式（6.48），于是可以采用同样的方法处理。

增加变量：

$$z=\begin{cases}1, & \text{产品A的产量小于等于300}\\0, & \text{否则}\end{cases}$$

需注意，由于式（6.43）～式（6.45）中的不等号都是大于或大于等于号，所以在其右端应减去 zM（M 为充分大的正数）。对式（6.43）～式（6.48）进行处理，得到

$$\begin{aligned}&x_1>300-zM\\&x_2\geqslant 150-zM\\&x_3\geqslant 200-zM\\&x_1\leqslant 300+(1-z)M\\&x_2\leqslant 280+(1-z)M\\&x_3\leqslant 350+(1-z)M\end{aligned}$$

变量非负和整数限制：

$$x_1,x_2,x_3\geqslant 0\text{，且为整数；}y,z\text{为0-1变量}$$

综上分析，该问题的完整模型为

$$\max w=10x_1+15x_2+22x_3$$

$$\text{s.t.}\begin{cases}x_1+4x_2+2.5x_3\leqslant 600+(1-y)M\\1.5x_1+3x_2+1.8x_3\leqslant 450+yM\\x_1>300-zM\\x_2\geqslant 150-zM\\x_3\geqslant 200-zM\\x_1\leqslant 300+(1-z)M\\x_2\leqslant 280+(1-z)M\\x_3\leqslant 350+(1-z)M\\x_1,x_2,x_3\geqslant 0,\text{且为整数};y,z\in\{0,1\}\end{cases}$$

对问题中含有“要么……要么……”“如果……那么……否则……”的约束条件可以利用例 6.8 中的方法建模。

下面我们介绍多个约束条件中满足若干个的表示方法，如“m 个约束条件中必须满足 p 个”。

有 m 个约束条件：

$$\sum_{j=1}^{n}a_{ij}x_j\leqslant b_i,\ i=1,\cdots,m \tag{6.49}$$

可设变量：

$$y_i=\begin{cases}1, & \text{满足第}i\text{个约束条件}\\ 0, & \text{否则}\end{cases} \quad i=1,\cdots,m$$

采用例 6.8 中的方法，得到

$$\sum_{j=1}^{n} a_{ij}x_j \leqslant b_i+(1-y_i)M, \quad i=1,\cdots,m \tag{6.50}$$

$$y_1+y_2+\cdots+y_m=p \tag{6.51}$$

M 的含义同例 6.8。

二、投资选择问题

【例 6.9】有 m 个投资项目可供选择，每个项目的收益为 $c_j, j=1,2,\cdots,m$。由于资金有限，只能从这 m 个项目中选 n 个进行投资。问如何选择才能使得总收益最大？

解：与例 6.4 相同，采用 0-1 变量表示是否对项目投资。设

$$x_j=\begin{cases}1, & \text{对项目}j\text{进行投资}\\ 0, & \text{否则}\end{cases} \quad j=1,2,\cdots,m$$

目标为总收益最大：

$$\max z=\sum_{j=1}^{m} c_j x_j$$

约束条件为从 m 个项目中选 n 个进行投资：

$$\sum_{j=1}^{m} x_j=n$$

变量声明：

$$x_j\in\{0,1\}, j=1,2,\cdots,m$$

三、固定成本问题

【例 6.10】某物流公司拟在五个候选地点中建立若干个配送中心，用以满足六个批发商对商品的需求。若选中某地建立配送中心，则需支付一笔固定投资，没被选中的地点则不用支付该投资。每个批发商所需商品只能由建好的配送中心负责运输。每个地点建立配送中心所需固定投资、每个建好的配送中心的配送能力、每个批发商的需求量以及批发商到配送中心的单位运价（万元/万吨）如表 6-14 所示。试问该物流公司如何确定商品运输方案才能使得总成本最小？总成本包括所需固定投资和运费两部分，并假定商品的总配送能力大于总需求。

表 6-14 配送中心与批发商信息表

候选地点	批发商						所需固定投资/万元	配送能力/万吨
	1	2	3	4	5	6		
1	0.5	0.8	1.0	0.3	0.6	0.2	5	1.0
2	0.3	1.0	0.7	1.2	0.6	1.0	8	2.0
3	1.0	0.2	0.1	0.6	0.9	0.7	6	1.5
4	0.5	0.4	1.0	1.2	1.0	0.8	10	2.5
5	0.9	0.8	1.2	0.6	1.3	1.5	15	4.0
需求量/万吨	0.5	0.8	0.9	1.2	1.0	0.6		

解：若不考虑建立配送中心的固定投资，该问题就是一个运输问题，即在满足批发商商品需求和配送中心配送能力的基础上，使运费最少。因此设 x_{ij} 为配送中心 i 向批发商 j 运输商品的数量，$i=1,2,\cdots,5$，$j=1,2,\cdots,6$。

若选择在 i 地建立配送中心，则成本应为固定投资与运费之和。运费与运输商品的数量成正比，但固定投资与运输商品的数量无关，只要选择在该地建立配送中心，即使没有向外运输一个商品，该投资也不会减少一分。所以，与选择问题类似，我们要增设一组变量，用来描述是否在 i 地建立配送中心。设

$$y_i=\begin{cases}1, & \text{若在}i\text{地建立配送中心}\\ 0, & \text{否则}\end{cases} \qquad i=1,2,\cdots,5$$

令总运费为 f，则

$$\begin{aligned} f=&0.5x_{11}+0.8x_{12}+x_{13}+0.3x_{14}+0.6x_{15}+0.2x_{16}+0.3x_{21}+x_{22}+0.7x_{23}+1.2x_{24}\\ &+0.6x_{25}+x_{26}+x_{31}+0.2x_{32}+0.1x_{33}+0.6x_{34}+0.9x_{35}+0.7x_{36}+0.5x_{41}+0.4x_{42}\\ &+x_{43}+1.2x_{44}+x_{45}+0.8x_{46}+0.9x_{51}+0.8x_{52}+1.2x_{53}+0.6x_{54}+1.3x_{55}+1.5x_{56}\end{aligned}$$

令总固定投资为 g，则

$$g=5y_1+8y_2+6y_3+10y_4+15y_5$$

所以目标函数为

$$\min z=f+g$$

约束条件如下。

（1）配送中心的配送能力限制。

$$\sum_{j=1}^{n}x_{ij}\leqslant a_i y_i,\ i=1,2,\cdots,m$$

若 $y_i=0$，表明没有选择在 i 地建立配送中心，则由 i 地向外运输商品的数量应为 0；若 $y_i=1$，表明在 i 地建立配送中心，则由 i 地向外运输商品的数量应不超过其配送能力。

$$x_{11}+x_{12}+x_{13}+x_{14}+x_{15}+x_{16} \leqslant y_1$$
$$x_{21}+x_{22}+x_{23}+x_{24}+x_{25}+x_{26} \leqslant 2y_2$$
$$x_{31}+x_{32}+x_{33}+x_{34}+x_{35}+x_{36} \leqslant 1.5y_3$$
$$x_{41}+x_{42}+x_{43}+x_{44}+x_{45}+x_{46} \leqslant 2.5y_4$$
$$x_{51}+x_{52}+x_{53}+x_{54}+x_{55}+x_{56} \leqslant 4y_5$$

（2）对批发商商品需求的满足。

$$x_{11}+x_{21}+x_{31}+x_{41}+x_{51}=0.5$$
$$x_{12}+x_{22}+x_{32}+x_{42}+x_{52}=0.8$$
$$x_{13}+x_{23}+x_{33}+x_{43}+x_{53}=0.9$$
$$x_{14}+x_{24}+x_{34}+x_{44}+x_{54}=1.2$$
$$x_{15}+x_{25}+x_{35}+x_{45}+x_{55}=1$$
$$x_{16}+x_{26}+x_{36}+x_{46}+x_{56}=0.6$$

（3）变量声明。

$$x_{ij} \geqslant 0,\ y_i \in \{0,1\},\ i=1,2,\cdots,5,\ j=1,2,\cdots,6$$

四、选课问题

【例 6.11】 某大学学生小李要对下学期所开课程进行选择。除了必修课之外，下学期共开设 15 门选修课，分为限定选修课（限选课）和任意选修课（任选课）。由于有些课程之间存在联系，所以学校要求在选择某门课程的同时必须选择另一门课程。每门选修课的课程代码、课程性质、学分和必须同时选择的课程如表 6-15 所示。学校规定每个学生每学期选择课程的总学分不低于 24 学分，已知必修课共计 14 个学分。由于专业关系，学校要求小李所在专业的学生必须在课程代码为 2～6 的这 5 门限选课中至少选择 2 门，同时还要求选择任选课的学分比例不能少于所选课程总学分的 1/6，且不能多于 1/4。问小李在满足上述要求的情况下最少需要选择哪几门课程？

表 6-15　课程信息

课程代码	课程性质	学分	必须同时选择的课程
1	限选课	2	—
2	限选课	3	—
3	限选课	3	2
4	限选课	2	5
5	限选课	2.5	—
6	限选课	2	1
7	限选课	1.5	—
8	限选课	1	2
9	限选课	1	2

续表

课程代码	课程性质	学分	必须同时选择的课程
10	任选课	1	1
11	任选课	1.5	5
12	任选课	2	—
13	任选课	1	3
14	任选课	1.5	—
15	任选课	1	5

解：设

$$x_j=\begin{cases}1, & \text{若选择课程}j\\ 0, & \text{否则}\end{cases} \quad j=1,2,\cdots,15$$

目标为选择最少的课程，所以

$$\min z=\sum_{j=1}^{15}x_j$$

约束条件如下。

（1）学分要求。因为必修课占了 14 个学分，所以选修课的学分至少应为 10 个学分。

$$2x_1+3x_2+3x_3+2x_4+2.5x_5+2x_6+1.5x_7+x_8+x_9+x_{10}+1.5x_{11}+2x_{12}+x_{13}+1.5x_{14}+x_{15}\geqslant 10$$

（2）在课程 2～6 这 5 门限选课中至少选择 2 门。

$$x_2+x_3+x_4+x_5+x_6\geqslant 2$$

（3）任选课的学分占总学分的比例要求。

$$\frac{1}{6}\leqslant\frac{x_{10}+1.5x_{11}+2x_{12}+x_{13}+1.5x_{14}+x_{15}}{24}\leqslant\frac{1}{4}$$

整理后得

$$x_{10}+1.5x_{11}+2x_{12}+x_{13}+1.5x_{14}+x_{15}\geqslant 4$$
$$x_{10}+1.5x_{11}+2x_{12}+x_{13}+1.5x_{14}+x_{15}\leqslant 6$$

（4）课程之间存在的相互联系。

若选择课程 6、10，则必须同时选择课程 1，即

$$x_6\leqslant x_1,\quad x_{10}\leqslant x_1$$

若选择课程 3、8、9，则必须同时选择课程 2，即

$$x_3\leqslant x_2,\quad x_8\leqslant x_2,\quad x_9\leqslant x_2$$

若选择课程 13，则必须同时选择课程 3，即

$$x_{13} \leqslant x_3$$

若选择课程 4、11、15，则必须同时选择课程 5，即

$$x_4 \leqslant x_5,\quad x_{11} \leqslant x_5,\quad x_{15} \leqslant x_5$$

（5）变量声明。

$$x_j \in \{0,1\},\ j = 1,2,\cdots,15$$

五、背包问题

背包问题可以描述为：给定 n 个物品，在每件物品的重量、价值，以及背包的最大载重已知的情况下，如何进行选择才能使装入背包中的物品总价值最高？只考虑重量的是一维背包问题，如果同时考虑容积则是二维背包问题。

【例 6.12】一个 40 英尺（1 英尺=0.3048 米）的集装箱的最大载重量为 22 吨，内部最大容积为 54 米^3。现有 6 种货物待运，每种货物只有一件，其单位重量、单位体积和单位运费如表 6-16 所示。问如何装运货物才能使运费收入最高（假定不考虑货物形状）？

表 6-16　货物信息表

货物	单位重量/吨	单位体积/米^3	单位运费/万元
1	6	12	5
2	10	18	9
3	8	20	7
4	5	33	16
5	12	25	15
6	14	21	12

解：这是一个二维背包问题，设

$$x_j = \begin{cases} 1, & \text{装运货物}j \\ 0, & \text{否则} \end{cases} \quad j = 1,2,\cdots,6$$

目标为运费收入最高：

$$\max z = 5x_1 + 9x_2 + 7x_3 + 16x_4 + 15x_5 + 12x_6$$

约束条件有两个，一个是集装箱的最大载重量限制：

$$6x_1 + 10_2 + 8x_3 + 5x_4 + 12x_5 + 14x_6 \leqslant 22$$

另一个是集装箱的最大容积限制：

$$12x_1 + 18x_2 + 20x_3 + 33x_4 + 25x_5 + 21x_6 \leqslant 54$$

变量声明：

$$x_j \in \{0,1\},\ j=1,2,\cdots,6$$

六、合理下料问题

下料问题就是把形状相同的一些原材料分割加工成若干个规格不同的零件的问题，这类问题在工程技术和工业生产中有着广泛的应用。根据零件规格要求的不同，可以将下料问题分为以下三种类型：只考虑零件长度的是一维下料问题，考虑长度和宽度的是二维下料问题，同时考虑长、宽、高的是三维下料问题。

【例 6.13】 某工厂要做 100 套钢架，每套用长为 2.5 米、1.9 米、1.4 米的圆钢各一根。已知原料每根长 7.2 米，切割时所造成的锯缝损耗忽略不计。问：应如何下料可使所用原料最省？如果还有第二种原料，长度为 5.8 米，如何使用这两种原料？

解：该问题显然属于一维下料问题。我们先要确定有多少种截断方案，然后再对这些方案进行组合以确定最佳方案。首先考虑第一问，对 7.2 米长的原料，所能采取的截断方案如表 6-17 所示，共有 9 种截法。

表 6-17　第一种原料截断方案

圆钢长度/米	截断方案（7.2 米）								
	1	2	3	4	5	6	7	8	9
2.5	2	2	1	1	1	0	0	0	0
1.9	1	0	2	1	0	3	2	1	0
1.4	0	1	0	2	3	1	2	3	5
剩余料长/米	0.3	0.8	0.9	0	0.5	0.1	0.6	1.1	0.2

注：表中中间部分为不同圆钢的根数，如方案 1 表示 1 根 7.2 米的原料可截得 2.5 米的圆钢 2 根、1.9 米的圆钢 1 根、1.4 米的圆钢 0 根，剩余 0.3 米

设 x_j 为采取第 j 种截断方案截取第一种原料的根数，$j=1,2,\cdots,9$。

目标为使用的原料根数最省：

$$\min z = x_1 + x_2 + x_3 + x_4 + x_5 + x_6 + x_7 + x_8 + x_9$$

约束条件为所需圆钢数量应满足要求：

$$\text{s.t.}\quad \begin{cases} 2x_1 + 2x_2 + x_3 + x_4 + x_5 \geqslant 100 \\ x_1 + 2x_3 + x_4 + 3x_6 + 2x_7 + x_8 \geqslant 100 \\ x_2 + 2x_4 + 3x_5 + x_6 + 2x_7 + 3x_8 + 5x_9 \geqslant 100 \\ x_j \geqslant 0, \text{且为整数}, j=1,2,\cdots,9 \end{cases}$$

若该题要求剩余料长最小，则目标应为

$$\min z = 0.3x_1 + 0.8x_2 + 0.9x_3 + 0.5x_5 + 0.1x_6 + 0.6x_7 + 1.1x_8 + 0.2x_9$$

对第二问，增加一种原料，还是先确定有多少种截断方案，如表 6-18 所示。

表 6-18 第二种原料截断方案

圆钢长度/米	截断方案（5.8 米）						
	1	2	3	4	5	6	7
2.5	2	1	1	0	0	0	0
1.9	0	1	0	3	2	1	0
1.4	0	1	2	0	1	2	4
剩余料长/米	0.8	0	0.5	0.1	0.6	1.1	0.2

设 y_i 为采取第 i 种截断方案截取第二种原料的根数，$i=1,2,\cdots,7$。

将两种原料的截断方案放在一起考虑，满足需求即可。

$$\min z=\sum_{j=1}^{9}x_j+\sum_{i=1}^{7}y_i$$

$$\text{s.t.}\begin{cases}2x_1+2x_2+x_3+x_4+x_5+2y_1+y_2+y_3\geqslant 100\\ x_1+2x_3+x_4+3x_6+2x_7+x_8+y_2+3y_4+2y_5+y_6\geqslant 100\\ x_2+2x_4+3x_5+x_6+2x_7+3x_8+5x_9+y_2+2y_3+y_5+2y_6+4y_7\geqslant 100\\ x_j\geqslant 0,\text{且为整数},\quad j=1,2,\cdots,9\\ y_i\geqslant 0,\text{且为整数},\quad i=1,2,\cdots,7\end{cases}$$

七、作业车间调度问题

【例 6.14】某车间要加工 3 个零件，每个零件有 3 道工序，每道工序必须在 3 台机器中的 1 台上加工，且每个零件的第 1 道工序在机器 1 上加工，第 2 道工序在机器 2 上加工，第 3 道工序在机器 3 上加工，每个零件的工序不能改变，但在每台机器上加工时顺序任意。加工时间如表 6-19 所示，问应如何安排每个零件在每台机器上的加工顺序才能使完工时间最短？

表 6-19 每个零件每道工序的加工时间 单位：分

零件	工序		
	1	2	3
1	10	5	14
2	8	6	13
3	9	4	11

解：在第三章例 3.4 中我们介绍过该问题，与其有所区别的是，本问题中每个零件在每台机器上加工时，其顺序不是固定的，而是可以选择的。例如，在机器 1 上可以先加工零件 1，再加工零件 2，最后加工零件 3；或者先加工零件 3，再加工零件 2，最后加工零件 1。这样，在一台机器上就有 P_3^3 种排列方法。我们不仅要确定每个零件在每台机器上的加工时间，还要确定加工顺序。

与例 3.4 相同，我们设 t_{ij} 为零件 i 的第 j 道工序开始加工的时刻，$i, j=1,2,3$。

由于不知道机器 3 加工零件的顺序，所以也就不知道哪个零件最后被加工，即每个零件都有可能被最后加工。3 个零件最后被加工的完工时间分别为：$t_{13}+14$，$t_{23}+13$，$t_{33}+11$，我们应取其中最大值里的最小值，因此目标为

$$\min z=\max\left\{t_{13}+14, t_{23}+13, t_{33}+11\right\}$$

参照第三章例 3.8，可以将非线性函数转化为线性函数。

约束条件如下。

（1）每个零件的工序应满足先后关系。

$$\begin{gathered}t_{12}-t_{11} \geqslant 10 \\ t_{13}-t_{12} \geqslant 5 \\ t_{22}-t_{21} \geqslant 8 \\ t_{23}-t_{22} \geqslant 6 \\ t_{32}-t_{31} \geqslant 9 \\ t_{33}-t_{32} \geqslant 4\end{gathered}$$

（2）同一台机器上，虽然没有规定零件的加工顺序，但对任意两个零件 i 和 j，不是零件 i 在零件 j 的前面加工就是零件 i 在零件 j 的后面加工，因此，设 0-1 变量为

$$y_1=\begin{cases}1, & \text{零件1在零件2前面加工} \\ 0, & \text{否则}\end{cases}$$

$$y_2=\begin{cases}1, & \text{零件1在零件3前面加工} \\ 0, & \text{否则}\end{cases}$$

$$y_3=\begin{cases}1, & \text{零件2在零件3前面加工} \\ 0, & \text{否则}\end{cases}$$

显然，每个零件在每台机器上的加工顺序都应保持一致，否则只会使完工时间增加，因此只需设 3 个 0-1 变量即可。

所以对第 1 道工序，有

$$\begin{gathered}t_{11}-t_{21}+10 \leqslant M\left(1-y_1\right) \\ t_{21}-t_{11}+8 \leqslant M y_1 \\ t_{11}-t_{31}+10 \leqslant M\left(1-y_2\right) \\ t_{31}-t_{11}+9 \leqslant M y_2 \\ t_{21}-t_{31}+8 \leqslant M\left(1-y_3\right) \\ t_{31}-t_{21}+9 \leqslant M y_3\end{gathered}$$

对第 2 道工序，有

$$\begin{gathered}t_{12}-t_{22}+5 \leqslant M\left(1-y_1\right) \\ t_{22}-t_{12}+6 \leqslant M y_1\end{gathered}$$

$$t_{12}-t_{32}+5\leqslant M(1-y_2)$$
$$t_{32}-t_{12}+4\leqslant My_2$$
$$t_{22}-t_{32}+6\leqslant M(1-y_3)$$
$$t_{32}-t_{22}+4\leqslant My_3$$

对第 3 道工序，有

$$t_{13}-t_{23}+14\leqslant M(1-y_1)$$
$$t_{23}-t_{13}+13\leqslant My_1$$
$$t_{13}-t_{33}+14\leqslant M(1-y_2)$$
$$t_{33}-t_{13}+11\leqslant My_2$$
$$t_{23}-t_{33}+13\leqslant M(1-y_3)$$
$$t_{33}-t_{23}+11\leqslant My_3$$

其中，M 表示非常大的正数。

（3）变量的非负约束为

$$t_{ij}\geqslant 0; i,j=1,2,3; y_1,y_2,y_3\in\{0,1\}$$

八、非线性函数的线性化处理

在非线性规划中，最简单的一类是变量为二次项的非线性规划，这增加了我们的求解难度。但二次项若是 0-1 变量，我们可以将其转化为线性的。

（一）平方项 x_i^2

令 $x_k=x_i^2$，即用 0-1 变量 x_k 替换平方项 x_i^2。这是因为 x_i 是 0-1 变量，其取值只能是 0 或 1，因此其平方仍为 0 或 1。

（二）乘积项 x_ix_j

令 $x_k=x_ix_j$，其中 x_k 表示 0-1 变量，且满足下面的线性不等式组：

$$\begin{cases}x_k\geqslant x_i+x_j-1\\ x_k\leqslant (x_i+x_j)/2\end{cases}$$

显然，当 x_i 和 x_j 都为 1 时，由 $x_k\geqslant x_i+x_j-1$，知 x_k 必为 1；当 x_i 和 x_j 至少有一个为零，由 $x_k\leqslant (x_i+x_j)/2$，知 x_k 只能取严格小于 1 且大于等于零的数，因此 x_k 必为零。所以，我们可以用 x_k 替换乘积项 x_ix_j。

这样，就将二次项转化为线性的了。

（三）分段函数

对于目标中出现的分段定义数，例如：

$$\min z=f(x)$$

其中，

$$f(x)=\begin{cases} cx+d, & x>0 \\ 0, & x=0 \end{cases}$$

我们定义 0-1 变量：

$$y=\begin{cases} 1, & x>0 \\ 0, & x=0 \end{cases}$$

则目标函数可以表示为

$$\min z = cx + dy$$

且满足约束条件

$$x \leqslant My$$

其中，M 表示非常大的正数。

若求极大值，则目标函数改为

$$\max z = -cx - dy$$

第五节　指派问题

一、指派问题及模型

指派问题是一种特殊的 0-1 规划问题。我们经常会遇到这样一类问题：有 n 项任务要派 n 个人去完成（每人只能完成一项任务），由于每个人的特点与能力不同，完成各项任务的费用（或时间）也就不同，那么如何分配任务才能使总费用最少？这类问题就是指派问题。

已知第 i 个人去做第 j 项任务的费用为 c_{ij}，$i,j=1,2,\cdots,n$，并假设 $c_{ij}\geqslant 0$。我们用 $\boldsymbol{C}$ 表示费用矩阵：

$$\boldsymbol{C}=\begin{pmatrix} c_{11} & c_{12} & \cdots & c_{1n} \\ c_{21} & c_{22} & \cdots & c_{2n} \\ \vdots & \vdots & & \vdots \\ c_{n1} & c_{n2} & \cdots & c_{nn} \end{pmatrix}$$

设决策变量为

$$x_{ij}=\begin{cases} 1, & \text{指派第}i\text{个人做第}j\text{项任务} \\ 0, & \text{否则} \end{cases}$$

则指派问题的模型为

$$\min z=\sum_{i=1}^{n}\sum_{j=1}^{n}c_{ij}x_{ij}$$

$$\text{s.t.}\begin{cases}\sum_{j=1}^{n}x_{ij}=1, & i=1,2,\cdots,n\\ \sum_{i=1}^{n}x_{ij}=1, & j=1,2,\cdots,n\\ x_{ij}\in\{0,1\}, & i,j=1,2,\cdots,n\end{cases} \tag{6.52}$$

不难看出，指派问题是一类特殊的运输问题（产量和销量都为 1），可以用前面介绍的表上作业法求解。指派问题约束矩阵的秩为 $2n-1$，因此共有 $2n-1$ 个基变量，但其中只有 n 个取 1，其余 $n-1$ 个取 0，这样，退化现象极其严重。针对指派问题的特殊性，1955 年美国数学家 W. W. 库恩（W. W. Kuhn）提出了一种算法，由于算法中用到了匈牙利数学家 D. 康尼格（D. König）关于矩阵零元素的两个定理，因此将该算法称为匈牙利算法。

二、匈牙利算法

定理 6.1 如果费用矩阵 $\boldsymbol{C}$ 的第 k 行（列）元素都减去（或加上）一个常数 u，得到一个新的费用矩阵 $\boldsymbol{C}'$，则 $\boldsymbol{C}'$ 所确定的指派问题与原指派问题具有相同的最优解。

证明：因为

$$\boldsymbol{C}'=\begin{pmatrix} c_{11} & c_{12} & \cdots & c_{1n}\\ \vdots & \vdots & & \vdots\\ c_{k1}-u & c_{k2}-u & \cdots & c_{2n}-u\\ \vdots & \vdots & & \vdots\\ c_{n1} & c_{n2} & \cdots & c_{nn}\end{pmatrix}$$

所以由费用矩阵 $\boldsymbol{C}'$ 所确定的指派问题的目标值为

$$\begin{aligned} z'=\sum_{i=1}^{n}\sum_{j=1}^{n}c'_{ij}x_{ij} &= \sum_{i=1,i\neq k}^{n}\sum_{j=1}^{n}c_{ij}x_{ij}+\sum_{j=1}^{n}(c_{kj}-u)x_{ij}\\ &=\sum_{i=1,i\neq k}^{n}\sum_{j=1}^{n}c_{ij}x_{ij}+\sum_{j=1}^{n}c_{kj}x_{ij}-u\sum_{j=1}^{n}x_{ij}\\ &=\sum_{i=1}^{n}\sum_{j=1}^{n}c_{ij}x_{ij}-u\\ &=z-u\end{aligned}$$

即两个问题的目标值只相差一个常数 u，而约束条件没有变化，因此最优解不会改变。

我们称 $\boldsymbol{C}'$ 为 $\boldsymbol{C}$ 的等效矩阵，由定理 6.1 知，等效矩阵与原矩阵对应相同的最优解；称分布在不同行不同列上的一组零元素为独立零元素，如矩阵：

$$
\boldsymbol{C}=\begin{pmatrix}0&3&8&0\\3&1&0&1\\4&6&0&0\\0&6&1&0\end{pmatrix}
$$

构成独立零元素的有(c_{11},c_{23})、(c_{11},c_{33})、(c_{11},c_{34})、(c_{11},c_{44})、(c_{14},c_{23})、(c_{14},c_{33})、(c_{14},c_{41})、(c_{23},c_{34})、(c_{23},c_{41})、(c_{23},c_{44})、(c_{33},c_{41})、(c_{33},c_{44})、(c_{34},c_{41})、(c_{11},c_{23},c_{34})、(c_{11},c_{23},c_{44})、(c_{11},c_{33},c_{44})、(c_{14},c_{23},c_{41})、(c_{14},c_{33},c_{41})、(c_{23},c_{34},c_{41})，共19组。虽然 $\boldsymbol{C}$ 中有 7 个零元素，但独立零元素最多只有 3 个（分别位于最后的 6 组中）。

如何判断独立零元素的最多个数呢？我们看下面的定理。

定理 6.2 覆盖矩阵 $\boldsymbol{C}$ 中所有零元素的最少直线条数等于独立零元素的最多个数。

覆盖是指用水平或垂直的直线划去零元素所在的行或列。显然，对于 n 阶方阵用 n 条水平或垂直的直线就可以覆盖所有元素，当然也包括零元素。定理 6.2 告诉我们，最少的覆盖直线数恰好等于独立零元素的最多个数。

例如，对上述矩阵 $\boldsymbol{C}$，最少可以用 3 条直线覆盖所有零元素，所以该矩阵最多只有 3 个独立零元素。

$$
\boldsymbol{C}=\begin{pmatrix}0&3&8&0\\3&1&0&1\\4&6&0&0\\0&6&1&0\end{pmatrix}
$$

通过定理 6.1 和定理 6.2，我们可以给出求解指派问题的匈牙利算法的思路：通过求原问题费用矩阵的等效矩阵，使该矩阵产生尽可能多的零元素，然后寻找独立零元素，如果独立零元素的最大个数恰好等于矩阵阶数，那么就得到了原指派问题的最优解。否则用最少的直线覆盖所有零元素，增加新的零元素后再寻找独立零元素，反复进行直到求出最优解。

下面我们以费用矩阵

$$
\boldsymbol{C}=\begin{pmatrix}6&7&11&2\\4&5&9&8\\3&1&10&4\\5&9&8&2\end{pmatrix}
$$

为例进行介绍。

先建立等效矩阵。从矩阵 $\boldsymbol{C}$ 的每一行中找出最小值，分别为 2、4、1、2，然后每一行都减去该行的最小值。对列做同样处理，就得到等效矩阵 $\boldsymbol{C}'$，这样可以保证等效矩阵中每行和每列都至少有一个零元素。

$$\boldsymbol{C}=\begin{pmatrix}6&7&11&2\\4&5&9&8\\3&1&10&4\\5&9&8&2\end{pmatrix}\overset{\min}{\begin{matrix}2\\4\\1\\2\end{matrix}}\to\begin{pmatrix}4&5&9&0\\0&1&5&4\\2&0&9&3\\3&7&6&0\end{pmatrix}\to\begin{pmatrix}4&5&4&0\\0&1&0&4\\2&0&4&3\\3&7&1&0\end{pmatrix}=\boldsymbol{C}'$$

$$5\quad \min$$

然后确定独立零元素。若一行或一列中只有一个零元素，则它就是独立零元素。对等效矩阵$\boldsymbol{C}'$，先考虑行，第一行只有一个零元素c_{14}，其是独立零元素，加圈，记作◎；该独立零元素所在的第四列零元素c_{44}为多余零元素，划去，记作∅，表示该列所代表的任务已指派完。同理，c_{32}为独立零元素。

$$\begin{pmatrix}4&5&4&◎\\0&1&0&4\\2&◎&4&3\\3&7&1&\varnothing\end{pmatrix}$$

然后考虑列。第一列c_{21}为独立零元素，画◎，而c_{23}为多余零元素，画∅。

$$\begin{pmatrix}4&5&4&◎\\◎&1&\varnothing&4\\2&◎&4&3\\3&7&1&\varnothing\end{pmatrix}$$

这样，每个零元素都得到标记，其不是独立零元素就是多余零元素。

若独立零元素的数目等于矩阵的阶数，那么指派问题的最优解已得到。显然，该矩阵的独立零元素只有 3 个，没有达到最优。

接下来用最少的直线覆盖所有零元素，方法如下。

（1）对没有独立零元素的行打“√”。

（2）对已打“√”的行中所有含多余零元素的列打“√”。

（3）再对打“√”的列中含独立零元素的行打“√”。

（4）重复（1）、（2）步，直到得不出新的打“√”的行、列为止。

（5）对没有打“√”的行画横线，对打“√”的列画纵线，这样就得到覆盖所有零元素的最少直线数。

由于上述矩阵第四行没有独立零元素，所以对该行打“√”。第四行中有多余零元素c_{44}，所以对第四列打“√”。第四列中有独立零元素c_{14}，对第一行打“√”。具体如下所示。

$$\begin{pmatrix}4&5&4&◎\\◎&1&\varnothing&4\\2&◎&4&3\\3&7&1&\varnothing\end{pmatrix}\begin{matrix}\surd\\ \\ \\ \surd\end{matrix}$$

$$\qquad\qquad\surd$$

对没打“√”的行和打“√”的列画线，即对第二行、第三行和第四列画线，这样，只要 3 条直线就覆盖了所有零元素。

$$\begin{array}{l} \begin{pmatrix} 4 & 5 & 4 & \circledcirc \\ \circledcirc & 1 & \varnothing & 4 \\ 2 & \circledcirc & 4 & 3 \\ 3 & 7 & 1 & \varnothing \end{pmatrix} \begin{array}{l} \surd \\ \\ \\ \surd \end{array} \\ \qquad\qquad\quad \surd \end{array}$$

最后对矩阵进行调整，增加新的零元素。在没被直线覆盖的 6 个元素中最小的元素为 $c_{43}=1$，打“√”的第一行和第四行的所有元素减 1，打“√”的第四列的所有元素加上 1，得到如下矩阵：

$$\begin{pmatrix} 3 & 4 & 3 & 0 \\ 0 & 1 & 0 & 5 \\ 2 & 0 & 4 & 4 \\ 2 & 6 & 0 & 0 \end{pmatrix}$$

很明显，增加了一个零元素 c_{43}。

然后再确定该矩阵的独立零元素。第一行的 c_{14} 为独立零元素，c_{44} 为多余零元素；第三行的 c_{32} 为独立零元素。第一列的 c_{21} 为独立零元素，c_{23} 为多余零元素；第四行的 c_{43} 为独立零元素。于是得到

$$\begin{pmatrix} 4 & 5 & 4 & \circledcirc \\ \circledcirc & 1 & \varnothing & 4 \\ 2 & \circledcirc & 4 & 3 \\ 3 & 7 & \circledcirc & \varnothing \end{pmatrix}$$

由于独立零元素有 4 个，所以得到最优解。最优解为 $x_{14}=1$，$x_{21}=1$，$x_{32}=1$，$x_{43}=1$，即指派第一个人完成第四项任务，第二个人完成第一项任务，第三个人完成第二项任务，第四个人完成第三项任务，总费用为 $c_{14}+c_{21}+c_{32}+c_{43}=2+4+1+8=15$。

下面给出匈牙利算法的完整步骤。

第一步，建立等效矩阵。将费用矩阵 $\boldsymbol{C}$ 的每行元素都减去该行的（非零）最小元素，再将每列元素减去该列的（非零）最小元素，得到等效矩阵 $\boldsymbol{C}'$。

第二步，确定独立零元素。从只有一个零元素的行开始，给该行中的零元素加圈，记作◎；然后划去◎所在列的其他零元素，记作∅，这些零元素称为多余零元素。再从只有一个零元素的列开始（画∅的不计在内），给该列中的零元素加圈，记作◎；然后划去◎所在行的零元素，记作∅。如果剩余行（或列）的零元素多于两个，则任意选择其中一个零元素作为独立零元素，并划去该列和该行的多余零元素。反复进行，直到所有零元素都已被画圈或划掉为止。若独立零元素的数目等于矩阵的阶数，那么指派问题的最优解已得到：与这些独立零元素对应的变量 $x_{ij}=1$，其余变量 $x_{ij}=0$；否则，转第三步。

第三步，用最少的直线覆盖所有零元素。

第四步，对矩阵进行调整，增加新的零元素。在没有被直线覆盖的所有元素中找出最小值，然后进行如下调整：没有被直线覆盖的行都减去这个最小值，被直线覆盖的列都加上该最小值。转第二步。

三、非标准指派问题

（一）目标函数极大化

若指派问题中的费用矩阵是每个人做事的效率，这时目标函数就要对总效率求极大值，模型为

$$\max z=\sum_{i=1}^{n}\sum_{j=1}^{n}c_{ij}x_{ij}$$
$$\text{s.t.}\begin{cases}\sum_{j=1}^{n}x_{ij}=1, & i=1,2,\cdots,n\\ \sum_{i=1}^{n}x_{ij}=1, & j=1,2,\cdots,n\\ x_{ij}\in\{0,1\}, & i,j=1,2,\cdots,n\end{cases}\tag{6.53}$$

可以通过建立费用矩阵 $\boldsymbol{C}$ 的等效矩阵，将目标改为求极小值。令 $v=\max\limits_{i,j}\left\{c_{ij}\mid c_{ij}\in\boldsymbol{C}\right\}$，即 v 为费用矩阵中所有元素中的最大值，然后用 v 减去费用矩阵中的元素，得到等效矩阵 $\boldsymbol{C}'=\left(c'_{ij}\right)_{n\times n}=\left(v-c_{ij}\right)_{n\times n}$。于是，模型变为

$$\min z'=\sum_{i=1}^{n}\sum_{j=1}^{n}c'_{ij}x_{ij}$$
$$\text{s.t.}\begin{cases}\sum_{j=1}^{n}x_{ij}=1, & i=1,2,\cdots,n\\ \sum_{i=1}^{n}x_{ij}=1, & j=1,2,\cdots,n\\ x_{ij}\in\{0,1\}, & i,j=1,2,\cdots,n\end{cases}\tag{6.54}$$

其中，目标函数省略了一个常数项 $\sum_{i=1}^{n}\sum_{j=1}^{n}vx_{ij}=vn$。再以 $\boldsymbol{C}'$ 为费用矩阵，应用匈牙利算法求最优解即可。

（二）人数与任务数不等

若人数 m 大于任务数 n，增加 $m-n$ 项虚拟任务，每个人完成这些虚拟任务的费用均为 0；若人数 m 小于任务数 n，增加 $n-m$ 个虚拟人，每个虚拟人完成任务的费用均为 0。

(三) 有人可以完成多项任务

若某人可以完成多项任务，则将该人化作相同的几个“人”来接受指派，且费用系数取值相同。

(四) 有人不适合做某项任务

将该人做这项任务的费用取作足够大的正数，如 M。

第六节　应用LINGO软件求解整数规划模型

应用 LINGO 软件求解整数规划问题，与求解线性规划问题的方法相同，区别是需要对变量做必要的限制。LINGO 中使用函数@gin 表示普通整数，如@gin(x)，代表变量 x 取整数；@bin 表示二元整数，如@bin(y)，代表 y 为 0-1 变量。

【例 6.15】 例 6.13 合理下料问题，第一问的 LINGO 程序如图 6-11 所示。

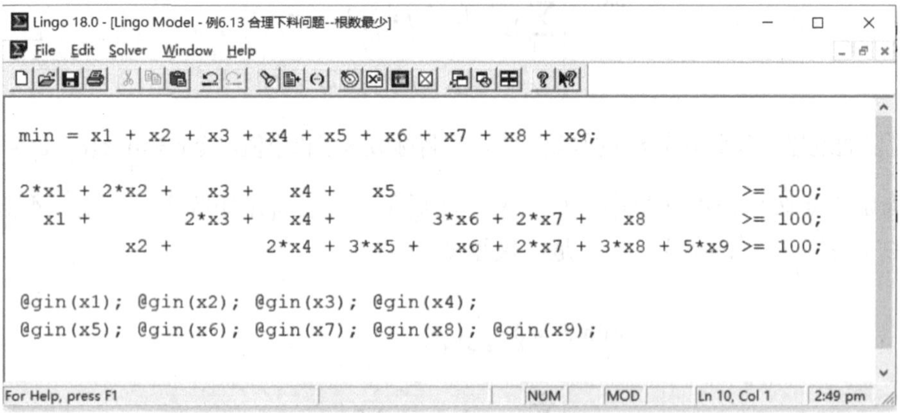

图 6-11　LINGO 程序（一）

部分运行结果为：$x_1=27$，$x_4=46$，$x_6=9$，共使用圆钢（原材料）82 根，实际截取了 2.5 米和 1.9 米长的圆钢各 100 根，1.4 米长的圆钢恰好截取了 101 根。

对第二问，在第一问程序的基础上，增加一组变量 y，运行后最优解没有改变，仍为：$x_1=27$，$x_4=46$，$x_6=9$。

【例 6.16】 例 6.14 作业车间调度问题的 LINGO 程序如图 6-12 所示。

其中，函数@smax（$x_1, x_2,\cdots, x_n$）表示求 n 个数 $x_1, x_2,\cdots, x_n$ 的最大值。

运行结果为：$y_1=1$，$y_2=0$，$y_3=0$，START(P1,S1) = 9，START(P1,S2) = 19，START(P1,S3) = 24，START(P2,S1) = 24，START(P2,S2) = 32，START(P2,S3) = 38，START(P3,S1) = 0，START(P3,S2) = 9，START(P3,S3) = 13，完工时间为 51 分钟。

```
model:
 Title 作业车间调度问题;
 sets:
  Parts/p1..p3/;
  Sequence/s1..s3/;
  PXS(Parts,Sequence): t, x;
 endsets

 min = @smax(x(1,3)+t(1,3), x(2,3)+t(2,3), x(3,3)+t(3,3));

 !1.每个零件的工序约束;
 @for(PXS(i,j)|j #le# 2:
   x(i,j) + t(i,j) <= x(i,j+1));

 !2.不同零件加工顺序约束;
 @for(Sequence(j):[S12]
   x(1,j) + t(1,j) <= x(2,j) + M * (1 - y1));
 @for(Sequence(j): [S21]
   x(2,j) + t(1,j) <= x(1,j) + M * y1);

 @for(Sequence(j): [S13]
   x(1,j) + t(1,j) <= x(3,j) + M * (1 - y2));
 @for(Sequence(j): [S31]
   x(3,j) + t(3,j) <= x(1,j) + M * y2);

 @for(Sequence(j): [S23]
   x(2,j) + t(2,j) <= x(3,j) + M * (1 - y3));
 @for(Sequence(j): [S32]
   x(3,j) + t(3,j) <= x(2,j) + M * y3);

 @bin(y1);
 @bin(y2);
 @bin(y3);

 data:
  M = 100;
  t = 10 5 14
       8 6 13
       9 4 11;
 enddata
end
```

图 6-12 LINGO 程序（二）

由 $y_1=1$ 知零件 1 在零件 2 的前面加工，由 $y_2=0$ 知零件 3 在零件 1 的前面加工，此时 $y_3=0$ 就是必然的。因此，得到每个零件在每台机器上的加工顺序为：零件 3、零件 1、零件 2。

零件 3 在机器 1（即第一道工序）上开始加工的时间为 0，在机器 2 上开始加工的时间为第 9 分钟，在机器 3 上开始加工的时间为第 13 分钟。

零件 1 在机器 1 上开始加工的时间为第 9 分钟，在机器 2 上开始加工的时间为第 19 分钟，在机器 3 上开始加工的时间为第 24 分钟。

零件 2 在机器 1 上开始加工的时间为第 24 分钟，在机器 2 上开始加工的时间为第 32 分钟，在机器 3 上开始加工的时间为第 38 分钟。

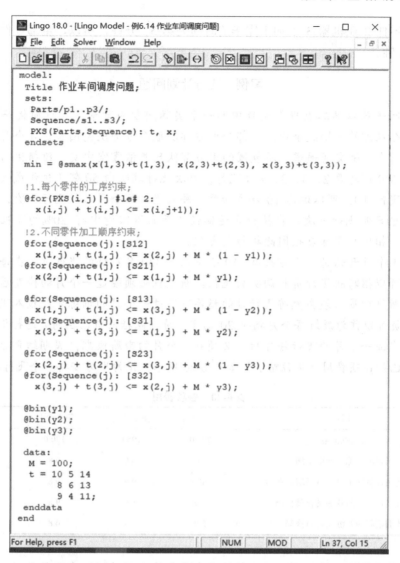

由于零件 2 在机器 3 上加工完毕的时间为第 51 分钟，所以，全部零件的完工时间为 51 分钟。

案例 飞行计划问题

这个问题是以第二次世界大战中的一个实际问题为背景，经过简化而被提出来的。在甲乙双方的一场战争中，一部分甲方部队被乙方部队包围长达 4 个月。由于乙方封锁了所有水陆交通通道，被包围的甲方部队只能依靠空中交通维持供给。运送 4 个月的供给分别需要 2、3、3、4 次飞行，每次飞行编队由 50 架飞机组成（每架飞机需要 3 名飞行员），可以运送 10 万吨物资。每架飞机每个月只能飞行一次，每名飞行员每个月也只能飞行一次。在执行完运输任务后的返回途中有 20%的飞机会被乙方部队击落，相应的飞行员也因此牺牲或失踪。

在第 1 个月开始时，甲方拥有 110 架飞机和 330 名熟练的飞行员。在每个月开始时，甲方可以招聘新飞行员和购买新飞机。新飞机必须经过一个月的检查后才可以投入使用，新飞行员必须在熟练飞行员的指导下经过一个月的训练才能投入飞行。每名熟练飞行员可以作为教练每个月指导 20 名飞行员（包括他自己在内）进行训练。每名飞行员在完成一个月的飞行任务后，必须有一个月的带薪假期，假期结束后才能再投入飞行。已知各项费用（单位略去）如表 6-20 所示，请为甲方安排一个飞行计划。

表 6-20 各项费用

项目	第 1 个月	第 2 个月	第 3 个月	第 4 个月
新飞机价格	200.0	195.0	190.0	185.0
闲置的熟练飞行员报酬	7.0	6.9	6.8	6.7
教练和新飞行员的报酬（包括培训费用）	10.0	9.9	9.8	9.7
执行飞行任务的熟练飞行员报酬	9.0	8.9	9.8	9.7
休假期间的熟练飞行员报酬	5.0	4.9	4.8	4.7

如果每名熟练飞行员可以作为教练每个月指导不超过 20 名飞行员（包括他自己在内）进行训练，模型和结果有哪些改变？

问题分析

这个问题看起来很复杂，但只要理解了这个例子中所描述的事实，其实建立优化模型并不困难。首先可以看出，执行飞行任务以及执行飞行任务后休假的熟练飞行员数量是常数，所以这部分费用（报酬）是固定的，在优化目标中可以不考虑。

决策变量

设每个月开始时甲方新购买的飞机数量分别为 x_1, x_2, x_3, x_4 架，闲置的飞机数量分别为 y_1, y_2, y_3, y_4 架。4 个月中，飞行员中教练和新飞行员数量分别为 u_1, u_2, u_3, u_4 人，闲置的熟练飞行员数量分别为 v_1, v_2, v_3, v_4 人。

目标函数

优化目标是

$$\min z = 200x_1 + 195x_2 + 190x_3 + 185x_4 + 10u_1 + 9.9u_2 + 9.8u_3 + 9.7u_4 + 7v_1 + 6.9v_2 + 6.8v_3 + 6.7v_4$$

约束条件

需要考虑的约束如下。

（1）飞机数量限制：4 个月中执行飞行任务的飞机数量分别为 100, 150, 150, 200 架，但只有 80, 120, 120, 160 架能够返回供下个月使用。

第 1 个月：$100 + y_1 = 110$。

第 2 个月：$150 + y_2 = 80 + y_1 + x_1$。

第 3 个月：$150 + y_3 = 120 + y_2 + x_2$。

第 4 个月：$200 + y_4 = 120 + y_3 + x_3$。

（2）飞行员数量限制：4 个月中执行飞行任务的熟练飞行员人数分别为 300, 450, 450, 600 人，但只有 240, 360, 360, 480 人能够返回（下个月一定休假）。

第 1 个月：$300 + 0.05u_1 + v_1 = 330$。

第 2 个月：$450 + 0.05u_2 + v_2 = u_1 + v_1$。

第 3 个月：$450 + 0.05u_3 + v_3 = u_2 + v_2 + 240$。

第 4 个月：$600 + 0.05u_4 + v_4 = u_3 + v_3 + 360$。

最后，自然要求 $x_1, x_2, x_3, x_4, y_1, y_2, y_3, y_4, u_1, u_2, u_3, u_4, v_1, v_2, v_3, v_4 \geqslant 0$ 且为整数。

于是，这个优化模型很容易用 LINGO 求解得到最优解为 $x_1 = 60$，$x_2 = 30$，$x_3 = 80$，$x_4 = 0$；$y_1 = 10$，$y_2 = y_3 = y_4 = 0$；$u_1 = 460$，$u_2 = 220$，$u_3 = 240$，$u_4 = 0$；$v_1 = 7$，$v_2 = 6$，$v_3 = 4$，$v_4 = 4$；目标函数值为 42 324.4。

问题讨论

如果每名熟练飞行员可以作为教练每个月指导不超过 20 名飞行员（包括他自己在内）进行训练，则应将教练与新飞行员分开。

设 4 个月飞行员中教练数量为 u_1, u_2, u_3, u_4 人，新飞行员数量分别为 w_1, w_2, w_3, w_4 人。其他符号不变。飞行员的数量限制约束如下。

第 1 个月：$300 + u_1 + v_1 = 330$。

第 2 个月：$450 + u_2 + v_2 = u_1 + v_1 + w_1$，$w_1 \leqslant 20u_1$。

第 3 个月：$450 + u_3 + v_3 = u_2 + v_2 + 240 + w_2$，$w_2 \leqslant 20u_2$。

第 4 个月：$600 + u_4 + v_4 = u_3 + v_3 + 360 + w_3$，$w_3 \leqslant 20u_3$。

对优化模型做相应修改，用 LINGO 求解得到最优解为 $u_1 = 22$，$u_2 = 11$，$u_3 = 12$，$u_4 = 0$；$v_1 = 8$，$v_2 = v_3 = v_4 = 0$；$w_1 = 431$，$w_2 = 211$，$w_3 = 228$，$w_4 = 0$（$x_1 \sim x_4$，$y_1 \sim y_4$ 不变）；目标函数值为 42 185.8。

习 题

1. 分别应用分枝定界法和割平面法求解下列整数规划问题。

（1）
$$\max z=10x_1+6x_2$$
$$\text{s.t.}\begin{cases}2x_1+x_2\leqslant 16\\3x_1+5x_2\leqslant 30\\x_1,x_2\geqslant 0,\text{且为整数}\end{cases}$$

（2）
$$\max z=5x_1+8x_2$$
$$\text{s.t.}\begin{cases}x_1+4x_2\leqslant 12\\2x_1+3x_2\leqslant 15\\x_1,x_2\geqslant 0,\text{且为整数}\end{cases}$$

（3）
$$\max z=40x_1+90x_2$$
$$\text{s.t.}\begin{cases}9x_1+7x_2\leqslant 56\\7x_1+20x_2\leqslant 70\\x_1,x_2\geqslant 0,\text{且为整数}\end{cases}$$

（4）
$$\max z=x_1+x_2$$
$$\text{s.t.}\begin{cases}2x_1+x_2\leqslant 6\\4x_1+5x_2\leqslant 20\\x_1,x_2\geqslant 0,\text{且为整数}\end{cases}$$

（5）
$$\max z=x_1+x_2$$
$$\text{s.t.}\begin{cases}x_1+\dfrac{9}{14}x_2\leqslant \dfrac{51}{14}\\-2x_1+x_2\leqslant \dfrac{1}{3}\\x_1,x_2\geqslant 0,\text{且为整数}\end{cases}$$

（6）
$$\max z=3x_1-x_2$$
$$\text{s.t.}\begin{cases}3x_1-2x_2\leqslant 3\\2x_1+x_2\leqslant 5\\x_1,x_2\geqslant 0,\text{且为整数}\end{cases}$$

2. 用隐枚举法和分枝定界法求解下列 0-1 规划问题。

（1）
$$\max z=2x_1+5x_2+3x_3+4x_4$$
$$\text{s.t.}\begin{cases}4x_1-x_2-x_3-x_4\leqslant 0\\2x_1-4x_2-2x_3-4x_4\leqslant 4\\-x_1-x_2+x_3-x_4\leqslant 1\\x_1,x_2,x_3,x_4\in\{0,1\}\end{cases}$$

（2）
$$\max z=6x_1+4x_2+x_3$$
$$\text{s.t.}\begin{cases}2x_1-5x_2+3x_3\leqslant 4\\4x_1+x_2+3x_3\geqslant 3\\x_2+x_3\geqslant 1\\x_1,x_2,x_3\in\{0,1\}\end{cases}$$

（3）
$$\max z=5x_1-3x_2+2x_3-x_4+4x_5$$
$$\text{s.t.}\begin{cases}7x_1-5x_2+3x_3-2x_4+4x_5\leqslant 6\\2x_1-4x_2+x_3-x_4+2x_5\leqslant 0\\x_1,x_2,x_3,x_4,x_5\in\{0,1\}\end{cases}$$

（4）
$$\min z=8x_1+6x_2+7x_3+5x_4+9x_5$$
$$\text{s.t.}\begin{cases}x_1-x_2+x_3+4x_4-2x_5\geqslant 2\\-2x_1+3x_2-x_3+x_4+x_5\geqslant 0\\x_1-x_2+3x_3-x_4+x_5\geqslant 1\\x_1,x_2,x_3,x_4,x_5\in\{0,1\}\end{cases}$$

3. 针对下列整数规划问题：

$$\max z=20x_1+10x_2+10x_3$$
$$\text{s.t.}\begin{cases}2x_1+20x_2+4x_3\leqslant 15\\6x_1+20x_2+4x_3=20\\x_1,x_2,x_3\geqslant 0,\text{且为整数}\end{cases}$$

说明能否用先求解相应的线性规划问题然后进行四舍五入的办法来求得该整数规划问题的一个可行解。

4. 一对年轻夫妇想把家里主要的零活（购物、做饭、洗碗、洗衣）进行分配，使他们花费在家务活上的时间最少并且每个人分配两个任务。他们完成这些任务的时间是不同的，他们各自完成这些任务的时间见表 6-21。

表 6-21 完成任务所需时间 单位：时

	零活			
	洗衣	做饭	洗碗	购物
丈夫	2.8	7.5	3.5	4.1
妻子	3.2	7.2	4.2	4.4

（1）为这个问题建立一个二元整数规划模型。

（2）求解这个模型。

5. 试用 0-1 变量将下列各式表示为一般的线性约束条件。

（1）$2x_1+5x_2\leqslant 20$ 或 $3x_1-4x_2\geqslant 15$。

（2）若 $x_1\leqslant 4$，则 $x_3\geqslant 5$，否则 $x_3\leqslant 8$。

（3）以下约束条件中至多满足 3 个：

$$\text{s.t.}\begin{cases}x_1+3x_3\leqslant 16\\2x_1+x_4\geqslant 8\\x_2+5x_3\geqslant 10\\x_5\leqslant 5\end{cases}$$

（4）变量 x_2 只能取值 0,2,5,10。

（5）变量 $|x_1+x_2|$ 只能取值 0,2,4。

6. 考虑以下非线性整数规划问题。

$$\max z=3x_1^2+10x_1^3+8x_2-x_2^2$$

$$\text{s.t.}\begin{cases}x_1+x_2\leqslant 3\\x_1,x_2\geqslant 0,\text{且为整数}\end{cases}$$

使用 6 个 0-1 变量（$y_{ij},i=1,2;j=1,2,3$），根据它们所代表的含义，将这个问题作为一个二元整数规划问题（目标函数是线性的），用两种不同的方式建模。

（1）为这个问题建立一个二元整数规划模型，0-1 变量含义如下。

$$y_{ij}=\begin{cases}1, & x_i=j\\0, & \text{否则}\end{cases}$$

（2）为这个问题建立一个二元整数规划模型，0-1 变量的含义如下。

$$y_{ij}=\begin{cases}1, & x_i\geqslant j\\0, & \text{否则}\end{cases}$$

7. 某大学为运筹学专业研究生开设课程的信息如表 6-22 所示。某些课程要求必须先选择先修课程。由于每门课程属于不同的类别，因此考虑到学科间的互补，要求必须选择两门数学类课程、两门运筹学类课程和两门计算机类课程。问一个学生至少要选择几门课程才能满足上述要求？

表 6-22 课程信息表

课程	所属类别	先修课程
运筹学	数学类，运筹学类	—
微积分	数学类	—
计算机程序设计	计算机类	—
数据结构	数学类，计算机类	计算机程序设计
管理统计	数学类，运筹学类	微积分
计算机模拟	计算机类，运筹学类	计算机程序设计
预测	数学类，运筹学类	管理统计

8. 某企业对客户产品进行来料加工，有 5 个客户可供选择。产品可在设备 A 和 B 上加工，两种设备的可利用工时分别为 300 小时和 250 小时，每个设备加工不同客户产品的时间及单位利润如表 6-23 所示。

表 6-23 设备加工不同客户产品的信息表

设备	客户 1	客户 2	客户 3	客户 4	客户 5
A	3	6	5	8	5
B	5	4	7	6	8
单位利润/元	10	12	15	13	9

问：（1）若只能选择 1 个客户，如何确定加工方案使总利润最大？

（2）若至多选择 4 个客户，最优方案是什么？

9. 将下面的非线性 0-1 规划问题转化为线性 0-1 规划问题。

$$\min z = 2x_1x_2 - x_2 + x_3^2$$

$$\text{s.t.} \begin{cases} 3x_1 + 2x_2 + 2x_3 \geqslant 10 \\ x_1, x_2, x_3 \in \{0,1\} \end{cases}$$

10. 图 6-13 为某城市的 8 个区，每个区可最多设一个消防站。为了节省开支，政府希望设置的消防站数量越少越好，但必须保证在任何地区发生火警时，消防车能在 10 分钟内赶到现场。假定各区的消防站都建在每个区的中心，各区之间消防车行驶最长时间如表 6-24 所示。问应在哪几个区设立消防站？

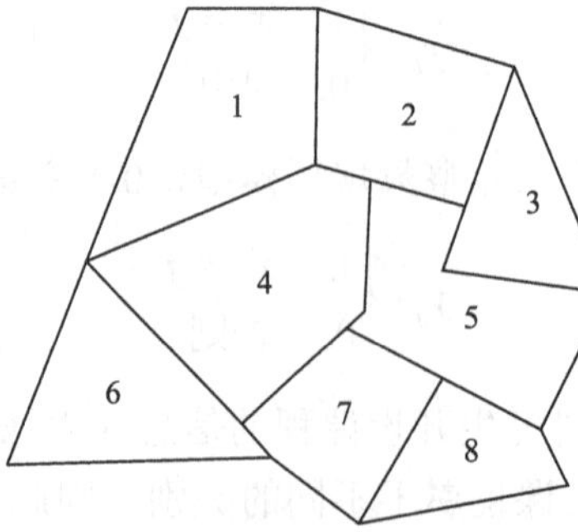

图 6-13 某城市的 8 个区

表 6-24 消防车行驶最长时间表 单位：分

区	1	2	3	4	5	6	7	8
1	7	12	18	20	24	26	25	28
2	14	5	8	15	16	18	18	18
3	19	9	4	14	10	22	16	13
4	14	15	15	10	18	15	14	18
5	20	18	12	20	9	25	14	12
6	18	21	20	16	20	6	10	15
7	22	18	20	15	16	15	5	9
8	30	22	15	20	14	18	8	6

11. 某指派问题的费用矩阵如下。

（1）$\boldsymbol{C}=\begin{pmatrix}3 & 7 & 8 & 11\\9 & 10 & 14 & 12\\6 & 8 & 13 & 17\\7 & 9 & 10 & 12\end{pmatrix}$ （2）$\boldsymbol{C}=\begin{pmatrix}26 & 24 & 45 & 42 & 23\\26 & 39 & 33 & 38 & 20\\36 & 24 & 32 & 27 & 20\\31 & 25 & 37 & 29 & 42\\28 & 34 & 32 & 27 & 40\end{pmatrix}$

（3）$\boldsymbol{C}=\begin{pmatrix}18 & 20 & 25 & 17\\22 & M & 26 & 19\\20 & 24 & M & 18\\14 & 19 & 17 & 15\end{pmatrix}$

试求最优指派方案。

第七章

动 态 规 划

动态规划方法是美国数学家贝尔曼等在20世纪50年代提出的求解多阶段决策问题最优策略的方法，它是运筹学的一个重要分支。动态规划和线性规划、非线性规划都属于数学规划的范畴，且和线性规划一样是一种逐步改善法。它将整体分成若干个前后衔接的时空阶段，逐个进行求解，按照一定的递推关系做出一系列决策，直到达到整体最优为止。动态规划自问世以来，在工程技术、生产计划、资源分配以及经济决策等诸多领域都得到了广泛的应用。

例如，工厂在生产过程中，必须逐月或逐季度地根据库存及需求间的关系，调整生产计划，以获得最大收益，这是一个典型的多阶段决策问题，可将问题的解决方案视为一系列决策的结果，动态规划提供了对这类问题的基本分析思想和求解方法。

第一节　多阶段决策过程实例

先看一个简单的例子，以说明动态规划及逆序法的含义。

【例 7.1】某大学生在期末考试之前有 5 天时间可以用于复习 3 门课程，每门课程至少需要 1 天，且 1 天仅集中复习 1 门课，所以分配给各门课的时间分别为 1 天、2 天和 3 天。估计每门课程复习天数与提高分数间的对应关系如表 7-1 所示，问如何安排各门课程的复习时间，可使分数提高最多？

表 7-1　课程复习天数与提高分数间的对应关系

复习天数	课程		
	1	2	3
1	1	5	4
2	3	6	6
3	6	8	7

为确定各门课程最佳的复习时间组合，需要分 3 个阶段分别考虑为每门课程分配几天时间复习，这是一个典型的多阶段决策问题，要求在每个阶段依次做出决策。每

个阶段的决策确定以后，就得到一个决策序列，称为策略。多阶段决策问题就是要寻求一个使目标达到最优的策略。

假设该学生先为课程 1 分配复习时间，然后根据剩余的天数为课程 2 分配复习时间，最后根据课程 1 和课程 2 分配后剩余的天数为课程 3 分配复习时间。假设课程 1 和课程 2 的复习时间已经确定，对课程 3 而言，需要决定如何分配复习天数，使其提高的分值最多。由于课程 1 和课程 2 至少要各分配 1 天，且至少要给课程 3 剩余 1 天的复习时间，所以剩余的天数在{1,2,3}范围内取值，我们可以很容易地根据剩余的天数做出最优决策。然后再考虑如何同时确定课程 2 和课程 3 的复习时间，如果课程 2 的复习时间为 x_2 天，课程 2 和课程 3 总共可用的复习天数为 s_2 天，与 s_2 对应的最大分数提高值为 $f_2(s_2)$，则课程 3 可用的复习时间 s_3 与 x_2 和 s_2 之间存在如下关系：

$$s_3 = s_2 - x_2$$

且只要课程 3 可用的复习时间是 s_3 天，对应的最优决策就不会发生变化，以此为基础，寻找课程 2 和课程 3 分配天数的最优组合。所有可能的组合如表 7-2 所示。

表 7-2 课程 2 与课程 3 分配天数组合

s_2	x_2	s_3
2	1	1
3	1	2
3	2	1
4	1	3
4	2	2
4	3	1

最后对课程 1 进行决策，课程 1 可用的时间固定为 5 天，分配的复习时间 x_1 最少为 1 天，最多为 3 天，则课程 2 和课程 3 总共可用的复习天数 s_2 在{2,3,4}范围内取值。如果为课程 1 分配的复习时间为 1 天，$s_2 = 4$ 可在表 7-2 中寻找当 $s_2 = 4$ 时使课程 2 和课程 3 的总提高分数最多的 x_2 和 s_3 的组合。用同样的方法可确定当课程 1 分配的复习时间为 2 天、3 天时，x_2 和 s_3 的最优组合，最终找到最优分配方案。

虽然按照课程 1～课程 3 的顺序进行决策，但求解时要先求课程 3，然后求课程 2，最后求课程 1，这就是逆序求解。逆序求解就是从问题的最后一个阶段开始，按照与实际决策过程相反的顺序寻找最优解。

一、最短路线问题

【例 7.2】图 7-1 为一线路网络图。从 A 到 E 要铺设一条铁路，拟在 B、C、D 三处设立车站。在 B 处有 B_1,B_2,B_3 三个地址可供选择，C 处有 C_1,C_2,C_3 三个地址可供选择，等等。两点之间若能修建铁路，则在图 7-1 中以连线表示，连线上的数字表示两点间的路线长度。现在的问题是选择三个合适的车站，使从 A 到 E 的总铺设路线长度最短。

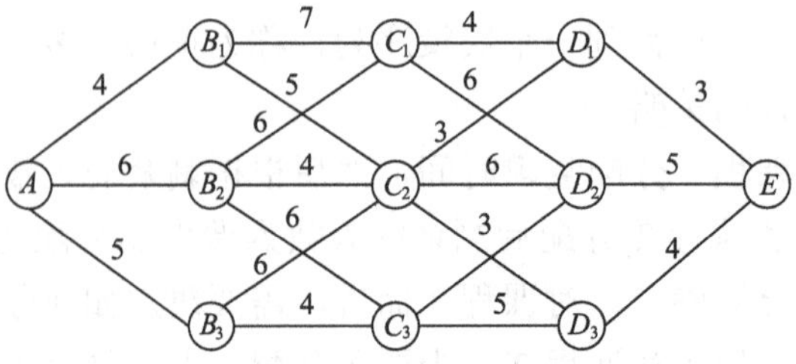

图 7-1 线路网络图

求解该问题可以采用穷举法，即列举出从 A 到 E 的所有路线并分别计算它们的长度，长度最短的路线即为要找的最短路线。本例共有 17 条不同的路线，比较其长度，得到长度为 15 的最短路线：

$$A \to B_1 \to C_2 \to D_1 \to E$$

对于本例中不太复杂的最短路线问题，穷举法是可行的。但是，当决策阶段很多，且各阶段可选的地点也较多时，要穷举的路线总数就会变得非常多，甚至连计算机都无法胜任。动态规划是解决这种难题的一种有效方法。

现在采用动态规划方法求从 A 到 E 的最短路线及其长度。该方法要用到最短路线问题的一个特性，即如果最短路线通过某点 P，则在最短路线上由 P 到终点的一段路线，必定是由 P 到终点的所有路线（称为 P 的后部路线）中最短的一条（P 的最短后部路线）。本例中，由于最短路线通过 C_2，则 $C_2 \to D_1 \to E$ 就是 C_2 到 E 的所有路线中最短的。

该问题可分为 4 个决策阶段，第 1 阶段从 A 出发，终点为 B_1,B_2,B_3 中的一个点。若第 1 阶段的终点为 $B_i(i=1,2,3)$，则第 2 阶段由 B_i 出发，终点选择 C_1,C_2,C_3 中的某个点，依此类推，直到第 4 阶段到达终点 E。从 A 到 E 的路线的第一段只能为 AB_1、AB_2 或 AB_3，A 到 E 的最短路线等于 AB_1 与 B_1 到 E 的最短路线之和、AB_2 与 B_2 到 E 的最短路线之和以及 AB_3 与 B_3 到 E 的最短路线之和三者当中最短的一个，因此要求从 A 到 E 的最短路线，必须先知道 B_1,B_2,B_3 的最短后部路线。同样地，要知道 B_1,B_2,B_3 到终点的最短路线，必须先得到 C_1,C_2,C_3 的最短后部路线。因此，采用逆序法求解，先依次得到 D_1,D_2,D_3，C_1,C_2,C_3，B_1,B_2,B_3 到 E 的最短路线，最终得到 A 到 E 的最短路线。

首先考虑最后阶段，这个阶段要找到 D_1,D_2,D_3 的最短后部路线。先考虑 D_1，由于 D_1 到 E 只有一条路线，所以 D_1 的最短后部路线就是 $D_1 \to E$，长度为 D_1 与 E 连线上的数字 3。同样地，D_2,D_3 的最短后部路线分别为 $D_2 \to E$，$D_3 \to E$，长度为 5 和 4。为了记录整个决策过程，按照图 7-1 的方法用圆圈表示各个点，圈外为该点的标记，圈内写出该点的最短后部路线长度，并用线段连接相应的圆圈，如图 7-2 所示。

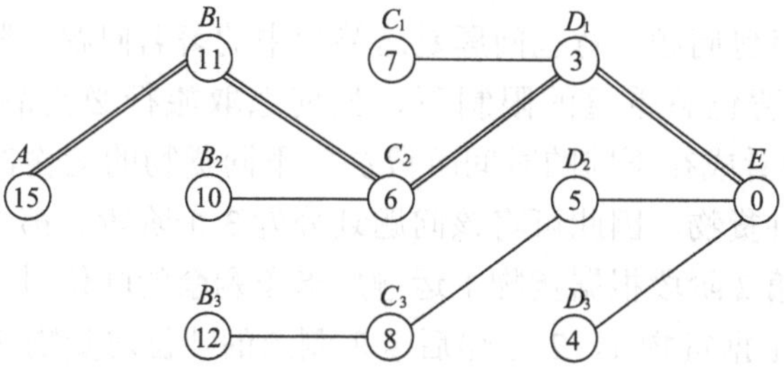

图 7-2 各点的最短后部路线长度

其次考虑倒数第 2 阶段，这个阶段要找到C_1,C_2,C_3的最短后部路线。C_1的后部路线的第 1 段有两种选择：$C_1 \to D_1$和$C_1 \to D_2$，为确定C_1的最短后部路线，要比较两个数据，即 $C_1 \to D_1$ 的长度与 D_1 圈内的数字之和（4+3=7）及$C_1 \to D_2$的长度与D_2圈内的数字之和（6+5=11），二者当中的最小值即为C_1的最短后部路线长度。由此可得，C_1的最短后部路线为$C_1 \to D_1 \to E$，长度为 7。根据最短路线问题的特性，如果最短路线通过C_1，则从C_1到E的路线必定是 $C_1 \to D_1 \to E$。连接C_1和D_1，并将 7 填在C_1圈内。类似地，可求得C_2的最短后部路线为$C_2 \to D_1 \to E$，长度为 6，C_3的最短后部路线为$C_3 \to D_2 \to E$，长度为 8。

用同样的方法可以得到倒数第 3 阶段B_1,B_2,B_3的最短后部路线分别为$B_1 \to C_2 \to D_1 \to E$，$B_2 \to C_2 \to D_1 \to E$和$B_3 \to C_3 \to D_2 \to E$，填入圈内的最短后部路线的长度分别为 11、10 和 12。

最后得到 A 的最短后部路线：$A \to B_1 \to C_2 \to D_1 \to E$，长度为 15。到此为止整个解题过程结束，图 7-2 记录了整个问题的求解过程，A 的最短后部路线在图 7-2 中用双线标出。

从例 7.2 的求解过程中可以看出，动态规划的基本思想是把当前阶段和未来各阶段分开，逐段分析，并把当前阶段的指标与未来各阶段的指标综合起来考虑，每个阶段做出的最优决策以全局最优为出发点，直到考虑完所有的阶段并找到最优解为止。用动态规划方法解题时，每一个计算阶段都利用了上一个计算阶段的结果，因而与穷举法相比减少了很多工作量，而且随着计算阶段的增加，工作量减少的效果会愈发明显。此外，在求最短路线问题时，除了得到起点到终点的最短路线外，还可以得到中间各个点到终点的最短路线。

二、背包问题

【例 7.3】一辆载重量为 20 吨的卡车，用来装载 3 种需要运输的货物。已知这 3 种货物每件的重量及运费收入如表 7-3 所示，问如何运输才能获得最高运费收入？

表 7-3 货物重量及运费收入

货物	重量/（吨/件）	运费收入/（万元/件）
1	8	5
2	6	3
3	5	2

这类问题称为背包问题，背包问题是运筹学中的著名问题（假设有一徒步旅行者要带一个背包，在背包总重量的限制下，如何选取旅行必需品才能使得总价值最大）。可以将该问题看成在不同的时间阶段决定不同货物的运输件数，采用动态规划方法求解。共有 3 种货物，因此可将该问题划分为 3 个阶段。第 1 阶段对货物 1 的运输情况做出决策，第 2 阶段根据货物 1 运输后卡车剩余的吨位对货物 2 的运输情况做出决策，第 3 阶段根据货物 1、2 运输后卡车剩余的吨位对货物 3 的运输情况做出决策（该顺序是任意确定的，还可以先对货物 3 进行决策，再对货物 2 做出决策，最后对货物 1 做出决策，等等）。

现在采用动态规划方法求解该问题。由于最后对货物 3 进行决策，采用逆序法求解时首先对货物 3 进行求解。货物 3 的最优决策取决于可以使用的卡车吨位，通常将其称为状态。货物 1 和货物 2 运输后，可以使用的卡车吨位即货物 3 的状态可能有多种，但由于货物 3 的重量为 5 吨/件，因此可将所有的状态划分为{0～4,5～9,10～14,15～19,20}。状态为 0～4 时，做出的决策只能是不运输，状态为 5～9 时，做出的决策是不运输或运输 1 件，依此类推。相应的决策是{0,1,2,3,4}，显然运输 1 件对应的收入优于不运输的情况，所以根据当前的状态可以直接做出最优决策。表 7-4 列出了各种可能的状态以及该状态下的最优决策。表 7-4 列出的每一状态都对应着一个最优决策，只要可用的吨位是这个值，对应的最优决策就不会发生变化，这是该问题能够用动态规划方法求解的基础。

表 7-4 货物 3 的状态及最优决策

状态 （可用的吨位/吨）	最优决策 （最优运输件数/件）	最优决策 [最优运费收入/（万元/件）]
0～4	0	0
5～9	1	2
10～14	2	4
15～19	3	6
20	4	8

其次对货物 2 进行求解以寻求最优决策。该阶段的决策，最终要得到货物 2 和货物 3 的最优运输件数。货物 2 的状态取决于货物 1 的运输件数，货物 1 的重量为 8 吨/件，因此最多运输 2 件，最少是一件也不运输，故货物 2 可以使用的卡车吨位即其状态为{4,12,20}。货物 2 的重量为 6 吨/件，因此可能的决策是{0,1,2,3}。如果对货物 2 决策前有 20 吨吨位，则对应的决策有 0、1、2、3，即不运输、运输 1 件、运输 2 件和运输 3 件。如果做出的决策为不运输，运费收入为 0，对货物 3 决策时可用吨位仍为 20 吨，从表 7-4 可得到状态为 20 时的最优运费收入为 8 万元，因此对货物 2 而言，状态为 20、决策为 0 时后两个阶段的总运费收入为 0+8=8 万元。如果对货物 2 做出的决策为运输 1 件，运费收入为 3 万元，对货物 3 决策时可用吨位为 20–6=14 吨，最优运费收入为 4 万元，因此对货物 2 而言，状态为 20、决策为 1 时后两个阶段的总运

费收入为 3+4=7 万元。类似的方法可以计算出货物 2 状态为 20、决策为 2 和 3 时后两个阶段的最优总运费收入。在其他状态下的决策过程与状态为 20 时的决策过程类似，整个计算过程如表 7-5 所示。

表 7-5 货物 2 的状态及最优决策

状态	货物 2 决策/件	货物 2 运费收入/万元	货物 3 状态	货物 3 运费收入/万元	货物 2、货物 3 运费收入/万元	货物 2 最优决策/件	最优决策收益值/万元
4	0	0	4	0	0	0	0
12	0	0	12	4	4		
12	1	3	6	2	5	2	6
12	2	6	0	0	6		
20	0	0	20	8	8		
20	1	3	14	4	7	3	9
20	2	6	8	2	8		
20	3	9	2	0	9		

最后对货物 1 做出决策，此时可用吨位为 20 吨。如果做出的决策为不运输货物 1，运费收入为 0，对货物 2 决策时可用吨位仍为 20 吨，从表 7-5 可得到状态为 20 时，货物 2、货物 3 的最优运费收入为 9 万元，总运费收入为 0+9=9 万元。如果对货物 1 做出的决策为运输 1 件，运费收入为 5 万元，对货物 2 决策时可用吨位为 20–8=12 吨，货物 2、货物 3 的最优运费收入为 6 万元，总运费收入为 5+6=11 万元。类似的方法可以计算出货物 1 状态为 20、运输 1 件时后两个阶段的最优总效益值，如表 7-6 所示。

表 7-6 货物 1 的状态及最优决策

状态	货物 1 决策/件	货物 1 运费收入/万元	货物 2、货物 3 运费收入/万元	总运费收入/万元	货物 1 最优决策/件	最优决策收益值/万元
20	0	0	9	9		
20	1	5	6	11	1	11
20	2	10	0	10		

此时，我们用逆序求解方法得到了各个阶段不同状态下的最优决策，按从表 7-6 到表 7-4 的顺序可找到整个问题的最优决策，如表 7-7 所示。

表 7-7 3 种货物的最优决策及运费收入

货物	最优决策/件	运费收入/万元
1	1	5
2	2	6
3	0	0

第二节 动态规划的基本概念和最优性原理

本节主要介绍在建立动态规划模型时经常用到的一些术语。

一、动态规划的基本概念

（一）阶段

动态规划方法是寻求多阶段决策问题最优策略的方法，因此应用动态规划方法时，所给出的问题应能按时间或空间特征分解成若干互相联系的小问题，以便按次序对每个小问题做出不同的决策，控制整个过程的发展。如果将原问题看成一个过程，则每个小问题就是过程中的阶段。描述阶段的变量称为阶段变量，在多数情况下，阶段变量是离散的，用字母 k 表示。

（二）状态

每个阶段开始时所处的自然状况或客观条件称为状态。状态是每个阶段做出最优决策所需要的信息，状态反映过程的具体特征，状态的变化体现过程的演变。多阶段决策过程的发展可以用过程各阶段状态的演变来描述。通常一个阶段有若干个状态，应用动态规划方法时，必须完整地列举出每个阶段初的一切可能状态。描述状态的变量称为状态变量，状态的取值都有一个范围，称为状态集合，状态和状态集合都依赖于阶段 k，分别用 s_k 和 S_k 表示。设整个过程具有 n 个阶段，当各阶段的初始状态和终了状态都被确定后，整个过程也就被确定了，因此状态可以表示为状态序列 $\{s_1,s_2,\cdots,s_n\}$。

例如，背包问题中每个阶段的初始状态是该阶段初可用的吨位数。第 3 阶段的状态集合 $S_3=\{0\sim4,5\sim9,10\sim14,15\sim19,20\}$；同样地，第 2 阶段有三个状态，即 $S_2=\{4,12,20\}$；第 1 阶段只有一个状态 $S_1=\{20\}$。最短路线问题中每个阶段的初始状态是可设立车站的地点，第 4 阶段可能的状态为 D_1,D_2,D_3，第 3 阶段可能的状态为 C_1,C_2,C_3，等等。

（三）决策

对实际问题进行决策时，总是从一个确定的初始状态开始逐个阶段地向前推进。若已知某一阶段达到了某个状态，那么下一个阶段进入何种状态取决于该阶段做出了怎样的决定。也就是说，当各阶段的状态确定以后，就可以做出不同的决定（或选择），从而确定下一阶段的状态，这种决定称为决策。描述决策的变量称为决策变量，我们用 $x_k(s_k)$ 表示第 k 阶段处于状态 s_k 时的决策变量。各个阶段所有允许的决策构成的集合称为允许决策集合，用 $X_k(s_k)$ 表示第 k 阶段从状态 s_k 出发的允许决策集合，则有 $x_k(s_k)\in X_k(s_k)$。

例如，背包问题中的决策变量是对某一货物的运输件数，从第 2 阶段（表 7-5）状态 20 出发，可以做出 4 种不同的决策，即不运输、运输 1 件、运输 2 件和运输 3

件。此时，允许决策集合 $X_2=\{0,1,2,3\}$。每个阶段的允许决策集合不一定相同。

（四）策略

对于含有 n 个阶段的多阶段决策问题，每个阶段的决策 $x_k(s_k)$ 所构成的一个决策序列 $x_1(s_1),x_2(s_2),\cdots,x_n(s_n)$ 称为多阶段决策问题的一个策略，或者说策略是在任意阶段做出决策的集合，它只与阶段和所处阶段的状态有关。从第 k 阶段状态 s_k 开始的决策序列 $\{x_j(s_j)\mid j=k,k+1,\cdots,n\}$ 称为状态 s_k 的一个子策略，子策略可有多个。例如，最短路线问题中 $B_2\to C_1\to D_2\to E$ 即为第 2 阶段状态 B_2 的一个子策略，可记为 B_2,C_1,D_2,E。从第 k 阶段开始到某一最终状态的过程称为原问题的后部子过程，相应的决策序列 $\{x_k(s_k),x_{k+1}(s_{k+1}),\cdots,x_n(s_n)\}$ 称为子策略。

（五）状态转移方程

动态规划中，本阶段的状态往往是前一阶段状态和前一阶段决策综合作用的结果。如果第 k 阶段开始时的状态是 s_k，做出的决策是 x_k，那么第 k 阶段末即第 $k+1$ 阶段初的状态 s_{k+1} 也就随之被确定，即 s_{k+1} 随着 s_k 和 x_k 的变化而变化，可以把 s_{k+1} 看成是 (s_k,x_k) 的函数，表示为

$$s_{k+1}=g_1(s_k,x_k),\ k=1,2,\cdots,n \tag{7.1}$$

式（7.1）反映某一个阶段的状态向下一阶段状态转移的规律，称为状态转移方程。例如，背包问题中状态转移的规律为

$$s_{k+1}=s_k-w_kx_k$$

其中，w_k 为物品 k 的单件重量。

（六）指标函数

任何一个决策过程都必须有一个准则来度量其策略的好坏，用来衡量所实现过程优劣的数量指标，称为指标函数，它是状态和决策的函数。背包问题中指标函数是 3 种货物的总运费收入。指标函数分为直接指标和最优后部过程指标。直接指标是指，第 k 阶段处于状态 s_k 的条件下，采取决策 x_k 时所产生的直接效果，它是 s_k 和 x_k 的函数，记作 $r_k(s_k,x_k)$。例如，在最短路线问题中，$r_3(C_1,D_1)=4$，$r_2(B_1,C_2)=5$。在背包问题中 $r_1(s_1,0)=0$，$r_1(s_1,1)=5$，$s_1=20$；$r_2(12,2)=6$。

从第 k 阶段状态 s_k 开始，采用最优策略到过程终止时后部 k 个子过程的最佳效益值称为第 k 阶段状态 s_k 的最优后部过程指标，记为 $f_k(s_k)$。它是定义在全过程和所有后部子过程上的数量函数，具有最优指标的后部过程称为最优后部过程。例如，背包问题中 $f_2(12)$ 表示第 2 阶段从状态 12 开始的最优后部过程的总运费收入。

（七）指标递推方程

从前述例题的求解中可以看出，动态规划方法的每一个阶段都是在上一个阶段最

优后部过程指标的基础上，找出该阶段每一状态的最优后部过程指标。第 k 阶段在状态 s_k 下，采取不同的决策 x_k，会得到不同的直接指标 $r_k(s_k,x_k)$，不同的决策又将使过程进入第 $k+1$ 阶段时具有不同的开始状态 s_{k+1}，从而对应不同的最优后部过程指标 $f_{k+1}(s_{k+1})$。最短路线问题和背包问题中，第 k 阶段状态 s_k 的最优后部过程指标的计算方法为

$$\begin{cases} f_k(s_k)=\max/\min\{(r_k(s_k,x_k)+f_{k+1}(s_{k+1}))\}, \quad k=1,2,\cdots,n \\ f_n(s_n)=0 \end{cases} \tag{7.2}$$

若用 $f_k(s_k,x_k)$ 表示第 k 阶段在状态 s_k 下采取决策 x_k 时的最优后部过程指标，即 $f_k(s_k,x_k)=r_k(s_k,x_k)+f_{k+1}(s_{k+1})$，则式（7.2）可以写为

$$\begin{cases} f_k(s_k)=\max/\min\{f_k(s_k,x_k)\mid x_k\in X_k\}, \quad k=1,2,\cdots,n \\ f_k(s_k,x_k)=r_k(s_k,x_k)+f_{k+1}(s_{k+1}) \\ f_n(s_n)=0 \end{cases} \tag{7.3}$$

例如，背包问题中：

$$f_2(12,0)=r_2(12,0)+f_3(12-0)=0+4=4$$
$$f_2(12,1)=r_2(12,1)+f_3(12-6\times 1)=3+2=5$$
$$f_2(12,2)=r_2(12,2)+f_3(12-6\times 2)=6+0=6$$
$$f_2(12)=\max\{f_2(12,0),f_2(12,1),f_2(12,2)\}=\max\{4,5,6\}=6$$

式（7.2）或式（7.3）是动态规划的基本方程，称为指标递推方程。要应用动态规划方法，必须在建立该方程的基础上，对问题逐个阶段地进行求解，直至找到全过程的最优解。

在有些问题中，$f_k(s_k,x_k)$ 并不一定是 $r_k(s_k,x_k)$ 和 $f_{k+1}(s_{k+1})$ 相加的形式，因此定义 $f_k(s_k,x_k)$ 为关于 $r_k(s_k,x_k)$ 和 $f_{k+1}(s_{k+1})$ 的函数：

$$f_k(s_k,x_k)=g_2(r_k(s_k,x_k),f_{k+1}(s_{k+1})) \tag{7.4}$$

要求函数 g_2 必须能写出明确的数学表达式，但形式不一定是相加，还可能为其他形式，如可以为 $f_k(s_k,x_k)=r_k(s_k,x_k)\times f_{k+1}(s_{k+1})$，此时要求 $f_n(s_n)=1$。

动态规划的状态和决策具有如下特点：

（1）问题可以划分为若干个阶段，在每一个阶段可以做出相应的决策。在许多动态规划问题中，阶段定义为从问题开始到当前的运行时间，有些情况下不需要在每个阶段都做出决策。

（2）每个阶段都对应着一系列的状态，为了在每个阶段做出正确的决策，不需要知道当前状态是如何到达的，决策只与所处的当前状态有关。

（3）各个阶段做出的决策体现当前阶段的状态到下一阶段状态的变化过程，即当前的决策决定了下一个阶段的状态。在很多问题中，一个决策不能确切地决定下一阶段的状态，而只决定下一阶段状态的概率分布。

（4）给定当前的状态，剩余阶段的最优决策与以前到达的状态或以前做出的决策无关，这就是最优性原理。

二、动态规划的最优性原理

美国数学家贝尔曼等根据多阶段决策问题的特点，把多阶段决策问题转化为一系列单阶段决策问题，即把一个 N-变量问题作为一系列 N 个单变量问题逐个加以解决，提出了解决该类问题的最优性原理，并将其应用于很多实际问题的研究。

最优性原理 对于多阶段决策问题，整个过程的最优策略具有如下性质：不管在此最优策略上的某个状态以前的状态和决策如何，对该状态而言，以后所有的决策必定构成最优子策略。

也就是说，最优策略的任意子策略都是最优的，前面提到的最短路线问题以及许多实际问题都具有这样的特点。最优性原理包含对各阶段状态的特殊要求，即状态必须具备无后效性。无后效性，是指在状态转移过程中，一旦达到了某个阶段的某一状态，那么从这一状态出发的最优决策及最优后部过程指标仅仅取决于这一当前状态，而和以前的状态和决策无关。例如，在大学生复习功课的问题中，只要给课程 3 剩余的复习时间是 2 天（状态为 2），那么最优策略就是 2，即为课程 3 安排 2 天的复习时间。这一决策的做出只取决于状态 2，而和怎样给课程 1 和课程 2 分配复习时间导致状态为 2 无关，即给课程 1 分配 2 天，给课程 2 分配 1 天，剩下 2 天，或是给课程 1 分配 1 天，给课程 2 分配 2 天，剩下 2 天，其都不影响对课程 3 做出的决策。

用动态规划方法求解多阶段决策问题时，要先依据最优性原理建立动态规划模型。建立动态规划模型的基本步骤如下。

（1）在确定多阶段特性后，按时间或空间顺序，将过程正确划分为若干个相互联系的阶段。

（2）正确选择状态变量，使其既要能确切描述过程演变，又满足无后效性，而且各阶段状态变量的取值能够确定。

（3）确定决策变量及允许决策集合。

（4）确定状态转移方程，状态转移方程应当具有递推关系。

（5）确定直接指标和最优后部过程指标，建立指标递推方程。

模型建立后，采用逆序法求解，即按照与实际决策相反的方向，从决策的最后阶段向最初阶段递推，按照指标递推方程计算各个策略的最优解，以确定最优策略。

第三节 动态规划应用举例

一、资源分配问题

资源分配问题是研究如何将有限的资源分配给各项活动的问题，这类问题通常用动态规划方法求解。线性规划方法也可以求解这类问题，但必须做如下三种假设：为每项活动分配的资源是非负的，每项活动带来的收益与分配的资源的数量成比例，以及总收益等于各项活动的收益之和。

【例 7.4】有 4 吨原材料用于生产三种产品，如果分配数量为d_i的原材料生产第 i 种产品，其收益是$r_i(d_i)$，具体数据见表 7-8，问应如何分配这种原材料，才能使生产三种产品的总收益最大？

表 7-8 三种产品收益数据

d_1	$r_1(d_1)$	d_2	$r_2(d_2)$	d_3	$r_3(d_3)$
0	0	0	0	0	0
1	3	1	1	1	2
2	6	2	3	2	4
3	8	3	4	3	5
4	9	4	7	4	9

解：每种产品的收益与分配原材料的数量不存在比例关系，因此不能用线性规划方法寻找该问题的最优解。该问题的数学模型为

$$\max\{r_1(d_1)+r_2(d_2)+r_3(d_3)\}$$
$$\text{s.t.}\ \begin{cases} d_1+d_2+d_3=4 \\ d_j \geqslant 0,\text{且为整数}, \quad j=1,2,3 \end{cases}$$

为应用动态规划方法解题，首先需要为问题划分阶段。阶段的选择要保证在一个确定的阶段，使问题很容易求解，在一个阶段的最优解已经知道的情况下，两个阶段确定时问题也很容易求解，依此类推。显然，当只有一种产品可以被分配原材料时，问题很容易求解，因此定义阶段 k 为给产品$k,k+1,\cdots,3$分配原材料。对给定的阶段，为知道究竟分配多少原材料，必须知道$k,k+1,\cdots,3$阶段可用的原材料数量，因此定义 k 阶段的状态变量s_k为该阶段可用的原材料数量。总共可用的原材料为 4 吨，故各阶段可能的状态为 0、1、2、3、4。设$f_k(s_k)$是为产品$k,k+1,\cdots,3$分配s_k吨原材料所得到的收益，$x_k(s_k)$是为了得到收益$f_k(s_k)$所需要分配的原材料。

先从计算$f_3(0),f_3(1),\cdots,f_3(4)$开始，然后确定$f_2(0),f_2(1),\cdots,f_2(4)$。由于生产产品 1～产品 3 总共可用的原材料为 4 吨，因此最后要计算的是$f_1(4)$，然后从最后的计算结果反向追踪找到为三种产品分配的原材料数量。

第 3 阶段计算过程如下。

该阶段要确定$f_3(0),f_3(1),\cdots,f_3(4)$，当把可以分配的原材料全部分配给产品 3 时，得到的收益为$f_3(s_3)$，所以有

$$x_3(0)=0,\ f_3(0)=0$$
$$x_3(1)=1,\ f_3(1)=2$$
$$x_3(2)=2,\ f_3(2)=4$$
$$x_3(3)=3,\ f_3(3)=5$$
$$x_3(4)=4,\ f_3(4)=9$$

第 2 阶段计算过程如下。

为确定 $f_2(0), f_2(1), \cdots, f_2(4)$，需要知道可以为产品 2 分配的原材料数量。设产品 2 可用的原材料数量为 s_2，实际分配的原材料数量为 x_2，则产品 2 得到的利润为 $r_2(x_2)$，此时产品 3 可用的原材料数量为 $s_2 - x_2$，对应的收益为 $f_3(s_2 - x_2)$。x_2 在 $\{0,1,\cdots,s_2\}$ 范围内取值，且要保证产品 2、产品 3 的总收益最大，即

$$f_2(s_2) = \max_{x_2}\{r_2(x_2) + f_3(s_2 - x_2)\}$$

$f_2(0), f_2(1), \cdots, f_2(4)$ 的计算如表 7-9 所示。

表 7-9 产品 2 的状态及收益

s_2	x_2	$r_2(s_2)$	$f_3(s_2-x_2)$	产品 2、产品 3 的总收益	$f_2(s_2), x_2(s_2)$
0	0	0	0	0	$f_2(0)=0, x_2(0)=0$
1	0	0	2	2	$f_2(1)=2, x_2(1)=0$
1	1	1	0	1	
2	0	0	4	4	$f_2(2)=4, x_2(2)=0$
2	1	1	2	3	
2	2	3	0	3	
3	0	0	5	5	$f_2(3)=5, x_2(3)=0,1,2$
3	1	1	4	5	
3	2	3	2	5	
3	3	4	0	4	
4	0	0	9	9	$f_2(4)=9, x_2(4)=0$
4	1	1	5	6	
4	2	3	4	7	
4	3	4	2	6	
4	4	7	0	7	

第 1 阶段计算过程如下。

x_1 在 $f_2(1)=2, x_2(1)=0$ 范围内取值，且要保证

$$f_1(4) = \max_{x_1}\{r_1(x_1) + f_2(4 - x_1)\}$$

$f_1(4)$ 的计算如表 7-10 所示。

表 7-10 产品 1 的状态及收益

s_1	x_1	$r_1(x_1)$	$f_2(4-x_1)$	三种产品的总收益	$f_1(4), x_1(4)$
4	0	0	9	9	$f_1(4)=10$, $x_1(4)=2,3$
4	1	3	5	8	
4	2	6	4	10	
4	3	8	2	10	
4	4	9	0	9	

从表 7-10 逆推寻找最优解，由于 $x_1(4)=2,3$，所以有两种分配方案。

（1）$x_1(4)=2$，表示给产品 1 分配原材料 2 吨，剩余 4–2=2 吨给产品 2 和产品 3 分配，由表 7-9 可知，$x_2(2)=0$即不给产品 2 分配原材料，因此为产品 3 分配 2 吨原材料。

（2）$x_1(4)=3$，表示给产品 1 分配原材料 3 吨，剩余 4–3=1 吨给产品 2 和产品 3 分配，由表 7-9 可知，$x_2(1)=0$即不给产品 2 分配原材料，因此为产品 3 分配 1 吨原材料。

下面我们来看一个综合的例子。

二、生产问题

【例 7.5】某公司计划在 1～4 月份从事某种商品的营销，已知营销活动开始时已有 3 件商品库存，仓库的容量为 8 件，每月购入的商品先存入仓库，再进行销售（月初到货）。预测报告表明该商品 1～4 月份的进价、存储费和销售量如表 7-11 所示。假设 4 月底库存量为零，问应该如何安排进货量才能使该公司的总成本最小？

表 7-11 商品各月份详细信息

项目	月份			
	1	2	3	4
进价/（元/件）	8	5	6	9
存储费/（元/件）	0.8	0.5	0.5	0.7
销售量/件	2	6	5	3

解：首先为问题划分阶段，定义阶段 k 为确定 k 月购买产品的数量。对给定的阶段，为了确定究竟购入多少产品，必须知道 k 阶段初剩余的商品数，因此定义 k 阶段的状态变量 s_k 为该阶段初剩余的商品数。设 $f_k(s_k)$ 是 k 月初剩余的商品为 s_k 件时的成本，$x_k(s_k)$ 是成本为 $f_k(s_k)$ 时实际购入的商品数量。若 x_k 为 k 月购入的商品数量，q_k 为 k 月商品的销售量，则有 $s_{k+1}=s_k+x_k-q_k$。令 a_k,b_k 分别为 k 月商品的进价和存储费，则 k 阶段状态为 s_k、购入商品数量为 x_k 时的成本为 $r_k(s_k,x_k)=a_kx_k+b_ks_k$。

由于 4 月份的销售量为 3 件，且要求 4 月底库存量为零，因此 4 月份所有可能的状态为 0、1、2、3，故从计算 $f_4(0),f_4(1),f_4(2),f_4(3)$ 开始。3 月初可用的商品数最少为 0，最多是仓库容量减去 2 月份的销售量，即 8–6=2 件，故在 3 月份要确定 $f_3(0),f_3(1),f_3(2)$。类似地，由于 1 月初的库存量大于销售量，所以 2 月初可用的商品数最少为 1，最多是仓库容量减去 1 月份的销售，即 8–2=6 件，故在 2 月份要确定 $f_2(1),f_2(2),\cdots,f_2(6)$，最后确定 $f_1(3)$，然后从最后的计算结果反向追踪找到 4 个月的最佳购入量。

第 4 阶段计算过程如下。

该阶段要确定 $f_4(0),f_4(1),f_4(2),f_4(3)$，为保证销售量得以满足，且 4 月底库存量为零，购入商品数量为 $x_4=3-s_4$，计算结果如表 7-12 所示。

表 7-12 4 月份决策及成本

s_4	x_4	$f_4(s_4)$
0	3	27
1	2	18.7
2	1	10.4
3	0	2.1

第 3 阶段计算过程如下。

为确定 $f_3(0), f_3(1), f_3(2)$，需要知道 3 月初剩余的商品数。设 3 月初剩余的商品数为 s_3，实际购入量为 x_3，由于需求量为 5，则需满足 $5 \leqslant s_3 + x_3 \leqslant 8$，3 月份的成本为 $r_3(s_3, x_3) = 6x_3 + 0.5s_3$，此时 4 月初可用的商品数为 $s_3 + x_3 - 5$，对应的成本为 $f_4(s_3 + x_3 - 5)$。x_3 在 $\{3,4,\cdots,8\}$ 范围内取值，且要保证 3～4 月的总成本最低，即

$$f_3(s_3) = \min_{x_3}\{r_3(s_3, x_3) + f_4(s_3 + x_3 - 5)\}$$

$f_3(0), f_3(1), f_3(2)$ 的计算如表 7-13 所示。

表 7-13 3 月份决策及成本

s_3	x_3	$r_3(s_3, x_3)$	$f_4(s_3 + x_3 - q_3)$	3～4 月的总成本	$f_3(s_3), x_3(s_3)$
0	5	30	27	57.0	
0	6	36	18.7	54.7	$f_3(0) = 50.1$, $x_3(0) = 8$
0	7	42	10.4	52.4	
0	8	48	2.1	50.1	
1	4	24.5	27	51.5	
1	5	30.5	18.7	49.2	$f_3(1) = 44.6$, $x_3(1) = 7$
1	6	36.5	10.4	46.9	
1	7	42.5	2.1	44.6	
2	3	19	27	46	
2	4	25	18.7	43.7	$f_3(2) = 39.1$, $x_3(2) = 6$
2	5	31	10.4	41.4	
2	6	37	2.1	39.1	

第 2 阶段计算过程如下。

该阶段要确定 $f_2(1), f_2(2), \cdots, f_2(6)$，2 月份购入量要满足 $6 \leqslant s_2 + x_2 \leqslant 8$，2 月份的成本为 $r_2(s_2, x_2) = 5x_2 + 0.5s_2$，此时 3 月初可用的商品数为 $s_2 + x_2 - 6$，对应的成本为 $f_3(s_2 + x_2 - 6)$。x_2 在 $\{0,1,\cdots,7\}$ 范围内取值，且要保证 2～4 月的总成本最低，即

$$f_2(s_2) = \min_{x_2}\{r_2(s_2, x_2) + f_2(s_2 + x_2 - 6)\}$$

$f_2(1), f_2(2), \cdots, f_2(6)$ 的计算如表 7-14 所示。

表 7-14　2 月份决策及成本

s_2	x_2	$r_2(s_2,x_2)$	$f_3(s_2+x_2-6)$	2～4 月的总成本	$f_2(s_2),x_2(s_2)$
1	5	25.5	50.1	75.6	$f_2(1)=74.6$, $x_2(1)=7$
1	6	30.5	44.6	75.1	
1	7	35.5	39.1	74.6	
2	4	21	50.1	71.1	$f_2(2)=70.1$, $x_2(2)=6$
2	5	26	44.6	70.6	
2	6	31	39.1	70.1	
3	3	16.5	50.1	66.6	$f_2(3)=65.6$, $x_2(3)=5$
3	4	21.5	44.6	66.1	
3	5	26.5	39.1	65.6	
4	2	12	50.1	62.1	$f_2(4)=61.1$, $x_2(4)=4$
4	3	17	44.6	61.6	
4	4	22	39.1	61.1	
5	1	7.5	50.1	57.6	$f_2(5)=56.6$, $x_2(5)=3$
5	2	12.5	44.6	57.1	
5	3	17.5	39.1	56.6	
6	0	3	50.1	53.1	$f_2(6)=52.1$, $x_2(6)=2$
6	1	8	44.6	52.6	
6	2	13	39.1	52.1	

第 1 阶段计算过程如下。

x_1 在 $\{0,1,2,3,4,5\}$ 范围内取值，且要保证：

$$f_1(3)=\min_{x_1}\{r_1(s_1,x_1)+f_2(s_1+x_1-2)\}$$

$f_1(3)$ 的计算如表 7-15 所示。

表 7-15　1 月份决策及成本

s_1	x_1	$r_1(s_1,x_1)$	$f_2(s_1+x_1-2)$	4 个月总成本	$f_1(3),x_1(3)$
3	0	2.4	74.6	77	$f_1(3)=77$, $x_1(3)=0$
3	1	10.4	70.1	80.5	
3	2	18.4	65.6	84	
3	3	26.4	61.1	87.5	
3	4	34.4	56.6	91	
3	5	42.4	52.1	94.5	

至此可以得到 4 个月的最优进货计划，如表 7-16 所示。

表 7-16　最优进货计划及费用

月份	月初库存	进货量	销售量	进货成本	存储费	总成本
1	3	0	2	0	2.4	2.4
2	1	7	6	35	0.5	35.5
3	2	6	5	36	1	37
4	3	0	3	0	2.1	2.1

三、旅行售货问题

【例 7.6】 一个售货员要到五个城市去售货，他从城市 1 出发，要到每个城市一次且仅一次，最后回到城市 1。用 d_{ij} 表示城市 i 到城市 j 的距离（也可能是时间、费用等），且一般有 $d_{ij} \neq d_{ji}$，已知五个城市的网络距离矩阵如表 7-17 所示，问该售货员应如何安排行走路线，才能使行程距离最短？

表 7-17 网络距离矩阵

城市	1	2	3	4	5
1	0	2	3	5	2
2	3	0	6	5	3
3	4	5	0	4	2
4	2	4	3	0	3
5	5	4	4	6	0

解：首先为问题划分阶段，定义阶段 k 为确定从城市 $k,k+1,\cdots,5$ 出发的行走路线。对给定的阶段，为确定由该阶段所在城市走到哪一个城市，必须知道 $k,k+1,\cdots,5$ 阶段初位于哪个城市，因此定义 k 阶段的状态变量 s_k 为售货员在该阶段初所在的城市，决策变量 x_k 为 $k,k+1,\cdots,5$ 阶段选择到达的城市。为记录整个问题的决策过程，设 $f_k(s_k,x_k,x_{k+1},\cdots,1)$ 表示 $k,k+1,\cdots,5$ 阶段初始城市为 s_k，选择的下一个城市为 x_k，下下个城市为 x_{k+1}，直到最终回到城市 1 对应的行走路线长度。

由于售货员从城市 1 出发最后还要回到城市 1，所以第 2 至第 5 阶段的状态变量 s_k 均为 2、3、4、5。不论第 5 阶段的状态是在哪个城市，决策只能是回到城市 1，因此第 5 阶段先从计算 $f_5(2,1),f_5(3,1),f_5(4,1),f_5(5,1)$ 开始，第 4 阶段仍然是从城市 2、3、4、5 出发，做出的决策为 x_4，如果第 4 阶段的状态是在城市 $s(s \neq 1)$，除了城市 1 外所有的城市集合为 $N=\{2,3,4,5\}$，则做出的决策 x_4 只能是选择城市 $N-s$ 中的一个，因此要确定 $f_4(2,x_4,1),f_4(3,x_4,1),f_4(4,x_4,1),f_4(5,x_4,1)$，$x_4 \in \{N-s\}$，依此类推。由于从城市 1 出发，因此最后要计算的是 $f_1(1)$，然后从最后的计算结果反向追踪找到行程距离最短的路线。

第 5 阶段计算过程如下。

该阶段要确定 $f_5(2,1),f_5(3,1),f_5(4,1),f_5(5,1)$，当状态为 s_5 时，决策 $x_5=1$，即回到城市 1，对应的距离为 $f_5(s_5,1)$，计算结果如表 7-18 所示。

表 7-18 第 5 阶段决策表

s_5	x_5	$f_5(s_5,1)$
2	1	3
3	1	4
4	1	2
5	1	5

第 4 阶段计算过程如下。

该阶段要确定 $f_4(s_4,x_4)$，$s_4=2,3,4,5$，当状态为 $s_4(s_4\neq 1)$ 时，决策为到城市 x_4，对应的距离为 $r_4(s_4,x_4)$，此时第 5 阶段的状态为 $s_5=x_4$，做出的决策为 $x_5=1$，对应的距离为 $f_5(s_5,1)$，x_4 在 $N-s_4$ 范围内取值，$f_4(s_4,x_4)$ 的计算结果如表 7-19 所示。

表 7-19　第 4 阶段决策表

s_4	x_4	$r_4(s_4,x_4)$	x_5	$f_5(s_5,1)$	第 4 至第 5 阶段的总行程	$f_4(s_4,x_4)$
2	3	6	1	4	10	$f_4(2,3)=10$,
2	4	5	1	2	7	$f_4(2,4)=7$,
2	5	3	1	5	8	$f_4(2,5)=8$
3	2	5	1	3	8	$f_4(3,2)=8$,
3	4	4	1	2	6	$f_4(3,4)=6$,
3	5	2	1	5	7	$f_4(3,5)=7$
4	2	4	1	3	7	$f_4(4,2)=7$,
4	3	3	1	4	7	$f_4(4,3)=7$,
4	5	3	1	5	8	$f_4(4,5)=8$
5	2	4	1	3	7	$f_4(5,2)=7$,
5	3	4	1	4	8	$f_4(5,3)=8$,
5	4	6	1	2	8	$f_4(5,4)=8$

第 3 阶段计算过程如下。

该阶段要确定 $f_3(s_3,x_3)$，$s_3=2,3,4,5$，当状态为 $s_3(s_3\neq 1)$ 时，决策为到城市 x_3，对应的距离为 $r_3(s_3,x_3)$，此时第 4 阶段的状态为 $s_4=x_3$，对应的距离为 $f_4(s_4,x_4)$，x_3 在 $N-s_3$ 范围内取值，则第 4 阶段的决策变量 x_4 在 $N-\{s_3,x_3\}$ 范围内取值，$f_3(s_3,x_3)$ 的计算结果如表 7-20 所示。

表 7-20　第 3 阶段决策表（一）

s_3	x_3	$r_3(s_3,x_3)$	x_4 — x_5	$f_4(s_4,x_4)$	第 3 至第 5 阶段的总行程	$f_3(s_3,x_3)$
2	3	6	4—1	6	12	$f_3(2,3)=12$
2	3	6	5—1	7	13	$f_3(2,3)=13$
2	4	5	3—1	7	12	$f_3(2,4)=12$
2	4	5	5—1	8	13	$f_3(2,4)=13$
2	5	3	3—1	8	11	$f_3(2,5)=11$
2	5	3	4—1	8	11	$f_3(2,5)=11$
3	2	5	4—1	7	12	$f_3(3,2)=12$
3	2	5	5—1	8	13	$f_3(3,2)=13$
3	4	4	2—1	7	11	$f_3(3,4)=11$
3	4	4	5—1	8	12	$f_3(3,4)=12$

续表

s_3	x_3	$r_3(s_3,x_3)$	x_4 — x_5	$f_4(s_4,x_4)$	第3至第5阶段的总行程	$f_3(s_3,x_3)$
3	5	2	2—1	7	9	$f_3(3,5)=9$
3	5	2	4—1	8	10	$f_3(3,5)=10$
4	2	4	3—1	10	14	$f_3(4,2)=14$
4	2	4	5—1	8	12	$f_3(4,2)=12$
4	3	3	2—1	8	11	$f_3(4,3)=11$
4	3	3	5—1	7	10	$f_3(4,3)=10$
4	5	3	2—1	7	10	$f_3(4,5)=10$
4	5	3	3—1	8	11	$f_3(4,5)=11$
5	2	4	3—1	10	14	$f_3(5,2)=14$
5	2	4	4—1	7	11	$f_3(5,2)=11$
5	3	4	2—1	8	12	$f_3(5,3)=12$
5	3	4	4—1	6	10	$f_3(5,3)=10$
5	4	6	2—1	7	13	$f_3(5,4)=13$
5	4	6	3—1	7	13	$f_3(5,4)=13$

第 2 阶段计算过程如下。

该阶段要确定 $f_2(s_2,x_2)$，$s_3=2,3,4,5$ ，与第三阶段类似， x_2 在 $N-s_2$ 范围内取值， x_3,x_4 在 $N-\{s_2,x_2\}$ 范围内取值， $f_2(s_2,x_2)$ 的计算结果如表 7-21 所示。

表 7-21　第 2 阶段决策表（一）

s_2	x_2	$r_2(s_2,x_2)$	x_3 — x_4	$f_3(s_3,x_3)$	第2至第5阶段的总行程	$f_2(s_2,x_2)$
2	3	6	4—5	12	18	$f_2(2,3)=18$
2	3	6	5—4	10	16	$f_2(2,3)=16$
2	4	5	3—5	10	15	$f_2(2,4)=15$
2	4	5	5—3	11	16	$f_2(2,4)=16$
2	5	3	3—4	10	13	$f_2(2,5)=13$
2	5	3	4—3	13	16	$f_2(2,5)=16$
3	2	5	4—5	13	18	$f_2(3,2)=18$
3	2	5	5—4	11	16	$f_2(3,2)=16$
3	4	4	2—5	12	16	$f_2(3,4)=16$
3	4	4	5—2	10	14	$f_2(3,4)=14$
3	5	2	2—4	11	13	$f_2(3,5)=13$
3	5	2	4—2	13	15	$f_2(3,5)=15$
4	2	4	3—5	13	17	$f_2(4,2)=17$
4	2	4	5—3	11	15	$f_2(4,2)=15$

续表

s_2	x_2	$r_2(s_2,x_2)$	x_3 — x_4	$f_3(s_3,x_3)$	第 2 至第 5 阶段的总行程	$f_2(s_2,x_2)$
4	3	3	2—5	13	16	$f_2(4,3)=16$
4	3	3	5—2	9	12	$f_2(4,3)=12$
4	5	3	2—3	14	17	$f_2(4,5)=17$
4	5	3	3—2	12	15	$f_2(4,5)=15$
5	2	4	3—4	12	16	$f_2(5,2)=16$
5	2	4	4—3	12	16	$f_2(5,2)=16$
5	3	4	2—4	12	16	$f_2(5,3)=16$
5	3	4	4—2	11	15	$f_2(5,3)=15$
5	4	6	2—3	14	20	$f_2(5,4)=20$
5	4	6	3—2	11	17	$f_2(5,4)=17$

第 1 阶段计算过程如下。

该阶段状态为 $s_1=1$，x_1 在 $\{2,3,4,5\}$ 范围内取值，对应的距离为 $r_1(s_1,x_1)$，此时第 2 阶段的状态为 $s_2=x_1$，在所有可能的 $f_2(s_2,x_2)$ 中取最小值，并令 $f_1(1)$ 为从城市 1 出发最终回到城市 1 的最短行程距离，则有

$$f_1(1)=\min\{r_1(s_1,x_1)+f_2(s_2,x_2)\}$$

$f_1(1)$ 的计算结果如表 7-22 所示。

表 7-22　第 1 阶段决策表（一）

s_1	x_1	$r_1(s_1,x_1)$	$f_2(s_2,x_2)$	$f_1(1,x_1)$	$f_1(1)$
1	2	2	13	15	$f_1(1)=15$
1	3	3	13	16	
1	4	5	12	17	
1	5	2	15	17	

因此，行程距离最短的路线为 1—2—5—3—4—1，长度为 15。

四、复合系统可靠性问题

【例 7.7】某系统由 3 种不同的工作部件 A、B、C 串联而成，任一个部件发生故障将造成整个系统的故障。3 种部件的工作是相互独立的，根据统计资料，各个部件的故障率（以在统计时间内因故障而停止工作的时间与统计时间之比表示）如下：A 为 0.2，B 为 0.1，C 为 0.3。如果 3 个环节各只配备一个部件，则系统正常工作的概率为

$$P_{正常}=(1-0.2)(1-0.1)(1-0.3)=0.504$$

为提高系统可靠性，可以增加与部件并联的备用件数目。现在可用于购买部件的金额为 10 万元，A、B、C 的单价分别为 2 万元、3 万元和 1 万元。问 3 个环节各应配

备多少部件，才能使系统正常工作的概率最大？

解：首先为问题划分阶段，定义阶段 $k=1,2,3$ 为确定部件 C、B、A 的配备个数。对给定的阶段，为确定究竟购入多少产品，必须知道 $k,k+1,\cdots,3$ 阶段初可用的金额，因此定义 k 阶段的状态变量 s_k 为该阶段可用的金额。设 $f_k(s_k)$ 为 k 阶段初可用金额为 s_k 万元时部件的正常工作概率，$x_k(s_k)$ 为正常工作概率为 $f_k(s_k)$ 时实际购入的部件数量。若 w_k 为 k 阶段部件的单价，p_k 为 k 阶段部件的故障率，x_k 为 k 阶段部件的购买件数，则有 $s_{k+1}=s_k-w_kx_k$，正常工作概率 $r_k(s_k,x_k)=1-(p_k)^{x_k}$。

由于可用于购买部件的金额为 10 万元，B 和 C 至少各配备 1 个，所以 $s_3\leqslant 6$，又因为部件 A 至少配备 1 个，所以 $s_3\geqslant 2$，因此有 $2\leqslant s_3\leqslant 6$。A 的单价为 2 万元，故将 s_3 分为{2～3,4～5,6}三段，从计算 $f_3(2\sim3),f_3(4\sim5),f_3(6)$ 开始。C 的单价为 1 万元，而且至少配备 1 个，所以 $s_2\leqslant 9$，另外购买部件 C 后剩余的金额必须保证至少可以购买 B 和 A 各一件，B 和 A 的单价为 3 万元和 2 万元，因此有 $s_2\geqslant 5$，故在第二阶段要确定 $f_2(5),f_2(6),\cdots,f_2(9)$。类似地，第一阶段要确定 $f_1(10)$，然后从最后的计算结果反向追踪找到 3 种部件的最佳配备个数。

第 3 阶段计算过程如下。

该阶段要确定 $f_3(2\sim3),f_3(4\sim5),f_3(6)$，A 的单价 $w_3=2$，因此 x_3 在 $\{1,2,3\}$ 范围内取值，计算结果如表 7-23 所示。

表 7-23　第 3 阶段决策表（二）

s_3	$x_3(s_3)$	$f_3(s_3)$
2～3	1	0.800
4～5	2	0.960
6	3	0.992

第 2 阶段计算过程如下。

该阶段要确定 $f_2(5),f_2(6),\cdots,f_2(9)$，B 的单价 $w_2=3$，购买 B 后还要使剩余资金至少能购买 1 个 A，因此 x_2 在 $\{1,2\}$ 内取值，且要保证第 2 和第 3 阶段正常工作的概率最大，即

$$f_2(s_2)=\max_{x_2}\{r_2(x_2)\times f_3(s_2-w_2x_2)\}$$

$f_2(5),f_2(6),\cdots,f_2(9)$ 的计算结果见表 7-24。

表 7-24　第 2 阶段决策表（二）

s_2	x_2	$r_2(x_2)$	$f_3(s_2-w_2x_2)$	第 2 至第 3 阶段正常工作的概率	$f_2(s_2),x_2(s_2)$
5	1	0.9	0.800	0.720	$f_2(5)=0.720$，$x_2(5)=1$
6	1	0.9	0.800	0.720	$f_2(6)=0.720$，$x_2(6)=1$
7	1	0.9	0.960	0.864	$f_2(7)=0.864$，$x_2(7)=1$

续表

s_2	x_2	$r_2(x_2)$	$f_3(s_2-w_2x_2)$	第2至第3阶段正常工作的概率	$f_2(s_2),x_2(s_2)$
8	1	0.9	0.960	0.864	$f_2(8)=0.864$, $x_2(8)=1$
8	2	0.99	0.800	0.792	
9	1	0.9	0.992	0.893	$f_2(9)=0.893$, $x_2(9)=1$
9	2	0.99	0.800	0.792	

第1阶段计算过程如下。

该阶段要确定 $f_1(10)$，C 的单价 $w_1=1$，购买 C 后还要使剩余资金至少能购买 A 和 B 各 1 个，因此 x_1 在 $\{1,2,3,4,5\}$ 内取值，且要保证系统正常工作的概率最大，即

$$f_1(10)=\max_{x_1}\{r_1(x_1)\times f_2(10-w_1x_1)\}$$

$f_1(10)$ 的计算结果如表 7-25 所示。

表 7-25　第 1 阶段决策表（二）

s_1	x_1	$r_1(x_1)$	$f_1(10-w_1x_1)$	系统正常工作的概率	$f_1(s_1),x_1(s_1)$
10	1	0.700	0.893	0.625	$f_1(10)=0.841$, $x_1(10)=3$
10	2	0.910	0.864	0.786	
10	3	0.973	0.864	0.841	
10	4	0.992	0.720	0.714	
10	5	0.998	0.720	0.719	

因此，部件配备方案为：配备 C 部件 3 个，配备 B 部件 1 个，配备 A 部件 2 个，系统正常工作的概率为 0.841。

案例　旅客站内走行最短路问题

作为客运站，一天之内总有若干候车厅处于候车状态。作为持票旅客，都要从不同的地点到达候车厅，旅客从站前广场进入候车厅到达相应候车区，都要经过这样的过程：站前广场→进站口→通过通道或扶梯→到达候车厅→在相应的候车区候车→检票口进站→进入相应的站台。

对于不同的旅客来讲，进入候车厅之前所持车票是不同的或者说是无序的，但进入了相应的候车区，所持车票却是相同的或者说是有序的。我们可以对旅客进行有效的分流，即把无序旅客流变成有序旅客流。旅客分流目的是使所有旅客的总走行距离最短。显然，可以将旅客分流过程转化为一个求最短路的问题。

一、旅客站内走行最短路问题建模

（一）划分阶段

旅客从站前广场进入候车厅，经历不同的决策点至下一个决策点所行进的过程就是所要建立动态规划模型的阶段，记为 k，$k=5$。经过分析得到图 7-3。其中这 5

个阶段分别为：进站过程，进入候车大厅，进入通道或扶梯，进入候车厅，进入候车区。

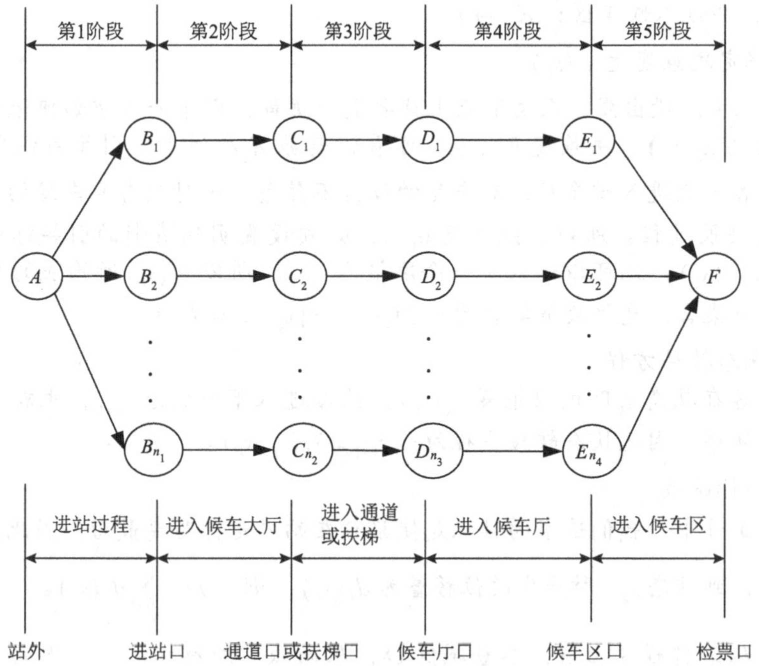

图 7-3　动态规划模型图

（二）确定状态变量

旅客进站后，遇到的决策点称为状态变量，用 s_k 表示，由于客运站的情况不同，s_k 的个数是不相同的，应根据不同车站的实际情况来决定不同的状态变量。但是对于一个确定的客运站来讲，它们的个数则是确定的。每个状态变量的集合便构成了状态集合，用 S_k 表示，如图 7-3 所示。在客运站引导工作做得较好的情况下，实际上旅客在状态 s_k 时的选择不受以前走过的路的影响，因此状态变量具有无后效性。

根据车站工作的实际情况，可以得到各个状态点（决策点）。

站外：$S_1=\{A\}$。

进站口：$S_2=\{B_1,B_2,\cdots,B_{n_1}\}$。

通道口或扶梯口：$S_3=\{C_1,C_2,\cdots,C_{n_2}\}$。

候车厅口：$S_4=\{D_1,D_2,\cdots,D_{n_3}\}$。

候车区口：$S_5=\{E_1,E_2,\cdots,E_{n_4}\}$。

检票口：$S_6=\{F\}$。

其中，n_k 表示第 k 阶段状态个数，可根据车站的实际情况进行分类。

根据以上状态点，可以得到由 A 到 F 的各个阶段。

过程 1，即进站过程：$A\to B_i(i=1,2,\cdots,n_1)$。

过程 2，即进入候车大厅：$B_i\to C_j(j=1,2,\cdots,n_2)$。

过程 3，即进入通道或扶梯：$C_j \to D_k (k=1,2,\cdots,n_3)$。

过程 4，即进入候车厅：$D_k \to E_p (p=1,2,\cdots,n_4)$。

过程 5，即进入候车区：$E_p \to F$。

（三）确定决策变量 $x_k(s_k)$

旅客从第 k 阶段出发，在决策点上就要进行决策，即下一步该如何选择，我们把这个决策记为 $x_k(s_k)$。决策变量 $x_k(s_k)$ 可看作是旅客看到车站引导系统所做出的决定。因为旅客初次进入候车厅，对车站的设施不熟悉，这时只有靠车站的引导系统指引才能完成决策过程。所以在此决策点上，必须设置明确清晰的引导标识。旅客在 s_k 有了决策 $x_k(s_k)$，就可以进入下一个决策点 s_{k+1}，所以 $x_k(s_k)$ 所构成的集合即下一阶段的决策点集合，允许决策集合为：$M_k(x_k)=\{x_k \mid x_k \in S_{k+1}\}$。

（四）状态转移方程

假定旅客在状态 s_k 时的决策是 $x_k(s_k)$，旅客进入下一状态 s_{k+1}，也就是说，完成了一个状态转移，因此状态转移方程为：$s_{k+1}=T_k(s_k,x_k)$。

（五）指标函数

客运站工作中，我们追求的目标是使旅客在站内走行距离最短，因此，可以假设旅客从状态 s_k 到状态 s_{k+1} 所产生的位移量为 $d_k(s_k)$，则：$D=\sum_{k=1}^{5} d_k(s_k)$。

显然，从某种程度上讲，尽量减少 D，从而减少所有旅客在站内的走行距离，这是我们追求的目标，即本问题的目标函数。

（六）指标递推方程

假定旅客在 k 阶段由状态 s_k 出发到检票口 F 点的最短距离为 $f_k(s_k)$，根据动态规划原理以及本问题的实际，得到指标递推方程：

$$\begin{cases} f_k(s_k)=\min\limits_{x_k \in M_k(s_k)}\{f_{k+1}(s_{k+1})+d_k\},\ k=1,2,3,4,5 \\ f_{k+1}(s_{k+1})=0 \end{cases}$$

（七）旅客通过候车区口的最优路线

在求解过程中，通过动态规划的方法就可以得到 k 阶段的最优解 $f_k(s_k)$。实际上，$f_k(s_k)$ 表示了旅客在 k 阶段到检票口的最短路线，即目标函数。当 s_k 在 S_k 中变动时，我们就可以得到一系列的 $f_k(s_k)$ 值，称其为旅客通过候车区口的最优路线。

客运站在安排旅客候车时，实际上是按照候车室中候车区的情况来安排列车车次的，一次列车占用一个或若干候车区，即旅客经过某个固定决策点的最优决策；如果把 A、F 及固定决策点作为固定点，就可以得到各个决策点到 A 及检票口 F 的最短路线及其长度，从而得到经过某个固定决策点的最优路线。

二、结果分析

某车站建筑距离、旅客流线分别见图 7-4、图 7-5；车站候车厅信息及候车厅分区信息分别见表 7-26、图 7-6。

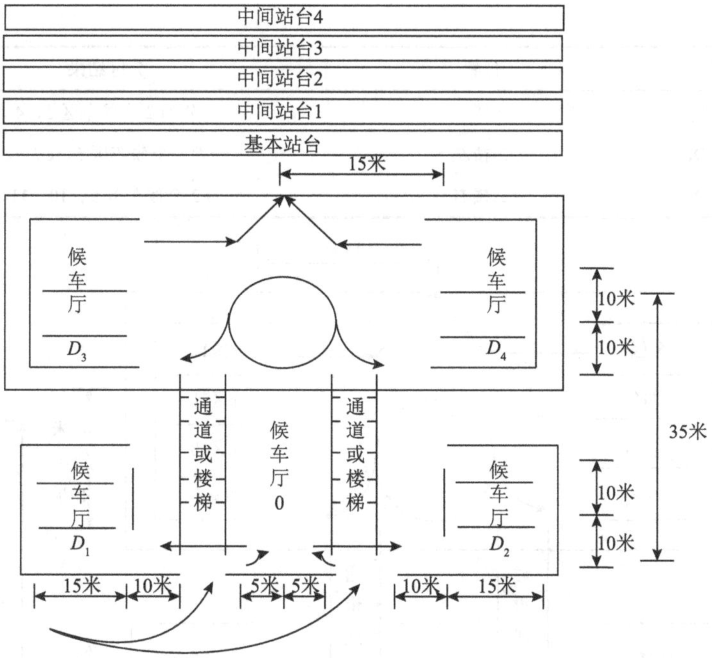

图 7-4 车站建筑距离示意图

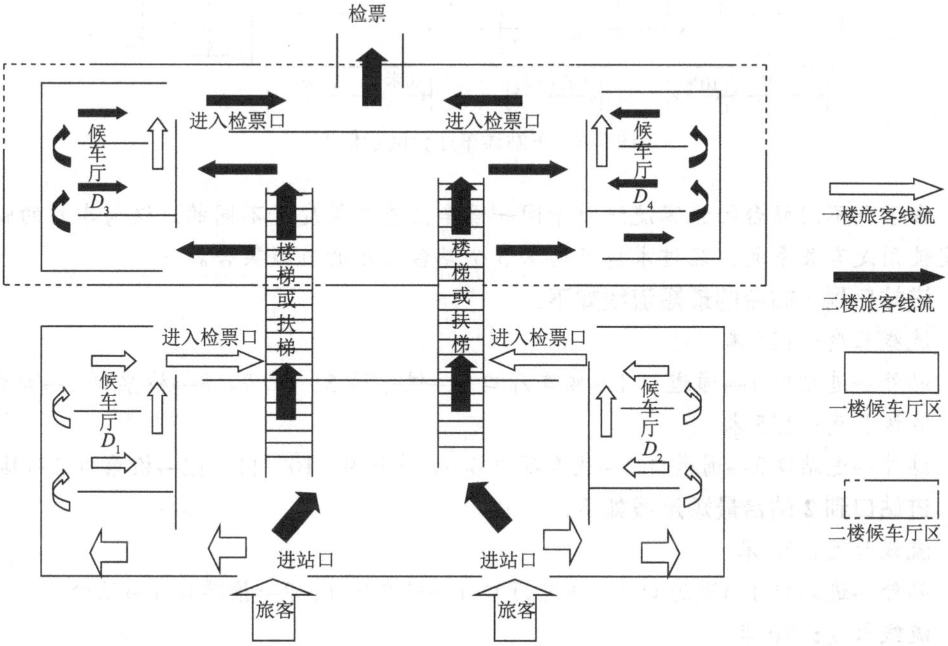

图 7-5 车站旅客流线示意图

表 7-26 候车厅信息表

候车厅	位置	分区结果
候车厅 D_1	一楼左	分为 2 个候车区 1、2

续表

候车厅	位置	分区结果
候车厅 D_2	一楼右	分为 2 个候车区 3、4
候车厅 D_3	二楼左	分为 4 个候车区 5、6、7、8
候车厅 D_4	二楼右	分为 2 个候车区 9、10、11、12

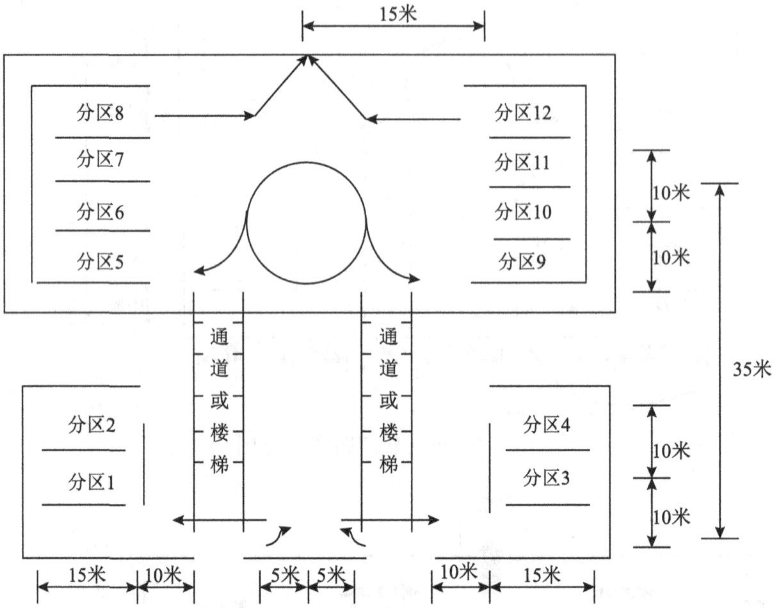

图 7-6 车站候车厅分区示例图

由于到不同站台的旅客流线对于同一候车区流线长度是不同的，这与车站的股道固定使用是有关系的，经过求解可得从 5 个站台上车的流线集合。

进站口到 1 站台的最短流线如下。

流线长度：125 米

站外→进站口 1→通道口 1→候车厅口 3→候车区 5、6、7、8→检票口 2→站台

流线长度：125 米

站外→进站口 2→通道口 2→候车厅口 4→候车区 9、10、11、12→检票口 2→站台

进站口到 2 站台最短流线如下。

流线长度：70 米

站外→进站口 1→通道口 1→候车厅口 1→候车区 1、2→检票口 1→站台

流线长度：70 米

站外→进站口 2→通道口 2→候车厅口 2→候车区 3、4→检票口 1→站台

进站口到 3 站台最短流线如下。

流线长度：80 米

站外→进站口 1→通道口 1→候车厅口 1→候车区 1、2→检票口 1→站台

流线长度：80 米

站外→进站口 2→通道口 2→候车厅口 2→候车区 3、4→检票口 1→站台

进站口到 4 站台最短流线如下。

流线长度：90 米

站外→进站口 1→通道口 1→候车厅口 1→候车区 1、2→检票口 1→站台

流线长度：90 米

站外→进站口 2→通道口 2→候车厅口 2→候车区 3、4→检票口 1→站台

进站口到 5 站台最短流线如下。

流线长度：100 米

站外→进站口 1→通道口 1→候车厅口 1→候车区 1、2→检票口 1→站台

流线长度：100 米

站外→进站口 2→通道口 2→候车厅口 2→候车区 3、4→检票口 1→站台

习　　题

1. 求图 7-7 中 v_1 到 v_9 的最短路线。

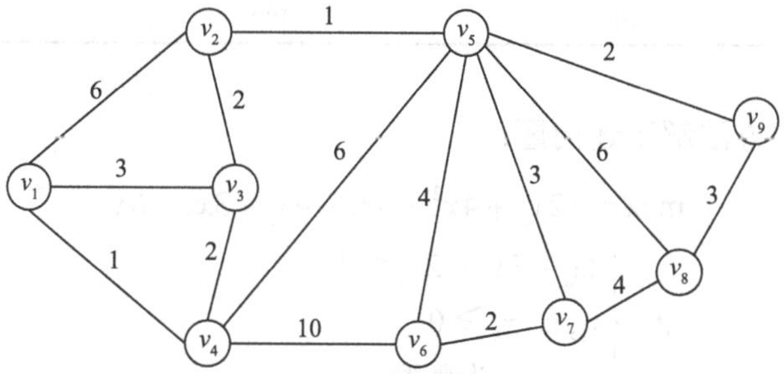

图 7-7　网络图

2. 现有载重能力不超过 10 吨的大卡车一辆，可以装运 3 种不同的物品。已知这 3 种物品的件数、每件重量以及每件的运费收入如表 7-27 所示。

表 7-27　物品具体信息

物品	重量/（吨/件）	运费收入/（万元/件）	件数/件
1	2	8	3
2	3	13	3
3	4	18	2

（1）建立该问题的整数规划模型。

（2）用动态规划方法求解。

3. 一架货运飞机，有效载重量为 20 吨，可运输的物品重量及运费收入见表 7-28。问：选运哪些货物可以使运费收入最多？

表 7-28 物品重量及运费收入

物品	重量/吨	运费收入/万元
1	8	3
2	13	5
3	6	2
4	9	4

4. 某公司在今后 4 个月内出售某种新产品的合同销售量以及各月的生产能力、生产成本如表 7-29 所示。若某个月产品的产量大于当月销售量，则将多余产品存贮，但要在当月付出存贮费（每月每单位 2 元）。销售合同必须遵守，试求总费用最低的生产方案。

表 7-29 各月份产品信息

月份	合同销售量	生产能力	生产成本/（元/件）
1	60	90	70
2	70	60	72
3	90	80	70
4	70	100	65

5. 用动态规划方法解下述问题：

$$\max z = 2x_1^2 + 4x_2^2 + 3x_3^2 - 4x_1 - 3x_2 - 6x_3$$

$$\text{s.t.} \begin{cases} 2x_1 + 3x_2 + 2x_3 \leqslant 15 \\ x_1, x_2, x_3 \geqslant 0 \\ x_1, x_2, x_3 \text{为整数} \end{cases}$$

6. 某产品要通过 A、B、C 3 台机器加工，3 台机器的次品率分别为 20%、40% 和 30%，则产品的正品率为

$$P_{\text{正品}} = (1-0.2)(1-0.4)(1-0.3) = 0.336$$

现管理部门拨出 6 万元改进机器以提高正品率。每台机器都可以采取 3 种改进措施中的任意一种措施，或不采取任何措施。采取各种措施的费用以及次品率如表 7-30 所示。问应如何利用这 6 万元，才能使产品的正品率最高？

表 7-30 各种措施的费用及次品率

措施	次品率			费用/万元
	A	B	C	
1	15%	30%	20%	1
2	12%	20%	15%	2
3	10%	10%	10%	3

7. 一个售货员要到 5 个城市中去售货，他从城市 1 出发，要到每个城市一次且

仅一次，最后回到城市 1。用 d_{ij} 表示城市 i 到城市 j 的距离（也可能是时间、费用等），且一般有 $d_{ij} \neq d_{ji}$，已知 5 个城市网络的距离矩阵如表 7-31 所示，问该售货员应如何安排行走路线，才能使行程距离最短？

表 7-31 5 个城市网络的距离矩阵

j	i				
	1	2	3	4	5
1	0	3	1	5	4
2	1	0	5	4	3
3	5	4	0	2	1
4	3	1	3	0	3
5	5	2	4	1	0

8. 某公司有资金 300 万元，可以向 A、B、C 三个项目追加投资，各个项目可以有不同的投资额（以万元为单位），相应的收益如表 7-32 所示。问怎样分配资金使总收益值最大？试建立动态规划模型并求解。

表 7-32 投资收益

项目	投资额/万元			
	0	100	200	300
A	10	20	40	30
B	15	25	30	45
C	20	30	25	24

9. 某物流公司拟在 3 个不同的城市建立 6 个配送中心，每个城市至少需要建立 1 个配送中心，在不同城市建立不同数量的配送中心时每年所获得的收益如表 7-33 所示。问：如何在各个城市建立配送中心，才能使该公司每年获得的总收益最大？试用动态规划方法建模并求解。

表 7-33 收益表

城市	配送中心个数/个			
	1	2	3	4
A	1	3	4	7
B	3	4	7	10
C	5	6	8	9

10. 某人外出旅游，需将 5 件物品装入包裹，但包裹重量有限制，总重量不超过 13 千克。物品重量及其价值的关系如表 7-34 所示。试问如何装这些物品使整个包裹价值最大？

表 7-34 物品重量与价值

物品	重量/千克	价值/元
A	7	9
B	5	4
C	4	3
D	3	2
E	1	0.5

11. 某种机器由 A1、A2、A3 三部分构成，已知这三种部件每种的单价和可靠性如表 7-35 所示，问在总费用不超过 105 元的前提下，如何购置这三种部件及其备用件，使得机器的可靠性达到最大？最大是多少？试建立动态规划模型并求解。

表 7-35 每种部件的单价和可靠性

部件	单价/元	可靠性
A1	30	0.9
A2	15	0.8
A3	20	0.5

第八章

图与网络优化

图论是运筹学中的一个重要分支，近 30 年来发展十分迅速。现实生活中的很多问题中都包含着网络问题，网络表现技术可以非常有效地刻画系统各要素之间的关系和联系。在现实的生产实际中存在许多管理和计划等优化问题，如供应链中原材料供应商、物流供应商、生产企业、各销售点之间的物流总费用最小化问题，城市配送系统的配送线路优化问题，交通运输领域如何使调运的物资数量最多且费用最少问题等，这类问题均可借助于图论和网络优化的方法得以解决。图论和网络分析的理论和方法在信息论、控制论、企业管理以及社会科学等领域都得到了广泛的应用。与其他方法相比较，采用图论方法对问题进行描述更直观，且可以将复杂问题进行转化，然后再寻求更有效的方法加以分析和计算。

第一节　图与网络的基本概念

在介绍图的概念之前，先通过几个例子直观地认识什么是图。

【例 8.1】哥尼斯堡七桥问题。18 世纪东欧的哥尼斯堡城中有条普雷格尔河穿流而过，该河中有两个岛，河上有七座桥保持河两岸和两个岛的连通，如图 8-1 所示。

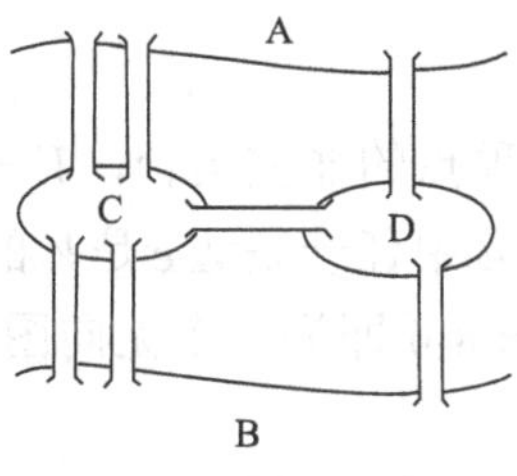

图 8-1　哥尼斯堡七桥问题图

这个城镇中的居民当时热衷于这样一个问题：一个人能否从岸上任一地点出发，不重复地通过每座桥一次，最后可以回到原地。1736 年，欧拉发表了第一篇关于图论方面的论文，将该问题转化成一个数学问题。他用 A、B、C、D 四个点分别表示河两岸和两个岛，用点之间的连线表示每座桥，从而得到如图 8-2 所示的哥尼斯堡七桥问题的一笔画图。由于图 8-2 中每个点都与奇数条边相连，所以不可能不重复地一笔画出。

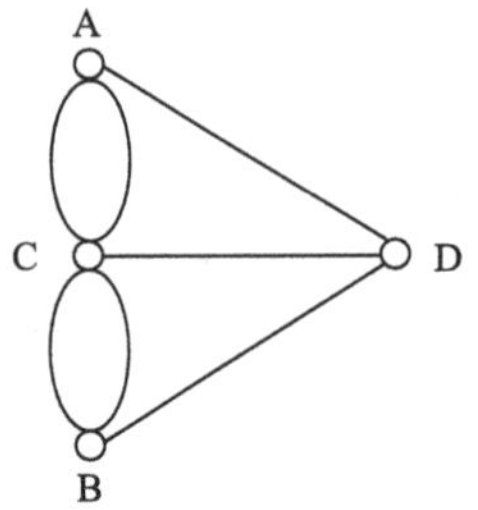

图 8-2　哥尼斯堡七桥问题一笔画图

【例 8.2】货物运输问题。有三个物资产地 s_1, s_2, s_3 可运送货物到接收地 t_1, t_2, t_3。若 s_i $(i=1,2,3)$ 能发送货物给 t_j $(j=1,2,3)$，则在 s_i 与 t_j 之间用带箭头的边直接相连，否则没有边。由此可得到图 8-3。

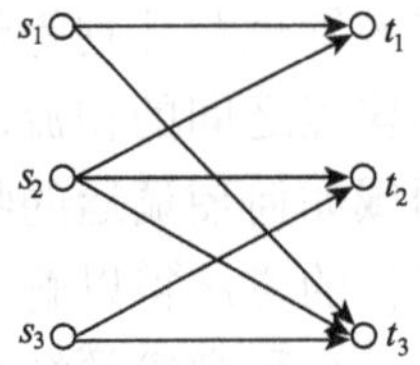

图 8-3　货物运输问题

从以上例题可以看出，一个图由一个表示具体事物的点的集合和一个表示事物之间联系的边的集合构成。它的点和边的位置具有随意性，只注重反映点和线之间的关系。

一、图

一个图 G 是一个有序二元组 (V,E)，记为 $G=(V,E)$，其中 $V=\{v_1,v_2,\cdots,v_n\}$ 是表示孤立事物的顶点的集合，$E=\{e_1,e_2,\cdots,e_m\}$ 是表示事物间关系的边的集合。图 G 的顶点集合和边集合还可以用 $V(G)$ 和 $E(G)$ 表示，图 G 的顶点数和边数用 $|V|$ 和 $|E|$ 表示。

二、无向图和有向图

无向图：设 V 是一个有 n 个顶点的非空集合，$V=\{v_1,v_2,\cdots,v_n\}$；E 是一个有 m 条边的集合，$E=\{e_1,e_2,\cdots,e_m\}$；若 E 中任一条边 e 是 V 的无序元素对 (u,v)，则称 V 和 E 组成了一个无向图 $G=(V,E)$。图 8-4 即为一个无向图。

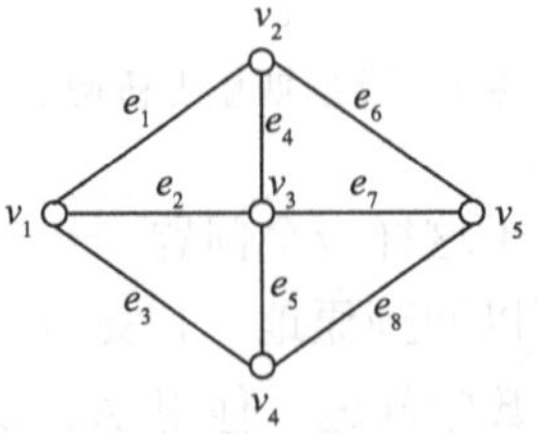

图 8-4　无向图

若 E 中存在一条边 e 连接顶点 u 和 v，则记为 $e=(u,v)$（或 (v,u)）。并称 u 和 v 为无向边 e 的端点，边 e 与 u 和 v 相关联，u 和 v 相邻。

有向图：设 V 是一个有 n 个顶点的非空集合，$V=\{v_1,v_2,\cdots,v_n\}$；E 是一个有 m 条边的集合，$E=\{e_1,e_2,\cdots,e_m\}$；若 E 中任一条边 e 是 V 的有序元素对 (u,v)，则称 V 和 E 组成了一个有向图 $G=(V,E)$。图 8-5 即为一个有向图。若在有向图中存在 $e=(u,v)$，则 u 称为有向边 e 的起点，v 称为有向边 e 的终点。

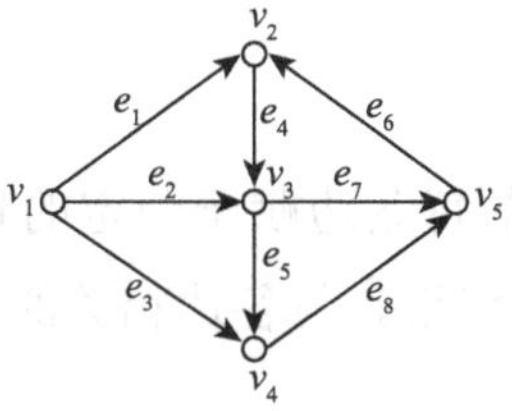

图 8-5 有向图（一）

三、同构图

图论中的图注重反映顶点之间的相互关系，因此顶点的位置以及顶点之间连线的长短曲直都是无关紧要的。

给定图 $G=(V,E)$ 和图 $G'=(V',E')$（G 和 G' 同为无向图或有向图），如果图 G 和 G' 的顶点集合 V 和 V'，以及边集合 E 和 E' 之间在保持关联性质的条件下一一对应，则称图 G 和图 G' 为同构图。

例如，图 8-6（a）和图 8-6（b）初看是不一样的，但如果令 v_i 与 u_i（$i=1,2,3,4,5$）对应，e_j 与 e_{j+7}（$j=1,2,\cdots,7$）对应，那么对应边与对应顶点相关联，所以这两个图是同构的。

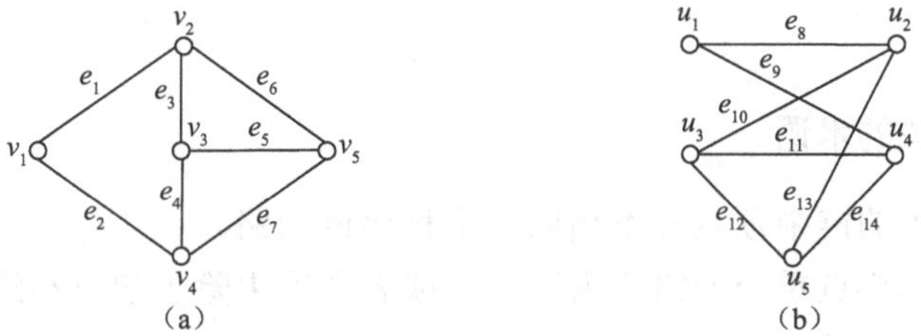

图 8-6 同构图

四、子图和生成图

给定图 $G=(V,E)$ 和图 $G'=(V',E')$，如果满足 $V'\subseteq V$，$E'\subseteq E$，则称 G' 是 G 的子图。若满足 $V'=V$，$E'\subseteq E$，则称 G' 是 G 的生成图。若满足 $V'\subset V$，$E'\subset E$，则称 G' 是 G 的真子图。

例如，图 8-7（a）为图 8-6（a）的生成图，图 8-7（b）为图 8-6（a）的真子图。

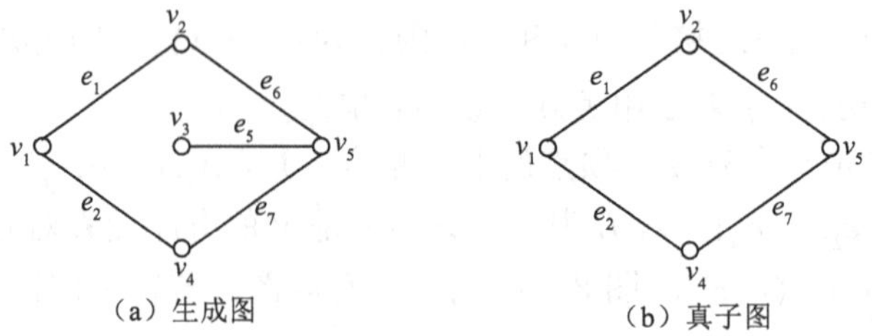

图 8-7 生成图与真子图

五、网络

给定图 $G=(V,E)$，若给 G 的每条边赋予一定的物理量，如表示两个顶点之间的距离，则称该图为赋权图，俗称网络。与各边相关的物理量称为该边的权值，有时网络与图不加区别地统称为图。

六、链

给定图 $G=(V,E)$，若 G 的某些顶点和边交错成为如下的非空有限序列：

$$Q=v_{i_1}e_{i_1}v_{i_2}e_{i_2}\cdots v_{i_{k-1}}e_{i_{k-1}}v_{i_k}$$

且满足 $e_{i_s}=(v_{i_s},v_{i_{s+1}})$（$s=1,2,\cdots,k-1$），则称 Q 为一条连接 v_{i_1} 和 v_{i_k} 的链，其中 v_{i_1} 和 v_{i_k} 称为这条链的端点。在简单图中（图的任意两条不同的边不具有相同的端点），链可以由它的顶点序列确定，可用其顶点表示为 $Q=v_{i_1}v_{i_2}\cdots v_{i_{k-1}}v_{i_k}$。例如，图 8-6（a）中，$v_1v_2v_3v_4v_5$ 即为一条链，图 8-5 中，$v_1v_2v_3v_5v_4$ 也是一条链。

七、圈

起点和终点重合的链称为圈。例如，图 8-6（a）中，$v_1v_2v_3v_4v_1$ 即为圈，图 8-5 中，$v_1v_2v_3v_4v_1$ 也是圈。

八、与无向图有关的术语

路：若无向图的链中顶点各不相同，则称该链为路。

回路：起点和终点重合的路称为回路，或者说圈中除了起点和终点相同外，再没有相同的顶点，则该圈为回路。

九、与有向图有关的术语

路：若有向图的链中边的方向一致，则称该链为路。

路径：若有向图的路中顶点各不相同，则称该路为路径。

回路：起点和终点重合的路径称为回路。

【例 8.3】给定图 8-8 所示的有向图，判断 Q_1,Q_2,Q_3,Q_4 点和边的四个交错序列中，哪个是链、路、路径和回路。其中，$Q_1=v_1e_8v_4e_3v_2e_2v_3e_{10}v_6$，$Q_2=v_1e_8v_4e_4v_3e_5v_5e_6v_4e_3v_2$，$Q_3=v_6e_9v_5e_6v_4e_4v_3e_2v_2$，$Q_4=v_6e_9v_5e_6v_4e_4v_3e_{10}v_6$。

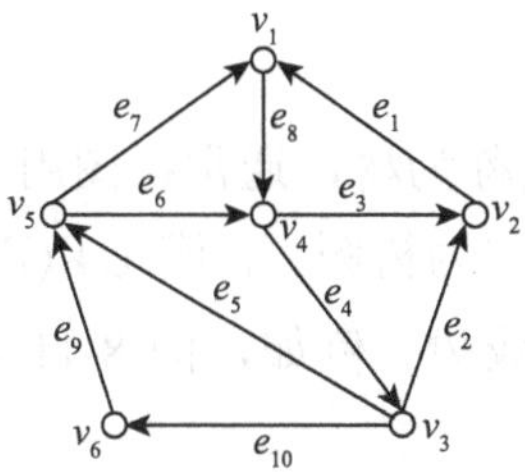

图 8-8　有向图（二）

解：Q_1 为链，Q_2 为路，Q_3 为路径，Q_4 为回路。

十、连通图

若一个图中的任意两点之间至少存在一条链，则称这个图为连通图。连通图中不存在孤立的顶点。图 8-4 即为连通图，如果把边 e_1、e_2 和 e_3 去掉，则顶点 v_1 就成为孤立的顶点，整个图就不再是连通图。

十一、欧拉图

给定图 $G=(V,E)$，通过图 G 的每条边一次且仅一次的链称为欧拉链，通过 G 中每条边一次且仅一次的回路，称为欧拉回路，存在欧拉回路的图称为欧拉图。图 8-7（b）为欧拉图，而图 8-7（a）不是欧拉图。

十二、哈密顿图

给定图 $G=(V,E)$，通过图 G 的每个顶点一次且仅一次的路称为哈密顿(Hamilton)路，通过 G 的每个顶点一次且仅一次的圈称为哈密顿圈，若图 G 中含有哈密顿圈，则称该图为哈密顿图。图 8-9 是哈密顿图，$u_1u_2u_3u_4u_5$ 是一个哈密顿圈。

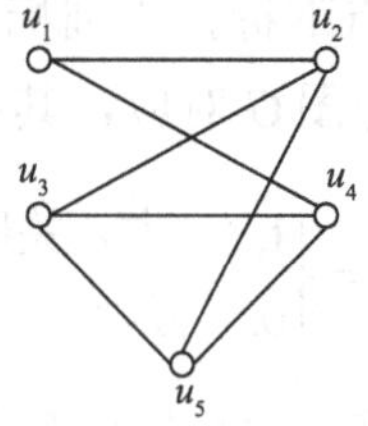

图 8-9　哈密顿图

旅行商问题，即 TSP（traveling salesman problem），又称为旅行售货员问题、货郎担问题，是数学领域中的著名问题之一。假设有一个旅行商人要拜访 n 个城市，他必须选择所要走的路径，路径的限制是每个城市只能拜访一次，而且最后要回到原来出发的城市。问应如何规划他的路线，使得他能对每个城市恰好访问一次，且总的行程（或时间）最短？用图论的术语说，就是在一个赋权完全图中找出一个具有最小权值的哈密顿圈。TSP 是一个典型的组合优化问题，并且是一个非确定性多项式（nondeterministic polynominal，NP）困难问题，一般很难精确地求出其最优解。

十三、树和生成树

树：一个无圈的无向连通图称为树，通常树图用T来表示，记为$T=(V,E)$。

生成树：给定连通图G，若T为树图，且满足$V(T)=V(G)$，$E(T)\subseteq E(G)$（即T为G的生成图），则称T为G的生成树。例如，图 8-11（a）和图 8-11（b）都是图 8-10 的生成树。

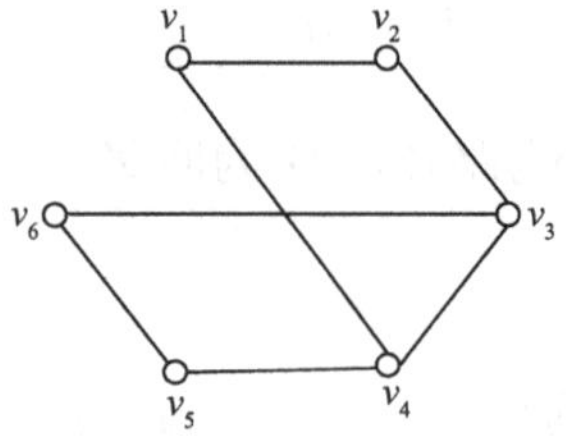

图 8-10 原始图

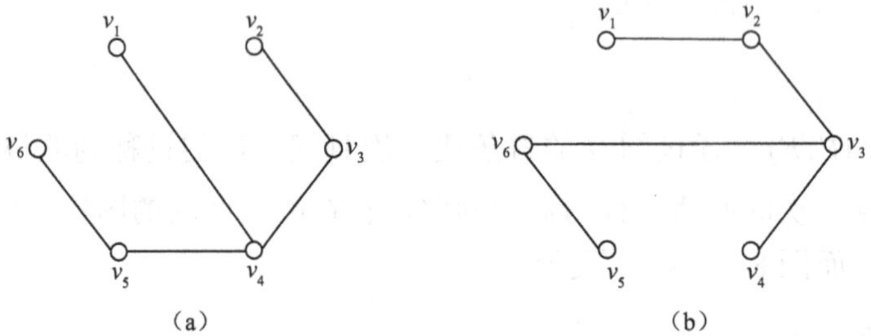

图 8-11 原始图的生成树

十四、图的矩阵表示法

图的关联矩阵：给定无向图$G=(V,E)$，其中$V=\{v_1,v_2,\cdots,v_n\}$，$E=\{e_1,e_2,\cdots,e_m\}$。若用矩阵的行标号i对应图G的顶点下标，用列标号j对应图G的边的下标，则可构造一个$n\times m$维矩阵$\boldsymbol{A}(G)=(a_{ij})_{n\times m}$与图$G$对应，其中

$$a_{ij}=\begin{cases}1, & v_i\text{与}e_j\text{关联}\\ 0, & \text{否则}\end{cases}$$

称矩阵$\boldsymbol{A}(G)$为无向图G的关联矩阵。关联矩阵反映无向图的顶点与边的关联情况。

类似地，对有向图$D=(V,E)$，其中$V=\{v_1,v_2,\cdots,v_n\}$，$E=\{e_1,e_2,\cdots,e_m\}$，可构造一个$n\times m$维矩阵$\boldsymbol{A}(D)=(a_{ij})_{n\times m}$，其中

$$a_{ij}=\begin{cases}0, & v_i\text{与}e_j\text{不关联}\\ 1, & v_i\text{为}e_j\text{的起点}\\ -1, & v_i\text{为}e_j\text{的终点}\end{cases}$$

图的邻接矩阵：给定无向图$G=(V,E)$，其中$V=\{v_1,v_2,\cdots,v_n\}$，$E=\{e_1,e_2,\cdots,e_m\}$。若矩阵的行标号i和列标号j都对应图 G 的顶点下标，则可以构造一个$n\times n$维矩阵

$\boldsymbol{B}(G)=(b_{ij})_{n\times n}$ 与图 G 对应，其中 b_{ij} 为连接顶点 v_i 与 v_j 的边的数目，则称矩阵 $\boldsymbol{B}(G)$ 为无向图 G 的邻接矩阵。邻接矩阵描述顶点间的邻接情况。

对有向图 $D=(V,E)$，邻接矩阵 $\boldsymbol{B}(D)=(b_{ij})_{n\times n}$ 中的元素 b_{ij} 的意义为：以 v_i 为起点、v_j 为终点的有向边的数目。

【例 8.4】 分别写出图 8-6（a）和图 8-5 的关联矩阵和邻接矩阵。

解：图 8-6（a）和图 8-5 的关联矩阵和邻接矩阵 $\boldsymbol{A}(G),\boldsymbol{B}(G)$ 和 $\boldsymbol{A}(D),\boldsymbol{B}(D)$ 分别为

$$
\boldsymbol{A}(G)=\begin{array}{c} \\ v_1 \\ v_2 \\ v_3 \\ v_4 \\ v_5 \end{array}\!\!\begin{array}{c} \begin{matrix} e_1 & e_2 & e_3 & e_4 & e_5 & e_6 & e_7 \end{matrix} \\ \begin{pmatrix} 1 & 1 & 0 & 0 & 0 & 0 & 0 \\ 1 & 0 & 1 & 0 & 0 & 1 & 0 \\ 0 & 0 & 1 & 1 & 1 & 0 & 0 \\ 0 & 1 & 0 & 1 & 0 & 0 & 1 \\ 0 & 0 & 0 & 0 & 1 & 1 & 1 \end{pmatrix} \end{array},\quad
\boldsymbol{B}(G)=\begin{array}{c} \\ v_1 \\ v_2 \\ v_3 \\ v_4 \\ v_5 \end{array}\!\!\begin{array}{c} \begin{matrix} v_1 & v_2 & v_3 & v_4 & v_5 \end{matrix} \\ \begin{pmatrix} 0 & 1 & 0 & 1 & 0 \\ 1 & 0 & 1 & 0 & 1 \\ 0 & 1 & 0 & 1 & 1 \\ 1 & 0 & 1 & 0 & 1 \\ 0 & 1 & 1 & 1 & 0 \end{pmatrix} \end{array}
$$

$$
\boldsymbol{A}(D)=\begin{array}{c} \\ v_1 \\ v_2 \\ v_3 \\ v_4 \\ v_5 \end{array}\!\!\begin{array}{c} \begin{matrix} e_1 & e_2 & e_3 & e_4 & e_5 & e_6 & e_7 & e_8 \end{matrix} \\ \begin{pmatrix} 1 & 1 & 1 & 0 & 0 & 0 & 0 & 0 \\ -1 & 0 & 0 & 1 & 0 & -1 & 0 & 0 \\ 0 & -1 & 0 & -1 & 1 & 0 & 1 & 0 \\ 0 & 0 & -1 & 0 & -1 & 0 & 0 & 1 \\ 0 & 0 & 0 & 0 & 0 & 1 & -1 & -1 \end{pmatrix} \end{array},\quad
\boldsymbol{B}(D)=\begin{array}{c} \\ v_1 \\ v_2 \\ v_3 \\ v_4 \\ v_5 \end{array}\!\!\begin{array}{c} \begin{matrix} v_1 & v_2 & v_3 & v_4 & v_5 \end{matrix} \\ \begin{pmatrix} 0 & 1 & 1 & 1 & 0 \\ 0 & 0 & 1 & 0 & 0 \\ 0 & 0 & 0 & 1 & 1 \\ 0 & 0 & 0 & 0 & 1 \\ 0 & 1 & 0 & 0 & 0 \end{pmatrix} \end{array}
$$

第二节　最短路径问题

最短路径问题是经典的组合优化问题，它一直是运筹学、地理信息科学、计算机科学等学科的一个研究热点。现实生活中的物资运输路线选择、管道线网的铺设等问题都与最短路径问题密切相关。在实际问题中，最短路径不一定指距离最短，还可能指时间最短、费用最少等。

一、最短路径问题的数学模型

给定有向图 $G=(V,E)$，其中 $V=\{v_1,v_2,\cdots,v_n\}$，$E=\{e_1,e_2,\cdots,e_m\}$。若图 G 中的每一条边 $e=(v_i,v_j)$ 都与非负权值 $w(e)=w(v_i,v_j)=w_{ij}$ 对应，则称 G 为非负赋权图，又称网络。给定 G 中的两个顶点 v_s,v_t，设 P 是 G 中从 v_s 到 v_t 的一条路，定义路 P 的权是 P 中所有边的权值之和，记为 $w(P)=\sum\limits_{e\in E(P)}w(e)$，其中 $E(P)$ 表示 P 上边的集合。最短路径问题就是要在所有从 v_s 到 v_t 的路中，求一条权值最小的路。如果边 $e=(v_i,v_j)$ 的权用 c_{ij} 表示（距离、费用或时间），网络中共有 n 个节点，求从节点 1 到节点 n 的最短路径，设决策变量 x_{ij} 为

$$x_{ij}=\begin{cases}1, & 边(i,j)在1\to n的路径上\\ 0, & 否则\end{cases}$$

则最短路径问题的数学模型如下所示：

$$\min z=\sum_{i=1}^{n}\sum_{j=1}^{n}c_{ij}x_{ij}$$

$$\text{s.t.}\begin{cases}\sum_{j=1}^{n}x_{ij}-\sum_{k=1}^{n}x_{ki}=1, & i=1\\ \sum_{j=1}^{n}x_{ij}-\sum_{k=1}^{n}x_{ki}=0, & i=2,3,\cdots,n-1\\ \sum_{j=1}^{n}x_{ij}-\sum_{k=1}^{n}x_{ki}=-1, & i=n\\ x_{ij}=0或1, & i,j=1,2,\cdots,n\end{cases}$$

二、Dijkstra算法

很多算法可用于求解非负赋权图中的最短路线问题，目前公认的效率较高的算法是 E. W. 迪杰斯特拉（E. W. Dijkstra）在 1959 年提出的 Dijkstra 算法。该算法可求非负赋权图中起点 v_1 至其他各个顶点 v_j（$1\leqslant j\leqslant n$）的最短路径及其长度，其复杂度为 $O(n^2)$。

若 $P_{1j}^*=v_1\cdots v_i\cdots v_j$ 为 v_1 至 v_j 的最短路径，其长度为 $w(P_{1j}^*)$，则 P_{1j}^* 具有以下性质：$P_{1j}'=v_1\cdots v_i$ 和 $P_{1j}''=v_i\cdots v_j$ 必定分别为 v_1 至 v_i 和 v_i 至 v_j 的最短路径。为说明这个性质，以 P_{1j}'' 为例，设 P_{1j}' 和 P_{1j}'' 的长度分别为 $w(P_{1j}')$ 和 $w(P_{1j}'')$，假设 P_{1j}'' 不是 v_i 至 v_j 的最短路径，则必定有另外一条路 P_{1j}''' 是 v_i 至 v_j 的最短路径，即满足 $w(P_{1j}''')<w(P_{1j}'')$，因此有

$$w(P_{1j}')+w(P_{1j}''')<w(P_{1j}')+w(P_{1j}'')$$

即 P_{1j}' 和 P_{1j}''' 构成了一条 v_1 至 v_j 的长度小于 $w(P_{1j}^*)$ 的路径，这与 P_{1j}^* 为 v_1 至 v_j 的最短路径矛盾。用类似的方法可说明 P'_{1j} 是 v_1 至 v_i 的最短路径。

Dijkstra 算法的基本思想是将网络 G 中的顶点集合 V 划分为两个点集：临时标号点集（T 标号点）和永久标号点集（P 标号点）。首先给 v_1 以 P 标号，其余点均为 T 标号。要寻求起点 v_1 至 v_j 的最短路径，只要逐个将 v_1 至 v_j 的路径上所有经过顶点的 T 标号都变为 P 标号，即可得到 v_1 至 v_j 的最短路径。因此，一旦终点 v_n 得到 P 标号，就求得了 v_1 至 v_n 的最短路径。

令 w_{ij} 表示网络中两点 v_i 与 v_j 之间的距离，则 w_{ij} 的值为

$$w_{ij}=\begin{cases}0, & i=j\\ +\infty, & 不存在(v_i,v_j)\end{cases}$$

求 v_1 到 v_n 的最短路径的 Dijkstra 算法的计算步骤如下。

第一步，给起点 v_1 以永久标号 $P(v_1)=0$，并打上“*”号，给其他各点以临时标号 $T(v_j)=+\infty$。

第二步，检查 v_1 与其他点 v_j 是否有边直接相连（若为有向网络，则要检查是否存在以 v_1 为起点、v_j 为终点的边），若有，则将 v_j 的临时标号改为 $T(v_j)=w_{1j}$。

第三步，在所有的 T 标号中选择最小的将其改为 P 标号（即在相应的数字上打上“*”号），然后重新计算有 T 标号点的 T 标号。具体计算方法为：设顶点 v_i 是刚刚得到 P 标号的点，若 v_j 为 T 标号且与 v_i 有边直接相连，则将 v_j 的 T 标号改为

$$T(v_j)=\min\{T(v_j),P(v_i)+w_{ij}\}$$

否则，v_j 的 T 标号保持不变。

第四步，重复第三步，直至 v_n 得到 P 标号为止。然后从 v_n 开始逆向追踪到点 v_1，从而找到最短路径中间经过的点。经过的各点以及 v_n 的 P 标号即为起点到各点的最短路径。

【例 8.5】 求图 8-12 中 v_1 至其他各点的最短路径及其长度。

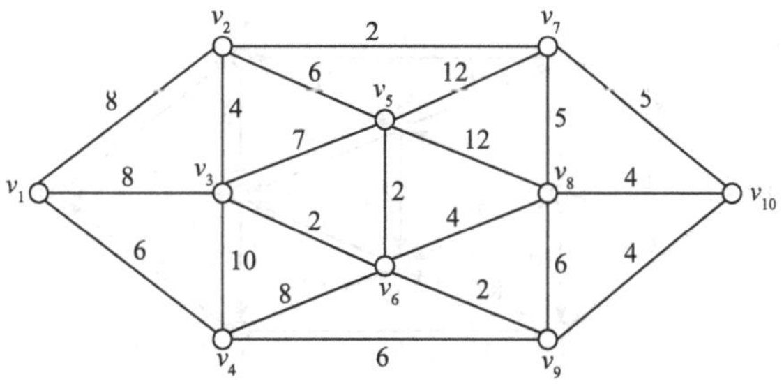

图 8-12　无向网络图

解：用 Dijkstra 算法计算，令 k 表示计算步骤，将迭代过程中的所有信息汇总，得到的运算结果如表 8-1 所示。

表 8-1　Dijkstra 算法运算结果（一）

k	v_j									
	v_1	v_2	v_3	v_4	v_5	v_6	v_7	v_8	v_9	v_{10}
1	0^*	$+\infty$	$+\infty$	$+\infty$	$+\infty$	$+\infty$	$+\infty$	$+\infty$	$+\infty$	$+\infty$
2		8_1	8_1	6_1^*	$+\infty$	$+\infty$	$+\infty$	$+\infty$	$+\infty$	$+\infty$
3		8_1^*	8_1		$+\infty$	14_4	$+\infty$	$+\infty$	12_4	$+\infty$
4			8_1^*		14_2	14_4	10_2	$+\infty$	12_4	$+\infty$
5					14_2	10_3^*	10_2	$+\infty$	12_4	$+\infty$
6					12_6		10_2^*	14_6	$12_{4,6}$	$+\infty$

续表

k	v_j									
	v_1	v_2	v_3	v_4	v_5	v_6	v_7	v_8	v_9	v_{10}
7					12_6^*			14_6	$12_{4,6}$	15_7
8								14_6	$12_{4,6}^*$	15_7
9								14_6^*		15_7
10										15_7^*

从表 8-1 中可以看出，$P(v_{10})=15$，所以 v_1 到 v_{10} 的最短路径长度为 15，根据 v_{10} 的下标反向追踪得到最短路线为

$$P=v_1v_2v_7v_{10}$$

类似地，有 $P(v_1)=0$，$P(v_2)=8$，$P(v_3)=8$，$P(v_4)=6$，$P(v_5)=12$，$P(v_6)=10$，$P(v_7)=10$，$P(v_8)=14$，$P(v_9)=12$，用同样的方法可以得到相应的最短路径。

【例 8.6】求图 8-13 中 v_1 至其他各点的最短路径及其长度。

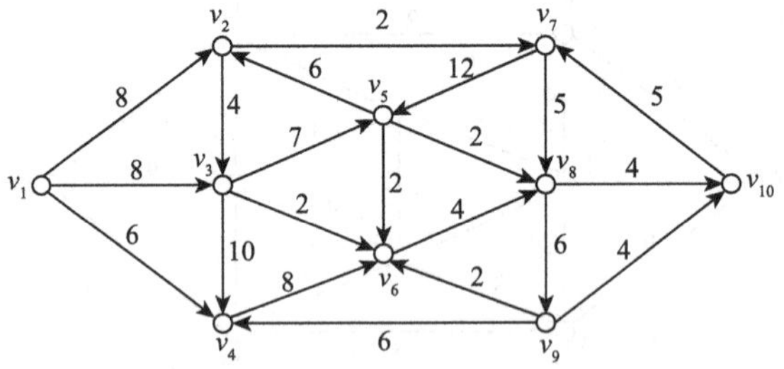

图 8-13　有向网络图

解：用 Dijkstra 算法计算得到运算表 8-2。

表 8-2　Dijkstra 算法运算结果（二）

k	v_j									
	v_1	v_2	v_3	v_4	v_5	v_6	v_7	v_8	v_9	v_{10}
1	0^*	$+\infty$	$+\infty$	$+\infty$	$+\infty$	$+\infty$	$+\infty$	$+\infty$	$+\infty$	$+\infty$
2		8_1	8_1	6_1^*	$+\infty$	$+\infty$	$+\infty$	$+\infty$	$+\infty$	$+\infty$
3		8_1^*	8_1		$+\infty$	14_4	$+\infty$	$+\infty$	$+\infty$	$+\infty$
4			8_1^*		$+\infty$	14_4	10_2	$+\infty$	$+\infty$	$+\infty$
5					15_3	10_3^*	10_2	$+\infty$	$+\infty$	$+\infty$
6					15_3		10_2^*	14_6	$+\infty$	$+\infty$
7					15_3			14_6^*	$+\infty$	$+\infty$

续表

k	v_j									
	v_1	v_2	v_3	v_4	v_5	v_6	v_7	v_8	v_9	v_{10}
8					15_3^*				20_8	18_8
9									20_8	18_8^*
10									20_8^*	

从表 8-2 中可以看出，$P(v_{10})=18$，所以 v_1 至 v_{10} 的最短路径长度为 18，根据 v_{10} 的下标反向追踪得到最短路线为

$$P=v_1v_3v_6v_8v_{10}$$

类似地，有 $P(v_1)=0$，$P(v_2)=8$，$P(v_3)=8$，$P(v_4)=6$，$P(v_5)=15$，$P(v_6)=10$，$P(v_7)=10$，$P(v_8)=14$，$P(v_9)=20$，用同样的方法可以得到相应的最短路径，如表 8-2 所示。

用 Dijkstra 算法可求出网络起点到终点以及中间各点的最短路径，但前提条件是网络中不存在负权值。当网络中有负权值时，Dijkstra 算法失效。

第三节　最小生成树问题

最小生成树问题是图论中的基本问题之一。当采用不同的边组成树图时，由于每条边权值不同，将各条边加权得到的总权值也不同。在生成树中，总权值最小者称为最小生成树。最小生成树问题在实际生活中具有非常广泛的应用，如在一些地区间架设通往各地区的有线广播网或电话线等，要求确定如何架设以保证广播线总长度最短或总花费最小等问题。这类问题就是要寻求道路网络图的最小生成树。

如果图 $T=(V,E)$ 具有 n 个顶点，T 为一棵树的充要条件是下面的条件之一成立。

（1）T 中任意两顶点间存在一条唯一的链。

（2）T 是连通图，且去掉 T 中任一条边得到的图是不连通的。

（3）T 无圈，且在 T 中不相邻的顶点间加入一条边得到的图恰有一个圈。

（4）T 是有 $n-1$ 条边的连通图。

一、最小生成树问题的数学模型

给定无向连通网络 $G=(V,E)$，其中 $V=\{v_1,v_2,\cdots,v_n\}$，$E=\{e_1,e_2,\cdots,e_m\}$，且 $\forall e\in E,w(e)\geqslant 0$。若 T 为 G 的生成树，则 T 的权定义为

$$w(T)=\sum_{e\in E(T)}w(e)$$

若 T^* 为 G 的生成树，且满足

$$w(T^*)=\min\{w(T)\,|\,T为G的生成树\}$$

则称 T^* 为 G 的最小生成树。

二、最小生成树的求法

（一）破圈法

在网络 G 上任取一个圈，去掉圈上权值最大的一条边（当有多条边同时具有最大权时，任选一条），反复进行，直到 G 上没有圈为止，余下的边组成的树即为最小生成树。

【例 8.7】求图 8-12 的最小生成树。

解：求解过程如图 8-14 所示，任意取一个圈，如 $v_2v_5v_7v_2$，去掉圈上权值最大的边 (v_5,v_7)，给该边以删除标记；再取一个圈 $v_2v_3v_5v_2$，去掉圈上权值最大的边 (v_3,v_5)，给该边以删除标记；再取一个圈 $v_1v_2v_3v_1$，去掉圈上权值最大的边 (v_1,v_2)，给该边以删除标记；依此类推，最终得到最小生成树 T^*，如图 8-15 所示。

$$w(T^*)=6+6+4+4+4+2+2+2+2=32$$

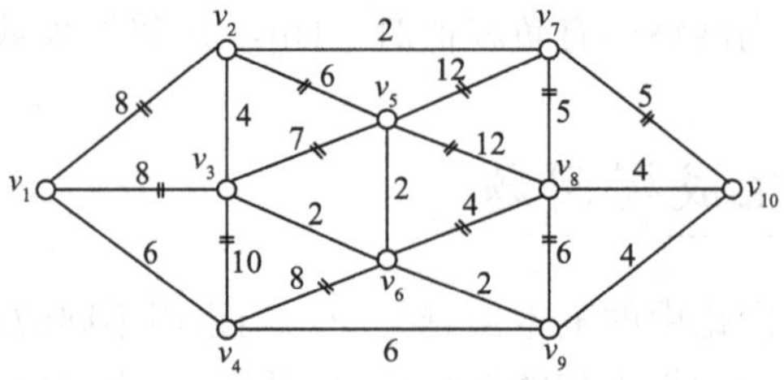

图 8-14 求解过程图

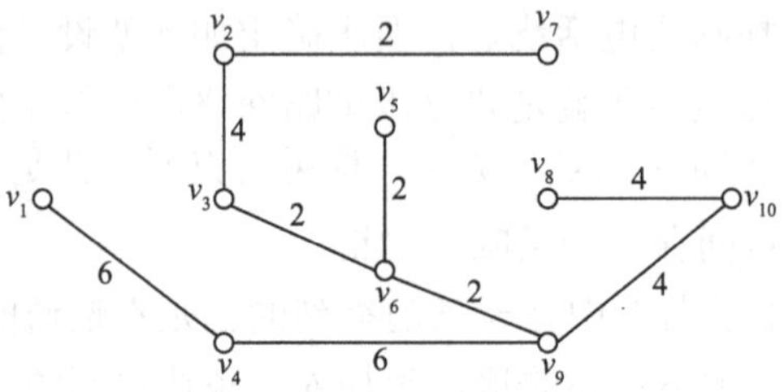

图 8-15 结果图

（二）避圈法

先去掉网络 G 上所有的边，只保留顶点。然后把边按权值由小到大排序（若有多条边权值相同，则这些边相互间可任意排序），按顺序每次放回一条权值最小的边，使新放回的边与已放回的边不构成圈。反复进行，直到不能再放回边为止。

【例 8.8】用避圈法求图 8-12 的最小生成树。

解：先把网络中的边去掉，并按权值排序，排序结果为

$$
\begin{aligned}
&w(v_3,v_6)=w(e_1)=2,\ w(v_5,v_6)=w(e_2)=2,\ w(v_6,v_9)=w(e_3)=2,\\
&w(v_2,v_7)=w(e_4)=2,\ w(v_2,v_3)=w(e_5)=4,\ w(v_6,v_8)=w(e_6)=4,\\
&w(v_8,v_{10})=w(e_7)=4,\ w(v_9,v_{10})=w(e_8)=4,\ w(v_7,v_8)=w(e_9)=5,\\
&w(v_7,v_{10})=w(e_{10})=5,\ w(v_2,v_5)=w(e_{11})=6,\ w(v_4,v_9)=w(e_{12})=6,\\
&w(v_1,v_4)=w(e_{13})=6,\ w(v_8,v_9)=w(e_{14})=6,\ w(v_3,v_5)=w(e_{15})=7,\\
&w(v_1,v_2)=w(e_{16})=8,\ w(v_1,v_3)=w(e_{17})=8,\ w(v_4,v_6)=w(e_{18})=8,\\
&w(v_3,v_4)=w(e_{19})=10,\ w(v_5,v_7)=w(e_{20})=12,\ w(v_5,v_8)=w(e_{21})=12
\end{aligned}
$$

把按顺序排列的边逐个加入，加入后出现圈的边去除，最终得到如图 8-15 所示的最小生成树 T^*， $w(T^*)=6+6+4+4+4+2+2+2+2=32$ 。

三、应用举例

【例 8.9】某铁路部门拟铺设铁路线将 9 个城镇连接起来，修建各城镇间铁路的费用如图 8-16 所示，顶点 $v_1,v_2,\cdots,v_9$ 表示 9 个城镇；每条边表示铁路，边上的权值代表修建该铁路需要花费的费用。问铁路部门应修建哪几条铁路才能在保证连接各城镇的前提下，总费用最低？

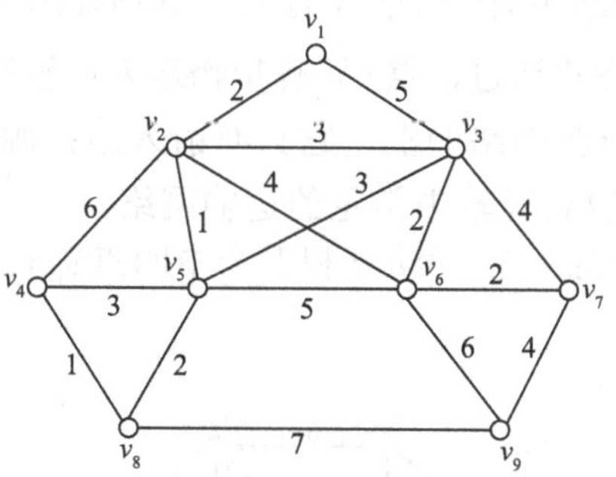

图 8-16 修建各城镇间铁路的费用

解：该问题可转化为求最小生成树问题，采用本节中介绍的方法可求得如图 8-17 所示的最小生成树 T^*， $w(T^*)=2+3+1+2+1+2+2+4=17$ 。

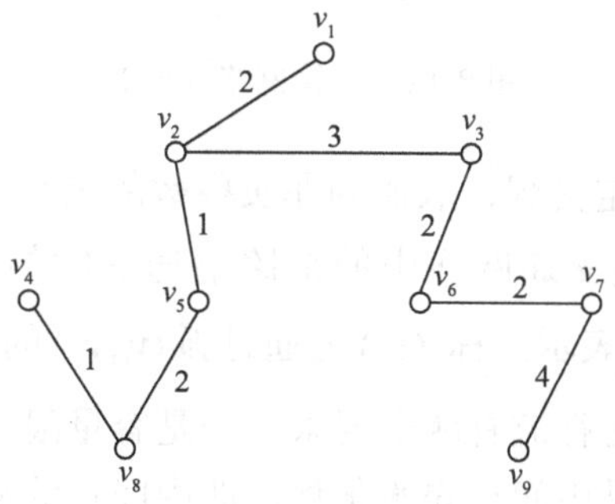

图 8-17 最小生成树

第四节 网络最大流问题

与人们的日常生活息息相关的很多系统中都存在着流的问题。例如，金融系统中有资金流，交通系统中有车流，运输系统中有物资流，等等。在实际问题中，我们通常希望在一定的限制条件下，求出系统的最大流量，这就是网络最大流问题。例如，运输系统中，某个货物发送点最多可以给接收货物的地点发送多少货物，供水系统的最大水流量是多少，等等。

一、基本概念

（一）流

设 $G=(V,E)$ 为有向图，其中 $V=\{v_1,v_2,\cdots,v_n\}$ 为顶点集合，表示 n 个城市；$E=\{e_1,e_2,\cdots,e_m\}$ 为边集合，表示连接各城市之间的道路；v 和 e 分别为顶点和边，即 $v\in V$，$e\in E$。若给每条边 $e\in E$ 赋予一个表示容量的非负整数 $c(e)=c(v_i,v_j)$，简记为 c_{ij}，表示在一定时间内这条边上货物的最大通过量，则称 G 为一个网络，记为 $G=(V,E,c)$。现在假定网络中有一个点 s 有大量货物要运至网络中的另一个点 t，且点 s 只有货物运出而没有货物运进，点 t 只有货物运入而没有货物发出，则称 s 为网络的源，它只有射出边；称 t 为网络的汇，它只有射入边；源和汇以外的顶点称为 G 的中间点。这样的网络就是物资运输中常见的运输网络。

图 8-18 表示具有一个源 s、一个汇 t 和五个中间点 v_1,v_2,v_3,v_4,v_5 的运输网络。边旁参数为容量 c_{ij}。

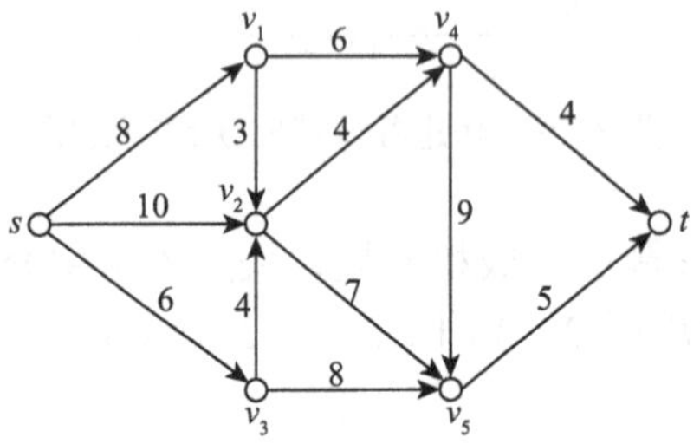

图 8-18 运输网络（一）

设 $f(e)$ 为一个以 E 为定义域、取值为非负整数的函数，且有 $f(e)=f(v_i,v_j)=f_{ij}$。容量 $c(e)=c(v_i,v_j)=c_{ij}$ 反映交通网络中的道路输送货物的最大能力，实际通过道路 $e=(v_i,v_j)$ 的货物量用 $f(e)$ 表示，称 $f(e)$ 为通过弧 (v_i,v_j) 的流量。

在运输网络中，对于可行流有两个要求：一是容量限制条件，即每条边上的流量不能超过该边的容量；二是中间点守衡条件，即中间点的流入量与流出量相等。整个网络的总运输量，即网络的流值等于源点的净流出量，也等于汇点的净流入量。若令 $f^+(v)$ 表示以 v 为起点（$v\in V$）的所有有向边（v 点的输出边）的相应函数值之和，$f^-(v)$

表示以v为终点的所有有向边（v点的输入边）的相应函数值之和，则一个可行流f必须满足如下条件。

（1）容量限制条件，即$0 \leqslant f(e) \leqslant c(e)$，对任意$e \in E$。

（2）中间点守衡条件，即$f^{+}(v)=f^{-}(v)$，对任意$v \in V$，$v \neq s,t$。

图 8-19 所示的运输方案对应的可行流就是图 8-18 上的一个流，边旁的第二个参数为该弧(v_i,v_j)上的流量f_{ij}，即$f_{s1}=6$，$f_{s2}=3$，$f_{s3}=5$，$f_{12}=1$，$f_{14}=5$，$f_{24}=2$，$f_{25}=5$，$f_{32}=3$，$f_{35}=2$，$f_{45}=3$，$f_{4t}=4$。

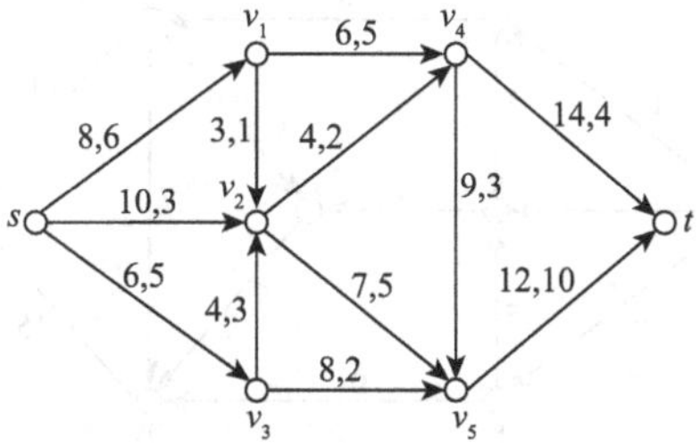

图 8-19　运输方案对应的可行流

若$v(f)$表示网络中从源s到汇t的可行流的流值，则有

$$f^{+}(v)-f^{-}(v)=\begin{cases} v(f), & v=s \\ -v(f), & v=t \end{cases}$$

若对任意$e \in E$，令$f(e)=0$，则得到一个$v(f)=0$的流，称为零流。显然，零流满足可行流的两个条件，因此任何运输网络一定至少存在一个可行流。在实际运输领域，要解决的主要问题是在不超过每条道路容量限制的情况下，使得流值$v(f)$达到最大，即最大流问题。根据前述可行流的条件，可得最大流问题的线性规划数学模型为

$$\max z = v(f)$$

$$\text{s.t.} \quad \begin{cases} f^{+}(v)-f^{-}(v)=\begin{cases} v(f), & v=s \\ 0, & v \neq s,t \\ -v(f), & v=t \end{cases} \\ 0 \leqslant f(e) \leqslant c(e), \qquad e \in E \end{cases}$$

对图 8-18 所示的含有 7 个顶点和 12 条边的运输网络，其线性规划模型中包括 13 个变量和 19 个约束条件，采用单纯形法求解效率不高，在下文中我们将利用图的特点，找到更方便直观的算法。

（二）割

设$V_1 \subset V$是网络$G=(V,E)$的顶点集合的一个子集，$\overline{V_1}=V/V_1$，$s \in V_1$，$t \in \overline{V_1}$。用$K=(V_1,\overline{V_1})=\{e \mid e=(v_i,v_j), v_i \in V_1, v_j \in \overline{V_1}\}$表示起点在$V_1$中，终点在$\overline{V_1}$中的所有有向边的

集合，则称 K 为网络 G 的一个割，并称 K 中所有边的容量之和 $c(V_1,\overline{V}_1)=\sum\limits_{(v_i,v_j)\in K}c(v_i,v_j)$ 为割 K 的容量，也可写为 $c(K)$。

【例 8.10】给定运输网络如图 8-20 所示，试求下列给定的 V_j 所对应的割及其容量。

（1）$V_1=\{s,v_1\}$。

（2）$V_2=\{s,v_1,v_4,v_5\}$。

（3）$V_3=\{s,v_1,v_2,v_3,v_5,v_6\}$。

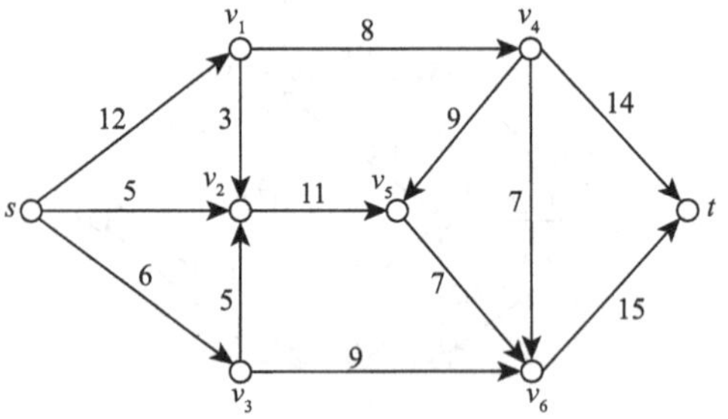

图 8-20 运输网络（二）

解：（1）$V_1=\{s,v_1\}$，$\overline{V_1}=\{v_2,v_3,v_4,v_5,v_6,t\}$。

$K_1=(V_1,\overline{V_1})=\{(s,v_2),(s,v_3),(v_1,v_2),(v_1,v_4)\}$。

$c(K_1)=c(V_1,\overline{V_1})=c(s,v_2)+c(s,v_3)+c(v_1,v_2)+c(v_1,v_4)=5+6+3+8=22$。

（2）$V_2=\{s,v_1,v_4,v_5\}$，$\overline{V_2}=\{v_2,v_3,v_6,t\}$。

$K_2=(V_2,\overline{V_2})=\{(s,v_2),(s,v_3),(v_1,v_2),(v_4,v_6),(v_4,t),(v_5,v_6)\}$。

$c(K_2)=c(V_2,\overline{V_2})=c(s,v_2)+c(s,v_3)+c(v_1,v_2)+c(v_4,v_6)+c(v_4,t)+c(v_5,v_6)=5+6+3+7+14+7=42$。

（3）$V_3=\{s,v_1,v_2,v_3,v_5,v_6\}$，$\overline{V_3}=\{v_4,t\}$。

$K_3=(V_3,\overline{V_3})=\{(v_1,v_4),(v_6,t)\}$。

$c(K_3)=c(V_3,\overline{V_3})=c(v_1,v_4)+c(v_6,t)=8+15=23$。

如果把割 K 中的边全部从 G 中移走，余下的图不一定分离成两部分（在例 8.10 中，把 K_3 中的边移走后，网络仍然连通），但是它一定把网络 G 中从源 s 到汇 t 的所有路断开，使得流不能在 G 上发生。因此可以从直观上得出结论，G 的任一流 f 的流值不会超过任一割 K 的容量。

（三）最大流和最小割

最大流：若 f^* 为网络 G 上从源 s 到汇 t 的可行流，且满足

$$v(f^*)=\max\{v(f)\mid f\text{为}G\text{的可行流}\}$$

则称 f^* 为网络 G 的最大流。

最小割：若 K^* 为网络 G 的一个割，且满足

$$c(K^*)=\min\{c(K)\mid K\text{为}G\text{的割}\}$$

则称 K^* 为网络 G 的最小割。

二、几个定理

定理 8.1 对于 G 上任一流 f 和任一割 $K=(V_1,\overline{V_1})$，有 $v(f)=f^+(V_1)-f^-(V_1)$，其中，$f^+(V_1)=\sum\limits_{e\in(V_1,\overline{V}_1)}f(e)$，$f^-(V_1)=\sum\limits_{e\in(\overline{V}_1,V_1)}f(e)$。

定理 8.1 说明，通过 G 的任一横断面的净流值都是 $v(f)$，即 $v(f)$ 为任一横断面的输出量与输入量的代数和。

若 f 为 G 上的一个可行流，对任一 $e\in E$，若 $f(e)=c(e)$，称边 e 为 f 饱和边；若 $f(e)<c(e)$，称边 e 为 f 不饱和边；若 $f(e)>0$，称边 e 为 f 正边；若 $f(e)=0$，称边 e 为 f 零边。

定理 8.2 对于 G 上任一流 f 和任一割 $K=(V_1,\overline{V_1})$，有：① $v(f)\leqslant c(K)$；② $v(f)=c(K)$ 的充要条件是，对任一 $e\in(V_1,\overline{V_1})$，边 e 为 f 饱和边，对任一 $e\in(\overline{V_1},V_1)$，边 e 为 f 零边。

定理 8.2 说明，如果 f 为 G 的最大流，K 为 G 的最小割，必然有 $v(f)\leqslant c(K)$。

定理 8.3 设 f 为 G 的一个流，K 为 G 的一个割，且有 $v(f)=c(K)$，则 K 为 G 的最大流，K 为 G 的最小割。

定理 8.4 在任何网络中，最大流的流值等于最小割的容量。

这就是著名的最大流最小割定理，它是图论的重要核心之一。在适当选择网络之后，图的很多结果都可以由这个定理得出。

三、求网络最大流的标记算法

（一）增流链

设 Q 为 G 中从源 s 到汇 t 的一条链，则在链 Q 上且与 Q 的方向一致的边称为前向边，与 Q 的方向相反的边称为后向边。

例如，图 8-20 中，$s\to v_3\to v_2\leftarrow v_1\to v_4\to t$ 为一条链，其中，$(s,v_3),(v_3,v_2),(v_1,v_4),(v_4,t)$ 为前向边，(v_1,v_2) 为后向边。

如果 Q 是一条从源 s 到汇 t 的链，f 为 G 的一个可行流，且满足：① $0\leqslant f_{ij}<c_{ij}$，(v_i,v_j) 是 Q 的前向边；② $0<f_{ij}\leqslant c_{ij}$，(v_i,v_j) 是 Q 的后向边。则称 Q 为增流链。或者说，当链上的前向边为 f 不饱和边，后向边为 f 正边时，该链为增流链。

若网络中的流量已经达到最大值，则在该网络中不可能再找到增流链。

（二）算法思路

用标记算法求网络最大流是从一个可行流 f 出发，判断 G 中是否存在增流链，若无增流链，则 f 即为最大流；若有增流链，则在增流链上对当前流 f 进行调整（增流），

得到新的可行流 $\hat{f}$，然后将 $\hat{f}$ 视为 f，继续迭代。整个算法包括标记和调整两个过程。

标记过程是寻找增流链的过程，基本方法是：从源 s 开始，检验 s 是否能输出流到其他顶点 v_i，若可以，说明顶点 v_i 是可标记的。随着标记过程的深入，网络中的顶点或者被标记或者未被标记，被标记的顶点又分已检查和未检查两种。对于被标记的顶点，其标记包括两部分，第一部分表示该标记是从哪个顶点得到的，以便找出增流链；第二部分用来确定增流量。在标记过程中，一旦汇 t 得到标记，则表明找到了一条从源 s 到汇 t 的增流链。如果标记过程无法进行而汇 t 尚未得到标记，则表明不存在增流链，当前流即为最大流。此时，得到标记的点为 V_1 中的点，未得到标记的点为 $\overline{V_1}$ 中的点，可以得到网络的最小割。

调整过程是增大流量的过程，基本方法是：根据顶点的第一个标记，从汇 t 开始逆向追踪到源 s，得到增流链 Q。将汇 t 的第二个标记 $l(t)$ 作为调整量，所有前向边加调整量，后向边减调整量，其他边流量保持不变。调整后得到一个流值等于 $v(f)+l(t)$ 的可行流，将该流重新转入标记过程，直到不存在增流链时算法结束。

（三）算法步骤

第一步，给源 s 以标记 $(0,+\infty)$，则 s 称为已标记而未检查的点，其他点均为未标记的点。

第二步，选取一个已标记而未检查的点 v_i，按下述方法对网络中的其他未标记的顶点进行标记。

（1）对所有以 v_i 为起点的弧 (v_i,v_j)，若其满足 $f_{ij}<c_{ij}$，则给 v_j 以标记 $(+v_i,l(v_j))$。这里，“$+v_i$”表示 (v_i,v_j) 为前向边，或 v_i 可正向输送流到 v_j，$l(v_j)=\min\{l(v_i),c_{ij}-f_{ij}\}$。此时 v_j 成为已标记而未检查的点。

（2）对所有以 v_i 为终点的弧 (v_j,v_i)，若其满足 $f_{ji}>0$，则给 v_j 以标记 $(-v_i,l(v_j))$。这里，“$-v_i$”表示 (v_i,v_j) 为后向边，$l(v_j)=\min\{l(v_i),f_{ji}\}$。此时 v_j 成为已标记而未检查的点。

第三步，v_i 成为已标记已检查的顶点，在标记下划上横线。检查汇 t 是否已经得到标记。若未得到标记，重复第二步；若已得到标记，转第四步；若所有被标记的点都已检查完毕，而汇 t 无法得到标记，则算法结束，当前流即为最大流。

第四步，从汇 t 开始，根据其第二个标记 $l(t)$ 逆向追踪直到源 s，以寻找增流链 Q。在增流链 Q 上调整流量，调整量为 $\theta=l(t)$，令

$$f'_{ij}=\begin{cases} f_{ij}+\theta, & (i,j)\text{是}Q\text{的前向边} \\ f_{ij}-\theta, & (i,j)\text{是}Q\text{的后向边} \\ f_{ij}, & \text{其他} \end{cases}$$

去掉所有标号，按新的可行流画出网络 G，转第一步。

【例 8.11】用标记法求图 8-20 的最大流，并找出最小割。边旁参数为 (c_{ij},f_{ij})。

解：第一，标记过程。

（1）先给源 s 以标记 $(0,+\infty)$。

（2）对 s 进行检查，从 s 出发的弧 (s,v_2) 和 (s,v_3) 上，$f_{s2}=c_{s2}=5$，$f_{s3}=c_{s3}=6$，所以 s 不能正向输送流到 v_2 和 v_3，v_2 和 v_3 不能得到标记。弧 (s,v_1) 上，$f_{s1}<c_{s1}$，因此给 v_1 标记 $(+s,l(v_1))$，其中，$l(v_1)=\min\{l(s),c_{s1}-f_{s1}\}=\min\{+\infty,12-8\}=4$。此时 s 成为已检查的点，在标记下画一横线。

（3）已标记而未检查的点为 v_1，检查 v_1。在弧 (v_1,v_2) 上，$f_{12}=0<c_{12}$，因此给 v_2 以标记 $(+v_1,l(v_2))$，且有 $l(v_2)=\min\{l(v_1),c_{12}-f_{12}\}=\min\{4,3-0\}=3$。在弧 (v_1,v_4) 上，$f_{14}=c_{14}=8$，故 v_4 得不到标记。此时 v_1 成为已检查的点。

（4）已标记而未检查的点为 v_2，检查 v_2。在弧 (v_3,v_2) 上，$f_{32}=0$，故 v_3 得不到标记。在弧 (v_2,v_5) 上，$f_{25}=5<c_{25}$，给 v_5 以标记 $(+v_2,l(v_5))$，其中 $l(v_5)=\min\{l(v_2),c_{25}-f_{25}\}=\min\{3,11-5\}=3$。

（5）检查 v_5，在弧 (v_4,v_5) 上，$f_{45}=2>0$，故给 v_4 以标记 $(-v_5,l(v_4))$，其中 $l(v_4)=\min\{l(v_5),f_{45}\}=\min\{3,2\}=2$。在弧 (v_5,v_6) 上，$f_{56}=c_{56}=7$，因此 v_6 得不到标记。

（6）检查 v_4，在弧 (v_4,v_6) 上，$f_{46}=1<7$，故给 v_6 以标记 $(+v_4,l(v_6))$，其中 $l(v_6)=\min\{l(v_4),c_{46}-f_{46}\}=\min\{2,7-1\}=2$。在弧 (v_4,t) 上，$f_{4t}=5<14$，故给 t 以标记 $(+v_4,l(t))$，其中 $l(t)=\min\{l(v_4),c_{4t}-f_{4t}\}=\min\{2,14-5\}=2$。由于汇 t 得到标记，故标记过程结束，转入调整过程。

第二，调整过程。

（1）从汇 t 开始，根据其第二个标记 $l(t)$ 以及其他顶点的第二个标记，逆向追踪直到源 s，找到增流链 $Q=sv_1v_2v_5v_4t$，如图 8-21 中双线所示。

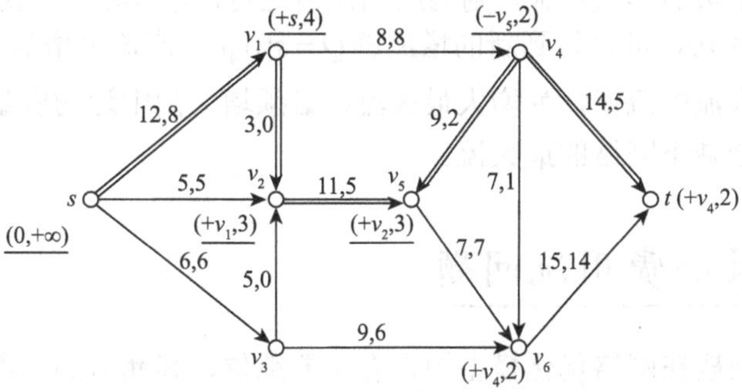

图 8-21 寻找增流链的过程图

（2）按 $\theta=l(t)=2$ 调整增流链上各条边的流量：

$$f'_{s1}=f_{s1}+\theta=8+2=10,\quad f'_{12}=f_{12}+\theta=0+2=2,\quad f'_{25}=f_{25}+\theta=5+2=7$$

$$f'_{45}=f_{45}-\theta=2-2=0,\quad f'_{4t}=f_{4t}+\theta=5+2=7$$

调整后得到新的可行流，如图 8-22 所示。

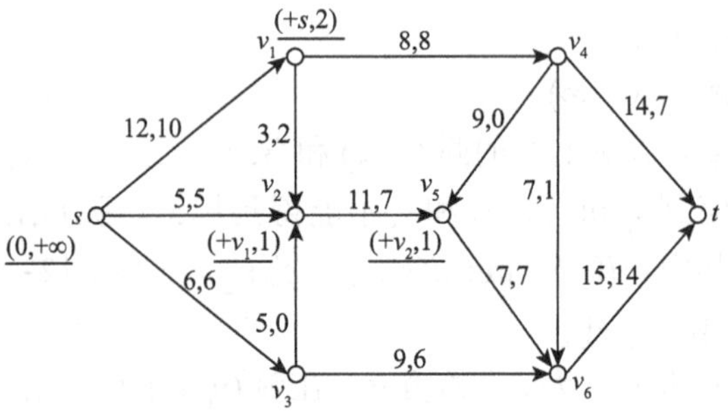

图 8-22 新的可行流

在图 8-22 中按照前述标记过程寻找增流链。首先给源 s 以标记 $(0,+\infty)$，检查 s，给 v_1 以标记 $(+s,2)$；检查 v_1，给 v_2 以标记 $(+v_1,1)$；检查 v_2，给 v_5 以标记 $(+v_2,1)$；检查 v_5，由于在弧 (v_4,v_5) 上，$f_{45}=0$，在弧 (v_5,v_6) 上，$f_{56}=c_{56}$，因此 v_4 和 v_6 均不符合标记条件。标记过程无法进行，算法结束。图 8-22 中给出的流即为该网络的最大流，最大流流值为

$$v(f^*)=f_{s1}+f_{s2}+f_{s3}=10+5+6=21$$

此时，$V_1=\{s,v_1,v_2,v_5\}$，$\overline{V_1}=\{v_3,v_4,v_6,t\}$，因此最小割为

$$K=(V_1,\overline{V_1})=\{(s,v_3),(v_1,v_4),(v_5,v_6)\}$$

最小割的容量为

$$c(K)=c(s,v_3)+c(v_1,v_4)+c(v_5,v_6)=6+8+7=21$$

若将最小割中边的容量放大，则网络的流值还可以继续增大。例如，将图 8-22 中 (v_1,v_4) 的容量变为 10，可以得到新的增流链 $Q=sv_1v_4t$，流值可增加 2。因此最小割的容量大小影响最大流的流值，为增大最大流，必须增大割中边的容量；反之，减小最小割中边的容量会减小网络的最大流。

第五节 最小费用流问题

最小费用流问题在网络优化模型中占有重要地位，其涵盖的范围非常广泛，前文中介绍过的网络最大流问题、最短路径问题、运输问题以及指派问题等都可以看成是最小费用流问题的特例，而且求解算法效率很高。由于可以建立线性规划模型，因此可以用最新型的单纯形法——网络单纯形法求解最小费用流问题。

最小费用流问题对应的网络为至少有一个供应点、一个需求点以及一系列中间转运点的有向连通网络，网络中每条弧的容量和运输单位流所对应的费用是已知的，每条弧的流只能从箭线的起点到达箭线的终点，且流的大小受到弧的容量限制，弧的容量足以保证所有供应点产生的流都可以到达所有需求点，通过弧的流的总费用与流值成比例。其目标函数是在保证满足需求点需求量的前提下最小化总的网络运输费用。

一、最小费用流问题的数学模型

给定网络 $G=(V,E)$，对任一 $e=(v_i,v_j)\in E$，除了赋予表示容量的权值 $c(e)=c(v_i,v_j)=c_{ij}$ 外，再赋予一个表示单位流量费用的权值 $b(e)=b(v_i,v_j)=b_{ij}$，$b_{ij}\geqslant 0$。任意顶点 i 产生的净流量为 d_i，d_i 的值取决于顶点 i 的性质，如果 i 为供应点，则 $d_i>0$；如果 i 为需求点，则 $d_i<0$；否则 $d_i=0$。若令 x_{ij} 为通过弧 (v_i,v_j) 的流，最小费用流问题的数学模型为

$$\min z=\sum_{i=1}^{n}\sum_{j=1}^{n}b_{ij}x_{ij}$$

$$\text{s.t.}\begin{cases}\sum_{j=1}^{n}x_{ij}-\sum_{j=1}^{n}x_{ji}=d_i, & \text{对一切顶点}i\\ 0\leqslant x_{ij}\leqslant c_{ij}, & \text{对一切弧}(v_i,v_j)\end{cases}$$

第一个约束条件表明节点 i 的净流量等于流出量与流入量之间的差值，第二个约束条件为可行约束。

在最小费用流问题的应用中，可能会要求通过每条弧 (v_i,v_j) 的流具有一个下界 L_{ij}，此时可令 $x'_{ij}=x_{ij}-L_{ij}$，并将模型中的 x_{ij} 用 $x'_{ij}+L_{ij}$ 代替。保证最小费用流问题有可行解的必要条件是，供应点发送的流量等于需求点接收的流量，即 $\sum_{i=1}^{n}d_i=0$。如果在某些应用中违背了这一条件，如运输问题中出现供大于求或供小于求的情况，则意味着提供的供应量（或需求量）为上界而不是精确的数量。此时可以通过增加虚销地或虚产地的方法满足供应与需求之间的平衡。

二、最小费用流模型的特点

下面通过一个具体问题分析最小费用流模型的特点。在图 8-23 所示的网络中，每个节点旁边方括号中的数字为该点的净流值（d_i），因此供应点为 v_s 和 v_1，需求点为 v_3 和 t，v_2 为中间转运点。弧旁参数为单位费用 b_{ij}，$v_s\to v_1$ 的容量限制为 $c_{s1}=10$，其他弧的容量 $c_{ij}=+\infty$。该问题的最小费用流线性规划模型为

$$\min z=4x_{s1}+2x_{s3}+6x_{12}+3x_{32}+5x_{3t}+x_{2t}$$

$$\text{s.t.}\begin{cases}x_{s1}+x_{s3}=50\\ -x_{s1}+x_{12}=10\\ -x_{s3}+x_{32}+x_{3t}=-10\\ -x_{12}-x_{32}+x_{2t}=0\\ -x_{2t}-x_{3t}=-50\\ 0\leqslant x_{s1}\leqslant 10\\ x_{ij}\geqslant 0, \quad \text{对一切弧}i\to j\end{cases}$$

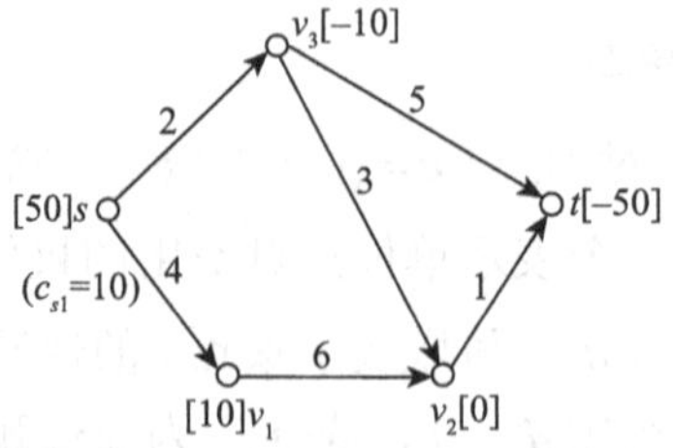

图 8-23 包含容量、费用及供求点、需求点信息的网络图

从该模型中可以看出，除容量约束外，每个节点各对应一个约束条件，且在节点对应的约束中每个变量的系数要么是+1，要么是－1。如果 d_i 和 c_{ij} 为整数，则从线性规划模型的特点可以看出，每个基本可行解（包括最优解）中的基变量也一定为整数。若将前五个约束相加，得到的结果为左右两端都等于 0，这说明五个约束中有一个是多余的，若有 n 个节点，则基本可行解中只有 $n-1$ 个基变量。有 n 个顶点的网络的生成树的边数恰为 $n-1$ 条，因此可以建立生成树的 $n-1$ 条边与 $n-1$ 个基变量之间的直接对应关系。

三、网络单纯形法

网络单纯形法是求解最小费用流问题的新型单纯形法，在每次迭代中具有与一般单纯形法相同的基本步骤，即先确定换入变量，然后按照一定的准则确定换出变量，得到新的更优一些的基本可行解。但是，在迭代过程中，网络单纯形法充分利用了网络的结构特性进行求解，因此不需要列出单纯形表。

（一）上界处理

当网络中的弧有容量约束 $x_{ij} \leqslant c_{ij}$ 时，可将这类约束视为非负约束，并在确定换出变量时加以考虑。通常，换入变量会由 0 开始逐渐增大，所以换出变量是第一个达到 0 或上界 c_{ij} 的变量。若非基变量达到上界（$x_{ij}=c_{ij}$），则可将该非基变量替换为 $x_{ij}=c_{ij}-y_{ij}$，此时 $y_{ij}=0$ 成为非基变量。当 y_{ij} 严格大于 0 时，可将其视为从节点 j 到节点 i 的流量，与原来通过弧 $i \to j$ 的流量方向相反，即原来通过弧 $i \to j$ 的流量的抵消部分。因此，将 $x_{ij}=c_{ij}$ 替换为 $x_{ij}=c_{ij}-y_{ij}$ 的同时，用相反方向的弧 $j \to i$ 代替实际的弧 $i \to j$，且弧 $j \to i$ 的容量为 c_{ij}，即最多可以抵消的流量为 c_{ij}。由于少运输一个单位的流可减少费用 b_{ij}，故 $b_{ji}=-b_{ij}$。为反映有 c_{ij} 的流通过了弧 $i \to j$，将净流量 d_i 减少 c_{ij} 单位，而将净流量 d_j 增加 c_{ij} 单位。在后续过程中，如果 y_{ij} 也因达到上界（$y_{ij}=c_{ij}$）而换出，则与前述方法类似，用 $y_{ij}=c_{ij}-x_{ij}$ 代替 $y_{ij}=c_{ij}$，$x_{ij}=0$ 成为非基变量，且将上述过程反过来，又回到网络的初始结构。

对图 8-23 所示的问题用网络单纯形法求最小费用流时，在找基本可行解的过程中，当 x_{s1} 因为达到上界 10 而换出时，按上述方法得到调整后的网络如图 8-24 所示。

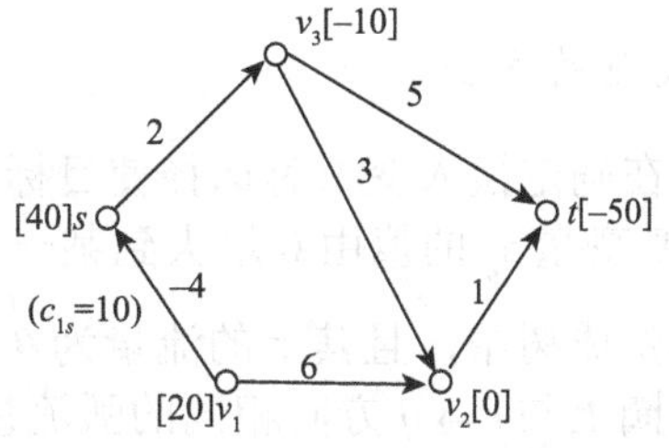

图 8-24　x_{s1} 达到上界时调整得到的网络图

（二）基本可行解与可行生成树

网络单纯形法中的关键问题是如何用网络来表示基本可行解，由于每个基本可行解包括 $n-1$ 个基变量，每个基变量 x_{ij} 代表通过弧 $i \to j$ 的流，因此将这 $n-1$ 个基变量对应的 $n-1$ 条弧称为基本弧。基本弧的特性是它们不构成无向圈，由于任意 $n-1$ 条不构成无向圈的弧是一棵生成树，所以 $n-1$ 条基本弧构成一棵生成树。令不在生成树上的弧 $x_{ij}=0$（或 $y_{ij}=0$），对于在生成树上的弧，根据节点对应的线性约束条件求 x_{ij} 或 y_{ij} 的值，就可以得到基于生成树的可行解。由于这样求出的解不一定满足非负约束和容量约束，因此不一定是可行解。如果生成树的解同时满足 $0 \leqslant x_{ij} \leqslant c_{ij}$，$0 \leqslant y_{ij} \leqslant c_{ij}$，则称该生成树为可行生成树。在网络单纯形法中，基解对应生成树解（反之亦然），基本可行解对应可行生成树（反之亦然）。

以图 8-24 为例，此时 $x_{s1}=10$，被 $x_{s1}=10-y_{s1}$ 替换并代入节点的约束条件为

$$\begin{cases}-y_{s1}+x_{s3}=40\\ y_{s1}+x_{12}=20\\ -x_{s3}+x_{32}+x_{3t}=-10\\ -x_{12}-x_{32}+x_{2t}=0\\ -x_{2t}-x_{3t}=-50\end{cases}$$

此时 $y_{s1}=0$，同时令 $x_{32}=0$，得到 $x_{s3}=40$，$x_{12}=20$，$x_{2t}=20$，$x_{3t}=30$。由于所有的变量满足非负约束和容量约束，故该生成树为可行生成树，因此找到的解为基本可行解。该基本可行解对应的可行生成树如图 8-25 所示，弧旁小括号中的数字为基变量的取值。

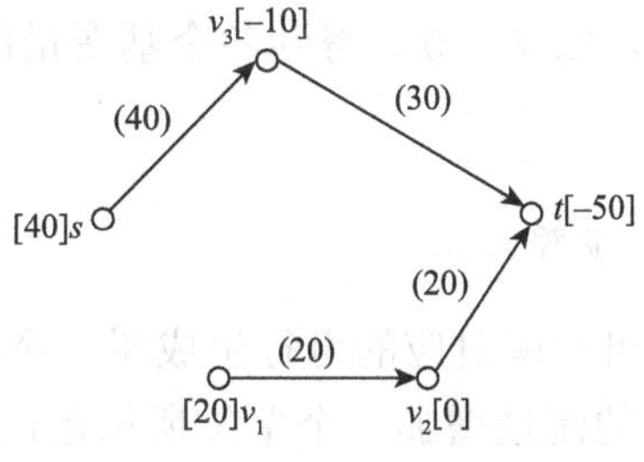

图 8-25　基本可行解对应的生成树

（三）确定换入和换出变量的方法

与一般单纯形法相似，在确定换入变量时选择使目标函数值增加（减少）最快的非基变量换入。当将某个非基变量 x_{ij} 的值由 0 增大到某一个值 θ 时，意味着弧 $i \to j$ 将加入到原基本可行解对应的生成树中，且其上的流量为 θ。在生成树上加入一个非基本弧将构成一个无向圈，在圈上与 $i \to j$ 方向相同的弧流量同时增加 θ，与 $i \to j$ 方向相反的弧流量同时减少 θ，不在圈上的弧流量不变。当 $i \to j$ 上流量增加 θ 单位时，费用将增加 $b_{ij}\theta$ 单位；当流量减少 θ 单位时，费用将减少 $b_{ij}\theta$ 单位。例如，当将图 8-25 中弧 $v_3 \to v_2$ 上的流量增加 θ 单位时，网络上各条弧费用变化情况如图 8-26 所示。

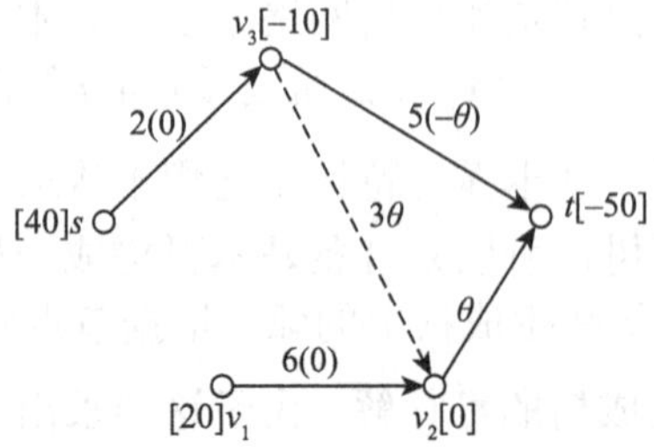

图 8-26 弧费用变化情况图

此时，目标函数的变化量 $\Delta Z = 3\theta + \theta - 5\theta = -\theta$，令 $\theta = 1$，则 $\Delta Z = -1$。因为目标函数求最小值，故将 $v_3 \to v_2$ 作为换入变量可以使目标函数值减小。在用网络单纯形法求最小费用流问题时，ΔZ 的值为与非基本弧方向相同的弧上的费用之和减去与非基本弧方向相反的弧上的费用之和。确定换入变量的方法是，选择使 ΔZ 减少最快的非基变量换入。如果所有非基本弧对应的 $\Delta Z \geqslant 0$，则当前解为最优解。

确定了换入变量 x_{ij} 后，需要确定换出变量，以得到下一个基本可行解。令 x_{ij} 取尽可能大的值，直到某一个基变量达到上限或下限为止，这个达到上限或下限的基变量即为换出变量。例如，将图 8-25 中 x_{32} 换入 θ 单位时，x_{2t} 和 x_{3t} 的变化情况为

$$x_{32} = \theta \leqslant c_{32} = +\infty$$
$$x_{2t} = 20 + \theta \leqslant c_{2t} = +\infty$$
$$x_{3t} = 30 - \theta \geqslant 0$$

$x_{12} = 20$ 和 $x_{s3} = 40$ 保持不变。为保证上述表达式同时成立，必有 $\theta \leqslant 30$。此时，x_{3t} 达到下界而最先成为换出变量。取 $\theta = 30$，得到各个基变量的取值为 $x_{32} = 30$，$x_{2t} = 50$，$x_{12} = 20$，$x_{s3} = 40$。

（四）网络单纯形法计算步骤

第一步：找到一个基本可行解对应的可行生成树，令 $k = 0$。

第二步：计算非基本弧的流量增加一个单位所引起的目标函数变化量 ΔZ，若所有 $\Delta Z \geqslant 0$，则当前解为最优解，否则转下一步。

第三步：确定换入变量，选使ΔZ最小的非基本弧作为换入变量。

第四步：确定换出变量，在保持可行性的前提下令换入变量取尽可能大的值，最先达到上限或下限的基变量为换出变量，得到新的可行生成树并转第二步。

【例 8.12】从图 8-25 所示的可行生成树出发，用网络单纯形法求图 8-23 所示网络的最小费用流。

解：计算非基本弧$v_1 \to v_s$，$v_3 \to v_2$对应的ΔZ值：

$$\Delta Z_{1s} = -4 + 2 + 5 - 1 - 6 = -4\text{，}\quad \Delta Z_{32} = 3 - 5 + 1 = -1$$

因为ΔZ均小于 0 且ΔZ_{1s}最小，所以将y_{1s}换入θ单位，θ需要同时满足：

$$\begin{aligned} y_{1s} &= \theta \leqslant 10 \\ x_{s3} &= 40 + \theta \leqslant c_{s3} = +\infty \\ x_{3t} &= 30 + \theta \leqslant c_{3t} = +\infty \\ x_{2t} &= 20 - \theta \geqslant 0 \\ x_{12} &= 20 - \theta \geqslant 0 \end{aligned}$$

因此取$\theta = 10$，此时得到$y_{1s} = 10 = c_{1s}$，由于达到上界，所以用$y_{ij} = c_{ij} - x_{ij}$替换$y_{1s} = c_{1s}$，此时$x_{s1} = 0$成为非基变量，用相反方向的弧$s \to v_1$代替弧$v_1 \to s$，且弧$s \to v_1$的容量为$c_{1s} = 10$，费用$b_{1s} = 4$，并将净流量d_s增加 10 单位，而将净流量d_1减少 10 单位。在同一次迭代中，y_{1s}又成为换出变量。其他基变量取值为$x_{s3} = 50$，$x_{3t} = 40$，$x_{2t} = 10$，$x_{12} = 10$。新的基本可行解如图 8-27 所示。

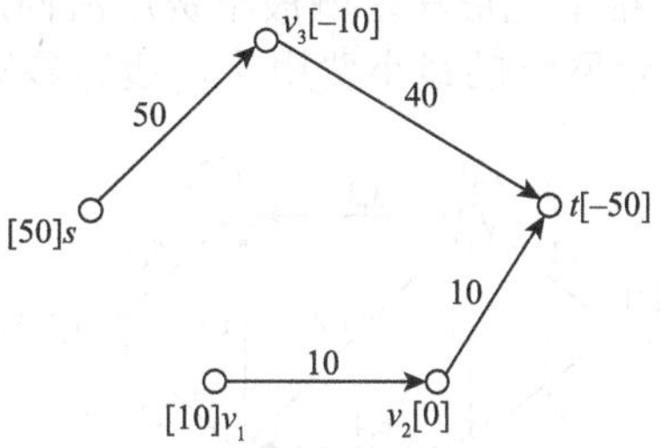

图 8-27　新基本可行解（一）

此时非基本弧为$v_s \to v_1$，$v_3 \to v_2$，对应的ΔZ值为

$$\Delta Z_{s1} = 4 + 6 + 1 - 5 - 2 = 4\text{，}\quad \Delta Z_{32} = 3 - 5 + 1 = -1$$

因为$\Delta Z_{32} < 0$，所以将x_{32}换入θ单位，θ需要同时满足：

$$\begin{aligned} x_{32} &= \theta \leqslant c_{32} = +\infty \\ x_{2t} &= 10 + \theta \leqslant c_{2t} = +\infty \\ x_{3t} &= 40 - \theta \geqslant 0 \end{aligned}$$

因此取$\theta = 40$，x_{3t}成为换出变量。其他基变量取值为$x_{32} = 40$，$x_{2t} = 50$，$x_{s3} = 50$，$x_{12} = 10$，新的基本可行解如图 8-28 所示。

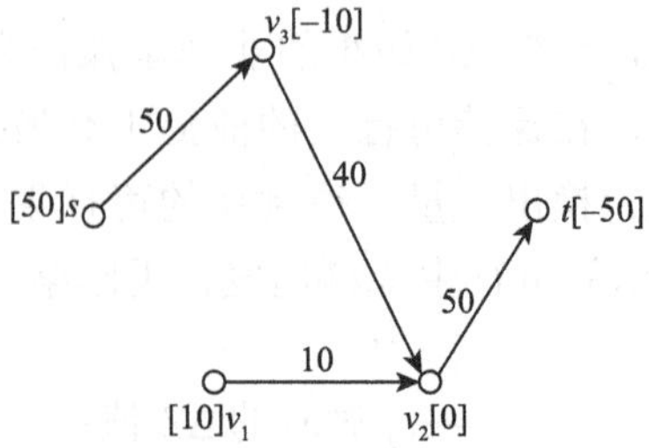

图 8-28 新基本可行解（二）

此时非基本弧为$v_s \to v_1$，$v_3 \to v_t$，对应的ΔZ值为

$$\Delta Z_{s1} = 4+6-3-2=5\text{，}\quad \Delta Z_{3t}=5-3-1=1$$

因为所有$\Delta Z>0$，所以当前解为最优解。最终流分配情况如图 8-29 所示。

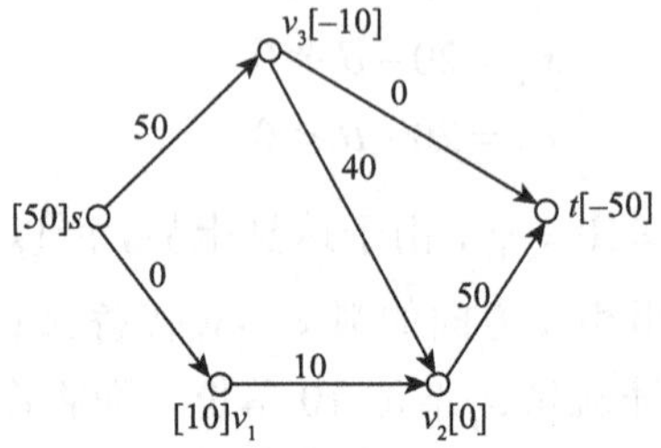

图 8-29 最终流分配情况图（一）

下面我们来看一个用网络单纯形法求解最小费用流问题的例子。

【例 8.13】求图 8-30 所示网络的最小费用流，边旁参数为(c_{ij},b_{ij})。

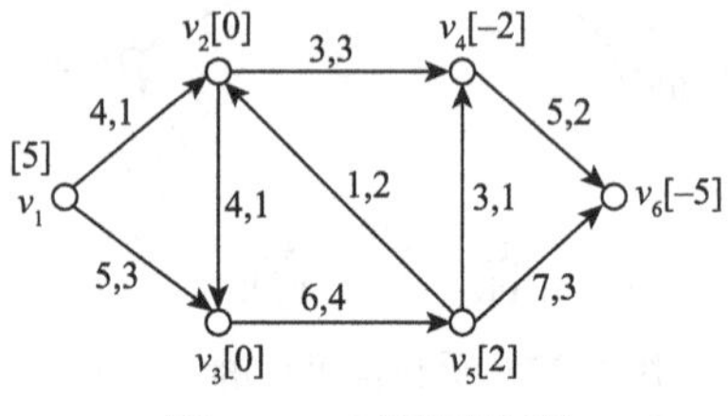

图 8-30 原始网络图

解：找到一个基本可行解对应的可行生成树，如图 8-31 所示，边旁数字为基变量x_{ij}。

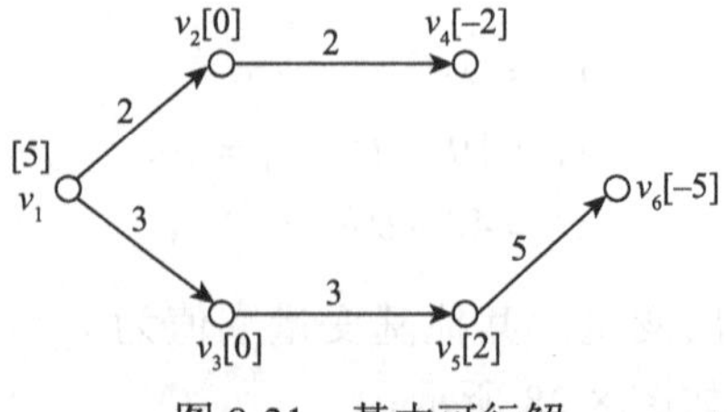

图 8-31 基本可行解

计算非基本弧 $v_2 \to v_3$，$v_5 \to v_2$，$v_5 \to v_4$，$v_4 \to v_6$ 对应的 ΔZ 值：

$$\Delta Z_{23} = 1 + 1 - 3 = -1，\ \Delta Z_{52} = 2 + 3 + 4 - 1 = 8$$
$$\Delta Z_{54} = 1 + 3 + 4 - 3 - 1 = 4，\ \Delta Z_{46} = 1 + 3 + 2 - 3 - 4 - 3 = -4$$

因为存在 $\Delta Z < 0$，且 ΔZ_{46} 最小，所以将 x_{46} 换入 θ 单位，θ 需要同时满足：

$$\begin{aligned}
&x_{46} = \theta \leqslant 5 \\
&x_{12} = 2 + \theta \leqslant c_{12} = 4 \\
&x_{24} = 2 + \theta \leqslant c_{24} = 3 \\
&x_{13} = 3 - \theta \geqslant 0 \\
&x_{35} = 3 - \theta \geqslant 0 \\
&x_{56} = 5 - \theta \geqslant 0
\end{aligned}$$

因此取 $\theta = 1$，此时 $x_{24} = c_{24}$ 达到上界，所以替换为 $x_{24} = c_{24} - y_{24}$，此时 $y_{24} = 0$ 成为非基变量。用相反方向的弧 $v_4 \to v_2$ 代替实际的弧 $v_2 \to v_4$，且弧 $v_4 \to v_2$ 的容量为 c_{24}，费用为−3，并将 v_2 的净流值减少 3 单位，将 v_4 的净流值增加 3 单位。基变量的取值为 $x_{46} = 1$，$x_{12} = 3$，$x_{13} = 2$，$x_{35} = 2$，$x_{56} = 4$，新的基本可行解如图 8-32 所示。

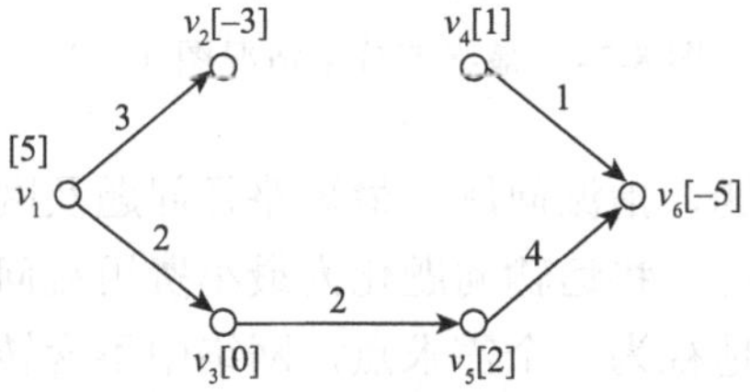

图 8-32 新基本可行解（三）

计算非基本弧 $v_2 \to v_3$，$v_5 \to v_2$，$v_5 \to v_4$，$v_4 \to v_2$ 对应的 ΔZ 值：

$$\Delta Z_{23} = 1 + 1 - 3 = -1，\Delta Z_{52} = 2 + 3 + 4 - 1 = 8$$
$$\Delta Z_{54} = 1 + 2 - 3 = 0，\ \Delta Z_{42} = -3 + 3 + 4 + 3 - 2 - 1 = 4$$

因为 $\Delta Z_{23} < 0$，所以将 x_{23} 换入 θ 单位，θ 需要同时满足：

$$\begin{aligned}
&x_{23} = \theta \leqslant 4 \\
&x_{12} = 3 + \theta \leqslant c_{12} = 4 \\
&x_{13} = 2 - \theta \geqslant 0
\end{aligned}$$

因此取 $\theta = 1$，因为 $x_{12} = c_{12}$ 达到上界，所以替换为 $x_{12} = c_{12} - y_{12}$，此时 $y_{12} = 0$ 成为非基变量。用相反方向的弧 $v_2 \to v_1$ 代替实际的弧 $v_1 \to v_2$，且弧 $v_2 \to v_1$ 的容量等于 c_{12}，费用为−1，并将 v_1 的净流值减少 4 单位，将 v_2 的净流值增加 4 单位。基变量的取值为 $x_{23} = 1$，$x_{13} = 1$，$x_{46} = 1$，$x_{35} = 2$，$x_{56} = 4$，新的基本可行解如图 8-33 所示。

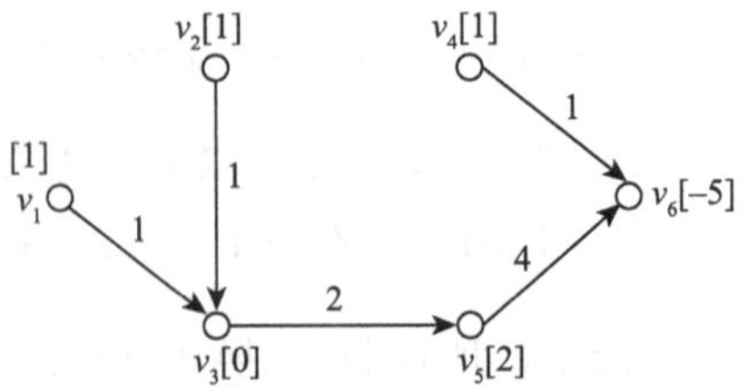

图 8-33　新基本可行解（四）

计算非基本弧$v_2 \to v_1$，$v_5 \to v_2$，$v_5 \to v_4$，$v_4 \to v_2$对应的ΔZ值：

$$\Delta Z_{21} = -1+3-1=1，\quad \Delta Z_{52}=2+1+4=7$$
$$\Delta Z_{54}=1+2-3=0，\quad \Delta Z_{42}=-3+1+4+3-2=3$$

因为所有$\Delta Z>0$，所以当前解为最优解。最终流的分配情况如图 8-34 所示。

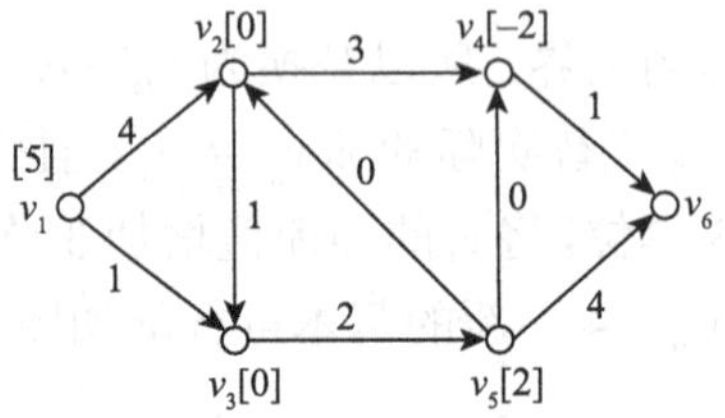

图 8-34　最终流分配情况图（二）

前面介绍过的运输问题、指派问题、最短路径问题及网络最大流问题都可以看成最小费用流问题的特殊情况。将运输问题化为最小费用流问题时，需要将每个产地视为一个供应点，将每个销地视为一个需求点，网络中不含转运点，所有的有向边都由产地指向销地，产地i给销地j发送的货物量x_{ij}对应通过弧$i \to j$的流量，运送单位货物的费用b_{ij}变成单位流费用，每条边的容量为$+\infty$。指派问题可以看成是供应点与需求点数目相同，且供应点的净流值为 1，需求点的净流值为−1 的运输问题，按照同样的方法转化为最小费用流问题。在将最短路径问题转换为最小费用流问题时，将起点看成供应量为 1 的供应点，终点看成需求量为 1 的需求点，其他点为中间转运点。若网络是无向网络，则箭线由供应点发出指向需求点，中间转运点之间的无向边则用两条相反方向的箭线代替。将节点i与节点j之间的距离作为单位流费用b_{ij}或b_{ji}，每条边的容量为$+\infty$，即可将最短路径问题转化为最小费用流问题。由于最大流中不涉及费用，因此首先需令现有弧$i \to j$的单位费用$b_{ij}=0$。其次选择一个数U作为通过网络的最大流的安全上界，并令供应量和需求量都为U。最后在原网络中增加一条由供应点指向需求点的有向边，令这条边的容量为无限大，单位费用是充分大的正数。为求得最小费用，网络必定会通过单位费用为 0 的边输送尽可能大的流，这样就将网络最大流问题转换为最小费用流问题。

在刚刚介绍这些特例时都讨论了它们各自特有的求解算法，通常情况下，没必要将它们转换为最小费用流问题。然而，由于网络单纯形法的功能非常强大，当编制计算机程序并用特定算法求解不是很容易实现时，可以借助于网络单纯形法。因此也可以说，网络单纯形法为求解这些问题提供了另一种选择。

第六节　网络优化应用举例

很多决策问题，如运输问题、生产计划问题等，都可以建立网络模型并进行求解。下面将通过几个例子介绍建立网络模型的基本思路和方法。

【例 8.14】考虑缺货损失的运输问题。三个仓库 s_1,s_2,s_3 要运送某种产品到四个市场 t_1,t_2,t_3,t_4，若市场需要的产品得不到满足，就会造成缺货损失费。假设 t_1,t_3 不能缺货，t_2,t_4 处每缺货 1 单位会造成缺货损失费 3 单位和 5 单位，其他有关数据如表 8-3 所示。问如何调运货物，才能使总运费最低？试建立网络模型。

表 8-3　产销量及运费

仓库（s_i）	市场 t_j				
	t_1	t_2	t_3	t_4	供应量（a_i）
s_1	2	4	3	5	5
s_2	2	3	1	—	4
s_3	—	—	4	5	6
需求量（b_j）	3	5	7	4	

解：建立网络模型如图 8-35 所示。

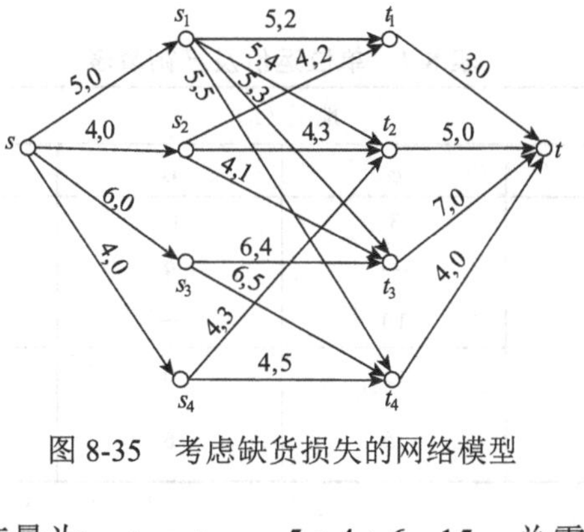

图 8-35　考虑缺货损失的网络模型

在该问题中，总供应量为 $a_1+a_2+a_3=5+4+6=15$，总需求量为 $b_1+b_2+b_3+b_4=3+5+7+4=19$，因此产销不平衡。在不考虑缺货损失费时，建立网络模型的方法与一般运输问题完全相同。在本例中由于要考虑缺货损失费，因此需要增加一个虚产地（仓库）s_4，其供应量为 $a_4=19-15=4$。由于 t_1,t_3 不能缺货，因此不能由虚产地提供货物，即 s_4 与 t_1,t_3 之间无边。t_2,t_4 处可以缺货，所以存在边 (s,t_2) 和 (s,t_4)，且边的容量均为 s_4 的供应量 4，费用分别为 t_2,t_4 处单位缺货损失费 3 和 5。

【例 8.15】考虑存储费的运输问题。若在例 8.14 中，s_2 的供应量为 10，s_1 处货物必须运走，s_2,s_3 处货物若不运走，则每剩余 1 单位会产生存储费 3 单位和 2 单位，试建立网络模型。

解：建立网络模型如图 8-36 所示。

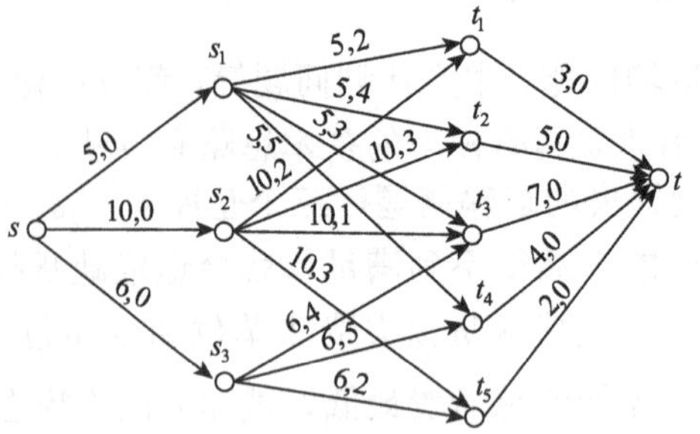

图 8-36　考虑存储费的网络模型

在该问题中，总供应量为 $a_1+a_2+a_3=5+10+6=21$，总需求量为 19，总供应量大于总需求量。由于考虑存储费，因此需要增加一个虚销地（市场）t_5，其需求量为 $b_5=21-19=2$。s_1 处货物不能存储，因此 s_1 不能将货物发至虚销地 t_5，即 s_1 与 t_5 之间无边。s_2,s_3 处可以存储货物，所以存在边 (s_2,t_5) 和 (s_3,t_5)，边的容量为 s_2,s_3 处的供应量 10 和 6，费用分别为 s_2,s_3 处的单位产品存储费 3 和 2。

【例 8.16】供应量或需求量有上下限限制的运输问题。设有三个电视机厂供应四个地区某种型号的电视机，各厂家的年供应量、各地区的年需求量及各厂到各地区的单位运价如表 8-4 所示。假定三个电视机厂的电视机年底需全部销售出去，试建立网络模型以使总费用最省。

表 8-4　单位运价及产销量表

电视机厂（s_i）	地区（t_j）				年供应量（a_i）
	t_1	t_2	t_3	t_4	
s_1	6	3	12	6	10
s_2	4	—	9	20	12
s_3	9	10	—	10	10
最低年需求量 b'_j	5	15	0	5	
最高年需求量 b''_j	9	15	6	—	

解：三个电视机厂的电视机年供应量为 $a_1+a_2+a_3=10+12+10=32$，四个地区电视机的最低年需求量为 $b'_1+b'_2+b'_3+b'_4=5+15+0+5=25$，因此 t_4 的电视机最高年需求量为

$$b''_4=b'_4+\left(\sum_{i=1}^{3}a_i-\sum_{j=1}^{4}b'_j\right)=5+(32-25)=12$$

所以四个地区电视机最高年需求量之和 $\sum_{j=1}^{4} b_j'' = 9+15+6+12=42$。为同时满足 t_1,t_2,t_3,t_4 的电视机最高年需求量，还缺少电视机 42−32=10 单位。因此，要虚设一个产地（电视机厂）s_4，其年供应量 $a_4=10$ 单位。虚设一个源 s、一个汇 t，则有 $c(s,s_4)=10$，$b(s,s_4)=0$。

由于 t_1 的最低年需求量为 5，必须得到满足，最高年需求量为 9，因此 t_1 有 4 个单位的电视机是不一定非得到满足的。为了加以区别，将 t_1 分成 t_1' 和 t_1''，t_1' 的年需求量为 t_1 的最低年需求量（$b_1'=5$），必须满足，故 t_1' 只与 s_1,s_2,s_3 相关联；t_1'' 处的 4 个单位不一定得到满足，因此 t_1'' 与 s_1,s_2,s_3 和 s_4 均有边相关联，且有 $c(t_1',t)=5$，$c(t_1'',t)=4$；$b(t_1',t)=0$，$b(t_1'',t)=0$。

t_2 的最低年需求量与最高年需求量相等，即 t_2 的年需求量恰好为 15，且 s_2 不能为 t_2 提供电视机，故 t_2 仅与 s_1,s_3 相关联，且有 $c(t_2,t)=15$，$b(t_2,t)=0$。

t_3 的最低年需求量为 0，最高年需求量为 6，且 s_3 不能为 t_3 提供电视机，因此存在有向边 (s_1,t_3)，(s_2,t_3)，(s_4,t_3)，并且有 $c(t_3,t)=6$，$b(t_3,t)=0$。

t_4 的情况与 t_1 相似，将 t_4 分成 t_4' 和 t_4''，t_4' 的年需求量为 t_4 的最低年需求量（$b_4'=5$），必须满足，故 t_4' 只与 s_1,s_2,s_3 相关联；t_4'' 处的 7 个单位不一定得到满足，因此 t_4'' 与 s_1,s_2,s_3 和 s_4 均有边相关联，且有 $c(t_4',t)=5$，$c(t_4'',t)=7$；$b(t_1',t)=0$，$b(t_1'',t)=0$。

给出点边之间的关系及相关参数后，即可得到网络模型，如图 8-37 所示。

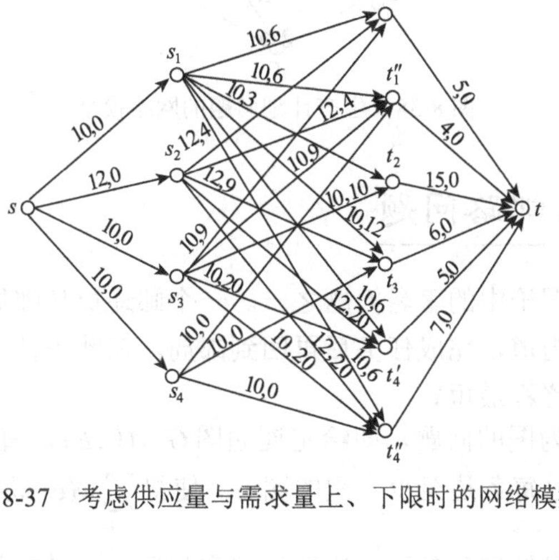

图 8-37　考虑供应量与需求量上、下限时的网络模型

【例 8.17】生产计划问题。某工厂在今后 4 个月内，每个月末为销售公司出售某种产品。合同销售量及各月的生产能力、生产成本如表 8-5 所示。若当月生产的产品过多，月末有剩余，则每个月每积压 1 单位产品需支付存储费 2 单位。要求建立网络模型，使该厂在完成销售合同的前提下，4 个月的生产费用最低。

表 8-5 各月份具体数据

月份	合同销售量	生产能力	生产成本
1	60	80	74
2	80	70	72
3	90	85	68
4	70	100	65

解：设 v_j $(j=1,2,3,4)$ 为 4 个月份产品的供货点与存贮点，s 表示源（工厂），t 表示汇（销售公司）。

1 月份生产的产品输送至 v_1，因此存在边 (s,v_1)。由于 1 月份生产能力为 80，生产成本为 74，故 $c(s,v_1)=80$，$b(s,v_1)=74$。1 月末给销售公司的合同销售量为 60，因此存在边 (v_1,t) 且 $c(v_1,t)=60$，$b(v_1,t)=0$ 。在生产量大于销售量的情况下，1 月份生产的产品需要存储到 2 月末供货，因此存在边 (v_1,v_2)，不妨设 $c(v_1,v_2)=+\infty$。根据已知条件，每个月每积压 1 单位产品需支付存储费 2 单位，所以有 $b(v_1,v_2)=2$。

同理可以给出网络中的其他边及相应权值，最终的网络模型如图 8-38 所示。

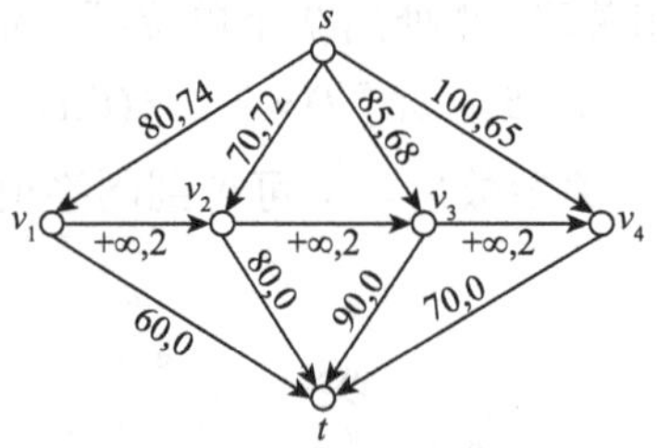

图 8-38 生产计划问题的网络模型

第七节 中国邮路问题

中国邮路问题是图论中的著名问题之一。一个邮递员从邮局出发送信，每次送信要走遍辖区内的每条街道，完成任务后再回到邮局。在此条件下，应怎样选择行走路线，才能使所走的总路程最短？

该问题可以抽象为图的问题，即给定连通图 $G=(V,E)$，每条边 $e\in E$ 上具有非负权值 $w(e)$，要求出通过每条边至少一次的圈 μ，使得 $\sum_{e\in\mu} w(e)$ 最小。显然，如果图 G 为欧拉图，则从邮局出发经过每条边一次即可回到邮局，此时的总权值一定是最小的。如果图 G 不是欧拉图，则邮递员在某些边上必定要重复走，即通过次数多于一次，此时重复走过的边上的权值之和越小，整个的行程距离就越短。假设在边 $e=(v_i,v_j)$ 上通过了 k 次，则可在 v_i 与 v_j 之间添加 $k-1$ 条新边，且新添加的边的权值等于 $w(v_i,v_j)$，这样就得到了一个新图。这样，含有增加边的邮递员路线就成为新图中的一个欧拉圈。

对于含有奇点（与该顶点相关联的边的数目为奇数）的图，中国邮路问题就是要通过增加一些边，使得新图中不含奇点，并且新增加的边的权值之和最小。此时面临的问题是如何增加边以得到可行方案，以及如何判断可行方案权值总和是否为最小值，如果不是最小值，应如何调整以得到更优的方案。

先来讨论可行方案的确定问题。一个图中如果含有奇点，则奇点的数目为偶数，因而可将奇点两两配对。每对奇点之间必有一条链，将该链上经过的每条边都增加一条重复边，即可消除奇点，得到一个欧拉图，即确定了可行方案。

在找到可行方案后，方案的调整步骤如下。

（1）如果某条边上的重复边数目多于一条，则从重复边中删除偶数条，使得图中顶点仍然全部为偶点（与该顶点相关联的边的数目为偶数）。

（2）检查图中每个圈上重复边的总权重，如大于该圈总权重的一半，则去掉该圈上的重复边，将该圈中原来没有重复边的其余边增加重复边，返回步骤（1）。

（3）重复上述步骤，直到每条边上最多有一条重复边，且图中每个圈的重复边的总权重小于等于该圈总权重的一半。

【例 8.18】求图 8-39（a）所示的中国邮路问题。

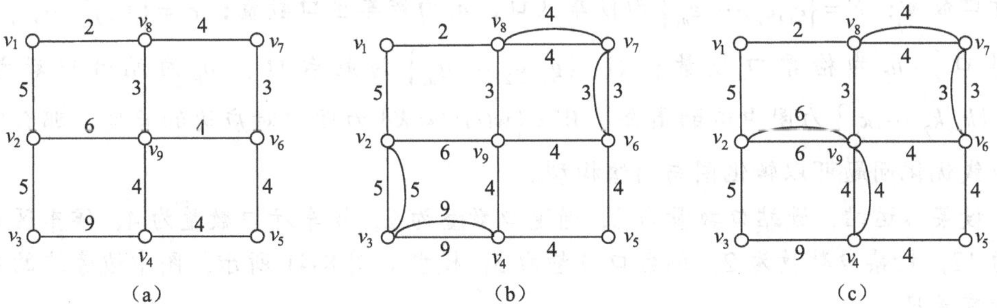

图 8-39　中国邮路问题

解：图 8-39（a）中有四个奇点 v_2,v_4,v_6,v_8。在点 v_2 和 v_4 间求得链 $v_2v_3v_4$，在点 v_6 和 v_8 间求得链 $v_6v_7v_8$，在这两条链经过的边上增加重复边，得到图 8-39（b）。

重复边数目满足要求，但在圈 $v_2v_3v_4v_9v_2$ 上，重复边的总权重为 14，而该圈的总权重为 5+9+6+4=24，14>24/2，故要进行调整。调整后得到图 8-39（c）。

在图 8-39（c）中，每条边上最多有一条重复边，而且每个圈上重复边的总权重均不大于该圈总权重的一半。因此，图 8-39（c）对应的方案为最优方案。

案例　客运站流线优化问题

根据一般大型客运站的站屋结构，旅客分流过程可分成六个部分，详见图 8-40。其中进站口外是进站口外的广场、走廊等；进站口是旅客进站的进口；进站口与通道口间是进站大厅，连接进站大厅与候车厅的区域为通道；通道口是通道连接进站大厅的通道进口，通道与各候车厅连接，候车厅内有若干个分配给各次列车候车用的候车区。进站口区域固定在某一个位置，在化简网络图时可将其设为旅客分流的开始点。

旅客分流的目的是使旅客进入候车厅的走行距离最短，并且使所有旅客的总走行距离最短。显然，可以将旅客分流过程转化为一个求最短路的问题。

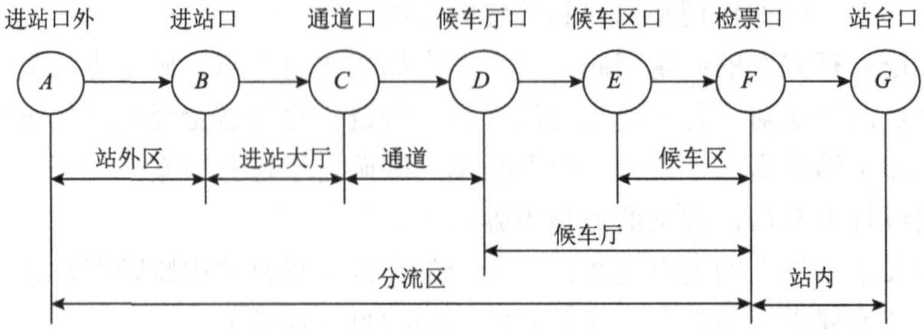

图 8-40 旅客分流过程

旅客进站后，会碰到一系列“路口”，把这些“路口”视为图中的“结点”。设该网络图为 G，A 为进站口外；$B=\{b_1,b_2,\cdots,b_{n_1}\}$ 为进站口，n_1 为进站口数量；$C=\{c_1,c_2,\cdots,c_{n_2}\}$ 为通道口，n_2 为通道口数量；$D=\{d_1,d_2,\cdots,d_{n_3}\}$ 为候车厅口，n_3 为候车厅口数量；$E=\{e_1,e_2,\cdots,e_{n_4}\}$ 为候车区口，n_4 为候车区口数量；$F=\{f_1,f_2,\cdots,f_{n_5}\}$ 为检票口，n_5 为检票口数量；$G=\{g_1,g_2,\cdots,g_{n_6}\}$ 为站台口，n_6 为站台口数量；$K=\{k_1,k_2,\cdots,k_m\}$ 为图中边的集合；$W=\{w(i)\,|\,i\in K\}$ 为图中对应边的长度。那么客运站流线优化问题可以转化图与网络模型。

设某客运站，进站口数量为 2，通道口数量为 2，候车厅口数量为 4，候车区口数量为 12，检票口数量为 2，站台口数量为 5，模型如图 8-41 所示，图中边旁边的数字表示其长度。

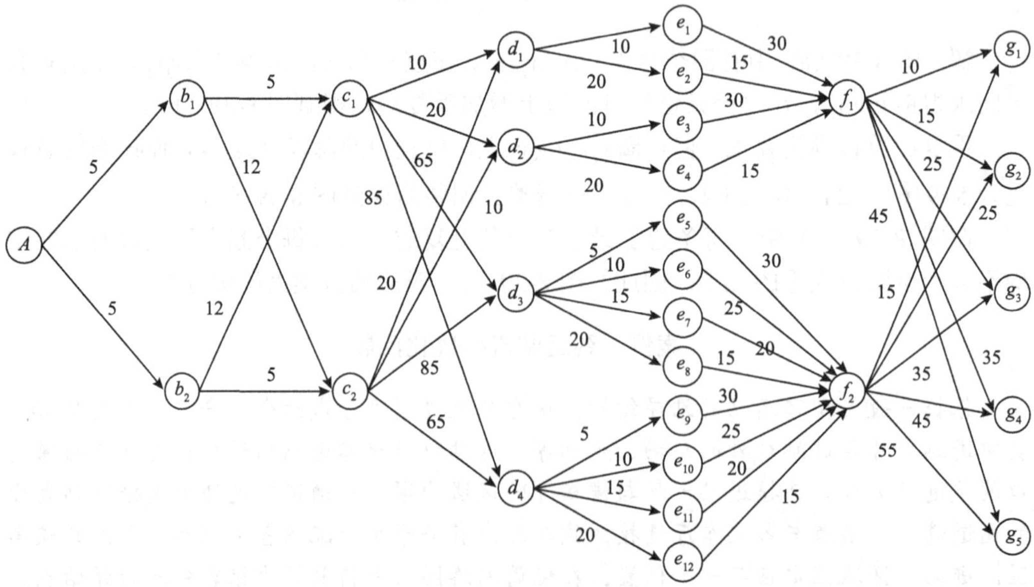

图 8-41 客运站网络图

建立此网络图后，可以找到从进站口外 A 到旅客乘车站台的最短旅客流线。例如，从进站口外至站台 g_1 的最短流线为：进站口外 A→进站口 b_1→通道口 c_1→候车厅口 d_1→候车区口 e_2→检票口 f_1→站台口 g_1，流线长度为 65。

第八节 应用LINGO软件求解图与网络优化问题

【例 8.19】我们以例 8.5 为例，说明如何利用 LINGO 编程求解最短路径问题。

解：利用编程计算最短路径的长度，LINGO 程序如图 8-42 所示。

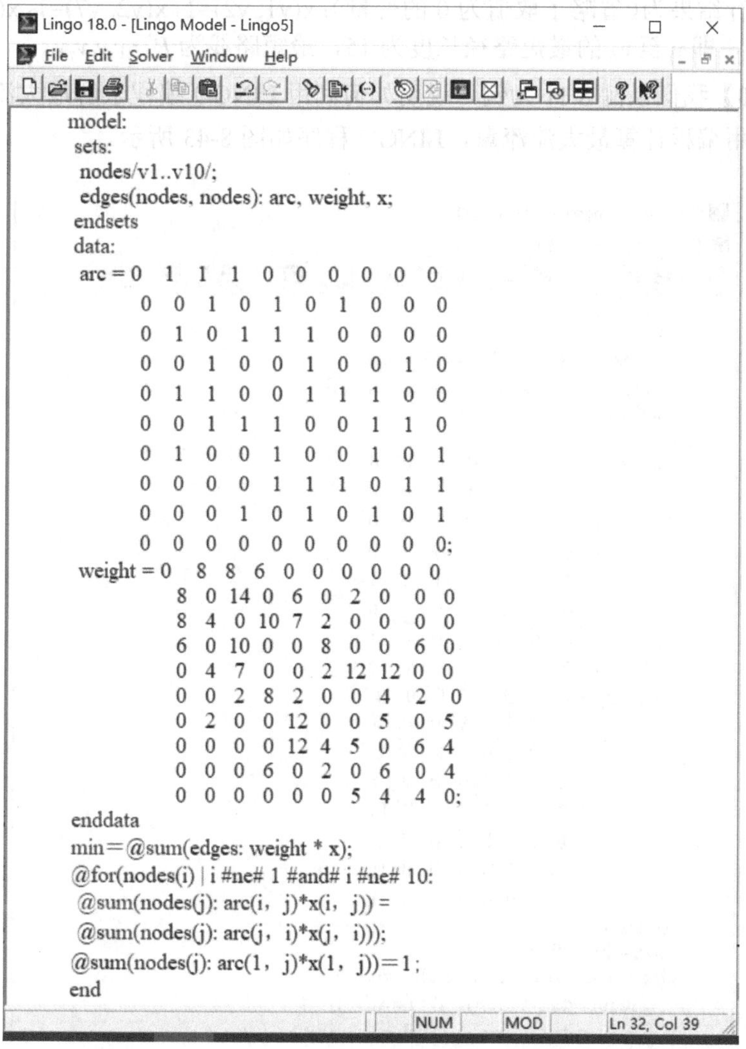


```
model:
sets:
 nodes/v1..v10/;
 edges(nodes, nodes): arc, weight, x;
endsets
data:
 arc = 0  1  1  1  0  0  0  0  0  0
       0  0  1  0  1  0  1  0  0  0
       0  1  0  1  1  1  0  0  0  0
       0  0  1  0  0  1  0  0  1  0
       0  1  1  0  0  1  1  1  0  0
       0  0  1  1  1  0  0  1  1  0
       0  1  0  0  1  0  0  1  0  1
       0  0  0  0  1  1  1  0  1  1
       0  0  0  1  0  1  0  1  0  1
       0  0  0  0  0  0  0  0  0  0;
 weight = 0  8  8  6  0  0  0  0  0  0
          8  0 14  0  6  0  2  0  0  0
          8  4  0 10  7  2  0  0  0  0
          6  0 10  0  0  8  0  0  6  0
          0  4  7  0  0  2 12 12  0  0
          0  0  2  8  2  0  0  4  2  0
          0  2  0  0 12  0  0  5  0  5
          0  0  0  0 12  4  5  0  6  4
          0  0  0  6  0  2  0  6  0  4
          0  0  0  0  0  0  5  4  4  0;
enddata
min=@sum(edges: weight * x);
@for(nodes(i) | i #ne# 1 #and# i #ne# 10:
 @sum(nodes(j): arc(i, j)*x(i, j)) =
 @sum(nodes(j): arc(j, i)*x(j, i)));
@sum(nodes(j): arc(1, j)*x(1, j))=1;
end
```

图 8-42 例 8.5 的 LINGO 程序

图 8-12 中共有 10 个顶点、21 条边，我们采用邻接矩阵来表示这些顶点和边的关系。程序中，“nodes”表示顶点集合，“edges”表示边集合，为顶点集合的派生集。若两个顶点 v_i 和 v_j 相邻，则边集合的属性“arc”的第 i 行第 j 列元素的值为 1，若不

相邻则为 0。例如，图 8-12 中 v_2 和 v_7 相邻，所以在对“arc”中元素赋值时，第 2 行第 7 列的值为 1。由于是无向图，所以“arc”的第 7 行第 2 列的值也为 1。v_1 和 v_5 不相邻，所以第 1 行第 5 列和第 5 行第 1 列的值都为 0。另外，定义 v_i 和 v_i 不相邻，即对“arc”赋值时对角线的值都为 0。

由于是计算 v_1 至 v_{10} 的最短路径，所以 v_1 至 v_2,v_3,v_4 的边按单向边计算，即认为只存在边 $(v_1,v_2),(v_1,v_3),(v_1,v_4)$，而不存在边 $(v_2,v_1),(v_3,v_1),(v_4,v_1)$。所以“arc”赋值矩阵并不对称。同理，$v_7,v_8,v_9$ 到 v_{10} 的边也按单向边计算。

“weight”表示边集合的权重属性，其赋值方法与“arc”相同。

部分运行结果为(省略了取值为 0 的变量)：x(v1, v2)=1，x(v2, v7)=1，x(v7, v10)=1，目标值为 15，即 v_1 至 v_{10} 的最短路径长度为 15，最短路线为 $P=v_1v_2v_7v_{10}$。

【例 8.20】我们以例 8.11 为例，说明如何利用 LINGO 编程求解最大流问题。

解：利用编程计算最大流流量，LINGO 程序如图 8-43 所示。

```
Lingo 18.0 - [Lingo Model - Lingo4]
File  Edit  Solver  Window  Help

model:
 sets:
  nodes/s, v1, v2, v3, v4, v5, v6, t/;
  edges(nodes, nodes): arcs, capacity, flow;
 endsets
data:
 arcs = 0  1  1  1  0  0  0  0
        0  0  1  0  1  0  0  0
        0  0  0  0  0  1  0  0
        0  0  1  0  0  0  1  0
        0  0  0  0  0  1  1  1
        0  0  0  0  0  0  1  0
        0  0  0  0  0  0  0  1
        0  0  0  0  0  0  0  0;
 capacity = 0  12 5  6  0  0  0  0
            0  0  3  0  8  0  0  0
            0  0  0  0  0  11 0  0
            0  0  5  0  0  0  9  0
            0  0  0  0  0  9  7  14
            0  0  0  0  0  0  7  0
            0  0  0  0  0  0  0  15
            0  0  0  0  0  0  0  0;
 enddata
 max = max_flow;
 @for(nodes(i)| i #ne# 1 #and# i #ne# 8:
   @sum(nodes(j): arcs(i, j)* flow(i, j)) =
   @sum(nodes(j): arcs(j, i)* flow(j, i)));
 @sum(nodes(i): flow(1, i)) = max_flow;
 @for(edges: @bnd(0, flow, capacity));
end
```

图 8-43 例 8.11 的 LINGO 程序

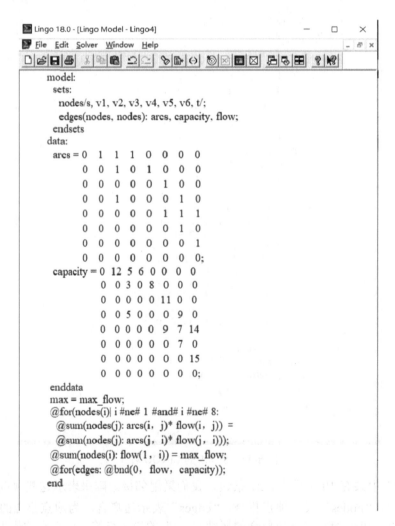

其中，函数@bnd(L, x, U)表示变量 x 的取值范围，即限制 $L \leqslant x \leqslant U$。

部分运行结果为（省略了取值为 0 的变量）：最大流流量为 21，具体流量分配如下：$f_{s1}=10$，$f_{s2}=5$，$f_{s3}=6$，$f_{12}=2$，$f_{14}=8$，$f_{25}=7$，$f_{36}=6$，$f_{56}=7$，$f_{4t}=8$，$f_{6t}=13$。

习　题

1. 写出图 8-44 的关联矩阵和邻接矩阵。

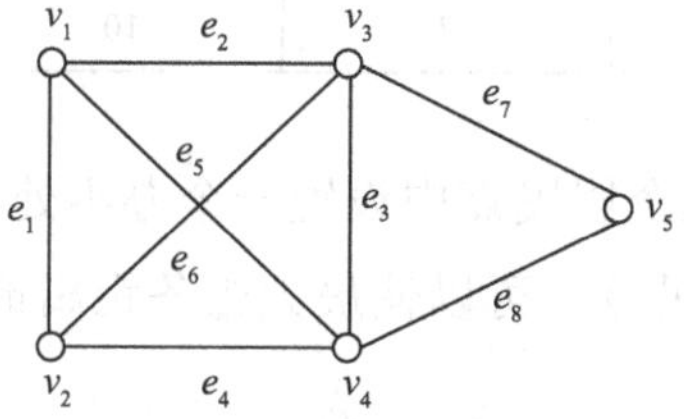

图 8-44　习题 1 网络图

2. 求图 8-45 中 v_1 至其 v_6、v_8、v_{10} 和 v_{11} 的最短路及其长度。

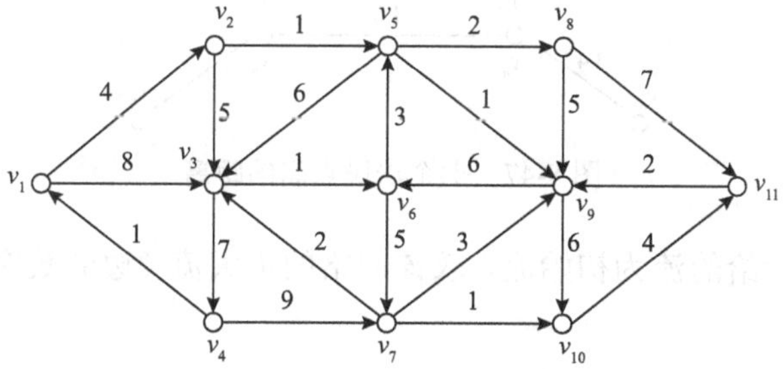

图 8-45　习题 2 网络图

3. 用两种方法求图 8-46（a）和图 8-46（b）的最小生成树。

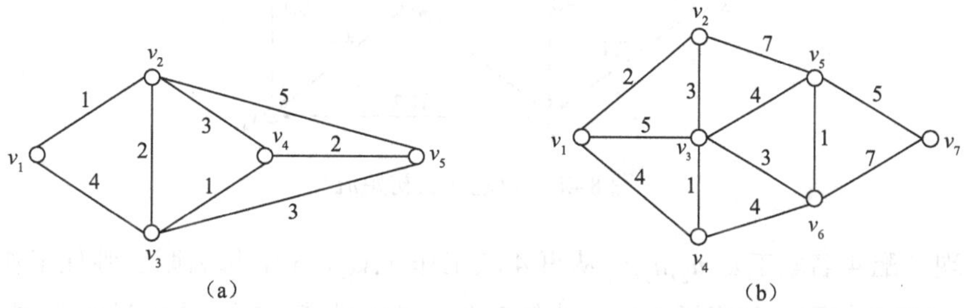

图 8-46　习题 3 无向图

4. 某企业的生产作业需使用一种设备，每年初该厂需对该设备的更新与否做出决策。若购置新设备，要支付一定的购置费；若继续使用旧设备，则需支付一定的维修费，设备使用的年限越长所需的维修费越多。现在考虑一个五年内的设备更新问题，该设备在每年初的购置费和不同使用年数的维修费分别如表 8-6 和表 8-7 所示。问如何制定设备更新计划，使得该设备的购置费和维修费总和最小？

表 8-6 设备购置费

年份	1	2	3	4	5
购置费	10	11	11	12	13

表 8-7 设备维修费

使用年数	(0,1]	(1,2]	(2,3]	(3,4]	(4,5]
维修费	5	7	10	14	18

5. 现准备在$v_1,v_2,\cdots,v_7$七个居民点中设置一个办事处，各点之间距离如图 8-47 所示。问办事处应设在哪个居民点，可以使最大服务距离最短？

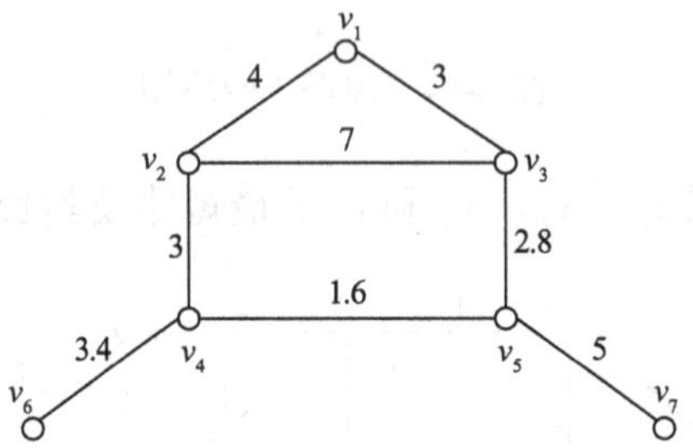

图 8-47 七个居民点间的距离

6. 以图 8-48 所给的流为初始流，求该网络的最大流（边旁数字为$c(e)$, $f(e)$），并找出最小割。

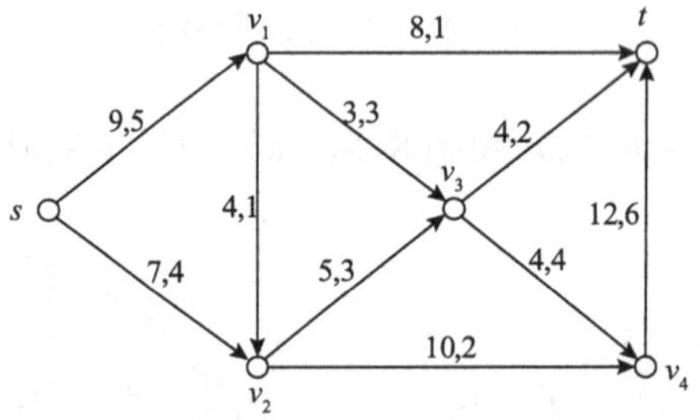

图 8-48 习题 6 的初始流

7. 现分配 4 名职工u_1,u_2,u_3,u_4从事 4 项工作v_1,v_2,v_3,v_4，每名职工胜任工作情况见表 8-8。问能否找到一种指派方案，使每名职工都能胜任一项工作？试建立网络模型。若存在，请给出一种指派方案。

表 8-8 职工胜任工作情况

职工	工作			
	v_1	v_2	v_3	v_4
u_1			√	

续表

职工	工作			
	v_1	v_2	v_3	v_4
u_2	√			√
u_3		√	√	
u_4		√		

8. 有两个煤矿 s_1 和 s_2，每月分别能生产煤 13 及 15 单位；另有两个电站 t_1 和 t_2，每月分别需要煤 12 及 15 单位。从 s_i 到 t_j 每单位煤的运费 b_{ij} 如表 8-9 所示。问题如下。

表 8-9　单位运费

煤矿（s_i）	电站（t_j）	
	t_1	t_2
s_1	3	6
s_2	5	7

（1）每个煤矿应生产多少煤并运往何处，才能满足所有的需求，并使成本最低？

（2）若 s_1 和 s_2 的煤不运走，存贮费分别为 2 和 3，试建立网络模型，使运费和存贮费之和最小。

（3）若将 t_1 的需求量改为 16，t_1 和 t_2 处的缺货损失费分别为 4 和 3，试建立网络模型，以寻求最佳运输方案。

9. 图 8-49 所示的网络边旁参数为 $c(e), f(e)$，求该网络的最大流。

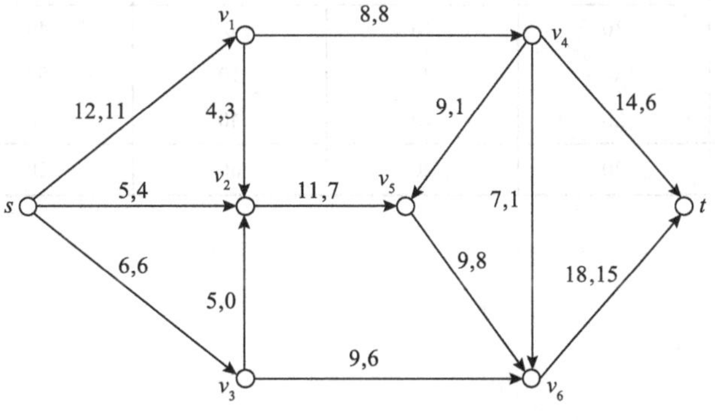

图 8-49　习题 9 的初始流

10. 图 8-50 所示的网络边旁参数为 $c(e), f(e)$，求该网络的最大流，并找出最小割，计算最小割的容量。

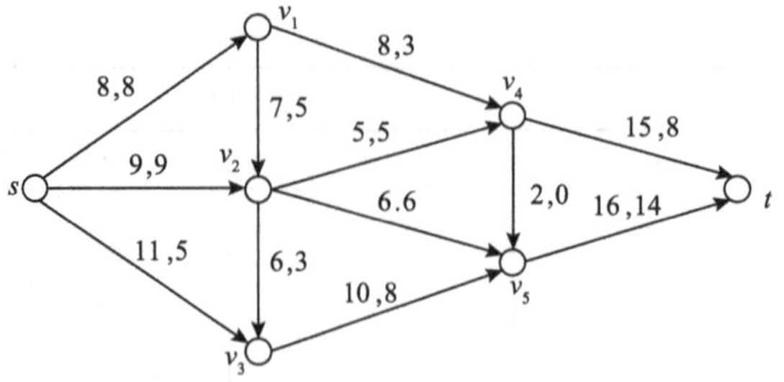

图 8-50 习题 10 的初始流

11. 求图 8-51 所示网络的最大流（边旁数字为$c(e)$）。

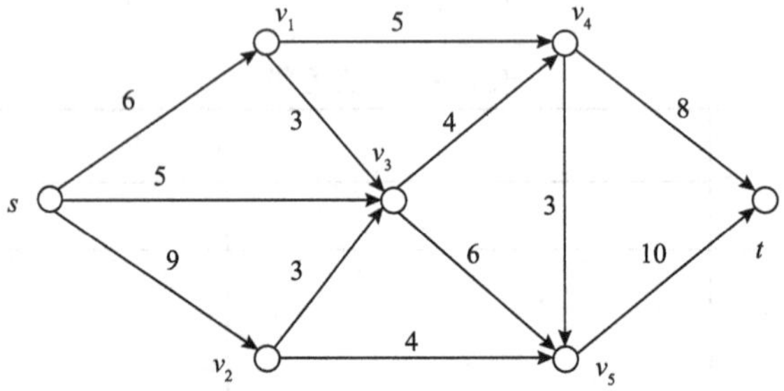

图 8-51 习题 11 网络图

12. 某产品从仓库运往市场销售。各仓库的可供量、各市场需求量及从仓库 i 到市场 j 的路径的运输能力见表 8-10（表中数字 0 代表无路可通），试求从仓库可运往市场的最大流量。各市场需求能否满足？

表 8-10 运输表

仓库 i	市场 j				可供量
	1	2	3	4	
A	30	10	0	40	20
B	0	0	10	50	20
C	20	10	40	5	100
需求量	20	20	60	20	

第九章

统 筹 方 法

为了在生产活动或工程项目中最大限度地利用人力、物力及财力等有限的资源，需要编制工程计划对生产或工程进度实施组织和控制。编制工程计划过去常用的工具是甘特（Gantt）图。这种图的优点是能在水平时间坐标上规定每种作业的开始时间和结束时间，直观反映各种作业所需的劳动力及前后搭接关系；缺点是无法确定各作业间的相互依赖关系，且无法反映在整个生产活动中发挥关键作用的作业。与甘特图相比较，由计划评审技术（program evaluation and review technique，PERT）和关键路线法（critical path method，CPM）结合在一起的网络计划技术可以克服甘特图的缺点，而且更加全面、有效。

1956 年，美国杜邦公司在兰德公司的协助下，为编制工程最优总进度计划而研究发展出了关键路线法。1958 年，美国海军特种计划局为研制北极星导弹潜艇，发展了计划评审技术，它们都是组织生产和进行计划管理的科学方法。20 世纪 60 年代，在钱学森教授的倡导下，我国在国防科研项目中开始采用网络计划技术。华罗庚教授把关键路线法和计划评审技术统一起来，取其“统筹兼顾，合理安排”的主要思想，定名为统筹方法，并在全国各地推广和应用这种科学方法，在生产和实践中取得了丰硕的成果。

统筹方法的基本原理是：把一项大型工程分解为若干个工序（作业、活动、任务），利用统筹图反映工序间的先后顺序和制约关系；计算网络的有关时间参数，使管理者对全局工作有比较完整清晰的认识；进行网络分析，找出完成任务的关键所在和可以利用的机动时间，使管理者更合理科学地进行组织和管理，以求得完工期、资源和成本的优化方案。

统筹方法在实施时，主要包括四个步骤：①绘制统筹图；②计算时间参数；③确定关键路线；④结合资源费用等因素制定工程的最优日程进度。

第一节　统筹图及其绘制规则

绘制统筹图实际上是为工程计划建模，因此网络图的绘制是应用统筹方法编制工程计划的关键。

一、基本概念

统筹方法中的统筹图是用圆圈作为节点，用带箭头的线把节点联系起来构成的图形，它由工序、事项和路线组成。

工序：指为了完成工程项目，在工艺技术和组织管理上相互独立的工作或活动。一项工程由若干道工序组成，工序需要在投入一定人力和物力的情况下经过一定时间才能完成。

在统筹图中，工序用箭线（边）表示，如图 9-1 所示。

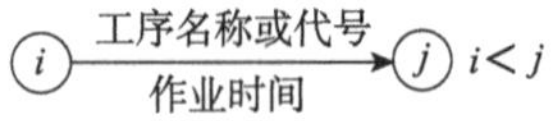

图 9-1　工序表示方法

箭线的始点 i 表示工序开始，终点 j 表示工序结束，且要求 $i<j$，但不一定是连号。在箭线的上方标注该工序的名称或代号，可用表示工序开始和工序结束的代号 (i,j) 表示。在箭线的下方标注完成该工序所需要的时间，即作业时间，用 $t(i,j)$ 表示。

有些工序间有先后关系。如果工序 a 与工序 b、c 相邻，且工序 b、c 都必须在工序 a 完成后才能开工，如图 9-2 所示，则称工序 a 为工序 b、c 的紧前工序；称工序 b、c 为工序 a 的紧后工序。有时为了表示工序间的相互衔接关系，在网络图中要引入虚工序。虚工序的工序时间为 0，虚工序在实际的工程实施中并不存在，只表示工序之间的逻辑关系，它不消耗时间和人力、物力等资源。如图 9-3 所示的网络图中，工序 D_1 即为虚工序，它仅表示在工序 a 与 b 都完工后，工序 c 才能开工。

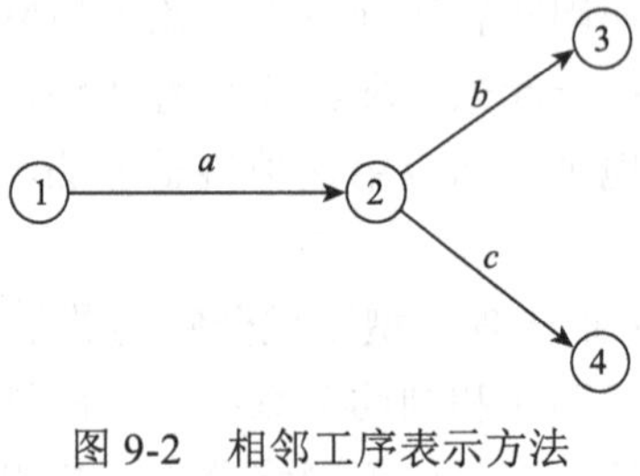

图 9-2　相邻工序表示方法

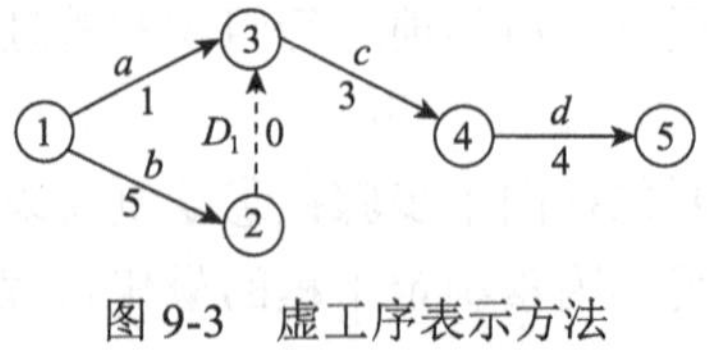

图 9-3　虚工序表示方法

事项：一道或多道工序开工或完工的特定时间点。在网络图上事项用带有编号的圆圈节点表示，如图 9-1 中的ⓘ和ⓙ。每一工序都应该有自己专门的节点编号，同一个编号不能重复使用。例如，图 9-2 中①⟶②表示工序 a，就不能再表示别的工序，如图 9-4 所示的表示方法是错误的。网络图中的第一个节点为始点事项，表示工程任务的开始，它无先行工序即没有射入箭线；最后一个节点为终点事项，表示工程任务的结束，它无后续工序即没有射出箭线；其余事项为中间事项，既表示前项作业的结束，也表示后项作业的开始。如图 9-3 所示的网络图中，①为始点事项，⑤为终点事项，②、③、④为中间事项。事项是指作业开始或结束的瞬间状态，它不消耗资源和时间。

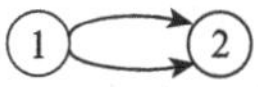

图 9-4 错误工序表示方法

路线：由始点事项出发，沿着箭线的方向，连续不断地到达终点事项的一条通路。如图 9-3 中，$① \xrightarrow{a} ③ \xrightarrow{c} ④ \xrightarrow{d} ⑤$ 就是一条路线。每一条路线上所有工序的作业时间之和称为该条路线的路长。其中，总时间最长的路线（即最长的路线）称为关键路线，关键路线的长度是整个工程的完工期。出现在关键路线上的工序称为关键工序。

在绘制统筹图前，应根据工程项目的调查资料，把工程分解为若干道相互联系而又有一定先后顺序的工序，并确定完成每道工序所需要的时间。将工序时间及工序间的逻辑关系列成表格，得到工序一览表后，即可绘制统筹图。

【例 9.1】某工程有 5 道工序，见表 9-1，试绘制统筹图。

表 9-1 工序一览表（一）

工序代号	完成时间/天	紧前工序
a	2	—
b	1	—
c	4	*a*
d	2	*a*、*b*
e	5	*c*、*d*

解：根据题意得到统筹图，如图 9-5 所示。

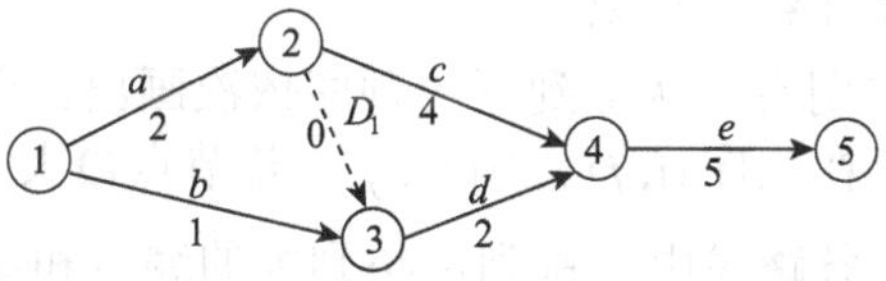

图 9-5 例 9.1 统筹图

为避免出现同一节点编号表示多道工序的情况，在图 9-5 中引入了虚工序。

【例 9.2】某工程统筹图如图 9-6 所示，试找出关键路线。

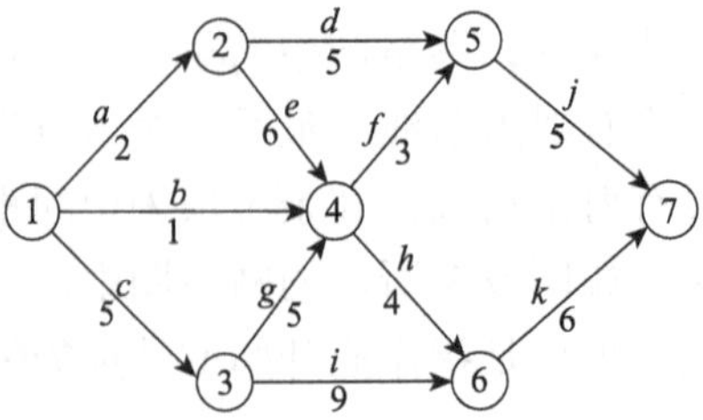

图 9-6　工程统筹图（一）

解：表 9-2 列出了全部路线及其长度，其中最长的路线有两条：①$\xrightarrow[5]{c}$③$\xrightarrow[5]{g}$④$\xrightarrow[4]{h}$⑥$\xrightarrow[6]{k}$⑦和①$\xrightarrow[5]{c}$③$\xrightarrow[9]{i}$⑥$\xrightarrow[6]{k}$⑦，其长度均为 20，因此工程的完工期为 20 天。关键路线上的工序是要花较多的人力和资源保证工程正常完成的工序，如果某一道工序不能按时完成，就会造成整个工程完工期的推迟。

表 9-2　全部路线及其长度

路线	长度
$a\to d\to j$	2+5+5=12
$a\to e\to f\to j$	2+6+3+5=16
$a\to e\to h\to k$	2+6+4+6=18
$b\to f\to j$	1+3+5=9
$b\to h\to k$	1+4+6=11
$c\to g\to f\to j$	5+5+3+5=18
$c\to g\to h\to k$	5+5+4+6=20
$c\to i\to k$	5+9+6=20

二、统筹图的绘制规则

在绘制统筹图前，要通过对工程项目的调查，把工程分解为若干道工序，确定各工序间的相互关系，估计完成各道工序所需要的时间，然后列出工序明细表。划分后的每道工序都要具体明确，工序间既要互相衔接，又要分工清楚。完成工程分析后得到的工序一览表，即可按下述规则绘制统筹图。

（1）统筹图中只能有一个始点和一个终点，一切没有紧前工序的工序由始点开始，一切没有紧后工序的工序在终点结束。

（2）统筹图按照从左到右、从上到下的顺序依次画出。图中每个节点都必须有编号，编号规则为：如果存在工序 (i,j)，则 $i<j$。若节点最大编号为 n，则整个工程在 n 节点完成。因此，任一条路线由一系列由小到大的编号和事项构成。

（3）为避免多义性，两个节点之间只能有一条箭线，表示一道工序。如果有多道工序从 i 开始，在 j 结束，为了不违反本规则，必须引入虚工序。

（4）统筹图的中间节点的前后必须有箭线与其他节点相连，不能出现中断或缺口。如图 9-7（a）中事项 3 中断，即工序 d 与其紧后作业失去联系，因此是错误的。如果是在完成 e 和 d 后工程完工，则应改为图 9-7（b）。

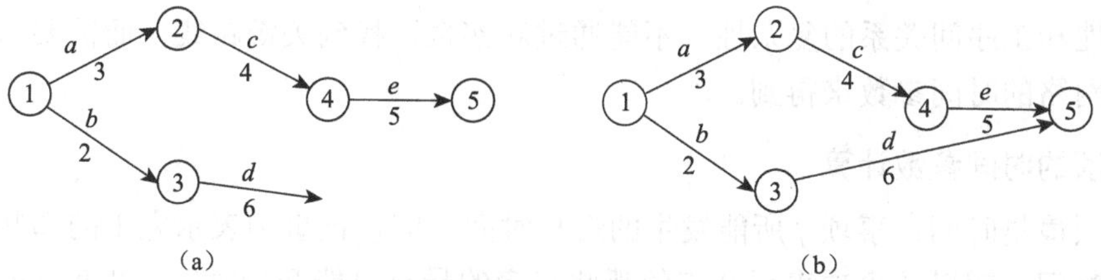

图 9-7 统筹图绘制规则图

（5）统筹图中不能出现回路，否则将出现逻辑上的错误，使回路上的作业永远达不到终点。

【例 9.3】根据表 9-3 中的资料绘制统筹图。

表 9-3 工序一览表（二）

工序名称	紧前工序	工序时间/天
a	—	5
b	—	3
c	—	4
d	*a,b*	6
e	*b*	4
f	*b*	2
g	*c*	7
h	*d,e*	5
i	*f,g*	5
j	*e*	3
k	*j*	4

解：绘制的统筹图如图 9-8 所示。

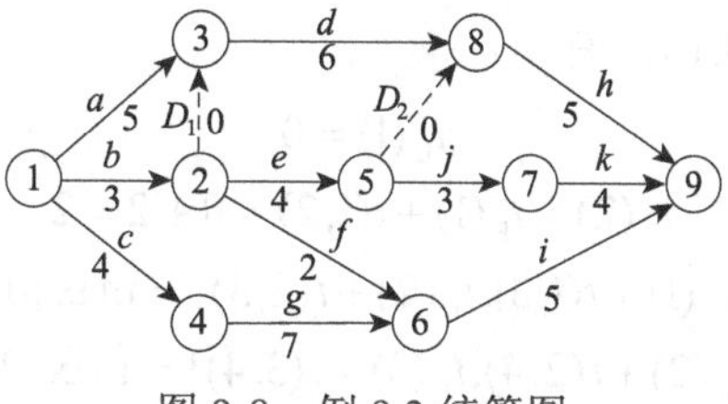

图 9-8 例 9.3 统筹图

第二节 时间参数计算

绘制了统筹图后，接下来要根据完成各道工序所需要的时间确定完成整个工程任务所需要的最少时间。为此必须找出对整个工程影响最大的，所需时间最长的，从始点到终点的一连串工序，因为这些工序是完成整个工程任务的关键。这些工序所构成的路线即为关键路线，关键路线是统筹图中的最长路线。对于复杂的工程，由于工序的多样性和工序间关系的复杂性，不能通过观察直接找到关键路线，而需要通过科学地计算网络的时间参数来得到。

一、事项的时间参数计算

事项最早时间：事项 j 所能发生的最早时间，即以该事项表示完工的那些工序都完工的时间，或以该事项表示开工的那些工序的最早可能开始时间。事项 j 的最早时间记为 $t_E(j)$ 。如图 9-9 所示，如果事项 2、3、4 的最早时间分别为 $t_E(2)$、$t_E(3)$ 和 $t_E(4)$，则事项 j 的最早时间的计算方法为

$$t_E(j) = \max\{t_E(2)+t(2,j), t_E(3)+t(3,j), t_E(4)+t(4,j)\}$$

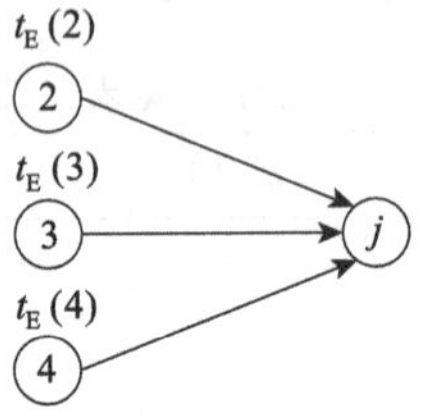

图 9-9　事项最早时间关系图

事项最早时间的计算是从始点事项开始的，令始点事项最早时间 $t_E(1)=0$ ，然后从左到右逐个事项推算，直至终点事项 n 。计算出的事项最早时间写在矩形框中，并位于事项的左下角。计算公式为

$$\begin{cases} t_E(1)=0 \\ t_E(j)=\max\{t_E(i)+t(i,j) \mid j=2,3,\cdots,n\} \end{cases} \tag{9.1}$$

其中，$t_E(1)$ 为始点事项最早时间；$t(i,j)$ 为工序 (i,j) 的作业时间；n 为终点事项的编号；i 为存在工序 (i,j) 的所有节点。

【例 9.4】求图 9-5 中各事项最早时间。

解：根据计算公式（9.1），有

$$t_E(1)=0$$
$$t_E(2)=t_E(1)+t(1,2)=0+2=2$$
$$t_E(3)=\max\{t_E(1)+t(1,3), t_E(2)+t(2,3)\}=\max\{0+1,2+0\}=2$$
$$t_E(4)=\max\{t_E(2)+t(2,4), t_E(3)+t(3,4)\}=\max\{2+4,2+2\}=6$$
$$t_E(5)=t_E(4)+t(4,5)=6+5=11$$

结果如图 9-10 所示。

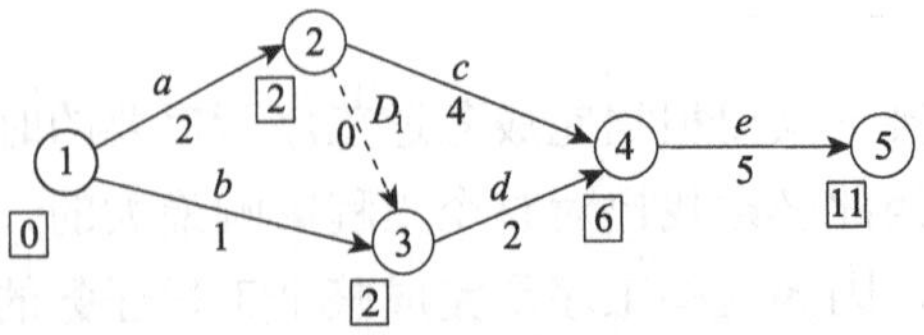

图 9-10　事项最早时间结果图

事项最迟时间：在不影响整个工程最早完工期的情况下，事项 i 允许发生的最迟时间。即以该事项表示完工的那些工序的最迟允许结束时间，或以该事项表示开工的那些工序的最迟必须开始时间。事项 i 的最迟时间记为 $t_L(i)$ 。如图 9-11 所示，如果事项 6、7、8 分别在 $t_L(6)$ 、$t_L(7)$ 和 $t_L(8)$ 完工，则不会推迟整个工程的完工期，事项 i 的最迟时间的计算方法为

$$t_L(i)=\min\{t_L(6)-t(i,6),t_L(7)-t(i,7),t_L(8)-t(i,8)\}$$

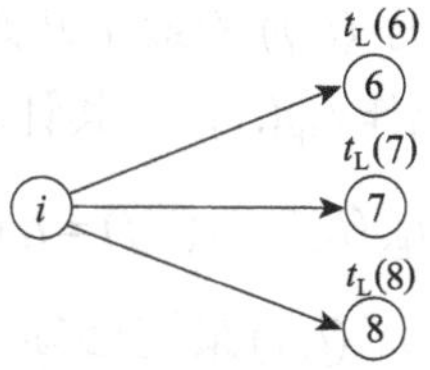

图 9-11　事项最迟时间结果图

事项最迟时间的计算是从终点事项 n 开始的，令终点事项最迟时间等于最早时间，然后从右到左逐个事项推算，直至始点事项为止。计算出的事项最迟时间写在三角框中，并位于事项的右下角。计算公式为

$$\begin{cases}t_L(n)=t_E(n)=T_E\\ t_L(i)=\min\{t_L(j)-t(i,j)\,|\,i=n-1,n-2,\cdots,1\}\end{cases}\tag{9.2}$$

其中，n 为终点事项的编号；T_E 为工程最早完工期；j 为存在工序 (i,j) 的所有节点。

【例 9.5】求图 9-5 中各事项最迟时间。

解：根据计算公式（9.2），有

$$t_L(5)=T_E=11$$
$$t_L(4)=t_L(5)-t(4,5)=11-5=6$$
$$t_L(3)=t_L(4)-t(3,4)=6-2=4$$
$$t_L(2)=\min\{t_L(4)-t(2,4),t_L(3)-t(2,3)\}=\min\{6-4,4-0\}=2$$
$$t_L(1)=\min\{t_L(2)-t(1,2),t_L(3)-t(1,3)\}=\min\{2-2,4-1\}=0$$

结果如图 9-12 所示。

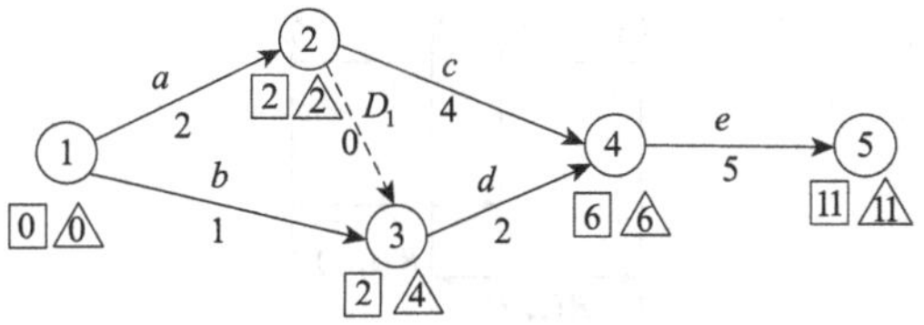

图 9-12　事项时间参数结果图

二、工序的时间参数计算

工序的时间参数有最早和最迟开始时间、最早和最迟结束时间，以及总时差和单

时差。

工序的最早开始时间：任何一道工序 (i,j) 都必须在它的所有紧前工序都结束后才能开始，这个时刻就是工序的最早开始时间，记作 $t_{ES}(i,j)$。由于事项的最早时间即以该事项表示完工的那些工序都完工的时间，因此工序 (i,j) 的最早开始时间就是事项 i 开工的最早时间，即

$$t_{ES}(i,j)=t_E(i) \tag{9.3}$$

工序的最早结束时间：一道工序 (i,j) 的最早开始时间加上完成工序 (i,j) 所需要的时间，就是它的最早结束时间，记作 $t_{EF}(i,j)$。其计算公式为

$$t_{EF}(i,j)=t_{ES}(i,j)+t(i,j)=t_E(i)+t(i,j) \tag{9.4}$$

工序的最迟结束时间：一道工序 (i,j) 最迟必须在何时结束而不至于推迟整个工程的完工期，记作 $t_{LF}(i,j)$。由于工序 (i,j) 的结束意味着事项 j 的发生，由事项最迟时间的定义可知

$$t_{LF}(i,j)=t_L(j) \tag{9.5}$$

成立。

工序的最迟开始时间：在不影响紧后工序按期开工的前提下，工序 (i,j) 最迟必须开始的时刻，记作 $t_{LS}(i,j)$。可通过工序的最迟结束时间减去完成工序 (i,j) 的时间得到，即

$$t_{LS}(i,j)=t_{LF}(i,j)-t(i,j)=t_L(j)-t(i,j) \tag{9.6}$$

工序总时差：在不延误整个工程最短工期（或不延误紧后工序的最迟开始时间）的前提下，工序的开始或结束时间可以推迟的时间，记作 $R(i,j)$。它等于工序的最迟结束时间与最早结束时间之差，也等于最迟开始时间与最早开始时间之差，如图 9-13 所示。计算公式为

$$R(i,j)=t_{LF}(i,j)-t_{EF}(i,j)=t_L(j)-t_E(i)-t(i,j) \tag{9.7}$$

或

$$R(i,j)=t_{LS}(i,j)-t_{ES}(i,j)=t_L(j)-t_E(i)-t(i,j) \tag{9.8}$$

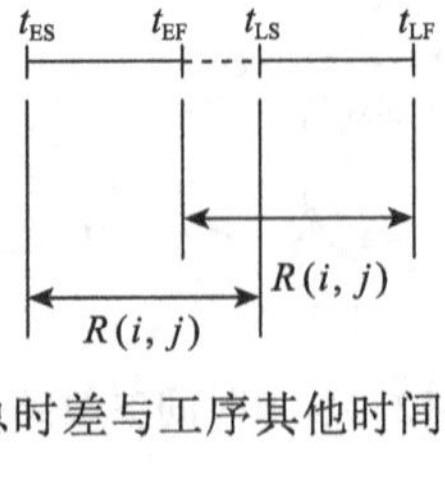

图 9-13　总时差与工序其他时间参数关系图

例如，图 9-12 中，工序 b 的总时差为

$$R(1,3)=t_L(3)-t_E(1)-t(1,3)=4-0-1=3$$

工序 c 的总时差为

$$R(2,4)=t_{\mathrm{L}}(4)-t_{\mathrm{E}}(2)-t(2,4)=6-2-4=0$$

如果工序的总时差大于 0，说明该工序从可能开工到必须完工这段时间内，除了完成工序本身的作业外，还有一段可浮动的时间，即开工时间可以推迟 $R(i,j)$ 这么长的时间，而不会推迟工程的最早完工期。若总时差等于 0，意味着 $t_{\mathrm{LF}}(i,j)=t_{\mathrm{EF}}(i,j)$，$t_{\mathrm{LS}}(i,j)=t_{\mathrm{ES}}(i,j)$，即没有机动时间可以利用，这样的工序就是关键工序。

工序单时差：在不影响紧后工序的最早可能开始时间的前提下，工序的最早可能结束时间可以推迟的时间，记为 $r(i,j)$。它等于紧后工序的最早开始时间减去该工序的最早结束时间。例如，图 9-14 中，工序 (i,j) 的单时差计算方法为

$$r(i,j)=t_{\mathrm{ES}}(j,k)-t_{\mathrm{EF}}(i,j)=t_{\mathrm{E}}(j)-t_{\mathrm{E}}(i)-t(i,j) \tag{9.9}$$

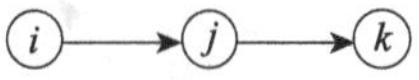

图 9-14 工序单时差

单时差与总时差的关系如图 9-15 所示。可见 $0 \leqslant r(i,j) \leqslant R(i,j)$。

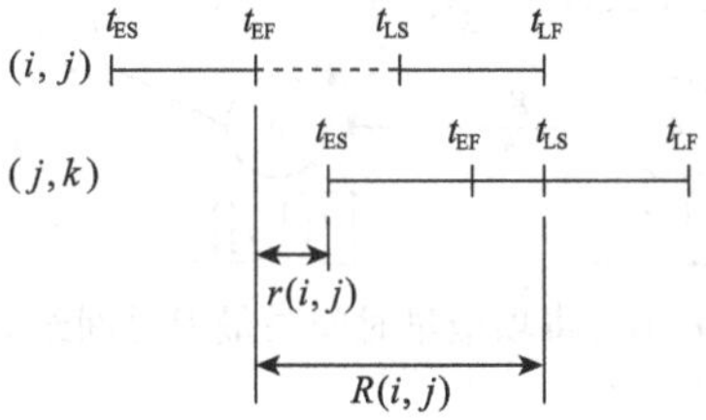

图 9-15 总时差与单时差关系图

单时差以不影响紧后工序的最早开始时间为前提，因此，按单时差推迟工序的开工时间，对紧后工序的时间参数、时差以及工期都没有影响。但是，如果按照总时差推迟开工时间，则可能使紧后工序失去部分甚至全部自由机动的时间。因此，当按时差调整开工时间时，应尽可能用单时差进行调整。

三、通过计算时间参数确定关键路线

通过时间参数确定关键路线的方法是计算统筹图中各道工序的总时差，由前述内容可知，总时差为零的工序没有机动时间可以利用，这些工序就是关键工序。找到了关键工序即可找出网络中的关键路线。关键路线上所有工序的时差为零，反之也成立。关键路线上出现的事项一定满足最早时间等于最迟时间，但是最早时间等于最迟时间的事项不一定都在关键路线上。

在一个统筹图中关键路线可能有多条，如例 9.2 中关键路线有两条，分别为

$$① \xrightarrow[5]{c} ③ \xrightarrow[5]{g} ④ \xrightarrow[4]{h} ⑥ \xrightarrow[6]{k} ⑦$$

和

$$①\xrightarrow[5]{c}③\xrightarrow[9]{i}⑥\xrightarrow[6]{k}⑦$$

不论有多少条关键路线，它们的长度一定是相等的。为保证工程按期完工，必须保证关键工序顺利地按时完成，因为它们是整个工程中最薄弱的环节。一旦出现纰漏，就会推迟整个工程的完工期。另外，关键路线是相对的。

【例 9.6】计算图 9-8 的时间参数，并确定关键路线。

解：计算各事项的最早时间和最迟时间，分别标注在"□"和"△"内，结果如图 9-16 所示，与工序有关的时间参数列在表 9-4 中。

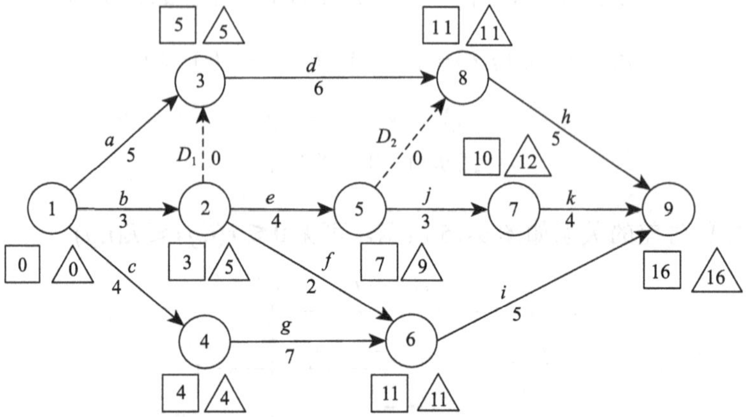

图 9-16 事项最早时间与最迟时间结果图

表 9-4 工序时间参数（一）

工序	相关事项	$t(i,j)$	t_{ES}	t_{EF}	t_{LS}	t_{LF}	$R(i,j)$	$r(i,j)$	关键工序
a	1，3	5	0	5	0	5	0	0	是
b	1，2	3	0	3	2	5	2	0	否
c	1，4	4	0	4	0	4	0	0	是
D_1	2，3	0	3	3	5	5	2	2	否
d	3，8	6	5	11	5	11	0	0	是
e	2，5	4	3	7	5	9	2	0	否
f	2，6	2	3	5	9	11	6	6	否
g	4，6	7	4	11	4	11	0	0	是
D_2	5，8	0	7	7	11	11	4	4	否
h	8，9	5	11	16	11	16	0	0	是
i	6，9	5	11	16	11	16	0	0	是
j	5，7	3	7	10	9	12	2	0	否
k	7，9	4	10	14	12	16	2	2	否

所以关键路线有两条，分别为

$$①\xrightarrow[5]{a}③\xrightarrow[6]{d}⑧\xrightarrow[5]{h}⑨,\quad ①\xrightarrow[4]{c}④\xrightarrow[7]{g}⑥\xrightarrow[5]{i}⑨$$

第三节　统筹方法优化

绘制统筹图、计算时间参数和确定关键路线后，我们只是考虑了工程进度。一般情况下，编制工程计划除了要考虑进度，还要综合考虑资源和成本等指标，实现网络计划的优化。即最优方案的选取要以时间、资源和费用的综合平衡为前提，尽可能在费用最低、资源使用合理的同时实现工程周期最短。

网络计划的优化主要包括以下三类问题。

一、总工期优化

总工期优化即编制网络计划时，在资源有保证的前提下，加快工程进度，缩短工期。由于关键路线中的关键工序时间之和决定了工程的完工期，所以可从以下两方面采取措施。

（1）采取技术措施，如增加新设备，采用新工艺，或采用平行作业、交叉作业等，缩短关键工序的作业时间。平行作业是指同时进行一些工序的作业以缩短工期，如图9-12 中的工序 a,b 就是两道平行作业。对相邻的两道或几道工序交叉地进行作业，即在一道工序没有完成时就开始紧后工序的工作，称为交叉作业。例如，工序 a,b,c 分别代表修路基、铺道砟和铺钢轨，则它们之间的关系可以是修一段路基就铺一段道砟，继而铺设钢轨，不必等全部路基都修完才铺道砟和钢轨。将 a,b,c 分别拆分成两道先后完成的工序，令 $a=a_1+a_2$，$b=b_1+b_2$，$c=c_1+c_2$，则可在 a_1 完成后进行 b_1 和 a_2，b_1 和 a_2 完成后进行 c_1 和 b_2，其网络图如图 9-17 所示。

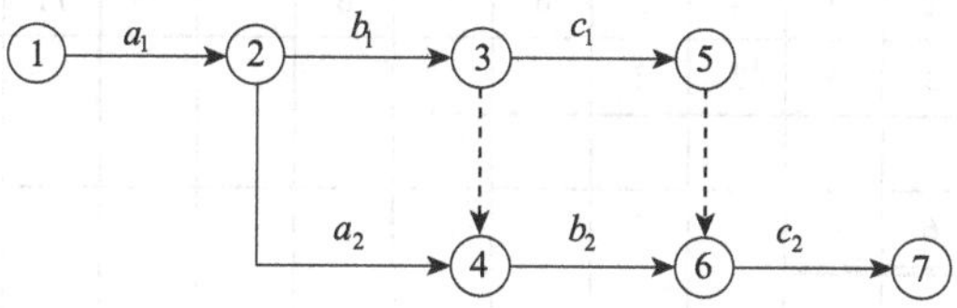

图 9-17　交叉作业

（2）采取组织措施，利用非关键工序的机动时间或合理利用非关键工序的人力、物力支援关键工序，缩短关键工序时间。

二、工期资源优化

工期资源优化即在资源数量有限的前提下，合理利用和调配现有资源，使之既符合客观条件限制，又不延误工期。由于在一定时间内，各种资源有数额限制，所以，在这段时间内执行的各项工序对某资源的计划需求量之和不能超过资源限额，否则就必须进行调整。可用表示工程进度的横道图进行调整，调整的原则如下。

（1）确保关键工序的资源需求量按时得到满足。

（2）在不影响工程最早完工期的情况下，根据非关键工序的时差推迟其开工时间，在不超过资源限额的条件下尽量平衡资源的调配。

下面以人力资源为例，说明如何在资源有限制时，利用横道图合理地安排资源。

【例 9.7】某工程的统筹图如图 9-18 所示，图中有向边旁第一个参数为工序时间 $t(i,j)$，第二个参数为该工序每天所需要的技术工人数量。现在假定担任该项工程施工工作的技术工人有 12 人，且每个技术工人均能胜任各工序的工作。试问，该施工队应如何安排各工序进度及如何合理调配人员，才能保证工程尽早完工？

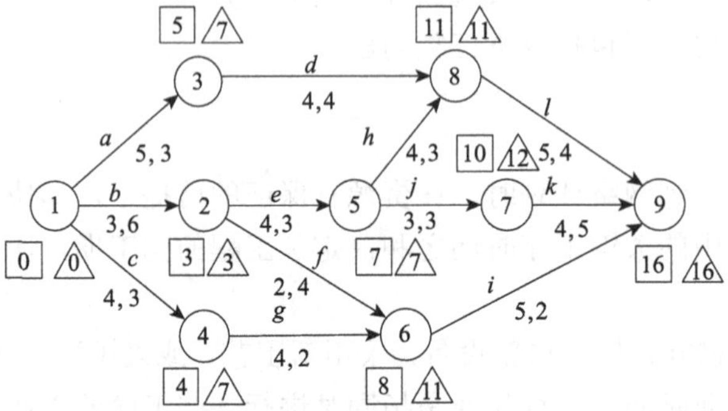

图 9-18 工程统筹图（二）

解：将每道工序 (i,j) 都安排在第 $t_E(i)+1$ 天开工，各工序的工序时间、所需要的技术工人数量以及总时差用横道图表示，见表 9-5。

表 9-5 横道图

工序 (i,j)	$t(i,j)$	$R(i,j)$	工程进度/天															
			1	2	3	4	5	6	7	8	9	10	11	12	13	14	15	16
$a(1,3)$	5	2	3	3	3	3	3											
$b(1,2)$	3	0	6	6	6													
$c(1,4)$	4	3	3	3	3	3												
$d(3,8)$	4	2						4	4	4	4							
$e(2,5)$	4	0				3	3	3	3									
$f(2,6)$	2	6				4	4											

续表

工序 (i,j)	$t(i,j)$	$R(i,j)$	工程进度/天															
			1	2	3	4	5	6	7	8	9	10	11	12	13	14	15	16
$g(4,6)$	4	3					2	2	2	2								
$h(5,8)$	4	0								3	3	3	3					
$i(6,9)$	5	3									2	2	2	2	2			
$j(5,7)$	3	2								3	3	3						
$k(7,9)$	4	2											5	5	5	5		
$l(8,9)$	5	0												4	4	4	4	4
每天技术工人合计/人			12	12	12	13	12	9	9	12	12	8	10	11	11	9	4	4

——— 表示非关键工序的进度；═══ 表示关键工序的进度；------ 表示工序可推迟的机动时间

从表 9-5 中可以看出，按各道工序最早开始时间安排工程进度时，施工的第 4 天所需人员过于集中，超过 12 人。在第 4 天施工的非关键工序为 $f(2,6)$，总时差为 6 天，如将其开工日期改为第 5 天，则第 4 天需要的技术工人变为 9 人，但是第 6 天需要的技术工人变为 13 人。在第 6 天施工的非关键工序为 $d(3,8)$，总时差为 2 天，如将其开工日期改为第 7 天，则第 6 天和第 7 天需要的技术工人变为 9 人。第 8 天至第 16 天需要的技术工人数量均不超过 12 人。最终得到每天的人员安排情况，如表 9-6 所示。

表 9-6 合理安排人力资源后的横道图

工序 (i,j)	$t(i,j)$	$R(i,j)$	工程进度/天															
			1	2	3	4	5	6	7	8	9	10	11	12	13	14	15	16
$a(1,3)$	5	2	3	3	3	3	3											
$b(1,2)$	3	0	6	6	6													
$c(1,4)$	4	3	3	3	3	3												
$d(3,8)$	4	2							4	4	4	4						

续表

工序 (i,j)	$t(i,j)$	$R(i,j)$	工程进度/天															
			1	2	3	4	5	6	7	8	9	10	11	12	13	14	15	16
$e(2,5)$	4	0				3	3	3	3									
$f(2,6)$	2	6					4	4										
$g(4,6)$	4	3					2	2	2	2								
$h(5,8)$	4	0								3	3	3	3					
$i(6,9)$	5	3									2	2	2	2	2			
$j(5,7)$	3	2								3	3	3						
$k(7,9)$	4	2											5	5	5	5		
$l(8,9)$	5	0												4	4	4	4	4
每天技术工人合计/人			12	12	12	9	12	9	9	12	12	12	10	11	11	9	4	4

——— 表示非关键工序的进度；═══ 表示关键工序的进度；------ 表示工序可推迟的机动时间

对于材料、设备等资源有限的问题，可按相同的方法进行合理调配。

三、工期费用优化

工期费用优化即在编制计划时，使工程的完工期最短，同时达到费用最低。当采取压缩工时的方法来缩短工序完工时间时，不同的工序对应不同的付出费用和节约值，此时必须决定对哪些工序采取压缩措施最为有利，下面便讨论这类问题。

一项工程的费用包括直接费用和间接费用。为了缩短工序的作业时间，需要增加人力、物力和资金，这类费用称为直接费用，直接费用要分摊到每道工序上。在一定条件下，工序的作业时间越短，直接费用越多。另外，加快进度、缩短工期可以节约管理费、设备租金等间接费用。若 C_t, C_1, C_2 分别表示工程总费用、直接费用和间接费用，则有

$$C_t = C_1 + C_2 \tag{9.10}$$

工程总费用、直接费用和间接费用与工期的关系如图 9-19 所示。总费用曲线为马鞍形曲线，曲线最低点对应的总工期 T^* 为成本最低的总工期，称为最优总工期。

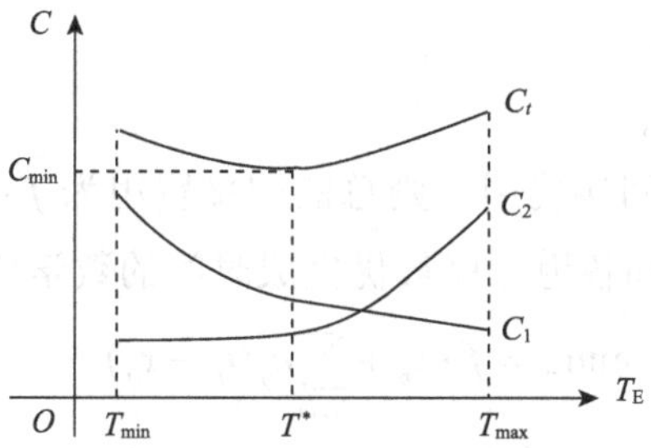

图 9-19 工程费用与工期的关系图

从图 9-19 中可以看出，在一定范围内，间接费用 C_2 与工期近似成正比，直接费用 C_1 与工期近似成反比。为了估算方便，假设工序费用与工序时间存在线性关系，如图 9-20 所示。

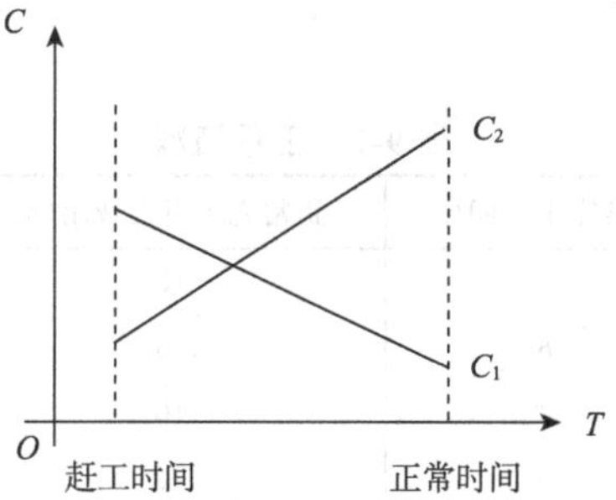

图 9-20 线性关系图

若把工序 (i,j) 每缩短一个单位时间所增加的直接费用称为赶工费用斜率，并记为 c_{ij}，则 c_{ij} 的计算公式为

$$c_{ij}=\frac{\text{赶工时间的工序直接费用}-\text{正常时间的工序直接费用}}{\text{正常完工时间}-\text{赶工时间}} \tag{9.11}$$

显然，工序的赶工费用斜率越大，缩短一个单位时间所要花费的直接费用就越多。因此，为了在缩短工期的同时产生最少的费用，应该选择关键工序中费用斜率最低的组合来压缩工序时间。

下面采用线性规划方法寻求缩短工期的最优方案，主要包括建立线性规划模型及运用启发式算法求解。

在建立线性规划模型之前，先给出如下定义。

t_{ij} 为工序 (i,j) 的正常完工时间。

k_{ij} 为工序 (i,j) 的最短完工时间（赶工时间），且有 $k_{ij}\leqslant t_{ij}$，并设在连续区间内的任何时间都可以完成工序 (i,j)。

x_{ij} 为工序 (i,j) 的完成时间，在这里为决策变量。

x_i 为事项 i 的最早时间，在这里也为决策变量。

c_{ij} 为费用斜率。

T_E 为工程的指定工期。

若令 f 为单位时间的间接费用，则总的间接费用为 $f \cdot x_n$。要求工期不迟于 T_E，且总费用最低的最优工期和各道工序最优完成时间的数学模型为

$$\min z = f \cdot x_n + \sum_{(i,j)} c_{ij}(t_{ij} - x_{ij})$$

$$\text{s.t.} \begin{cases} x_j - x_i \geqslant x_{ij}, & \text{对一切}(i,j) \\ k_{ij} \leqslant x_{ij} \leqslant t_{ij}, & \text{对一切}(i,j) \\ x_n \leqslant T_E \\ x_i \geqslant 0, & i = 1,2,\cdots,n \end{cases}$$

【例 9.8】有关资料如表 9-7 所示，已知间接成本 $f = 500$元/天，试制订工程总成本最低的赶工计划。

表 9-7 工程资料

工序	紧前工序	正常完工时间/天	正常完工直接费用/元	赶工时间/天	费用斜率
a	—	3	10	2	4
b	—	6	30	2	3
c	—	3	10	2	5
d	*b*	3	20	1	2
e	*c*	4	8	3	3
f	*a*	2	20	1	6
g	*a*	5	40	4	7
h	*d,e,f*	3	10	2	2
i	*c*	2	7	1	3
j	*i*	4	25	2	4
k	*g,h,j*	6	10	5	1
合计			190		

解：根据表 9-7 可绘制统筹图 9-21。

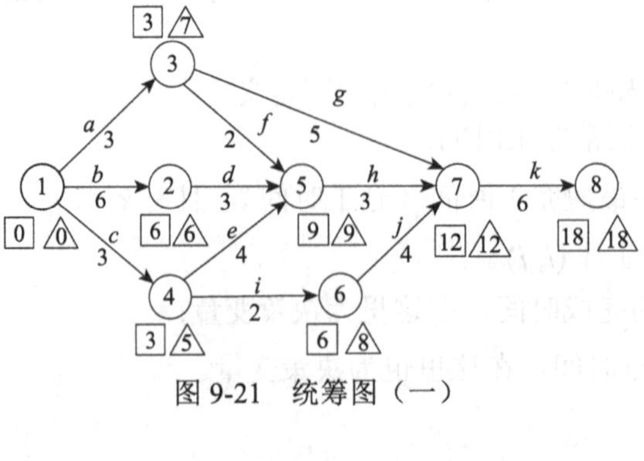

图 9-21 统筹图（一）

在不采取措施的情况下，即正常时间完工需要 18 天，所需要的总费用为

$$C_t = 190 + 500 \times 18 = 9190 \text{（元）}$$

令 $x_1 = 0$，该问题的线性规划模型为

$$\min z = 5 \cdot x_n - 4x_{1,3} - 3x_{1,2} - 5x_{1,4} - 2x_{2,5} - 3x_{4,5} - 6x_{3,5} - 7x_{3,7} - 2x_{5,7} - 3x_{4,6} - 4x_{6,7} - x_{7,8}$$

$$\text{s.t.} \begin{cases} 2 \leqslant x_{1,3} \leqslant 3,\ 2 \leqslant x_{1,2} \leqslant 6,\ 2 \leqslant x_{1,4} \leqslant 3,\ 1 \leqslant x_{2,5} \leqslant 3,\ 3 \leqslant x_{4,5} \leqslant 4,\ 1 \leqslant x_{3,5} \leqslant 2, \\ 4 \leqslant x_{3,7} \leqslant 5,\ 2 \leqslant x_{5,7} \leqslant 3,\ 1 \leqslant x_{4,6} \leqslant 2,\ 2 \leqslant x_{6,7} \leqslant 4,\ 5 \leqslant x_{7,8} \leqslant 6 \\ x_{1,3} - x_3 \leqslant 0,\ x_{1,2} - x_2 \leqslant 0,\ x_{1,4} - x_4 \leqslant 0, \\ x_{2,5} + x_2 - x_5 \leqslant 0,\ x_{4,5} + x_4 - x_5 \leqslant 0,\ x_{3,5} + x_3 - x_5 \leqslant 0,\ x_{3,7} + x_3 - x_7 \leqslant 0, \\ x_{5,7} + x_5 - x_7 \leqslant 0,\ x_{4,6} + x_4 - x_6 \leqslant 0,\ x_{6,7} + x_6 - x_7 \leqslant 0,\ x_{7,8} + x_7 - x_8 \leqslant 0 \\ x_i \geqslant 0, \quad i = 1,2,\cdots,8 \end{cases}$$

由于该模型含有多个约束，要对该模型用单纯形法求解比较复杂，这里介绍一种启发式算法。该算法通过对各工序长度为正常时间的网络进行合理压缩来求解，其基本原则如下。

（1）在关键路线上选取费用斜率最低的工序采取压缩措施。

（2）关键路线上的工序工时缩短后，若其他路线也上升为关键路线，从而形成多条关键路线，则此后必须对各条关键路线共有的工序采取压缩措施，才能使工期进一步缩短。

（3）在所有可压缩方案中应优先选取总费用最少的方案。

（4）压缩工期消耗的日均直接费用不得超过日均间接费用，否则经济上就没有缩短工期的必要。

【例 9.9】采用启发式算法求例 9.8 的工序工时压缩方案。

解：首先建立表 9-8。

表 9-8 工序与路线关系

路线	工序及费用斜率											路线长
	a (1,3) 4	*b* (1,2) 3	*c* (1,4) 5	*d* (2,5) 2	*e* (4,5) 3	*f* (3,5) 6	*g* (3,7) 7	*h* (5,7) 2	*i* (4,6) 3	*j* (6,7) 4	*k* (7,8) 1	
（1）①→③→⑦→⑧	√						√				√	14
（2）①→③→⑤→⑦→⑧	√					√		√			√	14
（3）①→②→⑤→⑦→⑧		√		√				√			√	18
（4）①→④→⑤→⑦→⑧			√		√			√			√	16
（5）①→④→⑥→⑦→⑧			√						√	√	√	15
可压缩时间/天	1	4	1	2	1	1	1	1	1	2	1	

注："√"表示工序 (i, j) 包含在路线内

根据基本原则，必须对关键路线进行压缩，即缩短路线（3）上某道工序的时间。

显然关键路线上工序 k 的费用斜率 $c_{7,8}=1$，是所有关键工序中最小的费用斜率，因此对工序 k 进行压缩。由于工序 k 最多能缩短 1 天，增加的费用为 100 元，工期由 18 缩短至 17，其间接成本可节约 500 元，因此净节约费用 400 元，经济上是有利的。

工序 k 缩短 1 天，5 条路线的长度都要减 1，此时工序 k 的完成时间不能进一步缩短，将这些变动列在表 9-9 的下方（“可压缩时间”处）及右方（“路线长”处）标有“2”的行和列中。此时路线（3）仍然为最长路线，可压缩的工序中费用斜率最小的为工序 d 和 h，费用斜率均为 2。工序 d 最多能缩短 2 天，缩短 2 天时路线（3）的长度变为 15，由于路线（4）的长度也是 15，所以路线（4）和（3）都是关键路线。因为工序 d 缩短 2 天，这样增加费用 400 元，节省费用 1000 元，净节约费用 600 元。此时必须同时缩短路线（3）和（4）上工序的完成时间，可将工序 h 压缩 1 天，增加费用 200 元，节省费用 500 元，净节约费用 300 元。表 9-9 中标有“3”和“4”（“路线长”和“可压缩时间”两处）的行和列反映了这两步变动。

表 9-9　对工序采取压缩措施后路线长度变化情况表

路线		工序及费用斜率											路线长			
		a (1,3) 4	*b* (1,2) 3	*c* (1,4) 5	*d* (2,5) 2	*e* (4,5) 3	*f* (3,5) 6	*g* (3,7) 7	*h* (5,7) 2	*i* (4,6) 3	*j* (6,7) 4	*k* (7,8) 1	1	2	3	4
（1）①→③→⑦→⑧		√						√				√	14	13	13	13
（2）①→③→⑤→⑦→⑧		√					√		√			√	14	13	13	12
（3）①→②→⑤→⑦→⑧			√		√				√			√	18	17	15	14
（4）①→④→⑤→⑦→⑧				√		√			√			√	16	15	15	14
（5）①→④→⑥→⑦→⑧				√						√	√	√	15	14	14	14
可压缩时间/天	1	1	4	1	2	1	1	1	1	1	2	1				
	2	1	4	1	2	1	1	1	1	1	2	0				
	3	1	4	1	0	1	1	1	1	1	2	0				
	4	1	4	1	0	1	1	1	0	1	2	0				

注：“√”表示工序 (i, j) 包含在路线内

此时，我们找到了经济上有利的工时压缩方案：k 缩短 1 天，d 缩短 2 天，h 缩短 1 天，总费用为 26 700 元。

如果拥有足够的资金，只追求工期的缩短而不考虑经济上是否有利，则可以继续采取措施。此时必须压缩（3）、（4）、（5）三条路线上工序的完成时间，这里不再做讨论。

案例 解体列车到达技术作业过程

货物列车到达技术站后，全部车列需进行解体的列车，称为解体列车。该列车在解体前，在到达线上办理的技术作业，称为解体列车到达技术作业。

解体列车到达技术作业各项作业内容和计划时间如表 9-10 所示，根据资料可得该技术作业过程的统筹图如图 9-22 所示，与工序有关的时间参数在表 9-11 中列出。

表 9-10 工序一览表（三）

工序代号	作业内容	计划时间/分	紧前工序
a	车辆技术检修作业（包括试风、摘机车）	30	—
b	列尾作业员技术作业	12	—
c	车号员核对现车	24	—
d	货运检查	24	—
e	有关人员与到达司机办理列车编组顺序表和货运票据交接	10	—
f	准备解体	15	*b*,*e*

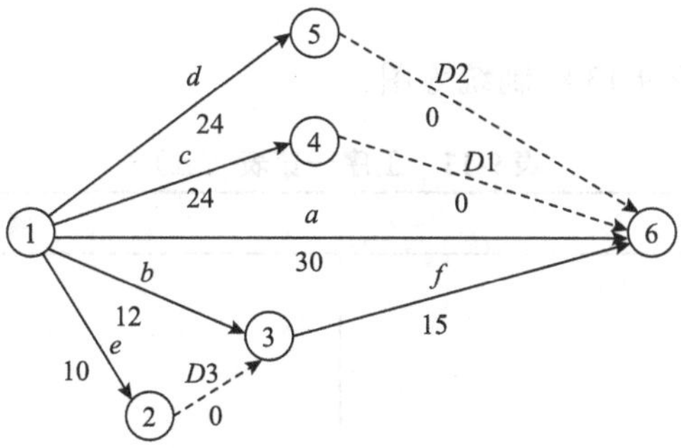

图 9-22 统筹图（二）

表 9-11 工序时间参数（二）

工序	相关事项	$t(i,j)$	t_{ES}	t_{EF}	t_{LS}	t_{LF}	$R(i,j)$	$r(i,j)$	关键工序
a	1,6	30	0	30	0	30	0	0	是
b	1,3	12	0	12	3	15	3	0	否
c	1,4	24	0	24	6	30	6	0	否
d	1,5	24	0	24	6	30	6	0	否
e	1,2	10	0	10	5	15	5	0	否
f	3,6	15	12	27	15	30	3	3	否
D_1	4,6	0	24	24	30	30	6	6	否
D_2	5,6	0	24	24	30	30	6	6	否
D_3	2,3	0	10	10	15	15	5	2	否

由表 9-11 可知解体列车到达技术作业的关键路线为①→⑥，路线长度为 30 分钟。

习　题

1. 根据工序一览表 9-12 绘制统筹图。

表 9-12　工序一览表（四）

工序	紧前工序
a	—
b	—
c	*a,b*
d	*a,b*
e	*b*
f	*c*
g	*c*
h	*d,e,f*

2. 根据工序一览表 9-13 绘制统筹图。

表 9-13　工序一览表（五）

工序	紧后工序
a	*c,d*
b	*c,d,e*
c	*f*
d	*g*
e	*g*
f	—
g	—

3. 某工程的工序分解表如表 9-14 所示，试绘出其统筹图。

表 9-14　工序分解表

工序	紧前工序	工序	紧前工序
a	—	*h*	*d*
b	—	*i*	*d*
c	*a*	*j*	*h*
d	*c*	*k*	*g,i*
e	*b,d*	*l*	*i*
f	*d*	*m*	*k,l*
g	*e,f*	*n*	*e,f,i*

4. 某工程的各道工序及其相互关系见表 9-15，试绘出其统筹图。

表 9-15 工序一览表（六）

工序	紧前工序	工序	紧前工序
a	—	*f*	*e*
b	—	*g*	*d*
c	*b*	*h*	*d*
d	*a,c*	*i*	*g*
e	*a,c*	*j*	*h,f*

5. 某工程的各道工序及所需完成时间如表 9-16 所示，要求如下。

（1）绘制统筹图。

（2）计算各项时间参数。

（3）确定关键路线及工期。

表 9-16 工序一览表（七）

工序	紧前工序	工序时间	工序	紧前工序	工序时间
a	—	2	*f*	*e*	3
b	—	3	*g*	*d*	2
c	*b*	4	*h*	*d*	7
d	*a,c*	1	*i*	*g*	6
e	*a,c*	5	*j*	*h,f*	5

6. 某工程的统筹图如图 9-23 所示，试计算出各时间参数并确定关键路线。

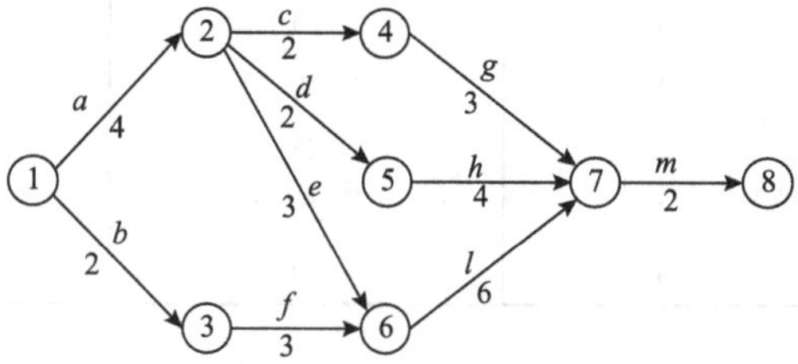

图 9-23 统筹图（三）

7. 已知工序一览表如表 9-17 所示。

表 9-17 工序一览表（八）

工序	紧前工序	工序时间/天	工序	紧前工序	工序时间/天	工序	紧前工序	工序时间/天
a	*g,m*	3	*e*	*c*	5	*i*	*a,l*	2
b	*h*	4	*f*	*a,e*	5	*k*	*f,i*	1
c	—	7	*g*	*b,c*	2	*l*	*b,c*	7
d	*l*	3	*h*	—	5	*m*	*c*	3

要求：

（1）绘制网络图。

（2）计算各项时间参数，并确定关键路线及工期。

8. 某工程的统筹图如图 9-24 所示。图中有向边旁第一个参数为工序时间 $t(i,j)$，第二个参数为该工序每天所需要的技术人员数量。现在假定担任该项工程施工工作的技术人员有 7 人，且每个技术人员均能胜任各工序工作。试问，该施工队应如何安排各个工序进度及如何合理调配人员，才能保证工程尽早完工？

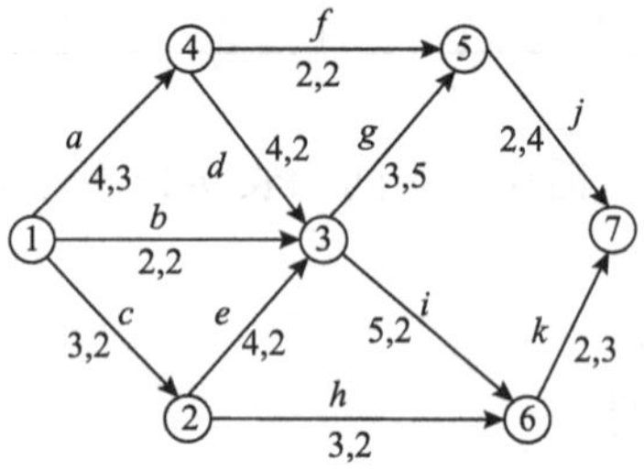

图 9-24 统筹图（四）

9. 某工程有关资料如表 9-18 所示，已知间接成本 $f=500$元/天，试制定工程总成本最低的赶工计划。

表 9-18 工序一览表（九）

工序	紧前工序	正常完工时间/天	正常完工直接费用/元	赶工时间/天	费用斜率
a	—	2	10	1	4
b	—	6	40	2	5
c	—	3	8	2	2
d	*a*	3	20	1	5
e	*a*	4	7	2	1
f	*b*	2	25	1	10
g	*c*	2	20	1	8
h	*e,f,g*	3	10	2	3

10. 某工程的各道工序、工序时间及所需技术人员如表 9-19 所示。

表 9-19 工序一览表（十）

工序	紧前工序	工序时间/天	所需技术人员/人
a	—	2	5
b	—	5	7
c	—	3	4
d	*a*	4	4
e	*b*	2	6
f	*b*	3	4

续表

工序	紧前工序	工序时间/天	所需技术人员/人
g	*b*	4	2
h	*c,e*	2	4
i	*d,f*	2	5
j	*d,f*	7	2
k	*g,i*	6	6

要求：

（1）绘制统筹图。

（2）图中有向边旁第一个参数为工序时间 $t(i,j)$，第二个参数为该工序每天所需要的技术人员数量。现在假定担任该项工程施工工作的技术人员有 12 人，且每个技术人员均能胜任各工序工作。试问，该施工队完成这项工程至少需要几天？

11. 已知某工程的各道工序、工序时间及所需技术人员如表 9-20 所示。

表 9-20　工序一览表（十一）

工序	紧前工序	工序时间/天	所需技术人员/人
a	—	3	4
b	*a*	4	6
c	*a*	5	5
d	*b,c*	7	6
e	*b,c*	6	4
f	*c*	6	3
g	*c*	4	5
h	*d,e*	2	3
i	*g*	3	7
j	*f,h,i*	2	4

要求：

（1）绘制统筹图。

（2）现假定担任该项工程施工工作的技术人员有 18 人，且每个技术人员均能胜任各工序工作。试问，该施工队应如何合理调配人员，才能保证工程尽早完工？

第十章

排　队　论

排队论（queuing theory），又称随机服务系统理论，是主要研究各种服务系统随机规律的运筹学分支。排队论起源于 20 世纪初的电话通话。1909～1920 年，丹麦数学家、电气工程师埃尔朗用概率论方法研究电话通话问题，首次开创了这门应用数学学科，从而为解决服务系统最优设计与最优控制问题确立了有效的理论与方法。目前排队论已成功应用于计算机网络、通信、交通运输、生产管理及其他公用事业等领域。

第一节　排队系统的基本概念

在日常生产生活中，经常可以遇到各种各样的服务系统。例如，上下班乘公共汽车，公共汽车与乘客构成一个服务系统；到商店买东西，售货员与顾客构成一个服务系统。在某些时候，服务系统的构成并不十分明显。例如，异地长途通话，由于在给定的特定时段内两地之间所能够容纳的通话对数有限，因此当有通话需求的人数超过这个限额时，就要排队等待。虽然有通话需求的人互不见面且散居于整个地区，但是他们与电话呼叫服务台共同构成一个服务系统，他们在电话呼叫服务台前排成一个无形的长队，正如排队等候公共汽车的乘客队伍一样。

一般地，在一个排队服务系统中总是包含一个或若干个服务设施，顾客进入该系统后要求得到服务，服务完毕后即自行离去。如果顾客到达时，服务设施空闲着，则到达的顾客立即得到服务，否则顾客将排队等待服务或离去。这里所说的顾客是对要求得到服务的对象的总称，可以是人，也可以是物；服务台也可以各种各样。例如，一个超市，如果能够设置比较合理的收银台数量，就会使得顾客等待付款的时间不是很长，又能让超市的服务运作成本保持在一个理想的水平；反之，则会使这两者都达不到满意的状态。这里超市的顾客和收银台之间构成一个服务系统，收银台是服务设施，等待付款的人就是要求得到服务的顾客。表 10-1 给出了日常生活中常见的几类排队服务系统。

表 10-1 排队服务系统的案例

系统类型	顾客	服务台
理发店	人	理发师
ATM 机服务	人	ATM 机
机场检票处	人	检票员
加油站	汽车	加油泵
车站售票系统	旅客	售票员
物料处理系统	货物	物料处理单元
制造系统	工作	设备
公路收费站	汽车	收费员
港口卸货区	轮船	卸货工人
航班服务	人	飞机
出租车服务	人	出租车
电梯服务	人	电梯

加油站的加油泵应开设多少个比较合适呢？自然开设得越多，越能缩短排队时间，顾客越方便；但加油泵增加了，就要相应地增加服务人员及设备，进而增加服务费。这样顾客排队时间的长短与服务设施规模的大小就构成设计随机服务系统中的一对矛盾。在某些随机服务系统中，如公共汽车的班次可以随季节以及顾客到达规律的变化进行调整，但在另一些随机服务系统中，服务设施的规模，如机场跑道、港口泊位、电话线路等则不易随时调整，因而需要有一个基本的设计原则和理论为依据。到底怎样才能做到既保证一定的服务质量，又使服务设施费用经济合理呢？即实现顾客排队时间与服务设施总体费用最小。这就是排队论所要研究和解决的问题。

一、排队系统的基本组成部分

一般地，一个排队系统由三个基本部分组成：输入过程、排队规则和服务机构。

（一）输入过程

在排队论中，输入是指顾客到达排队系统，我们需要描述要求服务的顾客到达排队系统的规律。其主要考虑以下几个问题。

（1）估计顾客的来源。

（2）估计顾客的到达方式，即顾客是逐一到达的还是成批到达的。

（3）估计顾客到达之间的相关性，即顾客过去的服务需求情况对顾客以后的到来有无影响。

（4）估计单位时间内顾客到达的期望数量。

（5）估计顾客到达时间间隔的概率分布。

（二）排队规则

排队规则是指服务机构什么时候允许排队，什么时候不允许排队；顾客在什么条件下愿意排队，在什么条件下不愿意排队；顾客在排队的时候服务顺序是怎样的。排队规则一般可以分为损失制、等待制和混合制三大类。

（1）损失制，也称即时制，是指如果顾客到达排队系统时，所有服务台都已被先来的顾客占用，那么他们就自动离开系统，不再等待。例如，电话拨号后出现忙音，顾客不愿等待而自动挂断电话，如果要再打就需要重新拨号，此即损失制排队规则。

（2）等待制，是指当顾客到达系统时，如果所有服务台都不空闲，那么顾客将加入排队行列等待服务，如旅客排队等待售票、故障设备等待维修等。在等待制中，服务台在选择顾客进行服务时，通常采用如下四种规则：①先到先服务（first come first served，FCFS），按顾客到达的先后顺序对顾客进行服务；②后到先服务（last come first served，LCFS），如仓库存储的货物，后存储的先被取走；③随机服务（random served），服务台随机地选择某个顾客接受服务，如电话交换台接通呼叫电话；④优先服务（priority served），服务台优先对重要性级别高的顾客给予服务，如老人、儿童优先进站等。

（3）混合制，即等待制和损失制相结合的一种服务规则，一般是指允许排队，但不许队列无限长。其主要有以下三种类型。第一种，队长有限。当排队等待的顾客人数超过规定数量时，后来的顾客就自动离去，亦即排队系统的等待空间是有限的。例如，在最多只能容纳 K 个顾客的系统中，当新顾客到达时，若系统中的顾客数小于 K，则顾客进入系统排队或接受服务；否则，便离开系统且不再等待。例如，水库的库容、旅馆的房间等。第二种，等待时间有限。顾客在系统中的等待时间不超过某一给定的长度 T，当等待时间超过 T 时，顾客将自动离去且不再来，如具有有效期的产品库存问题。第三种，停留时间有限。此处停留时间是指等待时间与服务时间之和。例如，用高射炮射击敌机，当敌机飞越高射炮射击有效区的时间为 T 时，若在这个时间内未被击落，也就不可能再被击落了。

（三）服务机构

服务机构主要是指服务台的数量和构成方式，服务方式以及服务时间的概率分布等方面。

（1）服务台的数量和构成方式。服务台有单服务台和多服务台之分。服务台的构成方式主要有单对单服务台式、单对多服务台并联式、多对多服务台并联式、单对多服务台串联式、单对多服务台串并联式等。

（2）服务方式。其是指在某一时刻接受服务的顾客数，包括逐个服务和成批服务。

（3）服务时间的概率分布。一般来说，在排队系统中，对每一个顾客进行服务的时间是一个随机变量，其概率分布主要有定长分布、指数分布、泊松（Poisson）分布、K 阶埃尔朗分布、一般分布等。

（四）排队系统的数量指标

1971 年，国际排队论符号标准会规定了如下统一的记号：

$$(a/b/c):(d/e/f)$$

其中，a 为系统的输入；b 为系统的输出；c 为系统并联的服务台个数；d 为系统中最多可容纳的顾客数；e 为顾客源总数；f 为排队服务规则。

在排队服务系统中常用到以下主要的文字符号。

（1）n 为系统中的顾客人数，亦即排队长度。

（2）λ_n 为系统中顾客人数为 n 时的顾客到达率。

（3）μ_n 为系统中顾客人数为 n 时的顾客服务率。

（4）$P_n(t)$ 为系统在 t 时刻排队长度为 n 的概率。

（5）c 为服务台的个数。

（6）L 为队长的数学期望：$L=E(n)$。

（7）L_q 为排队等待人数的数学期望。

（8）W 为顾客进入系统后的全部停留时间的数学期望。

（9）W_q 为顾客进入系统后的排队等待时间的数学期望。

二、几个常用的分布

（一）定长分布

若顾客到达时间间隔（或服务时间）为一常数 a，此时称输入（服务）分布为定长分布（D）。设随机变量 ξ 为顾客到达时间间隔，则 $P(\xi=a)=1$，其分布函数与数学期望分别表示为

$$F(t)=P(\xi\leqslant t)=\begin{cases}0, & t<a\\ 1, & t\geqslant a\end{cases}$$

$$E(\xi)=\int_0^{\infty} t\mathrm{d}F(t)=a$$

（二）指数分布

设随机变量为 ξ，其概率密度函数与分布函数分别为

$$f(t)=\begin{cases}\lambda \mathrm{e}^{-\lambda t}, & t\geqslant 0(\lambda>0)\\ 0, & t<0\end{cases}$$

$$F(t)=\begin{cases}1-\mathrm{e}^{-\lambda t}, & t\geqslant 0\\ 0, & t<0\end{cases}$$

则称 ξ 服从指数分布（M）。同时，易知 ξ 的数学期望为 $E(\xi)=\dfrac{1}{\lambda}$，方差为 $D(\xi)=\dfrac{1}{\lambda^2}$。

当$t \geqslant 0$时，有$P(\xi > t) = 1 - F(t) = \mathrm{e}^{-\lambda t}$。

指数分布具有重要的应用，常常用来表示诸如元器件的寿命、动物的寿命、通话时长等寿命的近似分布。一般地，在排队论中假定服务时间和顾客到达时间间隔都服从指数分布。指数分布具有一个重要性质，即无记忆性或无后效性。如果把随机变量ξ解释为元器件的寿命，无记忆性则是指不论现在的年龄多大，剩余寿命的条件分布与原来分布相同，不受已有年龄的影响。即

$$P(\xi > t + x \mid \xi > t) = P(\xi > x)$$

在连续型随机变量的分布函数中，只有指数分布具有无记忆性。

（三）Poisson过程

Poisson 过程（又称为 Poisson 流、最简单流）是排队论中一种常用的描述顾客到达规律的特殊随机过程。其必须满足以下四个方面的条件。

（1）平稳性。其是指在一定时间间隔内，有n个顾客来到服务系统的概率$P_n(t)$仅与这段时间区间间隔的长短有关，而与这段时间的起始时刻无关。即在时间区间$[0,t]$与$[a,a+t]$内，$P_n(t)$的值是一样的。

（2）无后效性。即在不相交的时间区间内顾客到达数是相互独立的，亦即在$[a,a+t]$内到来k个顾客的概率与在时刻a之前到来多少个顾客无关。

（3）普通性。在足够小的时间区间内只能有一个顾客到达，不可能有两个及两个以上顾客同时到达。

（4）有限性。任意有限时间区间内到达有限个顾客的概率为1。

一般地，如果某个给定的输入过程具有上述四个特征，则在时间区间$(0,t)$内到达系统的顾客数$N(t)=n$的概率$P_n(N(t))$服从 Poisson 流，即

$$P_n(N(t)) = \frac{(\lambda t)^n}{n!}\mathrm{e}^{-\lambda t}, \quad n = 0,1,2,\cdots$$

其数学期望$E(N(t)) = \lambda t$，方差$V(N(t)) = \lambda t$。特别地，当$t=1$时，有$E(N(1)) = \lambda$。所以，λ可以看成是单位时间内顾客到达数的平均数。

在许多实际问题中，顾客到达系统的情况与 Poisson 过程是近似相同的，故排队论中以研究 Poisson 输入过程为主。

第二节　生灭过程

在排队论中，若$N(t)$表示时刻t系统中的顾客数，则$\{N(t), t \geqslant 0\}$就构成一个随机过程。如果用“生”表示顾客到达，“灭”表示顾客离去，则对许多排队系统来说，$\{N(t), t \geqslant 0\}$就构成了一类特殊的随机过程——生灭过程。下面我们给出其精确的数学定义。

定义 10.1 设$\{N(t),t\geqslant 0\}$为一随机过程，若$N(t)$的概率分布具有如下性质，则称$\{N(t),t\geqslant 0\}$为一个生灭过程。

（1）给定$N(t)=n$，到下一个顾客到达的间隔时间服从参数为λ_n（$n=0,1,2,\cdots$）的指数分布。

（2）给定$N(t)=n$，到下一个顾客离去的间隔时间服从参数为μ_n（$n=0,1,2,\cdots$）的指数分布。

（3）同一时刻只可能到达或者离去一个顾客。

若$N(t)=n$（$n=0,1,2,\cdots$）为有限集，则称$\{N(t),t\geqslant 0\}$为有限状态生灭过程。

生灭过程的例子有很多，如细菌的自然繁殖与死亡、服务台前顾客数量的自然变化都可看作或者近似看作生灭过程。

下面，我们讨论系统在时刻t处于状态n的概率分布，亦即求$P_n(t)=P\{N(t)=n\}$，$n=0,1,2,\cdots$，$t\geqslant 0$。

设在某一时刻t，系统内有n个顾客的概率为$P_n(t)$，相应的顾客到达率为λ_n，服务率为μ_n，当Δt充分小时，在时间区间$(t,t+\Delta t)$内有一个顾客到达的概率为$\lambda_n\Delta t$，有一个顾客离去的概率为$\mu_n\Delta t$，有两个或两个以上顾客到达或离去的概率为Δt的高阶无穷小，因而可以忽略不计。则在时刻$t+\Delta t$时，系统内有n个顾客的状态是由以下四种可能的情形构成的。

（1）在时刻t时有n个顾客，在间隔时间Δt内没有顾客到达，也没有顾客离去。

（2）在时刻t时有$n-1$个顾客，在间隔时间Δt内有一个顾客到达，没有顾客离去。

（3）在时刻t时有$n+1$个顾客，在间隔时间Δt内有一个顾客离去，没有顾客到达。

（4）在时刻t时有n个顾客，在间隔时间Δt内有一个顾客到达，同时有一个顾客离去。

由于上述四种可能的情形相互独立，则由全概率公式可得

$$\begin{aligned}P_n(t+\Delta t)=&P_n(t)(1-\lambda_n\Delta t)(1-\mu_n\Delta t)+P_{n-1}(t)\lambda_{n-1}\Delta t(1-\mu_{n-1}\Delta t)\\&+P_{n+1}(t)\mu_{n+1}\Delta t(1-\lambda_{n+1}\Delta t)+P_n(t)\lambda_n\Delta t\mu_n\Delta t,\ n=0,1,2,\cdots,\ t\geqslant 0\end{aligned}$$

又

$$\lim_{\Delta t\to 0}\frac{P_n(t+\Delta t)-P_n(t)}{\Delta t}=\frac{\mathrm{d}P_n(t)}{\mathrm{d}t}=P_{n-1}(t)\lambda_{n-1}-P_n(t)(\lambda_n+\mu_n)+P_{n+1}(t)\mu_{n+1}$$

当$n=0$时，可得

$$\frac{\mathrm{d}P_0(t)}{\mathrm{d}t}=-\lambda_0P_0(t)+\mu_1P_1(t)$$

假设当$t\to\infty$时，$P_n(t)\to P_n$，亦即当经过很长时间后，系统在时刻t处于状态n的概率与其初始状态无关，也与时间无关。此时，P_n称为在统计平衡状态下有n个顾客的概率。则有$\frac{\mathrm{d}P_n'(t)}{\mathrm{d}t}=0$，从而有如下关系式：

$$\lambda_{n-1}P_{n-1}+\mu_{n+1}P_{n+1}-(\lambda_n+\mu_n)P_n=0,\quad n=1,2,\cdots \tag{10.1}$$

$$-\lambda_0P_0+\mu_1P_1=0,\ n=0 \tag{10.2}$$

由式（10.2）得

$$P_1=\frac{\lambda_0}{\mu_1}P_0 \tag{10.3}$$

重复式（10.1），得如下结论：

$$P_2=\frac{\lambda_1}{\mu_2}P_1=\frac{\lambda_0\lambda_1}{\mu_1\mu_2}P_0$$

$$P_3=\frac{\lambda_2}{\mu_3}P_2=\frac{\lambda_0\lambda_1\lambda_2}{\mu_1\mu_2\mu_3}P_0$$

$$\cdots$$

$$P_n=\frac{\lambda_{n-1}}{\mu_n}P_{n-1}=\frac{\lambda_0\lambda_1\cdots\lambda_{n-1}}{\mu_1\mu_2\cdots\mu_n}P_0,\ n>0 \tag{10.4}$$

由经典概率的性质得$\sum_{n=0}^{\infty}P_n=1$，则

$$P_0=\frac{1}{1+\sum_{n=1}^{\infty}\left(\frac{\lambda_0\lambda_1\cdots\lambda_{n-1}}{\mu_1\mu_2\cdots\mu_n}\right)},\quad n>0 \tag{10.5}$$

这样，我们便获得了给定排队系统在稳定状态下任意时刻系统中有n（$n=0,1,2,\cdots$）个顾客的概率P_n（$n=0,1,2,\cdots$）。基于此，我们可以比较容易地利用经典概率论中的基本知识获得关于任意排队系统的所有数量指标。

第三节　单服务台排队系统

本节我们假定系统顾客来源总数无限，顾客到达的间隔时间服从指数分布，且相互独立。每个服务台服务一个顾客的时间服从指数分布，服务台的服务时间相互独立，服务时间与间隔时间相互独立。

一、(M / M / 1):(∞ / ∞ / FCFS)

设顾客流是参数为$\lambda_n=\lambda$的 Poisson 流，λ是单位时间内平均到达的顾客人数。系统只有一个服务台，且服务一个顾客的时间t服从参数为$\mu_n=\mu$的指数分布。平均服务时间为$E(t)=\frac{1}{\mu}$，在服务台繁忙时，单位时间平均服务完成的顾客数为μ。称$\rho=\frac{\lambda}{\mu}<1$为服务强度，亦即$\lambda<\mu$，此时保证系统的队长不会出现无限扩大的情况。

基于上述假设，利用本章第二节中的任意时刻系统中有 $n(n=0,1,2,\cdots)$ 个顾客的概率 $P_n(n=0,1,2,\cdots)$，我们容易得如下事实：

$$P_0=\frac{1}{1+\sum_{n=1}^{\infty}\left(\frac{\lambda_0\lambda_1\cdots\lambda_{n-1}}{\mu_1\mu_2\cdots\mu_n}\right)}=\frac{1}{1+\rho+\rho^2+\cdots}=1-\rho \tag{10.6}$$

$$P_n=\frac{\lambda_{n-1}}{\mu_n}P_{n-1}=\frac{\lambda_0\lambda_1\cdots\lambda_{n-1}}{\mu_1\mu_2\cdots\mu_n}P_0=\left(\frac{\lambda}{\mu}\right)^n P_0=\rho^n(1-\rho) \tag{10.7}$$

利用 P_0 与 P_n 的结论，我们可推导出该排队系统的所有数量指标。

（1）队长 L。

$$\begin{aligned}L=E(n)&=\sum_{n=0}^{\infty}nP_n=\sum_{n=0}^{\infty}n\rho^n(1-\rho)=(1-\rho)(\rho+2\rho^2+3\rho^3+\cdots)\\&=(1-\rho)\rho\frac{\mathrm{d}(\rho+\rho^2+\rho^3+\cdots)}{\mathrm{d}\rho}\\&=(1-\rho)\rho\frac{\mathrm{d}}{\mathrm{d}\rho}\left(\frac{\rho}{1-\rho}\right)\\&=(1-\rho)\frac{\rho}{(1-\rho)^2}=\frac{\rho}{1-\rho}=\frac{\frac{\lambda}{\mu}}{1-\frac{\lambda}{\mu}}=\frac{\lambda}{\mu-\lambda}\end{aligned}$$

此即

$$L=E(n)=\frac{\rho}{1-\rho}=\frac{\lambda}{\mu-\lambda}$$

（2）排队长 L_q。

$$\begin{aligned}L_q&=\sum_{n=1}^{\infty}(n-1)P_n=\sum_{n=1}^{\infty}nP_n-\sum_{n=1}^{\infty}P_n=\sum_{n=0}^{\infty}nP_n-\left(\sum_{n=0}^{\infty}P_n-P_0\right)=L-(1-P_0)=L-\rho\\&=\frac{\lambda}{\mu-\lambda}-\frac{\lambda}{\mu}=\frac{\lambda^2}{\mu(\mu-\lambda)}\end{aligned}$$

此即

$$L=L_q+\frac{\lambda}{\mu}$$

（3）平均停留时间 W。

$$W=\frac{L}{\lambda}=\frac{1}{\mu-\lambda}$$

（4）平均等待时间W_q。

$$W_q = \frac{L_q}{\lambda} = \frac{\lambda}{\mu(\mu-\lambda)}$$

（5）系统中顾客数超过N的概率$P\{n>N\}$。

$$P\{n>N\} = \sum_{n=N+1}^{\infty} P_n = \sum_{n=N+1}^{\infty} \rho^n(1-\rho) = \rho^{N+1} = \left(\frac{\lambda}{\mu}\right)^{N+1}$$

（6）服务台被占用的概率。

$$\sum_{n=1}^{\infty} P_n = 1 - P_0 = \rho = \frac{\lambda}{\mu}$$

此时，ρ也称为服务台的利用系数或服务强度。

【例 10.1】 某景点入口设有一个检票通道。若参观游客以 Poisson 流依次到达检票入口通道，平均每分钟到达 1 人。假定入口通道检票时间服从指数分布，平均每分钟可服务 2 人。试计算该排队系统的数量指标。

解：根据题设有$\lambda=1$（人/分），$\mu=2$（人/分），故$\rho=\frac{\lambda}{\mu}=\frac{1}{2}$。

其他数量指标分别如下。

队长$L=\frac{\lambda}{\mu-\lambda}=1$（人）。

排队长$L_q=\frac{\lambda^2}{\mu(\mu-\lambda)}=\frac{1}{2}$（人）。

平均停留时间$W=\frac{L}{\lambda}=\frac{1}{\mu-\lambda}=1$（分）。

平均等待时间$W_q=\frac{L_q}{\lambda}=\frac{\lambda}{\mu(\mu-\lambda)}=\frac{1}{2}$（分）。

游客不需要等待的概率为$P_0=\frac{1}{2}$。

系统中顾客数超过 10 个人的概率为$P\{n>10\}=\sum_{n=11}^{\infty}P_n=\sum_{n=11}^{\infty}\rho^n(1-\rho)=\left(\frac{1}{2}\right)^{11}$。

二、$(M/M/1):(N/\infty/FCFS)$

该排队系统的基本特征是，系统容量有限，为N。因此，当某一时刻系统的排队长度为N时，新来到的顾客将不能再进入系统排队而自动离开，并且永不再来。故对该系统而言，任何时候排队长度都不会超过N。

由该排队系统的基本特征易知，顾客进入系统的参数为$\lambda_n=\lambda=\begin{cases} r, & n\leqslant N-1 \\ 0, & n\geqslant N \end{cases}$。

系统只有一个服务台，且服务率为$\mu_n=\mu$（$n=1,2,\cdots,N$）。此时，我们利用本章第二节中关于系统在稳定状态下任意时刻系统中有n（$n=0,1,2,\cdots$）个顾客的概率P_n（$n=0,1,2,\cdots$）的基本结论式（10.4）与式（10.5）可得如下结论（记$\rho=\dfrac{r}{\mu}$）。

若$\lambda_n=r$，$n\leqslant N-1$，则此时有

$$P_0=\begin{cases}\dfrac{1}{1+\sum\limits_{n=1}^{N}\left(\dfrac{r}{\mu}\right)^n}=\dfrac{1-\rho}{1-\rho^{N+1}}, & r\neq\mu\\[2ex] \dfrac{1}{N+1}, & r=\mu\end{cases} \tag{10.8}$$

$$P_n=\begin{cases}\rho^n P_0=\rho^r\dfrac{1-\rho}{1-\rho^{N+1}}, & n\leqslant N,\quad r\neq\mu\\[2ex] P_0, & n\leqslant N,\quad r=\mu\\[2ex] 0, & n>N\end{cases} \tag{10.9}$$

若$n\geqslant N$，$\lambda_n=0$，则此时有

$$\lambda=\sum_{n=0}^{N}\lambda_n P_n=\sum_{n=0}^{N-1}rP_n=r\sum_{n=0}^{N}P_n=r(1-\rho^{N+1})$$

进而，基于上面的结论，我们可得该排队系统的数量指标分别如下。

（1）队长L。

若$r\neq\mu$，则

$$L=\sum_{n=0}^{N}nP_n=\sum_{n=0}^{N}n\rho^n\frac{1-\rho}{1-\rho^{N+1}}=\frac{1-\rho}{1-\rho^{N+1}}\rho\frac{\mathrm{d}}{\mathrm{d}\rho}(\rho+\rho^2+\rho^3+\cdots+\rho^N)$$
$$=\frac{\rho[1+N\rho^{N+1}-(N+1)\rho^N]}{(1-\rho^{N+1})(1-\rho)}=\frac{\rho}{1-\rho}-\frac{(N+1)\rho^{N+1}}{1-\rho^{N+1}}$$

若$r=\mu$，则

$$L=\sum_{n=0}^{N}nP_n=\sum_{n=0}^{N}n\frac{1}{N+1}=\frac{N}{2}$$

（2）排队长L_q。

$$L_q=L-\frac{\lambda}{\mu}=L-\frac{r(1-P_N)}{\mu}$$

（3）平均停留时间W。

$$W=\frac{L}{\lambda}=\frac{1}{r(1-P_N)}$$

（4）平均等待时间 W_q 。

$$W_q=\frac{L_q}{\lambda}=\frac{L}{r(1-P_N)}-\frac{1}{\mu}$$

【例 10.2】某配件修理车间配有一个维修工人，该车间可同时容纳 6 台等待维修的机器。平均一台机器正常运转的时间是 20 分钟，维修工平均修理时间为 15 分钟。试计算该排队系统的数量指标。

解：由题意可知，$N=7$（台），$\lambda=\frac{60}{20}=3$（台/时），$\mu=\frac{60}{15}=4$（台/时）。则当 $\lambda_n=r\,(n\leqslant 6)$ 时，$P_0=\frac{1-\rho}{1-\rho^{N+1}}=0.2778$，$P_N=\rho^N P_0=0.037$，当 $\lambda_n=0\,(n\geqslant 7)$ 时，$\lambda=r(1-P_N)=2.889$（台/时）。

$L=\frac{\rho}{1-\rho}-\frac{(N+1)\rho^{N+1}}{1-\rho^{N+1}}=2.11$（台）。

$L_q=L-\frac{\lambda}{\mu}=1.39$（台）。

$W=\frac{L}{\lambda}=\frac{1}{r(1-P_N)}=0.73$（时）。

$W_q=\frac{L_q}{\lambda}=\frac{L}{r(1-P_N)}-\frac{1}{\mu}=0.48$（时）。

三、(*M* / *M* / 1):(*N* / *N* / FCFS)

该排队系统的基本特征是，系统容量有限，为 N，系统顾客来源总数也有限，为 N。一般地，如果一个顾客进入排队行列，潜在的顾客源就减少一个。同时，当一个顾客接受服务后，其就立刻进入潜在的顾客来源中。这类排队模型主要应用在工业生产中的机器维修问题中。其中有限集合就是某个给定单位（车间）的机器总数，顾客就是出故障的机器，服务台就是维修工。

假设系统的顾客总数为 N，当有 n 个顾客已经在系统内时，则在服务系统外的潜在顾客数就减少为 $N-n$ 。假定系统顾客的输入过程服从间隔时间为参数 λ 的指数分布，则由指数分布的性质有 $\lambda_n=(N-n)\lambda$ ，此即顾客的到达率。故

$$\lambda_n=\begin{cases}(N-n)\lambda, & n=0,1,2,\cdots,N-1\\ 0, & n\geqslant N\end{cases}$$

同时，假设服务率为 $\mu_n=\mu$ 。则由本章第二节中关于系统在稳定状态下任意时刻系统中有 $n\,(n=0,1,2,\cdots)$ 个顾客的概率 $P_n\,(n=0,1,2,\cdots)$ 的基本结论式（10.4）与式（10.5）可得如下结论：

$$P_0=\frac{1}{1+\sum_{n=1}^{N}\frac{\lambda_{n-1}\lambda_{n-2}\cdots\lambda_1\lambda_0}{\mu_n\mu_{n-1}\cdots\mu_2\mu_1}}=\frac{1}{1+\sum_{n=1}^{N}\frac{N!}{(N-n)!}\left(\frac{\lambda}{\mu}\right)^n}=\frac{1}{\sum_{n=0}^{N}\frac{N!}{(N-n)!}\left(\frac{\lambda}{\mu}\right)^n}$$

$$P_n=\frac{\lambda_{n-1}\lambda_{n-2}\cdots\lambda_1\lambda_0}{\mu_n\mu_{n-1}\cdots\mu_2\mu_1}P_0=\frac{N!}{(N-n)!}\left(\frac{\lambda}{\mu}\right)^n P_0=\frac{\frac{N!}{(N-n)!}\left(\frac{\lambda}{\mu}\right)^n}{\sum_{n=0}^{N}\frac{N!}{(N-n)!}\left(\frac{\lambda}{\mu}\right)^n}$$

基于 P_0 与 P_n 的结论，我们可得该系统的数量指标如下：

$$L_q=\sum_{n=1}^{N}(n-1)P_n=\sum_{n=1}^{N}(n-1)\frac{N!}{(N-n)!}\left(\frac{\lambda}{\mu}\right)^n P_0$$

$$L=\sum_{n=0}^{N}nP_n=L_q+(1-P_0)=\sum_{n=1}^{N}(n-1)\frac{N!}{(N-n)!}\left(\frac{\lambda}{\mu}\right)^n P_0+(1-P_0)$$

由于顾客的输入率 λ_n 随系统状态的变化而不断地变化，因此，系统的平均输入率 $\bar{\lambda}$ 按下式计算：

$$\bar{\lambda}=\sum_{n=0}^{\infty}\lambda_n P_n=\sum_{n=0}^{N}(N-n)\lambda P_n=\lambda(N-L)$$

故

$$W=\frac{L}{\bar{\lambda}},\quad W_q=\frac{L_q}{\bar{\lambda}}$$

【例 10.3】某维修工负责三台机器的维修任务。每台机器平均在正常工作五天后发生一次故障，维修工平均两天可以修复一台机器。试计算该排队系统的数量指标。

解：由题意易知，$N=3$（台），$\lambda=0.2$（台/天），$\mu=0.5$（台/天），$\frac{\lambda}{\mu}=\frac{2}{5}$。则

$$P_0=\frac{1}{\sum_{n=0}^{3}\frac{3!}{(3-n)!}\left(\frac{2}{5}\right)^n}=0.282,\quad P_1=\frac{3!}{(3-1)!}\left(\frac{2}{5}\right)^1 P_0=0.339$$

$$P_2=\frac{3!}{(3-2)!}\left(\frac{2}{5}\right)^2 P_0=0.271,\quad P_3=\frac{3!}{(3-3)!}\left(\frac{2}{5}\right)^3 P_0=0.108$$

故

$$L_q=\sum_{n=1}^{3}(n-1)\frac{3!}{(3-n)!}\left(\frac{\lambda}{\mu}\right)^n P_0=0.487\text{（台）}$$

$$L=\sum_{n=0}^{3}nP_n=L_q+(1-P_0)=1.205\text{（台）}$$

$$\bar{\lambda}=\sum_{n=0}^{3}(3-n)\lambda P_n=0.2(3-1.205)=0.359\text{（台/天）}$$

$$W=\frac{L}{\lambda}=\frac{1.205}{0.359}=3.36\text{（天）},\quad W_q=\frac{L_q}{\lambda}=\frac{0.487}{0.359}=1.36\text{（天）}$$

维修工的服务强度为$1-P_0=0.718$。

第四节 多服务台排队系统

本节我们讨论多服务台排队系统问题。假设排队系统有c个服务台，当顾客到达系统时，若系统有空闲的服务台，顾客便立刻接受服务；若系统没有空闲的服务台，顾客则进入队列排队等待，直到有空闲的服务台时再接受服务。与本章第三节的假设一样，我们假定系统的顾客以参数为λ的 Poisson 流到达系统且服务台相互独立。服务台的服务时间都服从参数为μ的指数分布。

一、$(M/M/c):(\infty/\infty/FCFS)$

一般地，当系统中顾客数少于服务台数，即$n\leqslant c$时，系统中的所有顾客都在接受服务，没有人排队等待，且服务时间服从参数为μ的指数分布。事实上，此时系统的输出服从参数为$n\mu$的 Poisson 流。反之，如果系统的顾客数多于服务台数，即$n>c$，那么，此时系统中仅有c个顾客在接受服务，而其余的$n-c$个顾客则在系统中排队等待（排成一个队列）。此时，系统顾客的输出服从参数为$c\mu$的 Poisson 流。

设$N(t)$表示t时刻排队系统内顾客的人数，我们可以证明$\{N(t)|t\geqslant 0\}$符合生灭过程的定义。与单服务台的情形类似，我们有

$$\lambda_n=\lambda,\quad n=0,1,2,\cdots$$

$$\mu_n=\begin{cases}n\mu, & n=0,1,2,\cdots,c\\ c\mu, & n=c+1,c+2,\cdots\end{cases}$$

进而，我们利用本章第二节中关于系统在稳定状态下任意时刻系统中有$n(n=0,1,2,\cdots)$个顾客的概率$P_n(n=0,1,2,\cdots)$的基本结论式（10.4）与式（10.5）可得如下结论：

$$P_n=\frac{\lambda_{n-1}\lambda_{n-2}\cdots\lambda_1\lambda_0}{\mu_n\mu_{n-1}\cdots\mu_2\mu_1}P_0=\begin{cases}\dfrac{1}{n!}\left(\dfrac{\lambda}{\mu}\right)^n P_0, & n=0,1,2,\cdots,c-1\\[2ex] \dfrac{1}{c^{(n-c)}c!}\left(\dfrac{\lambda}{\mu}\right)^n P_0, & n=c,c+1,\cdots\end{cases}$$

记$\rho=\dfrac{\lambda}{\mu}$，$\rho_c=\dfrac{\lambda}{c\mu}$，并设$\rho_c<1$，则由经典概率论得$\sum\limits_{n=0}^{\infty}P_n=1$。

又

$$\sum_{n=0}^{\infty}P_n=\sum_{n=0}^{c-1}P_n+\sum_{n=c}^{\infty}P_n=\left[\sum_{n=0}^{c-1}\frac{1}{n!}\rho^n+\sum_{n=c}^{\infty}\frac{1}{c!}\frac{1}{c^{(n-c)}}\rho^n\right]P_0$$

$$=\left[\sum_{n=0}^{c-1}\frac{1}{n!}\rho^n+\frac{1}{c!}\rho^c\sum_{n=c}^{\infty}\rho_c^{(n-c)}\right]P_0=\left[\sum_{n=0}^{c-1}\frac{1}{n!}\rho^n+\frac{1}{c!}\rho^c\frac{1}{1-\rho_c}\right]P_0$$

故

$$P_0=\frac{1}{\left[\sum_{n=0}^{c-1}\frac{1}{n!}\rho^n+\frac{1}{c!}\rho^c\frac{1}{1-\rho_c}\right]}$$

从而，

$$P_n=\frac{\lambda_{n-1}\lambda_{n-2}\cdots\lambda_1\lambda_0}{\mu_n\mu_{n-1}\cdots\mu_2\mu_1}P_0=\begin{cases}\frac{1}{n!}\left(\frac{\lambda}{\mu}\right)^n\left[\sum_{n=0}^{c-1}\frac{1}{n!}\rho^n+\frac{1}{c!}\rho^c\frac{1}{1-\rho_c}\right], & n=0,1,2,\cdots,c-1\\ \frac{1}{c^{(n-c)}c!}\left(\frac{\lambda}{\mu}\right)^n\left[\sum_{n=0}^{c-1}\frac{1}{n!}\rho^n+\frac{1}{c!}\rho^c\frac{1}{1-\rho_c}\right], & n=c,c+1,\cdots\end{cases}$$

接下来，我们利用 P_0 与 P_n 计算该排队系统的数量指标。队长为

$$L=\sum_{n=0}^{\infty}nP_n=\sum_{n=0}^{c-1}nP_n+c\sum_{n=c}^{\infty}P_n+\sum_{n=0}^{\infty}(n-c)P_n=\rho+\frac{\rho^c\rho_c}{c!}\frac{1}{(1-\rho_c)^2}P_0$$

由前面的分析知，只有当系统的顾客数 $n>c$ 时，才有 $n-c$ 个顾客进入系统队列等待服务，因此排队长为

$$L_q=\sum_{n=c}^{\infty}(n-c)P_n=\frac{\rho^c}{c!}P_0\sum_{n=c}^{\infty}(n-c)\rho_c^{(n-c)}=\frac{\rho^c}{c!}\rho_cP_0\sum_{n=1}^{\infty}n\rho_c^{(n-1)}$$

$$=\frac{\rho^c}{c!}\rho_cP_0\frac{\mathrm{d}}{\mathrm{d}\rho_c}\frac{1}{1-\rho_c}=\frac{\rho^c\rho_c}{c!}\frac{1}{(1-\rho_c)^2}P_0$$

平均停留时间与平均等待时间分别为

$$W=\frac{L}{\lambda},\quad W_q=\frac{L_q}{\lambda}$$

【例 10.4】某理发馆有 3 个理发师（假定其技术水平相同），平均为一个顾客理发的时间是 10 分钟，到理发馆理发的顾客平均间隔时间为 4 分钟。试计算该排队系统的数量指标。

解：根据题设有 $c=3$（人），$\lambda=15$（人/时），$\mu=6$（人/时），则

$$P_0=\frac{1}{\left[\sum_{n=0}^{c-1}\frac{1}{n!}\rho^n+\frac{1}{c!}\rho^c\frac{1}{1-\rho_c}\right]}=\frac{1}{1+\frac{\lambda}{\mu}+\frac{1}{2!}\left(\frac{\lambda}{\mu}\right)^2+\frac{1}{3!\left(1-\frac{\lambda}{3\mu}\right)}\left(\frac{\lambda}{\mu}\right)^3}=0.0449$$

$$P_1=\left(\frac{\lambda}{\mu}\right)P_0=\frac{15}{6}\times 0.0449=0.1123,\quad P_2=\frac{1}{2}\left(\frac{\lambda}{\mu}\right)^2 P_0=\frac{1}{2}\times\left(\frac{15}{6}\right)^2\times 0.0449=0.1403$$

$$L=\rho+\frac{\rho^c\rho_c}{c!}\frac{1}{(1-\rho_c)^2}P_0=\frac{15}{6}+\frac{\left(\frac{15}{6}\right)^3\frac{15}{3\times 6}}{3!}\frac{1}{\left(1-\frac{15}{3\times 6}\right)^2}\times 0.0449=6.01\text{（人）}$$

$$L_q=\frac{\rho^c\rho_c}{c!}\frac{1}{(1-\rho_c)^2}P_0=\frac{\left(\frac{15}{6}\right)^3\frac{15}{3\times 6}}{3!}\frac{1}{\left(1-\frac{15}{3\times 6}\right)^2}\times 0.0449=3.51\text{（人）}$$

$$W=\frac{L}{\lambda}=\frac{6.01}{15}=0.40\text{（时）},\quad W_q=\frac{L_q}{\lambda}=\frac{3.51}{15}=0.23\text{（时）}$$

二、$(M/M/c):(N/\infty/FCFS)$

与$(M/M/c):(\infty/\infty/FCFS)$情形的讨论一样，我们假设系统顾客到达的时间间隔和接受服务结束后离开系统的时间间隔均服从指数分布。此时，系统有c个服务员，系统容量为N，且$c\leqslant N$。则与$(M/M/c):(\infty/\infty/FCFS)$情形的讨论类似，我们有

$$\lambda_n=\begin{cases}\lambda, & n=0,1,\cdots,N-1\\ 0, & n=N,N+1,\cdots\end{cases}$$

$$\mu_n=\begin{cases}n\mu, & n=0,1,2,\cdots,c\\ c\mu, & n=c+1,c+2,\cdots\end{cases}$$

从而，

$$P_n=\frac{\lambda_{n-1}\lambda_{n-2}\cdots\lambda_1\lambda_0}{\mu_n\mu_{n-1}\cdots\mu_2\mu_1}P_0=\begin{cases}\frac{1}{n!}\left(\frac{\lambda}{\mu}\right)^n P_0, & n=0,1,2,\cdots,c\\ \frac{1}{c^{(n-c)}c!}\left(\frac{\lambda}{\mu}\right)^n P_0, & n=c+1,c+2,\cdots,N\\ 0, & n\geqslant N+1\end{cases}$$

故

$$P_0=\frac{1}{\sum\limits_{n=0}^{c}\frac{1}{n!}\rho^n+\frac{1}{c!}\rho^c\sum\limits_{n=c+1}^{N}\rho_c^{(n-c)}}$$

进而，我们可得该排队系统的数量指标：

$$L_q=\sum_{n=c}^{N}(n-c)P_n=\sum_{n=c}^{N}(n-c)\frac{\rho^n}{c!c^{(n-c)}}P_0=\frac{P_0}{c!}\sum_{n=0}^{N-c}n\frac{\rho^{(n+c)}}{c^n}$$

$$=\frac{\rho^c P_0}{c!}\sum_{n=0}^{N-c}n\rho_c^n=\frac{\rho_c\rho^c P_0}{c!(1-\rho_c)^2}[1-\rho_c^{(N-c)}-(N-c)\rho_c^{(N-c)}(1-\rho_c)]$$

$$L=\sum_{n=0}^{N}nP_n=\sum_{n=0}^{c-1}nP_n+\sum_{n=c}^{N}(n-c)P_n+\sum_{n=c}^{N}cP_n=\sum_{n=0}^{c-1}(n-c)P_n+\sum_{n=0}^{c-1}cP_n+L_q+\sum_{n=c}^{N}cP_n$$
$$=L_q+c-\sum_{n=0}^{c-1}(c-n)P_n$$

同理，平均停留时间与平均等待时间分别为

$$W=\frac{L}{\lambda},\quad W_q=\frac{L_q}{\lambda}$$

三、(M / M / c):(N / N / FCFS)

与单服务台的情形类似，该模型的背景来源是工业生产中的机器维修问题。

假设有c个维修工人共同负责维护$N(N\geqslant c)$台机器。机器出故障之后就回到维修车间由负责的工人进行维修，修好之后又返回车间继续正常运转。如果在给定的某一时间间隔内全体维修工人都在维修机器，则随后出故障的机器就进入维修车间排队等待维修。此处，进入维修车间等待维修的机器就是系统的顾客，全体维修工人就是系统的服务台。

设每台机器连续正常运转的时间间隔服从相同参数的指数分布，每台机器平均正常运转的时间为$\frac{1}{\lambda}$，即一台机器单位时间内出故障的平均次数是λ。同样，假设全体维修工的维修时间都服从相同参数的指数分布，平均维修时间为$\frac{1}{\mu}$，即一个维修工单位时间间隔内维修的机器平均为μ台。

设$N(t)$为时刻t系统的机器个数（正在维修的机器和在系统排队等待维修的机器）。如果有n台机器进入系统，则正常运转的机器数为$N-n$台。从而，在给定时间间隔内平均出故障的机器数为$(N-n)\lambda$台。此时系统维修结束的机器返回车间正常运转的规律与$(M/M/c):(\infty/\infty/\text{FCFS})$排队系统的相同。故

$$\lambda_n=(N-n)\lambda,\quad n=0,1,\cdots,N-1$$
$$\mu_n=\begin{cases}n\mu, & n=0,1,2,\cdots,c-1\\ c\mu, & n=c,c+1,\cdots,N\end{cases}$$

容易知道$\{N(t)\,|\,t\geqslant 0\}$是一个生灭过程，其变量取值域为$D=\{0,1,2,\cdots,N\}$。

若$n<c$，有

$$P_n=\frac{\lambda_{n-1}\lambda_{n-2}\cdots\lambda_1\lambda_0}{\mu_n\mu_{n-1}\cdots\mu_2\mu_1}P_0=\frac{\prod_{k=0}^{n-1}(N-k)\lambda}{\prod_{k=1}^{n}n\mu}P_0$$
$$=\frac{N(N-1)\cdots(N-n+1)}{n!}\left(\frac{\lambda}{\mu}\right)P_0=\binom{N}{n}\left(\frac{\lambda}{\mu}\right)^nP_0$$

若$c\leqslant n\leqslant N$，有

$$P_n = \frac{\lambda_{n-1}\lambda_{n-2}\cdots\lambda_1\lambda_0}{\mu_n\mu_{n-1}\cdots\mu_2\mu_1}P_0 = \frac{\prod_{k=0}^{n-1}\lambda_k}{\prod_{k=1}^{n}\mu_k}P_0$$

$$= \frac{\prod_{k=0}^{n-1}(N-k)\lambda_k}{\prod_{k=1}^{c}n\mu\prod_{k=c+1}^{n}c\mu}P_0 = \frac{N(N-1)\cdots(N-n+1)\lambda^n}{c!\mu^n c^{n-c}}P_0$$

$$= \binom{N}{n}\frac{n!}{c!c^{n-c}}\left(\frac{\lambda}{\mu}\right)^n P_0$$

进而可得

$$P_0 = \frac{1}{\sum_{n=0}^{c-1}\binom{N}{n}\rho^n + \sum_{n=c}^{N}\binom{N}{n}\frac{n!}{c!c^{n-c}}\rho^n}$$

下面，我们给出该排队系统的数量指标：

$$L_q = \sum_{n=c}^{N}(n-c)P_n$$

$$L = \sum_{n=0}^{N}nP_n = \sum_{n=0}^{c-1}n\binom{N}{n}\rho^n P_0 + \sum_{n=c}^{N}n\binom{N}{n}\frac{n!}{c!c^{n-c}}\rho^n P_0$$

或

$$L = \sum_{n=0}^{N}nP_n = \sum_{n=0}^{c-1}nP_n + \sum_{n=c}^{N}(n-c)P_n + \sum_{n=c}^{N}cP_n = L_q + c - \sum_{n=0}^{c-1}(c-n)P_n$$

所以，由$L = L_q + \rho$，我们可得系统的顾客到达率为

$$\overline{\lambda} = \mu\left[c - \sum_{n=0}^{c-1}(c-n)P_n\right]$$

同理，平均停留时间与平均等待时间分别为

$$W = \frac{L}{\overline{\lambda}},\quad W_q = \frac{L_q}{\overline{\lambda}}$$

【例 10.5】设有 2 个工人共同负责 5 台机器，其中$\lambda=1$（次/时），$\mu=4$（次/时）。试计算该排队系统的数量指标。

解：根据题设易知该排队系统为$(M/M/2):(5/5/\text{FCFS})$系统，$\rho = \frac{\lambda}{\mu} = \frac{1}{4}$，$\rho_c = \frac{\lambda}{c\mu} = \frac{1}{8}$，则$P_0 = 0.3149$，$P_1 = 0.394$，$P_2 = 0.197$，$L = 1.094$，$L_q = 0.118$，$\overline{\lambda} = 3.905$，

$W = 0.28$（时），$W_q = 0.03$（时）。

下面，我们通过一个实例简要说明本章介绍的基本排队模型的主要特征及其区别。

在前面几节里，我们系统地讨论了具有以 Poisson 流到达、服从指数分布服务特征的排队系统的各种基本模型及其适用范围和条件等主要内容。事实上，前面我们讨论的所有排队模型可以划分为两类基本模型：单服务台排队系统和多服务台排队系统。下面我们通过一个综合算例，对单服务台和多服务台排队系统进行比较。

【例 10.6】某物流配送中心有甲、乙两个配货员，配货员甲、乙各自独立工作。平均每小时有 4 个订单分别送达配送中心的甲、乙配货员，等待配货，每个配货员平均每小时可完成 5 个订单的配货任务。那么，是两个配货员分别独立工作的效率高，还是两个配货员一起工作（即甲乙二人共同负责所有到达配送中心的订单）的效率高（图 10-1）？

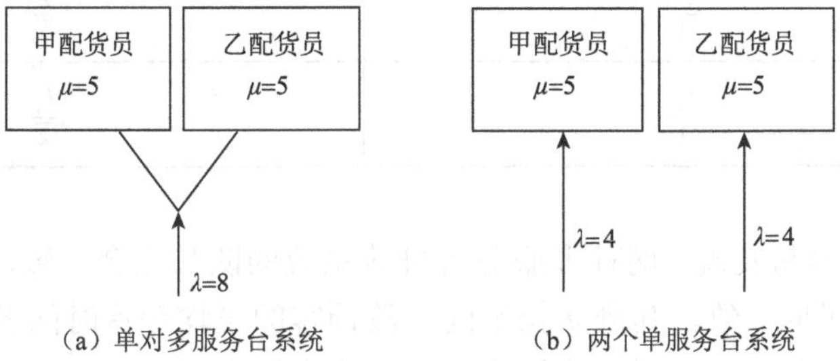

图 10-1　配货员工作方式示意图

解：根据题设我们计算如下。

对于两个单服务台系统，$\rho = \dfrac{\lambda}{\mu} = \dfrac{4}{5}$，等待时间 $W_q = \dfrac{L_q}{\lambda} = \dfrac{\lambda}{\mu(\mu-\lambda)} = \dfrac{4}{5} = 0.8$（时），即每个订单平均等待时间为 0.8 小时。

对于单对多服务台系统，$\rho_c = \dfrac{\lambda}{c\mu} = \dfrac{4}{5}$，$P_0 = \dfrac{1}{\left[\sum\limits_{n=0}^{c-1}\dfrac{1}{n!}\rho^n + \dfrac{1}{c!}\rho^c\dfrac{1}{1-\rho^c}\right]} = 0.11$，等待时间 $W_q = \dfrac{L_q}{\lambda}\dfrac{1}{\lambda}\dfrac{\rho^c\rho_c}{c!}\dfrac{1}{(1-\rho_c)}P_0 = 0.35$（时），即每个订单平均等待时间为 0.35 小时。

由于单对多服务台的排队系统的等待时间比多个单对单服务台的排队系统等待时间少，故单对多服务台的排队系统比多个单对单服务台的排队系统的工作效率高。

下面，我们给出多服务台的其他两种排队模型的比较结果，列于表 10-2 中。

表 10-2　$(M/M/c):(N/\infty/FCFS)$与$(M/M/c):(N/N/FCFS)$模型比较

系统	$(M/M/c):(N/\infty/FCFS)$	$(M/M/c):(N/N/FCFS)$
P_0	$\dfrac{1}{\sum\limits_{n=0}^{c}\dfrac{1}{n!}\rho^n + \dfrac{1}{c!}\rho^c\sum\limits_{n=c+1}^{N}\rho_c^{(n-c)}}$	$\dfrac{1}{\sum\limits_{n=0}^{c-1}\binom{N}{n}\rho^n + \sum\limits_{n=c}^{N}\binom{N}{n}\dfrac{n!}{c!c^{n-c}}\rho^n}$

续表

系统	$(M/M/c):(N/\infty/\text{FCFS})$	$(M/M/c):(N/N/\text{FCFS})$
P_n	$\begin{cases}\dfrac{1}{n!}\left(\dfrac{\lambda}{\mu}\right)^n P_0, & n=0,1,2,\cdots,c\\ \dfrac{1}{c^{(n-c)}c!}\left(\dfrac{\lambda}{\mu}\right)^n P_0, & n=c+1,c+2,\cdots,N\\ 0, & n\geqslant N+1\end{cases}$	$\begin{cases}\dbinom{N}{n}\left(\dfrac{\lambda}{\mu}\right)^n P_0, & n<c\\ \dbinom{N}{n}\dfrac{n!}{c!c^{(n-c)}}\left(\dfrac{\lambda}{\mu}\right)^n P_0, & c\leqslant n\leqslant N\end{cases}$
L	$L_q+c-\sum\limits_{n=0}^{c-1}(c-n)P_n$	$L_q+c-\sum\limits_{n=0}^{c-1}(c-n)P_n$
L_q	$\dfrac{\rho_c\rho^c P_0}{c!(1-\rho_c)^2}[1-\rho_c^{(N-c)}-(N-c)\rho_c^{(N-c)}(1-\rho_c)]$	$\sum\limits_{n=c}^{N}(n-c)P_n$
W	$\dfrac{L}{\lambda}$	$\dfrac{L}{\overline{\lambda}}$
W_q	$\dfrac{L_q}{\lambda}$	$\dfrac{L_q}{\overline{\lambda}}$

从表 10-2 中容易发现，两种多服务台排队系统的队长完全一致，因此顾客在系统中的平均停留时间也一致。其排队长不同，故顾客的平均等待时间各不相同。所以，在实际的应用中需要根据问题的特征选择恰当的指标进行比较。

第五节 非马氏排队模型简介

本章前面几节所讨论的排队模型都属于马氏排队模型，即所有模型具有一个共同的假设条件：排队系统顾客到达服从 Poisson 流，系统的服务时间服从指数分布。然而在实际的管理决策实践中，上述假设条件过于严格。事实上，许多服务系统都不能满足上述两个假设条件，或者说能够满足上述假设条件的服务系统非常有限，尤其是关于服务时间的指数分布假设在很多管理决策实际中常常不能被满足。因此，满足上述假设条件的马氏排队模型的应用受到限制。故我们需要具有更广泛的适用性或者要求条件相对宽松的其他排队模型。本节我们简单介绍两种非马氏排队模型。

首先，我们介绍埃尔朗分布的概念。

设顾客在系统内接受服务可以分为 k 个阶段，每个阶段的服务时间分别为 T_1，$T_2,\cdots,T_k$，且服从同一分布 $f_k(t)=\dfrac{(k\mu)^k t^{k-1}}{(k-1)!}\mathrm{e}^{-k\mu t}$，则 $T_1,T_2,\cdots,T_k$ 是 k 个同分布的独立随机变量。服从该分布的系统具有如下特征：顾客在接受完所有服务离开系统之后，下一个顾客才能进入服务系统开始接受服务。则顾客在系统内接受服务的总时间为 $T=T_1+T_2+\cdots+T_k$，且服从埃尔朗分布 E_k。其密度函数为

$$f_T(t)=\frac{(k\mu)^k t^{k-1}}{(k-1)!}e^{-k\mu t},\quad t\geqslant 0,k\geqslant 0,\mu\geqslant 0$$

期望值为

$$E(T)=\frac{1}{\mu}$$

方差为

$$D(T)=\frac{1}{k\mu^2}$$

特别地，若 $k=1$，则埃尔朗分布退化为指数分布。

若 $k\to\infty$，则 $D(T)=0$，从而埃尔朗分布退化为定长分布。所以，由此易知埃尔朗分布是介于指数分布和定长分布之间的一种分布。

其次，我们基于埃尔朗分布给出两个非马氏排队模型。其模型的基本参数公式的推导思路与前面几节介绍的排队模型类似，但其推导过程涉及较为复杂的数学知识和概率论知识。所以，本节我们只给出模型的特征描述和相应的参数公式，有兴趣的读者可参考相关文献。

一、$(M/E_k/1)$:$(\infty/\infty/\mathrm{FCFS})$

该排队系统的基本特征是，系统容量无限，系统顾客来源总数也无限；顾客到达系统的规律服从 Poisson 流，顾客接受服务的时间服从埃尔朗分布；系统有一个服务台，服务规则为先到先服务。

假设顾客到达强度为 λ，系统的服务强度为 μ，仍然定义 $\rho=\frac{\lambda}{\mu}$，则该排队系统的数量指标如下。

（1）系统没有顾客的概率 $P_0=1-\rho$。

（2）队长 $L=\frac{\rho}{1-\rho}-\frac{(k-1)\rho^2}{2k(1-\rho)}$。

（3）排队长 $L_q=L-\rho$。

（4）平均停留时间 $W=\frac{L}{\lambda}$。

（5）平均等待时间 $W_q=\frac{L_q}{\lambda}$。

事实上，该模型也适用于具有如下特征的服务系统：顾客成批到达服务系统，且每批有 k 个顾客，相邻两批顾客到达系统的时间间隔服从指数分布；有一个服务台且服务时间服从指数分布；一批顾客全部接受服务之后同时离开服务系统（这里我们只要把每批次中的所有顾客看成是一个整体即可）。

二、$(M/D/1):(\infty/\infty/\text{FCFS})$

该排队系统的基本特征是，系统容量无限，系统顾客来源总数也无限；顾客到达系统的规律服从 Poisson 流，顾客接受服务的时间服从定长分布；系统有一个服务台，服务规则为先到先服务。

假设顾客到达强度为λ，系统的服务强度为μ，定义$\rho=\frac{\lambda}{\mu}$，则该排队系统的数量指标如下。

（1）系统没有顾客的概率$P_0=1-\rho$。

（2）队长$L=\rho+\frac{\lambda^2}{2\mu(\mu-\lambda)}$。

（3）排队长$L_q=L-\rho=\frac{\lambda^2}{2\mu(\mu-\lambda)}$。

（4）平均停留时间$W=\frac{L}{\lambda}$。

（5）平均等待时间$W_q=\frac{L_q}{\lambda}$。

第六节　随机服务系统的优化问题

本章前面几节主要讨论了一些常见的排队系统，并详细介绍了这些排队系统的模型特点、各自数量指标的推导过程以及在工业生产活动中的实际含义。不同排队系统的数量指标能够比较准确地刻画这些排队系统的基本性能。然而，研究排队系统的最终目的不仅是要获得各种衡量排队系统的数量指标，同时还要能够为决策者改进或设计最优排队系统提供理论依据。例如，排队系统的服务台个数、排队系统的有效容量、服务台的利用效率等都是设计最优排队系统必不可少的基本优化要素。此即排队系统的经济分析或最优化问题。

一般地，排队系统的最优化问题主要分为两类：系统设计的最优化和系统控制的最优化。前者称为静态问题，是排队论研究中一直关注的主要问题之一；后者称为动态问题，在过去的几十年内得到了比较多的研究。本节我们主要研究系统设计的最优化问题。

排队系统的设计或经济分析主要是对给定的排队系统的各个数量指标运行成本的分析，进而使得系统运行成本和效率达到最优状态。对于确定的排队系统，其主要涉及两类成本，即排队系统的服务成本和接受服务的顾客的等待成本。排队系统的服务成本主要是指构建服务系统的包括人员等在内的基本设施所需支付的费用，此费用可以确切计算或估计。顾客的等待成本则是指顾客进入系统后，等待服务而造成的损失，在许多情况下此类成本一般并不能准确地计算和估计，如等待就诊的病人的等待费用、由于队列过长而损失潜在顾客所造成的营业损失等，这些则需要通过统计等手段间接获得。

本节我们主要讨论两类排队模型的最优化问题。

一、*M*/ *M*/ 1模型中的最优服务率 μ^* 的确定

某物流公司的配送汽车到达仓储基地等待配货，设配送汽车在仓储基地停留的单位时间损失费用为 ω 元。到达仓储基地的配送汽车符合参数为 λ 的 Poisson 流，配货时间服从参数为 μ 的指数分布，单位时间的服务费用为 θ 元。求使该排队系统总费用最小的最优服务率 μ。

由本章第三节的讨论易知，队长 $L=\dfrac{\lambda}{\mu-\lambda}$，则汽车在仓储基地停留的损失费用为 $\dfrac{\lambda\omega}{\mu-\lambda}$，服务费用为 $\theta\mu$。则总费用为

$$\varphi(\mu)=\frac{\lambda\omega}{\mu-\lambda}+\theta\mu$$

下面我们求使非线性函数 $\varphi(\mu)$ 取值最小的最优服务率 μ。

对 $\varphi(\mu)$ 两边求导数得

$$\varphi'(\mu)=-\frac{\lambda\omega}{(\mu-\lambda)^2}+\theta$$

令 $\varphi'(\mu)=0$ 可得

$$\mu^*=\lambda+\sqrt{\frac{\omega\lambda}{\theta}}$$

又 $\varphi'(\mu^*)=\dfrac{2\lambda\omega}{(\mu^*-\lambda)^2}>0$，则当 $\mu=\mu^*=\lambda+\sqrt{\dfrac{\omega\lambda}{\theta}}$ 时，总费用 $\varphi(\mu)$ 取得最小值。

此时

$$\varphi(\mu^*)=\sqrt{\lambda\omega\theta}+\theta\left(\lambda+\sqrt{\frac{\omega\lambda}{\theta}}\right)$$

【例 10.7】设配送车辆按照 Poisson 流到达配送中心，每半小时到达一辆。假定每辆车的卸货时间服从指数分布，且每辆车在配送中心停留一天的费用为 0.1 万元（每天按 12 小时计算），一辆车每天的卸货费用为 0.2 万元。试确定该服务系统的最优服务率。

解：根据题设有 $\lambda=24$（辆/天），$\omega=0.1$（万元），$\theta=0.2$（万元）。则有

$$\mu^*=24+\sqrt{\frac{24}{2}}=28\ （辆/天）$$

$$\varphi(\mu^*)=\sqrt{24\times0.1\times0.2}+0.2\left(24+\sqrt{\frac{24}{2}}\right)=6.2\ （万元）$$

二、$M/M/c$模型中的最优服务台数 c^* 的确定

假设 ω 为一个顾客在排队系统停留单位时间的费用，每个服务设施的单位时间服务费用为 θ 元。则系统设计几个服务台才能使系统单位时间内平均总费用最小？

与前面的讨论类似，我们易得如下费用函数表达式：

$$\varphi(c)=\omega L+\theta c\mu$$

显然，上式是关于服务台数 c 的一元函数，我们的目标是寻找最优服务台数 c^*，使得 $\varphi(c^*)$ 达到最小。由于服务台数 c 只能取正整数值，而 $\varphi(c)$ 是非连续变量函数，所以不能采用求导数的分析方法获得最优解。这里我们采用边际分析法来求该函数的最小值。由前面的讨论知最优服务台数 c^* 必须满足如下性质：

$$\begin{cases}\varphi(c^*)\leqslant\varphi(c^*-1)\\ \varphi(c^*)\leqslant\varphi(c^*+1)\end{cases}$$

将 $\varphi(c)$ 的表达式代入，得

$$\begin{cases}\omega L(c^*)+\theta c^*\mu\leqslant\omega L(c^*-1)+\theta(c^*-1)\mu\\ \omega L(c^*)+\theta c^*\mu\leqslant\omega L(c^*+1)+\theta(c^*+1)\mu\end{cases}$$

化简得

$$L(c^*)-L(c^*+1)\leqslant\frac{\omega}{\theta}\mu\leqslant L(c^*-1)-L(c^*)$$

取 $c=1,2,3\cdots$ 时的 L 值，并作相邻的 L 值之差，由于 $\frac{\omega}{\theta}\mu$ 是已知的值，通过判定这个数值落在哪个不等式的区间内就可确定最优值 c^*。

【例 10.8】某检验中心为工厂提供检验服务，要求做检验的工厂（顾客）的到达服从 Poisson 流，到达率为 48 人次/天，每次检验由于停工等原因损失费为 6 元。服务（做检验）时间服从指数分布，服务率为 25 人次/天，每设置 1 个检验员，服务成本（工资及设备损耗）为 4 元/次。其他条件符合 $M/M/c$ 模型的要求。问应设几个检验员（及设备）才能使总费用最低？

解：根据题设有 $\omega=4$（元/次），$\theta=6$（元/次），$\lambda=48$（人次/天），$\mu=25$（人次/天），故 $\rho=\frac{\lambda}{\mu}=1.92$。

根据 $M/M/c$ 模型的基本公式计算 P_0、$L(c)$，此处必须满足 $\rho_c=\frac{1.92}{c}<1$。

$$P_0=\left[\sum_{n=0}^{c-1}\frac{1.92^n}{n!}+\frac{1.92^c}{(c-1)!(c-1.92)}\right]^{-1}$$

$$L(c)=\frac{1.92^c}{(c-1)!(c-1.92)^2}P_0+1.92$$

计算结果列于表 10-3 中。

表 10-3 例 10.8 计算结果

c	$L(c)$	$L(c)-L(c+1)$	$L(c-1)-L(c)$	$\varphi(c)$
1	∞	∞	—	∞
2	23.490	21.845	∞	154.94
3	2.645	0.582	21.845	27.87
4	2.063	0.111	0.582	28.38
5	1.952	—	0.111	31.71

由于

$$\frac{\omega}{\theta}\mu=\frac{4\times 25}{6}=16.67$$

所以，最优值 $c^*=3$。

此时，最小总费用为 $\varphi(c^*)=27.87$。

案例 集装箱排队服务系统

在集装箱结点站堆场服务系统中，因为顾客的种类各异，到达时间的分布情况也各不相同，所以输入情况比较复杂。专门针对这一服务系统的输入情况，可以确定：到站待卸的重箱、始发待装的重箱、货主返回进场的空箱、出场装货的空箱都是输入，此时等待装、卸车的重箱以及出入堆场的空箱都可以看作是顾客。经过实践证明，可以把顾客输入的到达流看作是最简单流，即在 t 时间内有 k 个顾客来到服务系统的概率 $V_k(t)$ 服从参数为 λ 的 Poisson 分布，即

$$V_k(t)=\mathrm{e}^{-\lambda t}\frac{(\lambda t)^k}{k!},\quad k=0,1,2,\cdots$$

其中，λ 为单位时间内顾客的平均到达数。

此刻，两个顾客到达的间隔时间 t 的概率密度函数 $f(t)$ 为指数分布：

$$f(t)=\lambda\mathrm{e}^{-\lambda t},\quad t\geqslant 0$$

堆场服务系统的输出可以用轨道式龙门起重机作业时间的分布来表示。指数分布的服务时间是最常用的，而且也易于处理。对于堆场系统来说，每一台轨道式龙门起重机的作业时间分布都可以近似地看作服从参数为 μ 的指数分布。即

$$f(t)=\mu\mathrm{e}^{-\mu t},\quad t\geqslant 0$$

其中，μ 为起重机平均作业率，即单位时间内顾客的平均离去数。

这样，整个堆场的作业时间分布就是一个服从参数为μ的指数分布。

集装箱结点站的堆场作业系统是一类典型的排队服务系统，系统中涉及的费用主要有两种：与服务设施相关的费用（服务费用）和顾客等待的费用（等待费用）。在正常情况下，服务费用增加，服务水平就高，顾客等待时间就短，排队损失就小；反之，服务费用减少，服务水平降低，顾客等待时间就长，排队损失就大。因此对于整个堆场这一服务系统来说，就存在着一个使得这两方面的损失之和最小的优化问题（王佃利和曹现强，2003），如图 10-2 所示。

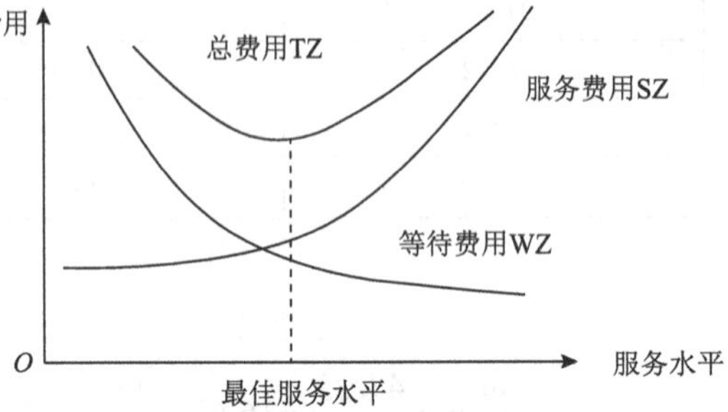

图 10-2　优化模型中的费用分析

其优化问题就是寻找使该服务系统单位时间总费用最少的服务水平，即

$$\min E(\mathrm{TZ}) = E(\mathrm{SZ}) + E(\mathrm{WZ})$$

其中，$E(\mathrm{TZ})$为服务系统单位时间总费用的数学期望值；$E(\mathrm{SZ})$为服务系统单位时间服务费用的数学期望值；$E(\mathrm{WZ})$为服务系统单位时间等待费用的数学期望值。

在$M/M/c$模型，即集装箱结点站的堆场作业系统排队模型中，服务系统单位时间总费用的最优化模型为

$$\min Z = S_1 C + S_2 L_C$$

其中，Z为系统中顾客等待费用与起重机开支费用总和；L_C为有 C 台轨道式龙门起重机时，系统中单位时间内的平均顾客数；S_1为每配置一台轨道式龙门起重机，整个系统单位时间开支的费用；S_2为每个顾客单位时间等待（含服务）费用。

因为L_C也是起重机台数C的函数，所以可以表示为$Z = f(C)$。通过求解该模型，即可得到集装箱结点站内堆场应配置的轨道式龙门起重机台数C^*。

一、求排队系统的各项运行指标

（一）计算C_n

$$C_n = \frac{\prod_{i=0}^{n-1} \lambda_i}{\prod_{i=1}^{n} \mu_i} = \frac{\lambda_{n-1}\lambda_{n-2}\cdots\lambda_0}{\mu_n \mu_{n-1}\cdots\mu_1}$$

当$1 \leqslant n < C$时，$\mu_n = n\mu$，所以

$$C_n = \frac{\lambda^n}{n\mu(n-1)\mu\cdots\mu} = \frac{\lambda^n}{n!\mu^n}$$

当$n \geqslant C$时，$\mu_n = C\mu$，所以

$$C_n = \frac{\lambda^n}{C!\mu^C\mu^{n-C}C^{n-C}} = \frac{\lambda^n}{C!\mu^n C^{n-C}}$$

则C_n用下式来表示：

$$C_n = \begin{cases} \dfrac{\lambda^n}{\mu^n n!}, & 1 \leqslant n < C \\ \dfrac{\lambda^n}{\mu^n C! C^{n-C}}, & n \geqslant C \end{cases}$$

（二）计算P_0

$$P_0 = \left[1 + \sum_{n=1}^{\infty} C_n\right]^{-1} = \left[1 + \sum_{n=1}^{C-1} \frac{(\lambda/\mu)^n}{n!} + \sum_{n=C}^{\infty} \frac{(\lambda/\mu)^n}{C!C^{n-C}}\right]^{-1}$$
$$= \left[1 + \sum_{n=1}^{C-1} \frac{(\lambda/\mu)^n}{n!} + \frac{(\lambda/\mu)^C}{C!} \sum_{n=C}^{\infty} \left(\frac{\lambda}{C\mu}\right)^{n-C}\right]^{-1}$$

假定$\rho = \dfrac{\lambda}{C\mu} < 1$，即龙门起重机总的作业率应高于顾客的平均到达率，也就是保证系统最终能进入稳定状态，这样就可以应用生灭过程的有关结论。并且在集装箱结点站堆场起重机最优数量的确定中，我们只关心$n \geqslant C$的情况，即把多台起重机构成的并联系统看作是单服务系统，这样就简化了问题。

因为

$$\sum_{n=C}^{\infty} \left(\frac{\lambda}{C\mu}\right)^{n-C} = 1 + \rho + \rho^2 + \cdots = \frac{1}{1-\rho}$$

所以

$$P_0 = \left[1 + \sum_{n=1}^{C-1} \frac{(\lambda/\mu)^n}{n!} + \frac{(\lambda/\mu)^C}{C!(1-\rho)}\right]^{-1}$$

（三）计算P_n

$$P_n = C_n P_0 = \begin{cases} \dfrac{(\lambda/\mu)^n}{n!} P_0, & 0 \leqslant n < C \\ \dfrac{(\lambda/\mu)^n}{C!C^{n-C}} P_0, & C \leqslant n < \infty \end{cases}$$

（四）计算 L_C 和 L_q

在$(M/M/C)$:$(\infty/\infty/\text{FCFS})$模型中，先确定 L_q，再确定 L_C。因为：

$$L_q=\sum_{n=C+1}^{\infty}(n-C)P_n$$

经过计算得到

$$L_q=\frac{(\lambda/\mu)^C\rho}{C!(1-\rho)^2}P_0=\frac{(C\rho)^C\rho}{C!(1-\rho)^2}P_0$$

$$L_C=L=L_q+\frac{\lambda}{\mu}=\frac{(C\rho)^C\rho}{C!(1-\rho)^2}P_0+C\rho$$

（五）计算 W 和 W_q

应用上面介绍过的公式可以计算得到

$$W_q=\frac{L_q}{\lambda},\quad W=\frac{L_C}{\lambda}$$

二、模型求解

对于 $\min Z=S_1C+S_2L_C$，因为 C,S_2,L_C 等都是离散值，无法用求导法求得最优解，又由于最优解的范围并不是很大，故可用边际分析法求出使函数 Z 最小的 C^* 值。

$Z(C^*)$ 是最小值的特点，应当满足下列两个不等式：

$$\begin{cases}Z(C^*)\leqslant Z(C^*-1)\\Z(C^*)\leqslant Z(C^*+1)\end{cases}$$

即

$$\begin{cases}S_1C^*+S_2L_C(C^*)\leqslant S_1(C^*-1)+S_2L_C(C^*-1)\\S_1C^*+S_2L_C(C^*)\leqslant S_1(C^*+1)+S_2L_C(C^*+1)\end{cases}$$

经过简化得到

$$L_C(C^*)-L_C(C^*+1)\leqslant\frac{S_1}{S_2}\leqslant L_C(C^*-1)-L_C(C^*)$$

令 $\xi(C)=L_C(C)-L_C(C+1)$，于是有

$$\xi(C^*)\leqslant\frac{S_1}{S_2}\leqslant\xi(C^*-1)$$

设 $C_0=\min\limits_{\frac{\lambda}{s\mu}<1}C$，依次求 $L_C(C_0)$、$L_C(C_0+1)$、$L_C(C_0+2)$……以及 $\xi(C_0)$、$\xi(C_0+1)$、$\xi(C_0+2)$……一旦出现 $\frac{S_1}{S_2}\leqslant\xi(C^*-1)$，并且 $\frac{S_1}{S_2}\geqslant\xi(C^*)$，则此时的 C^* 值就是我们所要求的结点站应配备的最佳装卸机械数。

习 题

1. 请回答以下思考题。

（1）什么情况下产生排队？

（2）排队论的主要理论基础是什么？

（3）试述排队系统的种类及其特征是什么？

（4）什么是平均到达率、平均服务率、平均服务时间和顾客到达时间间隔？

（5）理解 Poisson 分布、指数分布、埃尔朗分布的密度函数，并说明这些分布的主要性质。

（6）理解生灭过程的特点和性质。

（7）试述队长和排队长，平均等待时间和平均停留时间之间的联系和区别。

2. 设随机变量ξ服从指数分布，分布函数为$\begin{cases}1-\mathrm{e}^{-\lambda x}, & x \geqslant 0 \\ 0, & x<0\end{cases}$，求$\xi$的数学期望$E(\xi)$及方差$D(\xi)$。

3. 某理发店有一个理发师，平均每隔 20 分钟到达一个顾客且到达过程服从 Poisson 流，理发师为一个顾客服务平均需要 15 分钟且服从指数分布。求：

（1）顾客进入理发店不需要等待的概率。

（2）理发店里的平均顾客数。

（3）顾客在理发店的平均停留时间。

4. 某营业厅有一个服务窗口，顾客到达过程服从 Poisson 流，平均每小时 5 人，服务时间服从指数分布，平均服务时间 10 分钟，求：

（1）服务窗口空闲的概率。

（2）有 4 个顾客的概率。

（3）至少有一个顾客的概率。

（4）营业厅内顾客的平均数。

（5）平均等待服务的顾客数。

（6）平均等待修理的时间。

5. 某牙医诊所，只有一个值班医生。病人的到达过程服从 Poisson 流，平均到达时间间隔为 15 分钟，诊断时间服从指数分布，平均需 10 分钟，求：

（1）病人到来不用等待的概率。

（2）诊所内顾客的平均数。

（3）病人在诊所的平均停留时间。

（4）病人在诊所要等待 3 个人以上的概率有多大？

6. 某洗车场有 6 个车位供顾客排队等候。当车位停满时，后来的顾客就自动离去。已知每小时有 4 名顾客按 Poisson 流到达，每名顾客的服务时间服从指数分布，平均 12 分钟，求：

（1）顾客无须等待的概率。

（2）顾客的平均数。

（3）需要等待的顾客平均数。

（4）顾客洗车平均停留时间。

（5）顾客的平均等待时间。

7. 某长途汽车站有 3 个售票口，顾客到达服从 Poisson 流，平均每分钟到达 0.8 人，3 个售票口售票的时间都服从指数分布，平均每分钟卖给 0.4 人，设可以归纳为 $M/M/3$ 模型，试求：

（1）3 个售票口空闲的概率。

（2）系统平均排队长。

（3）顾客平均停留时间。

（4）顾客平均等待时间。

（5）顾客到达后的等待概率。

8. 某汽车修理厂有 2 个维修员，顾客到达服从 Poisson 流，平均每小时到达 2 名顾客。服务时间服从指数分布，平均服务时间为 30 分钟，又知修理厂内最多只能容纳 3 名顾客等待服务，顾客到达时，若系统已满，则自动离开，不再进入系统。求：

（1）修理厂空闲时间。

（2）修理厂内等待服务的平均顾客数。

（3）修理厂内的平均顾客数。

（4）修理厂内顾客的平均停留时间。

（5）顾客在修理厂内的平均等待时间。

9. 称顾客为等待所花费时间与服务时间之比为系统的顾客损失率，记为 R 。试证：对 $M/M/1$ 排队系统，有 $R=\dfrac{\lambda}{\mu-\lambda}$ 。

10. 进入某加油站的汽车服从 Poisson 流，平均一小时有 12 辆到达，加油站为每辆汽车加油的时间为 10 分钟。计算以下概率：

（1）没有汽车进入加油站。

（2）有 2 辆汽车到达。

（3）不少于 5 辆汽车到达。

11. 某服务系统，假设相继到达的顾客间隔时间服从均值为 1 的指数分布。现有一名顾客中午 12:00 到达。试求：

（1）下一顾客在下午 1:00 之前到达的概率。

（2）下一顾客在下午 1:00 到 2:00 之间到达的概率。

（3）下一顾客在下午 2:00 以后到达的概率。

12. 某一系统为 $\{N(t),t\geqslant 0\}$ ，顾客进入系统的规律服从参数为 λ 的 Poisson 流。当系统中只有一个顾客时，服务时间服从参数为 μ_1 的指数分布。当系统中多于一个顾客时，服务时间服从参数为 μ_2（$\mu_1>\mu_2,\rho=\dfrac{\lambda}{\mu_2}<1$）的指数分布。

（1）证明：$\{N(t), t \geqslant 0\}$ 是生灭过程。

（2）推导该系统的数量指标计算公式。

13. 某公司为员工设立了全天候 24 小时医务室（假定为单服务台情形）。病人平均到达时间间隔为 15 分钟，平均看病时间为 12 分钟且服从指数分布。同时，每个员工由于生病给公司造成的损失为每小时 30 元。试求：

（1）公司平均每天损失费用。

（2）医务室的平均服务率提高多少，可以使上述损失减少一半？

14. 两个各有一名理发师的理发店，每个理发店内都能容纳 4 名顾客。2 个理发店具有相同的顾客到达率（$\lambda=10$ 人/时）且服从 Poisson 流。当店里顾客满员时新到的顾客自动离去。已知第一个理发店为顾客服务的时间为平均每人 15 分钟，收费 11 元。第二个理发店为顾客服务的时间为平均每人 10 分钟，收费 7.5 元。上述服务时间均服从指数分布。若 2 个理发店每天营业 12 小时。哪个理发店理发师的收入更高？

15. 某街道口有一电话亭，在步行距离为 4 分钟的拐弯处有另一电话亭。已知每次电话的平均通话时间为 $\lambda=\frac{1}{3}$ 分钟且服从指数分布，又知这 2 个电话亭的顾客到达率均为 $\lambda=10$ 人/时且服从 Poisson 流。假如有一名顾客去其中一个电话亭打电话，到达时正有人在通话并且还有一个人在等待。则该顾客应该在原地等待还是立刻去另一个电话亭？

16. 一个车间内有 10 台相同的机器，每台机器运行时每小时能创造 4 元的利润。机器平均一小时损坏一次。修理工维修一台机器平均需要 4 小时。上述时间均服从指数分布。一名维修工的工资为每小时 6 元。计算：

（1）该车间应设多少修理工，使总费用最小？

（2）若要求处于维修状态的机器的期望值小于 4，则应设多少个维修工？

（3）若要求损坏机器等待修理的时间小于 4 小时，则应设多少个修理工？

17. 一个有 2 名服务员的排队系统最多可容纳 4 名顾客。当顾客处于稳定状态时，系统中恰有 n（n=0, 1, 2, 3, 4）名顾客的概率为 $P_0=\frac{1}{16}$，$P_1=\frac{4}{16}$，$P_2=\frac{6}{16}$，$P_3=\frac{4}{16}$，$P_4=\frac{1}{16}$。计算：

（1）系统中的平均顾客数。

（2）系统中平均排队的顾客数。

（3）某一时刻正在被服务的顾客平均数。

（4）若顾客平均到达率为 2 人/时，则顾客在系统中平均停留时间是多少？

18. 某车间内有 N 台机器，有 c 个维修工（$N>c$），每台机器的故障率为 λ。符合 $(M/M/c):(N/N/\text{FSFC})$ 的排队模型。证明：

$$\frac{W}{(\frac{1}{\lambda})+W}=\frac{L}{N}$$

并说明上式两端不等式的含义。

第十一章

存　储　论

存储论，又称库存论，是运筹学中起源较早的分支之一。早在 1915 年，F. W. 哈里斯（F. W. Harris）就对银行货币的存储管理进行了深入的研究，并得到了最佳批量公式。20 世纪 50 年代之后，存储论作为一门独立的理论逐渐发展起来，由于其在社会生产、生活中的重要性，一直是运筹学与管理科学中一个非常活跃的研究领域。至今，其研究内容和应用领域日渐丰富，已成为运筹学的一个重要分支，并且有着广泛的应用潜力。

第一节　存储论概述

一、研究存储论的意义

存储论是研究物资最优存储策略及存储控制的理论。为了维持正常的生产、经营及军事活动等，管理者需要储备一定数量的物资作为保障。但由于种种原因，需求与供应、消费与存储等环节之间存在着不协调性。例如，对于工商企业来讲，为了保证生产、销售的连续性，必须要有一定的物资储备，但是如果储存过多，就会占用大量的流动资金，而且增加保管成本；如果库存不足，又会发生缺货现象，失去销售机会，从而减少利润。如何合理安排订货以实现最优效益？又如，水电站水库要维持合理的库存水平，需要综合考虑雨季与旱季、发电与下游农田灌溉、居民与工业用水，以及均衡发电与水坝安全等诸多因素，合理地安排库存水量，以实现最优效用（utility）。这些正是存储论要研究的问题。

当今社会生产活动中，包括成品、半成品及原材料等在内的全部库存的总价值已难以估计。物资的储存无论是对个体企业还是对整个国家都有着举足轻重的作用，若能合理地安排存储水平，将会产生十分显著的经济效益。因此，如何科学地组织库存管理是一个有重要意义的研究课题。一方面实际问题具有复杂性，另一方面随着经济社会的发展，又有新的问题不断涌现，这为存储论的研究提供了广阔的发展空间。

二、存储系统的描述

存储论由三个主要环节组成：补充—存储—需求。通过订货使货物进入库存，再通过销售使库存数量减少。整个系统中，决策者如何通过对销售情况的分析和判断，从而控制订货的时间间隔及订货量，以使得整个系统在某种意义上实现效用的最优化？这类问题正是存储论所研究的主要内容。存储系统主要包含以下要素。

1）需求

需求是指特定时期内需要从库存中提取出来用于某种用途的产品数量。存储的目的是满足需求，需求的方式可能是连续的，如在自动装配线上每分钟装配若干件产品或部件；也可能是间断的，如百货商店每隔一段时间订购一定数量的货物。有的需求是确定性的，如钢厂每月按合同购买铁矿石 1000 吨；有的需求是随机性的，如商店每天卖出商品的品种和数量不固定。

2）补充

存储因需求而减少，必须进行补充，否则会因存储不足而无法满足需求。补充可通过订货的方式实现，这里“订货”一词具有广义的含义，不仅包括从外单位组织货源，也包括从本单位组织货源。

订货时要考虑从订货到货物运到并进入存储需要一段时间，这段时间称为滞后时间。滞后时间分为两部分：一部分时间为从开始订货到货物到达的时间，称为拖后时间；另一部分时间为从开始补充到补充完毕的时间。滞后的出现使库存问题变得复杂，但存储量总会因补充而增加。

3）存储策略

存储论要研究的基本问题是货物何时补充及补充多少数量，称为存储策略。常见的存储策略有下面五种。

（1）T－循环策略：补充过程是每隔时段 T 补充一次，每次补充一个批量 Q。

（2）(T,s,S) 策略：每隔时间 T 盘点一次，当发现库存量小于保险库存量 s 时，就补充到库存水平 S。即当库存量 $Q_0<s$ 时，补充 $S-Q_0$；当 $Q_0 \geqslant s$ 时，不予补充。

（3）(s,S) 策略：连续盘点，一旦库存水平小于 s，立即发出一个订单，其订货量为 $S-s$，使库存水平达到 S；否则，不予订货。

（4）(s,Q) 策略：连续盘点，一旦库存水平小于 s，立即发出订单，其订货量为常数 Q；若库存水平大于等于 s，则不订货。其中 s 称为订货点库存水平。

（5）(T,S) 策略：每隔时间 T 盘点一次，并及时补充，每次补充到库存水平 S，因此每次补充量 Q 为一变量，即 $Q=S-Q_0$，其中 Q_0 为库存量。

4）费用

存储策略的衡量标准是费用，所以必须对有关的费用进行详细分析，存储系统中的费用通常包括生产费（价格）、存储费、订货费、缺货费及其他相关的费用。

（1）生产费（价格）：如果库存不足需要补充，可选择外购或自行生产，其根据产品的市场价格和生产成本来决定。自行生产时，这里的生产费专指与生产产品的数量有关的费用，如直接材料费、直接人工费、变动的制造费用等。

（2）存储费：由产品的存储而产生的直接或间接的费用，包括仓库保管费、货物保养维护费、保险费、货物占用的资金成本，以及存储物资变坏、陈旧、变质、损耗及降价等造成的损失费。

（3）订货费：当补充库存选择外购时，订货费由两项构成，一项是订购一次货物所需的订购费（如手续费、差旅费、最低起运费等），它是仅与订货次数有关而与订货数量无关的一种固定费用；另一项是货物的成本费用，它与订货的数量有关，如货物价格、运费等。

（4）缺货费：由于需求或供货滞后可能具有一定的随机性，因此就可能造成缺货。缺货费是货物储存不足所导致的供不应求而造成的损失。例如，停工待料造成的生产损失、因货物脱销而造成的机会损失（少得的收益）、延期付货所支付的罚金，以及因商誉降低所造成的无形损失等。在有些情况下是不允许缺货的，如战争中缺少军械、弹药等将造成人员的重大伤亡乃至战败，血库缺血将危害生命等，这时的缺货费可视为无穷大。

对缺货的处理：订货到达后不足部分立即补上，或订货到达后其不足部分不再补充。

在存储论问题中，确定多长时间补充一次货物以及每次补充的数量是多少的策略称为存储策略。实际问题中，我们首先要根据具体情况建立抽象的数学模型，在形成模型的过程中，对一些复杂的条件做适当取舍和简化，使得模型既反映问题的本质又方便求解处理。求解完成之后，还要通过实践加以检验，若结论不符合实际，则要对模型加以修改，重新建立、求解、检验，直至达到最优效果。

在存储模型中，目标函数是选择最优策略的准则，常见的目标函数是关于总费用或平均费用或折扣费用（或利润）的，最优策略的选择应使费用最小或利润最大。

第二节　确定性存储模型

存储论要解决的基本问题是确定何时补充以及补充的数量是多少，以实现最优目标。对于需求速率是常数的存储问题，我们称之为确定性存储模型，这类模型相对容易处理，可采用当库存水平下降到某一订购点时订购固定批量的策略。本节我们主要考虑确定性存储模型，通过确定最佳的订货量和订购间隔时间，使得费用最小。

一、模型一：不允许缺货模型

模型特点：不允许缺货，货物瞬时补充。

模型假设条件如下。

（1）需求是连续均匀的，设需求速率为 R。

（2）存储量降至零时，货物可立即得到补充，不会造成缺货（即供货时间为零）。

（3）每次订购费为 C_0，单位货物的购买价格为 P_0，单位货物的存储费为 C_1，均为常数。

（4）每次订货量都相同，均为 Q。

设一个运行周期的时间长度为 T，由于 $Q=RT$，所以一个周期长度为 $T=\dfrac{Q}{R}$。

经过时间 t 后的库存量为 $X(t)=Q-Rt$，则在一个周期 T 内的平均库存量为

$$\frac{1}{T}\int_0^T X(t)\mathrm{d}t=\frac{1}{T}\left[Qt-\frac{1}{2}Rt^2\right]\Bigg|_0^T=\frac{1}{2}Q=\frac{1}{2}RT$$

上述公式也可通过求三角形面积得到。存储状态的变化如图 11-1 所示。

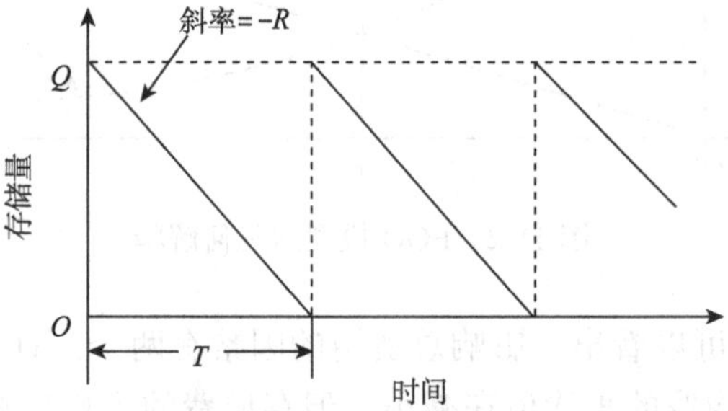

图 11-1 模型一的存储状态变化图

购买货物的费用为 QP_0，存储费为 $\frac{1}{2}QC_1$，订购费为 C_0。由于不存在缺货，所以总的平均费用为

$$C(T)=\frac{C_0}{T}+P_0R+\frac{1}{2}C_1RT \tag{11.1}$$

假设 T^* 满足 $\min C(T)=C(T^*)$，利用微积分求极值的方法，令

$$\frac{\mathrm{d}C(T)}{\mathrm{d}T}=-\frac{C_0}{T^2}+\frac{C_1R}{2}=0$$

得

$$T^*=\sqrt{\frac{2C_0}{C_1R}} \tag{11.2}$$

也就是说每间隔 T^* 订货一次可使费用 $C(T)$ 最小。即

$$\begin{aligned}C(T^*)&=\frac{C_0}{T^*}+P_0R+\frac{1}{2}C_1RT^*\\&=\sqrt{2C_0C_1R}+P_0R\end{aligned}$$

此时，订货量为

$$Q^*=RT^*=\sqrt{\frac{2C_0R}{C_1}} \tag{11.3}$$

这种使得总费用最小的订货量通常称为经济订货量（economic order quantity），简称为 EOQ。

图 11-2 给出了 EOQ 模型的几何解释。

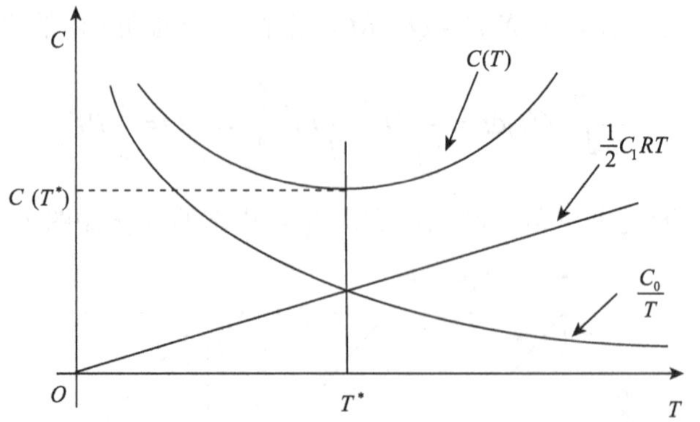

图 11-2 EOQ 模型的几何解释

从图 11-2 中我们可以看出，影响总费用的因素有两个：订购费 C_0 和存储费 C_1。随着时间的推移，订购费的平均值在减小，但存储费的平均值在增大。T^*是使得总费用最小的最佳订货周期。

【例 11.1】设某企业全年需某种原料 2400 吨，每次订货的成本为 100 元，每吨材料年平均储存成本为 300 元，每吨材料进价为 900 元，若原料供应中断，将造成停产。计算最佳订货周期、经济订货量及全年最小总成本。

解：已知 $R=2400$，$P_0=900$，$C_0=100$，$C_1=300$，由式（11.2）和式（11.3）得

$$T^*=\sqrt{\frac{2C_0}{C_1R}}=\sqrt{\frac{2\times100}{300\times2400}}=\frac{1}{60}\text{（年）}$$

$$Q^*=\sqrt{\frac{2C_0R}{C_1}}=\sqrt{\frac{2\times100\times2400}{300}}=40\text{（吨）}$$

因此，全年共采购 $\frac{2400}{40}=60$（次），总的平均成本为 2400×900+20×300+60×100 =2 172 000（元）。

【例 11.2】若例 11.1 中的原料需求量扩大至 9600 吨，其他条件不变。问此时最佳订购周期及经济订货量如何变化？

解：$T^*=\sqrt{\frac{2C_0}{C_1R}}=\sqrt{\frac{2\times100}{300\times9600}}=\frac{1}{120}$（年），$Q^*=\sqrt{\frac{2C_0R}{C_1}}=\sqrt{\frac{2\times100\times9600}{300}}=80$（吨）。

比较例 11.1 和例 11.2 可以看出，需求量扩大至原来的 4 倍时，最佳订货量增大至原来的 2 倍，二者不是同步变化的，这一点从经济订货量公式也可以看出，二者不呈线性关系。

二、模型二：允许缺货模型

模型特点：一方面，若不考虑对企业信誉的损害，缺货的直接后果是影响生产与销售，从而造成直接与间接损失；但另一方面，由于缺货时存储量为零，所以可以减少订货和存储费用。因此当采用该模型确定最优存储策略时，应综合这两方面，使总

费用达到最小。供货瞬时完成。

模型假设条件如下。

（1）允许缺货，并且当期缺货量在下周期进货后补上。

（2）假设周期$T = T_1 + T_2$，则T_1为存储量为正的时间周期，T_2为存储量为负的时间周期（缺货周期）。

（3）Q_1为周期T内的最大存储量，S为周期T内的最大缺货量。

（4）单位时间缺货费为L，需求速率为R，每次订购费为C_0，单位货物一个周期内的存储费为C_1，货物购买单价为P_0，都为常数。

存储状态的变化如图 11-3 所示。

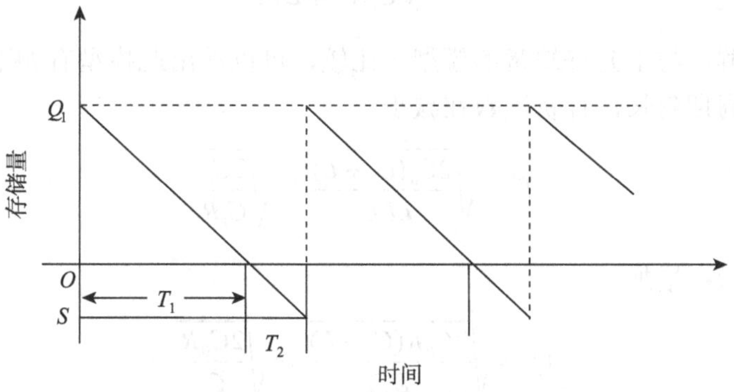

图 11-3 模型二的存储状态变化图

由模型的假设容易看出，一个周期内的订货量仍为$Q = RT$，在T_1内有存量，需求为$Q_1 = RT_1$，在T_2内缺货量为$S = RT_2$，因此有

$$Q = Q_1 + S = R(T_1 + T_2)$$

与模型一类似，一个周期内的平均存储量为$Q_1T_1/2T$，平均缺货量为$ST_2/2T$，或者表示为$S(T-T_1)/2T$。一个周期内的总费用包括存储费$Q_1T_1C_1/2T$、缺货费$SL(T-T_1)/2T = \dfrac{1}{2}L(Q-Q_1)(T-T_1)/T$、订购费$C_0$、购买货物的费用$QP_0$。

因此，一个周期内关于时间的平均总费用为

$$C = \frac{Q_1T_1C_1}{2T} + \frac{LR(Q-Q_1)(T-T_1)}{2Q} + \frac{C_0}{T} + P_0R \tag{11.4}$$

其中，$Q = RT,\ Q_1 = RT_1,\ Q, Q_1, T, T_1 \geqslant 0$。将其视为$Q_1$和$T$的函数，则有

$$C(Q_1, T) = \frac{C_1Q_1^2}{2RT} + \frac{L(RT-Q_1)^2}{2RT} + \frac{C_0}{T} + P_0R \tag{11.5}$$

由多元函数求极值的必要条件知

$$\frac{\partial C}{\partial Q_1} = \frac{(L+C_1)Q_1}{RT} - L = 0$$

$$\frac{\partial C}{\partial T}=-\frac{1}{T^2}\left[C_1\frac{Q_1^2}{2R}+L\frac{(RT-Q_1)^2}{2R}+C_0\right]+\frac{1}{T}[L(RT-Q_1)]=0 \tag{11.6}$$

解之得

$$\begin{gathered}T^*=\sqrt{\frac{2C_0(C_1+L)}{LRC_1}},\quad Q_1^*=\sqrt{\frac{2C_0RL}{C_1(C_1+L)}}\\ Q^*=\sqrt{\frac{2C_0R(C_1+L)}{LC_1}},\quad S^*=\sqrt{\frac{2C_0C_1R}{L(L+C_1)}}\\ T_1^*=\sqrt{\frac{2C_0L}{C_1(C_1+L)R}}\end{gathered} \tag{11.7}$$

此为最优解，与不允许缺货的模型一比较，可以看出此模型有如下特点。

（1）订货周期延长，订货次数在减少。

$$T^*=\sqrt{\frac{2C_0(C_1+L)}{LRC_1}}>\sqrt{\frac{2C_0}{C_1R}}$$

（2）订货量在增加。

$$Q^*=\sqrt{\frac{2C_0R(C_1+L)}{LC_1}}>\sqrt{\frac{2C_0R}{C_1}}$$

（3）总费用在减少。

$$C^*=\sqrt{\frac{2C_0C_1RL}{C_1+L}}+P_0R<\sqrt{2C_0C_1R}+P_0R$$

（4）若不允许缺货，令 $L\to+\infty$，此时 $\frac{L}{L+C_1}\to 1$，则两模型最优解一致。

$$\begin{gathered}T^*\to\sqrt{\frac{2C_0}{RC_1}},\quad T_1^*\to\sqrt{\frac{2C_0}{C_1R}}\\ Q^*\to\sqrt{\frac{2C_0R}{C_1}},\quad Q_1^*\to\sqrt{\frac{2C_0R}{C_1}}\\ S^*\to 0,\quad C^*\to\sqrt{2C_0C_1R}+P_0R\end{gathered}$$

【例 11.3】某电脑配件厂每年需按合同供货 50 000 件，每件产品的生产成本为 50 元，每次生产的开工费用为 2000 元，每件产品的年存储费用为 4 元，如不按期交货，每件产品每月交违约金 0.5 元，试求总费用最小的生产方案。

解：以 1 年为周期，R=50 000，P_0=50，C_0=2000，C_1=4，L=12×0.5=6，由式（11.7）得

$$T^*=\sqrt{\frac{2\times2000\times(4+6)}{6\times50\,000\times4}}=0.1826\text{（年）}=67\text{（天）}$$

$$Q^* = \sqrt{\frac{2\times 2000\times 50\,000\times(4+6)}{6\times 4}} = 9129(\text{件})$$

$$Q_1^* = \sqrt{\frac{2\times 2000\times 50\,000\times 6}{4\times(4+6)}} = 5477(\text{件})$$

$$S^* = \sqrt{\frac{2\times 2000\times 4\times 50\,000}{6\times(6+4)}} = 3651(\text{件})$$

$$T_1^* = \sqrt{\frac{2\times 2000\times 6}{4\times(4+6)\times 50\,000}} = 0.1095(\text{年}) = 40(\text{天})$$

$$C^* = \sqrt{\frac{2\times 2000\times 4\times 50\,000\times 6}{4+6}} + 50\times 50\,000 = 2\,521\,908.90(\text{元})$$

即工厂每隔 67 天组织一次生产，每次组织生产 40 天，产量为 9 129 件，最大存储量为 5477 件，最大缺货量为 3651 件。如果不允许缺货，总费用为

$$C^* = \sqrt{2\times 2000\times 4\times 50\,000} + 50\times 50\,000 = 2\,528\,284.27(\text{元})$$

比允许缺货多了 6375.37 元。

三、模型三：不允许缺货，供货需一段时间

模型特点：货物的供应不是瞬时完成的，也不是成批的，而是以速率 V 均匀连续地逐渐补充，不允许缺货。在生产过程中的产品流动就属于这种存储模型，这类模型也称为经济生产批量模型。

模型假设条件如下。

（1）不允许缺货。

（2）每次订购费为 C_0，单位货物的存储费为 C_1，货物需求速率为 R，单位货物生产成本或购买价格为 P_0，都为常数。

（3）货物的补充速率 $V(V>R)$ 是均匀连续的。

（4）每个周期 T 内的生产批量相等。

存储状态变化情况如图 11-4 所示。

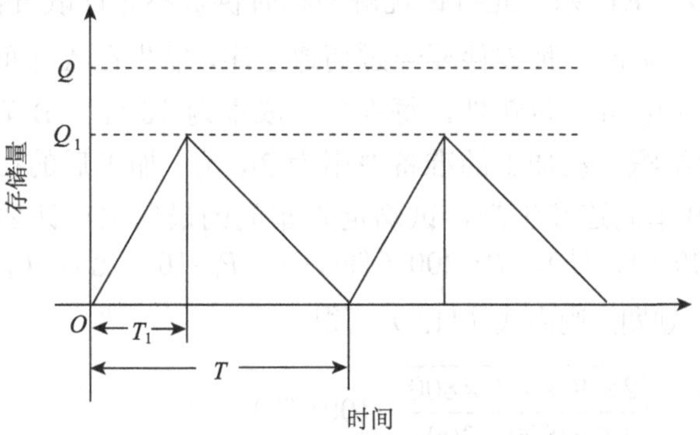

图 11-4 模型三的存储状态变化图

在一个供货周期T内，T_1为供货期，在周期T内货物消耗量为RT，显然有$RT=VT_1$。假设当库存量为零时开始生产补充货物，库存量以速率$V-R$（$V>R$）增加，当库存量达到最大时停止生产，然后库存量以速率R减少，直到库存量为零时又开始下个周期的生产。

在一个周期T内最高存储量为$Q_1=(V-R)T_1$，平均存储量为$\frac{1}{2}(V-R)T_1$，订货量为$Q=RT=VT_1$，存储费为$\frac{1}{2}(V-R)T_1C_1$，则单位时间内的总费用为

$$C=\frac{1}{2}\left(1-\frac{R}{V}\right)C_1Q+C_0\frac{R}{Q}+RP_0 \tag{11.8}$$

将C视为关于变量Q的函数，设$\min C(Q)=C(Q^*)$，由极值的必要条件得

$$\frac{\mathrm{d}C}{\mathrm{d}Q}=\frac{1}{2}C_1\left(1-\frac{R}{V}\right)-\frac{C_0R}{Q^2}=0$$

解之得

$$\begin{aligned}&Q^*=\sqrt{\frac{2C_0RV}{C_1(V-R)}},\quad T^*=\frac{Q^*}{R}=\sqrt{\frac{2C_0V}{C_1R(V-R)}}\\&T_1^*=\frac{Q^*}{V}=\sqrt{\frac{2C_0R}{C_1V(V-R)}},\quad C^*=\sqrt{\frac{2C_0C_1R(V-R)}{V}}+RP_0\end{aligned} \tag{11.9}$$

由于$V/(V-R)>1$，

$$Q^*>\sqrt{\frac{2C_0R}{C_1}}$$
$$T^*>\sqrt{\frac{2C_0}{C_1R}}$$
$$C^*<\sqrt{2C_0C_1R}+RP_0$$

当$V\to+\infty$时，$V/(V-R)\to1$，此时最优解与瞬时供货不允许缺货模型的最优解相同。

【例 11.4】某工厂生产一种零件要经过两道工序，需先在A车间加工，然后在B车间加工。每月A车间可加工800件，每件生产成本为10元，B车间每月要耗用半成品200件，A车间组织一次加工的准备费用为30元，加工后的在制品保管费为每月每件1.6元，要求B车间连续生产，试确定A车间的最优生产计划。

解：已知V=800（件/月），R=200（件/月），P_0=10（元），C_0=30（元），C_1=1.6（元）。以一个月为计划期，则由式（11.9）可得

$$Q^*=\sqrt{\frac{2\times30\times200\times800}{1.6\times(800-200)}}=100\text{（件）}$$

$$T^* = \frac{Q^*}{R} = \frac{100}{200} = 0.5（月）= 15（天）$$

$$T_1^* = \sqrt{\frac{2\times 30\times 200}{1.6\times 800\times (800-200)}} = 0.125（月）= 4（天）$$

$$C^* = \sqrt{\frac{2\times 30\times 1.6\times 200\times (800-200)}{800}} + 200\times 10 = 2120（元）$$

因此，A 车间应每隔 15 天组织一次生产（一个周期），每次生产 4 天，生产 100 件，可满足 B 车间连续加工 15 天所需。

四、模型四：允许缺货，供货需一段时间

模型特点：与模型二相比较，供货需要更长的一段时间，模型二供货速度可认为无限大；与模型三的区别在于其允许缺货。

模型假设条件如下。

（1）允许缺货，货物补充速率为V，货物的需求速率为$R(V>R)$。

（2）一个周期T内货物的最大存储量为Q_1，最大缺货量为S。

（3）其他条件同模型三。

存储状态变化情况如图 11-5 所示。

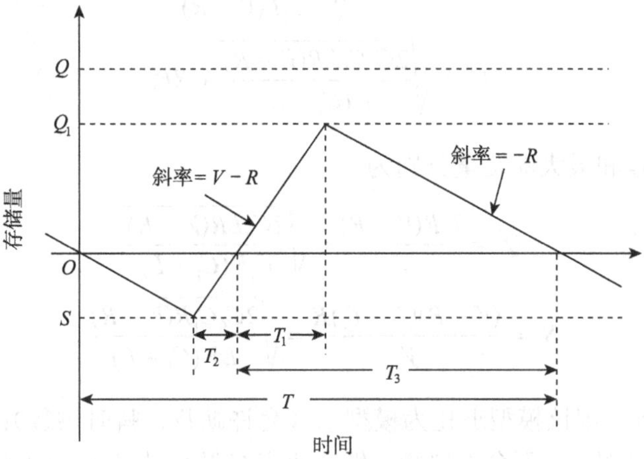

图 11-5 模型四的存储状态变化图

如图 11-5 所示，时间区间T_1+T_2为货物补充期。在T_2的生产时期内，储存量的增量为$T_2(V-R)$，刚好弥补最大缺货量，最大缺货量为$(T-T_2-T_3)R$；在T_1的生产时期内，生产量T_1V为T_3内的需求量T_3R。故最大存储量为$T_1(V-R)$，由此得

$$\begin{gathered} S=(T-T_2-T_3)R=T_2(V-R) \\ Q_1=T_1(V-R) \\ T_1V=T_3R \\ Q=RT \end{gathered} \tag{11.10}$$

在一个周期 T 内，存储量和缺货量可分别通过对时间变量求导得到，平均存储量为 $\frac{Q_1T_3}{2T}$，平均缺货量为 $\frac{S(T-T_3)}{2T}$。

单位时间总费用为

$$C=\frac{Q_1T_3C_1}{2T}+\frac{S(T-T_3)L}{2T}+\frac{C_0}{T}+RP_0$$

结合式（11.10），将 C 看作关于变量 T 和 T_3 的函数，则有

$$C=\frac{C_1R(V-R)T_3^2}{2VT}+\frac{LR(V-R)(T-T_3)^2}{2TV}+\frac{C_0}{T}+RP_0 \tag{11.11}$$

利用极值的必要条件得 $\frac{\partial C}{\partial T}=0$，$\frac{\partial C}{\partial T_3}=0$，求得最优解为

$$\begin{aligned}
T^* &= \sqrt{\frac{2VC_0(C_1+L)}{C_1LR(V-R)}} \\
T_3^* &= \sqrt{\frac{2VLC_0}{C_1R(C_1+L)(V-R)}} \\
Q^* &= RT^* = \sqrt{\frac{2C_0VR(C_1+L)}{C_1L(V-R)}} \\
C^* &= \sqrt{\frac{2C_0C_1LR(V-R)}{V(C_1+L)}}+RP_0
\end{aligned} \tag{11.12}$$

此时，最大存储量和最大缺货量分别为

$$Q_1^*=\frac{T_3R(V-R)}{V}=\sqrt{\frac{2C_0LR(V-R)}{C_1V(C_1+L)}}$$

$$S^*=\frac{(V-R)(T-T_3)R}{V}=\sqrt{\frac{2C_0C_1R(V-R)}{LV(C_1+L)}}$$

若令 $V\to+\infty$，则该模型退化为模型二（允许缺货，瞬时供货）；若令 $L\to+\infty$，则该模型退化为模型三（不允许缺货，供应速度有限）；若令 $V\to+\infty$，同时 $L\to+\infty$，则该模型退化为模型一（不允许缺货，瞬时补货）。所以，前面三个模型可以看作模型四的特例。

【例 11.5】题意同例 11.4，若允许 B 车间中断加工，但造成每件每月 1.4 元的损失费，求其最优方案。

解：依题意知：$L=1.4$，由式（11.12）得

$$Q^*=\sqrt{\frac{2\times30\times800\times200\times(1.6+1.4)}{1.6\times1.4\times(800-200)}}=146\text{（件）}$$

$$T^*=\sqrt{\frac{2\times800\times30\times(1.6+1.4)}{1.6\times1.4\times200\times(800-200)}}=0.73(\text{月})=22(\text{天})$$

$$T_3^*=\sqrt{\frac{2\times800\times1.4\times30}{1.6\times200\times(1.6+1.4)\times(800-200)}}=0.34(\text{月})=10(\text{天})$$

$$C^*=\sqrt{\frac{2\times30\times1.6\times1.4\times200\times(800-200)}{800\times(1.6+1.4)}}+200\times10=2081.98(\text{元})$$

$$Q_1^*=\sqrt{\frac{2\times30\times1.4\times200\times(800-200)}{1.6\times800\times(1.6+1.4)}}=51(\text{件})$$

$$S^*=\sqrt{\frac{2\times30\times1.6\times200\times(800-200)}{1.4\times800\times(1.6+1.4)}}=59(\text{件})$$

即每隔 16 天组织一次生产，生产批量为 146 件，有库存时间为 10 天，最大库存为 51 件，最大缺货为 59 件，费用比不允许缺货模型少。

第三节 随机存储模型

本章第二节的讨论中所涉及的一些数量因素都是确定的，如货物的需求、订货费用和计划期的存储费用都是已知的，我们甚至将缺货的成本都作为常数来处理，称这类问题为确定性存储问题。然而，在实际应用中，情况往往较为复杂，许多参数都具有不确定性，这就产生了随机存储模型。产生不确定现象常常是众多的随机因素影响所致，但经过对大量观测数据的处理或者根据理论上的分析，这些随机影响可以近似地由某种概率分布，如正态分布、Poisson 分布等描述。本节我们不讨论如何得到这些概率分布的统计方法，而是在假设概率分布已知的前提下，按照研究目的来建立合适的随机存储模型。

一、单周期随机模型

单周期是将某一时间段作为我们所考虑问题的一个运行周期，在这个周期内只订货一次，以满足整个时期的需求。其间经历订货、存储、销售等环节，在一个周期的最后阶段若不能把所有的产品销售完，就要降价处理，甚至扔掉，总之一个周期完毕，所有的货物都要处理掉，不能把货物遗留到下一周期。单周期模型所处理的问题的研究对象都是带有季节性或者易变质的产品，如商场要订购的月饼、粽子、挂历，书店要订购的期刊，商店要订购的服装，甚至是更新换代较快的电子产品。最典型的报童问题就是这类问题。

基本假设如下。

（1）一个周期 T 内需求量 X 是非负随机变量，其分布函数及密度函数都已知。

（2）每周期开始时做一次订货决策，一次性供货，订货量为 Q。

（3）初始库存量为零，固定订购费也为零。

（4）决策准则是使期望总费用达到最低或期望总收益达到最大。

下面分别就离散型与连续型两种情况进行讨论。

（一）离散型随机模型

已知需求量 X 是非负离散型随机变量，其概率分布 $P(X)$ 已知。假设每出售单位产品的利润是 k 元，当产品供大于求时，每积压单位产品赔 h 元。

模型五：总费用最少的期望订货量模型。

在上述假设条件下，易知在一个周期内实际卖出的产品数量为 $\min\{Q,X\}$，缺货量为 $\max\{0,X-Q\}$，库存量为 $\max\{0,Q-X\}$。因此总费用为

$$f(Q)=h\sum_{X=0}^{Q}(Q-X)P(X)+k\sum_{X=Q+1}^{\infty}(X-Q)P(X) \tag{11.13}$$

最佳订货量 Q^* 应满足：① $f(Q^*)\leqslant f(Q^*+1)$；② $f\left(Q^*\right)\leqslant(Q^*-1)$。这两个条件说明，当 Q^* 是最佳订货量时，产生的总费用是最少的。

由条件①和式（11.13）得

$$\begin{aligned}f(Q^*)&=h\sum_{X=0}^{Q^*}(Q^*-X)P(X)+k\sum_{X=Q^*+1}^{\infty}(X-Q^*)P(X)\\&\leqslant h\sum_{X=0}^{Q^*+1}(Q^*+1-X)P(X)+k\sum_{X=Q^*+2}^{\infty}(X-Q^*-1)P(X)=f(Q^*+1)\end{aligned}$$

化简整理可得

$$\sum_{X=0}^{Q^*}P(X)\geqslant\frac{k}{k+h}$$

由条件②和式（11.13）得

$$\begin{aligned}f(Q^*)&=h\sum_{X=0}^{Q^*}(Q^*-X)P(X)+k\sum_{X=Q^*+1}^{\infty}(X-Q^*)P(X)\\&\leqslant h\sum_{X=0}^{Q^*-1}(Q^*-1-X)P(X)+k\sum_{X=Q^*}^{\infty}(X-Q^*+1)P(X)=f(Q^*-1)\end{aligned}$$

化简整理可得

$$\sum_{X=0}^{Q^*-1}P(X)\leqslant\frac{k}{k+h}$$

因此，从总费用最少的角度来考虑，最佳的期望订货量应由式（11.14）确定：

$$\sum_{X=0}^{Q^*-1}P(X)<\frac{k}{k+h}\leqslant\sum_{X=0}^{Q^*}P(X) \tag{11.14}$$

另外，若考虑总收益最大的模型，我们仍能得到与期望总费用最少的模型一致的结果。

【例 11.6】某企业生产流水线上有一易损零部件，损坏后需及时更换，更换需求量 X 服从 Poisson 分布，根据以往的经验，平均需求量为 6 件，此零件的价格为 150 元/件，若零件用不完，到期末就完全报废，若备件不足，待零件损坏了再去订购，就会造成停工损失 320 元，问应备多少此零部件最好？

解：由题意知需求强度 λ=6，若已损坏零部件被更换，将避免造成停工损失 320 元，可以看作是该零件“售出”，其收益是 320 元。若零部件没有使用，可认为没有“售出”，期末报废，将损失成本 150 元。因此，k=320，h=150。

Poisson 分布函数为

$$P(X)=\frac{\lambda^X}{X!}\mathrm{e}^{-\lambda},\ X=0,1,2,\cdots$$

$$\frac{k}{k+h}=\frac{320}{320+150}=0.6809$$

查 Poisson 分布表得 $\sum_{X=0}^{6}\frac{6^X}{X!}\mathrm{e}^{-6}=0.6063,\quad \sum_{X=0}^{7}\frac{6^X}{X!}\mathrm{e}^{-6}=0.7440$，由式（11.14）知，最好准备 7 件此零部件可使损失最小。

【例 11.7】某报亭每月初购进一定数量的某种期刊出售，每本的进价为 2.20 元，售价为 2.80 元。若到月底还没有卖完，则剩余的期刊将以每本 1.00 元的价格处理掉。出售量 X 的概率分布如表 11-1 所示。问报亭从批发商那里购进多少本该期刊才能获利最大（即损失最小）？

表 11-1 期刊出售量的概率分布

出售量 X	100	200	300	400	500	600	700	800
概率	0.10	0.15	0.12	0.12	0.16	0.18	0.10	0.07
累积概率	0.10	0.25	0.37	0.49	0.65	0.83	0.93	1.00

解：由题意知：k=2.80－2.20=0.60，h=2.20－1.00=1.20。因此，

$$\frac{k}{k+h}=\frac{0.60}{0.60+1.20}=0.33$$

从表 11-1 可以看出：

$$\sum_{X=0}^{200}P(X)=0.25,\ \sum_{X=0}^{300}P(X)=0.37$$

$$\sum_{X=0}^{200}P(X)=0.25<0.33<\sum_{X=0}^{300}P(X)=0.37$$

所以 Q 取 300 最佳。

（二）连续型随机模型

模型六（1）：需求连续的随机模型，无缺货成本。

模型特点：无缺货成本。

模型假设条件如下。

（1）设需求量 X 为连续的随机变量，其概率密度函数为 $\varphi(X)(X \geqslant 0)$，分布函数为 $F(a)=\int_0^a \varphi(X)\mathrm{d}X$ 。

（2）单位货物的购买（生产）成本为 P_0，单位货物售价为 P，单位存储费为 C_1 。

（3）设无缺货成本，订货数量为 Q。

此时，货物的销量应为 $\min\{X,Q\}$，需支付的存储费为 $\max\{C_1(Q-X),0\}$ 。

（1）首先，我们考虑单周期模型，其盈利为

$$w(Q)=P\times\min\{X,Q\}-QP_0-\max\{C_1(Q-X),0\}$$

盈利的期望值为

$$\begin{aligned}E(w(Q))&=\int_0^Q PX\varphi(X)\mathrm{d}X+\int_Q^{\infty} PQ\varphi(X)\mathrm{d}X-QP_0-\int_0^Q C_1(Q-X)\varphi(X)\mathrm{d}X\\&=\int_0^{\infty} PX\varphi(X)\mathrm{d}X-\int_Q^{\infty} PX\varphi(X)\mathrm{d}X+\int_Q^{\infty} PQ\varphi(X)\mathrm{d}X-QP_0\\&\quad-\int_0^Q C_1(Q-X)\varphi(X)\mathrm{d}X\\&=PE(X)-\left[\int_Q^{\infty} P(X-Q)\varphi(X)\mathrm{d}X+\int_0^Q C_1(Q-X)\varphi(X)\mathrm{d}X+QP_0\right]\end{aligned}\tag{11.15}$$

其中，$\int_Q^{\infty} P(X-Q)\varphi(X)\mathrm{d}X$ 表示因缺货失去销售机会而产生的缺货损失的期望值；$\int_0^Q C_1(Q-X)\varphi(X)\mathrm{d}X$ 表示因滞销而产生的存储费用的期望值；QP_0 表示购买货物的费用。记

$$E(C(Q))=\int_Q^{\infty} P(X-Q)\varphi(X)\mathrm{d}X+\int_0^Q C_1(Q-X)\varphi(X)\mathrm{d}X+QP_0$$

由于 $E(w(Q))+E(C(Q))=\int_0^{\infty} PX\varphi(X)\mathrm{d}X=PE(X)$，那么有

$$\max E(w(Q))=PE(X)-\min E(C(Q))$$

可以看出，求盈利最大与求损失期望最小是等价的。

利用 $E(C(Q))$ 是关于 Q 的连续可微函数，令 $\dfrac{\mathrm{d}E(C(Q))}{\mathrm{d}Q}=0$，即可得出 Q 应满足：

$$F(Q)=\int_0^Q \varphi(X)\mathrm{d}X=\frac{P-P_0}{C_1+P}\tag{11.16}$$

由微积分求极值的方法可知，式（11.16）可决定 $E(C(Q))$ 的极小值点 Q^*。

注意：若 $P\leqslant P_0$，那么有 $F(Q)\leqslant 0$，这与分布函数 $F(Q)\geqslant 0$ 矛盾，此时可令 Q^*

为零值，其经济解释是当售价低于进价时不订货。

（2）以上讨论的是单周期问题，一般情况下，前一周期库存的货物可以在下一阶段销售，假设前一阶段剩余的货物量为Q_0，作为本阶段初的货物存储量，则有

$$\begin{aligned}\min E(C(Q)) &= \min\left[P_0(Q-Q_0)+P\int_Q^{\infty}(X-Q)\varphi(X)\mathrm{d}X + C_1\int_0^Q(Q-X)\varphi(X)\mathrm{d}X\right]\\ &= -P_0Q_0+\min\left[P\int_Q^{\infty}(X-Q)\varphi(X)\mathrm{d}X + C_1\int_0^Q(Q-X)\varphi(X)\mathrm{d}X+QP_0\right]\end{aligned}$$

上式第二部分恰好是$E(C(Q))$，利用式（11.16）可以求出Q^*，相应的决策为：①当$Q_0 \geqslant Q^*$时，本阶段订货量为零（存储的货物能满足销售）；②当$Q_0 < Q^*$时，本阶段订货量为Q^*-Q_0。

（3）另外，前面讨论的模型中期末的存货还可以在下期销售，如果必须处理呢？假设货物未能出售，则每单位赔h；若供不应求，则每单位的缺货损失为k。

当$X \leqslant Q$时，供过于求，货物因不能及时售出而产生损失，其损失期望值为

$$h\int_0^Q(Q-X)\varphi(X)\mathrm{d}X$$

当$X > Q$时，供不应求，这时因缺货而产生损失，其损失期望值为

$$k\int_Q^{\infty}(X-Q)\varphi(X)\mathrm{d}X$$

则总的期望损失为

$$f(Q)=h\int_0^Q(Q-X)\varphi(X)\mathrm{d}X+k\int_Q^{\infty}(X-Q)\varphi(X)\mathrm{d}X \tag{11.17}$$

由微积分求极值的方法可得最佳订货量Q^*满足：

$$\int_0^Q\varphi(X)\mathrm{d}X=\frac{k}{k+h} \tag{11.18}$$

模型六（2）：需求连续的随机模型，考虑缺货成本。

在模型六（1）中我们讨论缺货时只考虑了失去销售机会，而没考虑缺货成本，如果缺货时需要付出费用$L > P$，则总费用的期望值为

$$E(C(Q))=L\int_Q^{\infty}(X-Q)\varphi(X)\mathrm{d}X+C_1\int_0^Q(Q-X)\varphi(X)\mathrm{d}X+QP_0$$

由微积分求极值的方法可得

$$\int_0^Q\varphi(x)\mathrm{d}x=\frac{L-P_0}{C_1+L} \tag{11.19}$$

由式（11.19）可以确定最佳的订货量Q^*。此结果类似于式（11.16）。

【例 11.8】某公司欲购进一批季节性食品，进价为每斤 100 元，出售价为每斤 180 元，由于受保鲜条件的限制，一周之内若卖不出去，则按每斤 50 元降价处理。根据以

往经验，这种食品的销售量服从参数为$\frac{1}{80}$的指数分布，请确定最佳订货量。

解：已知P_0=100，P=180，k=80，h=50。

$$\varphi(x)=\begin{cases}\frac{1}{80}e^{-\frac{1}{80}x}, & x>0\\ 0, & x\leqslant 0\end{cases}$$

临界值为$\frac{80}{80+50}$=0.6154，由式（11.18）得

$$\int_0^Q \frac{1}{80}e^{-\frac{1}{80}x}dx=1-e^{-\frac{Q}{80}}=0.6154$$

因此可确定最佳订货量Q^*=−80ln 0.3846=76（斤）。

二、多周期库存模型

多周期库存模型是考虑了时间因素的一种随机动态库存模型，它与单周期随机模型的不同之处在于，每个周期的期末库存货物在下一周期仍然可用。由于多周期随机库存问题更为复杂和普遍，在实际应用中，库存系统的管理人员往往要根据不同物资的需求特点及供货情况，本着费用最小化的原则采用不同的库存策略，最常用的是(s,S)策略。

模型七：(s,S)库存模型。

模型特点：需求是随机离散的。

模型假设条件如下。

（1）货物需求量X为离散型随机变量，其概率分布$P(X)$已知。

（2）订货机会周期出现，期初库存量为Q_0，订货量为Q，库存水平达到$S=Q_0+Q$。

（3）单位货物购买价为P_0，单位货物存储费为C_1，单位缺货损失为L，每次订购费为C_0，都为常数。

由假设条件已知，订货费为C_0+QP_o，实际出售产品数量为$\min\{X,Q_0+Q\}$，缺货量为$\max\{0,X-Q_0-Q\}$，本期库存量为$\max\{0,Q+Q_0-X\}$。总费用函数为

$$f(X,S)=C_0+P_0(S-Q_0)+L\max\{0,X-S\}+C_1\max\{0,S-X\}$$

总费用期望函数为

$$f(S)=E\big(f(X,S)\big)=C_0+P_0(S-Q_0)+L\sum_{X>S}(X-S)P(X)+C_1\sum_{X\leqslant S}(S-X)P(X) \quad (11.20)$$

使式（11.20）达到最小的S即为最优库存水平。

因为$f(S)$是离散的，我们做以下处理。

（1）将需求X的所有随机取值按大小顺序排列为

$$x_0,x_1,\cdots,x_i,x_{i+1},\cdots,x_m,\ x_i<x_{i+1},\ \Delta x_i=x_{i+1}-x_i\neq 0,\ i=0,1,\cdots,m-1$$

（2）S 只从 $x_0, x_1, \cdots, x_m$ 中取值，记最优库存水平为 S^*，应有 $x_i - 1 < S^* = x_i < x_{i+1}$，则 f 满足：① $f(x_i) \leqslant f(x_{i+1})$；② $f(x_i) \leqslant f(x_{i-1})$。

类似于式（11.14），我们有

$$\sum_{X \leqslant x_{i-1}} P(X) < \frac{L - P_0}{L + C_1} \leqslant \sum_{X \leqslant x_i} P(X) \tag{11.21}$$

称 $\frac{L - P_0}{L + C_1}$ 为临界值，由式（11.21）可求出 S^*，最佳订货量为 $Q^* = S^* - Q_0$，实际订货量为 $\max\{0, S^* - Q_0\}$。

该模型每次订货都要产生固定订购费 C_0，不订货无疑会减少订购费 C_0，又因为存储费和缺货费是此消彼长的，因此在一定条件下，可能存在一个库存量 $s\,(s \leqslant S)$，使得式（11.22）成立：

$$\begin{aligned} & P_0 s + L\sum_{X > s}(X - s)P(X) + C_1 \sum_{X \leqslant s}(s - X)P(X) \\ \leqslant\ & C_0 + P_0 S + L\sum_{X > S}(X - S)P(X) + C_1 \sum_{X \leqslant S}(S - X)P(X) \end{aligned} \tag{11.22}$$

其直观解释是：订货一次将存储量由 s 提高到 S 水平可能会使总的费用增加。也许满足式（11.22）的 s 不止一个，那么我们从中选取最小的一个作为我们订货的临界值。当 $s < Q_0$ 时，不订货；当 $s > Q_0$ 时，需订货，使库存水平提高到 S。进一步地，若不考虑订购费和存储费，式（11.22）将变为

$$P_0 s + L\sum_{X > s}(X - s)P(X) \leqslant P_0 S + L\sum_{X > S}(X - S)P(X)$$

从上式可以看出，此时 $S = s$，也就是说在订购费和存储费都为零的情况下，我们可以增加订货的次数和存货量，而不会增加总费用。

【例 11.9】根据统计资料，某供暖企业对煤炭的月需求量如表 11-2 所示。

表 11-2 煤炭月需求量

需求量 x /吨	300	400	500	600	700	800	900
概率 $P(x)$	0.05	0.10	0.15	0.20	0.25	0.10	0.15
累积概率	0.05	0.15	0.30	0.50	0.75	0.85	1.00

每次订购费为 500 元，每月每吨保管费为 20 元，每月每吨缺货费为 1500 元，煤炭每吨价格为 600 元，该企业欲采用 (s,S) 库存模型来控制库存量，试求出 S 的值。

解：由题知 P_0=600（元），C_1=20（元），$L = 1500$（元）。临界值 $\frac{L - P_0}{L + C_1} = 0.59$，由式（11.21）得

$$\sum_{x=300}^{600} P(x) < 0.59 \leqslant \sum_{x=300}^{700} P(x)$$

因此 S^*=700（吨）。

若 Q_0=200 吨，则需补充 500 吨货物。此时期望费用为

500+500×600+20×[(700−300)×0.05+(700−400)×0.10+(700−500)×0.15+(700−600)×0.20]+1500×[(800−700)×0.1+(900−700)×0.15]=362 500（元）

模型八：需求随机连续的多周期 (s,S) 模型。

模型特点：需求是随机连续的。

模型假设条件如下。

假设条件与模型七的不同之处是，需求 X 是连续的随机变量，其概率密度为 $\varphi(X)$，分布函数为 $F(a)=\int_0^a \varphi(X)\mathrm{d}X$。总的费用应包含以下几部分。

订货费为 C_0+QP_0。

当需求 $X \leqslant S$ 时有剩余货物，存储费的期望值为

$$\int_0^S C_1(S-X)\varphi(X)\mathrm{d}X$$

当需求 $X>S$ 时，$X-S$ 的部分需支付缺货费，缺货费的期望值为

$$\int_S^\infty L(X-S)\varphi(X)\mathrm{d}X$$

总费用的期望值为

$$f(S)=C_0+P_0(S-Q_0)+\int_0^S C_1(S-X)\varphi(X)\mathrm{d}X+\int_S^\infty L(X-S)\varphi(X)\mathrm{d}X \tag{11.23}$$

由于 $f(S)$ 是关于 S 的连续函数，对变量 S 求导得

$$\frac{\mathrm{d}f(S)}{\mathrm{d}S}=P_0+C_1\int_0^S \varphi(X)\mathrm{d}X-L\int_S^\infty \varphi(X)\mathrm{d}X=P_0+(L+C_1)\int_0^S \varphi(X)\mathrm{d}X-L$$

令 $\frac{\mathrm{d}f(S)}{\mathrm{d}S}=0$，利用微分求极值的方法可得

$$\int_0^S \varphi(X)\mathrm{d}X=\frac{L-P_0}{L+C_1} \tag{11.24}$$

称 $\frac{L-P_0}{L+C_1}$ 为临界值，由式（11.24）可确定 S^*，再由 $Q^*=S^*-Q_0$ 可得最佳订货量。

同模型七类似，若货物供不应求，则产生缺货费。但每次订货都要产生固定订购费 C_0，同时存货的增加将产生更多的存储费。综合考虑，我们设想可能存在 $s\,(s\leqslant S)$，使得式（11.25）成立：

$$\begin{aligned}&P_0 s+\int_0^s C_1(s-X)\varphi(X)\mathrm{d}X+\int_s^\infty L(X-s)\varphi(X)\mathrm{d}X\\ \leqslant\ &C_0+P_0 S+\int_0^S C_1(S-X)\varphi(X)\mathrm{d}X+\int_S^\infty L(X-S)\varphi(X)\mathrm{d}X\end{aligned} \tag{11.25}$$

当 $s=S$ 时，式（11.25）显然成立；当 $s<S$ 时，也可能存在若干个 s 使得式（11.25）

成立。那么我们选取一个使式（11.25）成立的最小的 s 作为我们要找的临界值。每阶段检查库存，当 $s<Q_0$ 时，不订货；当 $s>Q_0$ 时，需订货，将库存水平提高到 S。

【例 11.10】 某家具商场出售一款沙发，历史销售记录显示，该产品的销售量服从区间为[60,120]的均匀分布，每台产品进货价为 4000 元，每次订购费为 500 元，单位库存费为 50 元。若缺货，商场为了维护自己的信誉，将以每台 4500 元的价格从其他商店进货后再卖给顾客，设期初无库存，试确定最佳订货量及 S 值。

解：由题知 P_0=4000，C_1=50，L=4500，C_0=500，临界值 $\dfrac{L-P_0}{L+C_1}=\dfrac{4500-4000}{4500+50}=0.1099$。

$$\varphi(X)=\begin{cases}\dfrac{1}{60}, & 60\leqslant X\leqslant 120\\ 0, & \text{其他}\end{cases}$$

由 $\int_0^S \varphi(X)\mathrm{d}X=0.1099$ 可确定最佳库存水平 S^*=67（台），最佳订货量 $Q^*=S^*-Q_0$=67（台）。此时，费用期望值为

$$\begin{aligned}f(S)&=500+4000\times 67+50\int_0^{67}(67-x)\times\frac{1}{60}\mathrm{d}x+4500\times\int_{67}^{120}(x-67)\times\frac{1}{60}\mathrm{d}x\\&=375\,708(\text{元})\end{aligned}$$

习 题

1. 请回答以下思考题。

（1）对于连续的供需模型，为什么求的是平均费用？

（2）随着订货量的增加，所产生的费用是如何变化的？

（3）在同一存储模型中，会不会既产生存储费，又产生缺货费，二者能同时出现吗？

（4）在允许缺货的存储模型中，确定订货量时，存储量的减少带来的节约能否抵消缺货造成的损失？

（5）进货价格打折扣的情况，是否意味着订货量要大于不打折时的订货量？

（6）在其他费用不变的条件下，若单位存储费增加，最优订货量如何变化？若缺货费增加呢？

2. 一家电脑制造公司自行生产扬声器用于装配电脑。电脑以每月 6000 台的生产率在流水线上装配，扬声器则成批生产，每次成批生产时需准备费 1200 元，每个扬声器的成本为 20 元，存储费为每月 0.1 元。若不允许缺货，每批应生产扬声器多少只？多长时间生产一次？

3. 某玩具厂预测下年度的销售量为 15 000 件，准备在全年的 300 个工作日内均衡组织生产。假如加工一件玩具所需的各种原材料成本为 48 元，所需原料的年存储费

为其成本的 22%，提出一次订货所需费用为 250 元，订货提前期为零，不允许缺货：①试求经济订货量；②若玩具厂一次订购一个月所需的原材料，其在价格上可享受 9 折优待（存储费也为折价后的 22%），试问该玩具厂应否接受此优惠条件？

4. 某企业将一种零件的订货量定为 $Q^*=100$。前提条件是不允许缺货、瞬时供货，但由于仓库租金等费用的增加，每件的存储费将从原来占成本的 20%上升到占成本的 25%，求在这个新条件下的经济订货量。

5. 某机床厂对一种元件的需求为 $R=1000$ 件/年，瞬时供货，每次订购费为 20 元。该元件每件成本为 40 元，年存储费为成本的 15%。如果出现供应短缺情况，可在下批货到达时补上，缺货损失为每件每年 20 元。求：①经济订货量及全年的总费用；②如不允许缺货，求经济订货量，并同①的结果比较。

6. 某企业需外购一种设备，年需求量为 10 000 件，单价为 1600 元。已知每次组织订货需支付订购费 4000 元，每件设备的年存储费为单价的 15%。假设缺货将造成停产，故不允许缺货；由于市场供应充足，供货可认为能即时到达。求经济订货量及全年最小总成本。

7. 在习题 6 的条件下，假设允许缺货，每件产品每月的缺货损失为 4 元，供货即时到达。求最佳订货量、最佳订货周期、最大缺货量。

8. 在习题 6 的条件下，假设不允许缺货，供货不能即时到达，供货速度为每月 2000 件。求最佳订货量、最佳订货周期、全年最少总费用。

9. 在习题 6 的条件下，假设允许缺货，缺货费为每件产品每月 5 元，供货不能即时到达，供货速度仍为每月 2000 件。求最佳订货量、最佳订货周期、最大缺货量、全年最少总费用。

10. 某商店冬季需订购一批羽绒服以备出售，一个冬季订货一次，销售一件可获利 140 元，若当季销售不完，需低价处理掉，每件损失 60 元。若根据经验知销售量的概率分布如表 11-3 所示。问该商店一个冬季需订购这种羽绒服多少件，可使获利的期望值最大？

表 11-3 羽绒服销售量概率分布

销售量/件	100	200	300	400	500	600	700
概率	0.05	0.10	0.15	0.20	0.35	0.10	0.05

11. 经销商通过长期的观察知，市场对某种产品的需求量服从均值为 120、方差为 15 的正态分布。这种产品的进价为 20 元，售价为 28 元，存储费为 1 元。若不考虑缺货损失，试确定最佳订货量，使得期望利润最大。

12. 在习题 6 的条件下，若目前经销商的这种产品的库存量为 500 件，考虑其最佳订货策略。

13. 某企业对原料的需求量的概率分布如表 11-4 所示。

表 11-4 原料需求量概率分布

需求量/吨	70	80	90	100	110
概率	0.10	0.20	0.25	0.30	0.15

已知订购费为 1200 元，每吨原料的单价为 800 元，一个周期内每吨货物的存储费为 50 元，每吨原料的缺货费为 600 元，试确定该企业的存储策略。

14. 某汽车修理厂需要一种配件，根据以往经验知这种配件一个季度内的需求量服从区间在[150,300]的均匀分布，每次订购费为 500 元，配件的单价为 1200 元，存储费为每件每月 5 元，每件缺货损失为 450 元，期初这种配件库存为 12 件，试确定存储策略。

15. 在习题 13 和 14 中，若不考虑订购费和存储费，存储策略有什么变化？

第十二章

博　弈　论

在社会实践中，经常需要对人与人之间的行为做出判断与决策，如大到国家或地区间的冲突、相互竞争的企业对市场的占有，小到个人之间的矛盾等，参与博弈的双方均要对自己和对方的行为做出判断与决策。博弈论就是研究人与人之间在利益相互制约的情况下选择策略时的理性行为及相应结果的学科，是研究斗争局势的数学理论，也是运筹学和主流经济学的一个重要分支。

博弈论又称“对策论”“游戏论”，其研究内容非常丰富，本章只介绍两人有限零和博弈（矩阵博弈）与两人有限非零和博弈的相关知识。

第一节　博弈论的基本概念

1928 年，冯・诺依曼证明了博弈论的基本原理，从而宣告了博弈论的正式诞生。1944 年，冯・诺依曼和摩根斯坦共著的划时代巨著《博弈论与经济行为》将两人博弈推广到 n 人博弈，并将博弈论应用于经济领域，从而奠定了这一学科的基础和理论体系。1950～1951 年，约翰・纳什给出了纳什均衡的概念和均衡存在定理，为非合作博弈奠定了坚实的基础。

一、博弈三要素

一局博弈中，一般会包含局中人、策略、支付以及行动、信息、局势、均衡等要素，前三个要素为一般博弈中最基本的要素。

（1）局中人（players）。局中人是指具有理性行为的博弈参与者。局中人可以是单个的人，也可以是一个团体、组织，如企业、军队、国家等。在某些特殊情况下，局中人还可以是自然。

假定局中人具有理性行为，每个局中人都是聪明的、理智的，必须以自己的利益极大化为目的，即有一个很好定义的偏好函数，在考虑对方行为及其他约束的条件下，局中人要极大化自己的偏好。或者说，作为博弈者，最佳策略是最大限度地利用游戏规则，最大化自己的利益。

局中人可以是两个，也可以是多个，记局中人为$i \in \{1,2,\cdots,n\}$，将某个局中人i之外的其他局中人称为“i的对手”，记为$-i$。

（2）策略（strategies）。一局博弈中，可供局中人选择的一个实际的、完整的行动方案称为一个策略，也称纯策略。局中人所有的策略的集合，就构成了该局中人的策略集合，其可以是有限的，也可以是无限的。用$s_i \in S_i$表示第i个局中人的策略。每个局中人都从自己的策略集合S_i中选出一个策略，得到一个博弈结果，这样每个局中人的策略放在一起，就构成了一个局势。例如，两人猜“石头、剪子、布”的游戏中，任何一个局中人的纯策略集合为{石头，剪子，布}，当局中人1、2分别做出策略“石头”“布”时，就构成一种局势（石头，布），这就是一个博弈结果。

混合策略（mixed strategies）是指局中人i在其纯策略空间上的一种概率分布$\sigma_i(s_i)$，表示局中人在实际博弈时根据这种概率分布在纯策略中随机选择并加以实施。例如，某局中人以概率$(\frac{1}{3},\frac{1}{3},\frac{1}{3})$选择相应策略（石头，剪子，布）即为一种混合策略。

（3）支付（payoffs）。支付也称赢得或得益，是一局博弈构成局势时博弈方的所得。因此，支付是策略或局势的函数$u_i = u_i(s_1,\cdots,s_i,\cdots,s_n)$。在采用混合策略时，支付函数是指局中人得到的期望效用水平$u_i(\sigma) = \sum_{s \in S}\left(\prod_{j=1}^{n}\sigma_j(s_j)\right)u_i(s)$。

二、博弈的分类

我们可以从不同的角度对博弈进行分类。

（1）根据局中人数目的不同，可分为两人博弈和多人博弈。

（2）根据局中人参与博弈时相互间的关系，可分为合作博弈和非合作博弈。两者的主要区别在于局中人能否达成一个具有约束力的协议，如果局中人能达成具有约束力的协议，这样的博弈就是合作博弈，否则为非合作博弈。

（3）根据策略数目的不同，可分为有限博弈和无限博弈。

（4）根据全体局中人的支付之和分类，可分为零和博弈、非零和博弈、常和博弈。零和博弈是指博弈各方的支付之和为零，即$\sum_i u_i = 0$，如猜硬币游戏，我所得即为你所失。除此之外的博弈可称为非零和博弈。常和博弈是非零和博弈的特例，指$\sum_i u_i = C$，C为常量。

（5）根据局中人行动的先后顺序，可分为静态博弈和动态博弈。静态博弈是指局中人同时给出自己的策略，其实质就是局中人行动时并不知道其他局中人采取了什么策略，如猜拳游戏；动态博弈是指局中人的行动有先后顺序，且后行动者能观察到先行动者所选择的策略，如下象棋游戏。

（6）根据局中人对博弈相关信息的了解程度，可分为完全信息博弈和不完全信息博弈。完全信息博弈是指每一个局中人对相关信息有准确的认知，信息是共享的，否则就是不完全信息博弈。

在一局博弈中如果局中人都有有限个策略，则称为有限博弈，否则称为无限博弈。本章主要介绍两人有限零和博弈、两人有限非零和博弈。

第二节 两人有限零和博弈

零和博弈表现的是局中人的利益完全对立的情况，局中人个数与每个局中人的策略数均有限的博弈，叫有限零和博弈。两人零和博弈中只有两个局中人参加，而且支付之和总是为 0，也就是说两个局中人的利益总是完全对立的，一方的所得就是另一方的损失，因此也称为严格竞争博弈。由于这一特点，只要知道一个人的支付矩阵也就确定了整个博弈局势，如矩阵：

$$\boldsymbol{A}=\begin{pmatrix}1 & 0 & 1 & -2\\ 2 & 1 & 1 & -1\\ 1 & 3 & 2 & 1\end{pmatrix}$$

其中的元素可认为是局中人 1 的所得，也就是局中人 2 的损失。由于矩阵可以用来标记任何一个有限的两人零和博弈，所以，两人零和博弈有时也被称为矩阵博弈。

一、两人有限零和博弈的数学模型

设有两个局中人，且局中人Ⅰ有 m 个纯策略，其策略集为 $S_{\mathrm{I}}=\{\alpha_1,\alpha_2,\cdots,\alpha_m\}$，局中人Ⅱ有 n 个纯策略，其策略集为 $S_{\mathrm{II}}=\{\beta_1,\beta_2,\cdots,\beta_n\}$。当局中人Ⅰ采用策略 $\alpha_i(i=1,2,\cdots,m)$，局中人Ⅱ采用策略 $\beta_j(j=1,2,\cdots,n)$ 时，就构成了一个纯局势 (α_i,β_j)。令局中人Ⅰ在纯局势 (α_i,β_j) 下的赢得为 $a_{ij}(i=1,2,\cdots,m,\ j=1,2,\cdots,n)$，则局中人Ⅰ的赢得矩阵为

$$\boldsymbol{A}=\left(a_{ij}\right)_{m\times n}=\begin{pmatrix}a_{11} & a_{12} & \cdots & a_{1n}\\ a_{21} & a_{22} & \cdots & a_{2n}\\ \vdots & \vdots & & \vdots\\ a_{m1} & a_{m2} & \cdots & a_{mn}\end{pmatrix}$$

局中人Ⅱ的赢得矩阵为 $-\boldsymbol{A}$。

两人有限零和博弈的格局完全由局中人的赢得矩阵所决定，这也是矩阵博弈名称的由来。

两人有限零和博弈的数学模型可表示为

$$G=\{\mathrm{I},\mathrm{II};S_{\mathrm{I}},S_{\mathrm{II}};\boldsymbol{A}\}\text{ 或 }G=\{S_{\mathrm{I}},S_{\mathrm{II}};\boldsymbol{A}\}$$

【例 12.1】甲有 3 枚硬币，乙有 2 枚硬币，二人进行猜硬币游戏，规则如下：每人在两只手里各放若干硬币，然后对双方左手和右手中的硬币数量进行比较。假设甲在左手放 m 枚硬币，乙在左手放 n 枚硬币，则：

（1）若 $m>n$，则甲得 $n+1$ 分，乙失 $n+1$ 分。

（2）若 $m<n$，则甲失 $m+1$ 分，乙得 $m+1$ 分。

（3）若 $m=n$，则甲乙各得零分。

右手硬币的比较与左手的完全一样。请写出甲的赢得矩阵。

解：显然这是一个矩阵博弈，局中人分别为甲和乙，记为局中人Ⅰ和Ⅱ。局中人Ⅰ的策略有 4 个，分别如下。

（1）在左手放 0 枚硬币，在右手放 3 枚硬币，记作 α_1。

（2）在左手放 1 枚硬币，在右手放 2 枚硬币，记作 α_2。

（3）在左手放 2 枚硬币，在右手放 1 枚硬币，记作 α_3。

（4）在左手放 3 枚硬币，在右手放 0 枚硬币，记作 α_4。

局中人Ⅱ的策略有 3 个，分别如下。

（1）在左手放 0 枚硬币，在右手放 2 枚硬币，记作 β_1。

（2）在左手放 1 枚硬币，在右手放 1 枚硬币，记作 β_2。

（3）在左手放 2 枚硬币，在右手放 0 枚硬币，记作 β_3。

$S_{\mathrm{I}}=\{\alpha_1,\alpha_2,\alpha_3,\alpha_4\}$ 和 $S_{\mathrm{II}}=\{\beta_1,\beta_2,\beta_3\}$ 分别为局中人Ⅰ和Ⅱ的策略集。对纯局势 (α_1,β_1)，局中人Ⅰ左手的赢得为 0，右手的赢得为 3，因此，局中人Ⅰ的赢得为 3；对纯局势 (α_1,β_2)，局中人Ⅰ在左手的赢得为–1，在右手的赢得为 2，因此，局中人Ⅰ的赢得为 1……于是，我们得到局中人Ⅰ的赢得矩阵为

$$\boldsymbol{A}=\begin{pmatrix} 3 & 1 & 0 \\ 1 & 2 & -1 \\ -1 & 2 & 1 \\ 0 & 1 & 3 \end{pmatrix}$$

当确定了决策集 S_{I}、S_{II} 和赢得矩阵 $\boldsymbol{A}$ 之后，博弈模型就给定了，接下来需要解决的问题就是局中人Ⅰ和Ⅱ如何选择最优策略以取得最大赢得，这将是我们下面要研究的问题。

二、纯策略

定义 12.1 对矩阵博弈 $G=\{S_{\mathrm{I}},S_{\mathrm{II}};\boldsymbol{A}\}$，其中 $S_{\mathrm{I}}=\{\alpha_1,\alpha_2,\cdots,\alpha_n\}$，$S_{\mathrm{II}}=\{\beta_1,\beta_2,\cdots,\beta_n\}$，$\boldsymbol{A}=(a_{ij})_{m\times n}$，若满足：

$$\max_{1\leqslant i\leqslant m}\min_{1\leqslant j\leqslant n} a_{ij}=\min_{1\leqslant j\leqslant n}\max_{1\leqslant i\leqslant m} a_{ij}=a_{i^*j^*} \tag{12.1}$$

令 $v(G)=a_{i^*j^*}$，则称 $v(G)$ 为矩阵博弈的值。使式（12.1）成立的纯局势 $(\alpha_{i^*},\beta_{j^*})$ 称为该矩阵博弈的均衡局势或在纯策略意义下的解。α_{i^*} 和 β_{j^*} 分别为局中人Ⅰ和Ⅱ的最优纯策略。

纯策略意义下的解又称为鞍点。显然，博弈有鞍点等价于矩阵博弈有解，$a_{i^*j^*}$ 既

是其所在行的最小值，也是其所在列的最大值，$a_{i^*j^*}$ 称为鞍点值。这类矩阵博弈叫作有鞍点的博弈。

定理 12.1 矩阵博弈 $G=\{S_{\mathrm{I}},S_{\mathrm{II}};\boldsymbol{A}\}$ 在纯策略意义下有解的充要条件是：存在 i^* 和 j^*，使得对任意的 i 和 j，均有

$$a_{ij^*} \leqslant a_{i^*j^*} \leqslant a_{i^*j} \tag{12.2}$$

证明：（1）充分性。由于对任意的 i 和 j，均有式（12.2）成立，故

$$\max_{1\leqslant i\leqslant m} a_{ij^*} \leqslant a_{i^*j^*} \leqslant \min_{1\leqslant j\leqslant n} a_{i^*j}$$

又因

$$\min_{1\leqslant j\leqslant n}\max_{1\leqslant i\leqslant m} a_{ij} \leqslant \max_{1\leqslant i\leqslant m} a_{ij^*}$$

$$\min_{1\leqslant j\leqslant n} a_{i^*j} \leqslant \max_{1\leqslant i\leqslant m}\min_{1\leqslant j\leqslant n} a_{ij}$$

所以

$$\min_{1\leqslant j\leqslant n}\max_{1\leqslant i\leqslant m} a_{ij} \leqslant a_{i^*j^*} \leqslant \max_{1\leqslant i\leqslant m}\min_{1\leqslant j\leqslant n} a_{ij}$$

另外，对任意的 i 和 j，有

$$\min_{1\leqslant j\leqslant n} a_{ij} \leqslant a_{ij} \leqslant \max_{1\leqslant i\leqslant m} a_{ij}$$

于是

$$\max_{1\leqslant i\leqslant m}\min_{1\leqslant j\leqslant n} a_{ij} \leqslant \min_{1\leqslant j\leqslant n}\max_{1\leqslant i\leqslant m} a_{ij}$$

因此，

$$\max_{1\leqslant i\leqslant m}\min_{1\leqslant j\leqslant n} a_{ij} = \min_{1\leqslant j\leqslant n}\max_{1\leqslant i\leqslant m} a_{ij} = a_{i^*j^*}$$

成立，即矩阵博弈在纯策略意义下有解。

（2）必要性。假设存在 i^* 和 j^*，使得

$$\min_{1\leqslant j\leqslant n} a_{i^*j} = \max_{1\leqslant i\leqslant m}\min_{1\leqslant j\leqslant n} a_{ij}$$

$$\max_{1\leqslant i\leqslant m} a_{ij^*} = \min_{1\leqslant j\leqslant n}\max_{1\leqslant i\leqslant m} a_{ij}$$

成立，则由矩阵博弈在纯策略意义下有解知：

$$\max_{1\leqslant i\leqslant m}\min_{1\leqslant j\leqslant n} a_{ij} = \min_{1\leqslant j\leqslant n}\max_{1\leqslant i\leqslant m} a_{ij}$$

也即

$$\max_{1\leqslant i\leqslant m} a_{ij^*} = \min_{1\leqslant j\leqslant n} a_{i^*j} \leqslant a_{i^*j^*} \leqslant \max_{1\leqslant i\leqslant m} a_{ij^*} = \min_{1\leqslant j\leqslant n} a_{i^*j}$$

所以对任意的 i 和 j，有

$$a_{ij^*} = \max_{1\leqslant i\leqslant m} a_{ij^*} \leqslant a_{i^*j^*} \leqslant \min_{1\leqslant j\leqslant n} a_{i^*j} = a_{i^*j}$$

成立。

【例 12.2】 求矩阵博弈 $G=\{S_{\mathrm{I}},S_{\mathrm{II}};\boldsymbol{A}\}$ 的解和值，其中

$$\boldsymbol{A}=\begin{pmatrix}5 & 2 & 3\\ 1 & 3 & 0\\ 9 & 6 & 4\end{pmatrix}$$

解：首先求每行的极小值 $\min\limits_{1\leqslant j\leqslant 3} a_{ij}(i=1,2,3)$，分别为 2、0、4，然后对其求极大值 $\max\{2,0,4\}=4$，即 $\max\limits_{1\leqslant i\leqslant 3}\min\limits_{1\leqslant j\leqslant 3} a_{ij}=a_{33}=4$。对每列求极大值，分别为 9、6、4，再对其求极小值 $\min\{9,6,4\}=4$，即 $\min\limits_{1\leqslant j\leqslant 3}\max\limits_{1\leqslant i\leqslant 3} a_{ij}=a_{33}=4$。所以 $\max\limits_{1\leqslant i\leqslant 3}\min\limits_{1\leqslant j\leqslant 3} a_{ij}=\min\limits_{1\leqslant j\leqslant 3}\max\limits_{1\leqslant i\leqslant 3} a_{ij}$，即矩阵博弈的值 $v(G)=4$，矩阵博弈的解为 (α_3,β_3)。

例 12.2 中只有一个解，而实际上，矩阵博弈的解可能不唯一，这时解的关系具有下面的性质。

（1）等值性：若 $(\alpha_{i_1},\beta_{j_1})$ 和 $(\alpha_{i_2},\beta_{j_2})$ 是矩阵博弈的两个解，则 $\alpha_{i_1j_1}=\alpha_{i_2j_2}$，即矩阵博弈的值是唯一的。

（2）可交换性：若 $(\alpha_{i_1},\beta_{j_1})$ 和 $(\alpha_{i_2},\beta_{j_2})$ 是矩阵博弈的两个解，则 $(\alpha_{i_1},\beta_{j_2})$ 和 $(\alpha_{i_2},\beta_{j_1})$ 也是矩阵博弈的解。

【例 12.3】 求矩阵博弈 $G=\{S_{\mathrm{I}},S_{\mathrm{II}};\boldsymbol{A}\}$ 的解和值，其中

$$\boldsymbol{A}=\begin{pmatrix}7 & 6 & 5 & 5 & 8\\ 4 & 9 & 3 & 2 & 3\\ 6 & 8 & 5 & 5 & 7\\ 3 & 4 & 1 & 2 & 0\end{pmatrix}$$

解：每行的极小值分别为 5、2、5、0，其中的最大值为 5，在第一行和第三行；每列的极大值分别为 7、9、5、5、8，其中的最小值为 5，在第三列和第四列。所以鞍点有四个，分别为 $(\alpha_1,\beta_3),(\alpha_3,\beta_3),(\alpha_1,\alpha_4)$ 和 (α_3,α_4)，鞍点值都是 5。

三、混合策略

并非所有的矩阵博弈都存在鞍点，事实上，在实际问题中，很多矩阵无鞍点，这样就不存在纯策略解。当矩阵博弈无纯策略解且博弈可进行多次时，局中人可以考虑按某种概率分布随机选择他的各个策略，这就是混合策略。

【例 12.4】 已知矩阵博弈 $G=\{S_{\mathrm{I}},S_{\mathrm{II}};\boldsymbol{A}\}$，其中 $S_{\mathrm{I}}=\{\alpha_1,\alpha_2\}$，$S_{\mathrm{II}}=\{\beta_1,\beta_2\}$，$\boldsymbol{A}=\begin{pmatrix}3 & 5\\ 6 & 2\end{pmatrix}$，该矩阵博弈有无纯策略解？

解：因为 $\max\limits_{1\leqslant i\leqslant 2}\min\limits_{1\leqslant j\leqslant 2} a_{ij}=3$，$\min\limits_{1\leqslant j\leqslant 2}\max\limits_{1\leqslant i\leqslant 2} a_{ij}=5$，二者不相等，所以该博弈不存在鞍点，

即局中人的纯策略无法达到均衡。因此，本博弈无纯策略解。

上述博弈，每个局中人将尽量避免对方发现自己采取何种策略，也就是说，每个局中人将随机地在自己的策略集中选择策略，这样，就得到了一个定义在策略集上的概率分布，也就是混合策略。可以将这种概率分布理解为局中人在一局博弈中对每个纯策略的偏爱程度，或者在多局重复博弈时，局中人采用每个纯策略的频率。

定义 12.2 对矩阵博弈 $G=\{S_{\mathrm{I}},S_{\mathrm{II}};\boldsymbol{A}\}$，其中 $S_{\mathrm{I}}=\{\alpha_1,\alpha_2,\cdots,\alpha_m\}$，$S_{\mathrm{II}}=\{\beta_1,\beta_2,\cdots,\beta_n\}$，$\boldsymbol{A}=\left(a_{ij}\right)_{m\times n}$，令向量 $\boldsymbol{X}=(x_1,x_2,\cdots,x_m)^{\mathrm{T}}\in E^m$，且 $x_i\geqslant 0,\ i=1,2,\cdots,m$，$\boldsymbol{Y}=(y_1,y_2,\cdots,y_n)^{\mathrm{T}}\in E^n$，且 $y_j\geqslant 0,\ j=1,2,\cdots,n$。则集合

$$S'_{\mathrm{I}}=\left\{\boldsymbol{X}=(x_1,x_2,\cdots,x_m)^{\mathrm{T}}\mid\sum_{i=1}^{m}x_i=1\right\}$$

$$S'_{\mathrm{II}}=\left\{\boldsymbol{Y}=(y_1,y_2,\cdots,y_n)^{\mathrm{T}}\mid\sum_{i=1}^{n}y_j=1\right\}$$

分别为局中人Ⅰ和Ⅱ的混合策略集，向量 $\boldsymbol{X}\in S'_{\mathrm{I}}$ 和 $\boldsymbol{Y}\in S'_{\mathrm{II}}$ 分别称为局中人Ⅰ和Ⅱ的混合策略。称 $(\boldsymbol{X},\boldsymbol{Y})$ 为一个混合局势，其中 $\boldsymbol{X}\in S'_{\mathrm{I}}$，$\boldsymbol{Y}\in S'_{\mathrm{II}}$。我们采用期望值表示局中人的赢得，局中人Ⅰ的赢得函数可表示为

$$E(\boldsymbol{X},\boldsymbol{Y})=\boldsymbol{X}^{\mathrm{T}}\boldsymbol{A}\boldsymbol{Y}=\sum_{i=1}^{m}\sum_{j=1}^{n}a_{ij}x_iy_j \tag{12.3}$$

于是，混合博弈的数学模型为 $G'=\{S'_{\mathrm{I}},S'_{\mathrm{II}};\boldsymbol{A}\}$，并称 G' 为 G 的混合扩充。

实际上，混合策略就是定义在策略集上的概率分布。

定义 12.3 设 $G'=\{S'_{\mathrm{I}},S'_{\mathrm{II}};\boldsymbol{A}\}$ 是矩阵博弈 $G=\{S_{\mathrm{I}},S_{\mathrm{II}};\boldsymbol{A}\}$ 的混合扩充，如果

$$\max_{\boldsymbol{X}\in S'_{\mathrm{I}}}\min_{\boldsymbol{Y}\in S'_{\mathrm{II}}}E(\boldsymbol{X},\boldsymbol{Y})=\min_{\boldsymbol{Y}\in S'_{\mathrm{II}}}\max_{\boldsymbol{X}\in S'_{\mathrm{I}}}E(\boldsymbol{X},\boldsymbol{Y})=v(G') \tag{12.4}$$

则称 $v(G')$ 为混合博弈 G' 的值，称 $(\boldsymbol{X}^*,\boldsymbol{Y}^*)^{\mathrm{T}}$ 为混合博弈 G' 在混合策略意义下的解或均衡局势，$\boldsymbol{X}^*$ 和 $\boldsymbol{Y}^*$ 分别称为局中人Ⅰ和Ⅱ的最优混合策略。

显然，纯策略是混合策略的特殊情形，即局中人以概率 1 选择其策略集中的某个策略，而以概率 0 选择其他策略。

【例 12.5】 试求解例 12.4 中博弈问题的最优混合策略与混合博弈的值。

解：因该博弈不存在最优纯策略，所以我们设局中人Ⅰ分别以 x 概率和 $1-x$ 概率随机选择策略 α_1 和 α_2，局中人Ⅱ分别以 y 概率和 $1-y$ 概率随机选择策略 β_1 和 β_2，则局中人Ⅰ的赢得为

$$E(\boldsymbol{X},\boldsymbol{Y})=\boldsymbol{X}^{\mathrm{T}}\boldsymbol{A}\boldsymbol{Y}=(x,1-x)\begin{pmatrix}3&5\\6&2\end{pmatrix}\begin{pmatrix}y\\1-y\end{pmatrix}=2+3x+4y-6xy$$

分别对 x 和 y 求偏导数，并令其为 0：

$$\frac{\partial E}{\partial x}=3-6y=0$$
$$\frac{\partial E}{\partial y}=4-6x=0$$

得到极值为 $x=\frac{2}{3},y=\frac{1}{2}$。

所以，局中人Ⅰ的最优混合策略为 $X^*=(\frac{2}{3},\frac{1}{3})^{\mathrm{T}}$，局中人Ⅱ的最优混合策略为 $Y^*=(\frac{1}{2},\frac{1}{2})^{\mathrm{T}}$，混合策略的值 $v(G^*)=2+3\times\frac{2}{3}+4\times\frac{1}{2}-6\times\frac{2}{3}\times\frac{1}{2}=4$。

第三节 矩阵博弈的解法

一、极大极小法

当矩阵存在鞍点时，可根据定理 12.1 找出鞍点，即为各局中人的最优纯策略。这种方法被称为极大极小法或极小极大法，其步骤如下。

（1）找出矩阵每行中的最小元素，再在这些最小元素中找出最大元素，即 $v_{i^*j^*}=\max\limits_{1\leqslant i\leqslant m}\min\limits_{1\leqslant j\leqslant n}a_{ij}$。

（2）找出矩阵每列中的最大元素，再在这些最大元素中找出最小元素，即 $w_{i^*j^*}=\min\limits_{1\leqslant j\leqslant n}\max\limits_{1\leqslant i\leqslant m}a_{ij}$。

（3）若 $v_{i^*j^*}=w_{i^*j^*}$，则元素 $a_{i^*j^*}$ 为鞍点值。x^* 为局中人Ⅰ的纯策略，赢得为 $a_{i^*j^*}$。j^* 为局中人Ⅱ的纯策略，赢得为 $-a_{i^*j^*}$。

【例 12.6】有如下矩阵博弈，求局中人的最优纯策略。

$$\boldsymbol{A}=\begin{pmatrix}1&0&1&-2\\2&1&1&-1\\1&3&2&1\end{pmatrix}$$

解：（1）找出每行中的最小元素，并找出其中的最大元素：

$$\begin{matrix} & \min & \\ \boldsymbol{A}=\begin{pmatrix}1&0&1&-2\\2&1&1&-1\\1&3&2&1\end{pmatrix} & \begin{matrix}-2\\-1\\1\end{matrix} & \begin{matrix}\\ \\ \leftarrow \max\end{matrix}\end{matrix}$$

（2）找出每列中的最大元素，并找出其中的最小元素：

$$
\begin{array}{rcccccl}
 & & & & & \min & \\
\boldsymbol{A}= & \left(\begin{matrix} 1 & 0 & 1 & -2 \\ 2 & 1 & 1 & -1 \\ 1 & 3 & 2 & 1 \end{matrix}\right) & & & & \begin{matrix} -2 \\ -1 \\ 1 \end{matrix} & \begin{matrix} \\ \\ \leftarrow \max \end{matrix} \\
\max & \begin{matrix} 2 & 3 & 2 & 1 \end{matrix} & & & & & \\
 & \begin{matrix} & & & \uparrow \\ & & & \min \end{matrix} & & & & &
\end{array}
$$

（3）因 $v_{i^*j^*}=w_{i^*j^*}=1$，因此，矩阵博弈的解为(α_3,β_4)，博弈的值为 1，即局中人Ⅰ得益 1，局中人Ⅱ得益−1。

二、2×2矩阵博弈的代数解法

当 2×2 矩阵不存在鞍点时，可用代数方法求得混合策略解。设局中人Ⅰ的策略集为$\{\alpha_1,\alpha_2\}$，局中人Ⅱ的策略集为$\{\beta_1,\beta_2\}$，局中人Ⅰ的赢得矩阵$\boldsymbol{A}=\begin{pmatrix} a_{11} & a_{12} \\ a_{21} & a_{22} \end{pmatrix}$，$x_1,x_2$为局中人Ⅰ选择其策略$\{\alpha_1,\alpha_2\}$的概率，$y_1,y_2$为局中人Ⅱ选择其策略$\{\beta_1,\beta_2\}$的概率，则最优策略应满足下列两个方程组：

$$
\begin{cases}
a_{11}x_1+a_{21}x_2=v & (12.5\text{a}) \\
a_{12}x_1+a_{22}x_2=v & (12.5\text{b}) \\
x_1+x_2=1 & (12.5\text{c})
\end{cases}
$$

$$
\begin{cases}
a_{11}y_1+a_{12}y_2=v & (12.6\text{a}) \\
a_{21}y_1+a_{22}y_2=v & (12.6\text{b}) \\
y_1+y_2=1 & (12.6\text{c})
\end{cases}
$$

解方程组得

$$x_1^*=\frac{a_{22}-a_{21}}{\omega} \tag{12.7}$$

$$x_2^*=\frac{a_{11}-a_{12}}{\omega} \tag{12.8}$$

$$y_1^*=\frac{a_{22}-a_{12}}{\omega} \tag{12.9}$$

$$y_2^*=\frac{a_{11}-a_{21}}{\omega} \tag{12.10}$$

$$v(G^*)=\frac{a_{11}a_{22}-a_{12}a_{21}}{\omega} \tag{12.11}$$

其中，$\omega=(a_{11}+a_{22})-(a_{12}+a_{21})$，且$\omega\neq 0$。

可以证明，当 2×2 矩阵博弈不存在鞍点时，方程组（12.5）和方程组（12.6）一定有严格非负解，即$x_1^*>0$，$x_2^*>0$，$y_1^*>0$，$y_2^*>0$。

【例 12.7】对如下 2×2 矩阵博弈，求最优策略。

$$A=\begin{pmatrix}1 & 4\\ 3 & 2\end{pmatrix}$$

解：显然该博弈没有纯策略意义上的解。由

$$a_{11}=1,\ a_{12}=4,\ a_{21}=3,\ a_{22}=2$$

得

$$\omega=(a_{11}+a_{22})-(a_{12}+a_{21})=-4$$
$$a_{11}a_{22}-a_{12}a_{21}=-10$$

将其代入式（12.7）～式（12.11）中，得到

$$x_1^*=\frac{a_{22}-a_{21}}{\omega}=\frac{2-3}{-4}=\frac{1}{4}$$
$$x_2^*=\frac{a_{11}-a_{12}}{\omega}=\frac{1-4}{-4}=\frac{3}{4}$$
$$y_1^*=\frac{a_{22}-a_{12}}{\omega}=\frac{2-4}{-4}=\frac{1}{2}$$
$$y_2^*=\frac{a_{11}-a_{21}}{\omega}=\frac{1-3}{-4}=\frac{1}{2}$$
$$v(G^*)=\frac{a_{11}a_{22}-a_{12}a_{21}}{\omega}=\frac{-10}{-4}=\frac{5}{2}$$

因此，局中人Ⅰ的最优混合策略为 $\boldsymbol{X}^*=(\frac{1}{4},\frac{3}{4})^{\mathrm{T}}$，局中人Ⅱ的最优混合策略为 $\boldsymbol{Y}^*=(\frac{1}{2},\frac{1}{2})^{\mathrm{T}}$，博弈的值 $v(G^*)=\frac{5}{2}$。

三、2×*n*或*m*×2博弈的代数解法

$2\times n$ 博弈是指局中人Ⅰ有两个纯策略，局中人Ⅱ有 n 个纯策略，其赢得矩阵为 $2\times n$ 阶矩阵：

$$A=\begin{pmatrix}a_{11} & a_{12} & \cdots & a_{1n}\\ a_{21} & a_{22} & \cdots & a_{2n}\end{pmatrix}$$

$m\times 2$ 博弈是指局中人Ⅰ有 m 个纯策略，局中人Ⅱ有两个纯策略，其赢得矩阵为 $m\times 2$ 阶矩阵：

$$A=\begin{pmatrix}a_{11} & a_{12}\\ a_{21} & a_{22}\\ \vdots & \vdots\\ a_{m1} & a_{m2}\end{pmatrix}$$

对 $2\times n$ 博弈，可以将其转化为 C_n^2 个 2×2 子博弈，在分别求出每个子博弈的值后，其最小值就是 $2\times n$ 博弈的值。同理，对 $m\times 2$ 博弈，可以将其转化为 C_m^2 个 2×2 子博弈，所有子博弈值的最大值就是该博弈的值。进而可以求出原博弈的最优策略。

【例 12.8】应用代数解法求以下矩阵博弈的解。

$$\boldsymbol{A}=\begin{pmatrix}1 & 5 & 6 & 8\\ 4 & 0 & 2 & 3\end{pmatrix}$$

解：$\boldsymbol{A}$ 是一个 2×4 阶矩阵，所以共有 6 个 2×2 子矩阵，分别为

$$\boldsymbol{A}_1=\begin{pmatrix}1 & 5\\ 4 & 0\end{pmatrix},\ \boldsymbol{A}_2=\begin{pmatrix}1 & 6\\ 4 & 2\end{pmatrix},\ \boldsymbol{A}_3=\begin{pmatrix}1 & 8\\ 4 & 3\end{pmatrix},\ \boldsymbol{A}_4=\begin{pmatrix}5 & 6\\ 0 & 2\end{pmatrix},\ \boldsymbol{A}_5=\begin{pmatrix}5 & 8\\ 0 & 3\end{pmatrix},\ \boldsymbol{A}_6=\begin{pmatrix}6 & 8\\ 2 & 3\end{pmatrix}$$

应用式（12.11），可求出 $\boldsymbol{A}_1,\boldsymbol{A}_2,\boldsymbol{A}_3$ 的博弈值分别为 $v(\boldsymbol{A}_1)=\dfrac{5}{2}, v(\boldsymbol{A}_2)=\dfrac{22}{7}, v(\boldsymbol{A}_3)=\dfrac{29}{8}$。矩阵 $\boldsymbol{A}_4,\boldsymbol{A}_5,\boldsymbol{A}_6$ 存在纯策略解，其博弈值分别为 $v(\boldsymbol{A}_4)=5, v(\boldsymbol{A}_5)=5, v(\boldsymbol{A}_6)=6$。于是，$v(G^*)=\min\limits_{1\leqslant i\leqslant 6}\{v(\boldsymbol{A}_i)\}=\dfrac{5}{2}$，对应于 $\boldsymbol{A}_1$ 子博弈，应用式（12.7）～式（12.10），得到

$$x_1^*=\frac{1}{2},\ x_2^*=\frac{1}{2};\ y_1^*=\frac{5}{8},\ y_2^*=\frac{3}{8}$$

由于 $\boldsymbol{A}_1$ 是矩阵 $\boldsymbol{A}$ 删除第三列和第四列得到的，所以有 $y_3^*=0, y_4^*=0$。

原矩阵博弈的解为 $(\boldsymbol{X}^*,\boldsymbol{Y}^*)^{\mathrm{T}}$，$v(G^*)=\dfrac{5}{2}$，其中

$$\boldsymbol{X}^*=\left(\frac{1}{2},\frac{1}{2}\right)^{\mathrm{T}},\ \boldsymbol{Y}^*=\left(\frac{5}{8},\frac{3}{8},0,0\right)^{\mathrm{T}}$$

【例 12.9】应用代数解法求以下矩阵博弈的解。

$$\boldsymbol{A}=\begin{pmatrix}2 & -1\\ -3 & 4\\ 1 & 5\end{pmatrix}$$

解：$\boldsymbol{A}$ 是一个 3×2 阶矩阵，所以共有 3 个 2×2 子矩阵，分别为

$$\boldsymbol{A}_1=\begin{pmatrix}2 & -1\\ -3 & 4\end{pmatrix},\ \boldsymbol{A}_2=\begin{pmatrix}2 & -1\\ 1 & 5\end{pmatrix},\ \boldsymbol{A}_3=\begin{pmatrix}-3 & 4\\ 1 & 5\end{pmatrix}$$

应用式（12.11），可求出 $v(\boldsymbol{A}_1)=\dfrac{1}{2}, v(\boldsymbol{A}_2)=\dfrac{11}{7}$，$\boldsymbol{A}_3$ 显然存在纯策略 (α_2,β_1)，$v(\boldsymbol{A}_3)=1$。

于是，$v(G^*)=\max\limits_{1\leqslant i\leqslant 3}\{v(\boldsymbol{A}_i)\}=\dfrac{11}{7}$，对应于 $\boldsymbol{A}_2$ 子博弈，由式（12.7）～式（12.10），得到

$$x_1^* = \frac{4}{7},\ x_3^* = \frac{3}{7};\ y_1^* = \frac{6}{7},\ y_2^* = \frac{1}{7}$$

由于 A_2 是矩阵 A 删除第二行得到的，所以有 $x_2^* = 0$。

原矩阵博弈的解为 $(X^*, Y^*)^{\mathrm{T}}$， $v(G^*) = \frac{11}{7}$，其中

$$X^* = (\frac{4}{7}, 0, \frac{3}{7})^{\mathrm{T}},\ Y^* = (\frac{6}{7}, \frac{1}{7})^{\mathrm{T}}$$

$2 \times n$ 或 $m \times 2$ 博弈的代数解法步骤如下。

第一步，对 $2 \times n$ 或 $m \times 2$ 阶矩阵，分别写出 C_n^2 个 2×2 阶子矩阵 A_i（$i = 1, 2, \cdots, N$，其中$N = C_n^2$），或 C_m^2 个 2×2 阶子矩阵 A_j（j=1,2,$\cdots$,M,其中M=C_m^2）。

第二步，计算每个子矩阵博弈 A_i 或 A_j 的值。

第三步，对 $2 \times n$ 博弈，令 $v(G') = \min\limits_{1 \leqslant i \leqslant N} \{v(A_i)\} = v(A_k)$，且 A_k 由 A 中的第 h 列和第 l 列构成；对 $m \times 2$ 博弈，令 $v(G') = \max\limits_{1 \leqslant j \leqslant M} \{v(A_j)\} = v(A_r)$，且 A_r 由 A 中的第 p 行和第 q 行构成。

第四步，求出 A_k 或 A_r 子博弈的解 $(X^k, Y^k)^{\mathrm{T}}$ 或 $(X^r, Y^r)^{\mathrm{T}}$。对 $2 \times n$ 博弈，令 $X^* = X^k$，同时对 Y^k 添加 $n-2$ 列零分量构成 n 维向量 Y^*，Y^* 中第 h 列和第 l 列分量与 Y^k 相同，其余分量都为零；对 $m \times 2$ 博弈，令 $Y^* = Y^k$，同时对 X^k 添加 $m-2$ 行零分量构成 m 维向量 X^*，X^* 中第 p 行和第 q 行分量与 X^k 相同，其余分量都为零。这样，$(X^*, Y^*)^{\mathrm{T}}$ 就是原 $2 \times n$ 或 $m \times 2$ 博弈的解。

四、2×*n*或*m*×2博弈的图解法

$2 \times n$ 或 $m \times 2$ 矩阵博弈还可以用图解法来求解，下面通过两个例题来说明该方法。

【例 12.10】 用图解法求例 12.8 中的矩阵博弈。

解：设局中人Ⅰ和Ⅱ的混合策略分别为 $X = (x, 1-x)^{\mathrm{T}} (0 \leqslant x \leqslant 1)$，$Y = (y_1, y_2, y_3, y_4)^{\mathrm{T}}$ $(0 \leqslant y_j \leqslant 1, j = 1, 2, 3, 4)$。当局中人Ⅱ只采用策略 β_j 时，局中人Ⅰ的赢得为

$$v(x, \beta_j) = E(X, \beta_j), j = 1, 2, 3, 4$$

将赢得值代入，得

$$\begin{gathered}
\beta_1 : v(x, \beta_1) = x + 4(1-x) = -3x + 4 \\
\beta_2 : v(x, \beta_2) = 5x + 0(1-x) = 5x \\
\beta_3 : v(x, \beta_3) = 6x + 2(1-x) = 4x + 2 \\
\beta_4 : v(x, \beta_4) = 8x + 3(1-x) = 5x + 3
\end{gathered}$$

以 x 为横轴、v 为纵轴建立直角坐标系，则上述四个线性函数表示四条直线，分别称为策略 $\beta_1, \beta_2, \beta_3, \beta_4$ 的策略线，如图 12-1 所示。由于 $0 \leqslant x \leqslant 1$，所以在 x 轴上只需画出[0,1]区间内的部分即可。

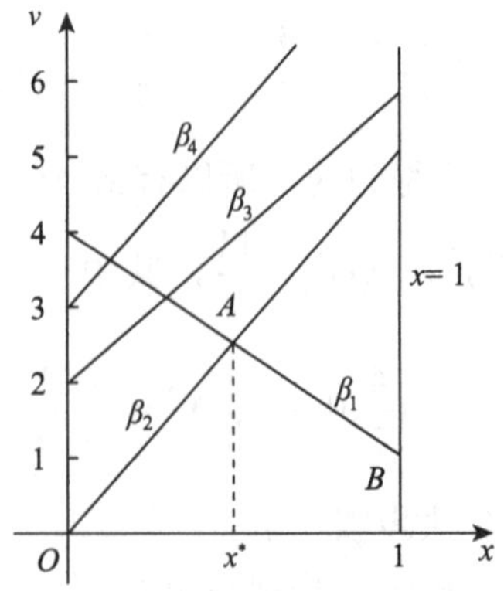

图 12-1 策略线（一）

对局中人Ⅰ来说，博弈的值为

$$v(G')=\max_{X\in S_{\mathrm{I}}'}\min_{Y\in S_{\mathrm{II}}'}E(\boldsymbol{X},\boldsymbol{Y})=\max_{x}\min_{1\leqslant j\leqslant 4}v(x,\beta_j)$$

在图 12-1 中，当 $x\in[0,x^*]$ 时，在所有的直线中，策略线 β_2 位于最下方（最小）；当 $x\in(x^*,1)$ 时，在所有的直线中，策略线 β_1 位于最下方（最小）。所以，$\min\limits_{1\leqslant j\leqslant 4}v(x,\beta_j)$ 的值等于折线 OAB。然后在折线 OAB 上求局中人Ⅰ赢得的极大值，显然，在 A 点取得 v 的极大值。因为 A 点是 β_1 和 β_2 两条策略线的交点，所以通过联立方程组，可以解出 A 点对应的 x^* 的值：

$$\begin{cases}-3x+4=v(G')\\5x=v(G')\end{cases}$$

解得 $x^*=\dfrac{1}{2}$，$v(G')=\dfrac{5}{2}$。

又因为最优点 A 不经过策略线 β_3 和 β_4，所以 $y_3^*=0$，$y_4^*=0$。局中人Ⅱ的混合策略只需考虑子矩阵：

$$\begin{pmatrix}1&5\\4&0\end{pmatrix}$$

利用 2×2 矩阵博弈的代数解法，即式（12.9）和式（12.10），可求出 $y_1^*=\dfrac{5}{8}$，$y_2^*=\dfrac{3}{8}$。

所以，局中人Ⅰ和Ⅱ的最优混合策略分别为

$$\boldsymbol{X}^*=(\frac{1}{2},\frac{1}{2})^{\mathrm{T}},\quad \boldsymbol{Y}^*=(\frac{5}{8},\frac{3}{8},0,0)^{\mathrm{T}}$$

博弈的值为 $v(G')=\dfrac{5}{2}$，这与用代数解法求出的结果完全一致。

【例 12.11】用图解法求例 12.9 中的矩阵博弈。

解：设局中人Ⅰ和Ⅱ的混合策略分别为 $\boldsymbol{X}=(x_1,x_2,x_3)^{\mathrm{T}}(0\leqslant x_i\leqslant 1,i=1,2,3)$，

$\boldsymbol{Y}=(y,1-y)^{\mathrm{T}}$（$0\leqslant y\leqslant 1$）。当局中人Ⅰ只采用策略$\alpha_i$时，其赢得为

$$v(\alpha_i,y)=E(\alpha_i,y)=\sum_{j=1}^{2}a_{ij}y_j,\ i=1,2,3$$

将赢得值代入，得

$$\begin{aligned}\alpha_1:v(\alpha_1,y)&=2y-(1-y)=3y-1\\ \alpha_2:v(\alpha_2,y)&=-3y+4(1-y)=-7y+4\\ \alpha_3:v(\alpha_3,y)&=y+5(1-y)=-4y+5\end{aligned}$$

以y为横轴、v为纵轴建立直角坐标系，画出策略线$\alpha_1,\alpha_2,\alpha_3$，如图12-2所示。

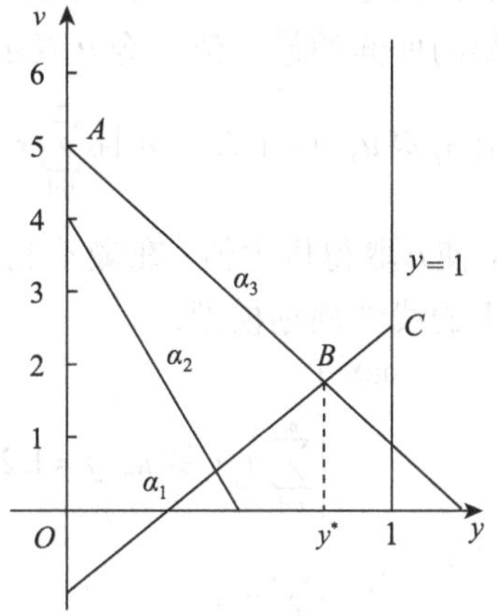

图12-2 策略线（二）

对局中人Ⅰ来说，博弈的值为

$$v(G')=\min_{\boldsymbol{Y}\in S'_{\mathrm{II}}}\max_{\boldsymbol{X}\in S'_{\mathrm{I}}}E(\boldsymbol{X},\boldsymbol{Y})=\min_{y}\max_{1\leqslant i\leqslant 3}v(\alpha_i,y)$$

$\max\limits_{1\leqslant i\leqslant 3}v(\alpha_i,y)$的值对应折线$ABC$，在折线$ABC$上求$v$的极小值，显然在$B$点达到极小。

因为B点是α_1和α_3两条策略线的交点，所以可以联立方程组解出B对应的y^*的值：

$$\begin{cases}3y-1=v(G')\\ -4y+5=v(G')\end{cases}$$

解得$y^*=\dfrac{6}{7}$，$v(G')=\dfrac{11}{7}$。

因为B点不经过策略线α_2，所以$x_2^*=0$。局中人Ⅰ的混合策略只需考虑子矩阵：

$$\begin{pmatrix}2 & -1\\ 1 & 5\end{pmatrix}$$

可求出$x_1^*=\dfrac{4}{7}$，$x_3^*=\dfrac{3}{7}$。所以，局中人Ⅰ和Ⅱ的最优混合策略分别为

$$X^* = (\frac{4}{7}, 0, \frac{3}{7})^{\mathrm{T}}, \quad Y^* = (\frac{6}{7}, \frac{1}{7})^{\mathrm{T}}$$

博弈的值为$v(G') = \dfrac{11}{7}$，也与代数解法求出的结果相同。

五、$m \times n$博弈的线性规划解法

一般矩阵博弈无鞍点时，可用线性规划方法求得最优混合策略。

设矩阵博弈$G = \{S_1, S_{\mathrm{II}}; \boldsymbol{A}\}$，局中人Ⅰ采用的混合策略为$\boldsymbol{X} = (x_1, x_2, \cdots, x_m)^{\mathrm{T}}$，局中人Ⅱ采用的混合策略为$\boldsymbol{Y} = (y_1, y_2, \cdots, y_n)^{\mathrm{T}}$。根据极大极小原则，当局中人Ⅰ采取混合策略$\boldsymbol{X}$时，他会考虑在最不利的情形下能获得的博弈值，即在局中人Ⅱ可能采取的各种策略下，局中人Ⅰ所能获得的博弈的最小值。令u表示局中人Ⅰ的博弈值，则应有

$$\sum_{i=1}^{m} a_{ij} x_i \geqslant u, \ j = 1, 2, \cdots, n \text{ 且 } \sum_{i=1}^{m} x_i = 1$$

局中人Ⅰ应选取策略$\boldsymbol{X}$，使u取得极大值，在最不利的条件下争取最有利的情形。综上，可以得到局中人Ⅰ的线性规划模型：

$$\max u$$

$$\text{模型Ⅰ：} \quad \text{s.t.} \begin{cases} \sum_{i=1}^{m} a_{ij} x_i \geqslant u, & j = 1, 2, \cdots, n \\ \sum_{i=1}^{m} x_i = 1 \\ x_i \geqslant 0, & i = 1, 2, \cdots, m \end{cases} \tag{12.12}$$

令w表示局中人Ⅱ的博弈值，同理有

$$\min w$$

$$\text{模型Ⅱ：} \quad \text{s.t.} \begin{cases} \sum_{j=1}^{n} a_{ij} y_j \leqslant w, & i = 1, 2, \cdots, m \\ \sum_{i=1}^{m} y_j = 1 \\ y_j \geqslant 0, & j = 1, 2, \cdots, n \end{cases} \tag{12.13}$$

不难看出，模型Ⅰ与模型Ⅱ为一对对偶问题。模型Ⅰ有$m+1$个变量、$n+1$个约束条件，可知其对偶问题有$n+1$个变量、$m+1$个约束条件。可将式（12.12）改写为

$$\max u$$

$$\text{s.t.} \begin{cases} u - \sum_{i=1}^{m} a_{ij} x_i \leqslant 0, & j = 1, 2, \cdots, n \\ \sum_{i=1}^{m} x_i = 1 \\ x_i \geqslant 0, & i = 1, 2, \cdots, m \end{cases} \tag{12.14}$$

根据第四章对偶理论，可直接建立其对偶问题：

$$\min w$$
$$\text{s.t.}\begin{cases} w-\sum_{j=1}^{n}a_{ij}y_j \geqslant 0,\ i=1,2,\cdots,m \\ \sum_{i=1}^{m}y_j=1 \\ y_j \geqslant 0, \qquad j=1,2,\cdots,n \end{cases} \tag{12.15}$$

式（12.15）经整理，就得到模型Ⅱ，所以模型Ⅰ与模型Ⅱ为一对对偶问题。由于两个线性规划都有可行解，由第四章对偶理论知，二者都有最优解，且最优解的目标值相等。这样，我们可以得到下面的结论。

定理 12.2 任一矩阵博弈 $G=\{S_{\mathrm{I}},S_{\mathrm{II}};\boldsymbol{A}\}$ 存在混合策略意义下的解。

对模型Ⅰ和模型Ⅱ可做进一步化简，然后求解，这里需要用到矩阵博弈的一个性质。

定理 12.3（平移同解性） 设矩阵博弈 $G_1=\{S_{\mathrm{I}},S_{\mathrm{II}};\boldsymbol{A}_1\}$，$G_2=\{S_{\mathrm{I}},S_{\mathrm{II}};\boldsymbol{A}_2\}$，$G_1'=\{S_{\mathrm{I}}',S_{\mathrm{II}}';\boldsymbol{A}_1^*\}$ 和 $G_2'=\{S_{\mathrm{I}}',S_{\mathrm{II}}';\boldsymbol{A}_2^*\}$ 分别为 G_1 和 G_2 的混合扩充，且 $\boldsymbol{A}_2=\boldsymbol{A}_1+d\boldsymbol{F}$，其中，$\boldsymbol{F}=(1)_{m\times n}$，$d$ 为常数。则 G_1' 与 G_2' 同解，且 $v(G_2')=v(G_1')+d$。

证明：因为 $\boldsymbol{A}_2=\boldsymbol{A}_1+d\boldsymbol{F}$，所以有

$$E_2(\boldsymbol{X},\boldsymbol{Y})=\boldsymbol{X}^{\mathrm{T}}\boldsymbol{A}_2\boldsymbol{Y}=\boldsymbol{X}^{\mathrm{T}}(\boldsymbol{A}_1+d\boldsymbol{F})\boldsymbol{Y}=\boldsymbol{X}^{\mathrm{T}}\boldsymbol{A}_1\boldsymbol{Y}+d\boldsymbol{X}^{\mathrm{T}}\boldsymbol{F}\boldsymbol{Y}$$

又因为 $\boldsymbol{X}^{\mathrm{T}}\boldsymbol{F}\boldsymbol{Y}=1$，所以

$$E_2(\boldsymbol{X},\boldsymbol{Y})=E_1(\boldsymbol{X},\boldsymbol{Y})+d$$

即 $E_2(\boldsymbol{X},\boldsymbol{Y})$ 与 $E_1(\boldsymbol{X},\boldsymbol{Y})$ 只相差一个常数，所以 G_1' 与 G_2' 同解，且 $v(G'_2)=v(G'_1)+d$。

利用矩阵博弈的平移同解性，可将矩阵中的元素全部化为正数，即 $a_{ij}>0$（$a_{ij}\in\boldsymbol{A}$），从而有 $u>0$。然后对模型Ⅰ，令

$$x_i'=\frac{x_i}{u},\ i=1,2,\cdots,m$$

则

$$\sum_{i=1}^{m}x_i'=\sum_{i=1}^{m}\frac{x_i}{u}=\frac{1}{u}$$

所以目标函数转化为

$$\max u=\min\frac{1}{u}=\min\sum_{i=1}^{m}x_i'$$

约束条件 $\sum_{i=1}^{m}a_{ij}x_i \geqslant u$ 可变为

$$\sum_{i=1}^{m} a_{ij} x_i' \geqslant 1$$

模型Ⅰ可化简为

$$\text{模型Ⅲ：}\quad \begin{aligned} &\min f = \sum_{i=1}^{m} x_i' \\ &\text{s.t.} \begin{cases} \sum_{i=1}^{m} a_{ij} x_i' \geqslant 1, & j = 1,2,\cdots,n \\ x_i' \geqslant 0, & i = 1,2,\cdots,m \end{cases} \end{aligned} \tag{12.16}$$

类似地，令

$$y_j' = \frac{y_j}{w},\ j = 1,2,\cdots,n$$

则模型Ⅱ可化简为

$$\text{模型Ⅳ：}\quad \begin{aligned} &\max g = \sum_{j=1}^{n} y_i' \\ &\text{s.t.} \begin{cases} \sum_{j=1}^{n} a_{ij} y_j' \leqslant 1, & i = 1,2,\cdots,m \\ y_j' \geqslant 0, & j = 1,2,\cdots,n \end{cases} \end{aligned} \tag{12.17}$$

显然，模型Ⅲ和Ⅳ互为对偶，且分别比模型Ⅰ和Ⅱ减少了一个变量和一个约束条件。我们通过单纯形法可求解模型Ⅳ，或通过对偶单纯形法求解模型Ⅲ，就可得到矩阵博弈的解。矩阵博弈的线性规划解法的具体步骤如下。

第一步，判断矩阵博弈是否有纯策略解，如果有，利用极大极小法求出纯策略解。如果没有，转第二步。

第二步，对矩阵适当平移 d ，使全部 $a_{ij} > 0, a_{ij} \in \boldsymbol{A}$ 。

第三步，利用对偶单纯形法求解模型Ⅲ，或利用单纯形法求解模型Ⅳ，得到最优解 $\boldsymbol{X}'$ 和 $\boldsymbol{Y}'$，以及最优值 f 和 g 。

第四步，令 $u = \frac{1}{f}$ 或 $u = \frac{1}{g}$ ，则局中人Ⅰ的最优混合策略为 $\boldsymbol{X}^* = u\boldsymbol{X}'$ ，局中人Ⅱ的最优混合策略为 $\boldsymbol{Y}^* = u\boldsymbol{Y}'$ ，博弈值为 $v(G^*) = u - d$ 。

【例 12.12】 求例 12.9 的最优策略及博弈值。

$$\boldsymbol{A} = \begin{pmatrix} 2 & -1 \\ -3 & 4 \\ 1 & 5 \end{pmatrix}$$

解：显然，该博弈没有纯策略解。将矩阵 $\boldsymbol{A}$ 平移 4 个单位，得到

$$A' = A + 4F = \begin{pmatrix} 2 & -1 \\ -3 & 4 \\ 1 & 5 \end{pmatrix} + 4\begin{pmatrix} 1 & 1 \\ 1 & 1 \\ 1 & 1 \end{pmatrix} = \begin{pmatrix} 6 & 3 \\ 1 & 8 \\ 5 & 9 \end{pmatrix}$$

由式（12.16）得线性规划模型为

$$\min f = x_1 + x_2 + x_3$$
$$\text{s.t.} \begin{cases} 6x_1 + x_2 + 5x_3 \geqslant 1 \\ 3x_1 + 8x_2 + 9x_3 \geqslant 1 \\ x_1, x_2, x_3 \geqslant 0 \end{cases}$$

将其转化为标准形式：

$$\max(-f) = -x_1 - x_2 - x_3$$
$$\text{s.t.} \begin{cases} -6x_1 - x_2 - 5x_3 + x_4 = 1 \\ -3x_1 - 8x_2 - 9x_3 + x_5 = 1 \\ x_1, x_2, x_3, x_4, x_5 \geqslant 0 \end{cases}$$

然后应用对偶单纯形法求解，过程如表 12-1 所示。

表 12-1　对偶单纯形法求解过程

C			−1	−1	−1	0	0
C_B	X_B	$B^{-1}b$	x_1	x_2	x_3	x_4	x_5
0	x_4	−1	[−6]	−1	−5	1	0
0	x_5	−1	−3	−8	−9	0	1
$-f$ =0			−1	−1	−1	0	0
−1	x_1	1/6	1	1/6	5/6	−1/6	0
0	x_5	−1/2	0	−15/2	[−13 / 2]	−1/2	1
$-f$ =1/6			0	−5/6	−1/6	−1/6	0
−1	x_1	4/39	1	−31/39	0	−3/13	5/39
−1	x_3	3/39	0	15/13	1	1/13	−2/13
$-f$ =7/39			0	−25/39	0	−2/13	−1/39

得到最优解为 $X = (\frac{4}{39}, 0, \frac{3}{39})^{\mathrm{T}}$，最优值为 $f = \frac{7}{39}$，同时可以求出其对偶问题的最优解为 $Y = (\frac{2}{13}, \frac{1}{39})^{\mathrm{T}}, g = \frac{7}{39}$。令 $u = \frac{1}{f} = \frac{39}{7}$，所以，局中人 I 的最优策略为 $X^* = uX = (\frac{4}{7}, 0, \frac{3}{7})^{\mathrm{T}}$，局中人 II 的最优策略为 $Y^* = uY = (\frac{6}{7}, \frac{1}{7})^{\mathrm{T}}$，博弈值 $v(G^*) = u - d = \frac{39}{7} - 4 = \frac{11}{7}$。结果与代数解法得到的结果完全一致。

六、优超

在某些情况下，通过优超原理可使矩阵博弈得到化简，对化简后的矩阵博弈再利用前面介绍的方法求解，可大大减少计算量。有些矩阵博弈经化简可直接得到最优纯策略。

如果一个局中人在任何情况下从某种策略中获得的赢得均大于从另一种策略中获得的赢得，那么显然对他而言，前一种策略优于后一种策略，这就是优超概念的意义。

定义 12.4 矩阵博弈 $G=\{S_{\text{I}},S_{\text{II}};\boldsymbol{A}\}$，对 $a_{ij},a_{kj}\in\boldsymbol{A}, j=1,2,\cdots,n$，如果 $a_{ij}\geqslant a_{kj}$，则称局中人 I 的策略 α_i 优超于 α_k，或 α_k 被 α_i 优超，记为 $\alpha_i\geqslant\alpha_k$。对 $a_{ij},a_{ih}\in\boldsymbol{A}$，$i=1,2,\cdots,m$，如果 $a_{ij}\leqslant a_{ih}$，则称局中人 II 的策略 β_j 优超于 β_h，或 β_h 被 β_j 优超，记为 $\beta_j\leqslant\beta_h$。

显然，我们可以利用优超原理不断地去掉被优超的策略，即在赢得矩阵中删除一些行或列，这样就可以减小矩阵的规模，简化计算过程。我们将其称为矩阵博弈的优超原理。

【例 12.13】 有如下矩阵博弈，求其最优解及博弈值。

$$\boldsymbol{A}=\begin{pmatrix}1&0&3&4&2\\-1&1&0&1&0\\2&2&2&3&6\\0&4&1&1&3\\-1&0&5&2&3\end{pmatrix}$$

解：通过比较可知，赢得矩阵 $\boldsymbol{A}$ 的第一列优超于第三列、第四列和第五列，即 $\beta_1\leqslant\beta_3$，$\beta_1\leqslant\beta_4$，$\beta_1\leqslant\beta_5$，所以删掉第三列、第四列和第五列，得到新矩阵：

$$\boldsymbol{A}_1=\begin{pmatrix}1&0\\-1&1\\2&2\\0&4\\-1&0\end{pmatrix}$$

矩阵 $\boldsymbol{A}_1$ 中的第三行优超于第一行、第二行和第五行，即 $\alpha_3\geqslant\alpha_1$，$\alpha_3\geqslant\alpha_2$，$\alpha_3\geqslant\alpha_5$，所以删掉第一行、第二行和第五行，得到新矩阵：

$$\boldsymbol{A}_2=\begin{pmatrix}2&2\\0&4\end{pmatrix}$$

矩阵 $\boldsymbol{A}_2$ 中的第一列优超于第二列，即 $\beta_1\leqslant\beta_2$，所以删掉第二列，得

$$\boldsymbol{A}_3=\begin{pmatrix}2\\0\end{pmatrix}$$

显然，矩阵 $\boldsymbol{A}_3$ 中第一行优超于第二行，所以得 $\boldsymbol{A}_4=(2)$。因此，该博弈有纯策略解 (α_3,β_1)。于是，原博弈的混合策略解为

$$\boldsymbol{X}^*=(0,0,1,0,0)^{\mathrm{T}},\quad \boldsymbol{Y}^*=(1,0,0,0,0)^{\mathrm{T}}$$

博弈的值 $v(G)=2$。

【例 12.14】有如下矩阵博弈，求其最优策略。

$$\boldsymbol{A}=\begin{pmatrix} 3 & 4 & 3 & 0 \\ 5 & 0 & 5 & 9 \\ 4 & 6 & 7 & 6 \\ 7 & 3 & 5 & 9 \end{pmatrix}$$

解：赢得矩阵 $\boldsymbol{A}$ 的第三行优超于第一行，第四行优超于第二行，所以删掉第一行和第二行，得到新矩阵：

$$\boldsymbol{A}_1=\begin{pmatrix} 4 & 6 & 7 & 6 \\ 7 & 3 & 5 & 9 \end{pmatrix}$$

矩阵 $\boldsymbol{A}_1$ 的第二列优超于第三列和第四列，所以删除第三列和第四列，得到新矩阵：

$$\boldsymbol{A}_2=\begin{pmatrix} 4 & 6 \\ 7 & 3 \end{pmatrix}$$

对矩阵 $\boldsymbol{A}_2$ 无法再利用优超原理继续化简，可利用 2×2 矩阵博弈的公式求解，得

$$x_3^*=\frac{1}{3},\quad x_4^*=\frac{2}{3},\quad y_1^*=y_2^*=\frac{1}{2}$$

于是，原博弈的解为

$$\boldsymbol{X}^*=(0,0,\frac{1}{3},\frac{2}{3},0)^{\mathrm{T}},\quad \boldsymbol{Y}^*=(\frac{1}{2},\frac{1}{2},0,0,0)^{\mathrm{T}}$$

博弈的值 $v(G^*)=5$。

第四节 两人有限非零和博弈

两人有限非零和博弈是完全信息静态博弈的最普遍形式，第二节介绍的两人有限零和博弈是它的特例。

一、模型

我们先看一个例子。

【例 12.15】囚徒困境问题。有两个人因为涉嫌一次犯罪而被捕，被警方分别关在两个房间内审讯，他们面临的形势是：如果两个人都坦白罪行，那么将各被判处 6 年

有期徒刑；如果一方坦白而另一方不坦白，那么坦白者从宽，判处 1 年有期徒刑，抗拒者从严，判处 8 年有期徒刑；如果两个人均不坦白，各被判处 2 年有期徒刑。

解：囚徒困境问题是最典型的两人有限非零和博弈，在现实世界中，许多博弈问题都具有囚徒困境问题所体现的内在本质。我们发现，该问题反映了一个很深刻的道理，就是个人理性与集体理性的矛盾。

两人有限非零和博弈的模型一般用矩阵形式表示，如囚徒困境问题可表示为

罪犯甲：

		乙	
		坦白	不坦白
甲	坦白	–6	–1
	不坦白	–8	–2

罪犯乙：

		乙	
		坦白	不坦白
甲	坦白	–6	–8
	不坦白	–1	–2

第一个矩阵为罪犯甲的得益，第二个矩阵为罪犯乙的得益。为了方便，我们一般将上述两个矩阵合为一个矩阵：

		乙	
		坦白	不坦白
甲	坦白	(–6, –6)	(–1, –8)
	不坦白	(–8, –1)	(–2, –2)

方框（矩阵）外的第一列为局中人甲的策略，第一行为局中人乙的策略；矩阵中括号内第一个数字为局中人甲的得益，第二个数字为局中人乙的得益。这种矩阵有时也被称为双支付矩阵。

二、纯策略解法

当问题存在纯策略解时，可用非常简单的划线法求得问题的解。划线法是指，对博弈方甲分别找出博弈方乙在给定自己的策略下甲的最优选择，在甲的相应支付下划线；同样，对博弈方乙分别找出博弈方甲在给定自己的策略下乙的最优选择，并在乙的相应支付下划线。双方策略下均被划线的组合为最优策略组合。例如，对囚徒困境博弈运用划线法，对甲来说，博弈方乙的策略为“坦白”时，甲的最佳对策为“坦白”（因为–6 优于–8），因此，在第一个–6 下划线；当乙的策略为“不坦白”时，甲的最佳策略为“坦白”（因为–1 优于–2），这样，在–1 下划线，如下所示。

		乙	
		坦白	不坦白
甲	坦白	($\underline{-6}$, –6)	($\underline{-1}$, –8)
	不坦白	(–8, –1)	(–2, –2)

再来看乙的策略，当甲的策略为“坦白”时，乙的最佳策略为“坦白”，在–6 下划线；当甲的策略为“不坦白”时，乙的最佳策略为“坦白”，在–1 下划线。这样，点(−6，−6)下都有划线，因此(坦白，坦白)为问题的最优策略组合。

甲 \ 乙	坦白	不坦白
坦白	($\underline{-6}$, $\underline{-6}$)	($\underline{-1}$, −8)
不坦白	(−8, $\underline{-1}$)	(−2, −2)

三、混合策略解法

有些情况下不存在纯策略最优组合，如例 12.16。

【例 12.16】 两人有限非零和博弈的矩阵如下所示，试确定最优策略。

	C	D
A	(2, 3)	(5, 2)
B	(3, 1)	(1, 5)

解：我们通过划线法找不到最优策略组合，因此该问题无纯策略最优组合。对这类问题，我们可以求其最优混合策略。

根据零和博弈中混合策略的定义，最优混合策略就是各博弈方以一定的概率分布选择各自的策略，结局互为最优反应。因此，最优混合策略的解法如下。

假定双支付矩阵为

	C	D
A	(a_1, b_1)	(a_2, b_2)
B	(a_3, b_3)	(a_4, b_4)

设局中人 1 选择策略 A、B 的概率分别为 p_A 和 p_B，局中人 2 选择策略 C、D 的概率分别为 p_C 和 p_D。那么，局中人 1 选择 A 和 B 的概率 p_A 和 p_B，一定要使局中人 2 选择 C 的期望得益和选择 D 的期望得益相等，即

$$p_A b_1 + p_B b_3 = p_A b_2 + p_B b_4 \tag{12.18}$$

同理，局中人 2 选择 C 和 D 的概率也应使局中人 1 选择 A 的期望得益和选择 B 的期望得益相等，即

$$p_C a_1 + p_D a_2 = p_C a_3 + p_D a_4 \tag{12.19}$$

又因为

$$p_A + p_B = 1 \tag{12.20}$$

$$p_C + p_D = 1 \tag{12.21}$$

解上述式（12.18）～式（12.21）联立的方程组，可得问题的最优混合策略。

对例 12.16，可有如下方程组：

$$\begin{cases} p_A 3 + p_B 1 = p_A 2 + p_B 5 \\ p_C 2 + p_D 5 = p_C 3 + p_D 1 \\ p_A + p_B = 1 \\ p_C + p_D = 1 \end{cases}$$

解得 $p_A = 0.8$，$p_B = 0.2$，$p_C = 0.8$，$p_D = 0.2$，这就是最优混合策略解，这个解是稳定的，双方的收益为(2.6, 2.6)。

第五节　应用LINGO软件求解矩阵博弈

【例 12.17】求解矩阵博弈 $G = (S_1, S_2, \boldsymbol{A})$，其中

$$\boldsymbol{A} = \begin{pmatrix} 2 & 3 & 8 \\ 6 & 4 & 5 \\ 8 & 1 & 3 \end{pmatrix}$$

解：将该矩阵博弈转化为线性规划问题，其 LINGO 程序如图 12-3 所示。

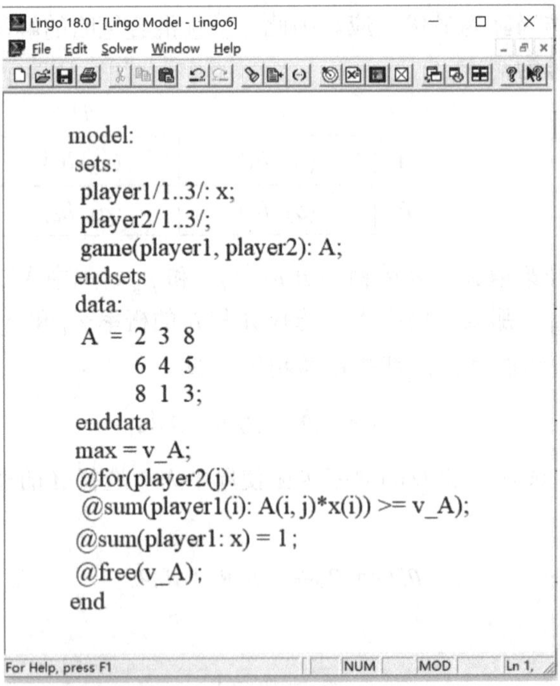

图 12-3　例 12.17 的 LINGO 程序

其中，@free(v_A)表示取消对变量v_A的非负限制。

显然该问题具有纯策略解，最优解为局中人选择纯策略 2，赢得值为 4。

【例 12.18】求解矩阵博弈$G=(S_1,S_2;A)$，其中

$$A=\begin{pmatrix}0 & 1 & -1\\ -1 & 0 & 1\\ 1 & -1 & 0\end{pmatrix}$$

解：其 LINGO 程序同上，只需修改数据域中的A即可，得到混合策略为：局中人 1 以 1/3 的概率选择每种策略，赢得值为 0。

习 题

1. 应用极大极小法求下列矩阵博弈的最优纯策略。

（1）$A=\begin{pmatrix}3 & 1 & 4\\ 2 & -5 & 1\\ 0 & -1 & 2\end{pmatrix}$　　（2）$A=\begin{pmatrix}9 & 3 & 1 & 8 & 0\\ 6 & 5 & 4 & 6 & 8\\ 2 & 4 & 3 & 3 & 8\\ 5 & 6 & 2 & 2 & 1\end{pmatrix}$

2. 应用优超原理先对下列矩阵博弈进行化简，再分别用代数解法和图解法求其最优策略和博弈值。

（1）$A=\begin{pmatrix}1 & 2 & 4 & 0\\ 0 & -2 & -3 & 2\end{pmatrix}$　　（2）$A=\begin{pmatrix}6 & 5\\ 8 & 9\\ 11 & 7\\ 4 & 2\end{pmatrix}$　　（3）$A=\begin{pmatrix}10 & 5 & 8 & 2\\ 4 & 1 & 5 & 3\\ 6 & 2 & 6 & 5\\ 7 & 4 & 5 & -6\end{pmatrix}$

3. 应用线性规划法求下列矩阵博弈的最优策略和博弈值。

（1）$A=\begin{pmatrix}10 & 8\\ 6 & 15\end{pmatrix}$　　（2）$A=\begin{pmatrix}5 & 7 & -6\\ -6 & 0 & 4\\ 7 & 8 & 5\end{pmatrix}$

（3）$A=\begin{pmatrix}8 & 2 & 4\\ 2 & 6 & 6\\ 6 & 4 & 2\end{pmatrix}$　　（4）$A=\begin{pmatrix}-500 & -100 & 700\\ 100 & 0 & 200\\ 500 & -200 & -700\end{pmatrix}$

4. 局中人 I 的赢得矩阵为

$$A=\begin{pmatrix}0 & a & b\\ -a & 0 & c\\ -b & -c & 0\end{pmatrix}$$

则在什么条件下对角线上的三个元素分别为矩阵博弈的鞍点？在什么条件下对角线上的三个元素都是矩阵博弈的鞍点？

5. 甲、乙二人玩一种猜硬币游戏。甲从一个钱罐内任取一枚硬币让乙猜其面值，

若猜对，则乙得分为该钱罐内该面值硬币的个数；若猜错，则乙失分为该钱罐内其他面值硬币的个数。甲可从两个钱罐任取一个钱罐：第一个钱罐中有 4 枚 1 元硬币、2 枚 5 角硬币和 1 枚 1 角硬币；第二个钱罐中有 1 枚 1 元硬币、3 枚 5 角硬币和 5 枚 1 角硬币。试求甲、乙二人的最优策略。

6. 甲乙羽毛球队进行团体对抗赛，每队由三名球员组成，双方都可排成三种不同的阵容，每一种阵容可以看成一种策略，双方各选一种策略参赛。比赛共赛三局，规定每局胜者得 1 分，输者得−1 分，可知三赛三胜得 3 分，三赛二胜得 1 分，三赛一胜得−1 分，三赛三负得−3 分。甲队的策略集为 $S_1=\{\alpha_1,\alpha_2,\alpha_3\}$，乙队的策略集为 $S_2=\{\beta_1,\beta_2,\beta_3\}$，根据以往比赛得分资料，可得甲队的赢得矩阵为 **A**，试问这次比赛各队应采用哪种阵容上场最为稳妥。

$$\boldsymbol{A}=\begin{pmatrix}1 & 1 & 1\\ 1 & -1 & -3\\ 3 & -1 & 3\end{pmatrix}$$

第十三章

决　策　论

决策论是运筹学的一个重要分支。人类的决策活动古已有之，我们已很难追溯决策科学的起源。我国早在春秋末期，就有孙武所著的《孙子兵法》，这是一部关于古代军事决策的名著，它揭示了当时军事决策的许多重要规律。事实上，自第二次世界大战以来，决策分析从理论上有了许多新的发展，并广泛吸取有关理论与决策方法，从而成为一个内容广泛、实用性很强的学科分支。

目前，决策分析主要集中在两个不同的研究方向。第一个研究方向主要是从理论上探讨人们在决策过程中的行为机理，这一研究方向又可分为描述性决策理论（descriptive decision theory）与规范性决策理论（normative decision theory）。描述性决策理论研究人们在决策过程中按照什么准则和什么方式进行决策，这主要是决策心理学的研究范畴；规范性决策理论研究人们在决策过程中应当按照什么准则和什么方式进行决策才是合理的，或者才能符合人们的偏好和判断，期望效用理论就是这一方面的主要研究成果。决策分析的第二个研究方向是实际决策问题。

第十二章介绍的博弈论主要是分析人与人之间的对抗，本章的决策论研究的是人与非智能对手——自然界之间的关系，我们主要介绍风险型决策、不确定型决策和效用理论等的相关知识。

第一节　决策分析的基本概念

决策是从一组备选方案中选择所偏爱的方案或行动路线的过程。它渗透于生活的各个方面，如买什么，出门是否带伞，选举时投谁的票，找什么工作等。决策经常涉及外部世界的不确定性（如天气状况）以及与个人偏好的冲突（如应该获取更高的薪金还是更多的闲暇）。决策分析是为合理分析不确定性决策问题而提出的一套概念和系统方法，是从一系列可能方案中找出一个满足一定目标的合理方案的过程。

众所周知的“三十六计”中的“空城计”，是说司马懿率兵攻打西城，探马报告诸葛亮司马懿距西城仅有五里之遥，而此时赵云领兵已回西川，马谡、王平被派街亭，西城已兵力空虚，只有一些老弱病残，怎样才能防御司马懿大军？

根据决策情报：①对手司马懿距西城只有五里，自己却只有一些老弱病残的士兵；②司马懿生性多疑。诸葛亮提出了可能的行动方案：一是战而后胜，用这些老弱病残的士兵去战司马懿大军，取胜的可能性很小；二是不战而胜，示之以城中有埋伏的假象，因司马懿多疑而不敢进城作战。

诸葛亮选择第二种方案，最终不战而使司马懿退兵，避过一劫。

一、基本概念

（一）决策

狭义的决策就是做出决定，仅限于人们从不同的行动方案中做出最佳（优、满意、合理）的选择，即通常意义上所说的拍板、拟计划、提任务、想对策、拿办法等。

广义的决策是指人们为了实现某一特定目标，在占有一定信息和经验的基础上，根据主客观条件的可能性，提出各种可行方案，采用一定的科学方法和手段，对行动方案进行比较、分析和评价，按照决策准则，从中筛选出最佳方案，并根据方案实施的反馈情况对方案进行修正和控制，直至目标实现的整个系统过程。

（二）决策分析

决策分析是一门与经济学、数学、心理学和组织行为学密切相关的综合性学科，是人们为了达到某个目标，在有风险或不确定的情况下制定定量分析方法，并从一些可能的方案（途径）中通过对影响决策的诸因素做逻辑判断与权衡后进行选择的过程。决策分析包括发现问题、确定目标、确定评价标准、制定方案、选优方案和实施方案等过程。

（三）决策论

决策论则是为了对制定决策的过程进行描述并使之合理化而发展起来的范围很广的概念和方法。

二、决策分析的基本要素

（1）决策全体或决策者：该要素受社会、政治、经济等方面的影响。

（2）行动方案：是达到目的的手段，是选择的对象。一般分两种：一是明确方案，即该方案被明确提出，且方案个数大多是有限的；二是不明确方案，一般只是对产生方案的可能约束条件加以描述，而方案本身尚需再行确定，其方案的总个数可能是有限个，也可能是无限个。若用 A 表示方案的集合，a_i 表示可能采取的某种行动方案，则 $A=\{a_1,a_2,\cdots,a_n\}$。

（3）可能出现状态：不以决策者意志为转移的客观出现状态，即自然状态。若用 θ_j 表示自然状态，用 θ 表示状态集合，则 $\theta=\{\theta_1,\theta_2,\cdots,\theta_m\}$。

（4）损益矩阵：即某行动在某种状态下产生的结果。用 C_{ij} 表示方案 a_i 在状态 θ_j 下的结果，该结果即收益值或损失值，构成的矩阵是收益矩阵或损失矩阵，用 $\boldsymbol{C}$ 表示：

$$\boldsymbol{C}=\begin{pmatrix} C_{11} & C_{12} & \cdots & C_{1m} \\ C_{21} & C_{22} & \cdots & C_{2m} \\ \vdots & \vdots & & \vdots \\ C_{n1} & C_{n2} & \cdots & C_{nm} \end{pmatrix}$$

三、决策分类

决策依不同标准可分为多种类型，这里列出具有代表性的几种。

（1）从决策主体角度，可分为个体决策、群体决策。

（2）从目标数量角度，可分为单目标决策、多目标决策。

（3）根据所面临的条件与后果，可分为确定型决策、风险型决策、不确定型决策。

（4）根据所要执行的决策在时间上是否相互依赖，可分为静态决策、动态决策。静态决策是单阶段决策，当前决策与今后决策无关；动态决策是多阶段决策，几个阶段的决策相互依赖。

（5）根据决策涉及的范围和影响程度，可分为战略型决策、战术型决策、日常事务型决策。

（6）根据决策需解决的问题性质，可分为初始决策、追踪决策。

（7）根据决策制定的程序，可分为程序化决策（结构化决策、规范化决策）、非程序化决策。

（8）根据决策目标的要求，可分为最优化决策、满意化决策。

（9）从科学标准的角度，可分为科学决策、经验决策和非科学决策。

四、良好的决策具备的特征

（1）决策要求有明确而具体的决策目标。

（2）决策要求以了解和掌握信息为基础。

（3）决策要求有两个及两个以上的备选方案。

（4）决策要求对控制的方案进行综合分析和评估。

（5）决策追求的是最可能的优化效应。

五、现代决策分析过程及程序

决策是一个复杂的过程，现代决策分析大致包括三个阶段。

（1）搜集情报，明确问题症结，确定决策目标。

（2）拟订多种可能的行动方案，供选择采用。

（3）按照决策者的决策准则互相比较备选方案，从中选定最佳方案。

具体地，应通过资料分析，明确问题的性质、特征、范围、背景、条件、原因等，并根据目标的针对性、准确性、可靠性建立目标；拟订方案时，要深入分析哪些方案可能入选，估计各个方案可能产生的结果；选定最佳方案时，决策者可以对各个方案的优劣、利弊、得失全面衡量并进行比较，从中选定最佳方案，同时将执行的结果同预期结果进行对比，判断是否正确。决策的各个阶段组成一个有机的互相联系的整体，互相渗透，如在拟订方案阶段可以发现原定目标是否恰当，在比较方案阶段可以发现某些方案是否需要修改等。

决策结果的产生取决于决策者所选择的行动方案和决策者所无法控制（或无法完全控制）的客观因素等，前者通常称为决策变量，后者称为自然状态。

确定型决策是指在单一事件发生时有多种行动选择的决策。在该类决策中事件的发生是确定的（概率为1）；各种行动产生的结果均可测。若决策以收益为目的，则最佳方案为取最大值方案；如果决策以减少损失为目的，则最佳方案为取最小值方案。

第二节 风险型决策

风险型决策，是决策者根据几种不同自然状态可能发生的概率所进行的决策，决策者所采用的任何一个行动方案都会遇到一个以上自然状态所产生的不同结果，这些结果出现的机会是用各种自然状态出现的概率表示的，其概率均在0～1的范围内。决策者不论采用何种方案，都要承担一定的风险。

一、风险型决策问题的特征

风险型决策所处理的决策问题，一般需具备以下基本要素。

（1）存在着决策者希望达到的一个（或一个以上）明确的决策目标，如收益较大、损失较小等。

（2）存在着可供决策者选择的两个或两个以上的行动方案，即存在两个或两个以上的决策变量。

（3）存在着不以（或不全以）决策者的主观意志为转移的两种或两种以上的自然状态，即存在着两种或两种以上的状态变量。

（4）不同行动方案在不同自然状态下的损益值可以预先确定出来。

（5）各种自然状态出现的概率可根据有关资料预先计算或估计出来，具体可区分为主观概率和客观概率。

二、期望损益值准则

（一）期望值

一个决策变量的期望值，就是它在不同自然状态下的损益值（或机会损益值）乘上相对应的发生概率之和。即

$$E(a_j)=\sum_{i=1}^{m}p(\theta_i)\times V_{ij}$$

其中，$E(a_j)$表示变量a_j的期望值；V_{ij}表示变量a_j在自然状态θ_i下的损益值；$p(\theta_i)$表

示自然状态 θ_i 的发生概率。

期望损益决策，是指以不同方案的期望损益值为择优的标准，选出期望损益值最大的方案作为最佳方案。

【例 13.1】某厂欲生产一种新产品，有四种可供选择的方案，分别是：方案一（A_1），新建一条生产线；方案二（A_2），改造原有生产线；方案三（A_3），将一部分配件包给外厂生产；方案四（A_4），从市场采购部分配件。产品投放市场后市场需求会有四种可能情况，如表 13-1 所示，P 是自然状态概率。

表 13-1 自然状态概率及损益值

自然状态（市场需求）	P（自然状态概率）	A_1	A_2	A_3	A_4
S_1（需求量高）	0.2	800	600	350	400
S_2（需求量一般）	0.4	350	400	220	250
S_3（需求量较低）	0.3	−300	−150	50	90
S_4（需求量很低）	0.1	−700	−350	−50	−100

解：用期望损益值准则选择最优方案。

（1）计算各方案的期望值：

$$E(A_1)=0.2\times800+0.4\times350-0.3\times300-0.1\times700=140$$
$$E(A_2)=0.2\times600+0.4\times400-0.3\times150-0.1\times350=200$$
$$E(A_3)=0.2\times350+0.4\times220+0.3\times50-0.1\times50=168$$
$$E(A_4)=0.2\times400+0.4\times250+0.3\times90-0.1\times100=197$$

（2）取各期望值的最大值：

$$\max_j\left(E(A_j)\right)=\max(140,200,168,197)=200$$

故选方案 A_2，即改造原有生产线。

（二）期望损益值准则的局限

以期望损益值为标准的决策方法一般只适用于下列几种情况。

（1）概率的出现具有明显的客观性质，且比较稳定。

（2）决策不是解决一次性问题，而是解决多次重复的问题。

（3）决策结果不会给决策者带来严重后果。

如果不符合以上情况，则不适于用期望损益值准则做决策，需采用其他准则。采用期望损益值准则时，还需假定在不断重复地做出相同决策时其客观条件不变，包括各自然状态的概率和决策结果函数。但在实际中这两者均会变化，若同一种决策的重复次数很多（多于 3 次），且两次决策的时间相距很近，则认为大致符合客观条件不变的假定。期望损益值准则对重复次数不多的决策不适用，对有重复但相邻决策时间相距很长的问题，决策结果也难令人满意。例如，农作物的种植因生长周期而应以年为单位进行决策，且因农作物每年都要种植而属于重复性决策，但决策间隔时间内情况可能有很大变化，按具有年平均意义的期望值来做决策，结果会不理想。

三、决策树

决策树是一种利用图形做决策的定量工具，该方法用树形图表示决策过程中的各种行动方案、各方案可能发生的自然状态、它们之间的关系以及进行决策的程序等。其特点是层次清楚、方便简捷，能直观、形象、系统地描述较复杂的决策过程，多用于风险型决策。需要说明的是，决策树不仅能解决单阶段决策问题，也能解决决策表无法表达的多阶段决策问题。

（一）决策树结构

一个典型的决策树结构如图 13-1 所示，其包括如下要素。

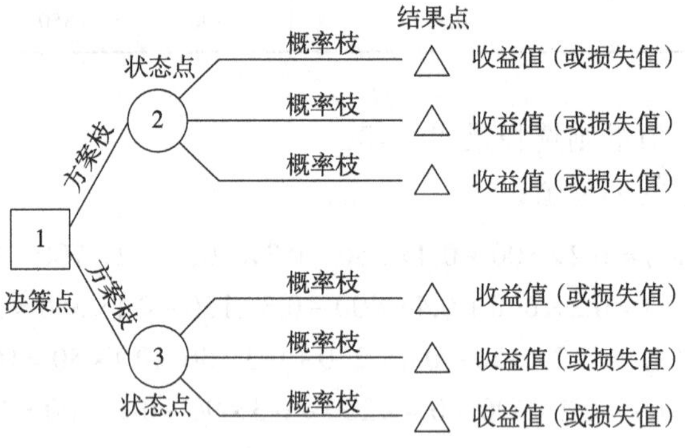

图 13-1　决策树结构图

（1）决策点，即以矩形框表示的结点。

（2）方案枝，即由决策点起自左而右画出的若干条直线，每条直线表示一个备选方案。

（3）状态点，即在每个方案枝的末端画上一个圆圈“○”，并注上代号，便为状态点。

（4）概率枝，即从状态点引出的若干条直线，每条直线代表一种自然状态及其可能出现的概率（每条分枝上注明自然状态及其概率）。

（5）结果点，即画在概率枝的末端的一个三角形结点，其后注明每一方案在各状态下的损益值。

决策问题一般都具有多种方案和状态，故有多条直线，决策树的画法一般由左向右，由简入繁，根据问题的层次构成一个树形图。

（二）决策树决策的基本步骤

利用决策树选取方案时，决策过程是自右向左进行的，具体地，是先根据损益值和概率枝上所标注的概率，计算各方案的期望损益值，标于状态点上，然后根据各个方案的结果决定方案的取舍，舍弃方案称为剪枝，在方案枝上画一剪枝符号“//”，表示剪去。最后在决策点上留下一条树枝，就是最优方案。

运用决策树进行决策的步骤如下。

（1）绘制树形图。细致分析并确定可供选择的方案及各方案可能发生的自然状态，从左向右画出树形图。

（2）将方案、自然状态及概率、损益值分别写在树形图的方案枝、概率枝、结果点上。

（3）计算期望损益值。把从每个状态点引出的各概率枝的期望损益值之和标在状态点上，选择最大值（亏损则选最小值），标在决策点上。

（4）剪枝决策。剪掉状态点上的期望损益值小于决策点上数值的方案枝，最终保留的方案枝就是要选择的决策方案。

【例 13.2】某企业为了生产某种新产品，对一条生产线的技术改造问题提出两种方案，一是全部改造，二是部分改造。若采用全部改造方案，需投资 280 万元；若采用部分改造方案，需投资 150 万元。两个方案的使用期都是 10 年。估计在此期间，新产品销路好的概率是 0.7，销路不好的概率是 0.3，两个改造方案的年度损益值如表 13-2 所示，请问该企业的管理者应如何决策改造方案？

表 13-2　方案的年度损益值

方案	投资/万元	年度损益值/万元		使用期/年
		销路好（$P=0.7$）	销路不好（$P=0.3$）	
A_1：全部改造	280	100	−30	10
A_2：部分改造	150	45	10	10

解：用决策树选择最优方案。

（1）绘制决策树，将方案、自然状态与概率、损益值分别标于方案枝、概率枝、结果点上，如图 13-2 所示。

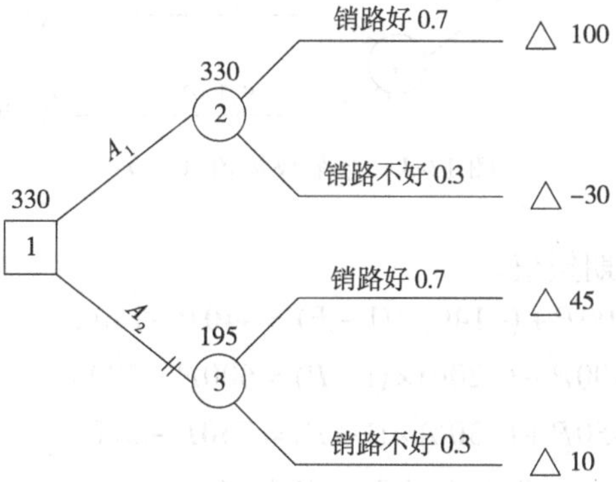

图 13-2　改造方案决策树

（2）计算各方案的期望损益值，标于对应的状态点上。

方案 A_1：$E(A_1)=0.7\times100\times10+0.3\times(-30)\times10-280=330$（万元）。

方案 A_2：$E(A_2)=0.7\times45\times10+0.3\times10\times10-150=195$（万元）。

将各期望损益值中的最大值（此时为 330 万元）标在决策点上。

（3）因 A_2 枝对应的状态点上的期望损益值小于决策点上的数值，应剪去 A_2 枝，方案 A_1 即全部改造生产线为最优决策方案。

（三）灵敏度分析

灵敏度分析是指在决策方案分析中，研究自然状态出现概率的变动对决策结论所产生的影响，进而考察决策结论的可靠性和稳定性。

下面我们通过例子说明如何结合决策树进行灵敏度分析。

【例 13.3】某问题的自然状态概率及损益值如表 13-3 所示。试绘制决策树，分析当 P 值分别在什么范围时，应分别选择方案 A_1,A_2,A_3。

表 13-3 自然状态概率及损益值

自然状态		方案		
名称	概率	A_1	A_2	A_3
S_1	P	300	400	450
S_2	$1-P$	−140	−200	−300

解：（1）绘制决策树，如图 13-3 所示。

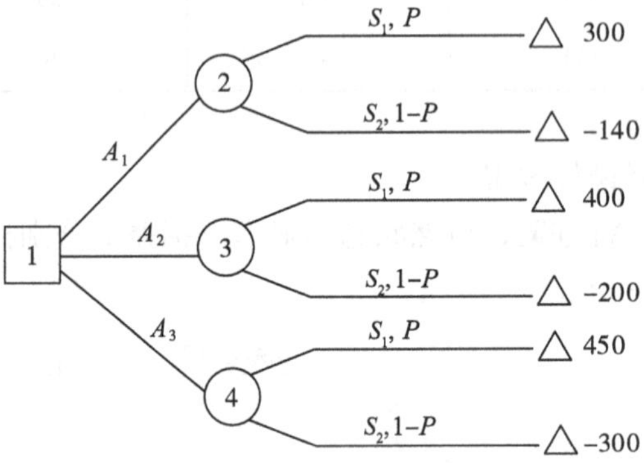

图 13-3 方案决策树（一）

（2）计算各方案的期望值。

方案 A_1：$E(A_1)=300P+(-140)\times(1-P)=440P-140$。

方案 A_2：$E(A_2)=400P+(-200)\times(1-P)=600P-200$。

方案 A_3：$E(A_3)=450P+(-300)\times(1-P)=750P-300$。

为计算 P 的临界概率，分别令其期望值相等。

$440P-140=600P-200$，解得 $P=0.375$，此时可选 A_1 或 A_2。

$600P-200=750P-300$，解得 $P=0.667$，此时可选 A_2 或 A_3。

分析如下。

当 $P<0.375$ 时，$440P-140>600P-200$，则选择方案 A_1。

当 $0.375<P<0.667$ 时，$600P-200>440P-140$ 且 $600P-200>750P-300$，则选择方案 A_2。

当 $0.667<P<1$ 时，$750P-300>600P-200$，则选方案 A_3。

在实际决策中，若各自然状态发生的概率、损益值等数据稍有变动，而最佳方案保持不变，则认为该方案较稳定，否则就有待对方案进一步分析。若自然状态概率的变化确实引起原决策方案的变化，则应及时调整。

四、贝叶斯决策分析

贝叶斯决策，是先利用科学试验修正自然状态发生的概率，再采用期望（效用）等准则确定最优方案的决策方法。

风险型决策是根据历史资料或主观判断所确定的各种自然状态概率（称为先验概率），采用期望（效用）最大等准则来确定最优决策方案。这种决策方法具有较大的风险，因为根据历史资料或主观判断所确定的各种自然状态概率是未经试验验证的。为了降低决策风险，可通过市场调查、统计分析等科学试验进一步获得更多关于自然状态发生概率的信息，以此修正自然状态发生的概率；然后运用期望（效用）最大等准则确定最优决策方案，这种先利用科学试验修正自然状态发生的概率，再采用期望（效用）最大等准则来确定最优方案的决策方法称为贝叶斯决策分析。

（一）贝叶斯决策分析的基本方法

1. 贝叶斯决策分析的意义

在决策的实际过程中，往往存在两种偏向：一是缺乏市场调查，使得结果与市场现实出入过大，造成决策失误；二是市场调查费用过高，收集的信息没有给企业带来应有的效益。前者忽视了信息对决策的价值，后者没有考虑信息本身的经济性。因此，我们在进行决策时既要充分重视信息对决策的价值，用补充信息的方法，使状态变量的概率分布更加符合实际情况，同时，又要充分注意信息自身的价值，只有将两者合理地结合起来，才能提高决策分析的科学性和效益性。

2. 贝叶斯决策分析的基本方法和步骤

利用补充信息修正先验状态概率分布，这是决策的关键。本节主要介绍用贝叶斯定理先求得后验概率，再进行贝叶斯决策的方法。

下面，先给出贝叶斯定理。

（1）贝叶斯定理。A_1 和 B 表示在一个样本空间中的两个事件，给定 B 下 A_1 发生的条件概率公式为

$$P(A_1 \mid B)=\frac{P(A_1B)}{P(B)}$$

A_1和B的联合概率公式为

$$P(A_1B)=P(A_1)P(B \mid A_1)$$

若A_1和A_2构成互斥且完整的两个事件，A_1和A_2中的一个出现是事件B发生的必要条件，那么事件B发生的边际概率公式为

$$P(B)=P(A_1)P(B \mid A_1)+P(A_2)P(B \mid A_2)$$

（2）两个事件的贝叶斯定理。若A_1和A_2构成互斥且完整的两个事件，A_1和A_2中的一个出现是事件B发生的必要条件，那么两个事件的贝叶斯公式为

$$P(A_1 \mid B)=\frac{P(A_1)P(B \mid A_1)}{P(A_1)P(B \mid A_1)+P(A_2)P(B \mid A_2)}$$

（3）n个事件的贝叶斯定理。假定存在n个完整且互斥的事件$A_1,A_2,\cdots,A_n$，A_i中的某一个出现是事件B发生的必要条件，那么n个事件的贝叶斯公式为

$$P(A_1 \mid B)=\frac{P(A_1)P(B \mid A_1)}{P(A_1)P(B \mid A_1)+P(A_2)P(B \mid A_2)+\cdots+P(A_n)P(B \mid A_n)}$$

为了更好地理解和掌握贝叶斯决策的基本思路和方法，先看下面的例子。

【例 13.4】现分别有A、B两个容器，在容器A里有 7 个红球和 3 个白球，在容器B里有 1 个红球和 9 个白球，现已知从这两个容器里任意抽出了一个球，且是红球，问这个红球来自容器A的概率是多少？

解：假设已经抽出红球为事件B，从容器A里抽出球为事件A，则有

$$P(B)=8/20,\ P(A)=1/2,\ P(B \mid A)=7/10$$

根据贝叶斯定理：$P(A \mid B)=(1/2)\times(7/10)/(8/20)=7/8$。

【例 13.5】一栋别墅在过去的 20 年里一共发生过两次盗贼入侵事件，别墅的主人养了一条狗，狗平均每周晚上叫 3 次，在盗贼入侵时狗叫的概率被估计为 0.9，试分析在狗叫的时候盗贼入侵的概率是多少。

解：假设A事件为狗在晚上叫，B事件为盗贼入侵，则

$$P(A)=3/7,\ P(B)=2/(20\times 365)=2/7300,\ P(A \mid B)=0.9$$

根据贝叶斯定理：$P(B \mid A)=(2/7300)\times 0.9/(3/7)=0.00058$。

【例 13.6】为了提高某产品的质量，企业决策人考虑通过增加投资来改进生产设备，预计需投资 90 万元。但从投资效果看，下属部门有两种意见：一是认为改进设备后高质量产品可占 90%；二是认为改进设备后高质量产品可占 70%。根据经验，决策人认为第一种意见可信度有 40%，第二种意见可信度有 60%。为慎重起见，决策人先做了一个小规模试验：试制了 5 个产品，结果全是高质量产品。问现在决策人对两种

意见的可信程度有没有变化？

解：设增加投资为 A 事件，下属部门意见一即投资效果好为 θ_1 事件，意见二即投资效果不好为 θ_2 事件，决策人根据经验对两种意见的看法属于先验信息，决策人在试验之后，就需要利用贝叶斯公式，结合试验结果进行验后分析。

根据分析：

$$P(\theta_1)=0.4\text{，}P(\theta_2)=0.6\text{，}P(\theta_1\mid A)=0.9\text{，}P(\theta_2\mid A)=0.7$$

则

$$P(A\mid\theta_1)=(0.9)^5=0.590\text{，}\ P(A\mid\theta_2)=(0.7)^5=0.168$$

$$P(A)=P(A\mid\theta_1)P(\theta_1)+P(A\mid\theta_2)P(\theta_2)=0.590\times0.4+0.168\times0.6=0.337$$

然后用贝叶斯公式计算 θ_1 和 θ_2 的后验概率 $P(\theta_1\mid A),P(\theta_2\mid A)$：

$$P(\theta_1\mid A)=P(A\mid\theta_1)P(\theta_1)/P(A)=0.236/0.337=0.7$$

$$P(\theta_2\mid A)=P(A\mid\theta_2)P(\theta_2)/P(A)=0.101/0.337=0.3$$

可以看到，试验后决策人对两种意见的可信程度分别变为 0.7 和 0.3。这就是贝叶斯决策的后验概率。

贝叶斯决策分析的基本步骤如下。

（1）验前分析。依据市场历年的统计数据和资料，决策分析人员按照自身的经验和判断，应用状态分析方法测算和估计状态变量的先验分布，并计算各可行方案在不同自然状态下的条件结果值，利用这些信息，根据某种决策准则，对各可行方案进行评价和选择，找出最满意方案，称之为验前分析。如果有客观条件限制，如时间、人力、物力和财力等条件限制，不可能更充分地进行市场调查和收集信息，决策分析人员仅能完成验前分析这一步骤。

（2）预验分析。如果决策问题十分重要，且时间、人力、财力、物力等条件均允许，则应该考虑是否进行市场调查和补充收集信息。决策分析人员要对补充信息可能给企业或组织带来的效益和补充信息所花费的成本进行权衡分析，如果信息的价值高于信息的成本，则补充信息给企业带来正效益，应该补充信息；反之，如果信息的价值低于信息的成本，则补充信息会给企业带来负效益，补充信息大可不必。这种比较分析补充信息的价值和成本的过程，称为预验分析。如果获取补充信息的费用很小，甚至可以忽略不计，该步骤可以省略，直接进行调查和收集信息，并依据获取的补充信息转入下一步骤。

（3）验后分析。经过预验分析，决策分析人员做出补充信息的决定，并通过市场调研和分析补充信息，为验后分析做准备。验后分析的关键是利用补充信息修正先验分布，得到更加符合市场实际的后验分布。再利用后验分布进行决策分析，选出最满意的可行方案，并对信息的价值和成本做对比分析，对决策分析的经济效益情况做出合理的说明。

当然，实际社会经济系统中的决策问题通常情况比较复杂，决策者可适当地将决策分析全过程划分为若干阶段，每一阶段都包括验前分析、预验分析和验后分析等步骤，这样多阶段相互连接，前阶段决策结果是后阶段决策的条件，形成决策分析全过程，这个过程也称序贯决策。

【例 13.7】某工厂计划生产一种新产品，产品的销售情况有好（θ_1）、中（θ_2）和差（θ_3）三种，据以往经验，估计三种情况的概率分布和收益如表 13-4 所示。为进一步摸清市场对这种产品的需求情况，工厂通过调查和咨询等方式得到一份市场调查表。销售情况也有好（H_1）、中（H_2）、差（H_3）三种，其概率如表 13-5 所示。假定得到市场调查表的费用为 0.6 万元。

表 13-4 三种情况的概率分布和收益

项目	θ_1	θ_2	θ_3
概率 $P(\theta_j)$	0.25	0.30	0.45
收益/万元	15	1	−6

表 13-5 销售情况概率

销售情况	θ_1	θ_2	θ_3
H_1	0.65	0.25	0.10
H_2	0.25	0.45	0.15
H_3	0.10	0.30	0.75

问：（1）补充信息（市场调查表）的价值是多少？

（2）如何决策可以使收益期望值最大？

解：（1）验前分析。

自然状态 θ_j 的先验概率为 $P(\theta_1)=0.25$，$P(\theta_2)=0.30$，$P(\theta_3)=0.45$。

生产方案有两种，即生产（a_1）、不生产（a_2），于是

$$E(a_1)=0.25\times15+0.30\times1+0.45\times(-6)=1.35,\ E(a_2)=0$$

由期望损益值准则得到验前最满意的方案为：无论市场如何都要生产，最大期望收益为 1.35。

（2）预验分析。

$$P(H_1)=P(\theta_1)P(H_1\mid\theta_1)+P(\theta_2)P(H_1\mid\theta_2)+P(\theta_3)P(H_1\mid\theta_3)=0.2825$$
$$P(H_2)=P(\theta_1)P(H_2\mid\theta_1)+P(\theta_2)P(H_2\mid\theta_2)+P(\theta_3)P(H_2\mid\theta_3)=0.2650$$
$$P(H_3)=P(\theta_1)P(H_3\mid\theta_1)+P(\theta_2)P(H_3\mid\theta_2)+P(\theta_3)P(H_3\mid\theta_3)=0.4525$$

计算后验概率 $P(\theta_j\mid H_i)$，结果如表 13-6 所示。

表 13-6 后验概率 $P(\theta_j|H_i)$

销售情况	$P(\theta_1\|H_i)$	$P(\theta_2\|H_i)$	$P(\theta_3\|H_i)$
H_1	0.575	0.266	0.159
H_2	0.236	0.509	0.255
H_3	0.055	0.199	0.746

由上可知：当市场调查结果为 $H=H_1$ 时，

$$E(a_1)=0.575\times15+0.266\times1+0.159\times(-6)=7.937，\ E(a_2)=0$$

最大期望收益值 $E(a_{\text{opt}}\mid H_1)=7.937$ ①。

当市场调查结果为 $H=H_2$ 时，

$$E(a_1)=0.236\times15+0.509\times1+0.255\times(-6)=2.519，\ E(a_2)=0$$

最大期望收益值 $E(a_{\text{opt}}\mid H_2)=2.519$。

当市场调查结果为 $H=H_3$ 时，

$$E(a_1)=0.055\times15+0.199\times1+0.746\times(-6)=-3.452，\ E(a_2)=0$$

最大期望收益值 $E(a_{\text{opt}}\mid H_3)=0$。

该企业通过市场调查得到的期望收益为

$$E=0.2825\times7.937+0.2650\times2.519+0.4525\times0=2.91\ （万元）$$

补充信息的价值是 2.91–1.35=1.56（万元），补充信息的费用为 0.6 万元，因此取得补充信息是值得的。

（3）验后分析。

综上所述，如果市场调查费不超过 1.56 万元，就应该进行市场调查。如果调查结果是新产品的销售情况好或中等，则进行生产，否则就不生产。

（二）贝叶斯决策的优点及其局限性

贝叶斯决策具有以下优点。

（1）能对是否需要采集新的信息以及信息的价值做出科学的判断。

（2）即使任何调查结果都不可能完全准确，先验知识或主观概率也不完全可信，贝叶斯决策却将这两者巧妙地、有机地结合起来了。

（3）能对调查结果的可能性加以数量化的评价，而不像其他决策方法，对调查结果或者是完全相信，或者是完全不相信。

（4）可以在决策过程中根据具体情况不断地使用，使决策逐步完善和更加科学。

① 等式中 opt 表示最优。

贝叶斯决策具有以下局限性。

（1）贝叶斯决策需要的数据多，分析计算比较复杂，特别是在解决复杂问题时，该矛盾尤为突出。

（2）有些数据必须使用主观概率，而有些决策者不太相信主观概率，这限制了贝叶斯决策方法的推广使用。

由于篇幅所限，对风险型决策的其他准则，如概率优势法则、$\mu-\sigma$ 法则等，本书不再做详细介绍，感兴趣的读者可参阅其他文献。

第三节　不确定型决策

大多情况下，人们会面临事件的发生和产生的后果都不确定的决策，即决策者所面临的是不确定状况，如突发事件、意外事故等，其发生概率和后果都无法预测，只能根据主观估计进行决策。

不确定型决策是指存在两个及两个以上的自然状态，但不能肯定未来出现哪种状态，也不能确定每种状态出现的概率，决策者只能依据一定的简单原则来进行分析决策，这样的简单原则，我们称之为决策准则。常用的决策准则有乐观准则、悲观准则、折中准则、等可能性准则、后悔值准则等。对于同一个决策问题，运用不同的决策原则，得到的最优方案常常会有所不同。

一、不确定型决策准则

（一）乐观准则

乐观准则又称最大最大准则，这是一种趋险型决策准则。决策者对未来持乐观态度，乐观决策者首先确定每个方案在最佳自然状态下的收益值，然后对其进行比较，选择其中最大收益值对应的方案作为最优方案。

乐观决策的步骤如下。

（1）判断决策问题可能出现的几种自然状态 $\theta_1,\theta_2,\cdots,\theta_n$。

（2）拟订备选方案 $\alpha_1,\alpha_2,\cdots,\alpha_m$。

（3）确定各方案在各自然状态下的损益值 $a_{ij}(\alpha_i,\theta_j)$；计算各方案在不同自然状态下的最大收益值 $\max\limits_j\{a_{ij}\}$。

（4）比较各方案的最大收益值，从中选出最大收益值 $\max\limits_i\{\max\limits_j\{a_{ij}\}\}$。

【例 13.8】某沿海城市的一位空调经销商，在夏季来临之前准备进货，现有三个进货方案分别为：A_1，大批量；A_2，中批量；A_3，小批量。经销商的目标是多盈利，即获取尽可能多的利润，能否盈利取决于空调的销售情况，空调的销售情况又进一步取决于未来夏季的天气状况。已知在不同的天气状况下，三种进货方案的损益值如表 13-7 所示，试问该空调经销商需采取何种进货方案？

表 13-7 三种进货方案的损益值 单位：万元

天气状况	进货方案		
	大批量（A_1）	中批量（A_2）	小批量（A_3）
很热	10	7	4
一般	4	6	2
不热	−2	2	1

解：（1）计算各方案在不同自然状态下的最大收益值。

大批量（A_1）：最大收益值 $=\max\{10,4,-2\}=10$（万元）。

中批量（A_2）：最大收益值 $=\max\{7,6,2\}=7$（万元）。

小批量（A_3）：最大收益值 $=\max\{4,2,1\}=4$（万元）。

（2）选出最大收益值 $\max\limits_i\{\max\limits_j\{a_{ij}\}\}=\max\{10,7,4\}=10$（万元）。

所以，根据乐观准则，大批量（A_1）进货为最优决策方案。

（二）悲观准则

悲观准则又称最大最小准则，这是一种避险型决策准则。悲观准则与乐观准则相反，决策者对未来持悲观态度。悲观决策者首先应确定每个方案在最差自然状态下的收益值，然后对其进行比较，选择在最差自然状态下带来最多收益的方案。

悲观决策的步骤如下。

（1）判断决策问题可能出现的几种自然状态 $\theta_1,\theta_2,\cdots,\theta_n$。

（2）拟订备选方案 $\alpha_1,\alpha_2,\cdots,\alpha_m$。

（3）确定各方案在各自然状态下的损益值 $a_{ij}(\alpha_i,\theta_j)$；计算各方案在不同自然状态下的最小收益值 $\min\limits_j\{a_{ij}\}$。

（4）比较各方案的最小收益值，从中选出最大收益值 $\max\limits_i\{\min\limits_j\{a_{ij}\}\}$。

【例 13.9】试用悲观准则对例 13.8 的问题进行决策。

解：（1）计算各方案在不同自然状态下的最小收益值。

大批量（A_1）：最小收益值 $=\min\{10,4,-2\}=-2$（万元）。

中批量（A_2）：最小收益值 $=\min\{7,6,2\}=2$（万元）。

小批量（A_3）：最小收益值 $=\min\{4,2,1\}=1$（万元）。

（2）选出最大收益值 $\max\limits_i\{\min\limits_j\{a_{ij}\}\}=\max\{-2,2,1\}=2$（万元）。

所以，根据悲观准则，中批量（A_2）进货为最优决策方案。

（三）折中准则

折中准则也称为乐观系数准则，在一般性决策中，最好的和最差的自然状态都有可能出现，决策者对未来事物应有一种折中的考虑。因此，可以根据决策者的估计和判断对最好的自然状态设一个乐观系数 α，相应地，最差的自然状态就有一个悲观系数$1-\alpha$，以各方案的最好与最差收益值为变量，计算各自的期望值，期望值最大者所对应的方案为最优方案。

折中决策的步骤如下。

（1）测定一个表示决策者乐观程度的乐观系数，用α表示（$0\leqslant\alpha\leqslant1$）。

（2）计算折中收益值。折中收益值=最大收益值$\times\alpha$+最小收益值$\times(1-\alpha)$。

（3）选择折中收益值最大的方案作为最优方案。

【例 13.10】设定乐观系数$\alpha=0.8$，试用折中准则对例 13.8 的问题进行决策。

解：（1）计算折中收益值。

大批量（A_1）：折中收益值$=10\times0.8+(-2)\times0.2=7.6$（万元）。

中批量（A_2）：折中收益值$=7\times0.8+2\times0.2=6$（万元）。

小批量（A_3）：折中收益值$=4\times0.8+1\times0.2=3.4$（万元）。

（2）选出最大收益值，即 7.6 万元。

所以，根据折中准则，大批量（A_1）进货为最优决策方案。

（四）等可能性准则

等可能性准则又称拉普拉斯准则，因为无法确知各种自然状态发生的概率，可以认为它们有同等的可能性，即每一个自然状态发生的概率都是 1/状态数。在此基础上，计算各个方案的期望收益值，通过比较选择出最大期望收益值或最小期望损失值，其对应的方案为最优方案。

等可能性决策的步骤如下。

（1）确定期望收益矩阵。

（2）计算各方案α_i的等概率收益值之和$\sum\limits_{j=1}^{n}E_i(\alpha_{ij})$。

（3）比较各方案的等概率收益值之和$\sum\limits_{j=1}^{n}E_i(\alpha_{ij})$的大小，$\max\limits_{i}\sum\limits_{j=1}^{n}E_i(\alpha_{ij})$（损失型为$\min\limits_{i}\sum\limits_{j=1}^{n}E_i(\alpha_{ij})$）所对应的方案为决策的最佳方案。

【例 13.11】利用等可能性准则对例 13.8 的问题进行决策。

解：依据等可能性准则，每种状态出现的概率为$1/3$。

（1）计算各方案α_i的等概率收益值之和$\sum\limits_{j=1}^{n}E_i(\alpha_{ij})$。

大批量（A_1）：等概率收益值之和$=10\times1/3+4\times1/3+(-2)\times1/3=4$（万元）。

中批量（A_2）：等概率收益值之和$=7\times1/3+6\times1/3+2\times1/3=5$（万元）。

小批量（A_3）：等概率收益值之和$=4\times1/3+2\times1/3+1\times1/3=7/3$（万元）。

（2）比较各方案的等概率收益值之和可知，应选择 5 万元。

所以，根据等可能性准则，中批量（A_2）进货为最优决策方案。

（五）后悔值准则

由决策者所造成的损失价值，称为后悔值。后悔值准则，又称萨凡奇准则、最小最大后悔值法，根据后悔值准则，每个自然状态下的最大收益值为理想值，该状态下每个方案的收益值与理想值之差为理想目标的后悔值。决策者追求的是最小后悔值，首先在各种方案中选择最大后悔值，然后比较各种方案的最大后悔值，从中选择最小者对应的方案作为最优决策方案。

最小最大后悔值决策分析的步骤如下。

（1）建立收益矩阵，确定各状态下的最大收益值即理想值。

（2）计算各种自然状态下每个方案的后悔值，后悔值=理想值−其他各收益值。

（3）逐一列出各方案的最大后悔值。

（4）比较后悔值，选取其中的最小值，其对应方案即为最佳方案。

【例 13.12】试用后悔值准则对例 13.8 的问题进行决策。

解：（1）计算各状态下的最大收益值即理想值，见表 13-8。

表 13-8 各状态下的最大收益值

项目	很热	一般	不热
理想值/万元	10	6	2

天气很热：理想值 $=\max\{10,7,4\}=10$（万元）。

天气一般：理想值 $=\max\{4,6,2\}=6$（万元）。

天气不热：理想值 $=\max\{-2,2,1\}=2$（万元）。

（2）计算各状态下每个方案的后悔值，见表 13-9。

表 13-9 各状态下每个方案的后悔值 单位：万元

天气状况	进货方案		
	大批量（A_1）	中批量（A_2）	小批量（A_3）
很热	10−10=0	10−7=3	10−4=6
一般	6−4=2	6−6=0	6−2=4
不热	2−(−2)=4	2−2=0	2−1=1

（3）列出各方案的最大后悔值。

大批量（A_1）：最大后悔值 $=\max\{0,2,4\}=4$（万元）。

中批量（A_2）：最大后悔值 $=\max\{3,0,0\}=3$（万元）。

小批量（A_3）：最大后悔值 $=\max\{6,4,1\}=6$（万元）。

依据后悔值准则，选取最大后悔值中的最小者 3 万元对应的方案，即中批量（A_2）进货作为最优方案。

对于要求目标取最小值的决策问题，应用后悔值准则时应注意以下几点。

（1）取各状态中最小收益值为理想值，用理想值减去其他各收益值，得到的后悔值均为负值或零。

（2）取各方案后悔值中的最小者（绝对值最大者）。

（3）取其中的最大值进行决策。

二、不确定型决策准则的评价及适用范围

（一）乐观准则

对未来充满信心，态度乐观；难免冒较大风险。

适用范围如下。

（1）高收益值诱导。决策者运用有可能实现的高期望值目标，激励、调动人们奋进的积极性。

（2）绝处求生。企业处于绝境，运用其他较稳妥的决策方法难以摆脱困境，此时，与其等着破产，还不如找出最大期望值方案，通过拼搏，以求获得最后一线生机。

（3）对前景看好。决策者对企业的前景充满信心，应当采取积极进取的方案，否则就会贻误最佳时机。

（4）实力雄厚。企业力量强大，如果过于稳妥、保守，企业往往会无所作为，甚至削弱力量及地位。因此，还不如凭借其强大的风险抵御力勇于开拓，积极发展。

（二）悲观准则

稳妥与保守地决策；信心不足及对未来悲观。

适用范围如下。

（1）企业规模较小，资金薄弱，经不起大的经济冲击。

（2）决策者认为最坏状态发生的可能性很大，对好的状态缺乏信心等。

（3）在某些行动中，企业已经遭受了重大的损失，尚需时日恢复元气。

（三）折中准则

折中准则实际上是一种指数平均法，属于一种既稳妥又积极的决策方法；乐观系数不易确定，没有充分利用收益函数所提供的全部信息。

（四）等可能性准则

等可能性准则全面考虑了一个行动方案在不同自然状态下可能产生的不同结果，并把概率引入了决策问题，将不确定型问题演变成风险型问题来处理，唯一不同的是，决策者将难以判定的各种自然状态发生的概率假定为一个等值。但是假设所有状态都等可能出现，这个假设前提本身就是有问题的，很难与事实发展相吻合。

（五）后悔值准则

一定程度上，后悔值准则与悲观准则属于同一类，只是考虑问题的出发点有所不同。

后悔值准则是从避免失误的角度决策问题，使其在某种意义上比悲观准则更合乎情理，是一个稳妥的决策原则。需要注意的是，如果在原来的行动方案中再增加一个方案，则用后悔值准则决策的结果可能改变。

适用范围如下。

后悔值准则一般适用于有一定基础的中小企业。因这类企业虽能承担一定风险，可以不必太保守，却不能抵挡大的灾难，因而不能像乐观决策那样过于冒进。对这类企业来讲，采用后悔值准则进行决策属于一种稳中求发展的决策。

另外，竞争实力相当的企业在竞争决策中也可采用此准则。因为竞争者已有一定实力，必须以此为基础进一步开拓，不可丧失机会，但又不宜过激而危及基础。因此，在势均力敌的竞争中，采用此准则决策既可以稳定已有的地位，又可以有开拓市场的机会，将损失降到最低程度。

第四节 决策分析中的效用理论

为了使决策者所做出的决策能真正符合其价值观念，从而达到最优决策效果，需对各种决策结果赋以某种数值，这就是效用的概念。

决策问题具有自然状态不确定（以概率表示）、后果价值待定（以效用度量）等特点。决策者希望对决策的无形后果及非数值量，如信誉、威信、出门带伞问题的后果等以数值度量。即使是数值量，如以货币表示的后果，其价值仍有待确定，后果的价值因人而异。下面先看几个例子。

【例 13.13】同是 100 元钱，对穷人和百万富翁的价值截然不同；对同一个人，身无分文时的 100 元与已有 10 000 元时再增加的 100 元，其作用也不同，这是钱的边缘价值问题。

【例 13.14】一项风险投资，盈利时可赚得 5 万元，亏本时要损失 2 万元，若盈利与亏本发生的概率各为 0.5，则期望值为 $5 \times 0.5-2 \times 0.5=1.5$（万元），对于一家百万资金公司而言，这项投资的效用就很大，而对于一家只有一二万资金的小企业，其效用就小得多，风险就太大了。

【例 13.15】图 13-4 是一个有两个选择方案的决策树，方案 1 以 0.5 的概率获利 20 000 元，以 0.5 的概率损失 5000 元，期望收益为 7500 元；方案 2 以 1 的概率获利 5000 元。对于该简单决策，不同决策者就有可能做出不同的选择。

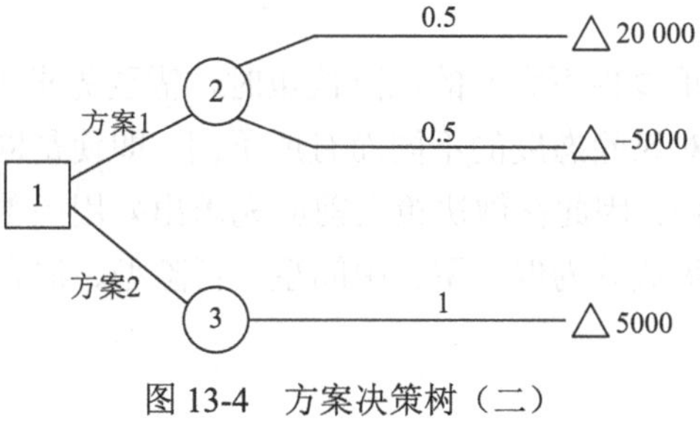

图 13-4 方案决策树（二）

由以上例子可知，在进行决策时，不同决策者对风险的看法是不同的，决策者对风险的态度或偏好对他的决策行为起着重要作用。这就存在如何描述（表达）后果的实际价值，以便反映决策者的偏好次序（preference order）的问题。偏好次序与决策者所处的社会、经济地位，文化素养，心理和生理（身体）状态等有关，是其个性与价值观的反映。效用是在有风险的情况下决策者对后果的偏好的量化，可用一数值表示。效用的具体度量称为效用值，效用值与决策者本人的素质有关，具有很强的主观性，可以通过计算效用系数和绘制效用曲线来衡量，一般取值在(0,1)区间内，是与几种方案相比较得到的相对值。

一般地，每个决策结果一旦变成现实，就会使决策者产生主观感受，或高兴，或满意，或不满意，或悲叹，所以每一决策结果都对应一个效用值，这种一一对应关系叫作效用函数，将效用函数描绘在平面直角坐标系中所得的曲线称为效用曲线。

一、符号

在决策结果集合 R 上建立偏好关系，设 $R=\{r_1,r_2,\cdots\}$，定义如下符号。

$r_1 \succ r_2$（即 r_1Pr_2），读作 r_1 优于 r_2（r_1 is preferred to r_2）。“$\succ$”为严格序，即若非外界因素的强迫，决策者只会选择 r_1 而不会选择 r_2。

$r_1 \geqslant r_2$（即 $r_1R\,r_2$），读作 r_1 不劣于 r_2（r_1 is not worse than r_2）。“$\geqslant$”为弱序，即 r_1 优于或无差异于 r_2。

$r_1 \sim r_2$（即 $r_1|r_2$），读作 r_1 无差别于 r_2（r_1 is indifferent to r_2）。“$\sim$”为无差异，即决策者对选择 r_1 或 r_2 同样满意。

二、效用函数

在 R 上建立偏好关系后，下面来构造效用函数，确定效用值。

一般把实值函数 $u(\cdot)$ 称为一个决策问题的效用函数，如果对于任意的 $r_1,r_2\in R$，必有 $\begin{cases} r_1 \succ r_2,\ \text{当且仅当} u(r_1)>u(r_2) \\ r_1 \sim r_2,\ \text{当且仅当} u(r_1)=u(r_2) \end{cases}$，则对于 $r\in R$，$u(r)$ 称为决策结果 r 的效用值。

如果将损益值转换为效用值，将损益值的数学期望转换为效用值的数学期望，不论实际的损益采取何种形式（如可直接量化的或不能直接量化的、货币形式的或非货币形式的），前面介绍的决策准则和方法都仍然有效。

三、效用函数的分类

在进行一次性（或重复性不大）的风险决策时，需要先求出各决策后果的效用值。由于效用函数视决策者对风险态度的不同而有所不同，即使是同一决策者，在不同时期其效用函数也往往不一样，因此在做决策之前应先求出效用函数，由于决策者对待风险的态度不同，可将效用函数分为保守型、中间型、冒险型、混合型，对应的数学表达式如下。

$$u(x)=\begin{cases}1-\left(\dfrac{x-b}{a-b}\right)^r, & r>1 \quad 保守型 \\ \dfrac{x-a}{b-a}, & \quad\quad 中间型 \\ \left(\dfrac{x-a}{b-a}\right)^r, & r>1 \quad 冒险型\end{cases}$$

效用函数曲线如图 13-5 所示。

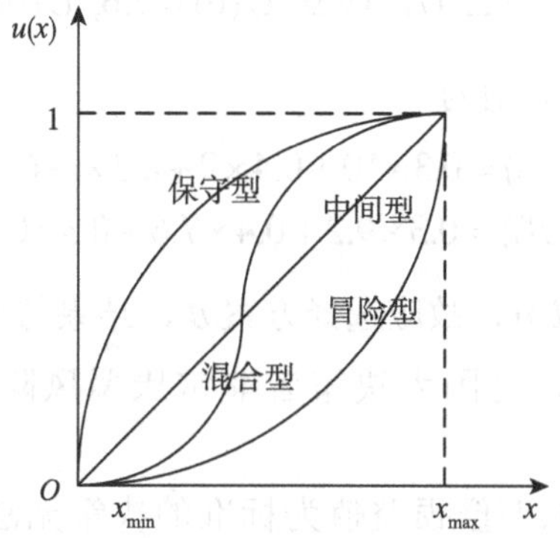

图 13-5 效用函数曲线

图 13-5 中，纵坐标为效用函数 $u(x)$，表示风险程度，可理解为行动方案成功的可能性，横坐标 x 表示期望损益值。$u(x)$ 越大，风险越小，不同决策者的效用曲线不同。中间型曲线表示各效用点与期望损益值的对应关系是正比关系，说明决策主体对风险持中立态度，或认为该决策的结果对大局无太大影响，或认为该决策可以重复进行，从而获得平均意义上的成果，此时可以直接用结果值进行决策。"上凸"型曲线即保守型曲线表明随着结果值的增加，效用值也递增，但递增幅度随结果值的增加而下降，说明决策主体对亏损十分敏感，大额收益对其吸引力不大，即宁可不赚大钱，也不愿意承担较大风险。"凹"型曲线即冒险型曲线表明随着结果值的增加，效用值也递增，且递增幅度随结果值的增加越来越大，说明决策主体对收益十分关注，求大利，不怕风险，为追求高效益而"孤注一掷"。混合型效用曲线的一部分为"凹"型，另一部分为"凸"型，其中转折点称为效用满足点，该点的前后所采取的决策不同。

【例 13.16】某企业制定了关于某产品的两个产销方案 A 和 B，各个方案在不同销售状态下的收益及状态发生概率如表 13-10 所示，试选择最优方案。

表 13-10 自然状态概率及收益

自然状态	自然状态概率	方案 A	方案 B
S_1（好）	0.3	10	8
S_2（一般）	0.4	7	6
S_3（不好）	0.3	−2	0

解：（1）按期望损益值准则决策，则有：

A 的期望利润 $E(A)=0.3\times10+0.4\times7+0.3\times(-2)=5.2$ 。

B 的期望利润 $E(B)=0.3\times8+0.4\times6+0.3\times0=4.8$ 。

故应选择方案 A 。

（2）以效用值决策。

假设经过调查测试，决策者对各条件利润值的效用值如下（效用值取值范围为 −10～10）：

$$U(10)=10,\ U(8)=9.2,\ U(7)=9,\ U(6)=7.6,\ U(0)=0,\ U(-2)=-6$$

则两方案的期望效用值分别为

$$E(U(A))=0.3\times10+0.4\times9+0.3\times(-6)=4.8$$
$$E(U(B))=0.3\times9.2+0.4\times7.6+0.3\times0=5.8$$

显然，$E(U(A))<E(U(B))$，故应选择方案 B ，结果与期望利润结果不同。

之所以产生这个结果，是因为决策者非常厌恶风险，对负收益非常敏感（如 $U(-2)=-6$ ）。

由于在某些情况下，以期望损益值为标准的决策无法完全反映决策的结果，因此，我们可以改用效用作为标准进行决策，此时只要将原来的损益值改为相应的效用值即可。

习　题

1. 什么是决策分析？决策分析的基本要素有哪些？
2. 决策有哪些基本的分类？
3. 试述决策分析的基本步骤。
4. 确定型决策、风险型决策、不确定型决策有何区别？
5. 某厂需要对明年的生产投资做出决策：是增加设备投资还是维持现状。该厂产品明年在市场的销售情况可能有三种：销量大、销量中、销量小。若增加设备投资遇到各种情况后的收益（万元）分别为 75、15、−5；若维持现状遇到各种情况后的收益（万元）分别为：35、5、1。请用决策分析的术语描述该问题。
6. 某公司决定生产 A、B 两种产品，根据过去市场需求统计，结果如表 13-11 所示。请使用期望损益值准则进行决策。

表 13-11　市场需求统计

产品	旺季（概率=0.8）	淡季（概率=0.2）
A	3	2
B	6	1

7. 某轻工企业利用剩余生产能力生产一种季节性新产品，自产自销。产品成本每盒 20 元，售价每盒 60 元。如果当日未出售将半价（30 元）出售。现估计该产品当年的市场需求量及它们出现的概率如表 13-12 所示。

表 13-12 市场需求量及概率统计

日销量/盒	100	110	120	130
概率	0.2	0.3	0.4	0.1

该企业拟订当年该产品日产量的备选方案为 100 盒、110 盒、120 盒、130 盒。试根据期望损益值准则确定适当的产量，并求出企业为调查市场信息值得付费的上限。

8. 某农场要确定在下一耕作期内耕作何种农作物，有三个方案可供选择：种植经济作物、种植水稻和种植棉花，估算的收益如表 13-13 所示。其中天气干旱的概率为 0.2，天气正常的概率为 0.7，天气多雨的概率为 0.1。问应选择何种耕种方案？

表 13-13 各种种植方案收益 单位：元

方案	自然状态		
	天气干旱	天气正常	天气多雨
种植经济作物	4000	6000	5000
种植水稻	4000	5000	6000
种植棉花	6000	7000	3000

9. 某个企业准备投资生产一种新产品，投资方案有 A、B、C 三个，其在不同经济形势下的利润如表 13-14 所示。

表 13-14 各种投资方案在不同经济形势下的利润 单位：万元

投资方案	不同经济形势		
	好	一般	差
A	8	0	–1
B	20	8	4
C	40	0	–30

（1）用乐观准则（$\alpha_1=0.6$，$\alpha_2=0.4$）进行决策。

（2）用等可能性准则进行决策。

10. 某食品厂研制出一种新型风味食品。若投产后销售成功，该食品在销售生命期内可获利 50 万元；若销售失败，则损失 20 万元。该厂估计此产品销售成功的概率为 0.6。若不投产这种新食品，仍生产原来的食品，则相应的生产能力可稳获利 20 万元。另外，也可先对新食品的需求量做些市场调查，然后再做决定。根据以往的统计，调查结果及实际销售情况概率如表 13-15 所示。若这类调查的费用为 0.2 万元，试问：

（1）若不做调查，该厂最优决策是什么？

（2）若可以考虑调查，该厂最优决策又是什么？

表 13-15 调查结果及实际销售情况概率

调查结果	实际销售情况	
	成功	失败
预测为成功	0.4	0.1
没有结论	0.4	0.5
预测为失败	0.2	0.4

11. 某石油公司打算钻探石油。有两个方案可供选择：一是先勘探，然后根据勘探结果再决定钻井或不钻井；一是不勘探，凭经验来决定钻井或不钻井。假定勘探费用每次 10 万元，钻井费用为 70 万元。

若直接钻井，出油概率如表 13-16 所示。

表 13-16 直接钻井出油概率

出油情况 S	无油（S_1）	油量少（S_2）	油丰富（S_3）
概率 $P(S)$	0.5	0.3	0.2

估计油量少时，可收入 120 万元，油丰富时可收入 270 万元。若先勘探，结果有地质构造差（θ_1）、地质构造一般（θ_2）、地质构造良好（θ_3）三种情况。

根据经验，地质构造与油井出油概率如表 13-17 所示。

表 13-17 地质构造与油井出油概率

$P(\theta_j/S_i)$	θ_1	θ_2	θ_3
S_1	0.6	0.3	0.1
S_2	0.3	0.4	0.3
S_3	0.1	0.4	0.5

（1）试进行贝叶斯决策。

（2）请计算补充信息价值与完全情报价值。

（3）用决策树表示决策过程。

12. 某钟表公司计划通过它的销售网推销一种低价钟表，计划零售价为每块 25 元。对这种钟表有三种设计方案：方案 1，需一次投资 10 万元，投产后每块成本 15 元；方案 2，需一次投资 16 万元，投产后每块成本 12 元；方案 3，需一次投资 25 万元，投产后每块成本 8 元。该种钟表需求量可能是：30 000 块、120 000 块、200 000 块。请用决策树决定采用哪一个设计方案。

13. 某书店希望订购最新出版的图书。根据以往经验，新书的销量可能为 50、100、150 或 200 本。假定每本新书的订购价是 5 元，销售价是 8 元，剩书的处理价是 2 元。请分别用乐观准则、悲观准则、等可能性准则及后悔值准则决定书店该订购的新书数量。

14. 某市为生产一种新产品拟定了两个方案：一是建大厂，一是建小厂。已知建大厂需投资 300 万元，建小厂需投资 160 万元。两者的使用期均为 10 年。据估计，生产出的产品在此期间销路好的可能性为 0.7。这两个方案的年度收益（单位为万元）示于表 13-18 中，问建大厂好还是建小厂好？假如可得到关于产品销路好或差的全情报，问花费 60 万元购买这份情报是否合算？

表 13-18 各种方案年度收益 单位：万元

方案	自然状态	
	销路好	销路差
建大厂	100	–20
建小厂	40	10

15. 某厂为适应市场的需要，准备扩大生产，有两种方案可供选择：第一方案是建大厂；第二方案是建小厂，之后考虑扩建。如果建大厂，需投资 700 万元，在市场销路好时，每年收益 210 万元，销路差时，每年亏损 40 万元。在第二方案中，先建小厂，如果销路好，3 年后进行扩建。建小厂的投资为 300 万元，在市场销路好时，每年收益 90 万元，销路差时，每年收益 60 万元，如果 3 年后扩建，扩建投资为 400 万元，收益情况同第一方案一致。未来市场销路好的概率为 0.7，销路差的概率为 0.3；如果前 3 年销路好，则后 7 年销路好的概率为 0.9，销路差的概率为 0.1。无论选用何种方案，使用期均为 10 年，试做决策分析。

16. 某工厂有资产 100 000 元，由于某种原因现考虑向甲地或乙地迁移，已知迁移费分别为 10 000 元和 15 000 元。要求如下。

（1）计算每一策略一年后总资产的期望值。

（2）如果按 4 年后的总资产考虑，工厂的最优决策是什么？

（3）已知在不同地点时工厂资产年增长数额与概率如表 13-19 所示。

表 13-19 工厂资产年增长数额与概率

原地		甲地		乙地	
资产年增长数额/元	概率	资产年增长数额/元	概率	资产年增长数额/元	概率
5 000	0.3	8 000	0.3	6 000	0.4
7 000	0.5	9 000	0.5	10 000	0.3
9 000	0.2	10 000	0.2	11 000	0.3

17. 某研究所考虑向某工厂提出开发新产品的建议，为提出此建议需进行一些初步的科研工作，需花费 2 万元。根据该所的经验以及对该工厂和产品及竞争者的估计，建议提出后，估计有 60%的可能可以得到合同，40%的可能得不到。如果得不到合同

则 2 万元的费用就得不到赔偿。该产品有两种生产方法，老方法要花费 28 万元，成功概率为 80%，新方法只需花费 18 万元，但成功概率仅有 50%。如果该研究所得到合同并研制成功，厂方将付给该所 70 万元技术转让费，若研制失败，该所需支付赔偿费 15 万元。试问该所是否应当提出研制建议？

18. A 先生失去 1000 元时效用值为 50，得到 3000 元时效用值为 120，并且在以下事件上无差别：肯定得到 10 元或以 0.4 的机会失去 1000 元和 0.6 的机会得到 3000 元。B 先生失去 1000 元与得到 10 元的效用值与 A 相同，且他在以下事件上态度无差别：肯定得到 10 元或以 0.8 的机会失去 1000 元和 0.2 的机会得到 3000 元。比较 A 先生与 B 先生对风险的态度。

第十四章

层次分析法

层次分析法（analytic hierarchy process，AHP）也称层级分析法，是一种定性和定量相结合的、系统化的、层次化的分析方法，是由美国运筹学家 T. L.塞蒂（T. L. Saaty）于 20 世纪 70 年代初提出的一种层次权重决策分析方法。由于它在处理复杂的决策问题上的实用性和有效性，其很快在世界范围内得到重视。层次分析法的应用已遍及经济、管理、军事、交通运输等诸多领域。

本章主要介绍排序准则及方法、层次分析法的基本步骤等相关知识。

第一节　层次分析法的基本原理

人们在进行社会、经济以及科学管理领域问题的系统分析时，面临的常常是一个由相互关联、相互制约的众多因素构成的复杂而往往缺少定量数据的系统。层次分析法为这类问题的决策和排序提供了一种新的、简捷而实用的建模方法。

一、基本概念

层次分析法，是指将一个复杂的多目标决策问题作为一个系统，将目标分解为多个准则，进而分解为多个指标（或准则、约束），通过将定性指标模糊量化计算得出层次单排序（权数）和总排序，再进行目标（多指标）、多方案优化决策的系统方法。

层次分析法把研究对象作为一个系统，按照分解、比较判断、综合的思维方式进行决策，是继机理分析、统计分析之后发展起来的系统分析的重要工具，是一种定性和定量相结合的、系统化的、层次化的分析方法。该方法首先将决策问题按总目标、各层子目标、评价准则以及具体的备选方案分解为不同的层次结构，其次用求解判断矩阵特征向量的方法，求得每一层次的各元素对上一层次某元素的优先权重，最后再进行加权求和，递阶归并各备选方案对总目标的最终权重，最终权重最大者即为最优方案。

层次分析法是在对复杂决策问题的本质、影响因素及其内在关系等进行深入分析的基础上，利用较少的定量信息使决策的思维过程数学化，从而为多目标、多准则或无结构特性的复杂决策问题提供决策的方法。其尤其适用于对决策结果难以直接准确计算的场合。

层次分析法较适用于具有分层交错的评价指标，且目标值难以定量描述的决策问题。

二、层次分析模型的构造

层次分析法的基本思路与人对一个复杂的决策问题的思考、判断过程大致相似，该方法不仅适用于存在不确定性和主观信息的情况，还允许以合乎逻辑的方式运用经验、洞察力和直觉对问题进行分析。

【例 14.1】某厂决定开发新产品，现有三种新产品可供选择，由于人力、财力的限制，只能从中选择一种，主要考虑以下因素：①研发成本；②市场前景；③预期效益。试做出合理的选择。

解：因新产品的开发直接决定企业的效益，故它是一项技术性的决策和管理决策，某新产品可否开发必须考虑研发成本、市场前景、预期效益等准则，可将该决策问题分解成三个层次，最高层为目标层，即选择新产品；中间层为准则层，包括研发成本 C_1、市场前景 C_2、预期效益 C_3 等因素；最底层为方案层，即三种产品 p_1, p_2, p_3，据此，可构造出选择新产品的层次分析模型，如图 14-1 所示。

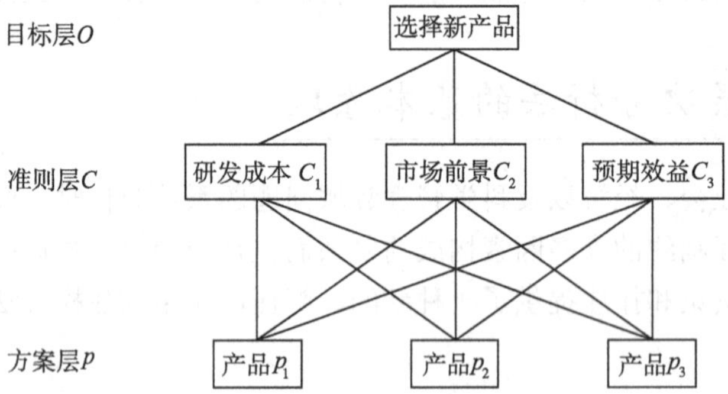

图 14-1　选择新产品的层次分析模型

应用层次分析法分析具体决策问题时，首先要把问题条理化、层次化，构造出一个层次分析的结构模型。在这个结构模型下，复杂问题被分解为元素的组成部分。这些元素又按其属性分成若干组，形成不同层次。同一层次的元素作为准则对下一层次的某些元素起支配作用，同时它又受上一层次元素的支配。最高层为目标层，通常只有一个元素，最底层通常为方案或对象层，中间可以有一个或几个层次，通常为准则或指标层。

层次可分为以下三类。

（1）最高层。这一层次中只有一个元素，一般它是分析问题的预定目标或理想结果，因此也称为目标层。

（2）中间层。这一层次包含了为实现目标所涉及的中间环节，它可以由若干个层次组成，包括所需考虑的准则、子准则，因此也称为准则层。

（3）最底层。这一层次包括了为实现目标可供选择的各种措施、决策方案等，因此也称为措施层或方案层。

在层次分析模型中，不同层元素间的连线表明上一层元素与下一层元素间的相互联系。

上述各层次之间是自上而下的支配关系，一个典型的递阶层次结构示意图如图 14-2 所示。

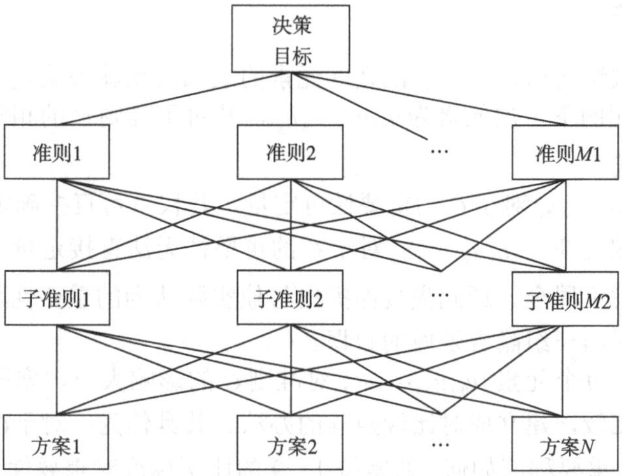

图 14-2　典型的递阶层次结构示意图

这种层内各元素独立，不相互影响和支配，层间自上而下，逐层传递，无反馈和无循环的层次结构，称为递阶层次结构。

递阶层次结构有以下特点。

（1）层次间从上到下有顺序地存在支配关系。该种关系类似于集合、子集合、包含关系等。

（2）层次间元素的联系强于同一层次各元素间的联系。如果出现层次内部元素的联系非常密切而无法忽略时，必须重新确定层次位置。同一层次内元素的位置可以变动。

（3）递阶层次结构具有很强的灵活性和抗干扰性，即某一层次包含的元素发生变化，对整个层次结构的影响是有限的。由于决策目标的实现要经过自上而下几个层次的分析判断，即使某一层次中出现某些偏差，其对决策目标的影响也要比采用非层次决策方法小得多。同时由于层次结构使决策者的思维条理化，因此当面临的决策问题比较复杂时，采用递阶层次结构会将问题分析得更清楚，能更迅速地做出决策。

需要说明的是，若上层的每个元素都支配着下一层的所有元素，或被下一层所有元素影响，即相邻层元素间均有连线，称为完全层次结构，否则称为不完全层次结构。

层次结构建立得好坏与决策者对问题的认识是否全面、深刻有很大关系。建立层次结构时应在深入分析实际问题的基础上，将有关的各个元素按照不同属性自上而下地分解成若干层次，递阶层次结构中的层次数与问题的复杂程度及需要分析的详尽程度有关，一般层次数不受限制。同一层的诸元素从属于上一层的元素或对上层元素有影响，同时又支配下一层的元素或受到下层元素的作用，每一层次中各元素所支配的元素一般不超过 9 个，当准则过多时（如多于 9 个），应进一步分解出子准则层。这是因为同层准则过多会给两两比较判断带来困难。

第二节 排序准则及方法

一、构造判断矩阵

建立递阶层次结构后，上下层次之间元素的隶属关系就被确定了。设上一层元素 C 为准则，所支配的下一层元素为 $u_1,u_2,\cdots,u_n$，其对于准则 C 的相对重要性即权重，通常可分两种情况。

（1）如果 $u_1,u_2,\cdots,u_n$ 对于 C 的重要性可定量，其权重可直接确定。

（2）如果问题复杂，$u_1,u_2,\cdots,u_n$ 对于 C 的重要性无法直接定量，而只能定性，决策者常常会因考虑不周全、顾此失彼而提出与他实际认为的重要性程度不相一致的数据，甚至有可能提出一组隐含矛盾的数据。

设现在要比较 n 个元素 $\{u_1,u_2,\cdots,u_n\}$ 对准则 C 的影响大小，塞蒂等建议可以采取对元素进行两两比较，建立成对比较矩阵的办法。其具体为：对于准则 C，元素 u_i 和 u_j 哪一个更重要，重要程度如何，通常按 1～9 的比例标度对重要性程度赋值，表 14-1 中列出了 1～9 标度的含义。

表 14-1 标度的含义

标度	含义（两个元素重要性对比）
1	表示两个元素相比，具有同样重要性
3	表示两个元素相比，前者比后者稍重要
5	表示两个元素相比，前者比后者明显重要
7	表示两个元素相比，前者比后者强烈重要
9	表示两个元素相比，前者比后者极端重要
2、4、6、8	表示上述相邻判断的中间值
倒数	若元素 i 与 j 的重要性之比为 a_{ij}，那么元素 j 与元素 i 的重要性之比为 $a_{ji}=1/a_{ij}$

选择 1～9 标度主要基于如下事实及依据。

（1）人们在估计不同对象的区别时，通常有 5 种判断，即相等、较强、强、很强、绝对强。当需要更高精度时，还可在相邻判断之间做出比较，用数字表示这些判断共需 9 个数字，这 9 个数字间既有连贯性，又方便实用。

（2）从心理学的观点来看，人们在对若干个对象进行比较时，能够区别差异的极限为 7±2 个对象，这些对象间的差异正好可用 9 个数字表示。

（3）区别分级太多会超越人们的判断能力，不仅增加做出判断的难度，而且容易导致人们提供虚假数据。塞蒂等还用实验方法比较了在各种不同标度下人们判断结果的正确性，实验结果也表明，采用 1～9 标度最为合适。

对于准则C，将n个元素$\{u_1,u_2,\cdots,u_n\}$中任意两个元素之间的相对重要性进行比较可得到一个两两比较判断矩阵：

$$A=(a_{ij})_{n\times n}=\begin{bmatrix} a_{11} & a_{12} & \cdots & a_{1n} \\ a_{21} & a_{22} & \cdots & a_{2n} \\ \vdots & \vdots & & \vdots \\ a_{n1} & a_{n2} & \cdots & a_{nn} \end{bmatrix}$$

则A称为成对比较矩阵，其中a_{ij}即为元素u_i和u_j相对于准则C的重要性的比例标度，$a_{ij}=\dfrac{1}{a_{ji}}$。

定义 14.1 若矩阵$A=(a_{ij})_{n\times n}$满足：①$a_{ij}>0$；②$a_{ji}=\dfrac{1}{a_{ij}}(i,j=1,2,\cdots,n)$。则称矩阵$A$为正互反矩阵（易见，$a_{ii}=1,\ i=1,2,\cdots,n$）。

由判断矩阵所具有的性质知，一个具有n个元素的判断矩阵只需要给出其上（或下）三角的$n(n-1)/2$个元素就可以了，即只需做$n(n-1)/2$个比较判断即可。

有了成对比较矩阵后，如何得到下层各元素对上层某因素的影响程度的排序结果呢？

二、层次单排序及一致性检验

为便于理解，我们先做如下讨论。假定有n个物体，它们的重量分别为$w_1,w_2,\cdots,w_n$，并假定它们的重量之和为单位1，比较它们之间的重量，很容易得到它们之间逐对比较的判断矩阵，如下列矩阵A：

$$A=\begin{bmatrix} \dfrac{w_1}{w_1} & \dfrac{w_1}{w_2} & \cdots & \dfrac{w_1}{w_n} \\ \dfrac{w_2}{w_1} & \dfrac{w_2}{w_2} & \cdots & \dfrac{w_2}{w_n} \\ \vdots & \vdots & & \vdots \\ \dfrac{w_n}{w_1} & \dfrac{w_n}{w_2} & \cdots & \dfrac{w_n}{w_n} \end{bmatrix}$$

用重量向量$w=(w_1,w_2,\cdots,w_n)^T$右乘矩阵A，其结果为

$$Aw=\begin{bmatrix} \dfrac{w_1}{w_1} & \dfrac{w_1}{w_2} & \cdots & \dfrac{w_1}{w_n} \\ \dfrac{w_2}{w_1} & \dfrac{w_2}{w_2} & \cdots & \dfrac{w_2}{w_n} \\ \vdots & \vdots & & \vdots \\ \dfrac{w_n}{w_1} & \dfrac{w_n}{w_2} & \cdots & \dfrac{w_n}{w_n} \end{bmatrix}\begin{bmatrix} w_1 \\ w_2 \\ \vdots \\ w_n \end{bmatrix}=\begin{bmatrix} nw_1 \\ nw_2 \\ \vdots \\ nw_n \end{bmatrix}=nw$$

从上式不难看出，对重量分别为 $w_1, w_2, \cdots, w_n$ 的 n 个物体，重量向量 $\boldsymbol{w}$ 是判断矩阵 $\boldsymbol{A}$ 的对应于 n 的特征向量。根据矩阵理论可知，n 为上述矩阵 $\boldsymbol{A}$ 的唯一非零最大特征根，$\boldsymbol{w}$ 则为其所对应的特征向量。

该问题提示我们，如果需要估算一组物体的相对重量，又没有称量仪器，那么我们可以通过逐对比较这组物体相对重量的方法，得出每对物体相对重量比的判断，从而形成判断矩阵，通过求解判断矩阵的最大特征根和它所对应的特征向量，即可计算出这组物体的相对重量。

同样，对于复杂的社会、经济以及管理等领域中的问题，通过建立层次分析模型，构造两两因素的判断矩阵，就可应用这种求解判断矩阵最大特征根及其特征向量的方法，来确定出相应各种方案、措施、政策等相对于总目标的重要性排序权值，以供领导者决策。

层次分析法正是因为采用这种两两比较的度量方法，才能广泛地应用于社会、经济、政治、人的行为以及管理等领域的各种复杂问题的分析之中，该方法能把非常复杂的系统分析简化为各种因素之间的成对比较判断和简单的排序计算，从而使很多难以用参数型数学模型方法解决的复杂系统的问题成为可能。

判断矩阵 $\boldsymbol{A}$ 对应于最大特征根 $\lambda_{\max}$ 的特征向量 $\boldsymbol{w}$，经归一化后即为同一层次相应元素对于上一层次某元素相对重要性的排序权值，这一过程称为层次单排序。

上述构造成对比较矩阵的办法虽能减少其他因素的干扰，较客观地反映出一对元素影响力的差别，但当综合全部比较结果时，其中难免包含一定程度的非一致性。因此，需要检验判断矩阵 $\boldsymbol{A}$ 是否严重非一致，以便确定是否接受 $\boldsymbol{A}$。

下面先给出几个定义和定理。

定义 14.2 满足

$$a_{ij}a_{jk} = a_{ik}, \quad \forall i, j, k = 1, 2, \cdots, n$$

的正互反矩阵称为一致矩阵。

定理 14.1 正互反矩阵 $\boldsymbol{A}$ 的最大特征根 $\lambda_{\max}$ 必为正实数，其对应特征向量的所有分量均为正实数。$\boldsymbol{A}$ 的其余特征值的模均严格小于 $\lambda_{\max}$。

定理 14.2 若 $\boldsymbol{A}$ 为一致矩阵，则：

（1）$\boldsymbol{A}$ 必为正互反矩阵。

（2）$\boldsymbol{A}$ 的转置矩阵 $\boldsymbol{A}^{\mathrm{T}}$ 也是一致矩阵。

（3）$\boldsymbol{A}$ 的任意两行成比例，比例因子大于零，从而矩阵 $\boldsymbol{A}$ 的秩为 1，即 $\mathrm{rank}(\boldsymbol{A}) = 1$（同样，$\boldsymbol{A}$ 的任意两列也成比例）。

（4）$\boldsymbol{A}$ 的最大特征根 $\lambda_{\max} = n$，其中 n 为矩阵 $\boldsymbol{A}$ 的阶。$\boldsymbol{A}$ 的其余特征根均为 0。

（5）若 $\boldsymbol{A}$ 的最大特征根 $\lambda_{\max}$ 对应的特征向量为 $\boldsymbol{w} = (w_1, w_2, \cdots, w_n)^{\mathrm{T}}$，则 $a_{ij} = \dfrac{w_i}{w_j}$，$\forall i, j = 1, 2, \cdots, n$，即

$$A=\begin{bmatrix} \frac{w_1}{w_1} & \frac{w_1}{w_2} & \cdots & \frac{w_1}{w_n} \\ \frac{w_2}{w_1} & \frac{w_2}{w_2} & \cdots & \frac{w_2}{w_n} \\ \vdots & \vdots & & \vdots \\ \frac{w_n}{w_1} & \frac{w_n}{w_2} & \cdots & \frac{w_n}{w_n} \end{bmatrix}$$

定理 14.3　n阶正互反矩阵$\boldsymbol{A}$是一致矩阵，当且仅当其最大特征根$\lambda_{\max}=n$。

根据定理 14.3，我们可由$\lambda_{\max}$是否等于n来检验判断矩阵$\boldsymbol{A}$是否为一致矩阵。由于特征根连续地依赖于a_{ij}，故$\lambda_{\max}$比n大得越多，$\boldsymbol{A}$的非一致性程度也就越严重，$\lambda_{\max}$对应的标准化特征向量也就越不能真实地反映出参与比较的n个元素$\{u_1,u_2\cdots,u_n\}$对上一层某元素影响的权重。因此，需要对决策者提供的判断矩阵进行一致性检验。可以用$\lambda_{\max}-n$的大小衡量$\boldsymbol{A}$的不一致程度，以决定是否接受它。

三、权重计算方法

已知n个元素$u_1,u_2,\cdots,u_n$对于准则C的判断矩阵为$\boldsymbol{A}$，求$u_1,u_2\cdots,u_n$对于准则C的相对权重$\omega_1,\omega_2,\cdots,\omega_n$，写成向量形式即为$\boldsymbol{W}=(\omega_1,\omega_2,\cdots,\omega_n)^{\mathrm{T}}$。常用的权重计算方法有以下几种。

（一）和法

将判断矩阵$\boldsymbol{A}$的n个行向量归一化后的算术平均值近似作为权重向量，即

$$\omega_i=\frac{1}{n}\sum_{j=1}^{n}\frac{a_{ij}}{\sum_{k=1}^{n}a_{kj}},\quad i=1,2,\cdots,n$$

类似地还有列和归一化方法，即

$$\omega_i=\frac{\sum_{j=1}^{n}a_{ij}}{n\sum_{k=1}^{n}\sum_{j=1}^{n}a_{kj}},\quad i=1,2,\cdots,n$$

（二）根法（几何平均法）

将$\boldsymbol{A}$的各个行向量进行几何平均，然后归一化，得到的行向量就是权重向量。其公式为

$$\omega_i=\frac{\left(\prod_{j=1}^{n}a_{ij}\right)^{\frac{1}{n}}}{\sum_{k=1}^{n}\left(\prod_{j=1}^{n}a_{kj}\right)^{\frac{1}{n}}},\quad i=1,2,\cdots,n$$

（三）特征根法（简记为EM）

解判断矩阵 A 的特征根问题：

$$Aw = \lambda_{\max} w$$

其中，$\lambda_{\max}$ 为 A 的最大特征根；w 为相应的特征向量，所得到的 w 经归一化后就可作为权重向量。

（四）确定权重向量

权重向量 $W = (\omega_1, \omega_2, \cdots, \omega_n)^{\mathrm{T}}$，使残差平方和 $\sum\limits_{1 \leqslant i \leqslant j \leqslant n} \left(\lg a_{ij} - \lg(\omega_i / \omega_j)\right)^2$ 最小。

对判断矩阵进行一致性检验的步骤如下。

显然，当 $n < 3$ 时，判断矩阵具有完全一致性；当 $n \geqslant 3$ 时，可按如下步骤进行一致性检验。

（1）计算一致性指标（consistency index，CI）。

$$\mathrm{CI} = \frac{\lambda_{\max} - n}{n - 1}$$

其中，n 为 A 的对角线元素之和，也为 A 的特征根之和。

显然，CI越大，不一致程度越严重，为衡量CI的大小，引入平均随机指标（random index，RI）。

（2）查找相应的RI。对 $n = 1, 2, \cdots, 9$，塞蒂给出了RI的值，如表14-2所示。

表 14-2　RI 的值

n	1	2	3	4	5	6	7	8	9
RI	0	0	0.58	0.90	1.12	1.24	1.32	1.41	1.45

RI值的得到是用随机方法构造500个样本矩阵，随机地从1～9及其倒数中抽取数字构造正互反矩阵，求得最大特征根的平均值 $\lambda'_{\max}$，并定义

$$\mathrm{RI} = \frac{\lambda'_{\max} - n}{n - 1}$$

RI只与矩阵阶数 n 有关。

（3）计算一致性比率（consistent ratio，CR），$\mathrm{CR} = \dfrac{\mathrm{CI}}{\mathrm{RI}}$。

一般地，当 $\mathrm{CR} < 0.10$ 时，认为判断矩阵 A 的一致性是可以接受的，可用其归一化特征向量作为权向量，否则应重新构造成对比较矩阵，对判断矩阵 A 做适当修正。

四、层次总排序及一致性检验

上面得到的是一组元素对其上一层中某元素的权重向量。我们最终要得到各元

素，特别是最底层中各方案对于目标的排序权重，即总排序权重，从而进行方案选择。总排序权重要自上而下地将单准则下的权重进行合成，并逐层进行总的一致性检验。

设 $\boldsymbol{W}^{(k-1)}=(\omega_1^{(k-1)},\omega_2^{(k-1)},\cdots,\omega_{n_{k-1}}^{(k-1)})^{\mathrm{T}}$ 表示第 $k-1$ 层上 n_{k-1} 个元素相对于总目标的排序权重向量，用 $\boldsymbol{P}_j^{(k)}=(p_{1j}^{(k)},p_{2j}^{(k)},\cdots,p_{n_kj}^{(k)})^{\mathrm{T}}$ 表示第 k 层上 n_k 个元素对第 $k-1$ 层上以第 j 个元素为准则的排序权重向量，其中不受第 j 个元素支配的元素权重取为零。矩阵 $\boldsymbol{P}^{(k)}=(\boldsymbol{P}_1^{(k)},\boldsymbol{P}_2^{(k)},\cdots,\boldsymbol{P}_{n_{k-1}}^{(k)})^{\mathrm{T}}$ 是 $n_k\times n_{k-1}$ 阶矩阵，它表示第 k 层上元素对第 $k-1$ 层上各元素的排序，那么第 k 层上元素对目标的总排序 $\boldsymbol{W}^{(k)}$ 为

$$\boldsymbol{W}^{(k)}=(\omega_1^{(k)},\omega_2^{(k)},\cdots,\omega_{n_k}^{(k)})^{\mathrm{T}}=\boldsymbol{P}^{(k)}\boldsymbol{W}^{(k-1)}$$

或

$$\omega_i^{(k)}=\sum_{j=1}^{n_{k-1}}p_{ij}^{(k)}\omega_j^{(k-1)},\quad i=1,2,\cdots,n$$

并且一般公式为 $\boldsymbol{W}^{(k)}=\boldsymbol{P}^{(k)}\boldsymbol{P}^{(k-1)}\cdots\boldsymbol{W}^{(2)}$，其中 $\boldsymbol{W}^{(2)}$ 是第二层上元素的总排序向量，也是单准则下的排序向量。

要从上到下逐层进行一致性检验，若已求得第 $k-1$ 层上以元素 j 为准则的一致性指标 $\mathrm{CI}_j^{(k)}$、平均随机一致性指标 $\mathrm{RI}_j^{(k)}$、一致性比率 $\mathrm{CR}_j^{(k)}$（其中 $j=1,2,\cdots,n_{k-1}$），则 k 层的综合指标为

$$\mathrm{CI}^{(k)}=(\mathrm{CI}_1^{(k)},\cdots,\mathrm{CI}_{n_{k-1}}^{(k)})\boldsymbol{W}^{(k-1)}$$
$$\mathrm{RI}^{(k)}=(\mathrm{RI}_1^{(k)},\cdots,\mathrm{RI}_{n_{k-1}}^{(k)})\boldsymbol{W}^{(k-1)}$$

若 $\mathrm{CR}^{(k)}<0.10$，认为递阶层次结构在第 k 层水平的所有判断具有整体满意的一致性，并接受该分析结果，否则需要重新考虑模型或重新构造一致性比率较大的成对比较矩阵。

【例 14.2】 求解例 14.1。

解：（1）针对准则层的三个因素构造成对比较矩阵 $\boldsymbol{A}$；将准则层 C 中的三个因素，即研发成本 C_1、市场前景 C_2、预期效益 C_3 两两比较，得到成对比较矩阵：

$$\boldsymbol{A}=\begin{bmatrix}1 & 3 & 4\\ 1/3 & 1 & 1\\ 1/4 & 1 & 1\end{bmatrix}$$

利用特征根法求解 $\boldsymbol{A}$ 的特征值，并进行判断矩阵的一致性检验：

$$\boldsymbol{A}=\begin{bmatrix}1 & 3 & 4\\ 1/3 & 1 & 1\\ 1/4 & 1 & 1\end{bmatrix}\xrightarrow{\text{列向量归一化}}\begin{bmatrix}0.63 & 0.6 & 0.67\\ 0.21 & 0.2 & 0.165\\ 0.16 & 0.2 & 0.165\end{bmatrix}\xrightarrow[\text{归一化}]{\text{求行和}}\boldsymbol{w}=\begin{bmatrix}0.633\\ 0.193\\ 0.174\end{bmatrix}$$

$$Aw=\begin{bmatrix}1&3&4\\1/3&1&1\\1/4&1&1\end{bmatrix}\begin{bmatrix}0.633\\0.193\\0.174\end{bmatrix}=\begin{bmatrix}1.908\\0.578\\0.525\end{bmatrix}\xrightarrow{Aw=\lambda w}\lambda=\frac{1}{3}\left(\frac{1.908}{0.633}+\frac{0.578}{0.193}+\frac{0.525}{0.174}\right)=3.009$$

计算 CI：$\mathrm{CI}=\dfrac{\lambda-n}{n-1}=\dfrac{3.009-3}{3-1}=0.005$。

查找相应的 RI：由表 14-2 可得 $\mathrm{RI}=0.58$。

计算 CR：$\mathrm{CR}^{(2)}=\dfrac{\mathrm{CI}}{\mathrm{RI}}=\dfrac{0.005}{0.58}=0.0086<0.10$，通过一致性检验。

（2）构造成对比较矩阵 $\boldsymbol{B}_1$、$\boldsymbol{B}_2$ 及 $\boldsymbol{B}_3$，其中 $\boldsymbol{B}_1$ 是对于准则 C_1 即研发成本，三种产品 p_1,p_2,p_3 中任意两种产品相对重要性比较的成对比较矩阵，$\boldsymbol{B}_2$ 是对于准则 C_2 即市场前景，三种产品 p_1,p_2,p_3 中任意两种产品相对重要性比较的成对比较矩阵，$\boldsymbol{B}_3$ 是对于准则 C_3 即预期效益，三种产品 p_1,p_2,p_3 中任意两种产品相对重要性比较的成对比较矩阵。其分别构造如下：

$$\boldsymbol{B}_1=\begin{bmatrix}1&2&5\\1/2&1&2\\1/5&1/2&1\end{bmatrix},\quad \boldsymbol{B}_2=\begin{bmatrix}1&1/3&1/8\\3&1&1/3\\8&3&1\end{bmatrix},\quad \boldsymbol{B}_3=\begin{bmatrix}1&1&3\\1&1&3\\1/3&1/3&1\end{bmatrix}$$

同样利用特征根法，先分别对矩阵 $\boldsymbol{B}_1$、$\boldsymbol{B}_2$、$\boldsymbol{B}_3$ 通过列向量归一化、求行和并归一化得到特征向量 $\boldsymbol{b}_j$，再根据 $\boldsymbol{Aw}=\lambda\boldsymbol{w}$ 求得最大特征根 λ_j，根据 $\mathrm{CI}=\dfrac{\lambda-n}{n-1}$、$\mathrm{CR}=\dfrac{\mathrm{CI}}{\mathrm{RI}}$，计算 CI_j、CR_j，所有计算结果如表 14-3 所示。

表 14-3 最大特征根 λ_j、CI_j、RI_j、CR_j 计算结果

项目	j		
	1	2	3
$\boldsymbol{b}_j$	$\begin{bmatrix}0.595\\0.275\\0.130\end{bmatrix}$	$\begin{bmatrix}0.082\\0.236\\0.682\end{bmatrix}$	$\begin{bmatrix}0.429\\0.429\\0.142\end{bmatrix}$
λ_j	3.005	3.002	3
CI_j	0.003	0.001	0
RI_j	0.58	0.58	0.58
CR_j	0.005	0.002	0

由于表 14-3 中 $\mathrm{CR}_j<0.10$，可知成对比较矩阵 $\boldsymbol{B}_1,\boldsymbol{B}_2,\boldsymbol{B}_3$ 均通过了一致性检验。

（3）总排序值与一致性检验。

$$\mathrm{CI}=\sum_{j=1}^{3}w_j\mathrm{CI}_j=0.633\times0.003+0.193\times0.001+0.174\times0=0.0021$$

$$\mathrm{RI}=\sum_{j=1}^{3}w_j\mathrm{RI}_j=0.633\times0.58+0.193\times0.58+0.174\times0.58=0.58$$

故 $\mathrm{CR}^{(3)}=\dfrac{\sum_{j=1}^{3}w_j\mathrm{CI}_j}{\sum_{j=1}^{3}\mathrm{RI}_j}=\dfrac{0.0021}{0.58}=0.0036$，$\mathrm{CR}^{(2)}=0.0086$。

组合一致性比率 $\mathrm{CR}^{*}=\mathrm{CR}^{(2)}+\mathrm{CR}^{(3)}=0.0122<0.10$。

故认为层次总排序具有满意的一致性。

组合权重向量 $\boldsymbol{w}^{(3)}=\left(0.467\quad 0.296\quad 0.237\right)^{\mathrm{T}}$。

（4）结论。从以上分析知，第一种新产品的权重最大，因此选择开发第一种新产品。

第三节 层次分析法总结

层次分析法把复杂问题分解成各个组成元素，又将这些元素按支配关系分组形成递阶层次结构。通过两两比较的方式确定各个元素的相对重要性，然后综合决策者的判断，确定决策方案相对重要性的总排序。

一、基本步骤

运用层次分析法进行系统分析、设计、决策时，一般可有以下四个步骤。

（1）建立系统的递阶层次结构模型。深入分析系统中各元素之间的关系，将有关各元素按照不同属性自上而下地分解成若干层次，同一层诸元素从属于上一层的元素或对上一层元素有影响，同时又支配下一层的元素或受到下层元素的作用。同一层的元素之间必须独立。

（2）构造成对比较矩阵。从递阶层次结构模型的第 2 层开始，对于从属于（或影响）上一层某个元素的同一层元素，用成对比较法和 1～9 标度构造成对比较矩阵，直到最底层。

（3）层次单排序及一致性检验。由判断矩阵计算被比较元素对于该准则的相对权重。对每一个成对比较矩阵计算最大特征根及对应的特征向量，利用 CI, RI, CR 做一致性检验。若通过检验，特征向量（归一化后）即为权重向量；否则，重新构造成对比较矩阵。

（4）层次总排序及一致性检验。计算各层元素对系统目标的组合权重，并进行排序。计算最底层对目标的组合权重向量，并根据相关公式做组合一致性检验，若检验通过，则可按照组合权重向量表示的结果进行决策，否则需要重新考虑模型或重新构造 CR 较大的成对比较矩阵。

二、注意事项

如果所选的要素不合理，其含义混淆不清，或要素间的关系不正确，都会降低层次分析法结果的质量，甚至导致层次分析法决策失败。

为保证递阶层次结构的合理性，需把握以下原则。

（1）建立层次分析结构模型是最关键的一步，要有主要决策层参与。

（2）构造成对比较矩阵的数量依据，应由经验丰富、判断力强的专家给出。

（3）分解简化问题时把握主要因素，不漏不多。

（4）注意相比较元素之间的强度关系，相差太悬殊的元素不能在同一层次比较。

三、层次分析法的优点和局限性

层次分析法的优点主要表现在以下几个方面。

（一）系统性

层次分析法将研究对象作为一个系统，按照分解、比较判断、综合的思维方式进行决策，成为继机理分析、统计分析之后发展起来的系统分析的重要工具。

（二）实用性

层次分析法把定性和定量方法结合起来，能够解决许多用传统优化技术无法处理的实际问题，不仅所需要的定量化数据较少，而且对问题的本质、问题所涉及的因素及其内在关系能给予清楚的分析，应用范围很广，同时，该方法使决策者与决策分析者能够相互沟通，甚至决策者可以直接应用它，提高了决策的有效性。

（三）简捷性

层次分析法的思路简单明了，将决策者的思维过程条理化、数量化，基本原理与基本步骤易于掌握，计算简便，所得结果简单明确，容易被决策者了解和掌握。

层次分析法的局限性主要表现在以下几个方面。

（1）运用层次分析法进行决策时，仅能从原有方案中优选其一，无法得出更好的新方案。

（2）该方法采用的比较、判断方式以及结果的计算过程是粗糙的，不适于精度较高的问题。

（3）按照层次分析法的基本步骤，从建立递阶层次结构模型到给出成对比较矩阵，如果在互不干扰的情况下分析，不同的决策者所建的模型、所构造的判断矩阵可能各不相同，甚至大相径庭，造成结论各有差异，即人的主观因素对整个过程的影响很大，这使得结果难以被所有的决策者接受。当然采取专家群体判断的办法是克服这一缺点的有效途径。

当然，本章中介绍的层次分析法的基本步骤可用于解决不太复杂的问题，当面临的问题比较复杂时，可以采用扩展的层次分析法，如动态排序法、边际排序法、前向反向排序法等。扩展方法的基本步骤与上面介绍的有所不同，有兴趣的读者可参阅其他参考书。

第四节　应用举例

【例 14.3】利润的合理利用。某厂有一笔企业留成利润，要由领导决定如何利用。可供选择的方案有以下三个。

（1）以奖金名义发给职工（p_1）。

（2）扩建集体福利设施（p_2）。

（3）引进新技术、新设备（p_3）。

在制订方案时，主要考虑的因素有：调动企业员工的积极性（C_1），提升企业的技术水平（C_2），改善企业员工的生活条件（C_3）。为了促进企业的进一步发展，如何合理利用这笔利润？

解：（1）建立递阶层次结构模型，如图 14-3 所示。

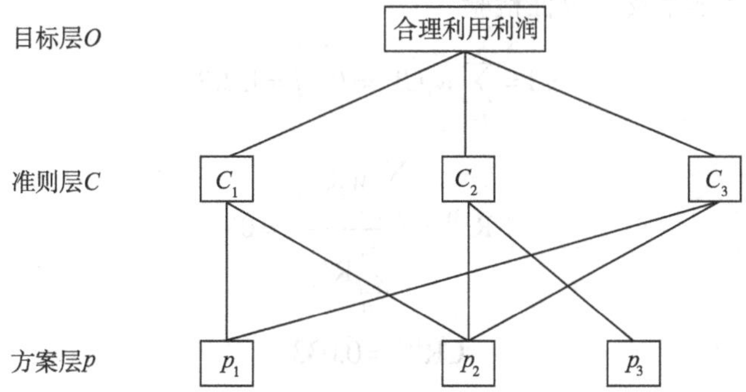

图 14-3　合理利用利润的递阶层次结构模型

（2）模型求解。

第一，构造 O—C 层成对比较矩阵：

$$\boldsymbol{A}=\begin{bmatrix}1 & 1/5 & 1/3\\ 5 & 1 & 3\\ 3 & 1/3 & 1\end{bmatrix}$$

求解 $\boldsymbol{A}$ 的特征根，利用特征根法进行判断矩阵的一致性检验：

$$\boldsymbol{A}=\begin{bmatrix}1 & 1/5 & 1/3\\ 5 & 1 & 3\\ 3 & 1/3 & 1\end{bmatrix}\xrightarrow{\text{列向量归一化}}\begin{bmatrix}0.111 & 0.130 & 0.077\\ 0.556 & 0.652 & 0.692\\ 0.333 & 0.217 & 0.231\end{bmatrix}\xrightarrow{\text{求行和}}\overline{\boldsymbol{w}}=\begin{bmatrix}0.318\\ 1.9\\ 0.781\end{bmatrix}\xrightarrow{\text{归一化}}\boldsymbol{w}=\begin{bmatrix}0.106\\ 0.634\\ 0.26\end{bmatrix}$$

$$Aw=\begin{bmatrix}1 & 1/5 & 1/3\\ 5 & 1 & 3\\ 3 & 1/3 & 1\end{bmatrix}\begin{bmatrix}0.106\\ 0.643\\ 0.26\end{bmatrix}=\begin{bmatrix}0.322\\ 1.953\\ 0.792\end{bmatrix}\xrightarrow{Aw=\lambda w}\lambda=\frac{1}{3}\left(\frac{0.322}{0.106}+\frac{1.953}{0.634}+\frac{0.792}{0.26}\right)=3.055$$

得 $\lambda=3.055$，且权重向量 $\boldsymbol{w}=(0.106,0.634,0.26)^{\mathrm{T}}$。

计算 CI：$\mathrm{CI}=\dfrac{\lambda-n}{n-1}=\dfrac{3.055-3}{3-1}=0.028$。

查找相应的 RI：由表 14-2 可得 $\mathrm{RI}=0.58$。

计算 CR：$\mathrm{CR}^{(2)}=\dfrac{\mathrm{CI}}{\mathrm{RI}}=\dfrac{0.028}{0.58}=0.048<0.10$，通过一致性检验。

第二，构造 C_1—p 层、C_2—p 层及 C_3—p 层成对比较矩阵：

$$\boldsymbol{B}_1=\begin{bmatrix}1 & 3\\ 1/3 & 1\end{bmatrix},\quad \boldsymbol{B}_2=\begin{bmatrix}1 & 5\\ 1/5 & 1\end{bmatrix},\quad \boldsymbol{B}_3=\begin{bmatrix}1 & 2\\ 1/2 & 1\end{bmatrix}$$

按特征根法公式易求得三个矩阵的最大特征值均为 $\lambda=2$，对应的特征向量依次为

$$\boldsymbol{b}_1=(0.75,0.25)^{\mathrm{T}},\quad \boldsymbol{b}_2=(0.167,0.833)^{\mathrm{T}},\quad \boldsymbol{b}_3=(0.667,0.333)^{\mathrm{T}}$$

且 $\mathrm{CI}_j=\dfrac{\lambda-n}{n-1}=0,\ j=1,2,3$，由 $\mathrm{CR}=\dfrac{\mathrm{CI}}{\mathrm{RI}}$ 知，$\mathrm{CR}_j=0,\ j=1,2,3$。

第三，层次总排序及一致性检验。

$$\mathrm{CI}=\sum_{j=1}^{n}w_j\mathrm{CI}_j=0,\ j=1,2,3$$

$$\mathrm{CR}^{(3)}=\frac{\sum_{j=1}^{n}w_j\mathrm{CI}_j}{\sum_{j=1}^{n}\mathrm{RI}_j}=0$$

$$\mathrm{CR}^{(2)}=0.033$$

组合一致性比率 $\mathrm{CR}^{*}=\mathrm{CR}^{(2)}+\mathrm{CR}^{(3)}=0.033<0.10$。

所以认为层次总排序具有满意的一致性。

计算组合权向量：

$$\begin{aligned}\boldsymbol{w}^{(3)}&=(w_i\,|\,i=1,2,\cdots,n)\\ &=(\sum_{j=1}^{n}b_{ij}w_j\,|\,i=1,2,\cdots,n)\\ &=\begin{bmatrix}0.75 & 0 & 0.667\\ 0.25 & 0.167 & 0.333\\ 0 & 0.833 & 0\end{bmatrix}\begin{bmatrix}0.106\\ 0.634\\ 0.26\end{bmatrix}\\ &=(0.253,0.219,0.528)^{\mathrm{T}}\end{aligned}$$

说明：如图 14-3 所示，对于 $\boldsymbol{B}_1$ 的特征向量，C_1 与 p_3 无关联，其特征向量需在 p_3 对应处补 0，同样，其他的两个特征向量也应在无关联的特征向量的相应位置补 0。

第四，结论。从以上分析可知，合理利用利润所考虑的三种方案的相对优先排序为 p_3 优于 p_1，p_1 优于 p_2。利润分配比例为 p_1 占 25.3%，p_2 占 21.9%，p_3 占 52.8%，故选方案 p_3。

【例 14.4】学校要评价教师的贡献，粗略的考查只考虑教学与科研两个指标，若 P_1,P_2,P_3,P_4 四位教师中 P_1,P_2 只从事教学，P_4 只从事科研，P_3 二者兼顾，递阶层次结构模型如图 14-4 所示。

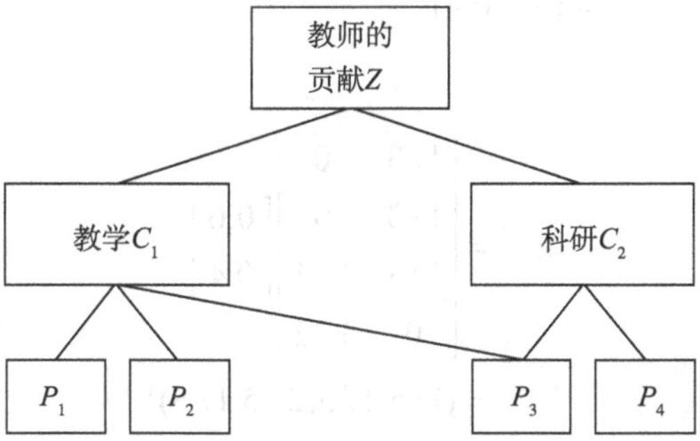

图 14-4 教师贡献评价递阶层次结构模型

问题分析：从递阶层次结构模型中不难看出，该结构属不完全层次结构，即准则层中的 C_1 只支配下一层四个元素中的 P_1,P_2,P_3 三个元素，C_2 只支配下一层四个元素中的 P_3,P_4 两个元素。

若将不支配元素的权重向量分量置为 0，设 C_1,C_2 对第 1 层的权重向量为 $\boldsymbol{w}^{(2)} = (\boldsymbol{w}_1^{(2)},\boldsymbol{w}_2^{(2)})^{\mathrm{T}}$，设第 3 层对 C_1,C_2 的权重向量分别为 $\boldsymbol{w}_1^{(3)},\boldsymbol{w}_2^{(3)}$，于是有

$$\boldsymbol{w}^{(3)} = \boldsymbol{W}^{(3)}\boldsymbol{w}^{(2)},\ \boldsymbol{W}^{(3)} = \left(\boldsymbol{w}_1^{(3)},\boldsymbol{w}_2^{(3)}\right)$$

考察特殊情况：教学与科研两个准则的重要性相同，即有 $\boldsymbol{w}_1^{(2)} = \boldsymbol{w}_2^{(2)} = \dfrac{1}{2}$。

四位教师无论从事教学或科研，能力都相同，即有

$$\boldsymbol{w}_1^{(3)} = (1/3,1/3,1/3,0)^{\mathrm{T}},\ \boldsymbol{w}_2^{(3)} = (0,0,1/2,1/2)^{\mathrm{T}}$$

代入上述已知数据得到

$$\boldsymbol{w}^{(3)} = \begin{bmatrix} 1/3 & 0 \\ 1/3 & 0 \\ 1/3 & 1/2 \\ 0 & 1/2 \end{bmatrix}\begin{bmatrix} 1/2 \\ 1/2 \end{bmatrix}$$
$$= (1/6,1/6,5/12,1/4)^{\mathrm{T}}$$

该结果表明四位教师中 P_3 的贡献最大，具体值为 5/12。

如何得到公平合理的评价结果呢？

下面，用支配因素的数量对权重向量 $\boldsymbol{w}^{(2)}$ 进行加权，修正为 $\tilde{\boldsymbol{w}}^{(2)}$，然后再计算，

记 C_1,C_2 支配元素的数量分别为 n_1,n_2，令

$$\tilde{w}^{(2)}=(n_1 w_1^{(2)},n_2 w_2^{(2)})^{\mathrm{T}}/(n_1 w_1^{(2)}+n_2 w_2^{(2)})\text{（分母部分为归一化的需要）}$$

$$w^{(3)}=W^{(3)}\tilde{w}^{(2)}$$

将前面数据代入上式，且依题意有 $n_1=3$，$n_2=2$，则

$$\begin{aligned}w^{(2)}&=(3\times 0.5,2\times 0.5)^{\mathrm{T}}/(3\times 0.5+2\times 0.5)\\&=(0.6,0.4)^{\mathrm{T}}\end{aligned}$$

可得

$$\begin{aligned}w^{(3)}&=\begin{bmatrix}1/3 & 0\\1/3 & 0\\1/3 & 1/2\\0 & 1/2\end{bmatrix}\begin{bmatrix}0.6\\0.4\end{bmatrix}\\&=(1/5,1/5,2/5,1/5)^{\mathrm{T}}\end{aligned}$$

即得四位教师贡献的评价为：被安排只搞教学或科研的 P_1,P_2,P_4 三位教师的贡献相同，P_3 的贡献为 P_1,P_2,P_4 贡献的两倍。

案例　铁路客运服务质量

旅客接受铁路提供服务的质量主要包括车站服务质量和列车服务质量两部分。车站服务质量包括以下五种评价指标，也是影响旅客满意度的五个主要因素，即候车环境质量、售票服务质量、车次信息预报及时性、组织旅客上车有序性、引导出站信息及时正确性。列车服务质量的评价指标包括运行、到达正点率，车厢内拥挤情况，座椅舒适程度，乘务员服务质量和餐车食物干净卫生程度。

因此可将铁路旅客满意度测评系统指标结构分为三层：第一层，目标层（A），即铁路旅客满意度；第二层，准则层，包括车站服务质量和列车服务质量（B_1,B_2）；第三层，包括候车环境质量等影响指标（$C_1,\cdots,C_{10}$）。具体分层构造如图 14-5 所示。

利用 1～9 标度分别对每一层次的评价指标的相对重要性进行定性描述，并定量化表示，构造两两比较判断矩阵并计算权重。

（1）$C_1,\cdots,C_5$ 相对于 B_1 所得判断矩阵为

$$B_1=\begin{bmatrix}B_1 & C_1 & C_2 & C_3 & C_4 & C_5\\C_1 & 1 & 2 & 3 & 4 & 7\\C_2 & 1/2 & 1 & 2 & 3 & 5\\C_3 & 1/3 & 1/2 & 1 & 2 & 3\\C_4 & 1/4 & 1/3 & 1/2 & 1 & 2\\C_5 & 1/7 & 1/5 & 1/3 & 1/2 & 1\end{bmatrix}$$

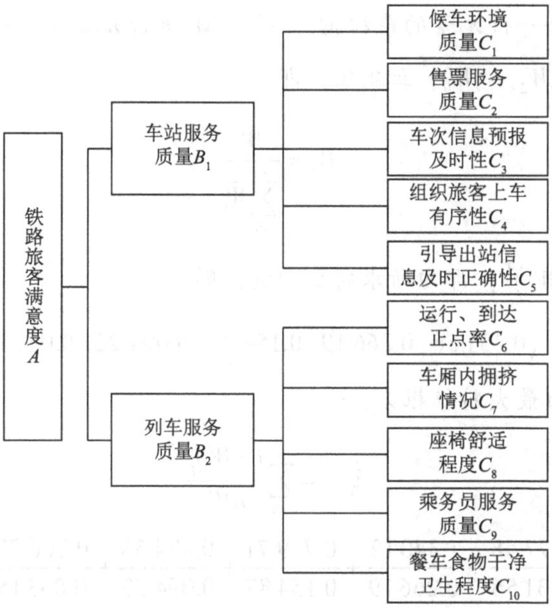

图 14-5　铁路旅客满意度测评系统指标结构

（2）$C_6,\cdots,C_{10}$ 相对于 B_2 所得判断矩阵为

$$\boldsymbol{B}_2=\begin{bmatrix} B_2 & C_6 & C_7 & C_8 & C_9 & C_{10} \\ C_6 & 1 & 2 & 3 & 5 & 7 \\ C_7 & 1/2 & 1 & 2 & 3 & 6 \\ C_8 & 1/3 & 1/2 & 1 & 2 & 4 \\ C_9 & 1/5 & 1/3 & 1/2 & 1 & 3 \\ C_{10} & 1/7 & 1/6 & 1/4 & 1/3 & 1 \end{bmatrix}$$

（3）B_1,B_2 相对于 A 所得判断矩阵为

$$\boldsymbol{A}=\begin{bmatrix} A & B_1 & B_2 \\ B_1 & 1 & 1/2 \\ B_2 & 2 & 1 \end{bmatrix}$$

由公式 $\omega_i=\dfrac{1}{n}\sum_{j=1}^{n}\dfrac{C_{ij}}{\sum_{k=1}^{n}C_{kj}}$ 求解各判断矩阵，得出单一准则下被比较元素的相对权重，即层次单排序。

a) B_1—C 层判断矩阵求解得权重向量：

$$\bar{\boldsymbol{\omega}}=\begin{pmatrix}0.431 & 0.266 & 0.155 & 0.095 & 0.053\end{pmatrix}$$

计算判断矩阵每一行元素的乘积 M_i，并对 M_i 进行 n 次方开根，得 $\overline{W}_i$。利用下列公式对向量 $\overline{\boldsymbol{W}}=\left(\overline{W}_1,\overline{W}_2,\cdots,\overline{W}_n\right)^{\mathrm{T}}$ 正规化，即

$$W_i=\frac{\overline{W}_i}{\sum\limits_{i=1}^{n}\overline{W}_i}$$

得到 $\boldsymbol{W}=\left(W_1,W_2,\cdots,W_n\right)^{\mathrm{T}}$，即为所求特征向量。则

$$\boldsymbol{W}=\left(0.431\,56\quad 0.266\,19\quad 0.154\,87\quad 0.094\,22\quad 0.053\,15\right)^{\mathrm{T}}$$

由下面公式得出最大特征根 $\lambda_{\max}$：

$$\lambda_{\max}=\sum_{i=1}^{n}\frac{(AW)_i}{nW_i}$$

$$\lambda_{\max}=\frac{1}{5}\left(\frac{2.177\,48}{0.431\,56}+\frac{1.340\,12}{0.266\,19}+\frac{0.779\,71}{0.154\,87}+\frac{0.474\,58}{0.094\,22}+\frac{0.266\,77}{0.053\,15}\right)=5.034\,16$$

$$\mathrm{CI}=\frac{\lambda_{\max}-n}{n-1}=\frac{5.034\,16-5}{4}=0.008\,54$$

由表 14-2 得 $\mathrm{RI}=1.12$，

$$\mathrm{CR}=\frac{\mathrm{CI}}{\mathrm{RI}}=0.0076<0.10$$

即认为判断矩阵具有满意的一致性。

b) B_2—C 层判断矩阵求解得权重向量：

$$\bar{\boldsymbol{\omega}}=\left(0.436\quad 0.265\quad 0.159\quad 0.096\quad 0.044\right)$$

所求特征向量为 $\boldsymbol{W}=\left(0.43654\quad 0.26707\quad 0.15870\quad 0.09453\quad 0.04316\right)^{\mathrm{T}}$

$$\boldsymbol{AW}=\begin{bmatrix}1 & 2 & 3 & 5 & 7\\ 1/2 & 1 & 2 & 3 & 6\\ 1/3 & 1/2 & 1 & 2 & 4\\ 1/5 & 1/3 & 1/2 & 1 & 3\\ 1/7 & 1/6 & 1/4 & 1/3 & 1\end{bmatrix}\begin{bmatrix}0.43654\\ 0.26707\\ 0.15870\\ 0.09453\\ 0.04316\end{bmatrix}$$

$$=\left(2.22155\quad 1.34529\quad 0.79945\quad 0.47969\quad 0.22122\right)^{\mathrm{T}}$$

$$\lambda_{\max}=\frac{1}{5}\left(\frac{2.22155}{0.43654}+\frac{1.34529}{0.26707}+\frac{0.79945}{0.15870}+\frac{0.47969}{0.09453}+\frac{0.22122}{0.04316}\right)=5.07275$$

$\mathrm{CI}=0.018$， $\mathrm{RI}=1.12$，则

$$\mathrm{CR}=\frac{\mathrm{CI}}{\mathrm{RI}}=0.016<0.10$$

即认为判断矩阵具有满意的一致性。

c) A—B 层判断矩阵求解得权重向量：

$$\bar{\omega}=\begin{pmatrix}0.333 & 0.667\end{pmatrix}$$

对于 1，2 阶判断矩阵，RI 只是形式上的，因为 1，2 阶判断矩阵总是具有完全一致性。所以，在这里就不需要进行一致性检验了。

d) A—C 层判断矩阵求解得权重向量：

$$\boldsymbol{A}=\begin{pmatrix}0.14 & 0.09 & 0.05 & 0.03 & 0.02 & 0.29 & 0.18 & 0.11 & 0.06 & 0.03\end{pmatrix}$$

那么，各影响因素的层次总排序如表 14-4 所示。

表 14-4 层次总排序

铁路旅客满意度 A	车站服务质量 B_1（0.333）	候车环境质量 C_1（0.14）
		售票服务质量 C_2（0.09）
		车次信息预报及时性 C_3（0.05）
		组织旅客上车有序性 C_4（0.03）
		引导出站信息及时正确性 C_5（0.02）
	列车服务质量 B_2（0.667）	运行、到达正点率 C_6（0.29）
		车厢内拥挤情况 C_7（0.18）
		座椅舒适程度 C_8（0.11）
		乘务员服务质量 C_9（0.06）
		餐车食物干净卫生程度 C_{10}（0.03）

由层次总排序可知铁路旅客满意度指标中列车服务质量较为重要，其中列车的运行、到达正点率权值为 0.29，最为重要，其次为车厢内拥挤情况；车站服务质量中候车环境质量最为重要。

习 题

1. 层次分析法的基本原理是什么？
2. 请简述运用层次分析法解决决策问题的基本步骤。
3. 层次分析法中的判断矩阵的含义是什么？为什么要进行一致性检验？
4. 对以下矩阵进行一致性检验：

$$\boldsymbol{A}=\begin{bmatrix}1 & 5 & 9 & 2\\ 1/5 & 1 & 3 & 1/3\\ 1/9 & 1/3 & 1 & 1/4\\ 1/2 & 3 & 4 & 1\end{bmatrix}$$

5. 设有如下成对比较矩阵：

$$A=\begin{bmatrix}1 & \frac{1}{5} & 3\\ 5 & 1 & 6\\ \frac{1}{3} & \frac{1}{6} & 1\end{bmatrix}$$

（1）对 A 做一致性检验。

（2）如果 A 的非一致性情况较为严重，应该如何修正？

6. 计算以下矩阵的特征根和特征向量：

$$A_1=\begin{bmatrix}2 & 0\\ -1 & 4\end{bmatrix},\quad A_2=\begin{bmatrix}1 & 2 & 6\\ 1/2 & 1 & 4\\ 1/6 & 1/4 & 1\end{bmatrix}$$

7. 某单位拟从三名干部中选拔一名领导，选拔的标准有政策水平、工作作风、业务知识、口才、写作能力和健康状况。请用层次分析法对三个人进行综合评估、量化排序。

8. 某厂领导决策对一笔资金如何合理利用，要求顾及提高职工技术水平、调动职工积极性及改善职工物质文化生活方面。可供领导决策的方案有：发奖金、扩建福利设施、对职工进行技术培训、引进新设备。请建立资金合理利用的递阶层次结构模型。

9. 某人欲购买一部手机，他考虑的因素有质量、颜色、价格、外形、实用性、品牌等因素，比较中意的手机有 L_1、L_2、L_3，但不知道选择哪一款为好，请你建立数学模型给他一个好的建议。

10. 某企业在采购时面临供应商的选择问题，需考虑供应商提供的设备的价格（C_1）、质量（C_2）、售后服务（C_3）、可维护性（C_4）因素。各因素判断矩阵如下：

$$A=\begin{bmatrix}1 & 1/7 & 1/3 & 1/5\\ 7 & 1 & 5 & 3\\ 3 & 1/5 & 1 & 1/3\\ 5 & 1/3 & 3 & 1\end{bmatrix}$$

请对各因素按照重要程度进行排序。

11. 某人在购买电视机时，考虑电视机的尺寸、屏幕类型、清晰度、使用寿命、售后服务、价格等多种因素。现有五种电视机可供选择，请建立递阶层次结构模型，并根据自己的判断建立一个对于目标各准则的两两判断矩阵。

12. 用层次分析法决策某一问题时，对判断矩阵全部进行一致性检验，层次单排序结果如表 14-5 所示。请列出总排序结果。

表 14-5　层次单排序结果

方案	准则			
	C_1	C_2	C_3	C_4
P_1	0.25	0.30	0.10	0.35
P_2	0.35	0.20	0.25	0.20
P_3	0.35	0.35	0.40	0.10
P_4	0.05	0.15	0.25	0.35
权重	0.3	0.2	0.1	0.4

13. 某物流企业需要采购一台设备，在采购设备时需要从功能、价格和可维护性三个角度进行评价，考虑应用层次分析法对三个不同品牌的设备进行综合分析评价和排序，从中选出能实现物流规划总目标的最优设备，其层次结构如图 14-6 所示。以 A 表示系统的总目标，判断层中 B_1 表示功能，B_2 表示价格，B_3 表示可维护性。C_1,C_2,C_3 表示备选的三种品牌的设备。

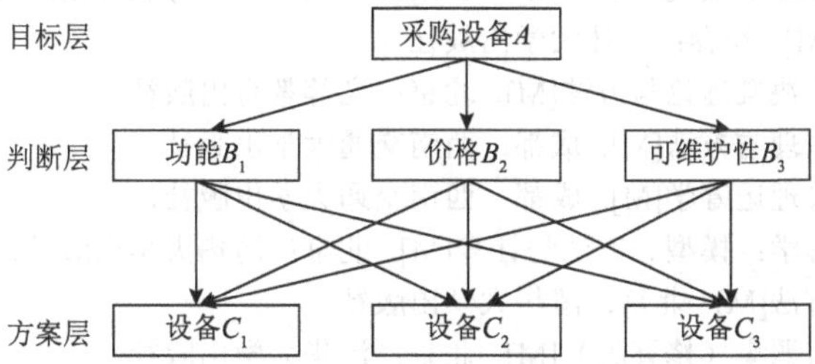

图 14-6　设备采购层次结构图

14. 某企业有一笔资金可用于四种方案：投资房地产、购买股票、投资工业、投资高技术产业。评价和选择投资方案的标准是：收益大、风险低、周转快。试对四种投资方案做出分析和评价。

15. 某市政部门管理人员需要对修建一项市政工程项目进行决策。可选择的方案是修建通往旅游区的高速路（简称建高速路）或修建城区地铁（简称建地铁）。除了考虑经济效益外，还要考虑社会效益、环境效益等因素，即为多准则决策问题，考虑用层次分析法解决。

主要参考文献

常大勇. 2010. 运筹学[M]. 北京：中国物资出版社.

陈宝林. 1989. 最优化理论与算法[M]. 北京：清华大学出版社.

程理民，吴江，张玉林. 2002. 运筹学模型与方法教程[M]. 北京：清华大学出版社.

邓成梁. 1998. 运筹学的原理和方法[M]. 2 版. 武汉：华中理工大学出版社.

刁在筠，刘桂真，宿洁，等. 2007. 运筹学[M]. 3 版. 北京：高等教育出版社.

董泽清. 1983. 排队论及其应用[M]. 西安：西安系统工程学会.

傅家良. 1994. 运筹学教程：方法与模型[M]. 成都：西南交通大学出版社.

耿修林. 2006. 管理科学学习指导[M]. 北京：科学出版社.

顾基发. 2011. 运筹学[M]. 北京：科学出版社.

顾守淮，李引珍. 1997. 运筹学算法的计算机程序[M]. 北京：中国铁道出版社.

郭科，陈聆，魏友华. 2007. 最优化方法及其应用[M]. 北京：高等教育出版社.

郭立夫. 2002. 运筹学[M]. 长春：吉林大学出版社.

郭立夫，李北伟. 2006. 决策理论与方法[M]. 北京：高等教育出版社.

郭耀煌. 1994. 运筹学原理与方法[M]. 成都：西南交通大学出版社.

郭耀煌，李军. 2001. 管理运筹学[M]. 成都：西南交通大学出版社.

韩中庚. 2007. 实用运筹学：模型、方法与计算[M]. 北京：清华大学出版社.

何坚勇. 2007. 最优化方法[M]. 北京：清华大学出版社.

胡运权. 1995. 运筹学习题集（修订版）[M]. 北京：清华大学出版社.

胡运权. 2007. 运筹学教程[M]. 3 版. 北京：清华大学出版社.

蒋金山，何春雄，潘少华. 2008. 最优化计算方法[M]. 广州：华南理工大学出版社.

焦永兰. 2000. 管理运筹学[M]. 北京：中国铁道出版社.

林齐宁. 2002. 决策分析[M]. 北京：北京邮电大学出版社.

林齐宁. 2003. 运筹学[M]. 北京：北京邮电大学出版社.

刘光中. 1991. 动态规划理论及其应用[M]. 成都：成都科技大学出版社.

刘满凤，傅波，聂高辉. 2001. 运筹学模型与方法教程例题分析与题解[M]. 北京：清华大学出版社.

龙子泉，陆菊春. 2002. 管理运筹学[M]. 武汉：武汉大学出版社.

卢向南. 2005. 应用运筹学[M]. 杭州：浙江大学出版社.

宁宣熙. 2007. 运筹学实用教程[M]. 2 版. 北京：科学出版社.

牛映武. 1994. 运筹学[M]. 西安：西安交通大学出版社.

牛映武. 2006. 运筹学[M]. 2 版. 西安：西安交通大学出版社.

邱菀华. 2002. 管理决策与应用熵学[M]. 北京：机械工业出版社.

施光燕，钱伟懿，庞丽萍. 2007. 最优化方法[M]. 2 版. 北京：高等教育出版社.

《数学辞海》编辑委员会. 2002. 数学辞海（第五卷）[M]. 北京：中国科学技术出版社.

滕传林. 1986. 管理运筹学[M]. 北京：中国铁道出版社.

王佃利，曹现强. 2003. 公共决策导论[M]. 北京：中国人民大学出版社.

魏国华，傅家良. 1987. 实用运筹学[M]. 上海：复旦大学出版社.

吴祈宗. 2006. 运筹学[M]. 2 版. 北京：机械工业出版社.

吴育华. 2001. 决策、对策与冲突分析[M]. 海口：南方出版社.
谢金星，薛毅. 2005. 优化建模与 LINDO/LINGO 软件[M]. 北京：清华大学出版社.
熊伟. 2009. 运筹学[M]. 2 版. 北京：机械工业出版社.
徐光辉. 1980. 随机服务系统[M]. 北京：科学出版社.
徐家旺，孙志峰. 2009. 实用管理运筹学[M]. 北京：高等教育出版社.
杨文鹏，贺兴时，杨选良. 2005. 新编运筹学教程：模型、解法及计算机实现[M]. 西安：陕西科学技术出版社.
姚远，宋振明. 2008. 运筹学基础教程[M]. 开封：河南大学出版社.
《运筹学》教材编写组. 1990. 运筹学（修订版）[M]. 北京：清华大学出版社.
张伯生. 2008. 运筹学[M]. 北京：科学出版社.
张光澄，黄世莹，侯泽华. 1989. 最优化计算方法[M]. 成都：成都科技大学出版社.
张杰，周硕. 2007. 运筹学模型与实验[M]. 北京：中国电力出版社.
张全. 2008. 复杂多属性决策研究[M]. 沈阳：东北大学出版社.
张润琦. 1989. 动态规划[M]. 北京：北京理工大学出版社.
章祥荪，方伟武. 2002. 中国运筹学发展史[J]. 中外管理导报，(9)：62-63.
赵凤治，尉继英. 1991. 约束最优化计算方法[M]. 北京：科学出版社.
赵光华. 2008. 管理定量分析方法[M]. 北京：北京大学出版社.
赵焕臣，许树柏，和金生. 1986. 层次分析法：一种简易的新决策方法[M]. 北京：科学出版社.
钟守楠，高成修. 2005. 运筹学理论基础[M]. 武汉：武汉大学出版社.
周华任. 2006. 运筹学解题指导[M]. 北京：清华大学出版社.
朱求长. 2004. 运筹学及其应用[M]. 3 版. 武汉：武汉大学出版社.
Bowen K. 2004. Sixty years of operational research[J]. European Journal of Operational Research, 153(3): 618-623.